Rechtsfragen der Finanzierung eines feindlichen Übernahmeangebotes

Frankfurter wirtschaftsrechtliche Studien

Herausgegeben von
Theodor Baums, Andreas Cahn, Friedrich Kübler,
Hans-Joachim Mertens, Eckard Rehbinder
und Gunther Teubner

Band 70

PETER LANG
Frankfurt am Main · Berlin · Bern · Bruxelles · New York · Oxford · Wien

Michael Lange

Rechtsfragen der Finanzierung eines feindlichen Übernahmeangebotes

Am Beispiel der großen Publikumsgesellschaft nach US-amerikanischem und deutschem Recht

PETER LANG
Europäischer Verlag der Wissenschaften

Bibliografische Information Der Deutschen Bibliothek
Die Deutsche Bibliothek verzeichnet diese Publikation in der Deutschen Nationalbibliografie; detaillierte bibliografische Daten sind im Internet über <http://dnb.ddb.de> abrufbar.

Zugl.: Frankfurt (Main), Univ., Diss., 2004

D 30
ISSN 0723-0427
ISBN 3-631-53661-5

www.peterlang.de

Meinen Eltern

Vorwort

Die vorliegende Arbeit entstand während meiner Aufenthalte an der Universität Osnabrück, der New York University sowie der Johann Wolfgang Goethe-Universität in Frankfurt am Main. Sie wurde im Sommersemester 2004 von der Juristischen Fakultät der Johann Wolfgang Goethe-Universität in Frankfurt am Main als Dissertation angenommen. Die mündliche Prüfung erfolgte im Wintersemester 2004/2005. Die Entwicklung im Schrifttum und in der Rechtsprechung wurde bis April 2004 berücksichtigt.

Meinem Doktorvater, Herrn Prof. Dr. Dr. h.c. Theodor Baums, danke ich herzlich für die Anregung des Themas sowie die Betreuung und stete Förderung der Arbeit.

Danken möchte ich auch Frau Privat-Dozentin Dr. Andrea Lohse für die zügige Erstellung des Zweitgutachtens sowie der Universität Osnabrück und dem Land Niedersachsen für die Gewährung eines Stipendiums und die Unterstützung meines Forschungsaufenthaltes in New York.

Die vorliegende Arbeit ist meinen Eltern gewidmet, die mein Studium sowie meine Promotion jederzeit und in jeglicher Hinsicht unterstützt haben.

Mein besonderer Dank gilt Herrn Rechtsanwalt Dr. Carsten Hoppmann für die vielen wertvollen Anregungen bei der Korrektur dieser Arbeit.

Hannover, im März 2005

Michael Lange

Inhaltsverzeichnis

§ 1 Einleitung

Die Übernahme der Mannesmann AG durch die VodafoneAirtouch plc. im Jahre 2000 hat feindliche Übernahmen erstmals auch in Deutschland in den Blickpunkt der öffentlichen Diskussion gerückt. Eine vergleichbare Auseinandersetzung mit diesem Thema war in den USA Ende der 80er Jahre des letzten Jahrhunderts zu beobachten. Den Schwerpunkt dieser Auseinandersetzungen bilden regelmäßig zwei Fragestellungen. Zunächst geht es um die Ursachen und Motive des Bieters für eine feindliche Übernahme[1]. Daneben steht oftmals die Beurteilung der Konsequenzen einer solchen Transaktion im Blickpunkt des Interesses[2].

---

[1] Ursache der feindlichen Durchführung eines Übernahmeversuchs ist regelmäßig eine Situation, in der sich die mit der Transaktion angestrebten Vorteile nicht im Wege einer friedlichen Lösung erreichen lassen. Die denkbaren Motive für feindliche Übernahmen sind in der Literatur bereits dargestellt worden; vgl. u. a. *Assmann/Bozenhardt*, in: Assmann/Basaldua/Bozenhardt/Peltzer, S. 48 ff.; *Baums*, AG 1990, S. 221 ff.; *Coffee*, Colum.L.Rev., Vol. 84 (1984), S. 1145 ff.; *Ellwood*, in: Logue, Handbook of modern finance, S. 31-11 ff.; *Fahrholz*, Neue Formen der Unternehmensfinanzierung, S. 107 ff.; *Gilson/Black*, The Law and Finance of Corporate Acquistions, S. 363 ff.; *Immenga*, Öffentliche Übernahmeangebote, S. 12 ff.; *Krause*, Das obligatorische Übernahmeangebot, Diss., S. 103 ff.; *Merkt*, US-amerikanisches Gesellschaftsrecht, S. 651 f.; *Mørck/Shleifer/Vishny*, in: Auerbach, Corporate Takeovers, S. 101 ff.; *Peltzer*, ZIP 1989, S. 69 ff.; *Röhrich*, RIW 1993, S. 93/96; *dies.* Feindliche Übernahmeangebote, Diss., S. 60 ff.; *Wagner*, Standstill Agreements, Diss., S. 25 ff. Feindliche Übernahmen können industrielle oder finanzielle Zielsetzungen haben. Ferner will der Bieter meist seine Marktposition verbessern oder ein größeres Unternehmen schaffen (*Empire-Building-Hypothese*). Schließlich dienen feindliche Übernahmen der Disziplinierung der bestehenden Unternehmensleitung sowie der Paketbildung.

[2] Die Beurteilung feindlicher Übernahmen ist umstritten und in vielfältiger Weise in der Literatur behandelt. Im Ergebnis ist dabei nicht entschieden, ob die Folgen einer solchen Transaktion überwiegend als eher positiv oder negativ zu bezeichnen sind. Ausgangspunkt der unterschiedlichen Bewertungen ist regelmäßig der jeweilige Standpunkt des Betrachters, wobei sich auf die Perspektive der Aktionäre, der Arbeitnehmer und der Gesellschaftsgläubiger sowie auf eine volkswirtschaftliche Betrachtungsweise abstellen läßt. Es ist auf folgende Darstellungen zu verweisen: *Assmann/Bozenhardt*, in: Assmann/Basaldua/Bozenhardt/Peltzer, S. 45 ff.; *Baums*, Feindliche Übernahmen und Managementkontrolle, S. 11 ff.; *Birkenkämper*, Rechtsfragen feindlicher Übernahmen – Juristische Nachlese zum Fall Krupp/Thyssen, Diss., S. 119 ff.; *Ellwood*, in: Logue, Handbook of modern finance, S. 31-9 ff.; *Fahrholz*, Neue Formen der Unternehmensfinanzierung, S. 107/125; *Gilson/Black*, The Law and Finance of Corporate Acquistions, S. 11; *Jensen*, American Economic Review, Vol. 76 (1986), S. 323 ff.; *Mahle*, The Journal of Corporation Law, Vol. 15 (1990), S. 721 ff.; *Merkt*, US-amerikanisches Gesellschaftsrecht, S. 651 ff.; *Netter*, The Journal of Corporation Law, Vol. 15 (1990), S. 219 ff.; *Romano*, Fordham Law Review, Vol. 61 (1993), S. 843 ff.; *Taggart*, in: Auerbach, Mergers and Acquisitions, S. 5-24 (m.w.N.); *Wagner*, Standstill Agreements, Diss., S. 34 f. (m.w.N.).

Weniger Berücksichtigung finden hingegen Fragestellungen, die sich mit der Finanzierung feindlicher Übernahmen befassen. Allgemein ist in diesem Zusammenhang zunächst zu überlegen, wie die Finanzierung einer feindlichen Übernahme strukturiert sein kann und sollte. Im Hinblick auf große Zielgesellschaften gehen die zu beantwortenden Fragen inhaltlich jedoch regelmäßig weiter. So hatte die Übernahme der Mannesmann AG durch die VodafoneAirtouch plc. beispielsweise ein Transaktionsvolumen von 203 Mrd. US-$[3]. Darzustellen ist deshalb auch, wie ein Bieter eine solche Summe aufbringen kann, wie er vorgehen sollte und was er in diesem Zusammenhang zu beachten hat. Durch das am 01.01.2002 in Deutschland in Kraft getretene *Gesetz zur Regelung von öffentlichen Angeboten zum Erwerb von Wertpapieren und von Unternehmensübernahmen* (WpÜG)[4], das sich in § 13 mit der Finanzierung und in § 31 mit den Anforderungen an die zu erbringende Gegenleistung befaßt, gewinnen diese Überlegungen zusätzlich an Aktualität. Die vorliegende Arbeit sucht diese Fragen mit dem nachfolgenden Gang der Bearbeitung zu beantworten:

Zunächst sind allgemein im Rahmen der Grundlagen (§ 2) Begriffsbestimmungen vorzunehmen und die Kriterien zu erläutern, die eine Gesellschaft typischerweise zu einer potentiellen Zielgesellschaft qualifizieren. Sodann werden die Rechtsfragen der Finanzierung feindlicher Übernahmen im US-amerikanischen Recht behandelt. Dabei geht es zunächst um die hinsichtlich der Finanzverfassung einer *business corporation* wesentlichen Grundlagen des amerikanischen Gesellschaftsrechts (§ 3 I.), die für die Finanzierung bedeutsame Entwicklung der Übernahmetätigkeit in den USA (§ 3 II.) und die Vorbereitung eines *tender offer* im US-amerikanischen Recht (§ 3 III.). Dem folgen Überlegungen zu einem durch den Bieter abgegebenen Übernahmeangebot (§ 4). Hierbei werden die Eigenkapitalfinanzierung (§ 4 I.), die Fremdkapitalfinanzierung (§ 4 II.), Rechtsfragen des öffentlichen Angebots von Wertpapieren (§ 4 III.) sowie eines möglichen Zusammenschlusses der beteiligten Unternehmen (§ 4 IV.) behandelt und abschließend erörtert (§ 4 V.). Dem schließen sich entsprechende Überlegungen für das von einer Tochtergesellschaft des Bieters abgegebene Übernahmeangebot an (§ 5). Hierbei werden wiederum die Rechtsfragen der Eigenkapitalfinanzierung (§ 5 II.), der Fremdkapitalfinanzierung (§ 5 III.), des öffentlichen Angebots von Wertpapieren (§ 5 IV.) sowie des Zusammenschlusses mit der Zielgesellschaft (§ 5 V.) behandelt und die Ergebnisse zum US-amerikanischen Recht abschließend zusammengefaßt (§ 5 VI. u. VII.).

Danach sind die Rechtsfragen der Finanzierung feindlicher Übernahme im deutschen Recht zu erörtern. Dabei werden zunächst der Gang der Bearbeitung und die Kompetenzverteilung in der Aktiengesellschaft im Hinblick auf Finanzie-

---

[3] *Handelsblatt* vom 3.3.2000.
[4] BGBl. I/2002, S. 3822 ff.

rungsfragen erörtert (§ 6 I. Grundlagen), einige feindliche Übernahmen in der Bundesrepublik im Hinblick auf ihre Finanzierung skizziert (§ 6 II.) sowie die gesetzlichen Rahmenbedingungen für feindliche Übernahmen dargestellt (§ 6 III.). Im Anschluß daran werden die für die Finanzierung bedeutsamen und typischen Vorbereitungsmaßnahmen aufgezeigt (§ 6 IV.). Hieran schließen sich Ausführungen zu einem vom Bieter abgegebenen Übernahmeangebot (§ 7) an, die sich in eine Betrachtung der Eigenkapitalfinanzierung (§ 7 I.) sowie die Betrachtung der Fremdkapitalfinanzierung (§ 7 II.) unterteilen. Danach erfolgt die Behandlung des von einer Tochtergesellschaft des Bieters abgegebenen Übernahmeangebotes (§ 8), wobei wiederum zwischen der Eigenkapital- (§ 8 I.) und der Fremdkapitalfinanzierung (§ 8 II.) zu unterscheiden ist. Dem schließen sich die Rechtsfragen eines von der Tochtergesellschaft einer unabhängigen Bank abgegebenen Übernahmeangebotes (§ 9) an, wobei abschließend die Rechtsfragen eines Parallelangebotes dieser Tochtergesellschaft einer unabhängigen Bank zu erörtern sind (§ 10). Die Untersuchung endet schließlich mit einem Rechtsvergleich der zum US-amerikanischen sowie zum deutschen Recht gefundenen Ergebnisse (§ 11).

§ 2 Grundlagen

I. Begriffsbestimmung und Inhaltsabgrenzung

1. Übernahme und öffentliches Übernahmeangebot

Unter einer Übernahme versteht man den Erwerb einer Mehrheitsbeteiligung an den Anteilen eines Unternehmens, meist einer Aktiengesellschaft[5]. Im Rahmen der vorliegenden Arbeit soll somit lediglich der sogenannte *share deal* betrachtet werden. Eine solche Übernahme kann sich als Erwerb aller Anteile oder als Erwerb der Kontrollmehrheit der Aktien darstellen[6]. Die Kontrolle über das Zielunternehmen ist in diesem Zusammenhang unerläßlich, um diejenigen Verwaltungsmaßnahmen durchzusetzen, die der Umsetzung der mit der Übernahme bezweckten Ziele oder der Tilgung der zur Finanzierung der Übernahme möglicherweise eingegangenen Verbindlichkeiten dienen[7]. Die Höhe der hierfür erforderlichen Kontrollmehrheit richtet sich einerseits nach dem anwendbaren Recht[8] und andererseits nach dem Gesellschaftsvertrag der betreffenden Zielgesellschaft.

Im Zusammenhang mit einer Unternehmensübernahme im Rahmen eines *share deal* sind jedoch wiederum verschiedene Erwerbsformen denkbar. Am häufigsten erfolgt der Erwerb durch ein öffentliches Übernahmeangebot. § 2 Abs. 1 WpÜG bezeichnet als Angebote freiwillige und auf Grund einer Verpflichtung nach dem WpÜG erfolgende öffentliche Kauf- oder Tauschangebote zum Erwerb von Wertpapieren der Zielgesellschaft. Ein freiwilliges öffentliches Übernahmeangebot richtet sich demnach an die Aktionäre der Zielgesellschaft, um von diesen unmittelbar, d. h. ohne vorherige Einschaltung der Hauptversammlung oder des Vorstandes der Zielgesellschaft, die Mehrheitsherrschaft zu erlangen[9]. Es führt somit zu einer Konzentration der Stimmrechtsmacht zum Zwecke des Kontrollerwerbs[10]. Das öffentliche Übernahmeangebot ist dabei in der Regel

---

[5] *Peltzer*, ZIP 1989, S. 69/69; *Semler*, in: Hölters, Handbuch des Unternehmens- und Beteiligungskaufs, S. 438.

[6] *Baums*, AG 1990, S. 221/222; *Elsing/Van Alstine*, US-amerikanisches Handels- und Wirtschaftsrecht, Rn. 650.

[7] *Kurth*, Aktionärsschutz, Diss., S. 5.

[8] Zum Beispiel: deutsches oder US-amerikanisches Recht; Recht eines bestimmten Einzelstaates der USA. Vgl. *Kurth*, Aktionärsschutz, Diss., S. 10.

[9] *Elsing/Van Alstine*, US-amerikanisches Handels- und Wirtschaftsrecht, Rn. 669; *Fahrholz*, Neue Formen der Unternehmensfinanzierung, S. 105.

[10] *Kurth*, Aktionärsschutz, Diss., S. 5.

sowohl zeitlich befristet[11] als auch in der Beteiligungshöhe auf den Erwerb aller oder eines bestimmten Prozentsatzes der Anteile bedingt[12].

Die theoretisch ebenso bestehende Möglichkeit, die Mehrheit an einer Aktiengesellschaft langsam und - bis zu einem gewissen Grade - unerkannt über die Börse zu erwerben (sog. *creeping takeover*)[13] scheitert häufig hauptsächlich[14] an den gesetzlichen Anzeige- und Veröffentlichungspflichten, die regelmäßig mit dem Erwerb einer bestimmten Beteiligungshöhe entstehen[15]. Diese geben dem Vorstand der Zielgesellschaft regelmäßig Zeit, Abwehrstrategien gegen einen Übernahmeversuch zu entwickeln[16]. Wegen ihrer geringen praktischen Bedeutung bleibt die Möglichkeit eines *creeping takeover* daher im folgenden unberücksichtigt. Gegenstand der Untersuchung ist somit lediglich das freiwillige öffentliche Übernahmeangebot, das sogenannte *tender offer*.

2. Feindliche Übernahme

Als feindlich wird ein Übernahmevorgang bezeichnet, wenn er ohne vorherige Abstimmung und gegen den Widerstand der Verwaltung des Zielunternehmens stattfindet[17]. Regelmäßig empfindet lediglich der Vorstand der Zielgesellschaft den Übernahmeversuch als feindlich, nicht jedoch deren Aktionäre. Mit dem Versuch geht nämlich die Einschätzung des Bieters einher, er könne die im Zielunternehmen gegebenen Ressourcen effizienter nutzen als der bisherige Vorstand[18]. Dieser fürchtet hingegen die Unvereinbarkeit der erwarteten neuen mit der bisherigen Geschäftspolitik ebenso wie die damit eintretende Möglichkeit des Verlustes des eigenen Arbeitsplatzes[19].

---

[11] *Merkt*, US-amerikanisches Gesellschaftsrecht, S. 592.

[12] *Merkt*, US-amerikanisches Gesellschaftsrecht, S. 596.

[13] *Peltzer*, ZIP 1989, S. 69/70.

[14] Daneben sind ferner die Eintrittswahrscheinlickeit und die Zeitdauer schwer einzuschätzen. Als weiteres Prognoserisiko bleibt die Preisentwicklung während der regelmäßig notwendigen langfristigen Vorgehensweise. Im Ergebnis scheitert ein *creeping takeover* somit häufig an mehreren voneinander abhängigen Gründen, vgl. *Fahrholz*, Neue Formen der Unternehmensfinanzierung, S. 106.

[15] Im deutschen Recht folgen derartige Pflichten beispielsweise aus § 20 AktG, §§ 21 ff. WpHG und § 23 GWB, im amerikanischen Recht aus § 13(d) Securities and Exchange Act (1934).

[16] *Fahrholz*, Neue Formen der Unternehmensfinanzierung, S. 106.

[17] *Hahn*, Die feindliche Übernahme von Aktiengesellschaften, Diss., S. 1; *Peltzer*, ZIP 1989, S. 69/69.

[18] *Immenga*, Öffentliche Übernahmeangebote, S. 12; *Peltzer*, ZIP 1989, S. 69/70.

[19] *Immenga*, Öffentliche Übernahmeangebote, S. 12; *Peltzer*, ZIP 1989, S. 69/70.

An einem feindlichen Übernahmeangebot sind unmittelbar nur das Management der Bietergesellschaft sowie die Aktionäre der Zielgesellschaft beteiligt[20]. Der Mehrheitserwerb vollzieht sich über einen Verkauf der Anteile durch die Alteigentümer an den Bieter. Dieser erfolgt freiwillig, beruht also lediglich auf einer wirtschaftlichen Entscheidung der Alteigentümer und stellt sich für diese somit auch nicht als feindlich dar[21]. Vielmehr geht für die Aktionäre einer Zielgesellschaft mit deren feindlicher Übernahme wegen der zu zahlenden Übernahmeprämie regelmäßig die Möglichkeit einher, Kursgewinne zu realisieren[22].

3. Große Publikumsgesellschaft

a. Publikumsgesellschaft

Der Begriff der Publikumsgesellschaft bestimmt, daß Gegenstand der Betrachtung nur solche Gesellschaften sein sollen, deren Anteile der breiten Masse des Anlegerpublikums zur Verfügung stehen. Die Gesellschaftseigentümer sind folglich in diesem Publikum und nicht nur in einem begrenzten Kreis von Anlegern zu finden. Dies ist, abgesehen vom Sonderfall der Publikumspersonengesellschaft, nur bei den Kapitalgesellschaften gegeben, also der Gesellschaft mit beschränkter Haftung und der Aktiengesellschaft. Einen organisierten Markt für den Handel mit GmbH-Anteilen gibt es in Deutschland jedoch nicht[23]. Die nach amerikanischem Recht mit der GmbH vergleichbare Rechtsform der Limited Liability Company ist in den USA eine noch wenig bedeutsame Gesellschaftsform[24], deren Anteile noch dazu nur mit Zustimmung der Mehrheit oder aller Mitgesellschafter übertragen werden können[25]. Deshalb beschränkt sich die Darstellung auf eine Betrachtung der amerikanischen (*public*) *business corporation* sowie der deutschen Aktiengesellschaft. Um darüber hinaus dem Kriterium der freien Handelbarkeit zu genügen, muß es sich bei den hier zu untersuchenden Publikumsgesellschaften ferner um börsennotierte *corporations* beziehungsweise Aktiengesellschaften[26] handeln.

---

[20] *Röhrich*, RIW 1993, S. 93/94.
[21] *Peltzer*, ZIP 1989, S. 69/69.
[22] *Fahrholz*, Neue Formen der Unternehmensfinanzierung, S. 107.
[23] *Baums*, in: FS Mestmäcker, S. 815/818.
[24] *Elsing/Van Alstine*, US-amerikanisches Handels- und Wirtschaftsrecht, Rn. 572 und 675.
[25] *Elsing/Van Alstine*, US-amerikanisches Handels- und Wirtschaftsrecht, Rn. 680.
[26] Das WpÜG bezieht dessen Anwendungsbereich in §§ 1, 2 Abs. 3 auf Angebote zum Erwerb von Wertpapieren, die von Aktiengesellschaften oder Kommanditgesellschaften auf Aktien mit Sitz im Inland ausgegeben werden und zum Handel an einem organisierten Markt zugelassen sind. Als organisierter Markt gilt gemäß § 2 Abs. 7 WpÜG der amtliche Handel oder geregelte Markt an einer Börse im Inland und der geregelte Markt i.S.d. Art. 1 Nr. 13 der Richtlinie 93/22/EWG des Rates vom 10. Mai 1993 über Wertpapierdienst-

b. Größe der Publikumsgesellschaft

Schwieriger darstellbar ist demgegenüber das Kriterium der Größe. Für eine Begriffsbestimmung ist es zunächst denkbar, an die Voraussetzungen anzuknüpfen, die die Unternehmen bei der Notierungsaufnahme an den wesentlichen Börsenplätzen der USA[27] und der Bundesrepublik[28] erbringen müssen. Bereits diese Mindestanforderungen stellen sich unter Berücksichtigung der einzelnen Marktsegmente jedoch als derart unterschiedlich dar[29], daß sich hieraus eine zuverlässige Eingrenzung des Begriffs der großen Publikumsgesellschaft nicht folgern läßt. Abzustellen ist demnach auf andere Anhaltspunkte.

aa. Hinreichend liquider Markt

Wesentlich ist zunächst, daß es sich bei einer großen Publikumsgesellschaft um ein Unternehmen handelt, dessen Aktien auf einem hinreichend liquiden Markt gehandelt werden. Sollte dies nicht der Fall sein, so bestünde die Gefahr, daß bereits kleine Orders zu größeren Kursausschlägen führen, die die Transaktionskosten somit für den Bieter unkalkulierbar machten[30].

bb. Verwendete Finanzierungsformen

Als weiteres Abgrenzungskriterium bietet sich die Betrachtung der verwendeten Finanzierungsformen an. Könnte die Bietergesellschaft den Kauf- beziehungsweise Übernahmepreis problemlos allein aus ihren bereits vorhandenen Aktiva oder durch Aufnahme von Fremdkapital in Form eines Bankkredites erbringen, so würde schon diese Form der Finanzierung gegen die objektive Größe des Zielunternehmens sprechen. Ein schlichter Kauf gegen Barmittel oder eine Finanzierung im Wege eines Bankdarlehens scheidet daher als Finanzierungs-

---

leistungen (ABl. EG Nr. L 141 S. 27) in einem anderen Staat des Europäischen Wirtschaftsraums.

[27] In den USA sind hierfür die New York Stock Exchange (NYSE), die American Stock Exchange (AMEX) und das National Association of Securities Dealers Automated Quotation System (NASDAQ) zu berücksichtigen.

[28] In der Bundesrepublik sind unter diesem Gesichtspunkt insbesondere die von der Deutschen Börse AG in Frankfurt betriebenen Segmente des amtlichen Handels und des geregelten Marktes zu beachten.

[29] Vgl. zu den USA: *Becker*, Börsen- und Kapitalmarktrecht der Vereinigten Staaten, in: Hopt/Rudolph/Baum; S. 821 f., sowie zur Bundesrepublik: *Claussen*, Bank- und Börsenrecht, S. 460 ff.

[30] *Baums*, in: FS Mestmäcker, S. 815/817. Dem jeweiligen Marktsegment kommt in diesem Zusammenhang eine indikative, nicht jedoch die allein ausschlagggebende Bedeutung zu.

möglichkeit im Rahmen dieser Arbeit aus[31]. Im Hinblick auf Darlehensverträge spricht für dieses Verständnis auch die Überlegung, daß es dem Bieter zwar möglich sein könnte, eine relativ hohe Darlehenssumme von einem Bankenkonsortium zu beschaffen, dies jedoch regelmäßig nicht seiner Interessenlage entspricht. Folge eines solchen Vorgehens wäre eine langfristige Darlehensverpflichtung in bedeutender Höhe, die den finanziellen Entscheidungsspielraum eines Unternehmens gerade in Zeiten des wirtschaftlichen Abschwungs erheblich belasten kann. Insofern wird die Unternehmensleitung des Bieters für eine große Publikumsgesellschaft hieran oftmals kein Interesse haben. Maßgeblich für die im Rahmen dieser Arbeit entscheidenden Finanzierungsformen ist es somit, daß es zur Erbringung des Kauf- bzw. Übernahmepreises entweder einer Veränderung der Eigenkapitalausstattung (z.B. durch Kapitalerhöhung) oder neben einem Bankdarlehen weiterer Maßnahmen der Fremdkapitalfinanzierung (z.B. durch Begebung von Anleihen) bedarf[32]. Nur dann, wenn der Bieter derartige Kapitalmaßnahmen zur Finanzierung seines Vorhabens ergreifen muß, handelt es sich bei der Zielgesellschaft um eine große Publikumsgesellschaft im Sinne dieser Arbeit.

4. Rechtsfragen der Finanzierung

Die Behandlung der Rechtsfragen der Finanzierung strebt keinesfalls die Suche nach einer optimalen Formel zur Finanzierung an. Die Entscheidung, welcher Finanzierungsinstrumente sich ein Bieter bedient, hat unter Berücksichtigung des benötigten Finanzbedarfs, der Finanzierungskosten, der zeitlichen Verfügbarkeit der Finanzmittel, des bereits bestehenden Verschuldungsgrades des Erwerbers und eventueller Sicherheiten im jeweiligen Einzelfall zu erfolgen[33]. Vielmehr stellt diese Arbeit die herkömmlich verwendeten Finanzierungsinstrumente zunächst in ihrer wirtschaftlichen Tragweite dar. Anschließend untersucht sie die bei deren Verwendung auftretenden Rechtsfragen unter dem Aspekt der Finanzierung einer feindlichen Übernahme auf eine große Publikumsgesellschaft[34]. Dabei bleiben jedoch diejenigen Rechtsfragen unberücksichtigt, die sich aus grenzüberschreitenden Übernahmen ergeben[35].

---

[31] Auch wenn es relativ naheliegend ist, daß derartige finanzielle Ressourcen im Rahmen einer umfangreichen Finanzierungsmaßnahme regelmäßig verwendet werden, so werden sie nicht den Schwerpunkt der vorzunehmenden Maßnahmen bilden.

[32] In der Unternehmenspraxis dürfte die Mehrzahl der Übernahmen großer Publikumsgesellschaften (sog. „Mega-Deals“) im Wege der Kapitalerhöhung finanziert sein; *Vogel*, in: Haarmann/Binger/Schüppen, § 13 WpÜG, Rn. 34. Vgl. zu den Risiken der ausschließlichen Fremdkapiatalfinanzierung *Birkenkämper*, Rechtsfragen feindlicher Übernahmen – Juristische Nachlese zum Fall Krupp/Thyssen, Diss., S. 119 ff.

[33] *Picot*, in: Picot, Unternehmenskauf und Restrukturierung, S. 105.

[34] Siehe hierzu nachfolgend für die USA: § 4 I. Eigenkapitalfinanzierung; § 4 II. Fremdkapitalfinanzierung; sowie § 5 II. Eigenkapitalfinanzierung; § 5 III. Fremdkapitalfinanzierung;

Als mögliche Finanzierungsmittel sind grundsätzlich solche der Innenfinanzierung (unternehmensinterne Mittelherkunft) von denen der Außenfinanzierung (also mit unternehmensexterner Mittelherkunft) zu unterscheiden[36].
Als Innenfinanzierung bezeichnet man den Zufluß von Finanzierungsmitteln im Zuge des betrieblichen Leistungs- und Umsatzprozesses, in dem Güter oder Dienstleistungen marktmäßig veräußert werden[37]. Ferner zählt auch der Zufluß von Finanzierungsmitteln aus einmaligen Transaktionen (z.B. *sale-and-lease-back*) hierzu. Damit tragen insgesamt alle laufenden Umsatzerlöse, einmaligen Erlöse und sonstigen Einzahlungen (z.B. Zinsen und Mieten) zur Innenfinanzierung des Unternehmens bei[38]. Weil es sich dabei im wesentlichen um die Verwendung bereits in der Gesellschaft vorhandener liquider Mittel handelt, soll der Bereich der Innenfinanzierung im folgenden unberücksichtigt bleiben.
Demgegenüber ist unter der Außenfinanzierung die vorwiegende Beschaffung der Finanzmittel vom Geld- und Kapitalmarkt zu verstehen[39]. Je nach der Stellung des externen Kapitalgebers als Eigentümer oder Gläubiger läßt sich dabei zwischen einer Finanzierung durch Verwendung von Eigenkapital (Eigenkapitalfinanzierung) und einer Finanzierung unter Verwendung von Fremdkapital (Fremdkapitalfinanzierung) unterscheiden[40]. Hierbei ist eine Konzentration auf diejenigen Finanzierungsarten geboten, die die Beschaffung von langfristigem Kapital von außen für den Unternehmenserwerb zum Inhalt haben. Dies liegt daran, daß es sich bei der Finanzierung der feindlichen Übernahme einer großen Publikumsgesellschaft regelmäßig nicht um eine Routineangelegenheit des üblichen betrieblichen Alltags, sondern um ein langfristiges Ausnahmevorhaben

und für die Bundesrepublik Deutschland: § 7 I. Eigenkapitalfinanzierung und die zur Sicherstellung nach § 13 WpÜG notwendigen Maßnahmen; § 7 II. Fremdkapitalfinanzierung und die zur Sicherstellung nach § 13 WpÜG notwendigen Maßnahmen; sowie § 8 I. Eigenkapitalfinanzierung; § 8 II. Fremdkapitalfinanzierung.

35 Vgl. hierzu eingehend *Stöcker*, Rechtsfragen grenzüberschreitender Unternehmenszusammenschlüsse, Diss., insbesondere: § 8 Derzeitige Gestaltungsmöglichkeiten für grenzüberschreitende Unternehmenszusammenschlüsse, S. 325 ff.; § 9 Künftige Gestaltungsmöglichkeiten für grenzüberschreitende Unternehmenszusammenschlüsse innerhalb der EU; S. 421 ff.; § 10 Bestimmung des Gesellschaftsstatuts grenzüberschreitender Unternehmen, S. 449 ff.; § 11 Unternehmensleitung und Unternehmensüberwachung in grenzüberschreitenden Unternehmen, S. 463 ff.

36 *Drukarczyk*, Theorie und Politik der Finanzierung, S. 15.

37 *Drukarczyk*, Theorie und Politik der Finanzierung, S. 15 f.; *Weiss*, in: Hölters, Handbuch des Unternehmens- und Beteiligungskaufs, S. 198.

38 *Picot*, in: Picot, Unternehmenskauf und Restrukturierung, S. 105; *Weiss*, in: Hölters, Handbuch des Unternehmens- und Beteiligungskaufs, S. 198.

39 *Drukarczyk*, Theorie und Politik der Finanzierung, S. 15 f.; *Weiss*, in: Hölters, Handbuch des Unternehmens- und Beteiligungskaufs, S. 198.

40 *Weiss*, in: Hölters, Handbuch des Unternehmens- und Beteiligungskaufs, S. 199.

handelt[41]. Im Zusammenhang mit der Eigenkapitalfinanzierung sind hierbei zunächst verschiedene Kapitalerhöhungsformen[42] und die Verwendung eigener Aktien[43] zu betrachten. Daneben sind aber auch Zwischenformen der Finanzierung zu berücksichtigen[44], beispielsweise die Ausgabe von Wandelschuldverschreibungen[45].

Im Bereich der externen Fremdkapitalfinanzierung sind vor allem kurzfristige Kredite[46] und Anleihen[47] von Bedeutung. Verfügt die Bietergesellschaft nicht über das erforderliche Kapital, so bieten sich im Rahmen der Fremdkapitalfinanzierung zwei Wege an. Sie kann eine Investmentbank um die Bereitstellung eines Überbrückungskredits (sogenanntes *bridge loan*) bitten oder hochverzinsliche aber unbesicherte Anleihen (sogenannte *junk bonds*) auflegen. Häufig werden diese beiden Möglichkeiten auch in der Form miteinander verknüpft, daß die Investmentbank einen Überbrückungskredit gewährt, dessen Rückzahlung mit den Einkünften aus der Emission der *junk bonds* finanziert wird[48]. Die Absicherung und die Rückzahlung des hiernach verbleibenden Fremdkapitals erfolgt dann regelmäßig aus dem Gesellschaftsvermögen der Zielgesellschaft, sobald die Bietergesellschaft auf dieses Zugriff hat[49]. Zunächst können die laufenden Finanzierungskosten (Zinsen) aus dem Barmittelrückfluß der Zielgesellschaft finanziert werden. Daneben ist es aber auch möglich, die Zielgesellschaft ganz oder teilweise zu zerschlagen und die Vermögensteile einzeln zu veräußern

---

[41] *Picot*, in: Picot, Unternehmenskauf und Restrukturierung, S. 105; *Weiss*, in: Hölters, Handbuch des Unternehmens- und Beteiligungskaufs, S. 199.

[42] Vgl. hierzu für die USA nachfolgend: § 4 I. 1. Kapitalerhöhung; § 5 II. 1. Kapitalerhöhung, sowie für die Bundesrepublik Deutschland nachfolgend: § 7 I. 1. Schaffung von Eigenkapital im Wege der Kapitalerhöhung.

[43] Vgl. hierzu für die USA nachfolgend: § 4 I. 2. Verwendung zurückerworbener eigener Aktien als Gegenleistung im Rahmen des Aktientauschs; § 5 II. 2. Rückerwerb eigener Aktien, sowie für die Bundesrepublik Deutschland nachfolgend: § 7 I. 2. Verwendung von eigenen Aktien als Mittel der Finanzierung einer feindlichen Übernahme.

[44] *Weiss*, in: Hölters, Handbuch des Unternehmens- und Beteiligungskaufs, S. 204; ebenso: *Drukarczyk*, Theorie und Politik der Finanzierung, S. 16, der dies als Formen der „hybriden Finanzierung" bezeichnet.

[45] Vgl. hierzu für die USA nachfolgend: § 4 II. 6. Finanzierung durch *Convertible Bonds*; § 5 III. 4. Finanzierung durch von der Tochtergesellschaft begebene *Convertible Bonds*, sowie für die Bundesrepublik Deutschland nachfolgend: § 7 I. 3. Verwendung von Wandelschuldverschreibungen und Genußrechten.

[46] *Weiss*, in: Hölters, Handbuch des Unternehmens- und Beteiligungskaufs, S. 222.

[47] *Drukarczyk*, Theorie und Politik der Finanzierung, S. 15 f. (der dies „Fremdfinanzierung" nennt); *Weiss*, in: Hölters, Handbuch des Unternehmens- und Beteiligungskaufs, S. 235.

[48] Vgl. zu *Junk Bonds* für die USA nachfolgend: § 4 II. 5. Finanzierung mit *Junk Bonds*; § 5 III. 3. Finanzierung durch von der Tochtergesellschaft des Bieters begebene *Junk Bonds*, sowie für die Bundesrepublik Deutschland nachfolgend: § 7 II. 2. Begebung von Anleihen.

[49] *Merkt*, US-amerikanisches Gesellschaftsrecht, S. 595 f.

(sogenannter *bust-up takeover*). Die Fremdmittel könnten dann aus den Verkaufserlösen zurückgeführt werden[50].

Unter Finanzierungsgesichtspunkten sind im Rahmen eines feindlichen Übernahmeangebotes jedoch sowohl in preislicher als auch in zeitlicher Hinsicht Besonderheiten zu berücksichtigen. Zunächst ist zu beachten, daß eine feindliche Übernahme im Vergleich zu einer friedlichen Lösung regelmäßig teurer ist[51]. Dies liegt vor allem daran, daß die Verwaltung der Zielgesellschaft auf ein feindliches Übernahmeangebot häufig mit Abwehrmaßnahmen[52] reagiert, deren Überwindung einen (teilweise erheblichen) finanziellen Aufwand mit sich bringt[53]. Ferner ist auch den Aktionären von Zielgesellschaften mittlerweile bekannt, daß sie in einer Übernahmesituation den Wert ihres Investments steigern können, indem sie Übernahmeprämien verlangen[54]. Somit wird es für Bieter zunehmend teurer, die grundsätzlich verkaufsbereiten Aktionäre davon zu „überzeugen", daß ein Tausch ihrer Aktien in solche der Bietergesellschaft oder ein Verkauf an dieselbe für sie attraktiver ist als ein Verbleib in der Zielgesellschaft. Dies gilt umso mehr, als Anleger häufig begründete[55] Zweifel daran haben, daß durch eine Übernahme tatsächlich der versprochene Mehrwert geschaffen wird[56].

---

[50] *Ebenroth/Eyles*, RIW 1988, S. 413/414.

[51] *Handelsblatt* vom 3.3.2000 und 30.4.2003.

[52] Siehe hierzu beispielsweise die Übernahmeauseinandersetzung zwischen der Vodafone Airtouch plc. und der Mannesmann AG: *Handelsblatt* vom 17.11.1999, 29.11.1999, 17.1.2000, vom 4.2.2000, ; FAZ vom 4.2.2000.

[53] Im Gegensatz zur ursprünglichen Planung erreichte die Übernahme der Mannesmann statt eines Volumens von ca. 106 Mrd. US-$ (*Handelsblatt* vom 19.11.1999; dies entsprach ca. 242 Mrd. DM, *Handelsblatt* vom 1.12.1999) ein Transaktionsvolumen von ca. 203 Mrd. US-$ (*Handelsblatt* vom 3.3.2000).

[54] So ergab eine Studie der Unternehmensberatung Roland Berger & Partner (Verfasser: Schwenker/Moje), daß im Rahmen aller (also auch freundlicher) Übernahmen in Europa eine durchschnittliche Aquisitionsprämie von 29 % und in den USA von 40 % gezahlt wird. Vgl. hierzu: *Handelsblatt* vom 7.4.2000, S. K 4. Demgegenüber untersuchte die US-Investmentbank J.P.Morgan lediglich die im Jahre 1999 in Kontinentaleuropa vorgenommenen bzw. angekündigten feindlichen Übernahmen. Hierbei wurde eine durchschnittlicher Aufpreis von 44 % errechnet; vgl. *Picot*, in: Picot, Handbuch Mergers & Acquisitions, S. 173.

[55] So ergab die soeben erwähnte Studie von Roland Berger & Partner, daß bereits ab dem ersten Jahr Synergieeffekte in Höhe von 5,4 % der Wertes der Zielgesellschaft nötig wären, um eine Übernahmeprämie von lediglich 30 % zu finanzieren. Je später diese Vorteile eintreten, um so höher steigt der Prozentsatz, der notwendig ist, um einen Erlös für das Unternehmen zu realisieren und keine Werte zu vernichten. Tatsächlich erreichen jedoch nur wenige Unternehmen diese Mehrwerte. Die durchschnittlichen Synergien liegen lediglich bei 5 %, wobei jedoch zwei Fünftel der Unternehmen weniger als 4 % realisieren. *Handelsblatt* vom 7.4.2000, S. K 4.

[56] *Handelsblatt* vom 3.3.2000.

Darüber hinaus ergibt sich für eine Bietergesellschaft regelmäßig ein erheblicher Zeitdruck. Aus zwei Gründen muß ein feindliches Übernahmeangebot, soll es erfolgreich sein, so gut vorbereitet sein, daß es zügig abgewickelt werden kann. Zunächst ist der Verwaltung der Zielgesellschaft die Möglichkeit zu nehmen, langwierige und kostspielige Abwehrmaßnahmen zu ergreifen. Dies erklärt sich einerseits daraus, daß durch eine gut geplante Abwehrstrategie die Erfolgschancen des Gesamtvorhabens sinken. Andererseits sind aber auch die Kosten dieser Abwehrmaßnahmen und des damit auf beiden Seiten verbundenen Beratungsbedarfs erheblich[57]. Insbesondere ist dabei zu beachten, daß diese Kosten im Falle eines Erfolgs des feindlichen Übernahmeangebotes ausschließlich von der Bietergesellschaft zu tragen sind. Dies hat wiederum zur Folge, daß durch einen sich über lange Zeit hinziehenden Übernahmevorgang das Gesamtvorhaben auch aus der Sicht der Bietergesellschaft zunehmend unattraktiver wird. Andererseits bewirkt ein (feindliches) Übernahmeangebot regelmäßig eine erhöhte Nachfrage nach den Aktien der Zielgesellschaft und somit einen Kursanstieg. Je kürzer dieser Zeitraum potentieller Nachfragesteigerung jedoch ist, um so günstiger ist die erfolgreiche feindliche Übernahme für den Bieter.

Für die Finanzierung eines feindlichen Übernahmeangebotes auf eine große Publikumsgesellschaft hat dies zur Folge, daß Maßnahmen, deren Durchführung sich über einen langen Zeitraum hinziehen, nur bedingt geeignet sind. Gleiches gilt für solche Maßnahmen, deren Vorbereitung mit der Offenlegung einer allgemeinen Übernahmeabsicht oder sogar des konkreten Übernahmevorhabens verbunden sind. Diese aus Sicht des Bieters unerwünschte Publizität kann sich beispielsweise schon aus der Notwendigkeit eines Beschlusses der Aktionärs- beziehungsweise Hauptversammlung des Bieters ergeben. Die praktische Tauglichkeit der denkbaren Finanzierungsformen muß sich daher an diesem Maßstab messen lassen[58].

---

[57] Allein die Provisionen der beteiligten Investmentbanken betragen regelmäßig zwischen 0,5 % und 1 % des Transaktionsvolumens, *Handelsblatt* vom 18.11.1999 und vom 27.04.2000, S. B 8 und B 11. Jede der drei weltweit führenden Investmentbanken – Goldman Sachs, Morgan Stanley Dean Witter und Merrill Lynch – erzielte dabei im Jahre 1999 ein Transaktionsvolumen von mehr als 1.000 Mrd. US-$ (*Handelsblatt* vom 3.1.2000 und vom 27.4.2000, S. B 8). Hinzu kommen dabei noch die Honorare für Rechtsanwälte, Wirtschaftsprüfer und Steuerberater sowie die Kosten von Werbekampagnen (allein der Kampf um die Mannesmann AG verursachte Werbekosten in einer geschätzten Höhe von 500 Mio. DM).

[58] *Vogel*, in: Haarmann/Binger/Schüppen, § 13 WpÜG, Rn. 15 sowie *ders.*, ZIP 2002, S. 1421/1422.

II. Potentielle Zielunternehmen

Im Rahmen der Grundlagen ist ferner zu überlegen, welche Gesellschaften sich unter Finanzierungsgesichtspunkten als Zielgesellschaften für ein feindliches Übernahmevorhaben eignen. Ein Unternehmen eignet sich besonders dann, wenn es einige der folgenden Merkmale aufweist:

Zunächst sollte sich das Zielunternehmen durch einen niedrigen Verschuldungsgrad auszeichnen. Dieser kann einerseits für die Kapitaldienstfähigkeit des Bieters maßgeblich sein und auf diese Weise bewirken, daß der Bieter das zur Finanzierung möglicherweise notwendige Fremdkapital überhaupt erhält. Andererseits lassen sich die vorhandenen (unbelasteten) Vermögenswerte im Anschluß an eine erfolgreiche Übernahme in aller Regel veräußern, um auf diese Weise unmittelbar der Rückzahlung etwaiger Krediten zu dienen, die der Bieter zur Finanzierung der Transaktion aufnimmt. Bei diesen Vermögenswerten muß es sich aber um gut veräußerbare Gegenstände handeln, also beispielsweise um Immobilien oder Maschinen[59]. Im Gegensatz dazu wird die Aufnahme hoher Mengen Fremdkapitals oftmals zur Abwehr möglicher Übernahmen genutzt, da dieses Fremdkapital die Zielgesellschaft und somit im Anschluß an eine erfolgreiche Übernahme auch den Bieter mittel- bis langfristig belasten und den wirtschaftlichen Handlungsspielraum nachteilig beeinflussen kann[60].

Ferner sollte das Kerngeschäft des Zielunternehmens auf einer gesicherten Marktposition mit ausgereiften Produkten begründet sein[61] und ein nur mäßiges Wachstum, jedoch konstante Gewinne aufweisen[62]. Dies hat zunächst den Hin-

---

59 *Hitschler*, BB 1990, S. 1877/1879; *Solomon/Schwartz/Bauman/Weiss*, Corporations, S. 1171; *Troubh*, The Business Lawyer, Vol. 32 (1977), S. 1301/1301 f.

60 *Solomon/Schwartz/Bauman/Weiss*, Corporations, S. 1176.

61 *Hitschler*, BB 1990, S. 1877/1879; *Reed*, Europe: Buyout Fever!, in: BusinessWeek vom 14.06.1999, www.businessweek.com:/1999 /99_24/b3633098.htm; *Troubh*, The Business Lawyer, Vol. 32 (1977), S. 1301/1302.

62 *Reed*, Europe: Buyout Fever!, in: Business Week vom 14.06.1999, www.businessweek. com:/1999/99_24/b3633098.htm. Aus der Sicht eines Investmentbankers ist dies, gemeinsam mit dem soeben erläuterten geringen Verschuldungsgrad, ein Kennzeichen für ein schwaches Management. Dieses verlasse sich auf die anscheinend gesicherte Marktposition des Unternehmen und die daraus folgenden konstanten Gewinne. Andererseits sei das Management offensichtlich wenig risikobereit oder geschäftstüchtig, weil es die im Unternehmen vorhandenen Vermögenswerte nicht zur Ausnutzung weiterer Gewinnchancen in anderen Geschäftsbereichen verwende. Ein solches Management empfindet die Situation des Unternehmens aber auch die eigenen Position häufig als sicher und ergreift insofern auch nur selten oder weniger intensive präventive Abwehrmaßnahmen gegen mögliche Übernahmeversuche. Gerade hierdurch wird es jedoch ein potentielles Zielunternehmen. Siehe *Troubh*, The Business Lawyer, Vol. 32 (1977), S. 1301/1301 sowie *Mørck/Shleifer/Vishny*, in: Auerbach, Corporate Takeovers, S. 101/104 und 116 f.

tergrund, daß die Leistungen zur Finanzierung und Tilgung des langfristigen Fremdkapitals (Kapitaldienst) vor allem aus dem erwirtschafteten Barmittelzufluß (*cash flow*) stammen sollen. Daher sollten in den ersten Jahren nach der Unternehmensübernahme keine kapitalintensiven Großinvestitionen oder ein hoher Forschungs- und Entwicklungsaufwand notwendig sein[63]. Investoren empfinden solche Unternehmen, die zwar konstante Gewinne erzielen aber andererseits keine positiven Überraschungen erwarten lassen, häufig als uninteressant. Dies führt oft zu einer Unterbewertung am Kapitalmarkt, die ihrerseits auf mögliche Bieterunternehmen anziehend wirkt[64].

Unter Finanzierungsgesichtspunkten erscheinen Unternehmen aus Wachstumsbranchen daher wegen ihres hohen Kapitalbedarfs zunächst ebensowenig für eine Übernahme geeignet wie Unternehmen, deren Produkte in hohem Maße den Risiken technologischer Neuentwicklungen oder bestimmten Saison- und Modezyklen unterliegen[65]. Im Idealfall ist das Zielunternehmen noch in einer Branche mit geringer Wettbewerbsintensität und hohen Marktzutrittsbarrieren tätig, nimmt in dieser Branche aber eine starke Wettbewerbsposition ein. Hierdurch läßt sich die Einschränkung von Neuinvestitionen eher ermöglichen, so daß die vorhandenen finanziellen Mittel einer zügigen Tilgung etwaiger zur Finanzierung der Transaktion aufgenommener Verbindlichkeiten dienen können[66].

---

63 *Hitschler*, BB 1990, S. 1877/1879.

64 So haben sich die Aktienkurse der 13 Unternehmen, die 1999 im Rahmen einer erfolgreichen feindlichen Übernahme übernommen wurden, in den zwei Vorjahren durchschnittlich um 23 % schlechter entwickelt als die des Marktdurchschnitts; *Picot*, in: Picot, Handbuch Mergers & Acquisitions, S. 173. Ebenso: *Merkt*, US-amerikanisches Gesellschaftsrecht, S. 593 f.; *Morck/Shleifer/Vishny*, in: Auerbach, Corporate Takeovers, S. 101/104 und 116 f.; *Netter*, The Journal of Corporation Law, 1990, S. 219/233; *Solomon/Schwartz/Bauman/Weiss*, Corporations, S. 1171; *Troubh*, The Business Lawyer, Vol. 32 (1977), S. 1301/1302. Die Vertreter der sogenannten *Chicago School* gehen hingegen von einem effizienten Kapitalmarkt aus, der folglich eine Unterbewertung ausschließt. Ihrer Meinung nach beruht ein zu niedriger Börsenkurs regelmäßig auf der (sich negativ auswirkenden) Unfähigkeit des Managements, die im Unternehmen vorhandenen Ressourcen effizient zu nutzen. Vgl. *Solomon/Schwartz/Bauman/Weiss*, aaO.

65 *Rabinovitz*, Leveraged Buyouts' Strange Return, in: The Standard vom 03.01.2000, www.thestandard.com/article/article_print/1,1153,8458,00.html; *Troubh*, The Business Lawyer, Vol. 32 (1977), S. 1301/1302.

66 *Hitschler*, BB 1990, S. 1877/1880.

§ 3 Rechtsfragen der Finanzierung nach US-amerikanischem Recht

I. Grundlagen

Vor der Erörterung der Rechtsfragen der Finanzierung eines feindlichen Übernahmeangebotes auf eine große Publikumsgesellschaft nach US-amerikanischem Recht bedarf es eines Überblicks über die Finanzverfassung der *business corporation* US-amerikanischen Rechts[67] sowie die maßgebliche Gesetzgebung im Bereich des Übernahmerechts.

1. Die Finanzverfassung der *business corporation*

Die Finanzverfassung der *business corporation* ist im *„Business Corporation Act"* des jeweiligen Gründungsstaates geregelt. Ein solches Gesetz existiert in jedem der US-amerikanischen Einzelstaaten. Inhaltlich können diese Gesetze aber auf unterschiedlichen Ansatzpunkten beruhen und das Recht der *business corporation* daher auch in unterschiedlichem Umfang regeln[68]. Unabhängig vom jeweiligen Ansatzpunkt führen die *business corporation acts* der Einzelstaaten jedoch insgesamt dazu, daß das *corporation law* stärker als andere Bereiche des

---

[67] Siehe bzgl. der Quellen des US-amerikanischen Gesellschaftsrechts sowie zur Kompetenzverteilung in der *business corporation* US-amerikanischen Rechts unter anderen (jeweils mit weiteren Nachweisen): *Arsht*, Hofstra L.Rev., Vol. 8 (1979), S. 93 ff.; *Cary/Eisenberg*, S. 684 ff.; *Ebenroth/Eyles*, RIW 1988, S. 413 ff.; *Eisenberg*, Univ. Pitt. L. Rev., Vol. 51 (1990), S. 945 ff.; *Elsing/Van Alstine*, US-amerikanisches Handels- und Wirtschaftsrecht, S. 21 ff. und S. 232 ff.; *Ferrara/Abikoff/Gansler*, Shareholder Derivative Litigation, § 13; *Fischel*, Business Lawyer, Vol. 40 (1985), S. 1437 ff.; *Gilson*, 33 Stan. L. Rev. (1981), S. 819 ff.; *Hatzis-Schoch*, RIW 1992, S. 539 ff.; *Henn/Alexander*, Laws of Corporations, S. 26 ff.; *Kessler*, RIW 1998, S. 602 ff.; *Knoll*, Die Übernahme von Kapitalgesellschaften, Diss., S. 46 ff.; *Kurth*, Aktionärsschutz, Diss., S. 120 ff.; *Lammers*, Verhaltenspflichten, Diss., S. 38 ff.; *Lüttmann*, Kontrollwechsel, Diss., S. 112 ff.; *Merkt*, US-amerikanisches Gesellschaftsrecht, S. 113 ff. und S. 135 ff.; *Oesterle*, The Law of Mergers and Acquisitions, S. 352 ff.; *Paefgen*, AG 1992, S. 133 ff.; *Picot/Land*, DB 1998, S. 1601 ff.; *Romano*, Fordham Law Review, Vol. 61 (1993), S. 843 ff.; *Romano*, Journal of Law, Economics, & Organization, Vol.1 (1985), S. 225 ff.; *Wagner*, Standstill Agreements, Diss., S. 59 ff.; *Weisser*, Feindliche Übernahmen und Verhaltenspflichten, Diss., S. 76 ff.

[68] So vertrauen einerseits die Vertreter der sogenannten *Chicago-School* auf die wirtschaftliche Rationalität der Marktteilnehmer und folglich auf die Selbstheilungskraft des Marktes, was zu einem geringen Umfang an Regulierung führt. Demgegenüber gehen die Vertreter des sogenannten *managerialism* grundsätzlich von einem Marktversagen aus, das sich in einem eigennützigen Verhalten der Unternehmensleitung auf Kosten der von den Investoren angestrebten Gewinnmaximierung äußert. Dieser Ansatz hat somit einen hohen Grad an Regelungsdichte zur Folge. Vgl. *Paefgen*, AG 1992, S. 133/137; *Merkt*, US-amerikanisches Gesellschaftsrecht, S. 73 ff. und S. 77 ff.

US-amerikanischen Rechts Gesetzes- und nicht Richterrecht ist[69]. Im Zusammenhang mit den Rechtsfragen der Finanzierung eines feindlichen Übernahmeangebotes auf eine große Publikumsgesellschaft im US-amerikanischen Recht orientiert sich die vorliegende Arbeit am *Revised Model Business Corporation Act* (R.M.B.C.A.)[70] sowie den Regelungen der für das Gesellschaftsrecht bedeutsamen Staaten Delaware[71] und New York[72]. Im Falle einzelstaatlicher Besonderheiten ist auf die Vorschriften weiterer Staaten einzugehen[73].

Im Hinblick auf die Finanzverfassung unterscheiden sich die Interessen der Anleger an der *business corporation* danach, welche Form von Wertpapieren (*securities*) sie an derselben halten. Dabei lassen sich grundsätzlich Wertpapiere der Eigenkapital- (*equity securities*) von denen der Fremdkapitalfinanzierung (*debt securities*) unterscheiden. Diese Wertpapierarten stellen die grundsätzlich denkbaren Instrumente dar, mit denen Kapitalgeber ihr Interesse an der Führung und den Vermögensgegenständen einer *corporation* begründen und inhaltlich bestimmen sowie sich gegen mögliche Risiken absichern können[74].

a. Eigen(kapital)finanzierung (*equity financing*)

Erhält eine Gesellschaft Eigenkapital, so handelt es sich hierbei regelmäßig um eine permanente Finanzierungsquelle. Die Eigentümer von *equity securities* tragen ein unternehmerisches Risiko, denn ihre Forderungen nach regelmäßigen Ausschüttungen sind zunächst davon abhängig, daß die Gesellschaft Gewinne erwirtschaftet. Ferner sind ihre Rechte an den Vermögensgegenständen der Gesellschaft denen der Fremdkapitalgeber unter- beziehungsweise nachgeordnet[75].

---

69 *Merkt*, US-amerikanisches Gesellschaftsrecht, S. 135. Die Bezeichnung der Gesetze variiert dabei zwischen den Titeln Business Corporation Act, Business Corporation Law und Business Corporation Code.

70 Hierbei handelt es sich um ein von der *American Bar Association* entworfenes bzw. im Jahre 1984 überarbeitetes Modellgesetz (uniform law), welches in einigen Einzelstaaten umgesetzt wurde und dort somit Vorbildcharakter hat. Vgl. *Kessler*, RIW 1998, S. 602/609; *Merkt*, US-amerikanisches Gesellschaftsrecht, S. 127; *Wagner*, Standstill Agreements, Diss., S. 59.

71 Das Gesellschaftsrecht ist im Delaware General Corporation Law (Del.Gen.Corp.L.) geregelt.

72 Siehe hierzu das New York Business Corporation Law (N.Y.Bus.Corp.L.).

73 Hierzu zählt dann insbesondere auch Kalifornien mit dem California General Corporation Law (Cal.Gen.Corp.L.).

74 *Solomon/Schwartz/Bauman/Weiss*, Corporations, S. 222.

75 *Solomon/Schwartz/Bauman/Weiss*, Corporations, S. 223.

aa. Kapitalaufbringung

Die Kapitalaufbringung vollzieht sich in einer *business corporation* durch die Ausgabe von Anteilen. Die Aktien werden entsprechend den in den *bylaws* getroffenen Bestimmungen über das zur Ausgabe vorgesehene Kapital (*authorized capital*) unmittelbar von der *corporation* an die Subskribenten ausgegeben und somit nicht zuerst von den Gründern (*incorporators*) oder *promoters* erworben[76]. Die Anteilseigner können ihre Einlage, die eine angemessene Gegenleistung darstellen muß, jedenfalls in Form von Bargeld, Sachwerten, unbedingten Ansprüchen und bereits erbrachten Diensten leisten. Bei der Bewertung von Sacheinlagen legen amerikanische Gerichte grundsätzlich einen großzügigen Maßstab an, der sich im wesentlichen auf eine Vertretbarkeitskontrolle beschränkt[77]. Neben den zuvor genannten Gegenleistungen sind in einigen Bundesstaaten auch Zahlungsversprechen (*promissory notes*[78], Schecks, Wechsel usw.) und zukünftig zu erbringende Dienste[79] zulässig. Soweit die Emission nicht am Kapitalmarkt erfolgt, ist durch vertragliche Konstruktionen dafür Sorge zu tragen, daß mit der Zeichnung der Aktien auch die Verpflichtung der Übernehmer zur Leistung der in der Satzung festgeschriebenen Einlagen unwiderruflich besteht. Aus diesem Grund sind in den *business corporation acts* vieler Bundesstaaten besondere Formvorschriften enthalten, die im Ergebnis zu einer Art Kapitalaufbringungsgarantie führen[80]. Ist die Einlage erbracht, so ist der Anteilseigner von jeglicher weiteren Haftung befreit[81].

Obwohl die Kapitalaufbringung eine Voraussetzung für die Gründung und die Finanzierung der *business corporation* ist[82], gibt es in der Mehrzahl der Bundes-

---

[76] §§ 6.01, 6.02 R.M.B.C.A.; § 152 Del.Gen.Corp.L.

[77] Vgl. *Merkt*, US-amerikanisches Gesellschaftsrecht, S. 251 f.; *Paefgen*, AG 1992, S. 133/142; *Schiller*, AG 1992, S. 20/20 ff.

[78] So läßt Kalifornien mit einer Sicherheit unterlegte *promissory notes* zu, wohingegen nicht abgesicherte Papiere eine unzureichende Gegenleistung für die Aktien sind; § 409(a)(1) Cal.Gen.Corp.L.; *Solomon/Schwartz/Bauman/Weiss*, Corporations, S. 250.

[79] § 6.21(e) R.M.B.C.A. Dies gilt jedoch nicht in allen Bundesstaaten, wie für Delaware beispielsweise *Scully v. Automobile Finance Corp.*, 101 A 908, 109 A 49 (Del.Ch.Ct. 1917) und die §§ 152, 153 Del.Gen.Corp.L. zeigen. Siehe hierzu: *Solomon/Schwartz/Bauman/Weiss*, Corporations, S. 250 f. Auch in New York ist es nicht möglich, Aktien schon in einem Zeitpunkt auszugeben, bevor die als Gegenleistung geschuldeten Dienste erbracht sind; siehe: *B & C Electrical Construction Co. v. Owen*, 176 AD 399 (1917), aff'd, 126 NE 927 (1919); *Werbelovsky v. Strausberg*, 105 NYLJ 287 (1941) sowie § 504(h) N.Y.Bus.Corp.L.

[80] *Paefgen*, AG 1992, S. 133/140 mit Verweis auf *Merkt*, US-amerikanisches Gesellschaftsrecht, S. 214 f.

[81] § 6.22 R.M.B.C.A.; § 162(a) Del.Gen.Corp.L.

[82] *Paefgen*, AG 1992, S. 133/142.

staaten[83] kein gesetzlich vorgeschriebenes Mindestkapital (*minimum capital*). Die Anteile können auf einen bestimmten Nennbetrag (*par value shares*) lauten oder nennwertlos (*no par value shares*) sein[84].

Werden *par value shares* ausgegeben, so dürfen diese bei der Erstausgabe nicht unter dem Nennwert veräußert werden[85]. Die addierten Nennwerte aller ausgegebener Aktien bilden das sogenannte *stated capital* (Grundkapital). Übersteigt die Einlage den *par value*, dann wird dieser Mehrbetrag nicht dem *stated capital* zugeschlagen, sondern in den sogenannten *capital surplus* (Rücklage) eingebracht. In den Bundesstaaten, die ein gesetzliches Mindestkapital vorschreiben[86], ist dieses als die Summe des *stated capital* und des *capital surplus* definiert. Regelmäßig wird dabei die Summe des *stated capital* gering und die des *capital surplus* im Vergleich dazu hoch sein[87], weil das *stated capital* der Gesellschaft grundsätzlich erhalten bleiben muß. Demgegenüber darf der *capital surplus* mit Zustimmung der Aktionäre ausgeschüttet oder für den Erwerb eigener Aktien verwendet werden und steht den Gläubigern der Gesellschaft damit nicht mehr zur Verfügung[88]. Die Einzelstaaten, die am Nennwertsystem festhalten, haben daher zum Schutz der Gesellschaftsgläubiger inzwischen Regelungen in ihre *business corporation acts* aufgenommen, nach denen die Aktionäre unter bestimmten Umständen für eine Verwässerung des Gesellschaftsvermögens haften[89].

Der R.M.B.C.A. und zahlreiche *corporate statutes* haben den *par value*-Ansatz jedoch inzwischen aufgegeben[90]. Die Gründer der Gesellschaft können in diesen Bundesstaaten folglich vom Nennwertprinzip abweichen, was im Ergebnis auch

---

83 Lediglich die *corporation statutes* in Arkansas, Conneticut, Destrict of Columbia, Georgia, Mississippi, North Carolina, Puerto Rico, South Dakota, Texas und Utah sehen solche Regelungen vor. Vgl. M.B.C.A. Ann. § 2.02 Statutory Comparison 2.

84 *Merkt*, US-amerikanisches Gesellschaftsrecht, S. 128 f. Siehe zu der diesbezüglich geführten Diskussion m.w.N. *Hirte*, WM 1991, S. 753 ff.; *Kübler*, WM 1990, S. 1853 ff.

85 Anderenfalls spricht man vom sogenannten *stock watering*, das zu einer Nachschußpflicht führt; vgl.: *Merkt*, US-amerikanisches Gesellschaftsrecht, S. 244.

86 Die Höhe dieses „Mindestkapitals" liegt in der Regel bei maximal 1.000,- US-$, vgl.: *Hamilton*, The Law of Corporations, S. 88 f.; *Merkt*, US-amerikanisches Gesellschaftsrecht, S. 245.

87 Beispielsweise *stated capital* in Höhe von 0,01 US-$ und *capital surplus* in Höhe von 999,99 US-$.

88 § 154 Del.Gen.Corp.L; § 506(b) N.Y.Bus.Corp.L.; *Henn/Alexander*, Laws of Corporations, S. 889 ff. und 939 ff.; *Merkt*, US-amerikanisches Gesellschaftsrecht, S. 245.

89 § 162(a) Del.Gen.Corp.L.; *Solomon/Schwartz/Bauman/Weiss*, Corporations, S. 249.

90 § 2.02(b)(2)(iv) R.M.B.C.A. Unter den Bundesstaaten, die auf das Nennwertprinzip verzichten, befindet sich auch Kalifornien; § 205 Cal.Gen.Corp.L. Anders ist dies jedoch in Delaware (§ 152 Del.Gen.Corp.L.) und in New York (§ 504(h) N.Y.Bus.Corp.L.).

zu einer Abkehr vom gesetzlichen Grundkapital führt[91]. Die Gründe hierfür liegen zunächst in der Unübersichtlichkeit des *par value*-Ansatzes[92]. Das Hauptargument ist aber, daß auch der Nennwert der Aktien und das Grundkapital nach dem *par value*-Ansatz keinen ausreichenden Gläubigerschutz bewirken und somit nicht das zu leisten vermögen, was sie eigentlich bezwecken[93]. Dies liegt zunächst an der nicht erwähnenswerten Höhe des gesetzlich vorgesehenen Mindestkapitals. Selbst wenn bei der Gesellschaftsgründung nennenswertes Kapital zur Verfügung stand, ließ sich dieses mit einer einfachen Änderung der *articles of incorporation* auf einen niedrigeren Betrag reduzieren, ohne daß die Gläubiger davor wirksam geschützt worden wären[94]. Neuerdings bedarf es deshalb keines Mindestpreises mehr, zu dem bestimmte Aktien auszugeben sind[95]. Die Haftung der Anleger für die Leistung ihrer Einlage ist im R.M.B.C.A. hingegen - obwohl eine unterpari-Emission möglich wäre - ähnlich den Bestimmungen in Delaware geregelt. Sie ist beschränkt auf die „Zahlung derjenigen Gegenleistung, für die die Aktien als ausgabefähig in der Zeichnungsvereinbarung spezifiziert wurden“[96].

Sowohl nach dem *par value*- als auch nach dem *no par value*-System kann die *corporation* Aktien verschiedener Gattungen ausgeben und mit diesen Aktien je nach Gattung unterschiedliche Rechte verbinden[97].

So gibt es neben den *common stocks*, bei denen jede Aktie grundsätzlich ein Stimmrecht sowie ein Recht auf anteilige Berücksichtigung bei der Ausschüt-

---

91 *Merkt*, US-amerikanisches Gesellschaftsrecht, S. 249.

92 Bei dem es im Ergebnis auch erlaubt war, neben den *par value stocks* auch *no par stocks* auszugeben, was jedoch zu einer Vielzahl und von Bundesstaat zu Bundesstaat verschiedenen Regelungen der Unterpariemission (*stock watering*) führte.

93 *Hamilton*, The Law of Corporations, S. 88 f.; *Mitchell/Cunningham/Solomon*, Corporate Finance and Governance, S. 50 ff.; *Solomon/Schwartz/Bauman/Weiss*, Corporations, S. 242 ff., die jeweils auf die frühere und weitergeführte Kritik *Manning's* verweisen (siehe hierzu: *Manning/Hanks*, A Consise History of Legal Capital and Par Value, 3rd ed., 1990, S. 5-40).

94 *Merkt*, US-amerikanisches Gesellschaftsrecht, S. 249.

95 Im offiziellen Kommentar zu § 6.21 R.M.B.C.A. heißt es deshalb: „*there is no fixed price at which specific shares must be issued and therefore there can be no 'watered stock' liability for issuing shares below an arbitrarily fixed price*“. Zwar bedarf es immer noch einer adäquaten Gegenleistung bei der Ausgabe der Aktien, für deren Bestimmung aber einzig der *board of directors* zuständig ist. Die Interessen der Anleger vor einer Emission unter dem *par value* sollen dabei aber durch formalgesetzliche Vorschriften sowie das *business judgment* der *directors* ausreichend geschützt sein; *Solomon/Schwartz/Bauman/Weiss*, Corporations, S. 251.

96 § 6.22 R.M.B.C.A.; siehe auch: *Solomon/Schwartz/Bauman/Weiss*, Corporations, S. 252.

97 Siehe hierzu umfassend: *Merkt*, US-amerikanisches Gesellschaftsrecht, S. 253 ff.

tung von Gewinnen und der Verteilung des Liquidationserlöses beinhaltet[98], auch sogenannte *preferred stocks*, die ihrem Wesen nach mit der Vorzugsaktie deutschen Rechts vergleichbar sind. Als *preferred stock* bezeichnet man solche Aktien, deren wirtschaftliche Rechte den Rechten der Stammaktionäre vorgehen[99]. Dem Stimmrecht der *common stockholders* und den diesen gegenüber zu beachtenden Treuepflichten des *board of directors* steht bei den *preferred stocks* beispielsweise ein Vorteil bei der Verteilung des Liquidationserlöses[100] (*liquidation preference*) oder ein Dividendenvorteil (*dividend preference*) gegenüber[101]. Der Dividendenvorteil besteht regelmäßig darin, daß den Aktionären vor der Verteilung der übrigen Ausschüttungen - wie beispielsweise an *common stockholders* - ein fester Geldbetrag zu zahlen ist. Daneben nehmen diese Aktien ohne besondere Regelung nicht mehr an der weiteren Ausschüttung der Dividende teil (*nonparticipating preferred stock*)[102]. Nach dem Recht vieler Bundesstaaten können aber die *articles of incorporation* abweichende Sonderregelungen treffen, so daß *preferred stocks* auch an der weiteren Dividendenverteilung teilnehmen (*participating preferred stock*)[103]. Die Ausgabe stimmrechtsloser Aktien (*non voting stock*) an das Publikum trifft bei *public business corporations* nach US-amerikanischer Vorstellung auf rechtliche Bedenken und ist daher unüblich[104]. Der Ausschluß des Stimmrechts wird nach dem Recht der meisten Bundesstaaten ohnehin dann hinfällig, wenn es sich um grundlegende Entscheidungen, beispielsweise über die Änderung der Gesellschaftsstruktur, handelt[105]. Daneben gibt es *preferred stocks*, die durch entsprechende Satzungsbestimmungen regelmäßig auf Verlangen der *corporation*[106] (*redemption right*) gegen Zahlung eines von vornherein festgelegten Preises (*redemption price*) eingezo-

---

98 Vergleichbar der deutschen Stammaktie, *Merkt*, US-amerikanisches Gesellschaftsrecht, S. 256 ff; *Solomon/Schwartz/Bauman/Weiss*, Corporations, S. 223 f.

99 *Merkt*, US-amerikanisches Gesellschaftsrecht, S. 253 f.; *Solomon/Schwartz/Bauman/Weiss*, Corporations, S. 225.

100 *Merkt*, US-amerikanisches Gesellschaftsrecht, S. 254; *Solomon/Schwartz/Bauman/Weiss*, Corporations, S. 225.

101 *Solomon/Schwartz/Bauman/Weiss*, Corporations, S. 224.

102 *Solomon/Schwartz/Bauman/Weiss*, Corporations, S. 225.

103 Beispielswiese: § 102(a)(4) Del.Gen.Corp.L.; § 402(a)(5) N.Y.Bus.Corp.L.; § 202(e) Cal. Gen.Corp.L.; vgl. *Solomon/Schwartz/Bauman/Weiss*, Corporations, S. 225. Anders jedoch § 2.02(b)(2)(iv) R.M.B.C.A.

104 Es wird angeführt, daß stimmrechtslose Aktien denselben Effekt haben wie ein Stimmbindungsvertrag, ohne dabei den hierfür geltenden gesetzlichen Bestimmungen zu unterliegen. Dies hat zur Folge, daß beispielsweise die New York Stock Exchange keine Aktien von solchen *corporations* zum Handel zuläßt, die stimmrechtslose Aktien an das Publikum ausgegeben haben. Siehe hierzu *Merkt*, US-amerikanisches Gesellschaftsrecht, S. 255.

105 Insofern soll das Stimmrecht wieder aufleben, siehe hierzu *Merkt*, US-amerikanisches Gesellschaftsrecht, S. 255; *Solomon/Schwartz/Bauman/Weiss*, Corporations, S. 225.

106 Oder in einigen Bundesstaaten auch auf Verlangen des Aktionärs (also freiwillig).

gen werden können (*redeemable shares*)[107]. Schließlich gibt es noch wandelbare Vorzugsaktien (*convertible shares*). Sie können – je nach den Bestimmungen der *articles of incorporation* – in einem von vornherein festgelegten Umtauschverhältnis in Vorzugsaktien anderer Gattungen oder in Stammaktien umgewandelt werden. Ungewöhnlich ist aus deutscher Sicht auch die Vielfalt der Möglichkeiten der Vinkulierung von Aktien (*share transfer restrictions*), die weit über den bloßen Zustimmungsvorbehalt hinausgehen[108]. Voraussetzung für die Wirksamkeit solcher Bestimmungen ist jedoch die Verfolgung eines vernünftigen Gesellschaftsinteresses (*reasonable purpose*)[109].

Schließlich ist zwischen solchen Aktien, die zwar zur Ausgabe zugelassen, aber noch nicht ausgegeben sind (*authorized but unissued*) und solchen Aktien, die zur Ausgabe zugelassen und ausgegeben sind (*authorized and issued* beziehungsweise *authorized and outstanding*) zu unterscheiden. Grundsätzlich steht es den Gründern einer *corporation* frei, wie viele und welche Gattungen von Aktien sie zur Ausgabe zulassen und davon auch tatsächlich ausgeben[110]. Die Gesetze der Einzelstaaten sehen lediglich vor, daß die Gründungsurkunde die Anzahl und die gattungsbestimmenden Eigenschaften der zur Ausgabe zugelassenen Aktien enthält[111]. Hierbei ist es üblich, daß mehr Aktien zur Ausgabe zugelassen werden, als aktuell ausgegeben werden sollen. Dadurch kann die Gesellschaft einen zu einem späteren Zeitpunkt womöglich auftretenden Finanzbedarf einfach und vor allem kurzfristig decken[112]. Zur Ausgabe der zwar zugelassenen, aber noch nicht ausgegebenen Aktien bedarf es lediglich eines Beschlusses des *board of directors*[113]. Liegt dieser vor, können die Aktien am Kapitalmarkt plaziert werden. Um der zukünftigen Unternehmensleitung einen möglichst großen Gestaltungsspielraum zu schaffen, läge es somit nahe, bereits bei der Gründung der Gesellschaft ein Vielfaches der Aktienanzahl zur Ausgabe zuzulassen, die gegenwärtig benötigt wird. Dem steht in der Praxis jedoch einerseits entgegen, daß sich die Höhe der Gründungssteuer (*organization tax*) in einigen Bundesstaaten[114] nicht nach den tatsächlich ausgegebenen Aktien, sondern nach der Anzahl der zur Ausgabe zugelassenen Aktien richtet[115]. Somit kann die

---

[107] *Merkt*, US-amerikanisches Gesellschaftsrecht, S. 255; *Solomon/Schwartz/Bauman/Weiss*, Corporations, S. 225.

[108] Siehe insofern *Merkt*, US-amerikanisches Gesellschaftsrecht, S. 336 ff.; *Paefgen*, AG 1992, S. 133/142.

[109] Vgl. § 3 III. 3. Beschränkungen der Übertragbarkeit von Anteilen (transfer *restrictions*).

[110] *Solomon/Schwartz/Bauman/Weiss*, Corporations, S. 237.

[111] § 102(a)(4) Del.Gen.Corp.L.; §§ 2.02(a)(2), (b)(2)(iv) R.M.B.C.A.

[112] *Solomon/Schwartz/Bauman/Weiss*, Corporations, S. 238.

[113] § 161 Del.Gen.Corp.L.

[114] So beispielsweise in New York, siehe § 180 N.Y.Bus.Corp.L.

[115] *Hamilton*, The Law of Corporations, S. 165; *Merkt*, US-amerikanisches Gesellschaftsrecht, S. 244.

Schaffung von zur Ausgabe zugelassenen aber noch nicht ausgegebenen Aktien „auf Vorrat" im Einzelfall teuer sein. Andererseits bedarf es eben lediglich eines Beschlusses des *board of directors* zur Ausgabe der Aktien. Hierin wird mitunter die Gefahr gesehen, daß der Unternehmensleitung zu viel Freiraum bezüglich der Finanzausstattung der Gesellschaft gewährt wird. Dieser Einwand besitzt jedoch bei kleineren und von ihren Eigentümern geprägten Gesellschaften deutlich mehr Überzeugungskraft als bei Publikumsgesellschaften[116]. In der Unternehmenspraxis hat sich herausgestellt, daß die Unternehmensleitungen[117] fortwährend darauf achten, daß die Gesellschaft mit ausreichend *authorized but unissued shares* ausgestattet ist. Dies gilt zumindest für den bereits vorauszusehenden Finanzierungsbedarf. Meist sind aber auch unvorhersehbare und außergewöhnliche Belastungen in einem gewissen Umfang hiervon abgedeckt[118].

bb. Kapitalerhöhung

Reicht das ursprünglich aufgebrachte oder intern gebildete Kapital nicht aus, um den aktuellen Finanzbedarf zu decken, so bedarf es möglicherweise einer Kapitalerhöhung. Diese kann im US-amerikanischen Recht grundsätzlich auf zweierlei Weise vorgenommen werden.

Zunächst können *authorized but unissued shares* ausgegeben werden. Hierfür bedarf es, wie soeben dargelegt, lediglich eines Beschlusses des *board of directors* und der anschließenden Plazierung der Aktien am Kapitalmarkt. Dieser Weg ist somit einfach und schnell durchführbar. Insbesondere kann die Unternehmensleitung auf günstige Bedingungen am Kapitalmarkt kurzfristig reagieren.

Ferner können, beispielsweise wenn alle bisher zur Ausgabe zugelassenen Aktien bereits ausgegeben sind, neue *authorized shares* durch eine Änderung der Gründungsurkunde (*amendment of the articles of incorporation*) zugelassen werden. Hierfür bedarf es eines Vorschlags durch den *board of directors* und eines Beschlusses der Aktionäre (*shareholder approval*)[119]. Dabei ist regelmäßig die einfache Mehrheit der ausgegebenen Aktien ausreichend[120]. Gibt es unterschiedliche Aktiengattungen, so bedarf es der Zustimmung der Aktionäre jeder Gattung. Problematisch ist dies zunächst deshalb, weil die Zustimmung im Ein-

---

[116] *Hamilton*, The Law of Corporations, S. 165; *Solomon/Schwartz/Bauman/Weiss*, Corporations, S. 238.

[117] Insbesondere natürlich der *Treasurer*.

[118] *Hamilton*, The Law of Corporations, S. 165.

[119] *Solomon/Schwartz/Bauman/Weiss*, Corporations, S. 237.

[120] § 242(b)(1) Del.Gen.Corp.L.; § 10.03(b) R.M.B.C.A.

zelfall ausbleiben könnte. Vor allem kostet dieser Weg aber Zeit, denn wenn nicht mehr bis zur nächsten ordentlichen Aktionärsversammlung (*annual shareholders` meeting*) gewartet werden soll oder kann, bedarf es des Beschlusses einer außerordentlichen Aktionärsversammlung (*special shareholders` meeting*). Schon die gesetzlichen Vorschriften erfordern hierfür eine mindestens zehn Tage dauernde Ladungsfrist[121]. Regelmäßig dauert die Vorbereitung einer solchen Veranstaltung aber ungefähr 30 Tage. Während dieser Zeit können sich nicht nur die Bedingungen am Kapitalmarkt entscheidend verändern[122]. Auch die Chancen auf ein erfolgreiches feindliches Übernahmeangebot können während eines solchen Zeitraumes sinken.

cc. Kapitalerhaltung

(1) Zulässigkeit der Ausschüttung von Gesellschaftsvermögen an die Aktionäre

Bei den möglichen Ausschüttungen aus dem Gesellschaftsvermögen ist im US-amerikanischen Recht zunächst zwischen Dividenden (*dividends*) und den sonstigen Ausschüttungen (*distributions*), die einer Verteilung des Gesellschaftskapitals gleichkommen, zu unterscheiden[123].

Die Entscheidung, ob eine Dividende ausgeschüttet werden soll, obliegt dem *board of directors*, der hierbei durch die *business judgment rule* geschützt ist[124]. Einen Anspruch auf Zahlung einer Dividende haben die Aktionäre grundsätzlich ebensowenig[125] wie auf einen entsprechenden Verteilungsbeschluß des *board*. Ist die Verteilung einer Dividende jedoch beschlossen, hat jeder Aktionär einen Anspruch auf Auszahlung derselben[126]. Bevor die Stammaktionäre ihre Dividende erhalten, sind von der Gesellschaft jedoch die bestehenden Vorzugsrechte zu befriedigen. Sofern nichts abweichendes vereinbart ist, sind die Aktionäre dabei nicht verpflichtet, unbare Dividenden anstelle von Bargeld anzunehmen[127]. Aus Gründen des Aktionärs- wie des Gläubigerschutzes unterliegt die Ausschüt-

---

[121] § 222(b) Del.Gen.Corp.L.

[122] *Solomon/Schwartz/Bauman/Weiss*, Corporations, S. 226.

[123] Für beide Ausschüttungen gelten jedoch im wesentlichen die gleichen Grundsätze.

[124] So daß die Entscheidung der Überprüfung eines Gerichtes solange entzogen ist, wie die Mitglieder des *board* bestimmte Sorgfalts- und Treuepflichten einhalten.

[125] Abweichungen können sich hier ergeben, wenn die Dividendenzahlung im Wege einer Garantieerklärung versprochen ist; vgl.: *Gordon v. Elliman*, 306 N.Y. 456 (N.Y. 1954).

[126] *Gordon v. Elliman*, 306 N.Y. 456 (N.Y. 1954).

[127] Vgl.: *Strout v. Cross, Austin & Ireland Lumber Co.*, 283 N.Y. 406 (N.Y. 1940), wo den Aktionären anstelle einer Bardividende Schuldverschreibungen mit fünfzigjähriger Laufzeit geleistet werden sollten.

tung von Dividenden in allen Bundesstaaten jedoch Beschränkungen, die primär der Kapitalerhaltung dienen.

In den Bundesstaaten, die dem Nennwertsystem folgen, darf die *corporation* eine Dividende nur dann ausgeschütten, wenn hierdurch das Grundkapital (*stated capital*) der Gesellschaft unangetastet bleibt und die Ausschüttung darüber hinaus nicht zur Insolvenz der *corporation* führt.

Bezüglich des Schutzes des Grundkapitals ist festzustellen, daß in der Mehrzahl dieser Bundesstaaten die Verteilung der Dividende nur aus den einbehaltenen Gewinnrücklagen (*earned surplus*) erfolgen darf[128]. In den übrigen Staaten darf neben dem *earned surplus* auch der *unearned surplus* (beziehungsweise *capital surplus*) verwendet werden[129]. Dieser umfaßt neben den aus dem Agio einer Überpariemission gebildeten Rücklagen auch solche Rücklagen, die aus einer Kapitalherabsetzung (*reduction surplus*)[130] oder der Höherbewertung von Anlagegegenständen (*revaluation surplus*)[131] stammen. Zu letzteren Staaten zählen auch Delaware[132] und New York[133], was der Regelung ein besonderes Gewicht verleiht. Bezüglich derjenigen Bundesstaaten, in denen die Ausschüttung der Dividende ausschließlich aus dem *earned surplus* erfolgen darf, ist jedoch festzuhalten, daß die Verteilung des *capital surplus* dort regelmäßig zulässig ist. Die Ausschüttungen erfolgen dort allerdings im Rahmen der sonstigen Ausschüttungen und nicht im Wege der Dividendenzahlung[134].

In allen Bundesstaaten mit Nennwertsystem ist es jedoch durchaus üblich, die Vorschriften bezüglich der Kapitalerhaltung durch Kapitalherabsetzung (*reduction surplus*)[135] oder die Höherbewertung von Anlagegegenständen (*revaluation surplus*)[136] zu beeinflussen. Dies führt unweigerlich zu einer Einschränkung des

---

[128] So etwa noch § 45(a) M.B.C.A.; *Merkt*, US-amerikanisches Gesellschaftsrecht, S. 278.

[129] *Solomon/Schwartz/Bauman/Weiss*, Corporations, S. 254.

[130] *Strong v. Brooklyn Crosstown R Co.*, 93 N.Y. 426 (1883); *Solomon/Schwartz/Bauman/Weiss*, Corporations, S. 254.

[131] *Merkt*, US-amerikanisches Gesellschaftsrecht, S. 278; *Solomon/Schwartz/Bauman/Weiss*, Corporations, S. 254.

[132] § 170(a) i.V.m. § 154 Del.Gen.Corp.L.

[133] § 510(b) N.Y.Bus.Corp.L.

[134] So etwa noch § 46 M.B.C.A.

[135] Also beispielsweise dadurch, daß das *stated capital* reduziert und der ausschüttungsfähige *capital surplus* entsprechend heraufgesetzt wird. *Strong v. Brooklyn Crosstown R Co.*, 93 N.Y. 426 (1883); *Solomon/Schwartz/Bauman/Weiss*, Corporations, S. 254.

[136] Wie im Fall *Klang v. Smith's Food & Drug Centers, Inc.*, 702 A.2d 150 (Del.1997), wo ein Aktienrückkauf ausschließlich über eine Neubewertung der Anlagegegenstände und Verbindlichkeiten ermöglicht wurde. *Merkt*, US-amerikanisches Gesellschaftsrecht, S. 278; *Solomon/Schwartz/Bauman/Weiss*, Corporations, S. 254.

Gläubigerschutzes[137]. Die Gläubiger versuchen sich jedoch regelmäßig auf vertraglicher Basis entsprechend abzusichern[138].

Unabhängig von der Herkunft der als Dividende ausgezahlten Mittel darf die Verteilung jedoch in keinem der Bundesstaaten mit Nennwertsystem zur Zahlungsunfähigkeit der Gesellschaft führen[139].

Einer Schmälerung des Gesellschaftsvermögens versuchen diejenigen Bundesstaaten, die das nennwertlose System eingeführt haben, auf andere Weise zu begegnen. In Kalifornien ist zunächst die Verteilung der thesaurierten Gewinne zulässig. Darüber hinaus darf eine Dividende nur verteilt werden, wenn das Gesellschaftsvermögen nach der Verteilung mindestens 1 ¼ der Gesamtsumme der Verbindlichkeiten beträgt und ferner das Umlaufvermögen die laufenden Verbindlichkeiten deckt[140]. Demgegenüber sieht der R.M.B.C.A. vor[141], daß die Zahlung einer Dividende überhaupt nur dann erlaubt ist, wenn die Gesellschaft auch danach noch in der Lage ist, ihre Verbindlichkeiten entsprechend ihrer Fälligkeit zu begleichen[142]. Hiervon unabhängig ist die Ausschüttung einer Dividende jedoch verboten, wenn danach die Gesamtverbindlichkeiten[143] das Gesamtvermögen übersteigen[144]. Entscheidend ist in beiden Fragen die Beurteilung durch

---

137 *Solomon/Schwartz/Bauman/Weiss*, Corporations, S. 254.

138 *Merkt*, US-amerikanisches Gesellschaftsrecht, S. 280.

139 Auch wenn dies nicht in allen Staaten so ausdrücklich geregelt ist wie beispielsweise in New York, siehe §§ 510(a), 102(a)(8) N.Y.Bus.Corp.L. In den meisten Bundesstaaten finden sich die diesbezüglichen Regelungen in den allgemeinen konkursrechtlichen Gesetzen. So hat etwa die Hälfte der Bundesstaaten (darunter Californien, Delaware und New York) den Uniform Fraudulent Conveyance Act (U.F.C.A.) übernommen, der eine entsprechende Regelung enthält. Siehe hierzu: *Henn/Alexander*, Laws of Corporations, S. 890.

140 § 500 Cal.Gen.Corp.L. Hierbei ist die Verwendung der Bilanzierungsmethode US-GAAP (General Accepted Accounting Principles) ausdrücklich vorgeschrieben, siehe §§ 114 und 500(b) Calif.Gen.Corp.L.; *Solomon/Schwartz/Bauman/Weiss*, Corporations, S. 256 f.

141 Der diesbezüglich von Hawaii, Illinois, Minnesota, Montana und New Mexico übernommen wurde; R.M.B.C.A. Ann. § 6.40, Statutory Comparison I.

142 Sogenannter *equity insolvency test* nach § 6.40(c)(1) R.M.B.C.A.

143 Hierzu ist der Betrag zu addieren, der im Zeitpunkt der Verteilung der Dividende im Falle einer hypothetischen Auflösung der corporation erforderlich wäre, um sämtliche dann zu gewährenden Vorzugsdividenden zu zahlen.

144 Sogenannter *balance sheet test* nach § 6.40(c)(2) R.M.B.C.A. Dieser Test ist gemäß § 6.40(d) R.M.B.C.A. auf der Grundlage von Bilanzen und Finanzinformationen unter Beachtung anerkannter Bewertungsmaßstäbe durchzuführen. Auch wenn hierdurch - im Gegensatz zum Recht Kaliforniens - nicht ausdrücklich die Verwendung von US-GAAP vorgeschrieben wird, ist davon auszugehen, daß der *board* bei deren Anwendung jedenfalls den soeben genannten Anforderungen entspricht. Die Verwendung anerkannter Bilanzierungsgrundsätze empfiehlt sich aus Sicht der Unternehmensleitung daher auch unter

den *board of directors*[145]. In der Tat ist der Erhalt des Kapitals in der Gesellschaft aufgrund dieser Regelungen jedenfalls eher gewährleistet als nach dem System derjenigen Bundesstaaten, die dem *par value*-Ansatz folgen[146].

(2) Rückerwerb eigener Aktien (*repurchase of own stocks*)

Im Rahmen der Kapitalerhaltung ist ferner der Rückerwerb eigener Aktien zu beachten[147]. Häufig werden Stammaktien zur Kurspflege zurückerworben. Es geht dabei darum, überschüssige Gewinne, die augenblicklich nicht sinnvoll investiert werden können, an die Aktionäre auszuschütten. Insofern kommt der Rückerwerb einer Dividendenzahlung sehr nahe, wobei es jedoch jedem Aktionär selbst überlassen bleibt, hieran teilzunehmen. Dies hat allerdings gleichzeitig den Effekt, daß die Aktionäre, die nicht an dieser Form der Gewinnausschüttung teilnehmen, regelmäßig dadurch einen Verlust erleiden, daß die veräußernden Aktionäre einen über dem Kurswert liegenden Preis für ihre Aktien erhalten[148]. Beim Rückerwerb von Vorzugsaktien steht demgegenüber der Gedanke im Vordergrund, sich in erfolgreichen Geschäftsjahren von den im Verhältnis zu den Stammaktien „teureren Zahlungsverpflichtungen" zu befreien[149].

Beim Rückerwerb eigener Aktien schüttet die *corporation* folglich regelmäßig Gesellschaftsmittel an einige Aktionäre aus und verringert hierdurch das Kapital, das sonst den Gläubigern der *corporation* zur Verfügung gestanden hätte[150]. Deshalb spricht einiges dafür, einen solchen Vorgang unter dem Gesichtspunkt der Kapitalerhaltung für unzulässig zu erklären. Der Rückerwerb bereits ausgegebener eigener Aktien (*issued stock*) ist im US-amerikanischen Recht jedoch grundsätzlich zulässig, soweit nicht die *articles of incorporation* etwas anderes vorsehen[151]. Feste Regeln dafür, wann darüber hinaus eine unzulässige Beeinträchtigung der Aktionärsrechte vorliegt, die den Rückerwerb ausschließt, gibt es hingegen nicht. Gegenüber den Aktionären sind daher zunächst die allgemeinen Grundsätze über die Entscheidungen des *board of directors* anwendbar. Die *directors* haben also die Maßstäbe der *duty of due care*, der *duty of loy-*

---

dem Aspekt der Haftungsbegrenzung; *Solomon/Schwartz/Bauman/Weiss*, Corporations, S. 256.

145 *Solomon/Schwartz/Bauman/Weiss*, Corporations, S. 256.

146 Vgl. zu den Fragen der Haftung der *directors* und der Aktionäre der Gesellschaft im Falle eines Verstoßes gegen diese Grundsätze *Merkt*, US-amerikanisches Gesellschaftsrecht, S. 281 f.

147 Siehe hierzu insgesamt *Clark*, Corporate Law, S. 627 ff.

148 *Clark*, Corporate Law, S. 628 f.; *Merkt*, US-amerikanisches Gesellschaftsrecht, S. 283.

149 Hierin liegt ja gerade der „Vorzug".

150 *Solomon/Schwartz/Bauman/Weiss*, Corporations, S. 257.

151 § 6.31 R.M.B.C.A.; § 160(a) Del.Gen.Corp.L.; § 513 N.Y.Bus.Corp.L.

alty und der *business judgment rule* zu beachten[152]. Dies bedeutet, daß der *board* bei seiner Entscheidung sowohl die finanzielle Lage der Gesellschaft als auch den Kurswert der Aktien angemessenen berücksichtigen muß. Ferner müssen die Aktionäre untereinander gleich behandelt werden[153]. Bedeutung kann in diesem Zusammenhang auch der vorrangige Zweck des Rückerwerbsgeschäftes (*primary business purpose*) erlangen[154]. Aus Gründen des Gläubigerschutzes gelten in den meisten Bundesstaaten jedoch für den Rückerwerb eigener Aktien ähnliche Beschränkungen wie für die Dividendenausschüttung[155].

b. Fremd(kapital)finanzierung (*debt financing*)

Werden von der Gesellschaft Mittel der Fremdfinanzierung (*debt securities*) ausgegeben, so entsteht zwischen ihr und dem Käufer des Finanzierungsmittels ein Schuldner-Gläubiger-Verhältnis. Fremdmittel stellen also Verbindlichkeiten der *corporation* dar[156]. Im Gegensatz zum Eigenkapital wird Fremdkapital einer Gesellschaft oftmals nur für einen begrenzten Zeitraum überlassen. Ebenso trägt der Käufer dieser Wertpapiere ein geringeres unternehmerisches Risiko. Die ihm periodisch zustehenden Ausschüttungen sind ebenso wie die Rückzahlung von vornherein vertraglich festgelegt[157]. Gläubiger können ihre Rechte beispielsweise durch die Verpfändung von Vermögensgegenständen der Gesellschaft absichern. Dem steht allerdings regelmäßig ein geringer Einfluß auf die Unternehmensleitung gegenüber[158].

aa. Grundsätze

Die Befugnis einer Gesellschaft zur Ausgabe von *debt securities* ergibt sich regelmäßig aus dem Gesetz. Sofern sich aus den *articles of incorporation* nichts anderes ergibt, hat der *board of directors* die Befugnis zur Ausgabe[159]. Eine Zustimmung der Aktionäre der Gesellschaft ist dabei nicht notwendig. Der *board* entscheidet vielmehr selbständig, ob, in welcher Menge und zu welchen Bedin-

---

[152] *Macey/McChesney*, Yale Law Journal, Vol. 95 (1985), S. 13/60.

[153] *Paefgen*, AG 1992, S. 133/144.

[154] *Cheff v. Mathes*, 199 A.2d 548 (Del. 1964); kritisch insoweit jedoch: *Clark*, Corporate Law, S. 632 f.; *Merkt*, US-amerikanisches Gesellschaftsrecht, S. 285; *Paefgen*, AG 1992, S. 133/144.

[155] *Merkt*, US-amerikanisches Gesellschaftsrecht, S. 286 ff.

[156] *Solomon/Schwartz/Bauman/Weiss*, Corporations, S. 226 f.

[157] *Solomon/Schwartz/Bauman/Weiss*, Corporations, S. 227.

[158] Gemäß § 221 Del.Gen.Corp.L. kann eine Gesellschaft auch *debt securities* mit Stimmrechten versehen, während es nach § 151 Del.Gen.Corp.L., § 6.01 R.M.B.C.A. möglich ist, stimmrechtslose Aktien zu begeben. *Solomon/Schwartz/Bauman/Weiss*, Corporations, S. 223.

[159] Vgl.: § 3.02(7) R.M.B.C.A.; § 122(14) Del.Gen.Corp.L.; § 518 N.Y.Bus.Corp.L.

gungen *debt securities* ausgegeben werden sollen[160]. Für die Frage, ob Fremdkapital aufzunehmen ist, ist auf Seiten der *corporation* häufig bedeutsam, daß die hierauf zu leistenden Zinsen im Gegensatz zu Dividenden auch nach amerikanischem Recht steuerlich abzugsfähig sind[161]. Regelmäßig gehen die Fremdkapitalgeber in Bezug auf Ausschüttungen oder die Beteiligung am Liquidationserlös den Eigenkapitalgebern im Rang vor. Jedoch ist auch innerhalb der *debt securities* zwischen unterschiedlichen Rängen der Besicherung zu unterscheiden. *Senior bonds*, *superior bonds*, *prior bonds* und *bank bonds* werden vorrangig befriedigt und stehen daher im Rang über den sogenannten *junior bonds*, *inferior bonds* und *subordinated bonds*. Unter dem Begriff eines *bonds* ist dabei eine gesicherte Anleihe zu verstehen, deren ungesicherte Form man als *debenture* bezeichnet[162]. In vielen Bundesstaaten ist es erlaubt, dem Gläubiger einer *debt security* ein Stimmrecht oder ein Recht auf Einsichtnahme in die Bücher der Gesellschaft einzuräumen, sofern eine entsprechende Regelung in den *articles of incorporation* vereinbart ist[163]. Im übrigen sind im US-amerikanischen Recht vielfältige Mittel der Fremdkapitalfinanzierung denkbar. Die nachfolgenden Ausführungen stellen die wesentlichen Gestaltungsmöglichkeiten dar, die in der Unternehmenspraxis auf unterschiedlichste Weise miteinander kombiniert werden.

Bezüglich der denkbaren Formen des Fremdkapitals ist zunächst nach der Art der Übertragung zu trennen. Grundsätzlich sind *debt securities* Inhaberschuldverschreibungen, die durch Übereignung des Papiers übertragen werden. Regelmäßig gilt dieser Übertragungsvorgang dann sowohl für die Hauptleistung (Rückzahlung des Darlehens) als auch für die Nebenleistungen (beispielsweise die Zinszahlungen). Bei den sogenannten *coupon securities* ist jedoch die getrennte Übertragung möglich, wodurch die Hauptforderung (*principal*) und die Zinsen (*interest*) auseinanderfallen. Neben diesen Formen der Inhaberpapiere sind ferner Namenspapiere bekannt (*certificated registered securities*), bei denen der Name des Berechtigten in ein von der Gesellschaft geführtes Register aufzunehmen ist. Die Übertragung richtet sich dann nach den in Section 8 des Uniform Commercial Code enthaltenen Vorschriften über umlauffähige Wertpapiere (*negotiable instruments*)[164].

---

[160] *Solomon/Schwartz/Bauman/Weiss*, Corporations, S. 228.

[161] Siehe Section 163 des Internal Revenue Code; *Solomon/Schwartz/Bauman/Weiss*, Corporations, S. 229.

[162] Siehe hierzu und zu den denkbaren Formen der Besicherung: *Merkt*, US-amerikanisches Gesellschaftsrecht, S. 238 f; *Solomon/Schwartz/Bauman/Weiss*, Corporations, S. 227.

[163] Siehe beispielsweise das *voting right* und das *right of inspection* in § 221 Del.Gen.Corp.L.

[164] *Merkt*, US-amerikanisches Gesellschaftsrecht, S. 239.

Unterscheidet man nach der Laufzeit der Anleihen, so gibt es neben den *short-time debts* mit einer Laufzeit von bis zu einem Jahr (sogenannte *bills*), die *short-term debts* mit einer Laufzeit von einem bis zu fünf Jahren (gelegentlich auch *notes* genannt) und die *intermediate-term debts*, die zwischen fünf und zehn Jahren Laufzeit haben. Schließlich sind noch *long-term debts* mit einer Laufzeit von über zehn Jahren bekannt[165].

Daneben gibt es die einzugsfähigen Wertpapiere, die sogenannten *redeemable securities*. Diese gewähren der Gesellschaft oder dem Gläubiger die Option, daß sie die Papiere jederzeit oder nach dem Eintritt einer Bedingung auch vor der eigentlichen Fälligkeit zu einem von vornherein vereinbarten Preis zurückkaufen oder -verkaufen können[166]. Dies hat den Zweck, der Gesellschaft in Jahren des wirtschaftlichen Erfolges oder günstiger Zinsen die Gelegenheit zu geben, sich vorzeitig von einer ansonsten langfristigen und teuren Zinslast zu befreien[167].

Schließlich sind als weitere Formen des Fremdkapitals noch die Wandelschuldverschreibungen (*convertible bonds*) zu nennen. Hierbei hat der Inhaber das Recht, seine Papiere in eine vorher festgelegte andere Art von Wertpapier zu tauschen. Dies können andere *debt securities*, werden aber regelmäßig *equity securities*, also Aktien der ausgebenden Gesellschaft sein[168]. Aufgrund des Umtauschs kann der Gläubiger somit zum Eigenkapitalgeber werden. Für ihn hat dies den Vorteil, daß er neben der Sicherheit seiner Stellung als Anleihegläubiger auch die Möglichkeit zur Spekulation hat. Er wird dann umtauschen, wenn der Aktienkurs den Kurs der *convertible bonds* dauerhaft übersteigt[169]. Für die Gesellschaft hat der Umtausch den Zweck, die Fremdkapitalbelastung zu senken. Sie muß aber andererseits für eine ausreichende Anzahl ausgabefähiger Aktien sorgen[170]. Denkbar ist es schließlich auch, ein Recht zum Tausch in Aktien anderer Gesellschaften zu vereinbaren[171].

bb. *Junk bonds*

Wie bereits der Name vermuten läßt, gehören die *junk bonds* (Ramsch- oder Schrottanleihen) zu den *subordinated bonds* oder *unrated bonds*, also zu den-

165 *Merkt*, US-amerikanisches Gesellschaftsrecht, S. 239.

166 *Solomon/Schwartz/Bauman/Weiss*, Corporations, S. 227.

167 *Merkt*, US-amerikanisches Gesellschaftsrecht, S. 240; *Solomon/Schwartz/Bauman/Weiss*, Corporations, S. 227.

168 *Solomon/Schwartz/Bauman/Weiss*, Corporations, S. 227.

169 Siehe hierzu ferner unten § 4 II. 6. Finanzierung durch *Convertible Bonds*.

170 *Merkt*, US-amerikanisches Gesellschaftsrecht, S. 240 *Solomon/Schwartz/Bauman/Weiss*, Corporations, S. 228.

171 Beispielsweise wenn der Bieter sich von einer bisher gehaltenen Beteiligung an einem dritten Unternehmen nunmehr trennen will.

jenigen Papieren, die ein hohes Investitionsrisiko verkörpern. Diesem Risiko steht jedoch eine ungewöhnlich hohe Gewinnerwartung gegenüber[172]. Deshalb werden *junk bonds* auch als *high yield bonds* bezeichnet[173]. Zur Anwendung kommen *junk bonds* vorwiegend im Zusammenhang mit Unternehmensübernahmen, wenn sich ein Emittent, der nicht über die nötigen Eigenmittel verfügt, auf diese Weise das zur Übernahme der Aktienmehrheit notwendige Kapital verschafft. Die Rückführung der Verbindlichkeiten erfolgt regelmäßig aus dem laufenden Barmittelrückfluß des übernommenen Unternehmens, sowie aus dem Verkauf einzelner oder sämtlicher Unternehmensteile[174]. Auf die rechtlichen Vorschriften, die bei der Begebung von *junk bonds* zur Finanzierung eines feindlichen Übernahmevorhabens zu beachten sind, ist an späterer Stelle einzugehen[175].

c. Finanzierung durch hybride Finanzierungsmittel (*hybrid securities*)

Zu erwähnen sind schließlich noch die sogenannten hybriden Finanzierungsmittel, bei denen es sich um eine Kombination von Fremd- und Eigenkapital handelt. Hierbei kann es sich beispielsweise um eine Anleihe mit einer Laufzeit von 100 Jahren handeln, die im Rang der Befriedigung zusätzlich an letzter Stelle steht und bei der Zinsen nur streng gewinnorientiert zu zahlen sind[176]. Ein solches Papier hat, obwohl es sich formal um Fremdkapital handelt, den Charakter von Eigenkapital und erfüllt für die ausgebende Gesellschaft auch genau diesen Zweck. Die Behandlung derartiger Wertpapiere hängt nach US-amerikanischem Verständnis sowohl von der Wahl der Definition als auch vom rechtlichen Zusammenhang ab, in dem darüber zu entscheiden ist[177]. Auch die Rechtsprechnung kommt diesbezüglich zu unterschiedlichen Ergebnissen[178]. Da die recht-

---

[172] Im Zeitraum von 1978-1985 betrug die durchschnittliche Rendite für *junk bonds* 12,4 % und lag damit fast drei Prozentpunkte über der Rendite erstrangiger Papiere (9,7 %); *Merkt*, US-amerikanisches Gesellschaftsrecht, S. 236; *Taggart*, in: Auerbach, Mergers and Acquisitions, S. 5/12. Insbesondere die institutionellen Investoren erwerben häufig *junk bonds*. So beträgt der Anteil institutioneller Investoren am gesamten *junk bond*-Volumen schätzungsweise zwischen 80 und 90%; vgl.: *Taggart*, in: Auerbach, Mergers and Acquisitions, S. 5/11, der sich dabei auf Angaben der seinerzeit in diesem Geschäftsbereich führenden Investmentbank Drexel Burnham bezieht.

[173] *Taggart*, in: Auerbach, Mergers and Acquisitions, S. 5/5 ff.

[174] *Merkt*, US-amerikanisches Gesellschaftsrecht, S. 236.

[175] Siehe § 4 II. 5 Finanzierung mit *Junk Bonds*.

[176] Beispiel nach *Merkt*, US-amerikanisches Gesellschaftsrecht, S. 241.

[177] So können sich beispielsweise in konkurs- und steuerrechtlichen Fragen unterscheidliche Ergebnisse ergeben.

[178] Als „Faustformel“ weist *Merkt*, US-amerikanisches Gesellschaftsrecht, S. 242, darauf hin, daß ein Finanzierungsmittel mit fester Laufzeit und einer fest vereinbarten regelmäßigen Zinszahlung normalerweise als *debt security* eingeordnet wird.

liche Einordnung der *hybrid securities* von vorrangig steuerrechtlicher Bedeutung ist und darüber hinaus derart langfristige Finanzierungen für die feindliche Übernahme großer Publikumsgesellschaften nicht in Betracht kommen, ist auf diese Art der Finanzierungsmittel im weiteren Verlauf der Arbeit nicht mehr einzugehen.

2. Die Rahmenbedingungen für die Finanzierung eines feindlichen Übernahmeangebotes im US-amerikanischen Recht

Die für die Finanzierung eines feindlichen Übernahmeangebotes relevanten Regelungen finden sich zunächst im *Securities Exchange Act* von 1934[179]. Dieses Gesetz reglementiert den Handel mit bereits emittierten Wertpapieren und richtet sich mit seinen Vorschriften an die unterschiedlichen Marktteilnehmer. Ferner sah es die Gründung der US-amerikanischen Wertpapieraufsichtsbehörde Securities and Exchange Commission (S.E.C.) vor und regelt weitgehend deren Befugnisse. Des weiteren sieht der SEA (1934) Veröffentlichungspflichten für Publikumsgesellschaften vor[180]. Schließlich enthält das Gesetz mit dem *Williams Act* die wesentlichen bundesrechtlichen Regelungen für öffentliche Übernahmeangebote[181]. Alle Wertpapiergesetze des Bundes wurden auf der Grundlage der Commerce Clause der US-amerikanischen Verfassung erlassen, die die Gesetzgebungskompetenz des Kongresses zur Regelung des Handels zwischen den einzelnen Bundesstaaten begründet[182]. Die einzelstaatlichen Gesetze zur Regelung solcher Angebote (sogenannte *Blue Sky Laws*) sind zwar in das Gesellschaftsrecht der Bundesstaaten aufgenommen[183], haben aber kaum eigenständige Bedeutung[184] und bleiben deshalb nachfolgend unberücksichtigt.

Die für die Vornahme einzelner Kapitalmaßnahmen entscheidenden Regelungen ergeben sich weitgehend aus dem im *business corporation act* geregelten Gesellschaftsrecht desjenigen Einzelstaates, in dem die Bietergesellschaft inkorporiert ist. Die Regelungskompetenz obliegt hier den Einzelstaaten, so daß Bundesgesetze oder ein entsprechendes Fallrecht gegen die Verteilung der Gesetz-

---

179 Fortan: SEA (1934).

180 *Ratner*, Securities Regulation, S. 10.

181 Beim *Williams Act* handelt es sich um ein im Jahre 1968 erlassenes Änderungsgesetz zum SEA (1934), durch das die §§ 13(d), 13(e), 14(d), 14(e) und 14(f) in diesen eingefügt wurden. Siehe 15 U.S.C. §§ 78m-(d), 78m-(e), 78n-(d), 78n-(e) und 78n-(f) sowie *Merkt*, US-amerikanisches Gesellschaftsrecht, S. 600.

182 *Ebenroth/Eyles*, RIW 1988, S. 413/419.

183 Eine Gesetzgebungskompetenz der Bundesstaaten zum Erlaß ergänzender Wertpapiergesetze folgt insoweit aus § 28(a) SEA (1934).

184 Die Bedeutung dieser Gesetze beschränkt sich wesentlich auf parallele Registrierungs- und Meldepflichten, die über die Anforderungen des *Williams Act* nicht hinausgehen. *Ebenroth/Eyles*, RIW 1988, S. 413/419; *Kurth*, Aktionärsschutz, Diss., S. 34.

gebungskompetenzen verstoßen würden[185]. Im Rahmen dieser Arbeit ist dabei hauptsächlich auf die Staaten Delaware und New York sowie den R.M.B.C.A. einzugehen.

Führen diese Maßnahmen zur Emission neuer Wertpapiere, finden sich die diesbezüglich relevanten Regelungen im *Securities Act* von 1933[186], der Vorschriften über das öffentliche Angebot von Wertpapieren enthält. Entscheident ist dabei vor allem die Registrierungspflicht des Emittenten gegenüber der S.E.C.[187].

Ferner können, wenn *debt securities* emittiert werden und die Emission ein bestimmtes Volumen überschreitet[188], auch die Vorschriften des *Trust Indenture Act* von 1939 anwendbar sein. Dieses Gesetz soll aus Gründen des Anlegerschutzes vor allem die Unabhängigkeit der mit der Emission befaßten Treuhänder gewährleisten[189].

Schließlich ist für die steuerlichen Aspekte der Transaktion das Einkommensteuergesetz der USA, der *Internal Revenue Code* (I.R.C.) zu beachten.

II. Entwicklung der Übernahmetätigkeit in den USA und deren Bedeutung für die Finanzierung feindlicher Übernahmen

Der Kapitalmarkt in den USA verfügt über eine relativ langjährige Erfahrung mit Unternehmensübernahmen[190]. Als wesentliche Phasen sind dabei zunächst die „Übernahmewellen“ der Jahre 1895-1905 („*merging for monopoly*“[191]), der Jahre 1920-1929 („*merging for oligopoly*“[192]) sowie der Jahre 1960-1971 („*merging for growth*“[193]) zu nennen. In der jüngeren Vergangenheit ist im Hinblick auf deren Bedeutung für die Finanzierung feindlicher Übernahmen insbesondere auf zwei Übernahmephasen hinzuweisen.

---

185 *Santa Fe Industries v. Green*, 430 U.S. 462, S. 477-480; *Ebenroth/Eyles*, RIW 1988, S. 413/419; *Kurth*, Aktionärsschutz, Diss., S. 115.

186 Fortan: SA (1933).

187 *Ratner*, Securities Regulation, S. 9.

188 Derzeit sieht die S.E.C. dabei ein Volumen von mindestens 10 Millionen US-$ vor. Vgl. § 304(a)(9) TIA, Rule 4a-3.

189 Fortan: TIA (1939). Siehe hierzu *Ratner*, Securities Regulation, S. 11.

190 Vgl. diesbezüglich insbesondere die umfangreichen Darstellungen bei *Ellwood*, in: Logue: Handbook of modern finance, S. 31-3; *Gilson/Black*, The Law and Finance of Corporate Acquisitions, S. 13 ff.; *Golbe/White*, in: Auerbach: Mergers & Acquisitions, S. 25-47.

191 *Gilson/Black*, The Law and Finance of Corporate Acquisitions, S. 13 f.

192 *Gilson/Black*, The Law and Finance of Corporate Acquisitions, S. 15; *Ellwood*, in: Logue, Handbook of modern finance, S. 31-3.

193 *Gilson/Black*, The Law and Finance of Corporate Acquisitions, S. 17 ff.

1. Zeitraum von 1980-1987

Während des Zeitraums von 1980-1987 wurden die in den vorangegangenen Phasen aufgebauten Konglomerate häufig wieder entflochten („*deconglomeration*"[194]). Zudem wurden feindliche Übernahmeangebote zum Symbol dieser Phase[195]. Dies lag daran, daß die verwendeten Finanzierungsinstrumente es selbst kleineren Unternehmen oder Privatpersonen[196] erlaubten, große Publikumsgesellschaften zu übernehmen. Die Ursache hierfür lag in der Ausweitung der Nutzungsformen und Nutzungsmöglichkeiten hochverzinslicher aber ebenso spekulativer Anleihen, der *junk bonds*[197]. Diese Form der Finanzierung verwendete vor allem das Investmenthaus *Drexel Burnham Lambert*, dessen Angestellter *Michael Milken* sie in besonderer Weise prägte[198]. Eingesetzt wurden *junk bonds* regelmäßig im Rahmen der Finanzierung durch sogenannte *Leveraged Buy-Outs* (LBO)[199]. Dabei wird eine Akquisition mit nur geringen Eigenmitteln und im wesentlichen durch die Verwendung ungesicherten oder durch die Vermögenswerte der Zielgesellschaft abgesicherten Fremdkapitals abgewickelt. Gelingt die Transaktion, so ist die Rendite auf das eingesetzte Kapital ungleich höher als bei solchen Finanzierungen, die im wesentlichen auf Eigenkapital beruhen[200]. Mißlingt die Transaktion, gehen die Anleger jedoch weitgehend leer aus. Im Rahmen feindlicher Übernahmen war eine Besicherung durch das Vermögen der Zielgesellschaft wegen der ablehnenden Haltung ihres *boards* allerdings ausgeschlossen, so daß dann weitgehend unbesicherte Anleihen verwendet wurden.

Als Folge dieser vierten Übernahmewelle entstanden viele einzelstaatliche Gesetze zum Übernahmerecht. Diese *Anti-Takeover Statutes* hatten ebensowenig

---

194 *Ellwood*, in: Logue, Handbook of modern finance, S. 31-5; *Oesterle*, Method to the Merger Madness, S. 10.

195 *Oesterle*, The Law of Mergers and Acquisitions, S. 335; *Forbes 500s Database*, A Century of deals, in: www.forbes.com/forbes/99/0419/6308265a.htm; *Rabinovitz*, Leveraged Buyouts' Strange Return, in: The Standard vom 03.01.2000, www.thestandard.com/article/ article_print/1,1153,8458,00.html.

196 Wie beispielsweise *Charles Icahn* oder *T.Bone Pickens*. Siehe hierzu auch die Darstellung von *Oesterle*, The Law of Mergers and Acquisitions, S. 334 ff.

197 *Ellwood*, in: Logue, Handbook of modern finance, S. 31-6/7; *Netter*, The Journal of Corporation Law, 1990, S. 219/223.

198 *Reed*, Europe: Buyout Fever!, in: BusinessWeek vom 14.06.1999, www.businessweek. com:/1999/99_24/b3633098.htm; *Rabinovitz*, Leveraged Buyouts' Strange Return, in: The Standard v. 03.01.2000, www. thestandard.com/article/article_print/1,1153,8458,00. html.

199 *Forbes 500s Database*, A Century of deals, in: www.forbes.com/forbes/99/0419/ 6308265a.htm.

200 Wie die Beispiele von *Reed*, Europe: Buyout Fever!, in: BusinessWeek vom 14.06.1999, www.businessweek. com:/1999/99_24/b3633098.htm zeigen, sind Renditen von mehr als 20 % dabei keine Seltenheit.

den Ausgleich zwischen den sich naturgemäß widersprechenden Interessen des Bieters und des Managements der Zielgesellschaft zum Ziel wie den Anlegerschutz durch Publizität. Vielmehr stand regelmäßig die Unterstützung des Managements der Zielgesellschaften im Mittelpunkt des Interesses der einzelstaatlichen Gesetzgeber. Die Gesetze wurden teilweise in extremer Eile zum Schutz einzelner regional bedeutsamer Unternehmen erlassen[201]. Die *Anti-Takeover Statutes* standen in der Folgezeit wiederholt im Blickpunkt der Rechtsprechung[202] sowie der Literatur[203], so daß es einer eingehenderen Behandlung im vorliegenden Zusammenhang nicht bedarf.

2. Zeitraum von 1993-2000

Die teilweise recht strengen Übernahmegesetze und eine ebensolche Rechtsprechung haben jedoch die fünfte Übernahmephase während der Jahre 1993-2000 beeinflußt. So führten sie beispielsweise zum Verschwinden der sogenannten *raider*[204] vom Übernahmemarkt. Hierdurch haben sich letztlich auch die im Rahmen von Übernahmen verwendeten Finanzierungsarten verändert. Die Anzahl von Übernahmen, bei denen die Verkäufer Bargeld erhalten, hat insge-

---

201 *Mahle*, The Journal of Corporation Law, Vol. 15 (1990), S. 721/729 f.; *Merkt*, US-amerikanisches Gesellschaftsrecht, S. 614 und *Oesterle*, The Law of Mergers and Acquisitions, S. 351 f. berichten davon, daß der Gouverneur des Staates Washington in einer Notsitzung unmittelbar ein Gesetz zum Schutz der *Boeing Corporation* erließ, das auf einem Entwurf dieser Gesellschaft beruhte. Vergleichbar schnell wurden die Gesetze in Arizona (3 Tage; Schutz der *Greyhound Corp.*), Illinois (2 Tage), Minnesota (1 Tag; *Dayton Hudson Corp.*) und North Carolina (1 Tag, *Burlington Industries Corp.*) erlassen. Der Gouverneur des Staates Massachusetts hat das Gesetz, das primär dem Schutz der in seinem Staat inkorporierten *Gilette Corporation* diente, gar in deren Büros gegengezeichnet. Hieran zeigt sich deutlich der erhebliche Einfluß, den die Unternehmen, beispielsweise durch die Wahlkampfunterstützung, auf die lokale Legislative ausüben.

202 Vgl. *Edgar v. MITE Corp.*, 457 U.S. 624 (1982); *CTS Corp. v. Dynamics Corp. of America*, 481 U.S. 69 (1987); *Baker Norman Stevens, Inc. (BNS) v. Koppers Company, Inc.*, 683 F.Suppl. 458 (D.Del. 1988); *WLR Foods, Inc. v. Tyson Foods, Inc.*, 65 F.3d 1172 (4th Circuit 1995); *Vernitron Corp. v. Kollmorgen Corp.*, 21 Sec.Reg.L.Rep.(BNA) 315 (S.D.N.Y. 1989).

203 Siehe hierzu insbesondere *Ebenroth/Eyles*, RIW 1988, S. 413 ff.; *Lüttmann*, Kontrollwechsel, Diss., S. 83 ff.; *Mahle*, The Journal of Corporation Law, Vol. 15 (1990), S. 721 ff.; *Maurer*, The Journal of Corporation Law, Vol. 8 (1983), S. 95 ff.; *Merkt*, US-amerikanisches Gesellschaftsrecht, S. 614 ff.; *Oesterle*, The Law of Mergers and Acquisitions, S. 339 ff.; *Romano*, Virginia Law Review, Vol. 73 (1987), S. 111 ff.

204 Dies sind vermögende Privatpersonen (wie beispielsweise *Carl Icahn*, *T.Boone Pickens* und *Sir James Goldsmith*), die in den 80er Jahren durch weitgehend fremdfinanzierte Übernahmen großer Publikumsgesellschaften bekannt wurden. Da deren Absichten bezüglich der Zielgesellschaft aber ausschließlich finanzieller Art waren, haben sie diese nach der erfolgreichen Übernahme regelmäßig entweder umstrukturiert, meist aber zerschlagen und in Teilen weiterverkauft (sog. *Bust-Up Takeover*).

samt deutlich, insbesondere aber bei großen Zielgesellschaften sehr stark abgenommen. Vorwiegend fremdfinanzierte Übernahmen (*highly leveraged buy-outs*), wie sie während der 80er Jahre durch die Tätigkeit der *raider* üblich waren, wurden seltener. Strategische Unternehmenskäufe standen im Mittelpunkt des Interesses, was sich insbesondere daran zeigte, daß feindliche Übernahmen nahezu ausschließlich von Konkurrenzunternehmen der Zielgesellschaft angeregt wurden, falls diese einen friedlichen Zusammenschluß mit einer anderen Gesellschaft anstrebte. Hingegen war es selten, daß eine Übernahme bereits mit einem feindlichen Versuch begann. Diese fünfte Phase vermehrter Übernahmetätigkeit hat bedingt durch die seit der zweiten Hälfte des Jahres 2000 nachlassende Konjunktur und die Terroranschläge in den USA im Jahre 2001 schließlich ihr Ende gefunden.

III. Das *tender offer* und seine Vorbereitung im US-amerikanischen Recht

1. Begriff des *tender offer*

Die wesentlichen Regelungen zum öffentlichen Übernahmeangebot nach US-amerikanischem Recht, dem sogenannten *tender offer*, sind 1968 durch den Erlaß des *Williams Act* in den SEA (1934) eingeführt worden. Dennoch ist der Begriff des *tender offer* im Gesetz nicht definiert[205]. In der amerikanischen Rechtsprechnung und bei der S.E.C. haben sich aber Kriterien herausgebildet, die auf das Vorliegen eines solchen Angebotes hindeuten[206]. Dies sind (1.) die aktive und weitgestreute Werbung um außenstehende Aktionäre[207], (2.) die Werbung um einen wesentlichen Prozentsatz der Aktien der Zielgesellschaft[208] und (3.) das Angebot zu einem über dem gegenwärtigen Marktpreis liegenden Preis,

---

205 *André*, The Journal of Corporation Law 1986, S. 499/501ff.; *Ratner*, Securities Regulation, S. 110 ff.

206 Siehe vor allem *Wellmann v. Dickinson*, 475 F.Suppl.738 (S.D.N.Y. 1979), aber auch *Kennecott v. Curtiss-Wright*, 584 F.2d 1195 (2nd Circuit 1978), *Smallwood v. Pearl*, 489 F.2d 579 (5th Circuit 1974), *S.E.C. v. Carter*, 760 F.2d 945 (9th Circuit 1985) sowie *André*, The Journal of Corporation Law 1986, S. 499/561ff.; *Clark*, Corporate Law, S. 560; *Merkt*, US-amerikanisches Gesellschaftsrecht, S. 592; *Solomon/Schwartz/Bauman/Weiss*, Corporations, S. 1170 f. Diese Kriterien sind aber weder abschließend noch unumstritten, wie die Entscheidung *Hanson v. SCM*, 774 F.2d 47 (2nd Circuit 1985) beweist; *Ratner*, Securities Regulation, S. 112 ff.

207 Vgl. *André*, The Journal of Corporation Law 1986, S. 499/541ff sowie *Clark*, Corporate Law, S. 560.

208 *André*, The Journal of Corporation Law 1986, S. 499/546ff sowie *Clark*, Corporate Law, S. 560.

also mit Gewährung einer Übernahmeprämie[209]. Ferner sind (4.) die Bedingungen des Angebots von vornherein festgelegt und nicht frei verhandelbar[210] sowie (5.) auf eine bestimmte Aktienanzahl bezogen[211]. Das Angebot besteht (6.) nur für einen begrenzten und von vorherein festgelegten Zeitraum[212], wodurch (7.) der Angebotsempfänger einem gewissen Verkaufsdruck ausgesetzt ist[213]. Schließlich führt (8.) die öffentliche Verkündung des Angebots zu einer zügigen Anpassung der Aktienpreise an den Angebotspreis. Die maßgeblichen §§ 14(d) und (e) SEA (1934) sowie die hierzu erlassenen Regeln der S.E.C. unterwerfen die Bedingungen des Übernahmeangebotes dabei jedoch einigen Beschränkungen, die im vorliegenden Zusammenhang allerdings nicht weiter vertieft zu werden brauchen[214].

Der wesentliche Vorteil des *tender offer* liegt im Kontrollerwerb ohne Zustimmung des Vorstandes der Zielgesellschaft. Die unmittelbar angesprochenen Aktionäre der Zielgesellschaft stimmen der Transaktion entweder durch Hinterlegung ihrer Aktien zu, ohne daß es hierfür eines zustimmenden Beschlusses bedürfte, oder sie lehnen das Angebot anderenfalls ab (sogenanntes *voting by selling*)[215]. Sobald alle vorgesehenen Bedingungen des *tender offer* erfüllt sind, ist der Bieter vertraglich verpflichtet, die angebotenen Aktien zu dem im *tender offer* genannten Preis zu erwerben[216]. Regelmäßig[217] kontrolliert er nach dem abgeschlossenen Aktientausch die Zielgesellschaft. Der Bieter wird zur Verhinderung von Konflikten mit opponierenden Minderheitsgesellschaftern dann aber häufig versuchen, in einem zweiten Schritt auch die restlichen ausstehenden Aktien der Zielgesellschaft zu erwerben[218].

---

209 Diese beträgt zwischen 30 und 50 % des Kurswerts der Aktien vor der Veröffentlichung des Angebotes; *Oesterle*, The Law of Mergers and Acquisitions, S. 334; siehe ferner zur Übernahmeprämie *André*, The Journal of Corporation Law 1986, S. 499/548 ff.

210 *André*, The Journal of Corporation Law 1986, S. 499/551 ff.

211 *André*, The Journal of Corporation Law 1986, S. 499/553 ff. sowie *Clark*, Corporate Law, S. 560.

212 *André*, The Journal of Corporation Law 1986, S. 499/555 f.

213 *André*, The Journal of Corporation Law 1986, S. 499/556 ff.; *Clark*, Corporate Law, S. 560.

214 Vgl. hierzu insbesondere § 14(d)(6) SEA (1934); S.E.C. Rule 14d-7(a)(1); S.E.C. Rule 14d-10(a)(1) u. (2); S.E.C. Rule 14e-1; sowie *Ebenroth/Eyles*, RIW 1988, S. 413/414 und 422; *Solomon/Schwartz/Bauman/Weiss*, Corporations, S. 1172 ff.

215 *Ebenroth/Eyles*, RIW 1988, S. 413/414; *Solomon/Schwartz/Bauman/Weiss*, Corporations, S. 377.

216 *Hutter/Lawrence*, Übernahmerecht in den USA, S. 95/125.

217 Wenn die Mehrheit der Aktionäre der Zielgesellschaft ihre Aktien umtauscht und keine Satzungsbestimmungen oder einzelstaatlichen Übernahmegesetze entgegenstehen.

218 *Solomon/Schwartz/Bauman/Weiss*, Corporations, S. 377, sowie unten § 4 IV. 4. *Freezeout*.

2. Einschalten einer Investmentbank

Bereits vor der Veröffentlichung des feindlichen Übernahmeangebotes sollte eine Investmentbank eingeschaltet und mit den Fragen der Finanzierung des Vorhabens sowie dessen steuerlichen Konsequenzen befaßt werden. Die Finanzierung und die Strategie der Transaktion sollten dabei schon vor dem offiziellen Beginn des Vorhabens weitestgehend gesichert sein[219]. Bezüglich der Eigenkapitalfinanzierung muß feststehen, welche wesentlichen Maßnahmen zu welchem Zeitpunkt vorzunehmen sind. Soll Fremdkapital verwendet werden, sollte die Investmentbank eine genaue Vorstellung davon haben, wieviel solcher Mittel beschafft werden müssen und welche Rahmenbedingungen sich dafür stellen. Dabei wird die Bank jedoch häufig das notwendige Kapital noch nicht zur Verfügung stellen. Dies liegt einerseits daran, daß sich die Konditionen am Kapitalmarkt sehr kurzfristig verändern können und das genau benötigte Transaktionsvolumen regelmäßig noch nicht feststeht. Andererseits verfügt die Investmentbank bei der Übernahme einer großen Publikumsgesellschaft oftmals selbst gar nicht über die erforderlichen Mittel und wird diese, sofern sie sie beschaffen muß, nicht für einen unbestimmten Zeitraum zur Verfügung stellen. Deshalb erklärt sie gegenüber dem Bieter häufig lediglich, daß sie größtes Vertrauen (*high confidence*) in die Finanzierbarkeit des Vorhabens hat. Diese Erklärungen werden deshalb auch *highly confident letter* genannt. Die Investmentbank, die den Bieter bei der Emission der zur Fremdkapitalbeschaffung dienenden Anleihen unterstützt, sammelt das für die Übernahme benötigte Kapital erst mit deren Ausgabe ein. Der Erfolg der Emission hängt deshalb seinerseits vom Erfolg des Übernahmeangebotes ab. Insofern entwickelt sich die konkrete Finanzierung unabhängig von der verfolgten Anfangsstrategie häufig erst mit Fortschreiten des Übernahmeangebotes[220]. Sollte in der Zwischenzeit kurzfristiger Finanzbedarf bestehen, gewähren die beteiligten Investmentbanken zur Finanzierung des Übernahmeangebotes regelmäßig auch kurzfristige Überbrückungskredite, sogenannte *bridge loans*[221].

3. Beschränkungen der Übertragbarkeit von Anteilen (*transfer restrictions*)

Im Anschluß an die Auswahl einer unter wirtschaftlichen Gesichtspunkten interessanten Zielgesellschaft ist ferner zu prüfen, ob deren Anteile überhaupt frei auf die Bietergesellschaft übertragbar sind. Dem könnten vertraglich vereinbarte Beschränkungen der Übertragbarkeit von Anteilen, sogenannte *transfer restrictions*, entgegenstehen. Diese bilden zunehmend den Gegenstand gesetzlicher

219 *Hutter/Lawrence*, Übernahmerecht in den USA, S. 95/97.

220 *Merkt*, US-amerikanisches Gesellschaftsrecht, S. 595; *Solomon/Schwartz/Bauman/Weiss*, Corporations, S. 1171 f.

221 *Solomon/Schwartz/Bauman/Weiss*, Corporations, S. 1172.

Regelungen und sind in der Mehrzahl der Bundesstaaten grundsätzlich zulässig[222]. Sie dienen bei *public corporations* vorwiegend der Verhinderung von Verstößen gegen die aus den Bundesgesetzen zum Wertpapierrecht (*federal securities laws*) folgenden Vorschriften über die Übertragung unregistrierter Anteile. Bei großen Publikumsgesellschaften werden *transfer restrictions* allerdings nur sehr selten vorkommen, weshalb es einer weiteren Darstellung der verschiedenen Arten[223] im vorliegenden Zusammenhang nicht bedarf[224]. Für die Bietergesellschaft ist in der Vorbereitungsphase lediglich entscheidend, ob *transfer restrictions* bestehen. Falls dies ausnahmsweise der Fall ist, bleibt im konkreten Einzelfall zu klären, welcher Art diese Beschränkungen sind und ob beziehungsweise wie sie einer feindlichen Übernahme entgegenstehen könnten.

4. Steuerliche Vorüberlegungen

Während der Vorbereitung eines feindlichen Übernahmeangebotes sind zudem die steuerlichen Auswirkungen der Transaktion zu bedenken[225] und die nachfolgend verkürzt dargestellten Aspekte zu beachten.

Einerseits kommt es auf die steuerliche Behandlung des Vorgangs auf Seiten der Aktionäre der beteiligten Unternehmen an. Im Hinblick auf die Akzeptanz des Übernahmeangebotes ist dieses möglichst so auszugestalten, daß der Vorgang nach dem US-amerikanischen Einkommensteuergesetz für die Aktionäre nicht

---

[222] Vgl. § 202 Del.Gen.Corp.L.; § 501 N.Y.Bus.Corp.L.; § 6.27 R.M.B.C.A.; § 418 Cal.Gen. Corp.L.; *Merkt*, US-amerikanisches Gesellschaftsrecht, S. 335 ff. sowie § 3 I. 1. a. aa. Kapitalaufbringung.

[223] Zu unterscheiden sind insbesondere das „*right of first refusal*", die „*first option*-Technik", die „*consent restriction*" sowie das Verbot der Übertragung an bestimmte Personen (*prohibition on transfers to designated persons*).

[224] Siehe hierzu vertiefend: *Clark*, Corporate Law, S. 763 ff.; *Henn/Alexander*, Laws of Corporations, S. 756 ff.; *Merkt*, US-amerikanisches Gesellschaftsrecht, S. 335 ff.; *Solomon/ Schwartz/Bauman/Weiss*, Corporations, S. 452 ff.; die gesetzlichen Regelungen in § 202(c) Del.Gen.Corp.L.; § 6.27(d) R.M.B.C.A. sowie zur Frage der Zulässigkeit von Übertragungsbeschränkungen nach dem *common law* auch *Rafe v. Hindin*, 29 A.D. 2d 481, affirmed 23 N.Y.2d (1968).

[225] Siehe hierzu weiterführend: *Bittker/Eustice*, Federal Income Taxation of Corporations and Shareholders (1994), 12.01; *Brode*, Tax Planning for Corporate Acquisitions; *Burke*, Federal Income Taxation of Corporations and Stockholders, S. 195 ff.; *Mohr/Consten*, Das Umwandlungsrecht und Umwandlungssteuerrecht der USA, U 209 ff., in: Widmann/Mayer, Umwandlungsrecht, Bd. 7.

als Verkauf[226], sondern vielmehr als steuerfreie Reorganistion (*tax free reorganization*) im Sinne der §§ 354(a), 356 Internal Revenue Code gewertet wird[227].

Andererseits sind die Folgen für die beteiligten Unternehmen zu berücksichtigen. Während ein im Wege einer *reorganization* erfolgender Zusammenschluß zweier Unternehmen für die Zielgesellschaft gemäß § 361 Internal Revenue Code grundsätzlich vorläufig steuerneutral ist, sollte sich die Transaktion für die Bietergesellschaft möglichst als sogenannte *Type B Reorganization* darstellen. Dies ist nach § 368(a)(1)(B) Internal Revenue Code dann der Fall, wenn den Aktionären der Zielgesellschaft ein Tausch ihrer Anteile in stimmberechtigte Aktien des Bieters oder seiner Muttergesellschaft[228] angeboten wird und dieser Aktientausch zu einem Kontrollerwerb in Höhe von 80 % der Aktien sämtlicher Aktiengattungen der Zielgesellschaft durch den Bieter führt[229]. Der Kontrollerwerb in dieser Höhe führt im Falle einer Dividendenausschüttung durch die Zielgesellschaft zudem zu einer vorläufig vollständigen Steuerbefreiung des Bieters (sogenannte *dividend received deduction*)[230].

5. Anonymer Erwerb einer kleinen Beteiligung an der Zielgesellschaft vor der Veröffentlichung des Übernahmeangebotes (*pre-announcement purchase*)

Nach Auswahl einer geeigneten Zielgesellschaft[231] und der Feststellung, daß die Übertragung von Anteilen auf den Bieter unbeschränkt möglich ist[232], sollte das bietende Unternehmen noch vor der Veröffentlichung des Übernahmeangebotes anonym an der Börse eine kleinere Beteiligung an der Zielgesellschaft erwerben.

---

226 Mit der Rechtsfolge der Steuerpflicht, vgl. hierzu mit einigen Beispielen *Clark*, Corporate Law, S. 406 ff.; *Merkt*, US-amerikanisches Gesellschaftsrecht, S. 540.

227 In diesem Fall wird den Aktionären keine vollkommene Steuerbefreiung gewährt, sondern eine Steuerstundung (*income tax deferral*) bis zum Zeitpunkt des Verkaufs der Anteile an der übernehmenden Gesellschaft eingeräumt. Vgl. hierzu vertiefend *Bartlett*, Equity Finance, Vol. 2, S. 117; *Clark*, Corporate Law, S. 406 ff.

228 Nicht jedoch in eine Kombination der Aktien beider Gesellschaften, vgl. *Bittker/Eustice*, Federal Income Taxation of Corporations and Shareholders (1994), 12:23.

229 *Bartlett*, Equity Finance, Vol. 2, S. 117 ff.; *Clark*, Corporate Law, S. 406 f.; *Hamilton*, The Law of Corporations, S. 616 f.; *Merkt*, US-amerikanisches Gesellschaftsrecht, S. 541 f.

230 Sofern dieser eine Kapitalgesellschaft ist, siehe *Mohr/Consten*, Das Umwandlungsrecht und Umwandlungssteuerrecht der USA, U 209 und U 213, in: Widmann/Mayer, Umwandlungsrecht, Bd. 7. Bei einer Beteiligung zwischen 20 % und 80 % wäre die empfangene Dividende hingegen nur zu 80 % und bei einer unter 20 % liegenden Beteiligung nur zu 70 % steuerfrei.

231 Vgl. oben, § 2 II. Potenzielle Zielunternehmen.

232 Vgl. § 3 III. 3. Beschränkungen der Übertragbarkeit von Anteilen (transfer *restrictions*).

a. Wirtschaftlicher Hintergrund

Hierdurch kann die Bietergesellschaft die Beteiligung zunächst zu einem Preis erwerben, der unter dem später im Übernahmeangebot festgelegten Preis liegt, weil sich regelmäßig erst durch die Veröffentlichung des Angebotes der Börsenkurs der Zielgesellschaft erhöht. Auch die nach dieser Bekanntgabe übliche Übernahmeprämie entfällt für eine vor der Veröffentlichung erworbene Beteiligung. Ferner läßt sich durch einen Erwerb vor Bekanntgabe des Übernahmeangebotes auch der wirtschaftliche Schaden im Falle eines Scheiterns des Angebots verringern. Abwehrmaßnahmen durch das Management der Zielgesellschaft, wie beispielsweise die Einschaltung eines dem Management freundlich gesinnten anderen Unternehmens als „Weißer Ritter", sorgen regelmäßig für einen starken Anstieg des Börsenkurses und verteuern das Vorhaben auf diese Weise erheblich. Scheitert das Übernahmeangebot beispielsweise deshalb, weil ein „Weißer Ritter" die Bietergesellschaft überboten hat, so kann diese ihre Kosten jedenfalls dadurch verringern, daß sie die günstiger erworbene Beteiligung nunmehr zu einem deutlich höheren Preis an den konkurrierenden Bieter veräußert[233].

b. § 13(d) SEA (1934) als quantitative Schranke

Bei sinnvoller Gestaltung sind einem solchen Erwerb durch das US-amerikanische Recht jedoch gewisse Grenzen gesetzt. Wie bereits dargelegt, hängt das Gelingen einer feindlichen Übernahme stark davon ab, daß die Übernahmeabsicht lange geheim bleibt und dann eine schnelle Durchführung folgt. Daher sollten potentielle Bieter die Höhe beziehungsweise den Zeitpunkt ihrer vor der Veröffentlichung des Übernahmeangebotes erworbenen Beteiligung so wählen, daß diese den übrigen Teilnehmern am Kapitalmarkt auch weiterhin verborgen bleibt[234]. Erwirbt eine Gesellschaft direkt oder indirekt mehr als 5 % der Anteile an einer anderen Gesellschaft, unterliegt sie aber gegenüber der S.E.C. der aus § 13(d) SEA (1934) folgenden Berichtspflicht. Diese Vorschrift ist durch den *Williams Act* Bestandteil des SEA (1934) geworden, zielt auf eine Gleichbehandlung aller Aktionäre der Zielgesellschaft ab und ist auf jede Art des Anteilserwerbs anzuwenden[235].

---

[233] *Merkt*, US-amerikanisches Gesellschaftsrecht, S. 594; *Solomon/Schwartz/Bauman/Weiss*, Corporations, S. 1168 f.; *Hutter/Lawrence*, Übernahmerecht in den USA, S. 95/104 f. weisen zudem darauf hin, daß eine vorherige Beteiligung im Rahmen einer feindlichen Übernahme aus prozeßrechtlichen und anderen Gründen Vorteile verschaffen kann.

[234] *Ebenroth/Eyles*, RIW 1988, S. 413/416.

[235] Also auch für die im Rahmen eines *tender offer* erworbenen Anteile, *Hutter/Lawrence*, Übernahmerecht in den USA, S. 95/99 ff.; *Merkt*, US-amerikanisches Gesellschaftsrecht, S. 594 und 600 ff.; *Solomon/Schwartz/Bauman/Weiss*, Corporations, S. 1169.

Anzeigepflichtig ist dabei nicht der rechtliche Eigentümer (*legal owner*), sondern der wirtschaftliche Eigentümer (*benefical owner*), also derjenige, der das Stimmrecht tatsächlich ausübt und über An- und Verkauf der Anteile auch tatsächlich entscheidet. Hierdurch wird die Umgehung der Vorschrift durch Einschaltung eines Börsenmaklers oder sonstiger Dritter verhindert. Anzeigepflichtig ist ferner der Inhaber einer Option, die zum Erwerb von Anteilen innerhalb von 60 Tagen berechtigt[236]. Die Anzeigepflicht entsteht sowohl beim Erwerb einer Beteiligung von mehr als 5 % der Anteile als auch bei jeder nachträglichen Änderung der Beteiligungshöhe oder der Pläne des Erwerbers[237].

Der wirtschaftliche Eigentümer hat nach S.E.C. Schedule 13D eine Erklärung abzugeben, die unter anderem (1.) die genaue Zahl der erworbenen *shares*[238] und deren wirtschaftliche(n) Eigentümer[239] sowie (2.) die Herkunft und Höhe der dafür verwendeten (Fremd- oder Eigen-) Kapitalmittel[240] enthalten muß. Zudem ist in der Erklärung (3.) die mit dem Beteiligungserwerb verfolgte Absicht, insbesondere ein geplanter Erwerb der Kontrollmehrheit, offenzulegen. Gleiches gilt (4.), wenn der Erwerber mit der Zielgesellschaft ein *Going Private* beabsichtigt[241] oder die Gesellschaft liquidieren beziehungsweise verschmelzen will[242].

Die Erklärung nach S.E.C. Schedule 13D muß gemäß § 13(d)(1) SEA (1934) innerhalb von zehn Tagen nach dem Erwerb derjenigen Anteile erfolgen, mit denen die Marke von 5 % überschritten wird. Nach dem SEA (1934) ist es dem Erwerber allerdings nicht verboten, während dieser Frist unerkannt weitere Anteile an der Zielgesellschaft zu erwerben. Dies erlaubt weitere Einsparungen, da regelmäßig erst mit dem Bekanntwerden der geplanten Übernahme infolge der S.E.C.-Anzeige der Börsenkurs der Zielgesellschaft ansteigt. Vor dem Bekanntwerden wäre demnach der günstigere Erwerb weiterer Anteile möglich. Weil hierdurch die während dieser Frist veräußernden Aktionäre der Zielgesellschaft schlechter stehen als die nach der Anzeige veräußernden Aktionäre, hat sich die S.E.C. bereits in der Vergangenheit darum bemüht, diese Möglichkeit einzuschränken. Dies ist nunmehr geschehen. Gemäß S.E.C. Rule 13d-1(e)(2)(ii) ist es dem wirtschaftlichen Eigentümer einer zum Kontrollwechsel erworbenen Be-

---

236 S.E.C. Rule 13d-3(d)(1)(i) sowie *Ebenroth/Eyles*, RIW 1988, S. 413/416; *Merkt*, US-amerikanisches Gesellschaftsrecht, S. 601 ff.

237 § 13(d)(2) SEA (1934) sowie *Merkt*, US-amerikanisches Gesellschaftsrecht, S. 601.

238 § 13(d)(1) SEA (1934).

239 § 13(d)(1)(A) SEA (1934); *Ratner*, Securities Regulation, S. 111.

240 § 13(d)(1)(B) SEA (1934); *Ratner*, Securities Regulation, S. 111; *General Instructions* zu S.E.C. Schedule 13 D, Item 3. Source and Amount of Funds or Other Consideration, abgedruckt in: *Jennings/Marsh/Coffee/Seligman*, Federal Securities Laws, S. 790.

241 § 13(d)(1)(C) SEA (1934), *Ratner*, Securities Regulation, S. 111.

242 *Ebenroth/Eyles*, RIW 1988, S. 413/416.

teiligung von mindestens 5 % verboten, während der zehntägigen Frist weitere Aktien des Emittenten oder einer diesen kontrollierenden Person oder Gesellschaft zu erwerben, wenn er hierbei nicht mindestens die Bedingungen des *tender offer* erfüllt. Ebensowenig darf er seine diesbezüglichen Stimmrechte ausüben[243]. Mit dieser Regelung hat sich die S.E.C. im Gegensatz zum Bundesgesetzgeber nunmehr zum Erlaß einer entsprechenden Verordnung entschließen können[244].

Darüber hinaus ist jeder Erwerber, der, nachdem er bereits seiner Anzeigepflicht genügt hat, weitere Aktien erwirbt, grundsätzlich erneut anzeigepflichtig (*duty to refile*). Dies gilt jedoch nicht, wenn die nach Überschreiten der Grenze von 5 % innerhalb der letzten 12 Monate insgesamt erworbenen Anteile weniger als 2 % der ausstehenden Aktien der Zielgesellschaft ausmachen[245]. Dennoch empfiehlt es sich auch für diese Bieter, die zu einem früheren Zeitpunkt getätigten Angaben noch vor der Entscheidung über den Erwerb der Zielgesellschaft auf ihre Aktualität zu überprüfen, weil gegebenenfalls ein Nachtrag zum Schedule 13D eingereicht werden muß. So hat beispielsweise ein Investor, der über 20 % der Aktien der Zielgesellschaft erwirbt oder seine Absicht bezüglich der Beteiligung ändert, innerhalb von zehn Tagen eine Ergänzung des Formulars einzureichen und darf darüber hinaus während einer weiteren Frist von zehn Tagen die aus den Aktien folgenden Stimmrechte nicht ausüben[246].

Die Anzeigepflicht kann sich im Einzelfall auch für eine Gruppe von Investoren ergeben, die jeder für sich betrachtet weniger als 5 % der Anteile der Zielgesellschaft halten, die Marke von 5 % aber gemeinsam überschreiten und auch gemeinsam handeln[247].

Ähnlich umfangreiche Berichtspflichten ergeben sich bei einem Erwerb von stimmberechtigten Anteilen im Wert von mehr als 15 Millionen US-$ aus den kartellrechtlichen Bestimmungen des *Hart-Scott-Rodino Antitrust Improvements Act* von 1976. Nach der Anzeige ist der Erwerber dann aber verpflichtet, mindestens 15 Tage abzuwarten, bevor er seine weiteren Erwerbspläne umsetzt[248].

---

[243] S.E.C. Rule 13d-1(e)(2)(i); *Hutter/Lawrence*, Übernahmerecht in den USA, S. 95/128.

[244] Anders noch *Ebenroth/Eyles*, RIW 1988, S. 413/416; *Merkt*, US-amerikanisches Gesellschaftsrecht, S. 601 f.

[245] § 13(d)(6)(B) SEA (1934); *Merkt*, US-amerikanisches Gesellschaftsrecht, S. 602.

[246] *Hutter/Lawrence*, Übernahmerecht in den USA, S. 95/100 und 137.

[247] § 13(d)(3) SEA (1934); *Ebenroth/Eyles*, RIW 1988, S. 413/416. Siehe zu den diesbezüglichen Kriterien und Fragestellungen *Clark*, Corporate Law, S. 555 ff.; *Ratner*, Securities Regulation, S. 111 f., jeweils m.w.N., sowie *Merkt*, US-amerikanisches Gesellschaftsrecht, S. 602; *Solomon/Schwartz/Bauman/Weiss*, Corporations, S. 1169 f.

[248] Ebenso bei Erwerb von mehr als 15 % der stimmberechtigten Anteile, siehe: § 18a(a)(3) *Hart-Scott-Rodino Antitrust Improvements Act* sowie *Merkt*, US-amerikanisches Gesell-

c. Auswirkungen des vorherigen anonymen Erwerbs einer Beteiligung auf den zu finanzierenden Übernahmepreis und den Erfolg des Angebots

Bei einem „stillen" Beteiligungserwerb in Höhe von etwas weniger als 5 % und einer angenommenen Kontrollprämie von 30 %[249] verringert sich der Erwerbspreis eines auf alle Anteile der Zielgesellschaft gerichteten Übernahmeangebotes um fast 1,5 %. Diese Ersparnis erhöht sich zusätzlich im Falle einer höheren Übernahmeprämie, konkurrierender Angebote oder einer sonstigen Nachbesserung des Angebotes durch den Bieter.

Handelt es sich, wie hier vorausgesetzt, bei der Zielgesellschaft um eine große Publikumsgesellschaft, liegt deren Börsenwert regelmäßig im zwei- bis dreistelligen Milliardenbereich. Die durch vorzeitigen anonymen Erwerb möglichen Einsparungen haben daher sowohl für das Volumen des Übernahmepreises als auch für die Bewertung des Übernahmevorhabens durch den Kapitalmarkt durchaus eine Bedeutung. Die Kapitalmarktteilnehmer werden das Vorhaben eines Bieters, der freiwillig einen um mindestens 1,5 % erhöhten Kaufpreis zahlt, gerade wegen der Gesamthöhe des Transaktionsvolumens sicherlich kritischer betrachten als das Vorgehen einer in dieser Hinsicht gut vorbereiteten Bietergesellschaft. Im Einzelfall können allerdings auch besondere Umstände die Bietergesellschaft zu kurzfristigem Handeln zwingen, so daß ein auf diese Weise geplanter vorheriger Beteiligungserwerb über die Börse ausgeschlossen ist.

6. Veröffentlichungspflichten nach § 14(d) und (e) SEA (1934)

a. Inhalt der Veröffentlichungspflicht nach § 14(d) SEA (1934)

Gemäß § 14(d) SEA (1934) darf keine Person ein *tender offer* unterbreiten, das dazu führen würde, daß sie mehr als 5 % einer nach § 12 SEA (1934) registrierten Aktiengattung hält, solange sie dies nicht bei der S.E.C. angezeigt und der Zielgesellschaft sowie deren Aktionären nicht eine entsprechende Erklärung zugesandt hat. Ferner sind die Wertpapierbörsen, an denen die Aktien gehandelt werden, telefonisch zu unterrichten. Die Erklärung enthält einige der schon nach § 13(d) SEA (1934) erforderlichen Informationen. Ihren Grund hat die Veröffentlichungpflicht im Anlegerschutz und dem öffentlichen Interesse[250]. Auch

---

schaftsrecht, S. 594 f. und 602. Auf diese kartellrechtlichen Vorschriften soll im weiteren jedoch nicht näher eingegangen werden. Siehe hierzu ferner *Hutter/Lawrence*, Übernahmerecht in den USA, S. 95/102 ff.

[249] Ein Kontrollprämie in dieser Höhe ist nicht unüblich, wie beispielsweise die Darstellungen bei *Merkt*, US-amerikanisches Gesellschaftsrecht, S. 597 (durchschnittlich 35 %) und *Solomon/Schwartz/Bauman/Weiss*, Corporations, S. 1172 (zwischen 33 und 65 %) zeigen.

[250] *Hutter/Lawrence*, Übernahmerecht in den USA, S. 95/101.

hierbei kann die S.E.C. verlangen, daß der Bieter weitere Unterlagen einreicht, sofern sie diese für notwendig und angemessen hält[251]. Hält der Bieter diese nachfolgend näher darzulegenden Anforderungen nicht ein, so drohen ihm Schadensersatzansprüche von den übrigen Beteiligten des Übernahmeverfahrens[252].

Die im Rahmen des § 14(e) SEA (1934) zu erstellende Anzeige ist auf Schedule TO (Tender Offer) bei der S.E.C. einzureichen und auch der Zielgesellschaft zuzusenden[253]. Sie hat unter anderem Höhe und Herkunft der als Gegenleistung verwendeten Mittel genau anzuzeigen[254]. Ebenso sind umfangreiche weitere Informationen über die Finanzlage des Bieters offenzulegen[255], beispielsweise die allgemeine Finanzlage, die Herkunft der ihm insgesamt zur Verfügung stehenden Finanzmittel, der Umfang der bisherigen Beteiligung und die Absichten des Bieters mit der Zielgesellschaft[256]. Ferner ist den Aktionären der Zielgesellschaft am Tag der Veröffentlichung des Übernahmeangebotes eine Registrierungserklärung der im Tausch als Gegenleistung angebotenen Aktien[257] und ein den Anforderungen des § 10(a) SA (1933) genügender Prospekt zu übersenden[258]. Im Übrigen muß der Bieter den Aktionären der Zielgesellschaft, die Adressaten eines Angebots zum Aktientausch sind, die Informationen nach Item 1 des Schedule TO offenlegen. Hierbei handelt es sich um eine in verständlicher Sprache abgefaßte Zusammenfassung der wesentlichen Bedingungen des Angebots, das sogenannte *Summary Term Sheet*. Im Falle eines Dreiecks-Angebotes, wenn also eine andere Person als der Emittent der als Gegenleistung angebotenen Aktien (die Bietergesellschaft) das Übernahmeangebot abgibt[259], sind ferner alle weiteren Items des Schedule TO mit Ausnahme des Item 12 offenzulegen[260]. Dies umfaßt dann wiederum die zuvor genannten umfangreichen Finanzinformationen. Allerdings bedeutet die Verpflichtung zur Offenlegung der Finanzierung nicht, daß diese bereits zu Beginn des *tender offer* in vollem Umfang sichergestellt sein muß. Die Auskunftspflicht beschränkt sich vielmehr auf diejenigen Fakten, über die der Bieter im Zeitpunkt der Meldung bereits Auskunft

---

251 § 14(d)(1) SEA (1934). Worin für den Bieter wiederum ein gewisser Unsicherheitsfaktor bezüglich des Umfangs der anzeigepflichtigen Tatsachen liegt.

252 Vgl. hierzu sogleich § 3 III. 6. b. Rechtsfolgen bei Verstoß gegen die Publizitätspflicht gemäß § 14(e) SEA (1934).

253 S.E.C. Rule 14d-3(a)(1) und (2)(i).

254 Item 7 des S.E.C. Schedule TO iVm Item 1007 der S.E.C. Regulation M-A.

255 Item 10 des S.E.C. Schedule TO iVm Item 1010 (a) und (b) der S.E.C. Regulation M-A.

256 *Ebenroth/Eyles*, RIW 1988, S. 413/416 sowie vertiefend *Hutter/Lawrence*, Übernahmerecht in den USA, S. 95/131 ff.

257 Siehe hierzu unten § 4 III. Öffentliches Angebot (*public offering*) von Wertpapieren.

258 S.E.C. Rule 14 d-4(b).

259 S.E.C. Schedule TO, General Instructions: K.(3).

260 S.E.C. Rule 14d-6(a)(4) und (d)(1).

geben kann. Allerdings sind dann gegebenenfalls spätere Fakten unverzüglich nachzureichen[261]. Verfügt der Bieter nicht über die Anschriften der Aktionäre der Zielgesellschaft, hat das Management derselben die Anzeige auf Kosten des Bieters ihren Aktionären zu übersenden[262].

Auch diese Angaben erfordern einen gewissen Zeit- und Arbeitsaufwand, der mit ungefähr zwei bis drei Wochen bereits während der Vorbereitung des Übernahmeangebots zu berücksichtigen ist[263]. Aus einer mangelhaften Vorbereitung folgende Verzögerungen könnten anderenfalls den Erwerbspreis erhöhen oder sogar die Erfolgsaussichten der Transaktion verringern. Die erforderlichen Unterlagen sind bei der S.E.C. einzureichen und werden dort nur wenige Stunden später veröffentlicht. Mit der Einreichung ist ferner eine Gebühr in Höhe von einem Fünzigstel von 1 % des Transaktionswertes in sofort verfügbaren Mitteln an die S.E.C. zu entrichten[264]. Steigt dieser Wert nachträglich beispielsweise durch eine Erhöhung des angebotenen Preises, ist zu diesem Zeitpunkt auch ein entsprechender Gebührennachschuß notwendig[265].

b. Rechtsfolgen bei Verstoß gegen die Publizitätspflicht gemäß § 14(e) SEA (1934)

Entscheidend für die Bietergesellschaft ist unter Finanzierungsgesichtspunkten auch, welche Sanktionen ihr aus möglicherweise falschen oder unzureichenden Angaben in den zuvor genannten Erklärungen drohen. Die Kosten möglicher Schadensersatzansprüche beziehungsweise der aus der Geltendmachung eines einstweiligen Rechtsschutzes folgenden Zeitverzögerungen könnten dann im Rahmen der Finanzplanung schon frühzeitig berücksichtigt werden. Gemäß § 14(e) SEA (1934) ist es verboten, in den zuvor genannten Erklärungen falsche Angaben zu den wesentlichen Punkten zu machen oder wesentliche Angaben zu unterlassen. Gleiches gilt für betrügerisches oder manipulatives Verhalten im Zusammenhang mit einem *tender offer*[266]. Dabei obliegt es der S.E.C., geeignete Maßnahmen zu ergreifen, um ein solches Verhalten zu unterbinden. Dem ist die Behörde durch den Erlaß der S.E.C. Rule 14e-1 nachgekommen, in der die verbotenen Verhaltensweisen beschrieben sind. Der S.E.C. steht es insofern frei, im

---

[261] *Newmont Mining Corp. v. Pickens*, 56 L.W. 2304 (9th Circuit 1987), S. 2305; *Ebenroth/ Eyles*, RIW 1988, S. 413/417.

[262] S.E.C. Rule 14d-5; *Ebenroth/Eyles*, RIW 1988, S. 413/416.

[263] *Hutter/Lawrence*, Übernahmerecht in den USA, S. 95/102.

[264] Bei einem Transaktionswert von 100 Mrd. US-$ beläuft sich somit allein diese Gebühr auf 20 Mio US-$.

[265] *Hutter/Lawrence*, Übernahmerecht in den USA, S. 95/130 f.

[266] *Clark*, Corporate Law, S. 564; *Merkt*, US-amerikanisches Gesellschaftsrecht, S. 607; *Solomon/Schwartz/Bauman/Weiss*, Corporations, S. 1175.

Falle eines Verstoßes eine gerichtliche Anordnung auf Unterlassen beziehungsweise Behebung des Verstoßes zu erwirken. In der Praxis übt sie diese Befugnis aber nur sehr selten aus. Vielmehr überläßt sie es regelmäßig den übrigen Beteiligten, im Wege der Privatklage (*private action*) gegen Verletzungen der Publizitätspflicht vorzugehen. Hieraus erklärt sich auch die Menge der einschlägigen Gerichtsentscheidungen[267]. Für den Fall einer Verletzung dieser Vorschriften sind Ansprüche Dritter im Wege der Privatklage jedoch nicht ausdrücklich geregelt[268].

aa. Ansprüche der Aktionäre der Zielgesellschaft und Anspruchsvoraussetzungen

Dennoch ist ein Anspruch zugunsten des einzelnen Aktionärs der Zielgesellschaft unstreitig aus § 14(e) SEA (1934) abzuleiten. Dieser kann sich sowohl auf eine vorläufige Unterlassung (*injunctive relief*) der unrichtigen Angaben[269] als auch auf Schadensersatz (*damages*) richten[270]. Eine Klageberechtigung ist sowohl für diejenigen Zielgesellschaftsaktionäre, die Ihre Aktien aufgrund von irreführenden Erklärungen des Bieters umgetauscht haben[271], als auch für diejenigen Aktionäre anerkannt, die nicht auf das *tender offer* eingegangen sind[272].

Der Kläger muß dabei zunächst nachweisen, daß die irreführende oder unterlassene Angabe wesentlich (*material*) war. Entscheidend ist hierfür, ob die unrichtige oder unterlassene Tatsache aus der Sicht einer besonnenen Person (*reasonable person*) in der Lage des Klägers Einfluß auf die Meinungsbildung und gegebenenfalls das Abstimmungsverhalten gehabt hätte. Unerheblich ist jedoch, ob die Tatsache die Meinungsbildung zu einem anderen Ergebnis geführt hätte[273]. Eine solche Bedeutung mißt die Rechtsprechung denjenigen Tatsachen bei, die:

---

267 *Clark*, Corporate Law, S. 567, insbesondere Fußnote 59.

268 *Clark*, Corporate Law, S. 567; *Ratner*, Securities Regulation, S. 114.

269 *Humana, Inc. v. American Medicorp., Inc.*, Fed. Sec. L. Rep. (CCH) 96,286 (S.D.N.Y. 1978); *Rondeau v. Mosinee Paper Co.*, 422 U.S. 49 (1979); *Clark*, Corporate Law, S. 568.

270 *Vaughn v. Teldyne, Inc.*, 628 F.2d 1214 (9th Circuit 1980); *Clark*, Corporate Law, S. 567; *Merkt*, US-amerikanisches Gesellschaftsrecht, S. 607 m.w.N.

271 *Electronic Specialty Co. v. International Controls Corp.*, 409 F.2d 937 (2nd Circuit 1969); *Plaine v. McCabe*, 797 F.2d 713 (9th Circuit 1986); *Ratner*, Securities Regulation, S. 115.

272 Die sogenannten *non-tendering shareholders*, vgl. *Dyer v. Eastern Trust and Banking Co.*, 336 F. Suppl. 890, S. 914 (D. Me. 1971); *Clark*, Corporate Law, S. 567. Hierin liegt ein wesentlicher Unterschied zu den Klagen nach S.E.C. Rule 10b-5, siehe: *Hundahl v. United Benefit Life Ins. Co.*, 465 F.Suppl. 1349 (N.D.Texas 1979); *Merkt*, US-amerikanisches Gesellschaftsrecht, S. 608.

273 *Kramas v. Security Gas and Oil, Inc.* 672 F.2d 766 (9th Circuit 1982), 459 U.S. 1035 (1982). Der Maßstab wurde vom U.S. Supreme Court urspünglich für den vergleichbaren Fall der *proxy solicitation* entwickelt; vgl.: *TSC Industries, Inc. v. Northway, Inc.*, 426

1. sich auf die finanzielle Situation des Bieters beziehen[274],
2. die Angaben des Bieters über seine Pläne mit der *corporation*, ihrem Management und ihrem Vermögen nach dem erfolgreichen Abschluß der Übernahme betreffen[275], oder
3. die Erwartung des Bieters betreffen, Kontrolle über die Zielgesellschaft auszuüben[276].

Macht die Bietergesellschaft in einem dieser Punkte unrichtige oder unvollständige Angaben, gelten diese regelmäßig als wesentlich im Sinne des § 14(e) SEA (1934)[277]. Ein Anspruch gilt teilweise jedoch dann als ausgeschlossen, wenn der Aktionär die betreffenden Informationen problemlos über die Zeitung oder die ihm bereits überreichten Jahresberichte der Gesellschaft erhalten konnte[278]. Ferner setzt ein Anspruch aus § 14(e) SEA (1934) voraus, daß der Beklagte vorsätzlich (*scienter*) oder absichtlich (*intentionally*) gehandelt hat[279]. Schließlich muß der Kläger im Vertrauen (*reliance*) auf diese unrichtige oder unvollständige Darstellung von Tatsachen gehandelt haben[280]. Richtet sich die Klage auf Erstattung von Schadensersatz, so muß zwischen der Pflichtverletzung und dem Schaden zusätzlich Kausalität bestehen[281]. Das Tatbestandsmerkmal des Vertrauens ist jedoch entbehrlich, wenn es sich um einen Fall der unvollständigen Tatsachendarstellung handelt, weil man auf eine nicht mitgeteilte Tatsache auch nicht vertrauen kann[282].

U.S. 438, 449 (1976); *Clark*, Corporate Law, S. 565; *Merkt*, US-amerikanisches Gesellschaftsrecht, S. 608.

274 Insbesondere dann, wenn die Anteile der Zielgesellschaft nicht in bar, sondern im Tausch gegen andere Wertpapiere erworben werden; vgl: *Prudent Real Estate Trust v. Johncamp Realty, Inc.*, 599 F.2d 1140 (2nd Circuit 1979).

275 *Vaughn v. Teledyne, Inc.*, 628 F.2d 1214 (9th Circuit 1980); *Merkt*, US-amerikanisches Gesellschaftsrecht, S. 608.

276 *Prudent Real Estate Trust v. Johncamp Realty, Inc.*, 599 F.2d 1140 (2nd Circuit 1979).

277 *Merkt*, US-amerikanisches Gesellschaftsrecht, S. 609.

278 *Valente v. Pepsico, Inc.*, 454 F. Suppl. 1228, S. 1243 (D. Del. 1978); *Clark*, Corporate Law, S. 566.

279 Vgl. insbesondere *A & K Railroad Materials, Inc. v. Green Bay & Western R.R. Co.*, 437 F.Suppl. 636, 641 (E.D. Wisc. 1977), wobei sich die Gerichte auf die Rechtsprechung des U.S. Supreme Court zur S.E.C. Rule 10b-5 beziehen, wo ausdrücklich vorsätzliches Handeln verlangt wird (z.B. *Ernst & Ernst v. Hochfelder*, 425 U.S. 185 (1976)). Dabei reicht für die Absicht bereits eine bewußte Fahrlässigkeit aus, siehe: *Clark*, Corporate Law, S. 565; *Merkt*, US-amerikanisches Gesellschaftsrecht, S. 609 jeweils m.w.N.

280 *Lewis v. McGraw*, 619 F.2d 192, 195 (2nd Circuit 1986), 107 S.Ct. 445 (1986).

281 *Pryor v. United States Steel Corp.*, 591 F.Suppl. 942 (S.D.N.Y. 1984), 794 F.2d 52 (2nd Circuit), 107 S.Ct. 445 (1986).

282 So daß im Ergebnis das Vertrauen auf die Vollständigkeit der Offenlegung nicht geschützt wird; *Berman v. Gerber Products Co.*, 454 F. Suppl. 1310, 1324 (W. D. Mich. 1978); *Merkt*, US-amerikanisches Gesellschaftsrecht, S. 609.

Bei einer Prüfung im Rahmen der Entscheidung eines Verfahrens nach § 14(e) SEA (1934) findet jedoch keine inhaltliche Fairneß- oder Billigkeitskontrolle statt. Vielmehr werden lediglich die aus dem *tender offer* folgenden verfahrenstechnischen Mindestanforderungen überprüft[283]. Dies kann dazu führen, daß ein *tender offer*, aufgrund dessen die Aktionäre der Zielgesellschaft übervorteilt werden, das jedoch unter vollständiger Offenlegung sämtlicher Aspekte des § 14(e) SEA (1934) abgewickelt wird, als mit dieser Vorschrift vereinbar anzusehen ist[284].

bb. Ansprüche der Zielgesellschaft

In Betracht kommen ferner auch Ansprüche der Zielgesellschaft. Ein Klagerecht der Zielgesellschaft ist allgemein anerkannt[285]. Diese kann den Bieter ebenfalls auf Schadensersatz verklagen oder im Wege des einstweiligen Rechtsschutzes die Fortsetzung des *tender offer* solange untersagen lassen, bis dieser den gesetzlichen Offenlegungspflichten in vollem Umfang genügt[286]. Zwar wird im letzteren Fall die Übernahme lediglich verzögert. Eine solche Verzögerung steigert erfahrungsgemäß aber das Risiko des Scheiterns des gesamten Vorhabens, weil der Vorstand der Zielgesellschaft in dieser Zeit Verteidigungsmaßnahmen ergreifen kann. Der einstweilige Rechtsschutz wird somit häufig zu einem endgültigen[287].

cc. Ansprüche konkurrierender Bietergesellschaften

Hingegen hat der U.S. Supreme Court einen Schadensersatzanspruch des im Verlauf einer Übernahmeauseinandersetzung geschlagenen Bieters gegen seine unrichtige Angaben machenden Mitstreiter abgelehnt[288]. Das Gericht stellte dabei klar, daß es zivilrechtliche Ansprüche nach § 14(e) SEA (1934) nur für Aktionäre der Zielgesellschaft anerkenne. Nur bei diesen handele es sich um die von den Regelungen des *Williams Act* bedachte Zielgruppe[289]. Aus dieser Entscheidung haben andere Gerichte abgeleitet, einem in eine Übernahmeauseinandersetzung verwickelten Bieter stehe die Möglichkeit der einstweiligen Verfügung auch gegen einen unrichtige Angaben tätigenden Konkurrenten zu. Dies liege an der hierauf folgenden Verbreitung berichtigter Unterlagen, die im Inte-

---

[283] *Schreiber v. Burlington Northern, Inc.*, 472 U.S. 1 (1985); *Clark*, Corporate Law, S. 564 f.
[284] *Merkt*, US-amerikanisches Gesellschaftsrecht, S. 607.
[285] *Electronic Specialty Co. v. Controls Corp.*, 409 F.2d 937 (2nd Circuit 1969); *Clark*, Corporate Law, S. 567.
[286] *Electronic Specialty Co. v. Controls Corp.*, 409 F.2d 937 (2nd Circuit 1969).
[287] *Merkt*, US-amerikanisches Gesellschaftsrecht, S. 608.
[288] *Piper v. Chris-Craft Industries*, 430 U.S. 1 (1977).
[289] *Clark*, Corporate Law, S. 567 f.; *Ratner*, Securities Regulation, S. 114 f.

resse der Aktionäre der Zielgesellschaft liege[290]. Auch konkurrierende Bietergesellschaften haben daher grundsätzlich die Möglichkeit, einstweiligen Rechtsschutz gegen eine unrichtige Angaben tätigende Bietergesellschaft zu erlangen. Hierdurch steigert sich wiederum die Gefahr eines Scheiterns des Übernahmeangebotes[291].

c. Zwischenergebnis und Folgen für die Finanzierungsplanung

Kommt der Bieter seiner Registrierungspflicht nach § 14(d) SEA (1934) vorsätzlich oder absichtlich nicht beziehungsweise nicht in vollem Umfang nach, kann dies zunächst zu Schadensersatzansprüchen der Zielgesellschaft sowie ihrer Aktionäre führen. Die Höhe des Betrages der insoweit drohenden Zahlungspflichten hängt dabei vom Einzelfall ab. Der *board of directors* der Bietergesellschaft wird diese aber wegen seiner Kenntnis der Umstände im Einzelfall einschätzen können. Der gegebenenfalls notwendige Betrag ist somit in die Finanzierungsplanungen einzubeziehen.

Andererseits können sowohl die Zielgesellschaft und ihre Aktionäre als auch ein konkurrierendes Bieterunternehmen im Wege des einstweiligen Rechtsschutzes die Aussetzung des *tender offer* bis zur Offenlegung richtiger und vollständiger Angaben verlangen. Dies kann zu wesentlichen Verzögerungen in der Abwicklung des Vorhabens führen, die diese jedenfalls erheblich verteuern und möglicherweise sogar scheitern lassen. Auch die bei einer solchen Klage drohenden Kosten sind von der Leitung des bietenden Unternehmens nach Lage des Einzelfalles rechtzeitig in die Finanzplanung einzubeziehen. Wie bereits dargelegt, findet bei einer Entscheidung eines Verfahrens gemäß § 14(e) SEA (1934) jedoch keine inhaltliche Fairneß- oder Billigkeitskontrolle statt. Klagen, die sich gegen den Inhalt eines *tender offer* richten, sind somit auf einzelstaatliches Recht zu stützten[292]. Auf die hierbei drohenden Risiken ist im jeweiligen Zusammenhang nachfolgend einzugehen.

---

[290] Siehe *Florida Commercial Banks v. Culverhouse*, 772 F.2d 1513 (11th Circuit 1985); *Whittaker Corp. v. Edgar*, 535 F.Suppl. 933 (N.D.Ill. 1982).

[291] *Merkt*, US-amerikanisches Gesellschaftsrecht, S. 608.

[292] *Schreiber v. Burlington Northern, Inc.*, 472 U.S. 1 (1985); *Merkt*, US-amerikanisches Gesellschaftsrecht, S. 607.

§ 4 Übernahmeangebot durch den Bieter

Zunächst kann die bietende Gesellschaft das Übernahmeangebot selbst unterbreiten. Ein erfolgreiches Umtauschangebot hat dann zur Folge, daß diejenigen Aktionäre der Zielgesellschaft, die ihre Aktien zum Tausch hinterlegen, Aktionäre des Bieters werden. In dem Umfang der getauschten Aktien wäre die Bietergesellschaft selbst dann Aktionärin der Zielgesellschaft. Diejenigen Aktionäre der Zielgesellschaft, die ihre Aktien nicht tauschen, würden (Minderheits-)Aktionäre derselben bleiben. Um Störungen bei der Leitung der Zielgesellschaft durch opponierende Minderheitsaktionäre zu vermeiden, wird der Bieter aber häufig versuchen, in einem zweiten Schritt die übrigen noch ausstehenden Aktien von diesen zu erwerben.

I. Eigenkapitalfinanzierung

Verwendet ein Bieter seine eigenen Aktien als Gegenleistung im Rahmen des öffentlichen Angebots, muß er diese zunächst beschaffen. Hierfür kommt im Rahmen der Eigenkapitalfinanzierung einerseits eine Kapitalerhöhung gegen Sacheinlage in Betracht. Als Sacheinlage dienen dann die von den Aktionären der Zielgesellschaft zum Umtausch angebotenen Aktien. Neben den auf diese Weise geschaffenen jungen Aktien kann der Bieter beim Aktientausch andererseits auch zurückerworbene eigene Aktien als Gegenleistung verwenden.

1. Kapitalerhöhung

Erhöht die Bietergesellschaft vor diesem Hintergrund ihr Kapital gegen eine Sacheinlage, ergeben sich dabei im US-amerikanischen Recht folgende Rechtsfragen.

a. Ausgabe von *authorized but unissued shares*

aa. Grundsatz der Ausgabe nach Beschluß des *board of directors*

Zunächst können *authorized but unissued shares* ausgegeben werden. Wie bereits dargelegt[293], ist es im US-amerikanischen Recht üblich, mehr Aktien zur Ausgabe zuzulassen als gegenwärtig benötigt werden. Die Gesellschaft kann somit plötzlich auftretenden Finanzbedarf, wie er beispielsweise bei der Übernahme anderer Unternehmen anfallen kann, kurzfristig decken oder die Aktien

[293] Siehe § 3 I. 1. Die Finanzverfassung der *business corporation.*

als Tauschwährung verwenden[294]. Deshalb achten die Unternehmensleitung und der *treasurer* fortwährend darauf, die Gesellschaft mit genügend zur Ausgabe zugelassenen Aktien auszustatten. Sollen diese tatsächlich ausgegeben werden, bedarf es dazu lediglich eines Beschlusses des *board of directors* und gegebenenfalls der anschließenden Plazierung der Aktien am Kapitalmarkt. Eine Zustimmung der Aktionäre durch Beschluß der Hauptversammlung ist hingegen grundsätzlich entbehrlich[295]. Dies gilt beispielsweise dann, wenn die Gesellschaft in Delaware[296] oder im Staat New York[297] inkorporiert ist.

bb. Einzelstaatliche Sonderregelung bei bestimmtem Umfang der Kapitalerhöhung

Die Ausgabe der *authorized but unissued shares* bedarf hingegen nach dem Recht einiger Einzelstaaten und dem R.M.B.C.A. unter zwei Voraussetzungen dennoch der Zustimmung[298]. Nach § 6.21(f) (1) R.M.B.C.A. muß die Ausgabe zunächst für eine andere Gegenleistung als eine Bareinlage (oder ein Äquivalent der Bareinlage) erfolgen. Als ein der Bareinlage entsprechendes Äquivalent gelten dabei nur solche Gegenleistungen, die in einem kurzfristig in Bargeld umwandelbaren Wertpapier bestehen, dessen ursprüngliche Laufzeit drei Monate nicht übersteigt. Aktien einer Zielgesellschaft, die der bietenden Gesellschaft im Rahmen eines Aktientausches angeboten werden, gelten hingegen als andere Gegenleistung im Sinne der Vorschrift[299]. Darüber hinaus muß die Kapitalerhöhung noch zu einem Anstieg der stimmberechtigten Aktien um mehr als 20 % führen[300]. Für die Beurteilung der Stimmberechtigung gilt der in § 1.40(27)

---

[294] *American Law Institute*, Buying, Selling and Merging Businesses, S. 105; *Solomon/Schwartz/Bauman/Weiss*, Corporations, S. 238.

[295] Siehe § 6.21(a) i.V.m. (f) R.M.B.C.A.; *Clark*, Corporate Law, S. 436; *Solomon/Schwartz/Bauman/Weiss*, Corporations, S. 238 und 377.

[296] Gemäß § 161 Del.Gen.Corp.L. bedarf es zur Ausgabe von *authorized but unissued shares* lediglich eines entsprechenden Beschlusses der *directors*, ohne daß ein zustimmender Beschluß der Aktionäre notwendig ist.

[297] Nach § 501(a) N.Y.Bus.Corp.L. hat die Gesellschaft die Befugnis, diejenige Anzahl von Aktien auszugestalten und auszugeben, die in der Gründungsurkunde vorgesehen ist. Einer Beschränkung im Sinne eines Zustimmungserfordernisses unterliegt der für die Gesellschaft handelnde *board of directors* dabei nicht.

[298] Eine einzelstaatliche Regelung sieht beispielsweise Ohio in 15 Ohio Rev.Code Ann. § 1701.83(A) vor; *Solomon/Schwartz/Bauman/Weiss*, Corporations, S. 238. Die nachfolgende Bearbeitung orientiert sich aber an den Vorschriften des R.M.B.C.A.

[299] Official Comment zu § 6.21 R.M.B.C.A., 3. Shareholder Approval Requirement for Certain Transactions.

[300] § 6.21(f)(1) R.M.B.C.A.: „An issuance of shares [...], requires approval of the shareholders [...], if (i) the shares [...] are issued for consideration other than cash or cash equivalents, and (ii) the voting power of shares that are issued [...] will comprise more than 20 percent

R.M.B.C.A. festgelegte allgemeine Grundsatz[301]. Gleiches gilt für die Anforderungen an das Zustandekommen des notwendigen Beschlusses der Aktionäre. Dieser erfordert die Stimmenmehrheit der anwesenden Aktionäre, wobei jedoch mindestens die Mehrheit der diesbezüglich stimmberechtigten Aktionäre bei der Hauptversammlung anwesend sein muß[302]. Der Maßstab von 20 % ist im übrigen nicht dadurch zu umgehen, daß der Bieter zeitnah mehrere kleinere Kapitalerhöhungen durchführt[303]. Bei der feindlichen Übernahme einer großen Publikumsgesellschaft im Wege eines öffentlichen Angebotes zum Aktientausch ist es regelmäßig allein wegen der Größe der Zielgesellschaft erforderlich, ein hohes Aktienvolumen zu schaffen. Deshalb ist von der Notwendigkeit der Zustimmung durch die Aktionäre der Bietergesellschaft nach § 6.21(f)(1) R.M.B.C.A. auszugehen. Ist der Bieter in einem Einzelstaat inkorporiert, der den R.M.B.C.A. insofern übernommen hat, so ist die Kapitalerhöhung demnach zustimmungspflichtig, sofern die soeben genannte Grenze von 20 % überschritten wird.

cc. Sondervorschriften für börsennotierte Bietergesellschaften

Ist die Bietergesellschaft an einer US-amerikanischen Börse notiert, kann sich ein solches Zustimmungserfordernis auch aus den jeweiligen Börsenregeln ergeben. Diese sehen nämlich häufig ebenfalls vor, daß beabsichtigte Emissionen, bei denen *authorized shares* gegen eine Sacheinlage ausgegeben werden sollen, dann eines zustimmenden Beschlusses der Aktionäre bedürfen, wenn sie zu einem Anstieg des Grundkapitals um einen bestimmten Prozentsatz (regelmäßig 20 %) führen[304]. Dabei zählen nur solche Aktien, die im Zeitpunkt der Berechnung ausgegeben und ausstehend (*issued and outstanding*) sind. Nicht zu berücksichtigen sind hingegen zurückgekaufte Aktien (*treasury shares*) und solche Aktien, die von einer Tochtergesellschaft der das Kapital erhöhenden Gesellschaft gehalten werden. Ferner sind Aktien, die für die Ausgabe im Rahmen der Ausübung eines Wandelrechts (*conversion right*) reserviert sind, nicht als aus-

---

of the voting power of the shares of the corporation that were outstanding immediately before the transaction."

301 Berechtigung zur Wahl der *directors*; siehe: Official Comment zu § 6.21 R.M.B.C.A., 3. Shareholder Approval Requirement for Certain Transactions.

302 § 7.25 R.M.B.C.A.; siehe: Official Comment zu § 6.21 R.M.B.C.A., 3. Shareholder Approval Requirement for Certain Transactions.

303 § 6.21 R.M.B.C.A., sowie der Official Comment zu dieser Vorschrift unter 3. Shareholder Approval Requirement for Certain Transactions.

304 Siehe New York Stock Exchange Listed Company Manual Rule 312.03(c)(1), American Stock Exchange Company Guide Rule 712(b) und NASDAQ Stock Market Rule 4310(c)(25)(H)(i); sowie *American Law Institute*, Buying, Selling and Merging Businesses, S. 106; *Oesterle*, The Law of Mergers and Acquisitions, S. 109 f.

stehende Aktien zu betrachten[305]. Diese Vorschriften sind mit den einzelstaatlichen gesetzlichen Regelungen vergleichbar und sind ebensowenig durch mehrere zeitnahe aber vom Umfang zustimmungsfreie Kapitalerhöhungen zu umgehen[306].

Auch wenn die Bietergesellschaft in den USA börsennotiert ist, bedarf sie bei der Emission zur Ausgabe zugelassener Aktien in einem Volumen von mehr als 20 % des insofern stimmberechtigten Kapitals daher eines entsprechenden Beschlusses durch ihre Hauptversammlung. Dies wird auch der Regelfall sein, weil die Aktien der zum Umtausch aufgeforderten Aktionäre der großen Publikums- beziehungsweise Zielgesellschaft an der Börse gehandelt werden. Diese Aktionäre werden sich aber nicht darauf einlassen, ihre Papiere in solche Werte zu tauschen, für die es keinen liquiden Sekundärmarkt gibt. Insofern muß es sich bei dem Bieter normalerweise ebenfalls um eine börsennotierte Gesellschaft handeln.

dd. Zwischenergebnis

Bei der Finanzierung eines feindlichen Übernahmeangebotes auf eine große Publikumsgesellschaft hat die Bietergesellschaft einen hohen Finanzierungsbedarf. Sollen dazu durch eine Kapitalerhöhung im Wege der Ausgabe von *authorized but unissued shares* neue Aktien geschaffen werden, ist häufig von einem Überschreiten der nach dem Recht einiger Einzelstaaten oder den jeweiligen Börsenvorschriften vorgesehenen 20 %-Grenze auszugehen. Dann bedarf die geplante Kapitalerhöhung jedoch eines Beschlusses durch die im Einzelfall stimmberechtigten Aktionäre. Wird dieser gefaßt, können je nach dem anwendbaren einzelstaatlichen Recht möglicherweise zusätzlich Abfindungs- oder Ausgleichsrechte widersprechender Aktionäre bestehen[307]. Die Bietergesellschaft sucht um diese Zustimmung regelmäßig im Wege der Werbung um Stimmrechtsvollmachten (*proxy solicitation*) nach, deren wesentliche Vorschriften noch darzustellen sind.

---

[305] Siehe stellvertretend für die Vorschriften über die Berechnung: New York Stock Exchange Listed Company Manual Rule 312.04(c); *Oesterle*, The Law of Mergers and Acquisitions, S. 110.

[306] Official Comment zu § 6.21(f) R.M.B.C.A., 3. Shareholder Approval Requirement for Certain Issuances; *Solomon/Schwartz/Bauman/Weiss*, Corporations, S. 238.

[307] Siehe zu den *rights of dissent and appraisal* sogleich § 4 I. 1. b. cc. Abfindungsansprüche widersprechender Aktionäre des Bieters; Grundlagen und R.M.B.C.A. und § 4 I. 1. b. dd. Abfindungsregelungen im einzelstaatlichen Recht sowie *Hamilton*, The Law of Corporations, S. 612 f. und 627 ff.

b. Änderung der Gründungsurkunde (*amendment of the articles of incorporation*)

Wenn alle bisher zur Ausgabe zugelassenen Aktien bereits ausgegeben sind oder die noch zur Ausgabe zugelassenen Aktien nicht zur vollständigen Bedienung des Aktientauschs ausreichen, können ferner neue *authorized shares* im Wege einer Änderung der Gründungsurkunde (*amendment of the articles of incorporation*) zugelassen werden. Eine solche Änderung bedarf regelmäßig eines Vorschlags des *board of directors* und eines entsprechenden zustimmenden Beschlusses der Aktionäre (*shareholder approval*)[308].

aa. Ablauf im einzelstaatlichen Recht

Nach dem Recht nahezu aller Bundesstaaten ist eine Änderung der Gründungsurkunde gestattet, solange die geänderte Fassung vom zuständigen *Secretary of State* im Falle einer Neugründung zugelassen werden könnte, wobei es jedoch auf die Rechtslage zum Zeitpunkt der Änderung ankommt[309]. Häufig zählt dabei bereits das einzelstaatliche Gesetz verschiedene Zwecke auf, die zulässigerweise mit der Änderung verfolgt werden dürfen. Diese Aufzählungen haben allerdings keinen abschließenden Charakter. Zu den in diesem Sinne zulässigen Zwecken gehört regelmäßig auch die Erhöhung des in der ursprünglichen Gründungsurkunde vorgesehenen Gesellschaftskapitals[310].

Verfahrenstechnisch erfordert die Änderung der Gründungsurkunde zunächst das Einreichen einer entsprechenden Änderungsurkunde (*filing the certificate of amendment*) bei der zuständigen Verwaltung des Gründungsstaates[311].

(1) New York

Nach dem Recht des Staates New York muß diese Änderungsurkunde neben sämtlichen vorangegangenen Änderungen auch angeben, auf welche Weise die

---

308 *American Law Institute*, Buying, Selling and Merging Businesses, S. 105 f.; *Clark*, Corporate Law, S. 436; *Hamilton*, The Law of Corporations, S. 231 und S. 610; *Henn/Alexander*, Laws of Corporations, S. 973 ff.; *Solomon/Schwartz/Bauman/Weiss*, Corporations, S. 237.

309 § 10.01(a) R.M.B.C.A.; § 242(a) Del.Gen.Corp.L.; § 801(a) N.Y.Bus.Corp.L.; § 900 Cal. Gen.Corp.L., sowie: *Hamilton*, The Law of Corporations, S. 610; *Henn/Alexander*, Laws of Corporations, S. 973 f.

310 § 242(a)(3) Del.Gen.Corp.L.; § 801(b)(7) N.Y.Bus.Corp.L., und *Hamilton*, The Law of Corporations, S. 611 f.

311 § 245 Del.Gen.Corp.L.; § 805 N.Y.Bus.Corp.L.; sowie *Merkt*, US-amerikanisches Gesellschaftsrecht, S. 656, der darauf hinweist, daß es sich bei der zuständigen Verwaltung regelmäßig um den *Secretary of state* handelt.

aktuelle Änderung beschlossen wurde[312]. Für eine Kapitalerhöhung sind dabei ein Beschluß des *board* sowie ein anschließender zustimmender Beschluß der Mehrheit derjenigen Aktionäre erforderlich, die diesbezüglich auf einer Hauptversammlung abstimmungsberechtigt sind. Ist von diesem Mehrheitserfordernis jedoch schon in der Gründungsurkunde nach oben abgewichen, so ist auch für die Änderung dieser abweichenden Vorschrift im Einzelfall eine größere Mehrheit von Aktionären erforderlich[313].

(2) Delaware

Demgegenüber muß die Änderungsurkunde in Delaware lediglich den Änderungsgegenstand angeben und eine Versicherung enthalten, daß diese Änderung unter Beachtung der Verfahrensbestimmungen des § 245(c) Del.Gen.Corp.L. beschlossen wurde[314]. Im Rahmen einer Kapitalerhöhung bedarf es für die Änderung der Gründungsurkunde dabei zunächst eines Beschlusses des *board*, dem eine Erklärung an die Aktionäre über die Bedeutung und die Vorteile der Änderung zu folgen hat[315]. Hieran schließt sich ein Beschluß der zur Abstimmung über die Änderung berechtigten Aktionäre in der in § 242(b) Del.Gen.Corp.L. beschriebenen Weise an. Erforderlich ist grundsätzlich die Mehrheit der stimmberechtigten Aktionäre, wobei die Gründungsurkunde abweichend auch eine qualifizierte Mehrheit vorsehen kann[316].

Betrifft die Änderung eine ganze Aktiengattung oder -serie, ist sowohl in New York als auch in Delaware zusätzlich zur Mehrheit der stimmberechtigten Aktien die Mehrheit der Aktionäre der betroffenen Gattung oder Serie erforderlich[317]. Dies gilt selbst dann, wenn diese Gattung grundsätzlich nicht mit Stimmrechten ausgestattet ist[318].

---

[312] § 805(a)(6) N.Y.Bus.Corp.L.

[313] Bei den stimmberechtigten Aktionären kann es sich nach dem *certificate of incorporation* allerdings auch um eine bestimmte *class* von Aktionären handeln, siehe hierzu insgesamt: § 803(a) N.Y.Bus.Corp.L.

[314] § 245(b) Del.Gen.Corp.L.

[315] Die sogenannte *declaration of advisability* nach § 242(b)(1) Del.Gen.Corp.L.

[316] § 242(b)(1) und (4) Del.Gen.Corp.L.

[317] Sogenanntes *voting by classes*, siehe: *Hamilton*, The Law of Corporations, S. 613 ff.

[318] § 242(b)(1) und (2) Del.Gen.Corp.L.; § 804(a) N.Y.Bus.Corp.L.; § 10.04(d) R.M.B.C.A.; *Hamilton*, The Law of Corporations, S. 613 ff.; *Merkt*, US-amerikanisches Gesellschaftsrecht, S. 660.

bb. Zustimmungsbedürfnis aufgrund der Börsenzulassungsvoraussetzungen

Ein Zustimmungsbedürfnis der Aktionäre des Bieters kann sich ferner auch aus den Zulassungsbedingungen der nationalen Wertpapierbörsen ergeben. Die Vorschriften über einen zustimmenden Aktionärsbeschluß bei Erhöhung des stimmberechtigten Kapitals der Gesellschaft um einen bestimmten Prozentsatz gelten nämlich unabhängig von der Art der Kapitalerhöhung[319]. Führt eine Kapitalerhöhung durch die Ausgabe von *common stocks* im Rahmen einer Änderung der *articles of incorporation* zu einem Anstieg dieses Wertes um mehr als 20 %, bedarf es folglich auch in diesem Fall einer Zustimmung der Aktionäre des Bieters.

cc. Abfindungsansprüche widersprechender Aktionäre des Bieters; Grundlagen und R.M.B.C.A.

Die gegen die Kapitalerhöhung stimmenden Aktionäre sind unter Umständen jedoch in ihren von den einzelstaatlichen Gesetzen gewährten Rechten berüht. Diesen Aktionären kann dann ein Abfindungsanspruch zustehen, das sogenannte *right of dissent and appraisal*. Dieses Recht soll den widersprechenden Aktionären die Möglichkeit geben, ihre Investition zu einem angemessenen Kurs rückgängig zu machen[320]. Ein solcher Anspruch besteht dann, wenn ein Aktionär einer bestimmten Transaktion nicht zustimmt (*dissent*) und das einzelstaatliche Gesetz ihm für diesen Fall einen Anspruch auf Abfindung zu einem gerichtlich bewerteten und festgesetzten Preis seiner Aktien (*appraised value*) ausdrücklich gewährt. Vorgesehen sind solche Ansprüche regelmäßig für alle Änderungen der *corporation* mit grundlegendem oder strukturänderndem Charakter und somit auch für Änderungen der Gründungsurkunde[321]. Abfindungsansprüche dieser Art wurden ursprünglich im Zusammenhang mit der Liberalisierung von Aktionärsbeschlüssen zu Entscheidungen von grundlegender Tragweite eingeführt. Während des 19. Jahrhunderts galt in den USA nämlich weitgehend das Einstimmigkeitsprinzip für solche Anlässe. Hierdurch bestand jedoch fortwährend die Gefahr, daß ein einziger opponierender Aktionär eine von den übrigen Anteilseignern gewünschte Entscheidung blockiert. Um dieser Gefahr zu begegnen, gaben

---

[319] Siehe New York Stock Exchange Listed Company Manual Rule 312.03(c)(1), American Stock Exchange Company Guide Rule 712(b) und NASDAQ Stock Market Rule 4310(c)(25)(H)(i); sowie *American Law Institute*, Buying, Selling and Merging Businesses, S. 106; *Oesterle*, The Law of Mergers and Acquisitions, S. 109 f.

[320] *Clark*, Corporate Law, S. 443 ff.; *Hamilton*, The Law of Corporations, S. 615 und 627 ff.; *Merkt*, US-amerikanisches Gesellschaftsrecht, S. 552 ff.

[321] *Hamilton*, The Law of Corporations, S. 627 f.; *Henn/Alexander*, Laws of Corporations, S. 998.

zu Beginn des 20. Jahrhunderts nahezu alle Einzelstaaten das Einstimmigkeitsprinzip auf. Im Gegenzug erhielten die Aktionäre die Möglichkeit, sich zu einem angemessenen Preis auskaufen zu lassen. Heute dient das Verfahren vor allem dazu sicherzustellen, daß der die Gesellschaft kontrollierende Mehrheitsaktionär bei Transaktionen, durch die die Minderheit dazu gezwungen wird, Bargeld im Austausch für ihre Aktien zu akzeptieren, den Minderheitsaktionären einen angemessenen Preis anbietet[322]. Die Behandlung der *appraisal rights* im R.M.B.C.A. ist im Vergleich zu den einzelstaatlichen Gesetzen relativ umfangreich und spiegelt hierdurch das rechtspolitische Bemühen wider, die teilweise aufgetretenen Umstimmigkeiten der Regelungen zu vermeiden[323].

Der R.M.B.C.A. sieht ein *right of dissent and appraisal* beispielsweise auch für den bei der Finanzierung feindlicher Übernahmen fraglichen Fall einer Änderung der Gründungsurkunde grundsätzlich vor[324]. Nach § 13.02(b)(1) R.M.B.C.A. ist der Anspruch aber ausgeschlossen, wenn die betroffenen Aktien an der New York Stock Exchange, der American Stock Exchange oder einer vergleichbaren amerikanischen Börse gehandelt werden. Gleiches gilt, wenn die Aktien nicht an einer solchen Börse gehandelt aber von mehr als 2.000 Aktionären gehalten werden und einen Marktwert von mindestens 20 Millionen US-$ haben. Dieser Ausnahmeregelung liegt die Annahme zugrunde, auf einem effektiven Markt komme jederzeit ein fairer Marktpreis zustande, so daß es einer Abfindung der Aktionäre der Bietergesellschaft nicht bedarf, wenn diese ihre Aktien jederzeit am Markt zu einem angemessenen Preis hätten verkaufen können (sogenannte *market exception*). Voraussetzung für einen solchen Markt ist eine ausreichende Liquidität, die auf das Zustandekommen derartiger Preise vertrauen läßt. Vergleichbare Regelungen finden sich in etwa der Hälfte aller Einzelstaaten[325]. Schon die Tatsache, daß es sich in dem hier zu untersuchenden Zusammenhang bei der Zielgesellschaft um eine große Publikumsgesellschaft handelt, spricht dafür, daß auch der Bieter eine entsprechend große Publikumsgesellschaft ist. Insbesondere der Umstand, daß die Aktien der Zielgesellschaft öffentlich gehandelt werden, hat aber zur Folge, daß dies auch bei den Anteilen der Bietergesellschaft so sein wird. Die Aktionäre der Zielgesellschaft werden sich typischerweise nämlich nicht darauf einlassen, ihre an einem liquiden Markt gehandelten Anteile gegen solche Anteile des Bieters zu tauschen, für die es keinen entsprechenden Sekundärmarkt gibt. Dies würde ihnen eine Abgabe

---

322 Zum Beispiel bei einem sogenannten *short form merger*, siehe: *Hamilton*, The Law of Corporations, S. 628.

323 Vgl. *Clark*, Corporate Law, S. 449; *Merkt*, US-amerikanisches Gesellschaftsrecht, S. 552 f.

324 § 13.02(a)(5) R.M.B.C.A.

325 Official Comment zu § 13.02 R.M.B.C.A., 2. Market Exeption to Appraisal Rights, und 3. Appraisal Rights in Conflict Transactions; *Hamilton*, The Law of Corporations, S. 629 und S. 635.

ihres Investments (*deinvestment*) erschweren. Deshalb ist es wahrscheinlich, daß auf die Aktien der Bietergesellschaft einer der in § 13.02(b)(1) R.M.B.C.A. genannten Ausnahmefälle zutrifft. Insofern steht den einer Änderung der Gründungsurkunde widersprechenden Aktionären der Bietergesellschaft regelmäßig kein Abfindungsanspruch zu.

Neben weiteren Ausnahmeregelungen[326] ist die Ausübung eines Abfindungsanspruchs gemäß § 13.02(d) R.M.B.C.A. im übrigen solange ausgeschlossen, wie das fragliche Vorhaben nicht in Übereinstimmung mit den hierfür jeweils geltenden Vorschriften bewirkt wurde[327] oder auf betrügerischem Verhalten beziehungsweise im wesentlichen falschen Darstellungen beruht. Dann stehen einem widersprechenden Aktionär nämlich unter Umständen Ansprüche gegen die für die Transaktion verantwortlichen Personen zu. Unter der Voraussetzung, daß die Aktien der Bietergesellschaft an einem großen und liquiden Börsenplatz in den USA gehandelt werden, stehen deren Aktionären nach dem Recht derjenigen Staaten, die diesbezüglich den R.M.B.C.A. übernommen haben, daher regelmäßig keine Abfindungsansprüche im Falle einer Änderung der Gründungsurkunde zu. Der Bieter hat unter diesem Gesichtspunkt daher weder zeitliche Verzögerungen noch höhere Kosten zu erwarten.

dd. Abfindungsregelungen im einzelstaatlichen Recht

Die Behandlung von Abfindungsansprüchen bei der Änderung der Gründungsurkunde ist in den für das Wirtschaftsleben bedeutsamen Einzelstaaten sehr unterschiedlich.

(1) New York

Im Gesellschaftsrecht des Staates New York ist ein *appraisal right* der Aktionäre bei einer Änderung der *articles of incorporation* grundsätzlich geregelt. Ein Anspruch besteht jedoch nur dann, wenn sich der Inhalt der Gründungsurkunde zum Nachteil bestimmter oder aller Aktionäre verändert. Dies ist beispielsweise bei einer Aufhebung der Vorzugsrechte von *preferred shareholders*[328] oder von Bezugsrechten[329] der Fall. Gleiches gilt bei einem Ausschluß oder einer Be-

---

[326] §§ 13.02(b)(2) bis (c) R.M.B.C.A., auf die in diesem Zusammenhang nicht weiter einzugehen ist.

[327] Als ein solcher Verstoß kommt beispielsweise in Betracht, daß die Transaktion ohne eine aus dem Gesetz oder der Gründungsurkunde folgende Abstimmung vorgenommen wurde; siehe Official Comment zu § 13.02 R.M.B.C.A., 5. Exclusivity of Appraisal Rights

[328] § 806(b)(6)(A) N.Y.Bus.Corp.L.

[329] § 806(b)(6)(C) N.Y.Bus.Corp.L.

schränkung bestehender Stimmrechte für die Zukunft[330]. Unter diesen Voraussetzungen hat die Rechtsprechung in New York beispielsweise bei der Umwandlung von Aktien einer Gattung in Aktien einer anderen Gattung *appraisal rights* anerkannt, wenn sich hierdurch die Rechtsposition der (Vorzugs-)Aktionäre verschlechtert. Hingegen ist ein solcher Anspruch zu verneinen, falls sich deren Position verbessert[331]. Eine Änderung der Gründungsurkunde, die zwar eine neue und allen bisher vorhandenen Aktiengattungen bevorrechtigte Gattung schafft, hierdurch aber nicht die Rechtsposition der bestehenden Aktiengattungen verändert, berechtigt deren Aktionäre allerdings nicht zu Abfindungsrechten[332]. Das Risiko, zur Zahlung von Abfindungsansprüchen an die eigenen Aktionäre verpflichtet zu sein, kann der *board of directors* eines in New York inkorporierten Bieters bei einer Kapitalerhöhung im Wege einer Änderung der *articles of incorporation* folglich dadurch umgehen, daß er deren Rechtsposition nicht verschlechtert.

(2) Delaware und Kalifornien

Das Gesellschaftsrecht der Staaten Delaware und Kalifornien sieht hingegen *appraisal rights* der Aktionäre bei einer einfachen Änderung der Gründungsurkunde gar nicht erst vor[333]. Ein der Rechtslage in New York vergleichbares Risiko besteht in diesen Staaten daher von vornherein nicht.

ee. Zwischenergebnis und weitere Abwicklung der Änderung der Gründungsurkunde

Im Ergebnis lassen sich die bei einer Änderung der Gründungsurkunde denkbaren Abfindungsansprüche der Aktionäre der Bietergesellschaft somit praktisch ausschließen. Deshalb bedarf es diesbezüglich auch keiner Berücksichtigung im Rahmen der vor der feindlichen Übernahme vorzunehmenden Finanzplanung.

Die weitere technische Abwicklung und der Vollzug der beschlossenen Änderung bleiben im übrigen dem *board of directors* des Bieters überlassen[334]. In Kraft tritt die Änderung mit ihrer Registrierung durch diejenige Verwaltungsbe-

---

330 § 806(b)(6)(D) N.Y.Bus.Corp.L.

331 *In re Silberkraus*, 250 N.Y. 242, 165 NE 279 (1929).

332 *In re Kinney*, 279 N.Y. 423, 18 NE 645 (1939); *Standard Brewing Co. v. Peachey*, 202 Misc 279, 108 N.Y. S2d 583 (1951).

333 *Merkt*, US-amerikanisches Gesellschaftsrecht, S. 558.

334 *Merkt*, US-amerikanisches Gesellschaftsrecht, S. 658.

hörde, bei der die Änderungsurkunde nach der Zustimmung durch die dazu berufenen Gesellschaftsorgane in beglaubigter Form einzureichen ist[335].

Bei der Vorbereitung einer solchen Änderung der Gründungsurkunde hat der *board of directors* insbesondere bezüglich der Ausgestaltung der Umtauschbedingungen (und somit der Anzahl neu zu schaffender Aktien) seine Treuepflichten zu beachten[336]. Problematisch ist das Zustimmungserfordernis der Aktionäre bereits deshalb, weil die Zustimmung im Einzelfall ausbleiben könnte. Vor allem kostet dieser Weg aber Zeit, denn wenn nicht mehr bis zur nächsten ordentlichen Aktionärsversammlung (*annual shareholders` meeting*) gewartet werden soll, so bedarf es des Beschlusses durch eine außerordentliche Aktionärsversammlung (*special shareholders` meeting*). Schon die gesetzlichen Vorschriften erfordern hierfür eine mindestens zehn Tage dauernde Ladungsfrist[337]. Regelmäßig dauert die Vorbereitung einer solchen Veranstaltung aber ungefähr 30 Tage. Während eines solchen Zeitraums können sich die Chancen auf ein erfolgreiches feindliches Übernahmeangebot aber erheblich verschlechtern.

ff. Offenlegungspflichten bei der Werbung um Stimmrechtsvollmachten (*proxy solicitation*)

Im Rahmen der Vorbereitung einer Abstimmung durch die Aktionärsversammlung wirbt der *board of directors* regelmäßig um die Stimmrechtsvollmachten seiner Aktionäre (sogenannte *proxy solicitation*)[338]. Mit einer solchen Werbung sind jedoch Offenlegungspflichten verbunden, die sich nachteilig auf die Erfolgschancen des feindlichen Übernahmevorhabens auswirken können. Insofern bedarf es einer näheren Betrachtung der mit dem *proxy*-Verfahren verbundenen Publizitätspflichten des Bieters.

---

335 § 242(b)(1) i.V.m. § 103(c) Del.Gen.Corp.L.; §§ 805, 805-A, i.V.m. § 104(f) N.Y.Bus. Corp.L.; *Henn/Alexander*, Laws of Corporations, S. 976; *Merkt*, US-amerikanisches Gesellschaftsrecht, S. 660.

336 Siehe oben § 3 I. 2. b. aa. *Fiduciary duties* sowie *Hamilton*, The Law of Corporations, S. 610 und S. 484 f.; *Henn/Alexander*, Laws of Corporations, S. 973.

337 § 222(b) Del.Gen.Corp.L.

338 Vgl. zum *proxy*-Verfahren und dem *proxy-statement* (1.) jeweils m.w.N. *Clark*, Corporate Law, S. 366 ff.; *Goforth*, The American University Law Review, Vol. 43 (1994), S. 379 ff.; (2.) § 14(a) SEA (1934), die S.E.C. Rules 14a-1 bis 14a-15 und S.E.C. Schedule 14A sowie (3.) die einzelstaatlichen *proxy*-Bestimmungen in § 225 Del.Gen.Corp.L; § 609 N.Y.Bus.Corp.L.; § 7.22 und § 7.28 R.M.B.C.A.

(1) Item 11 des Schedule 14A SEA (1934)

Zunächst ergibt sich eine Informationspflicht aus Item 11 des Schedule 14A SEA (1934) in dem Fall, daß Wertpapiere zu einem anderen Zweck als dem Austausch gegen andere Wertpapiere der registrierungspflichtigen Person (*registrant*) zur Ausgabe zugelassen oder ausgegeben werden sollen. Ein solcher Fall liegt beispielsweise vor, wenn im Wege der Kapitalerhöhung junge Aktien des Emittenten geschaffen werden, die dieser später im Rahmen eines Aktientauschs gegen Wertpapiere einer anderen Zielgesellschaft tauscht. Dann ist einerseits nach Item 11(c) des Schedule 14A kurz diejenige Transaktion zu beschreiben, in der diese Wertpapiere ausgegeben werden sollen. Dabei bedarf es insbesondere eines Berichts über (1.) die Art und erwartete Höhe der Gegenleistung, die der Emittent für diese Ausgabe erhält oder zu erhalten erwartet sowie (2.) die ungefähre Höhe und die einzelnen Gesellschaftszwecke (sofern diese bestimmbar sind), zu denen diese Mittel verwendet wurden oder werden sollen. Ist eine solche Beschreibung des Vorhaben unpraktikabel (*impracticable*), sind der diesbezügliche Grund, der Zweck der Zulassung der Wertpapiere zur Ausgabe (*authorization*) sowie der Umstand darzustellen, ob vor der Ausgabe der nunmehr ausgabefähigen Papiere erneut um die Zulassung zur Ausgabe weiterer Wertpapiere ersucht werden soll. Andererseits sind nach Item 11(d) des Schedule 14A SEA (1934), wenn die Wertpapiere auf eine andere Weise als durch ein öffentliches Angebot gegen Barleistung ausgegeben werden sollen, die Gründe für diese Zulassung zur Ausgabe sowie deren allgemeine Auswirkungen auf die Rechte der bisherigen Wertpapierinhaber darzustellen.

(2) Item 13(a) des Schedule 14A SEA (1934)

Weitere Offenlegungspflichten ergeben sich aus Item 13(a) des Schedule 14A SEA (1934). Danach sind in allen Fällen, die nach den Items 11 oder 12 eine Handlungspflicht auslösen, wesentliche Informationen zu veröffentlichen.
Diese umfassen zunächst die nach Regulation S-X notwendigen Finanzberichte, die ihrerseits bezüglich der weiteren Transaktion (hier also einer möglicherweise nachfolgenden Akquisition) die Finanzinformationen nach S.E.C. Rule 3-05 und Art. 11 der Regulation S-X enthalten muß[339].
Ferner sind weitere Finanzinformationen nach Item 302 der Regulation S-K offenzulegen[340]. Hierbei handelt es sich im wesentlichen um die Veröffentlichung von umfassenden Quartalsberichten für den Zeitraum der vorangegangenen zwei Geschäftsjahre durch die registrierungspflichtige Gesellschaft.
Daneben bedarf es einer Stellungnahme und Analyse des Managements bezüglich der finanziellen Bedingungen und der Ergebnisse des vorgesehenen Vorha-

[339] Item 13(a)(1) des Schedule 14A SEA (1934).
[340] Item 13(a)(2) des Schedule 14A SEA (1934).

ben im Sinne des Item 303 der Regulation S-K[341]. Hierbei sind die Liquidität[342] und die finanziellen Ressourcen[343] der *corporation* besonders zu berücksichtigen. Bei den Ergebnissen des Vorhabens ist auf die wesentlichen wirtschaftlichen Veränderungen und deren Folgen auf das Ergebnis der Gesellschaft[344] sowie mögliche Unsicherheitsfaktoren[345] einzugehen.
Schließlich sind nach Item 13(a)(5) des Schedule 14A bestehende Risiken des Kapital- bzw. des betroffenen Produktmarktes in qualitativer und quantitativer Hinsicht offenzulegen[346]. Diese sind besonders im Rahmen der Vorbereitung eines feindlichen Übernahmeangebotes aber oftmals nur sehr schwer einzuschätzen.

(3) Item 14 des Schedule 14A SEA (1934)

Item 14 des Schedule 14A sieht ferner noch besondere Regelungen für *mergers, consolidations, acquisitions and similar matters* vor, die ebenfalls bereits im Rahmen der Zulassung von Wertpapieren zur Ausgabe anzuwenden sind, falls diese Ausgabe im Zusammenhang mit einer nachfolgenden Akquisition stattfinden soll. Besteht dabei die den Eigentümern von Wertpapieren angebotene Gegenleistung ganz oder teilweise aus registrierungspflichtigen Wertpapieren[347], sind im Normalfall anstelle der Informationen des Item 14 des Schedule 14A die Informationen der Formulare S-4, F-4 oder N-14 zu liefern. Diese umfassen unter anderem Finanzinformationen über die Zielgesellschaft[348], wodurch von vornherein eine Geheimhaltung des Vorhabens nicht mehr gewährleistet ist. Besteht die Gegenleistung hingegen vollständig aus Bargeld, ergeben sich die offenzulegenden Informationen aus Schedule 14A. Dann sind beispielsweise die beteiligten Parteien[349], die Bedingungen der Transaktion[350], bestimmte Finanzinformationen[351] und Berechnungen, die den erwarteten Effekt der Transaktion auf die Finanzlage der Käufers zeigen[352], offenzulegen. Somit sind auch in diesem Fall umfangreiche Informationen über die nachfolgende Transaktion offenzulegen, die deren tatsächliche Umsetzung praktisch gefährden und infolgedessen von Bietern vermieden werden.

---

[341] Item 13(a)(3) des Schedule 14A SEA (1934).
[342] Siehe hierzu Item 303(a)(1) der Regulation S-K.
[343] Siehe hierzu Item 303(a)(2) der Regulation S-K.
[344] Item 303(a)(3)(i) der Regulation S-K.
[345] Item 303(a)(3)(ii) der Regulation S-K.
[346] Siehe hierzu weiterführend Item 305 der Regulation S-K.
[347] Im Sinne von § 12 SA (1933).
[348] Siehe z.B. Form S-4, C. Information with respect to the Company Being Acquired.
[349] Item 14(b)(1) und (7) des Schedule 14A.
[350] Item 14(b)(4) des Schedule 14A.
[351] Item 14(b)(8) des Schedule 14A.
[352] Item 14(b)(9) des Schedule 14A.

(4) Zwischenergebnis

Legt der *board of directors* des Bieters die nach Schedule 14A erforderlichen Informationen im Rahmen des *proxy*-Verfahrens in ordnungsgemäßer Weise offen[353], verringert er, wenn die Kapitalmaßnahmen vor der Veröffentlichung des feindlichen Übernahmeangebotes durchgeführt werden sollen, dessen Erfolgsaussichten. Dies liegt einerseits an der Möglichkeit der Zielgesellschaft, im Anschluß an die Offenlegung Abwehrmaßnahmen zu ergreifen. Andererseits erhöht sich nach der Bekanntgabe eines Übernahmevorhabens regelmäßig die Nachfrage nach den Anteilen der Zielgesellschaft, wodurch für den Bieter dann der Übernahmepreis steigt. Zu berücksichtigen ist ferner, daß die Erstellung eines *proxy-statements* mehrere Wochen in Anspruch nimmt und das diesbezügliche Genehmigungsverfahren der S.E.C. mindestens einen Monat dauert[354]. Legt der Bieter die zuvor genannten Informationen hingegen nicht, falsch oder in irreführender Weise offen, droht deswegen eine Haftung nach S.E.C. Rule 14a-9.

Es böte sich daher an, die gegebenenfalls notwendige Kapitalerhöhung erst nach der Bekanntgabe des *tender offer* durchzuführen. Dies ist jedoch deshalb ausgeschlossen, weil bereits am Tag des *tender offers* eine Registrierungserklärung der im Tausch angebotenen Wertpapiere gemäß S.E.C. Rule 14d-4(b) vorzulegen ist[355]. Zwar sind bereits während der Bearbeitungsfrist des Registrierungsantrags durch die S.E.C. die öffentliche Werbung und das Angebot der Aktien zulässig. Dies gilt jedoch nicht für den endgültigen Verkauf beziehungsweise Tausch, der folglich bei Verzögerungen des Registrierungsverfahrens unterbleiben müßte[356]. Zur vollständigen Umgehung der in dieser Hinsicht unerwünschten Publizität bleiben folglich nur zwei Möglichkeiten: Der Bieter kann einerseits ein Barangebot unterbreiten, was wegen der Höhe des zu erwartenden Übernahmevolumens allerdings ausgeschlossen ist[357]. Andererseits kann der Bieter das Vorhaben - beispielsweise durch den Einsatz einer Tochtergesell-

---

[353] Erfüllt der *board of directors* diese Pflichten nicht, können Aktionäre vorläufigen Rechtsschutz im Wege der einstweiligen Verfügung begehren und die Unterlassung oder Rückgängigmachung sowie die Zahlung von Schadensersatz gegen die Gesellschaft einklagen. Das Klagerecht der Aktionäre folgt aus dem Sinn und Zweck des SEA (1934) im Wege eines *implied right of action.* Siehe *J.I.Case Co. v. Borak*, 377 U.S. 426 (1964), sowie zu den weiteren Voraussetzungen *Clark*, Corporate Law, S. 383 ff.; *Merkt*, US-amerikanisches Gesellschaftsrecht, S. 376 ff.

[354] *Hutter/Lawrence*, Übernahmerecht in den USA, S. 95/122 f.

[355] Vgl. § 3 III. 6. a. Inhalt der Veröffentlichungspflicht nach § 14(d) SEA (1934).

[356] *Oesterle*, The Law of Mergers and Acquisitions, S. 149; vgl. § 4 III. 2. Auswirkungen dieser Anforderungen und des Verfahrens auf den Ablauf der Transaktion.

[357] Siehe oben, § 2 I. 4. Rechtsfragen der Finanzierung.

schaft - derart gestalten, daß ein notwendiger Kapitalerhöhungsbeschluß nicht an die Öffentlichkeit gelangt[358].

c. Bezugsrechtsausschluß

Unabhängig davon, ob der Bieter eine Kapitalerhöhung durch Ausgabe von *authorized but unissued shares* oder im Wege eines *amendment of the articles of incorporation* durchführt, könnte sich ein Bezugsrecht (*preemptive right*) der bisherigen Aktionäre des Bieters als problematisch erweisen. Dies insofern, als die jungen Aktien dann an diese Altaktionäre auszugeben sind und nicht mehr zur Weitergabe an die Aktionäre der Zielgesellschaft zur Verfügung stehen. Im vorliegenden Fall sollen die im Wege einer Kapitalerhöhung zu schaffenden jungen Aktien der Bietergesellschaft aber den Aktionären der Zielgesellschaft als Gegenleistung im Rahmen des Aktientauschs angeboten werden. Beabsichtigt ist somit eine Kapitalerhöhung gegen Sacheinlage unter Ausschluß des Bezugsrechts der Altaktionäre. Ein solches Bezugsrecht dürfte demnach entweder von vornherein nicht bestehen oder müßte im Rahmen der beabsichtigten Transaktion beseitigt werden können, um deren Abwicklung nicht zu behindern. Andererseits kann aber die Beschränkung eines bestehenden Bezugsrechts im Zusammenhang mit einer Kapitalerhöhung das Bestehen eines Abfindungsanspruches der betroffenen Aktionäre zur Folge haben[359]. Solche drohenden Abfindungszahlungen sind dann von vornherein im Rahmen der Finanzierungsplanung als Kostenrisiko zu berücksichtigen.

aa. Grundlagen

Das *Common Law* schützt die bestehenden Mitgliedschaftsrechte der Aktionäre vor einer Verwässerung mittels eines auf jede ausstehende Aktie entfallenden Bezugsrechts[360]. Das Bezugsrecht, das mittlerweile in nahezu allen Bundesstaaten gesetzlich geregelt ist, unterliegt jedoch einigen Beschränkungen. Diese ergeben sich daraus, daß sowohl die Gerichte als auch die Gesetzgeber der einzelnen US-amerikanischen Bundesstaaten sich häufig mit Fragen des Bezugsrechts zu beschäftigen hatten. Es sind dabei zwei Regelungsmuster zu unterscheiden[361].

---

[358] Vgl. § 5 Übernahmeangebot durch eine Tochtergesellschaft des bietenden Unternehmens.

[359] Z.B. nach dem Recht des Staates New York, siehe § 806(b)(6)(C) N.Y.Bus.Corp.L.

[360] *Stokes v. Continental Trust Co.*, 78 N.E. 1090 (N.Y. 1906); *Solomon/Schwartz/Bauman/Weiss*, Corporations, S. 240.

[361] Vgl. *Henn/Alexander*, Laws of Corporations, S. 439 m.w.N.; sowie *Hirte*, AG 1991, S. 166 ff.; *Kübler/Mendelson/Mundheim*, AG 1990, S. 461 ff.; *Solomon/Schwartz/Bauman/Weiss*, Corporations, S. 240.

In den Bundesstaaten, die über ein sogenanntes *opt-out statute* verfügen[362], besteht ein Bezugsrecht, sofern es nicht in den *articles of incorporation* ausdrücklich ausgeschlossen ist. Demgegenüber besteht in den Bundesstaaten mit *opt-in statutes*[363] grundsätzlich kein Bezugsrecht, sofern es nicht ausnahmsweise ausdrücklich in den *articles of incorporation* vorgesehen ist. Sowohl nach dem *Common Law* als auch nach den *Business Corporation Acts* der meisten Bundesstaaten erstreckt sich das Bezugsrecht jedoch nicht pauschal auf alle Aktien.

Das Bezugsrecht ist regelmäßig für solche Aktien ausgeschlossen, die bereits bei der Gründung der *corporation* in den *articles of incorporation* vorgesehen sind (*authorized shares*). Diese Bezugsrechtssperre entfällt jedoch nach Ablauf einer bestimmten Frist[364], so daß danach wieder ein Bezugsrecht besteht. Des weiteren ist mit denjenigen Aktien, die gegen eine Sacheinlage ausgegeben wurden, häufig kein Bezugsrecht verbunden[365]. Nach dem Recht einiger Bundesstaaten ist das Bezugsrecht bei der Ausgabe von Aktien ferner für die durch die *corporation* zuvor zurückerworbenen und noch gehaltenen eigenen Aktien (*treasury shares*) ausgeschlossen[366]. Grundsätzlich berechtigt ein Bezugsrecht nur zum Bezug neuer Aktien der gleichen Gattung. Einen Ausnahmefall stellt insofern jedoch ein Wandlungsrecht (*conversion right*) dar, das zwei Gattungen miteinander verbindet[367]. Ist die Ausgabe von Aktien notwendig, um Verpflichtungen der Gesellschaft aus Wandlungsrechten zu befriedigen, besteht vielfach ebenfalls kein Bezugsrecht der bisherigen Aktionäre[368]. Schließlich besteht häufig kein Bezugsrecht für solche Aktien, die im Rahmen eines Aktienerwerbsplans für die Belegschaft (E.S.O.P. – *employee stock ownership plan*) erworben wurden[369].

---

[362] § 622(b)(1) N.Y.Bus.Corp.L. für Gesellschaften, die vor dem 22.02.1998 im Staat New York inkorporiert wurden.

[363] § 6.30(a) R.M.B.C.A.; § 622(b)(2) N.Y.Bus.Corp.L. für Gesellschaften, die nach dem 22.02.1998 im Staat New York inkorporiert wurden. In Delaware werden *preemptive rights* nicht mehr ausdrücklich gesetzlich erwähnt (siehe § 161 Del.Gen.Corp.L.); dennoch ist die *corporation* gemäß § 157 Del.Gen.Corp.L. befugt, Rechte zum Erwerb von Aktien auszugeben und diese gemäß § 102(b)(1) Del.Gen.Corp.L. auch in der Gründungsurkunde vorzuschreiben.

[364] Diese Frist beträgt nach § 6.30(b)(3)(iii) R.M.B.C.A. sechs Monate und gemäß § 622(e)(5) N.Y.Bus.Corp.L. zwei Jahre. Siehe auch: *Henn/Alexander*, Laws of Corporations, S. 445

[365] *Dunlay v. Avenue M Garage & Repair Co.*, 170 N.E. 917 (N.Y. 1930); § 6.30(b)(3)(iv) R.M.B.C.A.; § 622(e)(1) N.Y.Bus.Corp.L.; *Solomon/Schwartz/Bauman/Weiss,* Corporations, S. 241; *Henn/Alexander*, Laws of Corporations, S. 439.

[366] Siehe § 622(e)(4) N.Y.Bus.Corp.L. Hingegen besteht ein solcher Ausschluß des Bezugsrechts nach dem R.M.B.C.A. nicht. *Henn/Alexander*, Laws of Corporations, S. 439 u. 445.

[367] § 6.30(b)(5) R.M.B.C.A.; *Merkt*, US-amerikanisches Gesellschaftsrecht, S. 261.

[368] § 622 (e)(3) N.Y.Bus.Corp.L.; § 6.30(b)(3)(ii) R.M.B.C.A.

[369] § 622(e)(2) i.V.m. § 505(d) N.Y.Bus.Corp.L.; § 6.30(b)(3)(i) R.M.B.C.A. *Henn/Alexander*, Laws of Corporations, S. 442 u. 444. Bei den ESOPs bildet die *corporation* einen

Nach US-amerikanischem Verständnis gelten Bezugsrechte in *public corporations* jedoch vor allem wegen der langwierigen Kapitalbeschaffung (vor dem öffentlichen Verkauf der neuen Aktien muß ein sogenanntes *rights offering* an alle Aktionäre ergehen) als umständlich und ungebräuchlich. Deswegen nutzen viele *corporations* die Gestaltungsmöglichkeiten in den *articles of incorporation* in der Weise aus, daß sie kein Bezugsrecht vorsehen[370]. Diejenigen Aktionäre, die ihre proportionale Beteiligung aufrecht erhalten möchten, werden in Publikumsgesellschaften regelmäßig darauf verwiesen, daß sie die dazu notwendigen Aktien am Kapitalmarkt erwerben können[371].

bb. Einzelstaatliche Regelungen

(1) New York

Vorbehaltlich abweichender Satzungsregelungen sieht das Gesellschaftsrecht des Staates New York ein Bezugsrecht für Altaktionäre derjenigen Gesellschaften, die vor dem 22. Februar 1998 inkorporiert waren, grundsätzlich vor (*opt-out*). Hingegen besteht ein solches Recht für Aktionäre derjenigen Gesellschaften, die an oder nach diesem Datum inkorporiert wurden, grundsätzlich nicht (*opt-in*)[372]. Aufgrund der ablehnenden Haltung amerikanischer Aktiengesellschaften ist davon auszugehen, daß die Mehrzahl der *corporations* keine Bezugsrechte vorsieht. Sollten diese dennoch bestehen, gelten hierfür - wiederum vorbehaltlich abweichender Satzungsbestimmungen - die nachfolgenden Regelungen:

Für *authorized but unissued shares* besteht binnen zwei Jahren seit der Gründung der Gesellschaft kein Bezugsrecht[373]. Soweit die Kapitalerhöhung durch die Ausgabe solcher Aktien stattfindet, ist während dieser Frist demnach ebenfalls nicht vom Bestehen eines Bezugsrechts auszugehen[374]. Darüber hinaus ist ein Bezugsrecht regelmäßig dann ausgeschlossen, wenn die Aktien für eine andere Gegenleistung als Bargeld ausgegeben werden[375]. In der hier behandelten Konstellation sollen als Gegenleistung für die neuen Aktien der Bietergesell-

trust, der keine Gewinne erzielen und kein Kapital steuerfrei empfangen darf. Vgl.. *Blackiston/Rappaport/Pasini*, The Business Lawyer, Vol. 45 (1989), S. 85 ff.

[370] *Henn/Alexander*, Laws of Corporations, S. 445, die auf die Hinweispflicht der Gesellschaft gegenüber ihren Aktionären und die dabei bestehende 15-tägige Frist vor Ablauf der Bezugsmöglichkeit hinweisen; *Merkt*, US-amerikanisches Gesellschaftsrecht, S. 261.

[371] *Clark*, Corporate Law, S. 719; *Solomon/Schwartz/Bauman/Weiss*, Corporations, S. 241.

[372] § 622(b)(1) und (2) N.Y.Bus.Corp.L.

[373] § 622(e)(5) N.Y.Bus.Corp.L.

[374] Dennoch kann sich im Einzelfall eine abweichende Regelung aus den Satzungsbestimmungen ergeben.

[375] § 622(e)(1) N.Y.Bus.Corp.L.

schaft aber die Aktien der Zielgesellschaft eingebracht werden, so daß die Gegenleistung nicht in Bargeld besteht.
Schließlich ist das Bezugsrecht nach dem Recht des Staates New York auch dann ausgeschlossen, wenn die Ausgabe der neuen Aktien zur Durchführung einer Verschmelzung (*merger*) erfolgt[376]. Vorbehaltlich abweichender Bestimmungen in der Satzung der Gesellschaft ist je nach der Ausgestaltung der anschließenden Transaktion auch unter diesem Gesichtspunkt davon auszugehen, daß Bezugsrechte der Altaktionäre nicht bestehen. Dem steht auch nicht entgegen, daß es sich vorliegend um eine feindliche Übernahme handelt. Für die Frage des Bezugsrechts der Altaktionäre der finanzierenden Gesellschaft kommt es nur auf deren Sichtweise an. Erwirbt der Bieter einen entsprechend hohen Anteil an der Zielgesellschaft, ist es durchaus denkbar, daß eine anschließende Verschmelzung beider Unternehmen als *merger* abgewickelt wird.
Obwohl das Bezugsrecht der Altaktionäre nach dem Recht des Staates New York gesetzlich geregelt ist, steht es der Durchführung einer Kapitalerhöhung in der hier zu behandelnden Konstellation praktisch nicht entgegen.

(2) Delaware

In Delaware ist das Bezugsrecht hingegen nicht mehr gesetzlich geregelt[377]. Gemäß § 157 Del.Gen.Corp.L ist eine Gesellschaft aber ermächtigt, Rechte auszugeben, die zum Kauf ihrer Aktien berechtigen. Hierunter können auch Bezugsrechte fallen, was die Gesellschaft dann gegebenenfalls gemäß § 102(b)(1) Del.Gen.Corp.L. in ihre Gründungsurkunde aufnehmen kann. Dennoch zeigt bereits die Regelungstechnik deutlich, daß das Bestehen eines Bezugsrechts den Ausnahmefall darstellt. Regelmäßig wird es daher auch bei den in Delaware inkorporierten Gesellschaften nicht vorliegen, so daß eine notwendige Kapitalerhöhung unter diesem Gesichtspunkt häufig unproblematisch ist[378].

2. Verwendung zurückerworbener eigener Aktien als Gegenleistung im Rahmen eines Aktientauschs

Bei den den umtauschbereiten Aktionären der Zielgesellschaft im Rahmen des *tender offer* angebotenen Aktien kann es sich auch um zurückerworbene eigene Aktien des Bieters handeln. Wie bereits dargelegt, ist der Rückerwerb bereits ausgegebener eigener Aktien (*issued stock*) im US-amerikanischen Recht grundsätzlich zulässig, soweit nicht die *articles of incorporation* etwas anderes vorse-

---

376 § 622(e)(1) N.Y.Bus.Corp.L.
377 Siehe beispielsweise § 161 Del.Gen.Corp.L.
378 Ebenso: *Solomon/Schwartz/Bauman/Weiss*, Corporations, S. 240 ff.

hen[379]. Im Zusammenhang mit der Finanzierung einer feindlichen Übernahme stellen sich dabei zwei Fragen. Zunächst ist zu prüfen, ob und unter welchen Voraussetzungen ein Rückerwerb auch zum Zwecke der Finanzierung eines solchen Vorhabens zulässig ist. Ferner ist fraglich, ob und unter welchen Voraussetzungen die von der Gesellschaft bereits (möglicherweise aus anderen Gründen) zurückerworbenen eigenen Aktien wieder ausgegeben werden und somit den Aktionären der Zielgesellschaft als Gegenleistung angeboten werden können.

a. Arten des Rückkaufs

Der Rückerwerb eigener Aktien ist grundsätzlich auf zwei verschiedenen Wegen möglich.

aa. Rückerwerb ohne vorherige Vereinbarung (*Repurchase*)

Erwirbt eine Gesellschaft, ohne daß die *articles of incorporation* hierfür besondere Angaben über die dabei bestehenden Rechte und Pflichten enthalten, eigene Aktien über die Börse oder unmittelbar von einzelnen Aktionären zurück, handelt es sich um einen sogenannten *repurchase*[380]. Die auf diese Weise zurückerworbenen Aktien werden von den *corporation statutes* der Bundesstaaten üblicherweise als ausgegebene aber nicht in den Händen des Publikums befindliche Aktien (*issued but not outstanding stock*) klassifiziert, kurz als *treasury stock*. Solche Aktien sind regelmäßig in ihren Rechten beschränkt. So ist mit *treasury shares* normalerweise kein Stimmrecht verbunden, da anderenfalls der *board of directors* als Vertreter der Gesellschaft für seine eigene Entlastung stimmen könnte[381]. Ferner zählen sie im Rahmen von Abstimmungen bei Aktionärsversammlungen nicht als stimmberechtigte Aktien, verringern somit indirekt also die zum Erreichen eines bestimmten Abstimmungsergebnisses notwendige Anzahl von Anteilen[382]. *Treasury shares* können aber normalerweise wieder veräußert werden[383]. Die Bezeichnung als *treasury share* hat der R.M.B.C.A. nunmehr aufgegeben, indem er die zurückerworbenen eigenen Aktien *authorized but unissued shares* (ausgabefähige aber nicht ausgegebene Aktien) nennt, was jedoch an der besonderen Rechtsstellung nichts ändert[384].

[379] Vgl. § 3 I. 1. a. cc. (2) Rückerwerb eigener Aktien (*repurchase of own stocks*) sowie § 513 N.Y.Bus.Corp.L.; § 160 Del.Gen.Corp.L.; § 6.31 R.M.B.C.A.

[380] *Merkt*, US-amerikanisches Gesellschaftsrecht, S. 282 ff.; *Solomon/Schwartz/Bauman/Weiss*, Corporations, S. 257.

[381] *Solomon/Schwartz/Bauman/Weiss*, Corporations, S. 257.

[382] *Atterbury v. Consolidated Copper Mines Corp.*, 20 A2d 743 (Del. Chancery Court 1941).

[383] *Solomon/Schwartz/Bauman/Weiss*, Corporations, S. 257.

[384] *Solomon/Schwartz/Bauman/Weiss*, Corporations, S. 258.

bb. Rückerwerb aufgrund einer vorherigen Vereinbarung (*Redemption*)

Andererseits kann die Gesellschaft vertraglich oder in den *articles of incorporation* dafür vorgesehene Aktien (*redeemable shares*) im Wege des Einzugs gegen Zahlung eines von vornherein vereinbarten *redemption price* zurückkaufen. Bei diesen Aktien handelt es sich regelmäßig um Vorzugsaktien[385]. Wirtschaftlicher Hintergrund eines solchen Rückkaufs ist häufig die aus Sicht der Stammaktionäre unerfreulich hohe und regelmäßig wiederkehrende Dividendenverpflichtung gegenüber den Vorzugsaktionären. Noch dazu sind die hierfür anfallenden Kosten im Gegensatz zu der aus einer Fremdkapitalfinanzierung folgenden Zinsbelastung nicht steuerlich abzugsfähig, obwohl *redeemable preferred shares* in ihrer wirtschaftlichen Bedeutung dem Fremdkapital sehr nahe kommen. Durch Rückkauf zu den vorgesehenen Bedingungen kann sich die Gesellschaft dieser Verpflichtungen entledigen[386]. Im übrigen folgen die Umstände, unter denen ein solcher Rückkauf im Einzelfall möglich und sinnvoll ist, aus der dem Rückkauf zugrunde liegenden vertraglichen Verpflichtung. Deshalb ist die *redemption* nachfolgend im Zusammenhang mit dem Rückerwerb zur Finanzierung nicht näher zu betrachten. Nach dem Einzug werden die *redeemable shares* entweder ebenfalls zu ausgegebenen aber nicht in den Händen des Publikums befindlichen Aktien (*treasury shares*) oder ihre Ausgabe wird rückgängig gemacht[387]. Hierdurch beantwortet sich gleichzeitig die Frage nach den Möglichkeiten der Wiederausgabe zur Verwendung im Rahmen der Finanzierung einer feindlichen Übernahme. Im ersten Fall unterscheidet sie sich nicht von denen der *repurchased shares*, wohingegen eine Verwendung im zweiten Fall von vornherein ausscheidet. Nachfolgend ist deshalb lediglich auf den Fall des *repurchase* einzugehen.

b. Rückerwerb zum Zwecke der Finanzierung einer feindlichen Übernahme

Fraglich ist zunächst, ob und unter welchen Voraussetzungen ein Rückerwerb zum Zwecke der Finanzierung einer feindlichen Übernahme möglich und zulässig ist. Hierzu bedarf es einer Betrachtung der einzelstaatlichen Regelungen.

aa. Einzelstaatliche Regelungen

Durch einen Rückerwerb eigener Aktien können die Aktionärs- und die Gläubigerrechte in vielfältiger Weise nachteilig beeinflußt werden[388]. Aus Gründen des

---

[385] *Clark*, Corporate Law, S. 625; *Merkt*, US-amerikanisches Gesellschaftsrecht, S. 255.

[386] *Clark*, Corporate Law, S. 625.

[387] *Merkt*, US-amerikanisches Gesellschaftsrecht, S. 255.

[388] Siehe hierzu *Clark*, Corporate Law, S. 627 ff.; *Merkt*, US-amerikanisches Gesellschaftsrecht, S. 284 ff.

Gläubigerschutzes gelten in den meisten Bundesstaaten für den Rückerwerb eigener Aktien daher ähnliche Beschränkungen wie für die Dividendenausschüttung[389]. Diese Beschränkungen sind nachfolgend darzustellen.

(1) Delaware

In Delaware ist der Rückerwerb eigener Aktien grundsätzlich zulässig, solange die Gesellschaft dabei nicht[390]:

(1) einen Rückkauf eigener Aktien durchführt, infolge dessen das Gesellschaftskapital beeinträchtigt ist oder wird, es sei denn, sie ist zu einem solchen Rückerwerb aus besonderen Gründen ausdrücklich ermächtigt, weil die Aktien nach dem Erwerb eingezogen werden und das Gesellschaftskapital sich gemäß §§ 243, 244 Del.Gen.Corp.L. reduziert hat[391]. Ebensowenig darf, wenn die Gesellschaft Fremdkapital als Gegenleistung für die eigenen Aktien leistet, infolge der Begebung des Fremdkapitals das Gesellschaftskapital beeinträchtigt sein oder werden[392];
(2) einzugsfähige Aktien zu einem über dem *redemption price* liegenden Preis am Markt erwirbt[393], oder
(3) Aktien einzieht, ohne daß dieser Einzug in Übereinstimmung mit § 151(b) Del.Gen.Corp.L.[394] und den diesbezüglichen Regelungen in den *articles of incorporation* erfolgt[395].

Im Ergebnis ist der Rückkauf eigener Aktien damit ausgeschlossen, wenn er zu einer Verringerung des Grundkapitals der Gesellschaft führt[396]. Die mit den zurückerworbenen Aktien verbundenen Stimmrechte können während der Dauer des Rückerwerbs nicht ausgeübt werden und die Aktien selbst zählen im Rahmen von Aktionärsversammlungen auch nicht zu den stimmberechtigten Aktien[397]. Die Entscheidung über den Rückerwerb sowie dessen Durchführung obliegt, sofern nicht die *articles of incorporation* im Einzelfall etwas anderes vor-

---

389 § 3 I. 1. a. cc. (2) Rückerwerb eigener Aktien (*repurchase of own stocks*); *Clark*, Corporate Law, S. 636; *Merkt*, US-amerikanisches Gesellschaftsrecht, S. 286 ff.
390 § 160(a) Del.Gen.Corp.L.
391 Vorschriften über die Einziehung von Anteilen und die Kapitalherabsetzung.
392 § 160(a)(1) Del.Gen.Corp.L.
393 § 160(a)(2) Del.Gen.Corp.L.
394 Allgemeiner Grundsatz, daß zu jeder Zeit mindestens eine oder mehrere Aktien einer oder mehrerer Gattungen der Gesellschaft mit vollem Stimmrecht ausgestattet und ausgegeben sein müssen.
395 § 160(a)(3) Del.Gen.Corp.L.
396 *Solomon/Schwartz/Bauman/Weiss*, Corporations, S. 257.
397 § 160(c) Del.Gen.Corp.L.

sehen, gemäß § 141(a) Del.Gen.Corp.L. dem *board of directors* der Gesellschaft.

(2) New York

In New York ist ein Rückerwerb unzulässig, wenn hierdurch Vorzugsrechte (*redeemable, convertible* or *exchange shares*) nicht bedient werden können, die Gesellschaft dadurch insolvent wird und der Rückkauf nicht aus den Gewinnrücklagen (*surplus*) finanziert werden kann[398]. In allen anderen Fällen ist der Rückkauf hingegen erlaubt, sofern einerseits eizugsfähige (*redeemable*), wandelbare (*convertible*) oder umtauschbare (*exchangeable*) Aktien nicht zu einem über dem hierfür vertraglich vorgesehenen Preis zurückerworben werden[399]. Andererseits ist der Erwerb eines Aktienpaketes in Höhe von mehr als 10 % der Anteile von einem Großaktionär (*interested shareholder*) zu einem über dem Marktwert liegenden Preis solange verboten, wie nicht der *board* der Gesellschaft und die einfache oder nach dem *certificate of incorporation* notwendige höhere Mehrheit der stimmberechtigten außenstehenden Aktionäre dieser Transaktion zustimmen[400].

Erfolgt die Finanzierung des Rückkaufs unzulässigerweise aus dem Grundkapital (*stated capital*) und nicht aus der Gewinnrücklage, sind die zurückerworbenen Aktien aufzuheben (*cancelled shares*)[401], was im Ergebnis die Einstufung als *authorized but unissued shares* zur Folge hat[402]. Im Gegensatz dazu können die in diesem Sinne in zulässiger Weise zurückerworbenen Aktien entweder als *treasury shares* von der Gesellschaft gehalten oder aber freiwillig in der zuvor genannten Weise aufgehoben werden[403]. Auch in New York unterliegt die Entscheidung über den Rückerwerb sowie dessen Durchführung gemäß § 701 N.Y.Bus.Corp.L. vorbehaltlich im Einzelfall abweichender Regelungen dem *board of directors*.

---

398 § 513(a) N.Y.Bus.Corp.L.; *Solomon/Schwartz/Bauman/Weiss*, Corporations, S. 257.

399 § 513(b) N.Y.Bus.Corp.L.

400 § 513(c) i.V.m. § 912 N.Y.Bus.Corp.L. Mit § 513(c) N.Y.Bus.Corp.L. soll offensichtlich das sogenannte „*greenmailing*“ unterbunden werden, bei dem ein Großaktionär dem *board of directors* einer Zielgesellschaft mit der Übernahme derselben droht, sofern der *board* nicht einen Rückkauf der Aktien des Großaktionärs zu einem über dem Marktwert liegenden Preis veranlaßt.

401 § 515(a) N.Y.Bus.Corp.L.

402 § 515(d) N.Y.Bus.Corp.L.

403 § 515(b) N.Y.Bus.Corp.L.; wobei im Falle der Einordnung als *treasury shares* die Höhe des Grundkapitals unverändert bleibt, § 515(c) N.Y.Bus.Corp.L.

(3) R.M.B.C.A.

Gemäß § 6.31(a) R.M.B.C.A. ist ein Rückerwerb eigener Aktien durch die Gesellschaft grundsätzlich zulässig. Die erworbenen Aktien sind wie *authorized but unissued shares* zu behandeln. Nach § 1.40(6) R.M.B.C.A.[404] ist der Rückerwerb eigener Aktien unter denselben Voraussetzungen zulässig wie eine Ausschüttung an die Aktionäre. Grundsätzlich kann der *board of directors* nach § 6.40(a) R.M.B.C.A. einen Rückerwerb genehmigen, sofern dieser unter Beachtung möglicher Einschränkungen aus den *articles of incorporation* sowie der aus § 6.40(c) R.M.B.C.A. folgenden Beschränkungen durchgeführt wird. Die bereits im Rahmen der Dividendenzahlung dargestellten Tests sind folglich auch in diesem Zusammenhang durchzuführen[405].

Somit ist der Rückerwerb zunächst nach dem *equity insolvency test* nur dann erlaubt, wenn die Gesellschaft auch danach noch in der Lage ist, ihre Verbindlichkeiten entsprechend ihrer Fälligkeit zu begleichen[406]. Bezüglich möglicher Haftungsansprüche gegen die Gesellschaft bedarf es einer angemessenen Beurteilung der Wahrscheinlichkeit ihres Eintritts, ihrer Höhe und des voraussichtlichen Haftungszeitpunktes aber andererseits auch der Berücksichtigung bestehender Ver- oder Absicherungen dieser Risiken. Bei ihrer Beurteilung dürfen die *directors* gemäß § 8.30(b) R.M.B.C.A. auf Informationen, Meinungen, Berichte und Stellungnahmen Dritter zurückgreifen[407].

Hiervon unabhängig ist ein Rückerwerb nach dem sogenannten *balance sheet test* jedoch dann verboten, wenn im Anschluß daran die Gesamtverbindlichkeiten[408] das Gesamtvermögen übersteigen[409]. Diese Tests sind gemäß § 6.40(d) R.M.B.C.A. auf der Grundlage von Bilanzen und Finanzinformationen unter Beachtung anerkannter Bewertungsmaßstäbe durchzuführen, wobei die *directors* gemäß § 8.30(b) R.M.B.C.A. auch beim *balance sheet test* auf Informationen, Meinungen, Berichte und Stellungnahmen Dritter zurückgreifen dürfen. Es ist ferner davon auszugehen, daß der *board* bei Anwendung der US-GAAP, die für Publikumsgesellschaften mit nach dem SEA (1934) registrierten Anteilen Pflicht sind, jedenfalls den soeben genannten Anforderungen entspricht. Die

---

[404] Der insoweit von Hawaii, Illinois, Minnesota, Montana und New Mexico übernommen wurde; R.M.B.C.A. Ann. § 6.40, Statutory Comparison I.

[405] Vgl. § 3 I. 1. a. cc. Kapitalerhaltung.

[406] § 6.40(c)(1) R.M.B.C.A.

[407] Siehe Official Comment zu § 6.40 R.M.B.C.A., 2. Equity Insolvency Test.

[408] Hierzu ist der Betrag zu addieren, der im Zeitpunkt der Verteilung der Dividende im Falle einer hypothetischen Auflösung der corporation erforderlich wäre, um sämtliche dann zu gewährenden Vorzugsdividenden zu zahlen.

[409] § 6.40(c)(2) R.M.B.C.A; *Solomon/Schwartz/Bauman/Weiss*, Corporations, S. 256.

Verwendung anerkannter Bilanzierungsgrundsätze empfiehlt sich aus Sicht der Unternehmensleitung daher bereits unter dem Aspekt der Haftungsbegrenzung. Entscheidend ist aber letztlich die Beurteilung durch den *board of directors*[410].

bb. Beachtung der allgemeinen Sorgfaltsgrundsätze durch den *board of directors*

Zusammenfassend ist festzustellen, daß der Rückerwerb eigener Aktien nach den einzelstaatlichen Gesetzen grundsätzlich möglich ist, sofern nicht die *articles of incorporation* der Gesellschaft etwas anderes vorsehen oder der Rückkauf zur Zahlungsunfähigkeit der Gesellschaft führen würde. Die Entscheidung über einen Rückerwerb und dessen Bedingungen obliegt dem *board of directors*. Ein solcher Vorgang kann aber die Aktionärs- und Gläubigerrechte nachteilig beeinflussen. Daher hat der *board of directors* zunächst die sich aus dem einzelstaatlichen Recht ergebenden Vorschriften beim Rückerwerb zu beachten.

Daneben sind gegenüber den Aktionären auch die allgemeinen Grundsätze über die Entscheidungen des *board of directors* anwendbar. Feste Regeln dafür, wann durch einen Rückerwerb zum Zwecke der Finanzierung einer feindlichen Übernahme eine unzulässige Beeinträchtigung der Aktionärsrechte vorliegt, gibt es in Anbetracht der Bedeutung der Umstände des jeweiligen Einzelfalles nicht. Die *directors* haben vielmehr die allgemeinen Sorgfaltsmaßstäbe der *duty of due care*, der *duty of loyalty* und der *business judgment rule* zu beachten[411]. Dies bedeutet zunächst, daß der *board* bei seiner Entscheidung über einen Rückerwerb und dessen Bedingungen sowohl die finanzielle Lage der Gesellschaft als auch den Kurswert der Aktien angemessen zu berücksichtigen hat. Ferner sind die Aktionäre untereinander gleich zu behandeln[412], wobei jedoch für Stamm- und Vorzugsaktionäre ein unterschiedlicher Sorgfaltsmaßstab für den *board* gilt. Die US-amerikanische Rechtsprechung entwickelte den Grundsatz, daß sich die Pflichten der Gesellschaft gegenüber den Vorzugsaktionären auf die denselben in den *articles of incorporation* eingeräumten Vorzugsrechte sowie die Treuepflicht (*duty of good faith*) beschränken. Hingegen ist die Gesellschaft gegenüber den Stammaktionären auch zur Erwirtschaftung von Gewinnen verpflichtet. Somit ist eine Bevorzugung der Stamm- gegenüber den Vorzugsaktionären nur dann unzulässig, wenn hierdurch deren festgelegte Vorzugsrechte verletzt werden. Andererseits liegt bei einer Bevorzugung der Vorzugs- vor den Stammakti-

---

[410] Siehe Official Comment zu § 6.40 R.M.B.C.A., 4. Balance Sheet Test; *Solomon/Schwartz/Bauman/Weiss*, Corporations, S. 256.

[411] *Macey/McChesney*, Yale Law Journal, Vol. 95 (1985), S. 13/60; *Merkt*, US-amerikanisches Gesellschaftsrecht, S. 284.

[412] *Paefgen*, AG 1992, S. 133/144.

onären immer ein Verstoß gegen das Gebot der Gewinnmaximierung zugunsten der Stammaktionäre vor[413].

cc. Erwerb zum Zwecke der Wiederausgabe im Rahmen eines *tender offer*

Bedeutsam kann in diesem Zusammenhang auch der vorrangige Zweck des Rückerwerbsgeschäftes (*primary business purpose*) werden. Der *board of directors* muß einen anerkennenswerten Geschäftszweck im Interesse der Gesellschaft vorweisen. Kann er dies, spielt es regelmäßig keine Rolle, ob daneben noch weitere Beweggründe für den Rückerwerb ausschlaggebend sind[414]. So läßt sich in der vorliegenden Konstellation als Zweck des Erwerbs eigener Aktien auch deren geplante Wiederausgabe im Rahmen eines *tender offer* und somit ihr Einsatz als Akquisitionswährung anführen. Aus der zuvor genannten Definition folgt aber ferner, daß ein Rückerwerb zum Zweck der Wiederausgabe im Rahmen eines *tender offers* auch als Nebenzweck möglich ist, was dann zusätzlich den Vorteil der weiteren Geheimhaltung des Vorhabens hat. Dieser Ansatz der Rechtsprechung wurde in der Literatur zwar kritisiert, weil sich in der Praxis vermutlich immer ein anerkennenswerter Geschäftszweck finden lasse[415]; grundsätzlich ist aber von der Zulässigkeit eines Rückerwerbs zum Zwecke der Wiederausgabe im Rahmen eines *tender offer* auszugehen. Eine darüber hinausgehende Verpflichtung zur Konkretisierung des Zwecks auf eine bestimmte feindliche Übernahme läßt sich hingegen weder aus den einzelstaatlichen *corporation statutes* noch aus den bundesrechtlichen Vorschriften[416] herleiten.

---

413 *Zahn v. Transamerica Corp.*, 162 F.2d 36 (3rd Circuit 1947); *Speed v. Transamerica Corp.*, 235 F.2d 369 (3rd Circuit 1956); sowie die Darstellungen bei *Clark*, Corporate Law, S. 633 ff.; *Ebenroth/Eyles*, RIW 1988, S. 413/418.

414 So beispielsweise der Erhalt des bestehenden Managements als persönliches Motiv der Mitglieder des *board of directors*, wobei die *directors* bezüglich ihres redlichen Verhaltens (*good faith*) beweispflichtig sind. Dabei gelten im Einzelfall unterschiedliche Maßstäbe für *inside* - und *outside directors*, *Cheff v. Mathes*, 199 A.2d 548 (Del. 1964); *Ebenroth/Eyles*, RIW 1988, S. 413/418.

415 Siehe zu dieser Kritik: *Clark*, Corporate Law, S. 632 f.; *Merkt*, US-amerikanisches Gesellschaftsrecht, S. 285; *Paefgen*, AG 1992, S. 133/144.

416 Als Ansatzpunkte kommen einerseits die Publizitätspflichten nach §§ 13(d), 14(d) SEA (1934) sowie andererseits § 10(b) SEA (1934), S.E.C. Rule 10b-5 und der Grundsatz „*disclose or abstain*“ in Betracht. Vgl. zu deren jeweiliger Auslegung *Ratner*, Securities Regulation, S. 132 ff.; *Clark*, Corporate Law, S. 519 u. S. 635, sowie die Entscheidungen *Ernst and Ernst v. Hochfelder*, 425 U.S. 185 (1976), 96 S.Ct. 1375; *Aaron v. S.E.C.*, 446 U.S. 680 (1980); *Sanders v. John Nuveen*, 554 F.2d 790 (7th Circuit 1977); *Speed v. Transamerica Corp.*, 235 F.2d 369 (3rd Circuit 1956); *Santa Fe Industries, Inc. v. Green*, 430 U.S. 462 (1977); *In re Cady, Roberts Co.*, 40 S.E.C. 907 (1961).

c. Wiederausgabe vorhandener eigener Aktien im Wege des Aktientauschs

Dies schließt aber nicht aus, die von der Bietergesellschaft aus anderen Gründen und in zulässiger Weise zurückerworbenen und insofern bereits gehaltenen eigenen Aktien im Zusammenhang mit einem auf den *tender offer* folgenden Aktientausch wieder auszugeben. Fraglich ist dabei einerseits, ob die Wiederausgabe grundsätzlich zulässig ist. Andererseits stellt sich, weil eine solche Ausgabe einer Verteilung von Gesellschaftsvermögen gleicht, die Frage des Bezugsrechts der Altaktionäre der Bietergesellschaft.

aa. Einzelstaatliche Regelungen

Die Wiederausgabe zurückerworbener Aktien ist in den einzelstaatlichen *corporate statutes* geregelt, die deshalb nachfolgend darzustellen sind.

(1) Delaware

Nach § 160(b) Del.Gen.Corp.L. besteht kein Hindernis für eine *corporation*, ihre zuvor mit Mitteln der Gewinnrücklage zurückerworbenen Aktien, sofern diese nicht endgültig eingezogen (*retired*) wurden, zu einer durch den *board of directors* festgelegten Gegenleistung wieder zu veräußern (*resell*). Sofern nicht die *articles of incorporation* etwas anderes vorsehen, hat gemäß § 141(a) Del.Gen.Corp.L. der *board* die Kompetenz, eine Wiederausgabe oder einen Weiterverkauf der zurückerworbenen Aktien zu veranlassen. Er kann dabei nach § 160(b) Del.Gen.Corp.L. auch Art und Höhe der Gegenleistung bestimmen. Somit kann die Ausgabe auch im Rahmen eines *tender offer* erfolgen. Wie bereits dargelegt, ist es einer *corporation* in Delaware gemäß § 157 i.V.m. § 102(b)(1) Del.Gen.Corp.L möglich, Rechte, die zum Kauf ihrer Aktien berechtigen, auszugeben. Folglich kann eine Gesellschaft ihren Aktionären ein Bezugsrecht auch auf *treasury shares* einräumen. Dies wird jedoch wegen der grundsätzlich ablehnenden Haltung der *corporations* gegenüber Bezugsrechten den Ausnahmefall darstellen. Besteht ein solches Recht dennoch, müßte die Wiederausgabe an die bisherigen Aktionäre erfolgen. Dies hätte aber die Konsequenz, daß diese Aktien nicht mehr den Aktionären der Zielgesellschaft angeboten werden können.

(2) New York

In New York ist die Wiederausgabe eigener Aktien hingegen nur indirekt geregelt. § 515(c) N.Y.Bus.Corp.L. sieht vor, daß sich weder durch eine Einbehaltung zurückerworbener Aktien als *treasury shares* noch durch eine sich daran anschließende Verteilung an die Aktionäre oder Veräußerung das Grundkapital der Gesellschaft verändert. *Treasury shares* dürfen somit veräußert werden, wofür vorbehaltlich abweichender Regelungen gemäß § 701 N.Y. Bus.Corp.L. der *board of directors* zuständig ist. Für Aktien, die im Rahmen eines *mergers* oder gegen eine Sacheinlage ausgegeben werden[417], ist ein Bezugsrecht der Aktionäre nach dem Recht New Yorks jedoch ebenso ausdrücklich ausgeschlossen wie für die Wiederausgabe von *treasury shares*[418]. Ein Bezugsrecht der Aktionäre eines Bieters, der den Aktionären einer Zielgesellschaft im Rahmen eines *tender offer* als Gegenleistung für ihre Aktien bereits zurückerworbene eigene Aktien ausgeben will, besteht somit nicht.

(3) R.M.B.C.A.

§ 6.31(b) R.M.B.C.A. sieht für den Fall eines in den *articles of incorporation* geregelten Verbots der Wiederausgabe (*reissue*) zurückerworbener eigener Aktien die Herabsetzung der zur Ausgabe zugelassenen Aktien um die Anzahl der zurückerworbenen Aktien vor. Dies bedeutet im Umkehrschluß, daß eine Wiederausgabe eigener Aktien zulässig ist, sofern nicht ausdrücklich etwas anderes bestimmt ist. Weil die eigenen Aktien nach § 6.31(a) R.M.B.C.A. *authorized but unissued shares* darstellen, ist auch deren Wiederausgabe entsprechend zu behandeln. Eine Wiederausgabe ist folglich in dem Umfang möglich, wie *authorized but unissued shares* im Einzelfall ausgegeben werden könnten. Auch die Frage eines möglichen Bezugsrechts ist entsprechend zu beantworten. Ein Bezugsrecht der Aktionäre des Bieters besteht somit, falls es hierzu eine besondere Regelung in den *articles of incorporation* gibt. Auch in diesem Fall ist ein Bezugsrecht jedoch jedenfalls dann ausgeschlossen, wenn es sich um *authorized but unissued shares* innerhalb eines Zeitraumes von sechs Monaten nach der Inkorporation handelt[419]. Ferner ist ein Bezugsrecht ausgeschlossen, wenn die Gesellschaft ihre Aktien für eine andere Gegenleistung als Bargeld veräußert[420]. Fehlt hingegen eine ausdrückliche Regelung von Bezugsrechten in den *articles of incorporation*, scheiden solche Rechte von vornherein aus.

bb. Zwischenergebnis

Hat der Bieter eigene Aktien zurückerworben, kann er diese nach den für das US-amerikanische Wirtschaftsrecht maßgeblichen einzelstaatlichen Gesetzen auch wieder ausgeben. Verwendet er diese Aktien im Rahmen eines *tender offer* als Gegenleistung für die Anteile der Aktionäre der Zielgesellschaft, scheidet ein

---

417 § 622(e)(1) N.Y.Bus.Corp.L.
418 § 622(e)(4) N.Y.Bus.Corp.L.
419 § 6.30(b)(iii) R.M.B.C.A., wobei zurückerworbene Aktien gleich zu behandeln sind, weshalb es in diesem Fall wohl auf den Zeitpunkt des Rückerwerbs ankommen muß.
420 § 6.30(b)(iv) R.M.B.C.A.

Bezugsrecht der Aktionäre der Bietergesellschaft nach dem Recht des Staates New York und dem R.M.B.C.A. von vornherein aus. In Delaware ist das Bestehen eines Bezugsrechts hingegen möglich, wenn auch praktisch eher unwahrscheinlich.

3. Zwischenergebnis zur Eigenkapitalfinanzierung durch den Bieter

Gibt der Bieter das feindliche Übernahmeangebot unmittelbar selbst ab, hat dies im Rahmen der Eingenkapitalfinanzierung folgende Konsequenzen. Eine Kapitalerhöhung durch die Ausgabe von *authorized but unissued shares* ist grundsätzlich zwar unbeschränkt möglich. Erhöht sich aufgrund dieses Vorhabens jedoch das Grundkapital der *corporation* um mehr als 20 %, so bedarf es eines zustimmenden Beschlusses der insofern stimmberechtigten Aktionäre. Hierdurch kann sich die Kapitalerhöhung verzögern und können ferner Abfindungsansprüche widersprechender Aktionäre entstehen[421]. Eine Kapitalerhöhung im Wege der Änderung der Gründungsurkunde bedarf hingegen der Vorbereitung einer Aktionärsversammlung, die insbesondere wegen der Offenlegungspflichten im Rahmen der Werbung um Stimmrechtsvollmachten von vornherein für die Finanzierung einer feindlichen Übernahme als ungeeignet erscheint. Im Falle einer Verletzung dieser Pflichten droht dem Emittenten zudem eine Haftung nach S.E.C. Rule 14a-9[422]. Bezugsrechte der Altaktionäre des Bieters stehen, sofern sie überhaupt bestehen, einer Kapitalerhöhung - gleich welcher Art - jedoch regelmäßig nicht entgegen[423].
Der Rückerwerb eigener Aktien ist grundsätzlich und auch zum Zwecke der Wiederausgabe im Rahmen der Bedienung eines *tender offer* möglich, sofern nicht die *articles of incorporation* entgegenstehen oder der Rückkauf zur Zahlungsunfähigkeit der Gesellschaft führt. Die frühzeitige Bekanntgabe des konkreten Übernahmevorhabens ist nach §§ 13(d), 14(d) SEA (1934) entbehrlich. Sie kann nach S.E.C. Rule 10b-5 aber ausnahmsweise geboten sein, wenn schon der Rückerwerb zu dem Zweck und in der Absicht erfolgt, die Aktien zur Bedienung eines bereits konkret geplanten *tender offer* zu verwenden. Es können jedoch aus anderen Gründen erworbene und noch in der Gesellschaft vorhandene eigene Aktien im Rahmen einer Wiederausgabe Verwendung finden[424].

---

[421] Vgl. § 4 I. 1. a. Ausgabe von *authorized but unissued shares*.
[422] Vgl. § 4 I. 1. b. Änderung der Gründungsurkunde (amendment *of the articles of incorporation)*.
[423] Siehe oben, § 4 I. 1. c. Bezugsrechtsausschluß.
[424] Vgl. § 4 I. 2. Verwendung zurückerworbener eigener Aktien als Gegenleistung im Rahmen eines Aktientauschs.

II. Fremdkapitalfinanzierung

1. Bedeutung der Fremdkapitalfinanzierung im Rahmen gewöhnlicher Geschäftstätigkeit

Im Rahmen der Außenfinanzierung[425] kommt neben der Stellung eines Kapitalgebers als Eigentümer (Eigenkapitalfinanzierung) auch die Position des Gläubigers und somit eine Finanzierung unter Verwendung von Fremdkapital (Fremdkapitalfinanzierung) in Betracht[426]. Nimmt die Gesellschaft, beispielsweise durch Ausgabe entsprechender Wertpapiere (*debt securities*), Fremdkapital auf, entsteht zwischen ihr und dem Kapitalgeber ein Schuldverhältnis. Fremdmittel stellen also Verbindlichkeiten der *corporation* dar, die ihr im Gegensatz zum Eigenkapital oftmals nur für einen begrenzten Zeitraum überlassen sind. Dabei trägt der Käufer dieser Wertpapiere als Gläubiger unter gewöhnlichen Umständen ein geringeres unternehmerisches Risiko. Die ihm periodisch zustehenden Zinsen sind ebenso wie die Rückzahlung regelmäßig von vornherein vertraglich vereinbart[427].

Fremdkapitalgeber können ihre Rechte beispielsweise mit der Verpfändung von Vermögensgegenständen der Gesellschaft oder mittels der Vereinbarung entsprechender Klauseln zum Schutz der Anleger (*covenants*) absichern[428]. Häufig

---

[425] Als Außenfinanzierung bezeichnet man die Beschaffung von Finanzmitteln vom Geld- und Kapitalmarkt, also die Verwendung von Mitteln mit unternehmensexterner Herkunft. Siehe *Drukarczyk*, Theorie und Politik der Finanzierung, S. 15 f.; *Weiss*, in: Hölters, Handbuch des Unternehmens- und Beteiligungskaufs, S. 198.

[426] *Weiss*, in: Hölters, Handbuch des Unternehmens- und Beteiligungskaufs, S. 199.

[427] *Solomon/Schwartz/Bauman/Weiss*, Corporations, S. 226 f.

[428] Zu diesen Anlegerschutzklauseln gehören z. B. „*Poison Puts*", die die Fälligkeit einer Forderung im Falle einer Änderung der Kapitalstruktur der betroffenen Gesellschaft beschleunigen, siehe *Baird*, Journal of Legal Studies; Vol. 20 (1991), S. 1/1. Einen ähnlichen Effekt haben auch die *Step-Up*-Vereinbarungen, bei denen sich im Falle einer Verschlechterung der Bonität des Emittenten (z.B. nach einer Rating-Herabstufung) die auf das Fremdkapital zu entrichtenden Zinsen automatisch erhöhen; *Handelsblatt*, 31.5.2001, S. 47. Die Vereinbarung solcher Klauseln erfolgt in der Praxis vor allem über einen mit der Wahrnehmung von Anlegerinteressen befaßten Treuhänder (*indenture trustee*), dessen Aufgaben und Rechtsstellung im *Trust Indenture Act* aus dem Jahre 1939 genauer beschrieben sind. Vgl. *Brudney/Chirelstein*, Corporate Finance, S. 136 ff. Das von den Vertretern der *Chicago School* vorgebrachte Argument, ein Gläubiger, der solche Vereinbarungen nicht träfe, wolle neben den gesetzlichen Vorschriften keinen weiteren Schutz, überzeugt hingegen nur dann, wenn es sich bei den Vertragspartnern um zwei gleichberechtigt miteinander verhandelnde Parteien handelt. Dies ist jedoch beispielsweise nicht anzunehmen, wenn der „kleine Lieferant" einer großen Publikumsgesellschaft solche Bedingungen durchsetzen möchte. Zweifel an der anders lautenden Darstellung von *Baird/Jackson*, Vanderbilt Law Review, Vol. 38 (1983), S. 829/853 äußert insofern *Zerey*,

kommt es dabei aber zu Interessenkonflikten zwischen den Aktionären und den Gläubigern der Gesellschaft. So entzieht beispielsweise eine Dividendenzahlung der Gesellschaft Kapital, das ansonsten deren Gläubigern zur Befriedigung und Sicherung ihrer Ansprüche gedient hätte. Insofern steht der sicheren und risikoärmeren Position des Fremdkapitalgebers regelmäßig der Nachteil gegenüber, daß er keinen oder nur einen geringen Einfluß auf die Unternehmensleitung hat, sofern er sich nicht entsprechend vertraglich absichert[429]. Der Aufwand für eine solche Absicherung der Gläubiger und die Beaufsichtigung der Einhaltung derartiger Regelungen durch die Gesellschaft beziehungsweise deren *board of directors* verursacht andererseits auch für das Fremdkapital sogenannte *agency costs*[430].

Im Rahmen ihrer gewöhnlichen Geschäftstätigkeit erhalten amerikanische Unternehmen häufig mehr Kapital aus Fremdmitteln als durch die Ausgabe von Aktien[431]. Für die Aufnahme von Fremdkapital spricht aus der Sicht der *corporation*, daß dieses günstiger ist als Eigenkapital[432]. Während Aktionäre wegen des höheren unternehmerischen Risikos häufig mit einer Rendite in Höhe von ungefähr 12 % - bestehend aus Dividende und Kursgewinnen - rechnen, liegen die Renditeerwartungen von Gläubigern regelmäßig niedriger. Darüber hinaus sind die auf das Fremdkapital zu zahlenden Zinsen im Gegensatz zu Dividenden auch nach amerikanischem Recht grundsätzlich steuerlich abzugsfähig[433]. Schließlich läßt sich insbesondere die Rückzahlung von Fremdkapital vertraglich flexibel und im Interesse des Emittenten vereinbaren, während die Kosten des Eigenkapitals diesen oftmals auf unbestimmte Zeit belasten.

Rechtliche Probleme der Finanzierung von LBO und Tender Offers durch Banken, Diss., S. 80.

429 Gemäß § 221 Del.Gen.Corp.L. kann eine Gesellschaft jedoch auch *debt securities* mit Stimmrechten versehen, während es gemäß § 151 Del.Gen.Corp.L., § 6.01 R.M.B.C.A. möglich ist, stimmrechtslose Aktien zu begeben. *Solomon/Schwartz/Bauman/Weiss*, Corporations, S. 223.

430 *Agency costs of debt*, vgl. *Amihud/Garbade/Kahan*, Stanford Law Review, Vol. 51 (1999), S. 447/453 ff. sowie *Kahan/Yermack*, The Journal of Law Economics & Organization, Vol. 14 (1998), S. 136/136.

431 Im Jahre 1996 war z. B. von den amerikanischen Unternehmen Fremdkapital in Höhe von nahezu drei Billionen US-$ begeben, *Amihud/Garbade/Kahan*, Stanford Law Review, Vol. 51 (1999), S. 447/450 u. 453.

432 *Booth*, Columbia Business Law Review 1987, S. 553/569.

433 Section 163 des Internal Revenue Code; *Solomon/Schwartz/Bauman/Weiss*, Corporations, S. 229 sowie umfassend *Netter*, The Journal of Corporation Law 1990, S. 219 ff.

2. Bedeutung des Fremdkapitals im Rahmen feindlicher Übernahmeangebote auf große Publikumsgesellschaften

Trotz dieser offensichtlichen Vorteile ist die Bedeutung von Fremdkapital im Rahmen feindlicher Übernahmen großer Publikumsgesellschaften geringer. Über die Art der konkreten Finanzierung entscheidet zudem in starkem Maße auch das allgemeine Umfeld am Kapitalmarkt. So nahm im Verlauf der 90er Jahre trotz eines konstant und deutlich sinkenden Zinsniveaus die Bedeutung der Fremdkapitalfinanzierung im Rahmen von Unternehmensübernahmen stetig ab. Die Ursache dieses eigentlich widersprüchlichen Phänomens lag in zweierlei Hinsicht im zeitgleich auftretenden Rekordniveau der boomenden Aktienmärkte[434].

Dieses bewirkte zunächst einen Anstieg der Kaufpreise möglicher Übernahmekandidaten. Insbesondere die Preise großer Publikumsgesellschaften erreichten dabei eine Höhe, in der sich nur wenige Bieter mittel- bis langfristig durch die Kosten hoher Fremdkapitalsummen belasten wollten. Insofern hat das Eigenkapital zwei Vorteile. Einerseits setzt sich die von den Aktionären erwartete Eigenkapitalrendite aus einer Kombination von Dividende und Kursanstieg zusammen. Für den regelmäßig größeren Teil der Kursentwicklung braucht die Gesellschaft jedoch real keine Mittel aufzubringen. Sie folgt vielmehr aus einer erfolgreichen Geschäftsführung des *board of directors* und der *officers* der Gesellschaft, gegebenenfalls unterstützt von einer positiven Marktentwicklung. Zinsleistungen muß die Gesellschaft hingegen in jedem Fall in voller Höhe tatsächlich erbringen. Andererseits hat eine erfolglose Geschäftsführung oftmals eine Verringerung der Dividende, möglicherweise sogar deren Ausfall zur Folge[435]. Die von den Aktionären langfristig erwartete Rendite muß dann im Wege besserer Kursentwicklung und höherer Dividenden nachgeholt werden. Sie erfolgt demnach erst zeitlich verzögert. Die hieraus folgende Flexibilität gewährt der *corporation* im Vergleich zur konstant fälligen Zinsbelastung jedoch insbesondere in schwächeren Geschäftsjahren einen entscheidenden Vorteil bei der Verwendung von Eigenkapital. Insofern verringerte sich der Anteil des Fremdkapitals im Rahmen der Finanzierung feindlicher Übernahmen von großen Publikumsgesellschaften.

Darüber hinaus befanden sich häufig auch die Aktienkurse der Bietergesellschaften auf einem sehr hohen Niveau. Dies galt insbesondere für den Technologiesektor. Hierdurch erwies sich für die Käufer die eigene Aktie als Gegenleistung für die Anteile der Zielgesellschaft als vorteilhaft. Je höher der Kurs

[434] *Oesterle*, The Law of Mergers and Acquisitions, S. 356 ff.

[435] Normalerweise sind die Zinsforderungen der Gläubiger gegenüber den Dividendenansprüchen der Aktionäre bevorrechtigt.

einer Aktie ist, um so weniger Aktien werden benötigt, um eine Gegenleistung in bestimmter Höhe zu erbringen. Sind gleichzeitig die Aktien der Zielgesellschaft, wie dies häufig der Fall ist[436], im Zeitpunkt der Übernahme im Verhältnis zu den darin repräsentierten Vermögenswerten oder zum jeweiligen Markt unterbewertet, so erwirbt der Bieter für ein geringe Anzahl eigener Aktien eine relativ hohe Anzahl an Aktien der Zielgesellschaft als Gegenleistung. Diese haben jedoch tatsächlich einen höheren Wert als es der gegenwärtige Aktienkurs beziehungsweise das Transaktionsvolumen zu erkennen geben. Selbst wenn der Kurs der Aktie der Bietergesellschaft im Rahmen des allgemeinen Kursniveaus wieder sinkt, so bleibt dieser Mehrwert bei der Bezahlung mit Eigenkapital langfristig in der Bietergesellschaft erhalten, wohingegen hohe und konstant anfallende Fremdkapitalkosten diesen Vorteil zumindest teilweise aufzehren würden. Insofern ist die Bedeutung der Aktie als Tauschwährung während der 90er Jahre stark gestiegen[437].

Zwar hat die seit Mitte des Jahres 2000 an den Aktienmärkten wahrzunehmende Korrektur eine gewisse Umkehr dieses Trends bewirkt und die Bedeutung der Fremdkapitalfinanzierung insgesamt sowie einer Barkomponente der im Rahmen eines *tender offer* gebotenen Gegenleistung insofern unterstrichen[438]. Dennoch sprechen drei Argumente gegen eine Überbewertung dieses Umstandes im vorliegenden Zusammenhang. Einerseits ist der Markt für die Übernahme von Unternehmen (*market for corporate control*) aus demselben Grund weitgehend zum Erliegen gekommen. Dies liegt daran, daß eine Vielzahl von Investoren nicht bereit ist, die Anteile an einer Zielgesellschaft zu einem Preis zu verkaufen, der deutlich niedriger ist als noch vor 6 oder 12 Monaten. Insofern werden Übernahmeversuche oftmals gar nicht erst unternommen[439], was im Umkehrschluß aber auch bedeutet, daß die zuvor angedeutete Trendumkehr nicht repräsentativ ist. Andererseits kam es in dieser Phase zu einer großen Menge von Neuemissionen und sich auf breiter Front verschlechternder Firmenbonitäten, wodurch sich selbst institutionelle Anleger beim Kauf von Unternehmens-

---

436 Vgl. § 2 II. Potentielle Zielunternehmen.

437 *Oesterle*, The Law of Mergers and Acquisitions, S. 356 ff.

438 So hat der Anleihemarkt in der Phase der Kurskorrektur zwar wieder an Bedeutung gewonnen, die Anleger werden bei der Auswahl der Papiere aber wählerischer. Empfohlen werden für Privatanleger vorwiegend *bonds* mit mindestens mittlerer Bonität (Rating BBB [Standard&Poors]/Baa3 [Moody`s]). *Handelsblatt* v. 14.5.2001, S. 37. Auch institutionelle Anleger waren wegen der Flut von Neuemissionen mit geringer Bonität zunächst zurückhaltend, *Handelsblatt*, 2.5.2001, S. 25. Diese Entwicklung ist wiederum nachteilig für *junk bonds* als Anleihen geringer Bonität, die im Rahmen der Finanzierung einer feindlichen Übernahme aber praktisch eine große Bedeutung haben.

439 Was sogar dazu führte, daß vielen der einst umworbenen Investmentbankern zwischenzeitlich die Arbeitslosigkeit drohte.

anleihen zunächst zurückhielten[440]. Schließlich gilt unverändert[441], daß die zur Finanzierung der feindlichen Übernahme einer großen Publikumsgesellschaft erforderlichen Mittel regelmäßig eine Höhe erreichen, die sich im Wege der Fremdkapitalfinanzierung nicht mehr oder nur unter Schwierigkeiten am Kapitalmarkt beschaffen läßt. Bieter wollen sich unter normalen Umständen nicht langfristig mit derartigen Fremdkapitalsummen belasten[442]. Insofern ist die Bedeutung der Fremdkapitalfinanzierung im Rahmen der hier aufgeworfenen Fragestellungen insgesamt begrenzt. Die nachfolgenden Ausführungen beschränken sich deshalb auf die Darstellung der gebräuchlichsten Formen.

3. Kompetenz zur Aufnahme von Fremdkapital

Im Gegensatz zu den *equity securities* muß die Kompetenz zur Aufnahme von Fremdkapital nicht ausdrücklich in den *articles of incorporation* vorgesehen sein. Vielmehr ergibt sich diese Befugnis regelmäßig bereits aus den einzelstaatlichen *business corporation acts*[443]. Diese sehen vor, daß die *corporation* Geld leihen, *notes*, *bonds* oder andere *obligations* zu den von ihr festgelegten Bedingugen ausgeben und diese mit Gegenständen des Gesellschaftsvermögens für ihre Gesellschaftszwecke oder zugunsten eines unmittelbaren oder mittelbaren Tochterunternehmens besichern darf[444]. Die zur Durchführung solcher Geschäfte notwendigen Befugnisse liegen dabei regelmäßig bei den innerhalb der *corporation* hierfür zuständigen *directors* und *officers*[445].

---

440 *Handelsblatt*, 2.5.2001, S. 25.

441 Vgl. § 2 I. 4. Rechtsfragen der Finanzierung.

442 *Mørck/Shleifer/Vishny*, in: Auerbach, Corporate Takeovers, S. 101/115.

443 *Merkt*, US-amerikanisches Gesellschaftsrecht, S. 235.

444 § 122(13) Del Gen.Corp.L.; § 202(a)(7) N.Y.Bus.Corp.L. Unter dem Vorbehalt abweichender Regelungen in den *articles of incorporation* gilt dies nach § 3.02(7) R.M.B.C.A. auch in denjenigen Staaten, die insoweit dem R.M.B.C.A. folgen.

445 § 121(a) Del.Gen.Corp.L.. Das Recht des Staates New York sieht insofern noch Sondervorschriften vor. Nach § 518(a) N.Y.Bus.Corp.L. darf keine Gesellschaft *bonds* ausgeben, ohne hierfür eine entsprechende Gegenleistung in Form von Bargeld, Eigentum, erbrachten Dienstleistungen, einer bindenden Verpflichtung zur Erbringung einer solchen Gegenleistung oder einer Kombination des Vorgenannten erhalten zu haben. Abgesehen vom Fall des Betruges ist in diesem Zusammenhang jedoch die Bewertung der Gegenleistung durch den *board of directors* bindend und endgültig. Gemäß § 518(c) N.Y.Bus.Corp.L. kann die *corporation* den Inhabern von ausgegebenen oder auszugebenden *bonds* der Gesellschaft in ihren *articles of incorporation* das Recht der Einsichtnahme in die Geschäftsbücher, ein Stimmrecht bei der Wahl der *directors* oder in anderen Angelegenheiten, bei denen Aktionäre stimmberechtigt sind, zuerkennen.

4. Wirtschaftliche Vorüberlegungen bezüglich der relevanten Formen einer Fremdkapitalfinanzierung

a. Denkbare Finanzierungsinstrumente

Verfügt der Bieter nicht über das zur feindlichen Übernahme einer großen Publikumsgesellschaft erforderliche Kapital, hat er bei der Fremdkapitalfinanzierung zwei sich praktisch anbietende Möglichkeiten. Er kann Anleihen begeben oder einen Bankkredit aufnehmen[446].

aa. Anleihefinanzierung

Im Rahmen der Anleihefinanzierung kann der Bieter einerseits hochverzinsliche aber unbesicherte Anleihen (sogenannte *junk bonds* oder *high yield bonds*) begeben. Dieser Weg ist aus der Sicht des Bieters deshalb vorteilhaft, weil der *board of directors* der Zielgesellschaft die Transaktion als feindlich empfindet und folglich jegliche Zusammenarbeit mit dem Bieter vermeidet. Dies hat zunächst zur Folge, daß die Vermögenswerte der Zielgesellschaft nicht durch den Bieter zur Absicherung etwaiger Darlehen herangezogen oder verwendet werden können. Insbesondere hierdurch unterscheidet sich die feindliche Übernahme von einem *Leveraged Buy-Out* (LBO). Ferner hat der Bieter, abgesehen von den öffentlich zugänglichen Informationen, keinen weiteren Einblick in die Geschäftsbücher oder die sonstige Geschäftslage der Zielgesellschaft. Eine *due-diligence* ist für den Bieter nicht möglich, da ihm die Zielgesellschaft keine Unterlagen zur Verfügung stellt. Insofern beinhaltet eine feindliche Übernahme wegen der Möglichkeit verborgener Risiken im Gegensatz zum LBO regelmäßig ein höheres unternehmerisches Risiko für den Bieter. Dieses Risiko will der Bieter wegen der mangelnden Vorhersehbarkeit häufig aber nicht oder nur in begrenztem Umfang mit seinen eigenen Vermögenswerten absichern. Deshalb macht es aus seiner Sicht Sinn, auf unbesicherte Anleihen zurückzugreifen und hierdurch den Erhalt der eigenen Vermögenswerte gegebenenfalls um den Preis höherer (Fremd-)Kapitalkosten zu sichern. Jedoch erscheint es unwahrscheinlich, daß ein Bieter jegliche Besicherung mit eigenem Vermögen vermeiden kann.

Als Zwischenform der Finanzierung kommt andererseits die Ausgabe sogenannter *convertible bonds* (Wandelanleihen) in Betracht, bei denen der Inhaber zunächst eine Anleihe mit von vornherein festgelegter und abgesicherter Zinszahlung erwirbt. Dabei hat der Investor jedoch das Recht, seine Papiere in eine

---

[446] *Drukarczyk*, Theorie und Politik der Finanzierung, S. 15 f.; *Weiss*, in: Hölters, Handbuch des Unternehmens- und Beteiligungskaufs, S. 222 ff. und 235.

schon vorher festgelegte andere Art von Wertpapier zu tauschen[447]. Diese Wertpapiere können andere *debt securities*, werden aber regelmäßig *equity securities*, also Aktien der ausgebenden Gesellschaft sein. Mit deren Umtausch wird der Gläubiger also zum Eigentümer. Für den Anleger hat dies den Vorteil, daß er neben der Sicherheit seiner Stellung als Anleihegläubiger auch die Möglichkeit zur Spekulation hat. Er wird dann umtauschen, wenn der Kurswert der ihm im Falle des Umtauschs zustehenden Aktien den Wert der *convertible bonds* dauerhaft übersteigt. Für die Gesellschaft hat der Umtausch den Zweck, die Fremdkapitalbelastung zu senken. Oftmals behält sie sich auch selbst ein *conversion right* vor, was eine flexible Tilgung des Fremdkapitals ermöglicht. Sie muß dabei aber für eine jederzeit ausreichende Anzahl ausgabefähiger Aktien sorgen[448]. Denkbar ist es schließlich auch, ein Recht zum Tausch in Aktien einer anderen Gesellschaft zu vereinbaren. Dies ist beispielsweise für solche Bietergesellschaften sinnvoll, die sich im Rahmen der feindlichen Übernahme eines unmittelbaren Konkurrenten auf ihr Kerngeschäft konzentrieren und sich gleichzeitig von den für dieses Kerngeschäft weniger bedeutsamen Geschäftsbereichen oder Beteiligungen trennen wollen. Entscheidend für den Erfolg der Ausgabe einer solchen Wandelanleihe ist dabei jedoch die Akzeptanz und Attraktivität dieser anderen Aktie am Markt[449].

Werden *debt securities* emittiert und überschreitet die Emission ein bestimmtes Volumen[450], so können neben dem Gesellschaftsrecht der Inkorporationsstaaten und dem Wertpapierrecht des Bundes auch die Vorschriften des *Trust Indenture Act* von 1939 anwendbar sein. Dieses Gesetz soll aus Gründen des Anlegerschutzes vor allem die Unabhängigkeit der mit der Emission befaßten Treuhänder gewährleisten[451].

bb. Bankdarlehen

Greift der Bieter bei der Finanzierung auf ein Bankdarlehen zurück, sind in wirtschaftlicher Hinsicht die Laufzeit, das Volumen und die möglichen Sicherheiten für eine solches Darlehen zu berücksichtigen.

---

[447] *Weiss*, in: Hölters, Handbuch des Unternehmens- und Beteiligungskaufs, S. 204; ebenso: *Drukarczyk*, Theorie und Politik der Finanzierung, S. 16, der dies als Formen der „hybriden Finanzierung" bezeichnet.

[448] Vgl. z.B. § 519(c) N.Y.Bus.Corp.L.; *Merkt*, US-amerikanisches Gesellschaftsrecht, S. 240.

[449] *Handelsblatt* vom 07.05.2001; hierfür kommt es neben der Größe, den Zukunftsaussichten und der Marktposition dieser Gesellschaft auch auf die Größe und Liquidität der Börse an, an der deren Aktien gehandelt werden.

[450] Derzeit sieht die S.E.C. dabei ein Volumen von mindestens 10 Millionen US-$ vor. Vgl. § 304(a)(9) TIA, Rule 4a-3.

[451] Fortan: TIA (1939). Vgl. hierzu *Brudney/Chirelstein*, Corporate Finance, S. 150 ff.; *Ratner*, Securities Regulation, S. 11.

(1) Wirtschaftliche und juristische Grenzen der herkömmlichen Darlehensfinanzierung

Bei einer feindlichen Übernahme handelt es sich regelmäßig um ein langfristig angelegtes Vorhaben. Würde das Darlehen einer Bank zu deren Finanzierung ebenso langfristig aufgenommen, hätte dies für den Bieter eine dauerhafte Zins- und Tilgungsbelastung zur Folge. Zwar bietet die Zinsbelastung den Vorteil der steuerlichen Abzugsfähigkeit. Dem steht aber der Nachteil des hohen unternehmerischen Risikos bei solchen Transaktionen gegenüber. Verläuft die Übernahme weniger erfolgreich als geplant, kann eine konstant hohe Zinslast die Ergebnisse des Bieters dadurch belasten, daß der Zinsaufwand nicht nur die ansonsten zu versteuernden Gewinne reduziert, sondern diese unter Umständen sogar komplett aufzehrt und schließlich zu Verlusten führt. Ist die feindliche Übernahme einer großen Publikumsgesellschaft hingegen erfolgreich, bietet es sich an, zumindest einen Teil der zur Finanzierung eingegangenen hohen Verbindlichkeiten zügig zurückzuführen. Langfristige Darlehen schließen dies jedoch oftmals aus.

Hinsichtlich der Darlehenshöhe und der möglichen Sicherheiten stellt sich das Problem, daß Banken sowohl aus Gründen des Bankaufsichtsrechts als auch wegen der Treuepflichten gegenüber ihren eigenen Aktionären regelmäßig nicht in unbegrenztem Umfang unbesicherte Darlehen gewähren können. Zur Streuung des eigenen Kreditrisikos ist die Kreditvergabe an einzelne Schuldner den Banken nämlich nur in beschränktem Umfang erlaubt. Für eine Gesellschaft, die die feindliche Übernahme einer großen Publikumsgesellschaft beabsichtigt, ist dies in zweierlei Hinsicht problematisch. Wenn die Bank Sicherheiten verlangt, stellt sich erneut die Frage, ob der Bieter in vollem Umfang mit den eigenen Vermögenswerten für die diesbezüglichen Verbindlichkeiten haften will. Dies ist regelmäßig nicht der Fall. Über die Vermögenswerte der Zielgesellschaft kann der Bieter jedoch noch nicht verfügen. Oftmals hat er auch keine verläßlichen Informationen über deren tatsächlichen Wert, so daß auch im Falle der Akzeptanz eines solchen Vorgehens durch die Bank ein Restrisiko bleibt. Will der Bieter andererseits auf ungesicherte Darlehen zurückgreifen, wird die Bank diese nur in begrenztem Umfang gewähren.

Im einzelnen ergeben sich nach dem *Depository Institutions Act* von 1982[452] für bundesweit tätige Banken dabei folgende Grenzen. Die Banken dürfen bis zur Höhe von 15 % der Summe ihres Grundkapitals einschließlich der Rücklagen ungesicherte Kredite an einen einzelnen Kunden vergeben. Weil die Summe des Grundkapitals einschließlich der Rücklagen bei Banken normalerweise 6 bis

---

[452] Dieses Gesetz änderte seinerzeit die vorherige Regelung des 12 U.S. Code Section 84 ab.

7 % der Vermögenswerte (*total assets*) ausmacht, könnte die Bank ungesicherte Kredite in einer Höhe zwischen 0,9 und 1,05 % ihrer Vermögenswerte an einen einzelnen Kunden gewähren. Dieser mögliche Darlehensbetrag erhöht sich um weitere 10 % der Vermögenswerte, wenn hierfür vom Kunden marktfähige Sicherheiten hinterlegt werden. Die Bank kann somit unter der Voraussetzung, daß ihr für 40 % der Darlehenssumme marktfähige Sicherheiten angeboten werden, maximal bis zur Höhe von 1,5 bis 1,75 % ihrer eigenen Vermögenswerte Darlehen an einen einzelnen Darlehensnehmer vergeben[453]. Im Einzelfall können sich aber aus der Beschaffenheit der gebotenen Sicherheiten Einschränkungen ergeben und letztendlich auch eine Haftung der *officers* und *directors* der Bank für Verstöße gegen diese Vorschrift begründen. Insofern werden diese Mitarbeiter der Bank die Einhaltung der vorgenannten Kriterien genau überwachen. Für die Finanzierung der feindlichen Übernahme einer großen Publikumsgesellschaft reicht das dem Bieter höchstmögliche Kreditlimit bei einer einzelnen Bank aber normalerweise nicht für eine vollständige Darlehensfinanzierung aus. Bei der Kreditvergabe an Großunternehmen sind daher selbst große Banken häufig zur Bildung eines Konsortiums gezwungen[454], das sich aus Gründen der Risikostreuung ohnehin empfiehlt. Verhandelt der Bieter mit mehreren Banken über ein solches Darlehen beziehungsweise dessen Absicherung, kostet ihn dies jedoch einerseits Zeit und erhöht andererseits die Gefahr von Indiskretionen, die im schlechtesten Fall sogar zum Scheitern des Vorhabens führen können.

(2) Überbrückungskredit (*Bridge Loan*)

Ideal sind für die Bietergesellschaft somit kurz- bis mittelfristige Darlehen, die ihr zunächst nur gegen geringe Sicherheiten und mit der Möglichkeit auf kurzfristige Tilgung gewährt werden. Ferner sind die zuvor genannten Beschränkungen bei der Darlehensvergabe durch Banken einzuhalten, weswegen in der Praxis lediglich von einer teilweisen Darlehensfinanzierung auszugehen ist. Insofern bietet sich ein sogenannter *bridge loan* an. Dieser regelmäßig von einer Investmentbank gewährte Überbrückungskredit dient dazu, die Finanzierungslücke zwischen dem verwendeten Eigenkapital und dem vorrangig zu befriedigenden Fremdkapital zu schließen[455]. Häufig wird diese Möglichkeit auch mit der Emission einer Anleihe in der Form verknüpft, daß die Investmentbank einen Überbrückungskredit gewährt, dessen Rückzahlung mit den Einkünften aus der Emission finanziert wird. Oftmals stellt die Investmentbank dabei zunächst

---

[453] 12 U.S. Code Section 84; *Lovett*, Banking an Financial Institutions Law, S. 158.

[454] *Lovett*, Banking an Financial Institutions Law, S. 158 f. sowie bezüglich der durchschnittlichen Darlehenshöhen *Amihud/Garbade/Kahan*, Stanford Law Review, Vol. 51 (1999), S. 447/457 f.

[455] *Zerey*, Rechtliche Probleme der Finanzierung von LBO und Tender Offers durch Banken, Diss., S. 47.

nicht einmal selbst das erforderliche Kapital zur Verfügung, sondern gibt gegenüber dem Übernahmeinteressenten lediglich die Erklärung ab, daß sie größtes Vertrauen in die Finanzierbarkeit des Vorhabens hat. Der Grund für einen solchen *highly confident letter*[456] liegt darin, daß die Investmentbank gleichzeitig als Emittent oder *underwriter* der *junk bonds* fungiert und das zur Finanzierung der Übernahme notwendige Kapital erst mit dessen Ausgabe sammelt. Der Erfolg der Emission hängt dann vom Erfolg des *tender offer* ab[457]. Wegen der starken Abhängigkeit der Ausgestaltung solcher Darlehen von den Umständen des Einzelfalles[458] und der im Verhältnis zum gesamten Finanzierungsvolumen nur beschränkten Bedeutung der Überbrückungskredite, sind diese nachfolgend zu vernachlässigen.

b. Art der Plazierung am Kapitalmarkt (*private debt* oder *public bonds*)

Neben einer Betrachtung der wirtschaftlich bedeutsamen Finanzierungsinstrumente, lassen sich diese hinsichtlich der Art ihrer Plazierung am Kapitalmarkt als *private debt* und *publicly issued bonds* unterscheiden. Zum *private debt* zählen Bankdarlehen und an einen kleinen Kreis solventer Investoren begebene Anleihen[459]. Hingegen handelt es sich bei den *publicly issued corporate bonds* um solche Anleihen, die an das breite Anlegerpublikum ausgegeben sind. Das Eigentum an diesen Anleihen ist wegen der Verteilung auf viele Anleger weit gestreut und wegen der ohne einen diesbezüglichen Einfluß der Gesellschaft wechselnden Eigentümer fließend. Dies hat für die Investoren sowohl Vor- als auch Nachteile. Einerseits wird ihnen hierdurch die Streuuung ihrer Investments erleichtert und deren Liquidität erhöht[460]. Andererseits stellt sich ihnen das Problem, daß die laufenden Kosten eines kleinen Investments im Verhältnis regelmäßig höher sind als bei einer Investition größeren Umfangs. Dies bewirkt im Umkehrschluß, daß der einzelne Anleger bestimmte Kosten oder einen bestimmten Aufwand[461] unter Berücksichtigung der Höhe der eigenen Anlage nach

---

[456] Vgl. hierzu auch § 4 II. 7. Möglichkeiten der Besicherung des Fremdkapitals (durch Vermögensgegenstände der Zielgesellschaft).

[457] *Merkt*, US-amerikanisches Gesellschaftsrecht, S. 595; *Solomon/Schwartz/Bauman/Weiss*, Corporations, S. 1171 f.

[458] Insbesondere der Geschäftsbeziehung zwischen der Investmentbank als Darlehensgeber und dem Bieter als Darlehensnehmer, den öffentlich zugänglichen Informationen oder den der Investmentbank im Einzelfall aus anderen Quellen (z.B. frühere eigene Aufträge) vorliegenden Informationen über die Zielgesellschaft bzw. die Finanzlage und die möglichen Sicherheiten des Bieters.

[459] *Amihud/Garbade/Kahan*, Stanford Law Review, Vol. 51 (1999), S. 447/450.

[460] *Amihud/Garbade/Kahan*, Stanford Law Review, Vol. 51 (1999), S. 447/459 ff.

[461] Beispielsweise für die Beschaffung von Informationen über die Gesellschaft und die Überwachung der Einhaltung der zwischen der Gesellschaft und den Anleihegläubigern getroffenen Vertragsabsprachen.

wirtschaftlichen Maßstäben unterläßt. Im Verhältnis zu dem im jeweiligen Einzelfall zu erwartenden Ertrag ist diese Entscheidung des einzelnen Anleihegläubigers auch rational. Die absolute Höhe dieses Aufwands entsteht zu einem großen Teil aber unabhängig von der Anzahl der Gläubiger, ist insofern also weitgehend konstant. Hingegen würde ein entsprechender Ertrag für all diejenigen Gläubiger eintreten, die diesen Aufwand betreiben, und somit durch eine steigende Anzahl von Gläubigern auch in absoluten Zahlen höher werden. Der Aufwand lohnt sich demnach immer dann, wenn die Gesamtheit aller Anleger ihre Interessen bündelt und die entstehenden Kosten derart teilt, daß der Ertrag des einzelnen Anlegers den auf ihn entfallenden Kostenanteil übersteigt. Dies erweist sich, wegen der fehlenden Abstimmung der Anleihegläubiger untereinander, in der Wirklichkeit jedoch als schwierig, weshalb wirtschaftlich sinnvolle Maßnahmen letztlich wegen der „Trägheit der Masse" oftmals unterbleiben. Die Gesamtheit der Anleger verfällt somit in eine sogenannte „rationale Apathie"[462].

aa. Unterschiede aus der Sicht der Bietergesellschaft

Aus Sicht der das Fremdkapital nachfragenden Bietergesellschaft unterscheiden sich die Möglichkeiten auf den Märkten für *private debt* und *public bonds* hinsichtlich der Ausgestaltung des Darlehensverhältnisses, der typischen Schuldner sowie der durchschnittlichen Darlehenshöhe[463]. Zwar kommt es dabei immer auf die Ausgestaltung im jeweiligen Einzelfall an. Dennoch ist davon auszugehen, daß die Investoren nicht oder nur gegen einen entsprechenden Ausgleich bereit sind, auf die ihnen üblicherweise gewährten Rechte zu verzichten.

(1) Ausgestaltung des Darlehensverhältnisses

Hinsichtlich der Ausgestaltung der Darlehensverhältnisse ist einerseits die Anzahl und Art der Gläubiger zu beachten. Gläubiger des *private debt* sind vorwiegend Banken und Versicherungen. Normalerweise übernehmen diese die Fremdkapitalfinanzierung eines Schuldners allein oder lediglich mit wenigen anderen Unternehmen. Bankdarlehen nimmt ein Unternehmen oftmals nur bei einer Bank auf. Privat plazierte Anleihen werden normalerweise von weniger als fünf Gläubigern gehalten und haben selbst bei größeren Volumina oftmals nicht mehr als zehn Gläubiger[464]. Gläubiger der öffentlich plazierten Anleihen sind zu

---

462 Sogenanntes *collective action*-Problem, siehe *Amihud/Garbade/Kahan*, Stanford Law Review, Vol. 51 (1999), S. 447/450 und 459 f., das sich in gleicher Weise auch für die Aktionäre der Gesellschaft stellt und in diesem Zusammenhang auch bekannter ist, siehe dazu *Clark*, Corporate Law, S. 386-400.

463 *Amihud/Garbade/Kahan*, Stanford Law Review, Vol. 51 (1999), S. 447/457 ff.

464 *Kahan/Tuckman*, Private Versus Public Lending: Evidence from Covenants, in: Finnerty/Fridson, The Yearbook of Fixed Income Investing (1996), S. 253/257.

einem großen Anteil ebenfalls die institutionellen Investoren, also Banken, Versicherungen und Pensionsfonds. Neben diesen sind schätzungsweise lediglich zu 10 % private Haushalte Gläubiger dieser Papiere[465]. Jedoch liegt die Anzahl der beteiligten institutionellen Investoren mit schätzungsweise 40-100 Unternehmen insgesamt deutlich höher[466]. Die Art der vertraglichen Bestimmungen ist ferner bei den öffentlich plazierten Anleihen mehr auf einen aktiven Handel mit den betroffenen Papieren ausgelegt, wohingegen ein solcher Handel bei privaten Plazierungen regelmäßig audrücklich oder faktisch ausgeschlossen ist[467]. Andererseits ist aber auch die Art der Vertragsgestaltung zu berücksichtigen. Die vertraglich ausbedungenen Rechte der Gläubiger sind bezüglich ihrer Häufigkeit und Regelungsdichte beim *private debt* deutlich höher als bei den *public bonds*[468]. So wird beispielsweise ein Einsichtsrecht in die Geschäftsbücher (*right of inspection*[469]) regelmäßig nur im Rahmen einer Privatplazierung eingeräumt, nicht aber dem breiten Anlegerpublikum im Rahmen eines *public placement* ermöglicht. Ferner gibt es einige Schutzrechte, die praktisch nur beim *private debt* vorkommen und dem Gläubiger für den Fall der Verletzung seiner Rechtsposition faktisch ein Vetorecht gegen bestimmte Geschäftsvorfälle einräumen[470]. Dies erklärt sich letztlich auch aus dem zuvor dargestellten *collective action*-Problem, das den einzelnen Anlegern die Aufsicht, Änderung und Durchsetzung von Vertragsvereinbarungen erschwert und somit schon von vornherein zu weniger strengen Vereinbarungen führt[471].

Die Gläubiger der *public bonds* müssen zur Überprüfung möglicher Verstöße gegen die Anleihebedingungen auf die öffentlich zugänglichen Informationen

---

465 Der Anteil institutioneller Investoren am gesamten *junk bond*-Volumen beträgt nach älteren Schätzungen zwischen 80-90 %; *Taggart*, in: Auerbach, Mergers and Acquisitions, S. 5/11, der sich dabei auf Angaben der seinerzeit in diesem Geschäftsbereich führenden Investmentbank Drexel Burnham bezieht. Andere Schätzung gehen hingegen von einem noch geringeren Anteil privater Investoren aus. So benennt *Kahan*, Northwestern University Law Review, Vol. 89 (1995), 565, S. 584, diesen mit 11-13 %, wohingegen *Barker*, Pacific Law Journal, Vol. 19 (1988), S. 769/782 von 5-10 % spricht.

466 Wenngleich die Streuung natürlich immer noch geringer ist als bei Aktiengesellschaften, *Amihud/Garbade/Kahan*, Stanford Law Review, Vol. 51 (1999), S. 447/458.

467 *Amihud/Garbade/Kahan*, Stanford Law Review, Vol. 51 (1999), S. 447/459.

468 So kommen beispielsweise *restricted payment covenants*, die die Gesamthöhe der an die Aktionäre der Gesellschaft in legitimer Weise auszuschüttenden Dividenden beschränken, bei 90 % der *private debt*-Vereinbarungen aber nur bei 20–50 % der *public bond*-Vereinbarungen vor, *Kahan/Tuckman*, Private Versus Public Lending: Evidence from Covenants, in: Finnerty/Fridson, The Yearbook of Fixed Income Investing (1996), S. 253/259. *Brudney/Chirelstein*, Corporate Finance, S. 181.

469 Vgl. § 221 Del.Gen.Corp.L.

470 Wie beispielsweise das sogenannte *state-of-the-firm covenant*, *Amihud/Garbade/Kahan*, Stanford Law Review, Vol. 51 (1999), S. 447/463 ff.

471 *Amihud/Garbade/Kahan*, Stanford Law Review, Vol. 51 (1999), S. 447/468 f.

sowie eine Erklärung der Gesellschaft vertrauen, in der diese die Einhaltung der diesbezüglichen Bestimmungen kundtut (sogenanntes *compliance certificate*). Im Vergleich hierzu haben die Gläubiger des privat beschafften Fremdkapitals daneben häufig auch Zugang zu ansonsten vertraulichen Informationen. Ferner haben sie das Recht zur Überprüfung der Geschäftsbücher und des Gesellschaftseigentums[472]. In mit diesen Aufsichtsrechten vergleichbarer Weise ist auch die Verhandlungsposition der Gläubiger des *private debt* im Falle von Neuverhandlungen der Anleihebedingungen stärker. Dennoch nutzen institutionelle Investoren diesen Umstand regelmäßig nicht aus. Die Ursache hierfür scheint im Interesse der Gläubiger darin zu liegen, daß die Gesellschaft langfristig zur Zahlung der fälligen Zinsen fähig bleibt und der Gläubiger bei der Emission weiterer Anleihen durch die Gesellschaft erneut zum Investorenkreis zählt[473].

(2) Durchschnittliche Darlehenshöhe

Die durchschnittliche Darlehenshöhe unterscheidet sich bei *private debt* und *public bonds* erheblich. So erreichten beispielsweise im Jahre 1989 die Bankdarlehen meistens nicht die Höhe von 1 Mio. US-$. Obwohl der Mittelwert der erreichten Darlehenssummen in diesem Bereich lag, bewegte sich der Durchschnitt aller Darlehen bei 50.000 US-$. Privat plazierte Anleihen hatten größtenteils[474] ein Volumen zwischen 10 und 100 Mio. US-$, durchschnittlich jedoch nur von 32 Mio. US-$. Hingegen lag das Volumen öffentlich plazierter Anleihen regelmäßig[475] über der Grenze von 100 Mio. US-$ und durchschnittlich bei 150 Mio. US-$[476]. Auch wenn die absoluten Werte mittlerweise möglicherweise höher liegen, läßt sich hieraus folgern, daß sich für die Finanzierung größerer Vorhaben im Rahmen des Fremdkapitals vor allem die öffentliche Begebung von Anleihen anbietet[477].

(3) „Klassische" Schuldner

Hierauf deutet auch eine Betrachtung der „klassischen" Schuldner auf den beiden Plazierungsmärkten hin. Unternehmen, die sich vorwiegend am öffentlichen

---

[472] *Amihud/Garbade/Kahan*, Stanford Law Review, Vol. 51 (1999), S. 447/465.

[473] *Amihud/Garbade/Kahan*, Stanford Law Review, Vol. 51 (1999), S. 447/466 f.

[474] 80 % der privat plazierten Anleihen.

[475] 85 % der öffentlich plazierten Anleihen.

[476] *Dent*, The Journal of Corporation Law, Vol. 21 (1996), S. 241/253; *Amihud/Garbade/ Kahan*, Stanford Law Review, Vol. 51 (1999), S. 447/457 f.

[477] Hierfür spricht letztlich auch der Blick in die Vergangenheit. So stellen *Brudney/Chirelstein*, Corporate Finance, S. 181, denselben Zusammenhang aufgrund des Zahlenmaterials aus dem Jahre 1976 fest (public debt: durchschnittlich 63,5 Mio. US-$; private debt: durchschnittlich 15,3 Mio. US-$).

Anleihemarkt mit Fremdkapital versorgen, sind regelmäßig größer als diejenigen, die dies am privaten Markt tun. Im Verhältnis zur Gesamtsumme ihrer Vermögenswerte verfügen sie ferner über ein höheres Anlagevermögen, das gegebenenfalls zur Besicherung herangezogen werden kann. Unternehmen, die am privaten Markt ihre Anleihen begeben, haben hingegen ein deutlich geringeres Anlagevermögen und sind häufig stärker fremdfinanziert. Somit gelten sie auch als weniger kreditwürdig[478].

bb. Zwischenergebnis

Insgesamt sind beim *private debt* die Möglichkeiten der Gläubiger, auf die Geschäftsführung des Schuldners einzuwirken, erheblich. Ferner sind insbesondere die Möglichkeiten der Gewährung eines Bankdarlehens, beispielsweise im Falle eines Überbrückungskredites, im Umfang beschränkt und in starkem Maße von den Umständen des Einzelfalles abhängig. Dies spricht aus der Sicht einer Kapital nachfragenden Gesellschaft gegen diese Art der Plazierung.

Hingegen sprechen die geringeren Einwirkungsmöglichkeiten einzelner Gläubiger, die durchschnittliche Darlehenshöhe sowie die typischen Schuldner für die Begebung von *public bonds*. Für große, kreditwürdige Gesellschaften mit hohem Finanzierungsbedarf sind die Vorzüge eines liquiden und breit im Anlegerpublikum gestreuten Finanzierungsinstrumentes bedeutend. Sie werden deshalb dazu neigen, sich ihr Fremdkapital auf dem öffentlichen Anleihemarkt zu beschaffen[479]. Deshalb konzentriert sich die nachfolgende Darstellung auf die bedeutsamen Finanzierungsmittel des US-amerikanischen Anleihemarktes, also *junk bonds* und *convertible bonds*.

5. Finanzierung mit *Junk Bonds*

In rechtlicher Hinsicht sind im Zusammenhang mit einer Finanzierung mittels *junk bonds* neben den gesellschafts- und wertpapierrechtlichen vor allem auch steuer- und bankrechtliche Fragen bedeutsam. Einer kurzen Darstellung bedarf zunächst die mögliche Ausgestaltung dieser Papiere. Hieran schließt sich eine Betrachtung wertpapierrechtlicher Fragestellungen an. Schließlich sind bankrechtliche und steuerliche Aspekte zu prüfen.

---

478 *Amihud/Garbade/Kahan*, Stanford Law Review, Vol. 51 (1999), S. 447/457; ebenso: *Brudney/Chirelstein*, Corporate Finance, S. 181.

479 Vgl. m.w.N. *Amihud/Garbade/Kahan*, Stanford Law Review, Vol. 51 (1999), S. 447/468 f.

a. Ausgestaltung

Bei den *junk bonds* handelt es sich um ein vergleichsweise junges Finanzierungsinstrument, das erst Ende der 70iger Jahre des letzten Jahrhunderts an Bedeutung gewann und insbesondere während der 80iger Jahre Verwendung fand[480]. Im Jahr 2000 begaben US-amerikanische Unternehmen *junk bonds* mit einem Gesamtvolumen von 60 Mrd. US-$[481]. Zugrunde liegt diesen Papieren die Erkenntnis, daß insbesondere große institutionelle Investoren bereit sind, ein erhebliches unternehmerisches Risiko zu tragen, wenn der aus den Zinszahlungen zu erwartende Gewinn nur hoch genug ist[482]. Wie es schon der Name nahelegt, gehören die *junk bonds* (Ramsch- oder Schrottanleihen) zu den *subordinated -, junior* - beziehungsweise *unrated bonds*. Die Gläubiger solcher Wertpapiere werden bezüglich ihrer Forderungen in der Reihenfolge der Gesellschaftsgläubiger untereinander erst nachgeordnet befriedigt. Darüber hinaus gewähren *junk bonds* den Gläubigern vertraglich regelmäßig keine oder nur sehr geringe Sicherheiten, so daß die Papiere ein hohes Investitionsrisiko verkörpern[483]. Diesem Risiko steht jedoch eine ungewöhnlich hohe Gewinnerwartung[484] gegenüber, weil die Investoren auf mögliche Sicherungsrechte nur um den Preis einer höheren Verzinsung verzichten. Deshalb bezeichnet man *junk bonds* auch als *high yield bonds*[485]. Die Laufzeit der Anleihen kann grundsätzlich kurz-, mittel- oder langfristig sein[486]. Die Rückführung der Verbindlichkeiten erfolgt regel-

---

480 *Booth*, Columbia Business Law Review 1987, S. 553/553; *Merkt*, US-amerikanisches Gesellschaftsrecht, S. 235. Im Jahre 1978 wurden in den USA lediglich 52 *junk bonds* mit einem Volumen von 1,5 Mrd US-$ ausgegeben, während es 1984 bereits 124 *bonds* mit einem Volumen von 15 Mrd. US-$ waren; *Philipps*, High-Yield Securities, in: 17th Annual Institute on Securities Regulation; S. 71/72.

481 *Handelsblatt* vom 28./29.9.2001, das sich diesbezüglich auf eine Aussage von *Chester Murray*, Managing Director Europa bei der Ratingagentur *Moody's*, stützt. Im gleichen Zeitraum wurden in Europa lediglich *high yield bonds* in Höhe von 11,3 Mrd. US-$ begeben.

482 *Merkt*, US-amerikanisches Gesellschaftsrecht, S. 235.

483 Im Jahr 1982 wurden 40 % der Junk Bonds von den Rating Agenturen mit Ba oder BB+ bewertet, was für diese Papiere noch auf eine relativ gute Investition hindeutet. Im Jahre 1988 lag diese Zahl jedoch bei weniger als 10 %. Mehr als 90 % der Junk Bonds waren daher in diesem Zeitpunkt schlechter Qualität. *Zerey*, Rechtliche Probleme der Finanzierung von LBO und Tender Offers durch Banken, Diss., S. 45.

484 Im Zeitraum von 1978 bis 1985 betrug die durchschnittliche Rendite für *junk bonds* 12,4 % und lag damit fast drei Prozentpunkte über der Rendite erstrangiger Papiere (9,7 %); *Merkt*, US-amerikanisches Gesellschaftsrecht, S. 236; *Taggart*, in: Auerbach, Mergers and Acquisitions, S. 5/12.

485 *Taggart*, in: Auerbach, Mergers and Acquisitions, S. 5/5 ff.; *Pate*, Washington and Lee Review , Vol. 43 (1986), S. 1087/1087 f.; *Brudney/Chirelstein*, Corporate Finance, S. 169.

486 *Short-term debts* (1-5 Jahre), *intermediate-term debts* (5-10 Jahre) oder *long-term debts* (über 10 Jahre), vgl. § 3 I. 1. b. aa. Grundsätze.

mäßig aus dem laufenden Barmittelrückfluß des übernommenen Unternehmens, sowie aus dem Verkauf einzelner oder sämtlicher Unternehmensteile[487]. Insofern ist es für die Bietergesellschaft empfehlenswert, zumindest einen Teil der *junk bonds* mit kurzer Laufzeit herauszugeben, um dementsprechend kurzfristig tilgen zu können. Dies hat aber zur Folge, daß Teile der Zielgesellschaft zügig und zu den vorgesehenen Preisen veräußert werden müssen. Insofern ergibt sich für den Bieter die Gefahr, im Falle der nicht rechtzeitigen oder schlechteren Veräußerung bei Laufzeitende neue Verbindlichkeiten zu möglicherweise schlechteren Konditionen eingehen zu müssen. Neben der Laufzeit läßt sich eine flexible Tilgung durch den Bieter aber auch über eine Ausgestaltung als einzugsfähige (*redeemable* -) oder wandelbare Anleihe (*convertible bond*) erreichen. Hierfür muß sich der Emittent (*issuer*) der Anleihe lediglich ein entsprechendes *redemption* - oder *conversion right*[488] vertraglich vorbehalten. Ist eine kurzfristige Rückführung der Verbindlichkeiten vom Bieter geplant, sollte die Anleihe jedenfalls mit einer der zuvor erwähnten Möglichkeiten ausgestattet sein. Denkbar ist aber auch eine Kombination derselben.

b. Anwendung der *Margin Rules* auf die *Junk Bond*-Finanzierung

Junk bonds sind vor allem im Zusammenhang mit der Finanzierung feindlicher Übernahmen bedeutend. Ihrem Einsatz als Finanzierungsmittel stehen deshalb oftmals vergleichbare Argumente entgegen, wie sie gegen die Übernahmetätigkeit allgemein Anwendung finden[489]. So wird aus volkswirtschaftlicher Sicht eingewandt, das *junk bond*-Geschäft binde wertvolles Kapital, das anderenfalls für die wirtschaftliche Entwicklung und die Schaffung neuer Arbeitsplätze zur Verfügung stehe und somit produktiv genutzt werden könne. Wegen ihres vermehrten Einsatzes führten diese Wertpapiere deshalb zu der latenten Gefahr einer Zerstörung des Wirkungsgefüges der amerikanischen Industrie[490]. Obwohl sich gegen diese Einwände argumentieren läßt[491], ist jedenfalls unbestritten, daß es sich bei der *junk bond*-Finanzierung um die Aufnahme von Fremdkapital zu dem Zweck des Erwerbs der Aktien der Zielgesellschaft handelt. Die amerikanische Zentralbank, die *Federal Reserve*, hat jedoch mit der sogenannten *Margin Regulation* Vorschriften erlassen, um den Erwerb von Aktien auf Kredit ein-

---

487 *Booth*, Columbia Business Law Review 1987, S. 553/553; *Merkt*, US-amerikanisches Gesellschaftsrecht, S. 236.

488 Siehe hierzu nachfolgend § 4 II. 6. Finanzierung durch *Convertible Bonds*.

489 Siehe hierzu oben, § 1 Einleitung.

490 *Merkt*, US-amerikanisches Gesellschaftsrecht, S. 237 unter Verweis auf *Wynter*, U.S. Agencies, S.E.C. Object to Fed Plan to Curb Junk Bonds used in Takeovers, The Wall Street Journal, 24.12.1985 und *Williams*, How „Junk Financings" Aid Corporate Raiders in Hostile Acquisitions, The Wall Street Journal, 6.12.1984.

491 *Taggart*, in: Auerbach, Mergers and Acquisitions (1988), S. 5/20.

zuschränken. Fraglich ist deshalb, ob die Ausgabe von *junk bonds* zum Erwerb von Aktien einer Zielgesellschaft aufgrund dieser Regelungen einer mengenmäßigen Beschränkung unterliegt.

aa. Historischer Hintergrund der *Margin Rules* sowie der Regulation G

Die *margin rules* haben ihren Ursprung in den Jahren nach der Weltwirtschaftskrise von 1929, also lange vor der Entstehung von *junk bonds*. In den beginnenden 30er Jahren herrschte in den USA und insbesondere im Kongreß die Ansicht vor, der Hauptgrund für den Zusammenbruch der Börsenmärkte von 1929 habe im Aktienerwerb auf Kredit gelegen. Vor diesem Hintergrund wurde § 7 SEA (1934) zu dem Zweck erlassen, einen übermäßigen Gebrauch von Krediten zum Erwerb von Wertpapieren mittels einer mengenmäßigen Beschränkung zu verhindern. Hierbei ging es dem Kongreß aber weniger um den Schutz des einzelnen Anlegers. Beabsichtigt war vielmehr der Schutz des gesamten Kreditmarktes im Wege staatlicher Einflußnahme auf die Verwendung und Verteilung der auf diesem Markt vorhandenen Mittel[492]. Dabei galt es, die Attraktivität spekulativer Aktiengeschäfte ohne ausreichende staatliche Kontrolle zu begrenzen und gleichzeitig eine ausgeglichene Verwendung der nationalen Kreditmittel in Handel, Industrie und Landwirtschaft zu gewährleisten. Um diesen Ausgleich zu erreichen, sollte jegliche Kreditaufnahme für spekulative Zwecke der zentralen Kontrolle durch den *Federal Reserve Board* unterliegen. Um diese Kontrolle wirksam auszuüben, war der *Federal Reserve Board* aber mit unmittelbaren und effektiven Befugnissen über solch spekulative Kredite auszustatten[493]. Der auf dieser Grundlage geschaffene § 7 SEA (1934) legt zunächst die Prozentsätze fest, bis zu denen Börsenmitglieder, Broker und Händler Wertpapiere auf Kredit kaufen dürfen. Zulässig ist ein solcher Erwerb gemäß § 7(a) SEA (1934) bis zum höheren Wert von (1) 55 % des gegenwärtigen Marktpreises der Wertpapiere oder (2) 100 % des niedrigsten Marktpreises der Wertpapiere während der vorangegangenen 36 Kalendermonate, jedoch nicht mehr als 75 % des gegenwärtigen Marktpreises. Darüber hinaus ist der *Federal Reserve Board* dazu be-

---

[492] *Barker*, Pacific Law Journal, Vol. 19 (1988), S. 769/776; *Booth*, Columbia Business Law Review 1987, S. 553/554 f.

[493] Siehe etwa H.R. Rep. No. 1383, 73 d Cong. 2d Sess. 7 (1934): *„The underlying theory of the bill with respect to credit is as follows:*

(1) Without adequate control the too strong attraction of a speculative stock market for credit prevents a balanced utilization of the nation's credit resources in commerce, industry, and agriculture;

(2) To effect such better balance, all speculative credit should be subjected to the central control of the Federal Reserve Board [...];

(3) To achieve that control, the Federal Reserve Board should be vested with the most effectual and direct power over speculative credit, i.e., the power to control margins on the actual ultimate loans themselves."

rechtigt, vergleichbare Regelungen für solche Personen zu erlassen, die nicht in den zuvor genannten Personenkreis fallen[494]. Gemäß § 23(a)(1) SEA (1934) besteht dabei die Befugnis zum Erlaß all derjenigen Regelungen, die dem *Federal Reserve Board* in diesem Zusammenhang notwendig und angemessen (*necessary and appropriate*) erscheinen.

Von dieser Befugnis hat die Zentralbank mit der sogenannten Regulation G zunächst im Jahre 1983 Gebrauch gemacht. Diese Vorschrift dehnt den Anwendungsbereich der *margin rules* zunächst auf solche Kreditgeber aus, die im Rahmen ihrer gewöhnlichen Geschäftstätigkeit Kredite zum Erwerb von Wertpapieren vergeben, wenn diese Kredite direkt oder indirekt ganz oder teilweise durch die für diese Kreditmittel erhaltene Gegenleistung abgesichert sind[495]. Typischerweise fielen somit institutionelle Anleger in den Anwendungsbereich der Vorschrift. Ihnen war es verboten, den Erwerb von Wertpapieren zu mehr als 50 % durch einen Kredit zu finanzieren, wenn die erworbenen Papiere die einzige Sicherheit darstellen[496]. Aufgrund einer Interpretationsregelung vom 08. Januar 1986, geregelt im Code of Federal Regulation (C.F.R.) § 207.112, hat der *Federal Reserve Board* den Anwendungsbereich der Regulation G jedoch auch auf bestimmte Formen der Ausgabe von *junk bonds* erstreckt[497].

Diese Änderung beruht im wesentlichen auf den Erfahrungen aus den Auseinandersetzungen in den Übernahmefällen *Unocal Corp. v. Mesa Petrolium Co.*[498] sowie *Revlon, Inc. v. Pantry Pride*[499]. Im Fall *Unocal Corp. v. Mesa Petrolium Co.* begab eine von *Mesa* kontrollierte Tochtergesellschaft *debt securities*, um damit ein *tender offer* für *Unocal* zu finanzieren. Diese Tochtergesellschaft verfügte dabei über keine weiteren Vermögensgegenstände als die erworbenen *Unocal*-Aktien. Im Mai 1985 ersuchte *Unocal* den *Federal Reserve Board* um die Festellung, daß die von der Mantelgesellschaft zum Erwerb von *Unocal*-Aktien ausgegebenen *debt securities* unter die aus der Regulation G folgenden *margin rules* fallen. Der *Federal Reserve Board* kam zu dem Ergebnis, daß die Zielgesellschaft durch opponierendes Verhalten die Durchführung der Übernahme verzögern oder sogar verhindern kann, indem sie die Mantelgesellschaft dazu zwingt, die Aktien der Zielgesellschaft eine gewisse Zeit lang zu halten. Der *Fe-*

---

494 § 7(d)(1) SEA (1934).

495 12 Code of Federal Regulation (C.F.R.) § 207 – Securities Credits by persons other than banks, brokers, or dealers (Regulation G), siehe § 207.1(b) Purpose and Scope (1983).

496 12 C.F.R. § 207.2(f) Indirectly secured und (i) Margin stock.

497 12 C.F.R. § 207.112 Purchase of debt securities to finance corporate takeovers (1986); *Barker*, Pacific Law Journal, Vol. 19 (1988) S. 769/775; *Booth*, Columbia Business Law Review 1987, S. 553/554 f.

498 493 A.2d 946 (Del. Supr. 1985).

499 Siehe hierzu *Federal Reserve Board Release* 24-25 (10. Januar 1986).

deral Reserve Board konstatierte, daß die Gläubiger der Bietergesellschaft während dieser Phase der Verzögerung ausschließlich auf die *margin stocks* als Sicherungsobjekt für die Rückzahlung vertrauen könnten, nicht jedoch auf die Vermögensgegenstände der Zielgesellschaft. Folglich würde ein vernünftiger Gläubiger (*reasonable lender*) der Mantelgesellschaft kein Kapital zur Verfügung stellen, ohne darauf zu vertrauen, daß die Aktien der Zielgesellschaft bei dem Übernahmevehikel verbleiben. Hierdurch werde die Mantelgesellschaft aber in ihrer Dispositionsfreiheit beschränkt, weshalb die von ihr ausgegebenen *debt securities* durch die *margin stocks* indirekt besichert (*indirectly secured*) und folglich die *margin rules* der Regulation G anwendbar seien[500]. In vergleichbarer Weise ersuchte auch *Revlon* im September 1985 um eine Feststellung des *Federal Reserve Board*, daß die von *Pantry Pride* betriebene Ausgabe von *debt securities* zur Übernahme von *Revlon* in den Anwendungsbereich der aus Regulation G folgenden Beschränkungen falle[501].

Obwohl die Interpretationsregelung des § 207.112 C.F.R. gerade der Klarstellung dienen und insofern eine Vereinfachung bringen sollte, daß die *margin lending rules* grundsätzlich auch immer dann zu berücksichtigen seien, wenn ein Bieter oder seine Tochtergesellschaft *junk bonds* zur Finanzierung einer Übernahme ausgeben, wurde sie zunächst von vielen Seiten kritisiert[502]. Insbesondere der Zusammenbruch der New Yorker Börse vom 14. Oktober 1989 hat aber die Anfälligkeit des *junk bond*-Marktes und somit die aus dieser Finanzierungsart folgenden Risiken abermals aufgezeigt[503]. Diese Risiken haben letztlich den *Federal Reserve Board* dazu bewogen, C.F.R. § 207.112 unverändert aufrecht zu erhalten[504]. Wenn die von einer Bietergesellschaft zur Finanzierung eines feindlichen Übernahmeangebotes auf eine große Publikumsgesellschaft ausgegebenen *junk bonds* in den Anwendungsbereich der Regulation G fallen, könnten die Möglichkeiten zum Einsatz dieses Finanzierungsmittels daher von vornherein in der Menge begrenzt sein. Insofern ist dieser Anwendungsbereich nachfolgend genauer zu untersuchen.

---

500 Vgl. 51 Fed. Reg. at 1772; *Pate*, Washington and Lee Law Review, Vol. 43 (1986), S. 1087/1095 ff.

501 51 Fed. Reg. at 1771; *Pate*, Washington and Lee Law Review, Vol. 43 (1986), S. 1087/1095 ff.

502 So z.B. von der S.E.C., dem Justizministerium (Justice Departement) und Drexel Burnham Lambert, worauf *Pate*, Washington and Lee Law Review, Vol. 43 (1986) 1087, S. 1098 m.w.N. hinweist.

503 Siehe hierzu *Merkt*, US-amerikanisches Gesellschaftsrecht, S. 236 f.

504 *Barker*, Pacific Law Journal, Vol. 19 (1988), S. 769/769 ff.; *Pate*, Washington and Lee Law Review, Vol. 43 (1986), S. 1087 ff.

bb. Anwendungsbereich der Regulation G

Die Regulation G unterscheidet inhaltlich zunächst den *costumer* und den *lender*. Als *costumer* gilt jede Person, an die der *lender* einen Kredit vergibt[505]. Hingegen gilt als *lender* eine Person, die nach den Vorschriften der Regulation G registrierungspflichtig ist[506]. Dieser Pflicht unterliegen alle Personen, die im Rahmen ihrer gewöhnlichen Geschäftstätigkeit Kredite oberhalb einer bestimmten Mindesthöhe[507] vergeben, die direkt oder indirekt durch *margin stock* abgesichert sind[508]. Zu diesen Wertpapieren gehören neben solchen Aktien, die an einer nationalen Wertpapierbörse[509] oder im *over the counter*-Geschäft (OTC)[510] gehandelt werden, auch Anleihen, die ein Wandelrecht in diese Aktien vorsehen[511]. Daneben können auch Wertpapiere, die von näher bestimmten Investmentgesellschaften ausgegeben werden, als *margin stock* gelten[512]. Diese Wertpapiere sind direkt besichert, wenn sie beispielsweise unmittelbar an den *lender* verpfändet sind. Hingegen sind sie indirekt besichert (*indirectly secured*), wenn eine Vereinbarung zwischen *lender* und *costumer* besteht, nach der (i) das Recht oder die Fähigkeit des *costumers*, die *margin stocks* zu verkaufen, zu verpfänden oder in sonstiger Weise über sie zu verfügen, während der Kreditlaufzeit auf irgendeine Weise beschränkt ist, oder (ii) die Ausübung eines solchen Rechts die Fälligkeit des Darlehens beschleunigt[513]. Hiervon sind jedoch solche Vereinbarungen ausgenommen und folglich nicht *indirectly secured*, bei denen der *lender* in gutgläubiger Weise nicht darauf vertraut hat, daß die *margin stock* als Sicherheit für die Kreditgewährung herangezogen werden[514].

cc. Keine Anwendbarkeit bei unmittelbarer Begebung der *Junk Bonds* durch den Bieter

Gibt der Bieter die zur Finanzierung einer feindlichen Übernahme heranzuziehenden *junk bonds* selbst aus, läßt sich die Anwendbarkeit der *margin rules* aus praktischen wie rechtlichen Gründen verneinen.

---

505 12 C.F.R. § 207.2(d).
506 12 C.F.R. § 207.2(h).
507 Siehe hierzu im einzelnen den Wortlaut der Vorschrift. Im Rahmen der Emission von *junk bonds* ist von einem Überschreiten dieser Mindestgrenze regelmäßig auszugehen.
508 12 C.F.R. § 207.3(a).
509 *National Securities Exchange* im Sinne von 12 C.F.R. § 207.2(i)(1).
510 12 C.F.R. § 207.2(i)(2).
511 12 C.F.R. § 207.2(i)(4).
512 12 C.F.R. § 207.2(i)(6).
513 12 C.F.R. § 207.2(f).
514 12 C.F.R. § 207.2(f)(2)(iv).

Zunächst ist es unwahrscheinlich, daß eine Bietergesellschaft, die mit den aus einer Anleihebegebung folgenden Mitteln den Erwerb von Anteilen an einer Zielgesellschaft finanziert, sich direkt oder indirekt in ihrer Verfügungsgewalt über diese Anteile beschränken läßt. Die freie Verfügbarkeit über die Zielgesellschaft und deren Anteile ist nach dem erfolgreichen Übernahmeangebot ja von entscheidender Bedeutung für den Bieter, will er beispielsweise Unternehmensteile veräußern oder die beiden Gesellschaften miteinander verschmelzen. Wenn der Schuldner aber frei über die aus Anleihemitteln erworbenen Aktien verfügen kann, sind diese nicht *indirectly secured* und folglich die Vorschriften der Regulation G auch nicht anzuwenden[515].

Ferner gibt sich ein risikobewußter Anleihegläubiger in dieser Konstellation mit der direkten oder indirekten Besicherung durch die erworbenen Aktien der Zielgesellschaft nicht zufrieden. Er wird einerseits versuchen, unmittelbar andere Vermögensgegenstände des Bieters als Sicherungsobjekte heranzuziehen. Sollte dies nicht oder nur in unzureichendem Umfang gelingen, wird der Anleihegläubiger andererseits regelmäßig darauf vertrauen, daß die Leistungen des Bieters auf die Zins- und die Hauptschuld der Anleihe vor allem aus dem Barmittelrückfluß der bereits bestehenden Geschäftsbereiche des Bieters gesichert sind. Dies gilt insbesondere unter Berücksichtigung der hohen Mißerfolgsquote bei feindlichen Übernahmevorhaben. In dieser Konstellation dürfte es dem Anleihegläubiger dann aber schwerfallen darzulegen, daß er bezüglich der Befriedigung seiner Ansprüche vor allem auf die möglicherweise indirekt der Besicherung dienenden Anteile der Zielgesellschaft vertraut hat. Gelingt dieser Nachweis nicht, so liegt eine indirekte Besicherung nicht vor. Schließlich deutet insbesondere die für die Gläubiger von *junk bonds* regelmäßig zu erzielende hohe Verzinsung darauf hin, daß eine direkte oder indirekte Besicherung der Anleihe von vornherein ausgeschlossen ist. Hierin liegt ja gerade der Grund dafür, daß man diese als „Schund-Anleihen“ bezeichnet[516].

Hieraus folgt für den Bieter (als Schuldner) die Gefahr, daß einerseits der Anleihegläubiger eine unmittelbare Besicherung der Vermögensgegenstände verlangt oder anderenfalls auf eine indirekte Besicherung durch die mittels der Anleihe erworbenen Finanzmittel geschlossen wird. Deshalb wird ein Bieter unter normalen Umständen auf eine Finanzierungskonstruktion verzichten, bei der er unmittelbar *junk bonds* ausgibt und somit auch für deren Befriedigung haftet. Hiervon geht letztlich auch der *Federal Reserve Board* aus, der in seiner Änderung der Regulation G klarstellt, daß die Finanzierung von Übernahmen mittels *junk bonds* regelmäßig über Tochtergesellschaften (*shell corporations*) abge-

---

515 *Barker*, Pacific Law Review, Vol. 19 (1988), S. 769/780 f.

516 *Barker*, Pacific Law Review, Vol. 19 (1988), S. 769/781; *Booth*, Columbia Business Law Review 1987, S. 553/555.

wickelt wird, die eigens zu diesem Zweck gegründet werden und ansonsten keinen wesentlichen eigenen Geschäftsbetrieb ausüben. In diesem Fall geht die Zentralbank von einer Anwendbarkeit der *margin rules* aus, nicht hingegen, wenn die das Fremdkapital nachfragende Gesellschaft über einen eigenen Geschäftsbetrieb verfügt, der zur Besicherung desselben herangezogen werden kann[517].

Insofern sind die *margin rules* des *Federal Reserve Board* im Falle einer (teilweisen) Finanzierung der feindlichen Übernahme durch unmittelbar von der Bietergesellschaft ausgegebene *junk bonds* nicht anwendbar.

c. (Zukünftige) Haftung für das Fremdkapital des Bieters kann Abwehrmaßnahmen der Zielgesellschaft rechtfertigen (*modified business judgment rule*) und somit den Übernahmepreis erhöhen

Weil die Bietergesellschaft eine Haftung mit den eigenen Vermögenswerten für die mit der feindlichen Übernahme verbundenen Risiken regelmäßig vermeiden will, erfolgt die Absicherung und Rückzahlung des hiernach verbleibenden Fremdkapitals normalerweise aus dem Gesellschaftsvermögen der Zielgesellschaft, sobald der Bieter auf dieses Zugriff hat[518]. Zunächst werden die laufenden Finanzierungskosten (z.B. Zinsen) aus dem Barmittelrückfluß der Zielgesellschaft finanziert. Daneben ist es aber auch möglich, die Zielgesellschaft ganz (*bust-up takeover*) oder teilweise (*spin-off*) zu zerschlagen und zu veräußern, um weiteres Fremdkapital aus den Verkaufserlösen zurückzuführen[519].

---

517 12 C.F.R. § 207.112 (b), (g) und (h); vgl. auch *Hutter/Lawrence*, Übernahmerecht in den USA, S. 95/139.

518 *Merkt*, US-amerikanisches Gesellschaftsrecht, Rn. 1071 f.

519 Dies ist beispielsweise nach der Übernahme der Mannesmann AG durch Vodafone Airtouch plc. geschehen. Die zur Finanzierung der Transaktion aufgewendeten Kosten (u.a. 242 Mrd. DM im Wege des Aktientausches an die Mannesmann-Aktionäre; ca. 120 Mill. DM Abfindungszahlungen an den bisherigen Mannesmann-Vorstand sowie weitere erhebliche Kosten für Investmentbanker, Rechtsanwälte, Wirtschaftsprüfer und Werbung) wurden innerhalb nur weniger Monate zumindest teilweise durch den Verkauf der nicht mehr zum Kerngeschäft „(mobile) Telekommunikation“ gehörenden Geschäftsbereiche zurückgeführt. So erhielt Vodafone nach der Übernahme im Februar 2000 beispielsweise 9,75 Mrd. Euro für den Verkauf von Mannesmann Atecs (Maschinenbau/Autozulieferer an Siemens und Bosch im April 2000), 48 Mrd. Euro für Orange (Mobilfunk Großbritannien an France Télécom im Mai 2000, Verkauf aus kartellrechtlichen Gründen), 1 symbolische DM für die Mannesmann-Röhrenwerke (ursprünglicher Geschäftsbereich der Mannesmann AG; im Mai 2000 an die Salzgitter AG), 2 Mrd. Euro für den Bereich Luxusuhren (im Juli 2000 an die Richemont S.A.) sowie 11 Mrd. Euro für Infostrada (Festnetz-Telefongesellschaft Italien an die Enel Spa. im Herbst 2000). Die Verkaufserlöse betrugen somit insgesamt 70,75 Mrd. Euro. Siehe *Handelsblatt* vom 5.2.2001, S. 20.

Die Planung einer solchen Vorgehensweise ist regelmäßig offenzulegen[520]. Hierdurch bekommt die Unternehmensleitung der Zielgesellschaft allerdings die Gelegenheit, Abwehrmaßnahmen gegen die feindliche Übernahme zu ergreifen. Dies hat aus der Sicht der Bietergesellschaft den Nachteil, daß sich das Vorhaben dadurch verteuert.

Die Treupflichten des Managements der Zielgesellschaft gegenüber ihren Aktionären können insbesondere bei exzessiver Verwendung von Fremdkapital solche Abwehrmaßnahmen rechtfertigen. Wegen des damit für die Bietergesellschaft verbundenen Kostenrisikos ist die Systematik der Treuepflichten des *board of directors* der Zielgesellschaft in einer feindlichen Übernahmesituation nachfolgend darzustellen, soweit dies für die weitere Bearbeitung erforderlich ist. Im Mittelpunkt dieser Darstellung steht die Frage, ob der *board of directors* mit der Veranlassung von Abwehrmaßnahmen zum Nachteil der Aktionäre der Zielgesellschaft gegen die ihm obliegenden Treuepflichten verstoßen hat[521]. Die Antwort auf diese Frage richtet sich nach den Grundsätzen der *business judgment rule* und den Vorschriften über Insichgeschäfte (*self-dealing transactions*). Danach kann ein *board*-Beschluß gerichtlich aufgehoben werden, wenn dem *board* ein persönliches wirtschaftliches Interesse nachgewiesen wird und die Entscheidung darüber hinaus aus Sicht der Aktionäre der Zielgesellschaft inhaltlich unbillig (*not fair*) ist[522]. Die Darstellung orientiert sich am Recht des Staates Delaware.

Die Rechtsprechung des Staates Delaware vertritt bei der Überprüfung von Abwehrmaßnahmen einen vermittelnden Standpunkt. Einerseits sind weder die *business judgment rule*[523] noch die Vorschriften über *self-dealing transactions*[524] automatisch und in jedem Fall auf diese Maßnahmen anzuwenden. Andererseits besteht bei der Einführung von Abwehrmaßnahmen in Übernahmesituationen die Gefahr, daß die Unternehmensleitung der Zielgesellschaft ihre Eigeninteressen auf Kosten der Aktionäre durchsetzt. Diesem Umstand trägt die Rechtsprechung in Delaware dadurch Rechnung, daß sie eine modifizierte Form der *business judgment rule*, den sogenannten *intermediate standard* anwendet. Hier-

[520] Vgl. § 3 III. 5. b. § 13(d) SEA (1934) als quantitative Schranke und § 3 III 6. Veröffentlichungspflichten nach § 14(d) und (e) SEA (1934).

[521] Siehe hierzu sowie zu den grundsätzlichen Verhaltensmöglichkeiten des Managements *Clark*, Corporate Law, S. 580 ff.; *Merkt*, US-amerikanisches Gesellschaftsrecht, S. 643 ff.

[522] Vgl. *Merkt*, US-amerikanisches Gesellschaftsrecht, S. 643.

[523] Nach der *business judgment rule* muß die Entscheidung des *board* aufgehoben werden, wenn dessen Mitglieder ein unmittelbares und persönliches finanzielles Interesse an der Entscheidung und bei deren Vorbereitung bestimmte Verfahrensgrundsätze mißachtet haben.

[524] Es wird also nicht bei jedem Tatbestand des Insichgeschäfts ohne weiteres der *entire fairness*-Test verlangt.

nach besteht der durch die *business judgment rule* gewährte Schutz vor einer Inhaltskontrolle der Entscheidung nur dann, wenn sämtliche der nachfolgenden Voraussetzungen vorliegen[525]:

(i) Zunächst müssen der *board* und das Management der Zielgesellschaft in der berechtigten Annahme gehandelt haben, daß von dem feindlichen Übernahmeangebot eine Gefahr für das Wohlergehen (*welfare*) der Gesellschaft ausgeht[526]. Diese liegt nicht vor, wenn die *directors* eine Abwehrmaßnahme ausschließlich zum Zwecke des Erhalts der eigenen Stellung beschließen[527]. Hingegen sind die nachfolgenden drei Gefahrsituationen in der Rechtsprechung anerkannt:

  (a) Nachteiliger Eingriff in die Geschäftstätigkeit und –entwicklung, wenn die Gefahr eines Eingriffs in den Geschäftsbetrieb (*business practices*) besteht. Als Beispiel für einen solchen Fall ist der vollständige *bust-up takeover* zu nennen, an dessen Ende die Auflösung der Zielgesellschaft steht[528].
  (b) Unfaire Methoden oder unzulässiger Zwang bei der Ausgestaltung des Übernahmeangebotes durch den Bieter. Diese Umstände können vorliegen, wenn es sich um ein *two-tier front-loaded tender offer*[529] handelt oder das *tender offer* bewußt zu einem Zeitpunkt erfolgt, in dem die Aktien der Zielgesellschaft einen ungewöhnlich niedrigen Kurs haben, so daß dieser Kurs den tatsächlichen Wert der Anteile nicht widerspiegelt.
  (c) Der *takeover* birgt in seiner konkreten Form die Gefahr der Überschuldung der Zielgesellschaft. Dies kann beispielsweise der Fall sein, wenn der Bieter das Vorhaben ausschließlich durch *junkbonds* finanzieren und deren Emission und Rückzahlung mit dem Gesellschaftsvermögen der Zielgesellschaft sowie durch den erwarteten Gewinn folgender Geschäftsjahre absichern will. Gleiches

---

525 *Cheff v. Mathes*, 199 A.2d 548 (Del. 1964); *Unocal Corp. v. Mesa Petrolium Co.*, 493 A.2d 946 (Del. 1984); *Moran v. Household International, Inc.*, 500 A.2d 1346 (Del. 1985); *Clark*, Corporate Law, S. 584 ff.; *Gilson/Kraakman*, The Business Lawyer, Vol. 44 (1989), S. 247 ff.

526 *Cheff v. Mathes*, 199 A.2d 548 (Del. 1964), S. 554.

527 Weshalb eine Entscheidung mit dieser Motivation nicht von der *business judgment rule* gedeckt wäre.

528 *Merkt*, US-amerikanisches Gesellschaftsrecht, S. 644 f.

529 Also ein Übernahmeangebot, die dem den Aktionären der Zielgesellschaft in einem ersten Schritt ein Betrag „X" für ihre Anteile geboten und gleichzeitig angekündigt wird, daß sie in einem weiteren Schritt allenfalls zu einem geringeren als dem Betrag „X" für ihre Anteile abgefunden werden. Vgl. hierzu *Moran v. Household International, Inc.*, 500 A.2d 1346 (Del. 1985), S. 1348.

kann gelten, wenn der Bieter ankündigt, er werde die Übernahme im Wege der Veräußerung wesentlicher Teile der Zielgesellschaft finanzieren (sogenannter *spin-off*)[530].

Nimmt der Bieter zur Finanzierung einer feindlichen Übernahme hohe Mengen Fremdkapital, insbesondere *junk-bonds*, auf und sichert er diese durch das Vermögen der Zielgesellschaft sowie den vollständigen oder teilweisen Verkauf von Unternehmensteilen derselben ab, kann deren Unternehmensleitung folglich von einer Gefahr für das Wohlergehen der Gesellschaft ausgehen. Diese Gefährdung könnte dann in der Form eines nachteiligen Eingriffs in die Geschäftsentwicklung oder einer drohenden Überschuldung liegen, womit die erste der Voraussetzungen des *intermediate standard* gegeben ist.

(ii) Daneben muß die tatsächlich ergriffene Abwehrmaßnahme zu der befürchteten Gefahr in einem angemessenen Verhältnis stehen (*rule of proportionality*)[531].

(iii) Ferner muß der *board of directors* der Zielgesellschaft gutgläubig handeln und seine Entscheidung bezüglich der Abwehrmaßnahme durch hinreichende Erforschung der Sachlage (*reasonable investigation*) vorbereitet haben. So empfehlen sich eine Untersuchung der Angemessenheit der Übernahmebedingungen sowie der künftigen Barmittelrückflüsse (*discounted cash flow*), deren Ergebnisse den *directors* auch schon zur Vorbereitung der über die Abwehrmaßnahme entscheidenden Sitzung rechtzeitig vorliegen sollte[532].

(iv) Schließlich sollte die Abwehrmaßnahme von einem *board* beschlossen sein, der zur Wahrung der Objektivität zu einem wesentlichen Teil mit nicht befangenen Mitgliedern, also *disinterested outside directors*[533] be-

---

[530] *Clark*, Corporate Law, S. 587.

[531] *Revlon, Inc. v. MacAndrews & Forbes Holdings, Inc.*, 506 A.2d 173 (Del. 1986); kritisch hierzu jedoch *Gilson/Kraakman*, The Business Lawyer, Vol. 44 (1989), S. 247 ff. Vgl. für Beispiele eines angemessenen oder unangemessenen Verhältnisses auch *Merkt*, US-amerikanisches Gesellschaftsrecht, S. 645 f.

[532] *Weinberger v. UOP, Inc.* 457 A.2d 701 (Del. 1983), S. 712; *Smith v. Van Gorkum*, 488 A.2d 858 (Del. 1985), S. 876.

[533] Die Anforderungen an die Unbefangenheit der *directors* hat die Rechtsprechung in Delaware jedoch inzwischen verschärft. Der *director* darf nicht nur kein Angestellter der Gesellschaft, sondern sollte auch ansonsten nicht übermäßig mit dieser geschäftlich verbunden oder an ihr beteiligt sein. Siehe hierzu *Revlon, Inc. v. MacAndrews & Forbes Holdings, Inc.*, 506 A.2d 173 (Del. 1986).

setzt ist. Hierfür ist es jedenfalls ausreichend, wenn der *board* mehrheitlich aus *outside directors* besteht[534].

Legt die Bietergesellschaft offen, daß sie bei der feindlichen Übernahme einer großen Publikumsgesellschaft in erheblichem Maße *junk bonds* emittieren oder die Zielgesellschaft zu deren Finanzierung nach dem Kontrollerwerb ganz oder teilweise zerschlagen will, so kann und wird der *board* der Zielgesellschaft diese Umstände als Gefahr für das Wohlergehen der Gesellschaft werten. Kann der *board of directors* der Zielgesellschaft darüber hinaus auch das Vorliegen der übrigen Voraussetzungen des *intermediate standard* nachweisen, ist seine Entscheidung zugunsten einer Abwehrmaßnahme vor einer gerichtlichen Inhaltskontrolle durch die *business judgment rule* geschützt. Erweist sich die Maßnahme somit als rechtmäßig, hat sie für den Bieter regelmäßig den Effekt einer Erhöhung des Übernahmepreises. Somit kann die Art des vom Bieter gewählten Finanzierungsmittels letztlich auch mittelbar den zu zahlenden Übernahmepreis beeinflussen. Andererseits ist davon auszugehen, daß für den Bieter insbesondere bei der Finanzierung der hier in Frage stehenden großen Projekte der Übernahmepreis die ausschlaggebende Rolle spielt. Insofern wird ein vernünftig handelnder Bieter solche Finanzierungsarten vermeiden, die den Übernahmepreis erhöhen könnten.

d. Steuerliche Behandlung von *Junk Bonds*

aa. Frage der steuerlichen Beurteilung von *high yield securities* als *debt* oder *equity*

Wie bereits dargelegt, kennzeichnet *junk bonds* einerseits das hohe damit verbundene unternehmerische Risiko sowie andererseits die hohe Verzinsung als entsprechender Risikoausgleich. Bei der Reihenfolge, in der die Forderungen gegenüber dem Emittenten befriedigt werden, folgen die Inhaber von *junk bonds* regelmäßig allen übrigen Gläubigern nach und stehen lediglich vor den Eigentümern der Gesellschaft, den *shareholders*[535]. Die wirtschaftliche Stellung eines *junk bond holders* ist aber mit der eines *shareholders* durchaus vergleichbar. Insofern stellt sich die Frage, ob die wirtschaftliche Ähnlichkeit der beiden Positionen nicht letztlich auch zu einer rechtlichen Gleichbehandlung und somit dazu führen muß, daß *junk bonds* nicht als Fremd- (*debt*), sondern vielmehr als

[534] Im Gegensatz zur *self dealing*-Problematik ist es also nicht erforderlich, daß eine Mehrheit dieser *outside directors* der Abwehrmaßnahme auch tatsächlich zustimmt. *Unocal Corp. v. Mesa Petrolium Co.*, 493 A.2d 946 (Del. 1985), S. 955.

[535] *Booth*, Columbia Business Law Review 1987, S. 553/556 ff.

Eigenkapital (*equity*) zu behandeln sind[536]. Bedeutend ist diese Beurteilung vor allem in steuerrechtlicher Hinsicht, hat sie doch Auswirkungen sowohl für den Emittenten als auch für die Anleihegläubiger.

Für den Emittenten der Anleihe sind die zu zahlenden Zinsen im Gegensatz zu einer Dividende nach § 163 *Internal Revenue Code* steuerlich abzugsfähig. Ferner sind die Kosten der Ausgabe von *debt securities* im Wege der Abschreibung während ihrer Laufzeit ebenfalls abzugsfähig. Im Gegensatz dazu sind die Kosten der Eigenkapitalbeschaffung als nicht abzugsfähiger Aufwand zu verbuchen[537].

Der Gläubiger eines *junk bond* hat die Zinseinnahmen normalerweise im Rahmen der Berechnung des Einkommens nach der jeweils anzuwendenden Berechnungsmethode zu versteuern[538]. Dies hat jedoch den Vorteil, daß sich dabei Verrechnungsmöglichkeiten mit negativen Einkünften ergeben können und sich die Summe des zu versteuernden Einkommens somit möglicherweise insgesamt verringert[539]. Im Gegensatz dazu sind Dividenden grundsätzlich in vollem Umfang als sogenanntes „*ordinary income*" steuerpflichtig. Eine Besteuerung der Dividendenerträge tritt für den Privatanleger jedoch tatsächlich nur dann ein, wenn es sich dabei um eine Ausschüttung aus „*earnings and profits*" handelt[540]. Hierbei sind, ausgehend vom steuerpflichtigen Einkommen der Gesellschaft, bestimmte Zuschläge[541] und Abschläge[542] zu berechnen. Letztlich geht damit die Steuerfreiheit auf der Ebene der Gesellschaft in dem Moment verloren, in dem der Betrag als Dividende ausgeschüttet wird[543].

---

536 *Ceryak*, Indiana Law Journal, Vol. 66 (1990), S. 273 ff.; *Hooker*, The Business Lawyer, Vol. 53 (1998), S. 799 ff.

537 *Hooker*, The Business Lawyer, Vol. 53 (1998), S. 799/799 unter Verweis auf *Bittker/Eustice*, Federal Income Taxation of Corporations and Shareholders (6th ed. 1994); 5.04 [9].

538 Siehe zu der unterschiedlichen steuerlichen Behandlung von Zins- und Dividendeneinkünften auch *Brudney/Chirelstein*, Corporate Finance, S. 383 ff

539 *Hooker*, The Business Lawyer, Vol. 53 (1998), S. 799/799 f.; *Mohr/Conston*, Das Umwandlungsrecht und Umwandlungssteuerrecht der USA, U 209, in: Widmann/Mayer, Umwandlungsrecht.

540 Die jedoch nicht mit dem Gewinn der Gesellschaft zuzüglich des Gewinnvortrags gleichzusetzen sind.

541 Beispielsweise für Zuflüsse der Gesellschaft aus zunächst steuerfreien Schachteldividenden (*dividend received deduction*).

542 Denkbar sind hier solche Positionen, die auf Gesellschaftsebene steuerpflichtig wären, etwa die für die Finanzierung steuerbefreiter Anleihen angefallenen Finanzierungskosten.

543 *Mohr/Conston*, Das Umwandlungsrecht und Umwandlungssteuerrecht der USA, U 214, in: Widmann/Mayer, Umwandlungsrecht.

Eine Ausnahme ergibt sich insofern allerdings für Kapitalgesellschaften. Sind sie Empfänger einer Dividende, so ist diese, je nach der Beteiligungshöhe, ganz oder teilweise steuerlich abzugsfähig (*dividend received deduction*)[544]. Insbesondere für Privatanleger sind die Möglichkeiten einer Reduzierung der Einkünfte im Rahmen einer Dividendenzahlung jedoch geringer als bei Zinseinkünften. Insofern werden Privatanleger bei vergleichbaren Chancen und Risiken der Anlage im Zweifelsfall die Position als Gläubiger aus steuerlicher Sicht bevorzugen. Eine Behandlung von *junk bonds* als *equity* wäre aus Sicht des Emittenten (hier des Bieters) somit unter Umständen auch potentiell nachteilig für den Plazierungserfolg. Für die steuerrechtliche Unterscheidung zwischen *debt* und *equity* gibt es verschiedene Ansatzpunkte.

(1) Keine gesetzliche Regelung

Zunächst ist festzustellen, daß eine eindeutige gesetzliche Abgrenzung in dieser Frage nicht besteht. Obwohl § 163(a) *Internal Revenue Code* die Abzugsfähigkeit von Zinszahlungen regelt, ist § 385 *Internal Revenue Code* die in dieser Hinsicht zentrale Vorschrift. Diese befaßt sich mit der „Behandlung bestimmter Beteiligungen an der Gesellschaft als (Grund-)Kapital oder Verschuldung"[545]. Durch diese Vorschrift ist die Einkommenssteuerbehörde (*Internal Revenue Service* – IRS) zum Erlaß von Verordnungen berechtigt, die die steuerrechtliche Behandlung eines Finanzierungsinstrumentes als Verschuldung (*indebtedness*) regeln. Ferner gibt § 385(b) bestimmte Faktoren vor, nach denen sich die Steuerbehörde beim Erlaß solcher Regelungen richten kann. Entsprechende Verordnungen wurden 1982 auch erlassen, wegen vielfältiger Umgehungsmöglichkeiten der Unternehmen jedoch kurz darauf, nämlich bereits 1983, wieder zurückgezogen[546].

---

[544] Bei Ausschüttungen einer Kapitalgesellschaft an eine andere Kapitalgesellschaft, die an der erstgenannten mit mindestens 80 % beteiligt ist, ist die Dividende in vollem Umfang steuerfrei. Bei einer Beteiligung zwischen 20 und 80 % ist die empfangene Dividende zu 80 % und bei einer niedrigeren Beteiligung zu 70 % steuerfrei. *Hooker*, The Business Lawyer, Vol. 53 (1998), S. 799/799 f.; *Mohr/Conston*, Das Umwandlungsrecht und Umwandlungssteuerrecht der USA, U 209 und U 213, in: Widmann/Mayer, Umwandlungsrecht.

[545] „Treatment of Certain Interests in Corporations as Stock or Indebtedness", siehe *Ceryak*, Indiana Law Journal, Vol. 66 (1990), S. 273/279.

[546] Treas. Reg. § 1.385 (1982), in Kraft seit 01.07.1982 und zurückgezogen durch T.D. 7920, 1983-2 C.B. 69 (in Kraft seit 05.08.1983); *Ceryak*, Indiana Law Journal, Vol. 66 (1990), S. 273/280 f.; *Hooker*, The Business Lawyer, Vol. 53 (1998), S. 799/800.

(2) *Case Law*

Infolge einer fehlenden gesetzlichen Regelung orientiert sich die Abgrenzung zwischen *debt* und *equity* im wesentlichen am *case law*, in dem sich entsprechende Bestimmungsfaktoren herausgebildet haben. Hiervon sind die wichtigsten nachfolgend zu benennen[547]. Von Belang sind unter anderem:

- (i) der Name des Finanzierungsinstruments,
- (ii) das Vorhandensein (*debt*) oder Fehlen (*equity*) eines von vornherein festgelegten Fälligkeitsdatums,
- (iii) die Herkunft der vom Emittenten zu leistenden Zahlungen aus dem cash flow (*debt*) oder der Veräußerung von Vermögensgegenständen (*equity*),
- (iv) die vereinbarten Rechte, um Zinsleistungen sowie Zahlungen auf die Hauptschuld durchzusetzen[548],
- (v) das Vorhandensein (*equity*) oder Fehlen (*debt*) von Möglichkeiten der Einflußnahme auf die Unternehmensleitung (z.B. bei der Wahl der *directors*),
- (vi) die Rangstellung im Verhältnis zu den übrigen Gläubigern der Gesellschaft[549], wobei eine Nach- beziehungsweise Unterordnung als Zeichen für *equity* gilt,
- (vii) die erkennbare und notfalls dem Beweis zugängliche Absicht der Parteien,
- (viii) der Kapitalisierungsgrad der Gesellschaft[550], wobei eine hohe Verschuldung für *equity* und eine niedrige Verschuldung für *debt* spricht,
- (ix) eine mögliche Gleichheit oder Überschneidung der Interessen des Gläubigers mit den Aktionären der Gesellschaft (*equity*) sowie
- (x) die Fähigkeit des Emittenten, sich auch von Dritten Fremdkapital zu diesen Bedingungen zu beschaffen.

---

[547] *Ceryak*, Indiana Law Journal, Vol. 66 (1990), S. 273/281 ff. verweist für den „*facts and circumstances test*“ auf eine Liste von *Holzman*, The Interest-Dividend Guidelines, Vol. 47, Taxes (1969), S. 4 ff., die nicht weniger als 38 mögliche Abgrenzungskriterien benennt sowie auf *Plumb*, The Federal Income Tax Significance of Corporate Debt, Vol. 26, Tax Law Review (1971), S. 369/503-535. Die nachfolgende Darstellung orientiert sich hingegen an den Kriterien des „*multy-factor balancing test*“ von *Hooker*, The Business Lawyer, Vol. 53 (1998), S. 799/800 f.

[548] Ausschlaggebend für eine Behandlung als *debt* ist insofern, ob der Gläubiger im Falle des Zahlungsverzuges über die typischen Gläubigerrechte verfügt.

[549] Siehe auch § 385(b)(2) *Internal Revenue Code*.

[550] § 385(b)(3) *Internal Revenue Code*.

Diese Kriterien können wegen der im Einzelfall vielfältigen Gestaltungsfragen aber nur als Bestimmungsfaktoren gelten, die einer anschließenden Wertung bedürfen[551]. Insofern läßt sich auch im vorliegenden Zusammenhang keine allgemeingültige Aussage darüber treffen, ob *junk bonds* in steuerrechtlicher Hinsicht im Einzelfall als Fremd- oder Eigenkapital zu bewerten sind.

(3) *Risk Analysis*

Auch in der Literatur gibt es Bemühungen, eine entsprechende Abgrenzung zu erleichtern. So vertritt *Ceryak*[552] die Ansicht, der hohe Zinssatz für *junk bonds* sei die Gegenleistung für das übernommene unternehmerische Risiko und insofern nichts anderes als eine Eigenkapitalprämie (*equity premium*). Das hohe Risiko transformiere *junk bonds* damit in ein Finanzmittel des Eigenkapitals. Er schlägt deshalb das Instrument der Risikoanalyse (*risk analysis*) unter Zuhilfenahme des sogenannten „*capital asset pricing model*" zur Abgrenzung von *debt* und *equity* vor. Dieser Vorschlag sei nachfolgend vereinfacht dargestellt:

Zugrunde liegt die Annahme, daß das Verhalten eines Wertpapiers am Kapitalmarkt Rückschlüsse auf seinen Charakter als Fremd- oder Eigenkapital zuläßt. Das Risiko eines Wertpapiers läßt sich anhand einer Untersuchung der Variabilität (*variability*) der Erträge desselben über einen längeren Zeitraum bestimmen[553]. Die Erträge aus dem Eigenkapital unterliegen regelmäßig höheren Schwankungen als die des Fremdkapitals, weswegen Aktionäre auch höhere Erträge als Anleihegläubiger verlangen. Folglich ist die Variabilität von Finanzierungsmitteln des Eigenkapitals höher als die von solchen des Fremdkapitals. Letztere sind weniger abhängig von den Geschehnisses des Tagesgeschäftes und orientieren sich an den Veränderungen des allgemeinen Zinsniveaus[554].

Unterstellt man diesen Zusammenhang zwischen der Variabilität und dem in dem jeweiligen Wertpapier verkörperten Risiko, erreicht man eine Unterscheidung zwischen Eigen- und Fremdkapital durch die Bestimmung des Punktes, ab dem die Anleihegläubiger für das (dem Eigenkapital vergleichbare) Risiko in Form erhöhter Variabilität auch einen erhöhten Ertrag verlangen, folglich also eine Eigenkapitalprämie. Hierfür bedient man sich des Faktors „*beta*". Dieser beschreibt die Sensibilität der Erträge eines Finanzierungsinstruments auf Ver-

---

551 *Hooker*, The Business Lawyer, Vol. 53 (1998), S. 799/801.

552 *Ceryak*, Indiana Law Journal, Vol. 66 (1990), S. 273 ff.

553 Je höher die Variabilität, umso höher die Schwankungen bei den Erträgen im Zeitvergleich. Je höher jedoch diese Schwankungen sind, umso höher ist im Zweifel auch das Risiko des Anlegers.

554 *Brealey/Myers*, Principles of Corporate Finance, S. 47 ff.; *Ceryak*, Indiana Law Journal, Vol. 66 (1990), S. 273/285 f.

änderungen des Marktrisikos, indem er die Höhe der von den Anlegern erwarteten Veränderungen der Erträge je Veränderung des Marktes um 1 % bestimmt[555]. Das *capital asset pricing model* sieht nun vor, daß sich auf einem wettbewerbsintensiven Markt diese Risikoprämie in unmittelbarer Abhängigkeit von „*beta*" verhält. Folglich bedarf es der Bestimmung der Grenze zwischen den eigenkapital- und den fremdkapitaltypischen „*beta*-Faktoren". Ein Vergleich dieser Bestimmungsfaktoren ergibt, daß *junk bonds* ebenso wie Aktien in starkem Maße von der Marktentwicklung aber wenig von Veränderungen des Zinsniveaus betroffen sind[556]. Quantitativ hat sich bei weiteren Untersuchungen insofern der Wert von 3 % über dem Zinssatz für Schatzwechsel (*Treasury Bills*) mit einmonatiger Laufzeit als Grenzwert ergeben. Diese 3 % über der nahezu risikofreien Anlage in Schatzwechseln verkörpern folglich die Prämie, die Anleger mindestens erwarten, wenn sie mit ihrer Investition ein dem Eigenkapital vergleichbares Risiko eingehen. Nach diesem Ansatz läßt sich darauf schließen, daß diejenigen *junk bonds* mit einem Zinssatz von weniger als 3 % über dem oben genannten Wert ihrem Wesen nach Fremdkapital und demnach auch steuerrechtlich so zu behandeln sind. Übersteigt der Zinssatz hingegen diese Grenze, wäre von einem Instrument der Eigenkapitalfinanzierung und den damit verbundenen steuerlichen Nachteilen auszugehen[557].

Auch wenn sich dieser Ansatz nicht endgültig durchgesetzt hat, so kann er Bietern, die die feindliche Übernahme einer großen Publikumsgesellschaft zumindest teilweise über die Emission von *junk bonds* finanzieren möchten, jedenfalls als Anhaltspunkt für die Frage der steuerlichen Behandlung dieser Wertpapiere dienen.

bb. Weitere Fragestellungen mit Bezug auf das Steuerrecht

(1) *Original Issue Discount* (OID)

Im Bereich der Übernahmefinanzierung haben sich ferner Anleiheformen entwickelt, bei denen der Ausgabepreis niedriger ist als der Rückgabepreis und die Differenz zwischen diesen Werten die Verzinsung darstellt. Typisches Beispiel dieser Papiere im Übernahmefall ist die sogenannte Null-Kupon-Anleihe. In

---

[555] *Brealey/Myers*, Principles of Corporate Finance, S. 132 ff.

[556] Entgegengesetzt ist das Bild bei höherwertigen Anleihen. Diese sind stark vom Zinsniveau aber wenig vom allgemeinen Marktgeschehen, insbesondere dem Aktienmarkt abhängig. *Brealey/Myers*, Principles of Corporate Finance, S. 47 ff.; *Ceryak*, Indiana Law Journal, Vol. 66 (1990), S. 273/286 ff.

[557] *Ceryak*, Indiana Law Journal, Vol. 66 (1990), S. 273/288; mit Verweis auf *Cornell/Green*, The Investment Performance of Low-Grade Bond Funds (4.10.1989), Indiana Law Review.

steuerrechtlicher Hinsicht unterfallen diese Papiere einer Sonderregelung, wenn der Ausgabediskont (*Original Issue Discount* - OID) eine bestimmte Mindestgrenze überschreitet. Als OID bezeichnet man gemäß § 1273(a)(1) *Internal Revenue Code* die Differenz aus dem festgelegten Rückzahlungspreis bei Fälligkeit (*stated redemption price at maturity*[558]) und dem Ausgabepreis (*issue price*[559]). Die OID-Regeln sind somit insbesondere anwendbar, wenn die Finanzierungsinstrumente mit einem entsprechenden Preisnachlaß angeboten, die Zinsen nicht in Form von Bargeld oder ganz oder teilweise in Leistungen erbracht werden, die nicht als *qualified stated interest* gelten[560]. Auf der Ebene des Anleihegläubigers ist der die Zinsleistung darstellende Diskont anteilig jährlich zu versteuern, auch wenn die tatsächliche Leistung noch nicht erfolgt ist[561]. Für den Emittenten erleichtert sich die Finanzierung von Übernahmen hierdurch wesentlich. Er kann den gleichen Betrag, der dem Anleger als Zinseinnahme jährlich zuzurechnen war, während der Laufzeit der Anleihe steuerlich abziehen und somit infolge einer niedrigeren Steuerlast zusätzliche Liquidität schaffen. Andererseits muß er während der Laufzeit der Anleihe tatsächlich noch keine Liquidität für die Zinszahlung aufbringen.

(2) Einschränkung der steuerlichen Abzugsfähigkeit von Zinsen im Falle der *Applicable High Yield Discount Obligation* (AHYDO)

Eine im Jahre 1989 neu geschaffene Regelung hat diese aus dem OID folgenden Vorteile aber weitgehend beseitigt, da sie der emittierenden Gesellschaft die Abzugsfähigkeit der Zinsen in bestimmten Fällen versagt oder diese jedenfalls verzögert. Wird ein Finanzierungsmittel mit OID emittiert, kann die steuerliche Abzugsfähigkeit, sofern es sich um eine sogenannte *Applicable High Yield Dis-*

[558] Dieser stellt gemäß *Treasury Regulation* § 1.1273-1(b) die Summe aller auf das Fremdkapital zu leistenden Zahlungen mit Ausnahme bestimmter von vornherein festgelegter Zinszahlungen (*qualified stated interest*) dar. Unter diese Zinsleistungen fallen alle bedingungslos von vornherein festgelegten und mindestens jährlich zahlbaren Leistungen in Form von Bargeld oder sonstigem Eigentum (*Treasury Regulation* § 1.1273-1(c)).

[559] Dies ist der erste Preis, zu dem ein wesentlicher Teil diese Fremdkapitalinstrumente gegen Bargeld an die breite Öffentlichkeit (also nicht nur die mit der Emission befaßten *underwriters* oder Verkaufsagenten) verkauft wird.

[560] Vgl. zum Begriff des *qualified stated interest* FN 558 sowie *Hooker*, The Business Lawyer, Vol. 53 (1998), S. 799/802.

[561] § 1272 *Internal Revenue Code*; *Hooker*, The Business Lawyer, Vol. 53 (1998), S. 799/802; *Mohr/Conston*, Das Umwandlungsrecht und Umwandlungssteuerrecht der USA, U 220, in: Widmann/Mayer, Umwandlungsrecht.

count Obligation (AHYDO) handelt, verschoben werden oder teilweise verboten sein[562]. Als AHYDO zählen Mittel der Fremdkapitalfinanzierung, die

(i) eine Laufzeit von mehr als fünf Jahren,
(ii) eine Verzinsung von mindestens 5 % oder mehr über dem anwendbaren Bundeszinssatz (*applicable federal rate* [AFR]) für Papiere gleicher Laufzeit haben und
(iii) mit einem bedeutsamen Anteil OID ausgegeben werden[563].

Fallen die emittierten Anleihen unter diese Regelung, bedeutet dies für den Bieter folgendes: Die angefallenen Zinsen eines Fremdkapitalinstruments, das unter die AHYDO-Regelung fällt, sind auf der Ebene des Emittenten erst dann steuerlich abzugsfähig, wenn dieser die Zinsleistung tatsächlich erbracht hat[564]. Darüber hinaus gilt für solche Anleihen, deren Verzinsung den AFR um mehr als 6 % übersteigt, eine weitere Sonderregelung. Auf der Ebene des emittierenden Bieters sind höchstens der AFR plus 6 % im Rahmen der OID-Regelung abzugsfähig. Übersteigt die auf eine Anleihe gewährte Verzinsung den AFR um einen höheren Prozentsatz, ist diese folglich nicht abzugsfähig. Ist der Anleihegläubiger eine Kapitalgesellschaft, hat sie zudem den übersteigenden Betrag als Dividende und nicht lediglich als Zinseinnahme zu versteuern[565].

(3) Beschränkung der Abzugsfähigkeit von Zinsleistungen im Falle der Verschuldung (*Indebtedness*) zum Zwecke des Unternehmenskaufs

Dient die vom Bieter aufgenommene Verschuldung dem Zwecke des Erwerbs einer anderen Gesellschaft, kann die Abzugsfähigkeit der Zinsleistungen zudem gemäß § 279(a) *Internal Revenue Code* in ihrer absoluten Höhe auf einen Betrag von 5 Mio. US-$ pro Jahr beschränkt sein. Für eine solche Beschränkung gelten die folgenden Voraussetzungen[566]:

(i) Die Schuld ist entweder aufgenommen, um die Gegenleistung für den Erwerb von

[562] § 163(e)(5) *Internal Revenue Code*; *Hooker*, The Business Lawyer, Vol. 53 (1998), S. 799/802 f.; *Mohr/Conston*, Das Umwandlungsrecht und Umwandlungssteuerrecht der USA, U 220, in: Widmann/Mayer, Umwandlungsrecht.

[563] § 163(i)(1) i.V.m. § 1274(d)(1) *Internal Revenue Code*.

[564] § 163(c)(5)(A)(ii) *Internal Revenue Code*.

[565] *Hooker*, The Business Lawyer, Vol. 53 (1998), S. 799/802 f.; *Mohr/Conston*, Das Umwandlungsrecht und Umwandlungssteuerrecht der USA, U 221, in: Widmann/Mayer, Umwandlungsrecht.

[566] Siehe hierzu auch *Hooker*, The Business Lawyer, Vol. 53 (1998), S. 799/803 f.; *Mohr/Conston*, Das Umwandlungsrecht und Umwandlungssteuerrecht der USA, U 219, in: Widmann/Mayer, Umwandlungsrecht.

(a) Aktien einer anderen Gesellschaft, oder
(b) mindestens zwei Dritteln des Gesellschaftsvermögens einer anderen Gesellschaft
darzustellen;

(ii) die Schuld ist entweder
(a) den Forderungen der Handelsgläubiger (z.B. Lieferanten) der ausgebenden Gesellschaft, oder
(b) ausdrücklich einem wesentlichen Betrag ungesicherter Schulden der ausgebenden Gesellschaft
im Rang untergeordnet;

(iii) die Verschuldung ist entweder
(a) unmittelbar oder mittelbar in Aktien der ausgebenden Gesellschaft wandelbar, oder
(b) Teil einer sogenannten Investitionseinheit (*investment unit*), die das Recht zum Erwerb von Aktien der ausgebenden Gesellschaft umfaßt
und

(iv) das Verhältnis von Fremd- zu Eigenkapital ist bei der ausgebenden Gesellschaft entweder höher als zwei zu eins oder die zu erwartenden Gewinne überschreiten nicht den dreifachen Betrag der in Rede stehenden Zinsen.

Erfüllt die vom Bieter ausgegebene Anleihe diese Voraussetzungen, ist die steuerliche Abzugsfähigkeit der Zinsleistungen auf 5 Mio. US-$ jährlich beschränkt. Die Regelung ist jedoch schon dann nicht anwendbar, wenn beispielsweise die *investment unit* aus einem Fremdkapitalmittel und Aktien anstatt einer Option zum Erwerb von Aktien besteht[567]. Gleiches gilt für den Erwerb von Aktien oder Vermögensgegenständen einer ausländischen Gesellschaft, wenn diese ihre Einkünfte während der vergangenen drei Jahre im wesentlichen außerhalb der USA erzielte[568]. Die Tatsache, daß § 279 *Internal Revenue Code* die Übernahmewelle und insbesondere die vielen *Leveraged Buyouts* der 80er Jahre nicht einschränken konnte, zeigt, daß sich die Vorschrift verhältnismäßig leicht umgehen läßt. Bedeutsam könnte sie aber beispielsweise bei nicht mit Umtauschrechten ausgestatteten *junk bonds* sein[569]. Der einen *junk bond* emittierende Bieter sollte sich daher im Zweifelsfalle bei seinem Wirtschaftsprüfer oder einer beteiligten

567 Priv. Ltr. Rul. 88-10-001 und 97-47-021 sowie *Hooker*, The Business Lawyer, Vol. 53 (1998), S. 799/804.

568 § 279(f) sowie § 163(j)(4) *Internal Revenue Code*; *Hooker*, The Business Lawyer, Vol. 53 (1998), S. 799/804.

569 *Mohr/Conston*, Das Umwandlungsrecht und Umwandlungssteuerrecht der USA, U 219, in: Widmann/Mayer, Umwandlungsrecht.

Investmentbank über die steuerliche Abzugsfähigkeit der Zinsleistungen rückversichern[570].

e. Zwischenergebnis

Ihre Merkmale als unbesicherte hochverzinsliche Anleihen erhalten *junk bonds* lediglich durch die konkrete Ausgestaltung im Rahmen der ihnen zugrunde liegenden Anleihebedingungen. Gibt ein über eigenen Geschäftsbetrieb verfügender Bieter unmittelbar *junk bonds* zur Finanzierung des Erwerbs von Anteilen an der Zielgesellschaft aus, sind die *Margin Rules* des *Federal Reserve Board*, die einen solchen Erwerb mengenmäßig beschränken könnten, nicht anwendbar. Dies ist jedoch nur selten der Fall, weil der Bieter das eigene Risiko regelmäßig beschränken will. Die Verwendung von *junk bonds* durch den Bieter kann jedoch im Einzelfall Abwehrmaßnahmen des *board* der Zielgesellschaft rechtfertigen, wenn deren Überschuldung zu befürchten ist. Hierdurch steigt in jedem Fall der vom Bieter zu erbringende Übernahmepreis. Die steuerliche Behandlung von *junk bonds* als Fremd- beziehungsweise Eigenkapital ist insgesamt fraglich und von der Ausgestaltung im jeweiligen Einzelfall abhängig. Anhaltspunkte liefern insofern das *case law*, die Risikoanalyse sowie die Vorschriften des Einkommensteuergesetzes zum *Original Issue Discount* (OID) und der *Applicable High Yield Discount Obligation* (AHYDO).

6. Finanzierung durch *Convertible Bonds*

Schließlich sind als gebräuchliche Form des Fremdkapitals ferner *convertible bonds* (Wandelanleihen) zu nennen. Hierbei hat der Inhaber das Recht, seine Papiere zu von vornherein festgelegten Bedingungen in eine andere Art von Wertpapier zu tauschen. Dies können andere *debt securities*, werden aber regelmäßig *equity securities*, also Aktien der ausgebenden Gesellschaft sein[571]. Denkbar ist es schließlich auch, daß ein Recht zum Tausch in Aktien anderer Gesellschaften vereinbart wird. Dies bietet sich an, wenn der Bieter gleichzeitig mit der feindlichen Übernahme seine übrigen Unternehmensbeteiligungen zurückführen und den Erlös zur Finanzierung des Erwerbs einer großen Publikumsgesellschaft einsetzen möchte, was insbesondere bei Übernahmen mit dem Ziel einer Stärkung des Kerngeschäfts der Gesellschaft vorkommt. Für die Abwick-

---

570 Die Frage, ob die Abzugsfähigkeit der Zinsleistungen auf der Ebene der emittierenden Gesellschaft gemäß § 279 *Internal Revenue Code* tatsächlich beschränkt ist, wird dabei wesentlich von der Ausgestaltung des Finanzierungsinstruments im Einzelfall und den damit verbundenen steuerrechtlichen Konsequenzen abhängen. Im Rahmen der vorliegenden Arbeit kann auf diese Umstände folglich nicht näher eingegangen werden.

571 *Dent*, The Journal of Corporation Law, Vol. 21 (1996), S. 241/243; *Solomon/Schwartz/Bauman/Weiss*, Corporations, S. 227.

lung in dieser Art angelegter Unternehmensentflechtungen gelten *convertible bonds* als ein gut geeignetes Mittel[572].

Infolge des Umtauschs wird der Anleger somit vom Gläubiger zum (Mit-) Eigentümer der Gesellschaft. Für ihn hat das Wandelrecht den Vorteil, daß er neben der Sicherheit seiner Stellung als Anleihegläubiger auch die Möglichkeit zur Spekulation hat. Dem Anleger steht es folglich frei, „*the best of both worlds*" zu wählen[573]. Er wird die Anleihe dann in Aktien umtauschen, wenn der Aktienkurs den Wert des *convertible bonds*, der sich aus dem Wert der Anleihe und dem Wert der Option zusammensetzt und darüber hinaus auch von der Zinsentwicklung am Kapitalmarkt abhängt[574], dauerhaft übersteigt.

Für den Emittenten hat der Umtausch den Zweck, die Fremdkapitalbelastung zu senken. Er muß zwar seinerseits für eine ausreichende Anzahl ausgabefähiger Aktien sorgen[575]. In der Regel erhält er dabei aber einen Aufschlag auf den tatsächlichen Aktienkurs[576]. Eine teilweise vertretene Ansicht sieht ferner einen Vorteil darin, daß es sich bei der Ausgabe von Wandelanleihen um eine Art verzögerter oder zurückgestellter Eigenkapitalfinanzierung (*delayed or deferred equity financing*) handele. Empfindet ein Kapital nachfragender Bieter den Kurs der eigenen Stammaktien als zu niedrig, so wird er auf eine Kapitalerhöhung verzichten. Es ist für ihn dann vorteilhaft, statt dessen einen *convertible bond* zu emittieren, bei dem er den Umtausch der Wertpapiere nach einem entsprechenden Kursanstieg selbst veranlassen kann. Zwar profitieren in diesem Fall auch die Anleihegläubiger von dem Kursanstieg der Stammaktien. Der Emittent, der beim Verkauf einer entsprechenden Option auf den Nichteintritt des Umtauschfalles spekuliert, erhält somit letztlich weniger, als er im Normalfall (Option wird von Anleihegläubigern nicht ausgeübt) erhalten hätte. Andererseits ist dies regelmäßig immer noch mehr, als die Ausgabe von *equity securites* zu niedrigen Kursen erbracht hätte[577]. Dies erklärt den Umstand, warum *convertible bonds* bei amerikanischen Unternehmen ein beliebtes Finanzierungsmittel sind[578].

---

572 *Handelsblatt* vom 07.05.2001.

573 *Brudney/Chirelstein*, Corporate Finance, S. 291; *Dent*, The Journal of Corporation Law, Vol. 21 (1996), S. 241/244.

574 *Brudney/Chirelstein*, Corporate Finance, S. 288 f.

575 *Merkt*, US-amerikanisches Gesellschaftsrecht, S. 240; *Solomon/Schwartz/Bauman/Weiss*, Corporations, S. 228.

576 Anderenfalls würde sich die Ausübung der Wandeloption ja gleich von Beginn an lohnen, was jedoch praktisch nicht der Fall ist; *Handelsblatt* vom 07.05.2001.

577 *Brudney/Chirelstein*, Corporate Finance, S. 289 f.

578 In den Jahren 1980 bis 1985 haben US-amerikanische Gesellschaften zwischen 6 und 10 % ihres langfristigen Kapitals über die Ausgabe von *convertible bonds* finanziert; *Dent*, The Journal of Corporation Law, Vol. 21 (1996), S. 241/243.

Die Ausgestaltung der Wandelanleihen richtet sich ebenso wie die Rechtsposition der Anleihegläubiger nach der im Einzelfall getroffenen vertraglichen Vereinbarung. Emittent und Gläubiger verhandeln dies aber nicht unmittelbar, sondern überlassen dies aus Effizienzgründen auf Seiten der Anleger einem zu diesem Zweck bestellenten Treuhänder (*indenture trustee*). Dieser soll die Interessen der Gesamtheit aller Anleihegläubiger bündeln und bereits bei der vertraglichen Vereinbarung zwischen diesen und dem Emittenten eine stärkere Verhandlungsposition einnehmen, als der einzelne Gläubiger sie hätte. Im Falle einer Vertragsverletzung ist der *indenture trustee* zudem mit der Wahrnehmung möglicher Ansprüche der Anleger befaßt[579]. Im Falle von Interessenkonflikten zwischen den Inhabern der *convertible bonds* und der Unternehmensleitung ergeben sich über diese vertraglichen Vereinbarungen hinaus grundsätzlich keine weiteren Ansprüche der Gläubiger oder Treuepflichten des *board of directors*. Als Ausnahmen von diesem Grundsatz sind jedoch Maßnahmen des *board of directors* anerkannt, die zur Zahlungsunfähigkeit der Gesellschaft führen[580] oder gegen das einzelstaatliche Gesellschaftsrecht verstoßen[581].

a. Gesetzliche Sondervorschriften für *Convertible Bonds*

Im vorliegenden Zusammenhang sind zunächst die in den für das Gesellschaftsrecht bedeutsamen Einzelstaaten getroffenen Sondervorschriften für die Ausgabe von *convertible bonds* darzustellen.

aa. Delaware

In Delaware gelten für die Ausgabe von *convertible bonds* mit § 122(13) Del.Gen.Corp.L. dieselben Vorschriften wie für die Ausgabe herkömmlicher *debt securities*. Dabei kann gemäß § 151 (e) Del.Gen.Corp.L. auf Veranlassung des Anleihegläubigers, der Gesellschaft oder bei Eintritt eines bestimmten Ereignisses in jede andere Wertpapiergattung der Gesellschaft, also auch in im Rang höherwertige Wertpapiere, getauscht werden. Die Festsetzung der Bedingungen der Wandelung beziehungsweise des Umtauschverhältnisses soll dabei gemäß den hierfür in der Gründungsurkunde vorgesehenen Bedingungen erfolgen, sofern die Entscheidung hierüber nicht im Einzelfall dem *board of directors* übertragen ist.

---

579 Siehe weitergehend zur Rolle des *indenture trustee* und zu dem diesbezüglich maßgeblichen Gesetz, dem *Trust Indenture Act* aus dem Jahre 1939: *Brudney/Chirelstein*, Corporate Finance, S. 145 ff.

580 Dann liegt eine Verletzung der dem *board of directors* gegenüber den Inhabern der *convertible bonds* obliegenden Treuepflichten (*fiduciary duties*) vor.

581 *Harff v. Kerkorian*, 324 A.2d 215 (Del. Chancery 1974), sowie *Brudney/Chirelstein*, Corporate Finance, S. 293/296.

bb. R.M.B.C.A.

In den dem R.M.B.C.A. folgenden Bundesstaaten ergibt sich die Befugnis zur Emission von *convertible bonds* bereits aus dem Wortlaut des § 3.02(7) R.M.B.C.A., der vorsieht, daß die von der Gesellschaft ausgegebenen *debt securities* auch in andere Wertpapiere der Gesellschaft wandelbar sein können. Eine Sonderregelung ergibt sich bei kumulativem Vorliegen zweier Voraussetzungen jedoch aus § 6.21(f)(1) R.M.B.C.A. Nach dieser Vorschrift bedarf die Ausgabe von *convertible bonds* eines zustimmenden Beschlusses des Quorums der in dieser Hinsicht stimmberechtigten Aktionäre, wenn:

(i) die [...] Wertpapiere für eine andere Gegenleistung als Bargeld oder ein entsprechendes Äquivalent[582] ausgegeben werden, und
(ii) sich ferner der Anteil der stimmberechtigten Aktien als Ergebnis dieser Transaktion um mehr als 20 % erhöht[583].

Im Ergebnis kommt ein Zustimmungserfordernis der stimmberechtigten Aktionäre zur Ausgabe von *convertible bonds* folglich nur dann in Betracht, wenn einerseits ein so erheblicher Teil der Transaktion fremdfinanziert ist, daß dies zu einem entsprechenden Anstieg der Stimmrechte führt, und andererseits eine „unbare" Gegenleistung vorliegt. Plant der Bieter die Ausgabe von Wandelanleihen gegen Bargeld an das Publikum, um hiervon den Aktionären der Zielgesellschaft für ihre Aktien eine zumindest teilweise aus Bargeld bestehende Gegenleistung zu bieten, bleibt dieser Ausgabevorgang zustimmungsfrei. Erhält die Bietergesellschaft hingegen unmittelbar von den Aktionären der Zielgesellschaft deren Anteile als Gegenleistung für die *convertible bonds,* ist dieser Vorgang zustimmungspflichtig, sofern sich die Anzahl der Stimmrechte entsprechend erhöht.

In der Unternehmenspraxis wird die Bietergesellschaft aber regelmäßig den zuerst genannten zustimmungsfreien Weg wählen. Dies liegt einerseits daran, daß die Bietergesellschaft zur Vereinfachung der Transaktion regelmäßig bemüht ist, gegebenenfalls notwendige Zustimmungserfordernisse zu vermeiden. Fraglich

---

[582] Als derartiges Äquivalent gelten grundsätzlich nur solche Wertpapiere, die eine Laufzeit von weniger als drei Monaten haben oder so liquide sind, daß sie jederzeit in Bargeld umgetauscht werden können, siehe Official Comment zu § 6.21, *3. Shareholder Approval Requirement für Certain Issuances*, der als Beispiele *Treasury Bills*, hochwertige *Commercial Papers* oder Geldmarkt-Fonds nennt.

[583] Diesbezüglich kommt es bei *convertible bonds* auf die bei Ausübung aller *conversion rights* maximal mögliche Erhöhung der Stimmrechte an, siehe § 6.21(f)(2)(i) und Official Comment zu § 6.21, *3. Shareholder Approval Requirement für Certain Issuances*. Die Bestimmung beruht auf einer im Jahre 1999 eingeführten Änderung des R.M.B.C.A., vgl. *Hamilton*, The Law of Corporations, S. 633.

ist im vorliegenden Zusammenhang bereits, in welchem Umfang überhaupt Fremdkapital zur Finanzierung der Transaktion heranzuziehen ist. Im Zweifelsfalle erreicht der Bieter eine Zustimmungsfreiheit jedenfalls durch die Ausgabe von *convertible bonds*, die zu einem Anstieg der Stimmrechte von lediglich knapp unter 20 % führen. Andererseits hat aber auch die mit einer Barkomponente statt mit einer Anleihe versehene Gegenleistung für die Aktionäre der Zielgesellschaft einen besonderen Reiz und erhöht deshalb die Wahrscheinlichkeit der Akzeptanz des Umtauschangebotes. Insofern ist im Sinne dieser Arbeit davon auszugehen, daß die in den diesbezüglich den R.M.B.C.A. übernehmenden Staaten geltende Sondervorschrift einen zustimmenden Beschluß der stimmberechtigten Aktionäre zur Ausgabe von *convertible bonds* nicht erfordert.

cc. New York

Auch § 519 N.Y.Bus.Corp.L. enthält Regelungen für die Ausgabe von *convertible bonds*. Vorbehaltlich abweichender Bestimmungen in den *articles of incorporation*, in § 513[584] sowie den Absätzen (c) und (d) des § 519 N.Y. Bus.Corp.L. kann die *corporation* Aktien oder Anleihen begeben, die nach Wahl des Inhabers, der Gesellschaft oder dritter Personen oder nach Eintritt eines bestimmten Ereignisses in jegliche Aktien, Aktien einer bestimmten Gattung, Bargeld, andere Eigentumswerte, Verpflichtungen oder Wertpapiere derselben oder einer anderen Gesellschaft wandel- beziehungsweise austauschbar sind[585].

Gibt es einen zustimmenden Beschluß der Aktionäre zur Ausgabe dieser in Aktien der Gesellschaft wandelbaren Aktien oder Anleihen, kann dieser Beschluß den *board of directors* ermächtigen, die Anzahl der *authorized shares* in dem Umfang zu erhöhen, der gemeinsam mit den zur Ausgabe zugelassenen aber noch nicht ausgegebenen Aktien zur Bedienung der ausgeübten Wandelrechte notwendig ist[586].

Gemäß § 519(c) N.Y.Bus.Corp.L. sollen jedoch keine in Aktien der Gesellschaft wandelbaren Anleihen oder Aktien ausgegeben werden, bevor:

(1) eine ausreichende Anzahl von *authorized but unissued shares* oder *treasury shares* der maßgeblichen Gattung vom *board of directors* zum Zwecke der Bedienung ausgeübter Wandelrechte reserviert wurde;
(2) die Gesamtmenge der mit den *convertible bonds or shares* ausgegebenen Wandelrechte nicht mindestens durch die Gesamtmenge der vom *board* nach

[584] Vorschriften über den Rückerwerb (*repurchase*), die Einziehung (*redemption*) und die Umwandlung (*conversion or exchange*) von Aktien.
[585] § 519(a) N.Y.Bus.Corp.L.
[586] § 519(b) N.Y.Bus.Corp.L.

(1) reservierten und nach Absatz § 519(b) N.Y.Bus.Corp.L. ausgabefähigen Aktien gedeckt ist; oder

(3) im Falle der Umwandlung von Stammaktien einer Gattung in andere Wertpapiere als Stammaktien einer anderen Gattung, nicht mindestens eine Gattung der nicht an dieser Umwandlung beteiligten Stammaktien ausgegeben bleibt. Ausgenommen von dieser Regelung sind jedoch Gesellschaften im Sinne des § 512(b) N.Y.Bus.Corp.L., für die Sondervorschriften bei der Einziehung von Aktien gelten[587].

Nach § 519(d) N.Y.Bus.Corp.L. dürfen keine Wandelrechte auf Aktien oder Anleihen eingeräumt werden, wenn dies dazu führt, daß die Gesellschaft als Gegenleistung weniger erhält als sie bei der Ausgabe neuer Aktien erhalten würde. Die Gegenleistung für Aktien, die infolge der Ausübung eines Wandelrechts zur Ausgabe kommen, richtet sich nach § 504(g) N.Y.Bus.Corp.L.

Gemäß § 519(e) N.Y.Bus.Corp.L. sollen diejenigen Anleihen, deren Wandelrecht ausgeübt wurde, von der Gesellschaft aufgehoben und nicht wieder ausgegeben werden, sofern dies nicht in Übereinstimmung mit den Bestimmungen über die Ausgabe von *convertible bonds* ausnahmsweise möglich ist.

b. Denkbare vertragliche Vereinbarungen zur Absicherung der Gläubiger vor bestimmten Risiken

Neben den zuvor genannten gesetzlichen Regelungen sind jedoch auch die zwischen dem Emittenten und den vom *indenture trustee* vertretenen Anlegern getroffenen vertraglichen Vereinbarungen zu beachten. Die im vorliegenden Zusammenhang auftretenden Risiken sind daher nachfolgend mit jeweils denkbaren Lösungsansätzen aufzuzeigen.

aa. Gefahr der Verwässerung der Option

Macht das durch die Ausgabe von *convertible bonds* aufgenommene Fremdkapital, wie im vorliegenden Zusammenhang angenommen[588], neben einer weiteren Eigenkapitalfinanzierung nur einen Teil des insgesamt zu finanzierenden Kaufpreises aus, besteht die Gefahr einer Verwässerung der Interessen der Optionsinhaber. Die Anleihebedingungen sehen eine Option zum Erwerb von Stammaktien zu einem festgeschriebenen Preis über einen langen Zeitraum vor. Während dieses Zeitraums sind aber tiefgreifende Veränderungen in der Gesell-

---

[587] Diese sollen vorliegend jedoch unbeachtet bleiben.

[588] Der zur Finanzierung der feindlichen Übernahme einer großen Publikumsgesellschaft notwendige Kapitalbedarf ist regelmäßig so hoch, daß eine alleinige Fremdkapitalfinanzierung ausgeschlossen ist. Vgl. § 1 I. 3. b. bb. Verwendete Finanzierungsformen.

schaft und insbesondere in deren Finanzstruktur möglich, beispielsweise durch einen Aktienrückkauf, erhebliche Dividendenzahlungen oder die Ausgabe von Gratisaktien als Dividendenersatz. Treten solche Veränderungen ein, machen die Aktien, in die die *convertible bonds* getauscht werden sollen, einen geringeren Teil des Grundkapitals der Gesellschaft oder des Gesellschaftsvermögens aus als dies ursprünglich vorgesehen war[589]. Die Gefahr einer Verwässerung besteht auch im vorliegenden Zusammenhang, wenn die Bietergesellschaft zur Durchführung ihres Vorhabens im Rahmen der Eigenkapitalfinanzierung das Kapital erhöht oder eigene Aktien zurückerwirbt.

Deshalb sehen viele der vertraglichen Vereinbarungen für solche Fälle besondere Regeln (sogenannte *covenants*) zum Schutz der Anleger vor einer Verwässerung vor. So bietet sich zum Anlegerschutz beispielweise ein sogenanntes *restricted payment covenant* an, bei dem die Möglichkeiten der Gesellschaft zum Aktienrückerwerb oder zur Ausschüttung einer Dividende an die Aktionäre vertraglich beschränkt sind[590]. Die Erfahrung zeigt allerdings, daß sich oftmals nicht alle denkbaren Formen möglicher Beeinträchtigungen vertraglich regeln lassen. Während die Frage, ob ein bestimmter Sachverhalt unter einen der vertraglich vorgesehenen Sachverhalte fällt, im Einzelfall einer gerichtlichen Überprüfung unterliegt, ergibt sich ferner auch ein weiteres grundsätzliches Problem. Fraglich ist nämlich oftmals, ob die im Einzelfall getroffene Schutzklausel in der Weise zu verstehen ist, daß dem Inhaber der Wandelanleihe das proportionale Interesse an der Gesellschaft, in deren Anteile seine Anleihe gewandelt wird, dadurch erhalten bleibt, daß sich der Optionspreis oder das Umtauschverhältnis entsprechend verändern. Denkbar ist nämlich auch die Auslegung, daß er durch die Anlegerschutzklausel zur Ausübung seiner Option oder dazu gezwungen wird, eine entsprechende Verwässerung im Falle der Nichtausübung hinzunehmen. Die letzgenannte Alternative liegt beispielsweise dann vor, wenn die Gesellschaft den Gläubiger des *convertible bond* durch eine Benachrichtigung über die beabsichtigte Änderung in der Kapitalstruktur rechtzeitig informiert und dazu auffordert, entweder seine Option auszuüben oder eine mögliche Verwässerung hinzunehmen. Hierdurch kann es aber zu einer Benachteiligung des Anleihegläubigers kommen, falls die Änderung der Kapitalstruktur zu einem Zeitpunkt stattfindet, in dem der Kurs der Aktien unter dem im Falle der Ausübung der Option zu zahlenden Preis liegt[591].

---

589 *Brudney/Chirelstein*, Corporate Finance, S. 299.

590 *Kahan/Yermack*, The Journal of Law, Economics & Organization, Vol. 14 (1998) S. 136/142 f.; *Dent*, The Journal of Corporation Law, Vol. 21 (1996), S. 241/247; *Brudney/Chirelstein*, Corporate Finance, S. 167 f., die dies allerdings *dividend payment covenant* nennen.

591 *Brudney/Chirelstein*, Corporate Finance, S. 299.

Weil im vorliegenden Zusammenhang, der nur teilweisen Finanzierung des Vorhabens mittels *convertible bonds*, wegen der weiteren Maßnahmen im Rahmen der Eigenkapitalfinanzierung von einer Beeinträchtigung der Rechte des Optionsinhabers von vornherein auszugehen ist, sind entsprechende deutlich gefaßte Anlegerschutzklauseln, wie beispielsweise *restricted payments covenants*, aus Sicht der Gläubiger wünschenswert. Insofern sollte die Bietergesellschaft damit rechnen, daß der *indenture trustee* auf solche Klauseln drängt und sie hierauf unter Umständen auch eingehen muß.

bb. Weitere typische Anlegerschutzklauseln (*covenants*)

Neben den schon soeben erwähnten *restricted payments covenants* gibt es weitere typische Anlegerschutzklauseln, die in den Vertragsbedingungen (*indentures*) eines *convertible bond* vorkommen können[592].

Dies sind einerseits sogenannte *debt covenants*, bei denen die Möglichkeiten der Gesellschaft, weiteres Fremdkapital aufzunehmen, beschränkt sind[593], und *investment covenants*, bei denen der Gesellschaft bestimmte Arten von Investitionen verboten sind[594]. Andererseits kann es sich um *sale of assets covenants* handeln, wonach die Gesellschaft beim Rückkauf der Anleihe das Verfahren über den Verkauf bestimmter Vermögensgegenstände einhalten muß. Schließlich kann es sich auch um *affiliate transaction covenants* handeln, bei denen die Möglichkeiten bestimmter Geschäfte mit verbundenen Unternehmen oder Aktionären eingeschränkt sind. Insbesondere die letztgenannten Anlegerschutzklauseln sind ein aus der Sicht der Anleger wünschenswertes Mittel, wenn wie im vorliegenden Zusammenhang die Ausgabe der *convertible bonds* nur einen Teil eines umfangreicheren Vorhabens darstellt, an dessen Ende eine Verschmelzung mit der Zielgesellschaft steht. Dies spricht dafür, daß ein die Emission von Wandelanleihen planender Bieter sich auf die Vereinbarung dementsprechender Klauseln einzustellen hat.

cc. *Convertible Bonds* in der Praxis oftmals ohne Anlegerschutzklauseln

In einer 1998 veröffentlichten Studie stellen *Kahan* und *Yermack* allerdings fest, daß vertragliche Klauseln zur Absicherung der Anleihegläubiger (*covenants*) bei öffentlich gehandelten *convertible bonds* nahezu niemals vorkommen[595]. Aus der

---

592 Erläuterungen nach *Kahan/Yermack*, The Journal of Law, Economics & Organization, Vol. 14 (1998), S. 136/142 f.

593 Siehe zu dieser Art der *covenants* auch *Brudney/Chirelstein*, Corporate Finance, S. 167 f., die sie allerdings als *financing policy covenants* bezeichnen.

594 Siehe auch *Brudney/Chirelstein*, Corporate Finance, S. 168.

595 *Kahan/Yermack*, The Journal of Law, Economics & Organization, Vol. 14 (1998), S. 136 ff.

Sicht des Bieters spricht dieser Umstand grundsätzlich für den Einsatz von Wandelanleihen zur Finanzierung eines feindlichen Übernahmeangebotes auf eine große Publikumsgesellschaft. Der Bieter will wegen des mit einem solchen Vorhaben verbundenen Risikos nämlich regelmäßig jegliche Absicherung der Anleihegläubiger vermeiden, weil diese im Umkehrschluß zu einer Einschränkung oder sogar Haftung führen kann.

Grundlage der Studie von *Kahan* und *Yermack* ist eine Untersuchung von 192 während der Jahre 1993 und 1994 öffentlich plazierten Anleihen, wobei 64 davon *convertible bonds* und die 128 übrigen gewöhnliche Anleihen (*straight bonds*) waren. Alle Anleihen verfügten dabei über dieselbe oder eine vergleichbare Bonität, so daß eine unterschiedliche Ausgestaltung nicht auf einem möglicherweise unterschiedlichen Risiko der Wertpapiere beruhen kann[596]. Zugrundeliegende These der Autoren ist die Annahme, daß Anlegerschutzklauseln die Entscheidungsfreiheit der Unternehmensleitung einschränken und somit die *agency costs of debt* erhöhen. Hat die Unternehmensleitung des Emittenten hingegen Investitionsalternativen, sinken einerseits die Überwachungskosten; andererseits werden Kapitalgeber die Unternehmensleitung nur selten in ihrer Entscheidungsfreiheit einschränken wollen, weil sie hierdurch möglicherweise wertschöpfende Alternativen ausschließen. Deshalb kommen *covenants* seltener vor. Auch durch das Wandelrecht können die *agency costs of debt* jedoch sinken, denn hierbei hat auch der Anleihegläubiger vergleichbare Anlagealternativen. Entwickelt sich das Geschäft der ausgebenden Gesellschaft normal oder schlecht, hat der Gläubiger die Sicherheit einer festverzinslichen Anlage. Entwickelt sich das Geschäft hingegen überdurchschnittlich, kann der ursprüngliche Anleihegläubiger durch die Ausübung seiner Wandeloption an den Gewinnen der Unternehmensstrategie profitieren. Insofern liegt es auch in seinem Interesse, der Unternehmensleitung einen möglichst weiten Entscheidungsspielraum zu belassen und deshalb auf restriktive Anlegerschutzklauseln weitgehend zu verzichten[597].

Im Rahmen der Studie wurden die zuvor genannten *convertible* - und *straight bonds* auf das Vorhandensein typischer Anlegerschutzklauseln untersucht[598]. Während *debt* -[599], *investment* -[600], *sale of assets* -[601], *restricted payments* [602] oder

[596] *Kahan/Yermack*, The Journal of Law, Economics & Organization, Vol. 14 (1998), S. 136/ 136 f.

[597] *Kahan/Yermack*, The Journal of Law, Economics & Organization, Vol. 14 (1998), S. 136/ 137 ff.

[598] Sämtliche Erläuterungen und Ergebnisse nach *Kahan/Yermack*, The Journal of Law, Economics & Organization, Vol. 14 (1998), S. 136/142 f.

[599] Diese Anlegerschutzklauseln kamen bei 2 % der *convertible bonds* und 74 % der *straight bonds* vor.

affiliate transaction covenants[603] bei höchstens 6 % der *convertible bonds* vorkamen, waren sie bei mindestens 45 % teilweise aber sogar 70 % der *straight bonds* gleicher Bonität vereinbart[604]. Zu berücksichtigen ist bei diesen Ergebnissen jedoch, daß die Studie unabhängig vom Verwendungszweck der jeweiligen Anleihe und zudem in einem (Beobachtungs-)Zeitraum erfolgt ist, in dem US-amerikanische Unternehmen oftmals schon auf feindliche Übernahmeangebote zugunsten der kostengünstigeren freundlichen Alternative verzichteten. Die spezifische Bedeutung von *covenants* bei der Finanzierung feindlicher Übernahmen mittels *convertible bonds* läßt sich daher aus diesen Zahlen ebensowenig herausarbeiten wie die Bedeutung einzelner Klauseln in diesem Zusammenhang[605]. Dennoch zeigt die Studie deutlich, daß Anlegerschutzklauseln bei Wandelanleihen objektiv wesentlich seltener sind als bei anderen Anleiheformen. Als Ergebnis der Untersuchung ist somit festzuhalten, daß Gesellschaften mit Investitionsalternativen bei der Ausgabe von *debt securities* tendenziell auf die Vereinbarung einer Wandeloption drängen und insofern auf restriktive *covenants* verzichten[606]. Auch andere Untersuchungen stützen diese Feststellung[607]. Ein solches Ergebnis liegt ferner im Interesse potentieller Bietergesellschaften bei der Finanzierung der feindlichen Übernahme einer großen Publikumsgesellschaft. Bei einem solchen Vorhaben sind die Kaufpreise und in Abhängigkeit davon auch die Anleihevolumina regelmäßig sehr hoch. Ferner bedarf es eines großen unternehmerischen Gestaltungsspielraums, um die in der Zielgesellschaft vorhandenen Mittel optimal zu nutzen. Dies ist die Voraussetzung für einen Erfolg der Transaktion, der jedoch durch die Vereinbarung von *investment* - oder *affiliate transaction covenants* eingeschränkt werden könnte. Sind solche Anlegerschutzklauseln nicht vereinbart, hat der emittierende Bieter einerseits die erforderliche unternehmerische Freiheit und trägt andererseits ein geringeres Haftungsrisiko.

Für die Anleger reduzieren sich wegen des Fehlens von Anlegerschutzklauseln die Kosten der Überwachung ihrer Berücksichtigung durch den Emittenten. Gleichzeitig können sie von den positiven Folgen des der Unternehmensleitung überlassenen Entscheidungsspielraums durch Ausübung ihrer Option profitieren,

---

600 2 % der *convertible bonds* und 45 % der *straight bonds*.

601 0 % *convertible bonds*, aber 66 % der *straight bonds*.

602 2 % der *convertible bonds* und 73 % der *straight bonds*.

603 6 % der *convertible bonds* und 73 % der *straight bonds*.

604 Siehe zu den Einzelergebnissen die vorgenannten Fußnoten.

605 Auffallend ist hierbei beispielsweise, daß *affiliate transaction covenants* dreimal so häufig wie die übrigen Anlegerschutzklauseln bei *convertible bonds* vorkommen.

606 *Kahan/Yermack*, The Journal of Law, Economics & Organization, Vol. 14 (1998), S. 136/150 f.

607 *Bratton*, Wisconsin Law Review 1984, S. 667/673; *Dent*, The Journal of Corporation Law, Vol. 21 (1996), S. 241/246 f.

ohne dabei das volle unternehmerische Risiko zu tragen. Vor nachteiligen Folgen schützt sie nämlich grundsätzlich die Sicherheit der Anleihe. Andererseits richtet sich diese neben der Verzinsung und der Rückzahlung des ursprünglichen Anleihebetrages aber wesentlich nach den weiteren Anleihebedingungen. Der Verzicht auf Anlegerschutzklauseln erhöht dabei die Gefahr für die Anleger, bestimmten für sie nachteiligen Veränderungen in der emittierenden Gesellschaft oder deren Kapitalstruktur schutzlos ausgeliefert zu sein. Insofern werden sie zumindest für die bereits im Ausgabezeitpunkt absehbaren Veränderungen eine entsprechende Regelung treffen wollen. Macht die Ausgabe der *convertible bonds* nur einen Teil eines umfangreicheren Vorhabens aus, bei dem es auch zu einer Verschmelzung des Emittenten mit der Zielgesellschaft kommen soll, empfiehlt sich für die Anleger die Vereinbarung eines entsprechend deutlich gefaßten *affiliate transaction covenant*. Dies gilt jedenfalls dann, wenn das Gesamtvorhaben im Zeitpunkt der Emission bereits öffentlich bekannt ist. Hierauf muß sich der Bieter einstellen. Im Rahmen eines *affiliate transaction covenant* kann jedoch die konkret geplante Transaktion als zulässig vereinbart werden, wohingegen andere Transaktionen nur in beschränktem Maße zulässig sind. Dies bedeutet andererseits, daß der *convertible bond* erst nach der Veröffentlichung des feindlichen Übernahmeangebotes und gegen Bargeld ausgegeben werden dürfte.

c. Zustimmungsbedürfnis nach Börsenzulassungsvorschriften

Nach den Zulassungsbedingungen der nationalen Wertpapierbörsen bedarf es ferner dann eines zustimmenden Beschlusses der Aktionäre einer Gesellschaft, die *convertible bonds* begeben möchte, wenn dies zu einem Anstieg der stimmberechtigten Aktien um bis zu 20 % führen könnte[608]. Hierfür gelten im übrigen dieselben Bedingungen wie im Rahmen einer Kapitalerhöhung, so daß auf die dortigen Ausführungen zu verweisen ist[609].

d. Schlechte Bonität der *Convertible Bonds*

Die zuvor genannte Untersuchung von *Kahan* und *Yermack* ergab ferner, daß ein hoher Anteil der öffentlich emittierten *convertible bonds* eine nur sehr geringe Bonität aufweist. 54 der 64 untersuchten Anleihen, dies entspricht einem Anteil

---

608 Siehe New York Stock Exchange Listed Company Manual Rule 312.03(c)(1), American Stock Exchange Company Guide Rule 712(b) und NASDAQ Stock Market Rule 4310(c)(25)(H)(i); sowie *American Law Institute*, Buying, Selling and Merging Businesses, S. 106; *Oesterle*, The Law of Mergers and Acquisitions, S. 109 f.

609 Vgl. § 4 I. 1. a. cc. Sondervorschriften für börsennotierte Bietergesellschaften und § 4 I. 1. b. bb. Zustimmungsbedürfnis aufgrund der Börsenzulassungsvoraussetzungen.

von 84 %, hatten ein Rating, das dem von *junk bonds* vegleichbar ist[610]. Dies erscheint angesichts der Tatsache, daß das Fehlen von Anlegerschutzklauseln zu einem höheren Risiko der Anleger führt, auch nachvollziehbar. Andererseits wird dieser Umstand regelmäßig zu einem Risikoaufschlag in Form einer höheren Verzinsung der Anleihe führen.

e. Behandlung von *Convertible Bonds* als *equity* oder *debt* im Wertpapierrecht

Die nur selten vorhandenen Anlegerschutzklauseln und die geringe Bonität der *convertible bonds* deuten auf starke Ähnlichkeiten mit *junk bonds* hin und werfen ihrerseits wiederum die Frage auf, ob es sich bei *convertible bonds* um Finanzierungsmittel des Fremd- (*debt*) oder Eigenkapitals (*equity*) handelt[611]. Diese Frage gewinnt zusätzlich dadurch an Gewicht, daß selbst § 3(a)(11) SEA (1934) solche Wertpapiere, die mit oder ohne Gegenleistung in Aktien wandelbar sind, als „*equity securities*" bezeichnet. Aufgrund dieser Vorschrift wurde beispielsweise ein wegen einer Verletzung des SEA (1934) klagender Anleihegläubiger als Aktionär im Sinne dieses Gesetzes betrachtet und seine nur Aktionären offenstehende Klage deshalb für zulässig erklärt[612]. Insofern sind *convertible bonds* nach dem Wertpapierrecht des Bundes als Eigenkapital einzuordnen[613]. Dies hat zur Folge, daß der Bieter die Vorschriften der *Federal Securities Laws* zu berücksichtigen hat, sofern seine *convertible bonds* öffentlich gehandelt werden. Insofern kommen auf § 10(b) SEA (1934) beruhende Ansprüche der Anleihegläubiger in Betracht, wenn auf Seiten des Emittenten ein Verhalten vorliegt, das im Zusammenhang mit dem Erwerb oder Verkauf von Wertpapieren mit manipulativer Absicht erfolgt und ungesetzlich ist, weil es den Regelungen widerspricht, deren Erlaß die S.E.C. im öffentlichen Interesse oder zum Anlegerschutz als notwendig oder angemessen erachtet hat. Insbesondere sind Verträge, die den Inhabern einer Anleihe einen vertraglichen Anspruch auf Umwandlung ihrer Papiere in andere Wertpapiere gewähren, als Verträge über den Erwerb oder Verkauf von Wertpapieren zu werten, so daß beispielsweise den Gläubigern von *convertible bonds* nach der Rechtsprechung eine Klageberechtigung zusteht[614].

---

610 Dieses zeigt sich beispielsweise an einem Rating von maximal „Ba" durch die Ratingagentur Moody's; *Kahan/Yermack*, The Journal of Law, Economics & Organization, Vol. 14 (1998), S. 136/140.

611 *Dent*, The Journal of Corporation Law, Vol. 21 (1996), S. 241/247 ff.

612 *Hoff v. Sprayregan*, S.D.N.Y., 52 F.R.D. 243 (1971).

613 *Brudney/Chirelstein*, Corporate Finance, S. 295.

614 *Pittsburgh Terminal Corp. v. The Baltimore and Ohio Railroad Co.*, 459 U.S. 1056 (1982), III. A.; *Brudney/Chirelstein*, Corporate Finance, S. 305.

Weil die Gläubiger eines *convertible bond* einen Anspruch auf Erwerb von Aktien der Gesellschaft unter bestimmten Bedingungen und zu einem bestimmten Preis haben, besteht ihrerseits regelmäßig auch ein großes Interesse an den wesentlichen diese Aktien betreffenden Tatsachen. Beeinträchtigt ein Emittent dieses Interesse beispielsweise dadurch, daß er Aktien der Gesellschaft zurückerwirbt oder deren Kapital erhöht, kann dies im Falle eines betrügerischen oder manipualtiven Verhaltens zur Ungesetzlichkeit dieses Vorgehens nach S.E.C. Rule 10b-5 führen. Die ausgebende Gesellschaft kann dem jedoch mit einer entsprechenden Offenlegung begegnen[615]. Im Falle der Beeinträchtigung der Optionsinhaber infolge übermäßiger Dividendenausschüttungen an die Aktionäre kommt ein Verstoß gegen S.E.C. Rule 10b-17(b)(1)(v) in Betracht.

Wenn die Absicht des Bieters von vornherein bekannt ist, den Erlös der Anleiheemission zur Finanzierung einer feindlichen Übernahme auf eine große Publikumsgesellschaft zu verwenden und im Anschluß daran eine Verschmelzung mit der Zielgesellschaft durchzuführen[616], empfiehlt es sich aus dessen Sicht, zum Zwecke der Haftungsbegrenzung eine entsprechende Klausel für den Fall eines *merger* in die *indentures* aufzunehmen. Hierin kann einerseits geregelt sein, wie die Option der Anleihegläubiger unter welchen Bedingungen in diesem Fall zu behandeln ist. Andererseits wird das Vorhaben mit seinen konkreten Folgen für die Inhaber der *convertible bonds* dabei von vornherein offengelegt. Sofern dies in ausreichendem Maße und ohne Fehler geschieht, verringert der Emittent hierdurch sein Risiko einer Haftung gegenüber den Anlegern nach den aus § 10(b) SEA (1934) folgenden Vorschriften. In Betracht kommt insofern beispielsweise eine Klausel, die dem Gläubiger einer Wandelanleihe die „*continuation of the conversion privilege in case of a merger*" zusichert[617].

Hingegen verstößt ein Emittent mit der Emission von *convertible bonds* ohne die Offenlegung bereits zu diesem Zeitpunkt feststehender konkreter Über-

---

[615] Siehe hierzu *Pittsburgh Terminal Corp. v. The Baltimore and Ohio Railroad Co.*, 459 U.S. 1056 (1982), abweichende Meinung des Richters Garth, II. Dabei handelt es sich um eine konkrete Offenlegungspflicht; *Brudney/Chirelstein*, Corporate Finance, S. 309; *Clark*, Corporate Law, S. 635; *Merkt*, US-amerikanisches Gesellschaftsrecht, S. 286 und S. 454. Abstrakte Pflichten können für *public corporations* daneben aus den bundesrechtlichen Vorschriften über periodische Mitteilungen wesentlicher Änderungen und den Offenlegungsvorschriften der nationalen Börsen folgen. So bestimmt z.B. § 202.05 New York Stock Exchange Company Manual: „*A listed company is expected to release quickly to the public any news or information which might reasonably be expected to materially affect the market for it's securities.*"

[616] Wie es im vorliegenden Zusammenhang anzunehmen ist.

[617] *Pittsburgh Terminal Corp. v. The Baltimore and Ohio Railroad Co.*, 459 U.S. 1056 (1982), abweichende Meinung des Richters Adams, I.; *Brudney/Chirelstein*, Corporate Finance, S. 315.

nahmepläne, zu deren Finanzierung das aufgenommene Kapital dienen soll, nicht in erster Linie gegen die auf § 10(b) SEA (1934) beruhenden Vorschriften. Vielmehr liegt hierin vorrangig ein Verstoß gegen die Vorschriften über das öffentliche Angebot (*public offering*) von Wertpapieren, die jedoch im einzelnen erst nachfolgend zu behandeln sind[618].

Die Behandlung von *convertible bonds* als *equity* im Sinne der *Federal Securities Laws* bedeutet aber nicht automatisch, daß sich eine entsprechende Beurteilung auch aus dem einzelstaatlichen Gesellschaftsrecht ergibt oder ergeben muß. Vielmehr ist insbesondere nach dem Recht des Staates Delaware eine Behandlung von *convertible bonds* als Fremdkapital üblich, so daß der Inhaber solcher Anleihen bis zur Ausübung seiner Option als Gläubiger und erst danach als Eigentümer der begebenden Gesellschaft zu bezeichnen ist[619]. Folglich kommt es für die Beurteilung immer auf das relevante Rechtsgebiet und die insofern einschlägige Rechtsordnung an.

f. Steuerrechtliche Behandlung von *Convertible Bonds*

aa. Behandlung wie andere *debt instruments*

Grundsätzlich gelten *convertible bonds* in steuerlicher Hinsicht als *debt instruments*. Zwar wird im Gegensatz zu *junk bonds* bei gewöhnlichen Wandelanleihen regelmäßig davon auszugehen sein, daß diese aus steuerlicher Sicht als Fremdkapital zu betrachten sind. In Einzelfällen, insbesondere wenn Elemente beider Anleiheformen miteinander verbunden werden, können sich diesbezüglich aber wiederum Abgrenzungsfragen stellen. Das Wandelrecht selbst wird dabei jedoch als ein dem Wesen dieses Finanzierungsinstrumentes innewohnendes Element betrachtet und führt insofern regelmäßig nicht zu einer besonderen Bewertung. Folglich führt es unter normalen Umständen auch nicht zu einem Ausgaberabatt (OID)[620] und ebenfalls nicht zur Anwendung der Regelung über

---

618 Vgl. hierzu § 4 III. Öffentliches Angebot (public *offering)* von Wertpapieren.

619 Siehe *Gamble v. Penn Valley Crude Oil Corp.*, 104 A.2d 257 (Del. Chancery 1954), S. 260 („The holder of an option to purchase stock is not an equitable stockholder of the corporation"); *Wolfensohn v. Madison Fund, Inc.*, 253 A.2d 72 (Del.Supr. 1969), S. 75 („Debenture holders are not stockholders and their rights are determined by their contracts"); *Harff v. Kerkorian*, 324 A.2d 215 (Del. Chancery 1974) („Notwithstanding these arguments, the conclusion is inescapable that plaintiffs [*the holders of convertible bonds*] are creditors of MGM and simply do not have standing to maintain a stockholder`s derivative action under Delaware Law"); sowie *Brudney/Chirelstein*, Corporate Finance, S. 294 f.

620 Wie dies beispielsweise der Fall wäre, wenn das Recht zum Erwerb von Aktien des Emittenten wie bei einem *warrant* als selbständige Komponente einer *investment unit* behandelt würde. *Hooker*, The Business Lawyer, Vol. 53 (1998), S. 799/804.

Applicable High Yield Discount Obligation (AHYDO), weil hierfür ein hoher OID Voraussetzung wäre[621].

Im Falle der Aufnahme von Fremdkapital zum Zwecke des Unternehmenskaufs zählt jedoch insbesondere die Vereinbarung eines Wandelrechtes gemäß § 279 *Internal Revenue Code* zu den Voraussetzungen einer möglichen Beschränkung der Abzugsfähigkeit von Zinsleistungen auf jährlich 5 Mio. US-$[622]. Wie bereits im Rahmen der *junk bond*-Finanzierung dargestellt, läßt sich diese Vorschrift aber im übrigen leicht umgehen, so daß es bezüglich der steuerlichen Behandlung stark auf die Ausgestaltung im Einzelfall ankommt. Deshalb ist diesbezüglich die Rücksprache mit Wirtschaftsprüfern und Investmentbanken zu empfehlen.

bb. Besondere steuerliche Aspekte bei Verwendung von *Convertible Bonds*

Nach dem *Taxpayer Relief Act*[623], der 1997 in den *Internal Revenue Code* übernommen wurde und für alle Fremdkapitalinstrumente gilt, die nach dem 08. Juni 1997 ausgegeben wurden, kann die Abzugsfähigkeit der auf *convertible bonds* gezahlten Zinsen ferner ganz ausgeschlossen sein. Dies ist nach § 163(l) *Internal Revenue Code* der Fall, wenn:

(i) der Emittent (oder eine mit ihm verbundene Partei) eine Option darauf hat, einen wesentlichen Betrag der Hauptschuld (*principal*) oder der Zinsen mit Eigenkapital des Emittenten (oder einer mit ihm verbundenen Partei) zu bezahlen oder in dieses zu wandeln,

(ii) ein wesentlicher Betrag der Hauptschuld oder der Zinsen dafür vorgesehen ist, in Abhängigkeit zum Wert des Eigenkapitals des Emittenten (oder einer mit ihm verbundenen Partei) bestimmt zu werden, oder

(iii) der Anleihegläubiger eine Option darauf hat, eine entsprechende Zahlung, Umwandlung oder Bestimmung zu veranlassen und diese Option auch mit erheblicher Sicherheit (*substancial certainty*[624]) ausüben wird.

---

621 § 163 Internal Renenue Code sowie § 4 II. 5. d. bb. (2) Einschränkung der steuerlichen Abzugsfähigkeit von Zinsen im Falle der *Applicable High Yield Discount Obligation* (AHYDO).

622 Vgl. zu deren Voraussetzungen oben, § 4 II. 5. d. bb. (3) Beschränkung der Abzugsfähigkeit von Zinsleistungen im Falle der Verschuldung (Indebtedness) zum Zwecke des Unternehmenskaufs.

623 Pub. L. No. 105-34, 111 Stat. 788 (1997).

624 Eine solche erhebliche Sicherheit liegt nicht vor, wenn der Preis des *convertible bond* den Marktpreis der Aktien am Ausgabetag wesentlich übersteigt.

Dies spricht aus der Sicht des Bieters dafür, nur einen Teil der zur Finanzierung der feindlichen Übernahme einer großen Publikumsgesellschaft ausgegebenen Anleihen mit einem Recht zur Umwandlung in eigene Aktien auszustatten. Insofern kann sich beispielsweise ein Recht zur Umwandlung in Aktien einer anderen Gesellschaft als nützlich erweisen, sofern diese nicht als verbundene Partei im Sinne der Vorschrift gilt. Unabhängig davon sollte das Umwandlungsverhältnis (*conversion ratio*) derart ausgestaltet sein, daß nicht von vornherein in jedem Fall mit der Ausübung des Umtauschrechts durch den Anleihegläubiger zu rechnen ist.

g. Zwischenergebnis

Die Ausgabe von *convertible bonds* zum Zwecke der Finanzierung einer feindlichen Übernahme ist wegen der damit verbundenen Flexibilität in wirtschaftlicher Hinsicht sowohl für die Investoren als auch den Emittenten reizvoll. Die Rechtsordnungen der für das Gesellschaftsrecht bedeutsamen Bundesstaaten sehen die zustimmungsfreie, wenn auch an weitere Voraussetzungen gebundene, Ausgabe von *convertible bonds* durch den Vorstand der *corporation* vor. Aus der Sicht des Emittenten spricht ferner der nur sehr seltene Gebrauch von Anlegerschutzklauseln für dieses Finanzierungsinstrument. Jedoch erfordern die Bedingungen der nationalen Wertpapierbörsen einen zustimmenden Beschluß der Aktionäre des Bieters, sofern die Emission zu einem Anstieg des stimmberechtigten Kapitals um mehr als 20 % führen könnte. Ferner kann die steuerliche Abzugsfähigkeit der Zinszahlungen im Einzelfall beschränkt sein. Aus Anlegersicht spricht die oftmals schlechte Bonität dieser Papiere gegen der Erwerb von *convertible bonds*. Dieser Nachteil wird aber regelmäßig durch eine höhere Verzinsung ausgeglichen.

7. Möglichkeiten der Besicherung des Fremdkapitals (durch Vermögensgegenstände der Zielgesellschaft)

a. Grundlagen

Das aufgenommene Fremdkapital kann der Bieter unabhängig von der konkreten Form des Finanzierungsmittels grundsätzlich mit seinen eigenen Vermögensgegenständen besichern. In Betracht kommt insofern beispielsweise die Verpfändung des Betriebs- und Anlagevermögens. Andererseits können Forderungen und sonstige Vermögensgegenstände an eine eigens zu diesem Zweck gegründete Gesellschaft[625] verkauft beziehungsweise übertragen werden, die

[625] Eine sogenannte *Special Purpose Corporation* („SPC").

dann ihrerseits besicherte *bonds* ausgibt (sogenannte *asset-backed securities*)[626]. Die fraglichen Vermögensgegenstände sind damit dem Insolvenzrisiko des Bieters entzogen und dienen als Basis der Besicherung der Finanzierung. Für den Bieter hat diese Gestaltung den Vorteil einer günstigeren Finanzierung, die der kreditgebende Investor regelmäßig deshalb gewährt, weil die bedeutenden Vermögensgegenstände des Bieters in der zu diesem Zweck gegründeten Gesellschaft isoliert sind[627]. Entscheidender Nachteil dieser Gestaltung ist jedoch der Umstand, daß der Bieter entweder in vollem Umfang mit seinen eigenen Vermögensgegenständen für das eingegangene Risiko haftet oder wesentliche Vermögensgegenstände als Sicherheit übertragen muß. Dies ist insbesondere deshalb riskant, weil die Haftung im Falle eines Zusammenschlusses der Unternehmen letztlich auch für die Verbindlichkeiten der Zielgesellschaft eintritt. Wegen der feindlichen Vorgehensweise hat der Bieter über den genauen Umfang dieser Verbindlichkeiten jedoch keine verläßlichen Informationen. Insbesondere können kostenintensive Abwehrmaßnahmen der Zielgesellschaft das hieraus folgende Haftungsrisiko zusätzlich erhöhen, ohne daß der Bieter dieses im einzelnen einschätzen oder beeinflussen kann. Folglich wird die Bietergesellschaft die Haftung mit ihren eigenen Vermögensgegenständen regelmäßig vermeiden wollen.

Fraglich ist deshalb, ob die vom Bieter angestrebte Besicherung des Fremdkapitals mit den Vermögensgegenständen der Zielgesellschaft möglich ist. Im Rahmen einer feindlichen Übernahme ist mit einem Entgegenkommen der Unternehmensleitung der Zielgesellschaft nicht zu rechnen. Die Zielgesellschaft wird also nicht von vornherein einer Verwendung der eigenen Vermögensgegenstände als Sicherungsobjekt für das vom Bieter zur Finanzierung aufgenommenen Fremdkapital zustimmen. Hierin liegt ein bedeutender Unterschied zur LBO-Finanzierung, bei der gerade die Besicherung mit den Vermögensgegenständen der Zielgesellschaft ein wesentliches Element ist[628].

In Betracht kommt eine Verwendung der Vermögensgegenstände der Zielgesellschaft durch den Bieter somit erst dann, wenn dieser die Kontrolle über die Zielgesellschaft tatsächlich erlangt hat. Hierbei ist zunächst zu berücksichtigen, daß der geplante Rückgriff auf die Vermögensgegenstände der Zielgesellschaft deren Abwehrmaßnahmen rechtfertigen und infolge dessen den Übernahmepreis

---

[626] Siehe hierzu grundlegend *Ellis*, The Journal of Corporation Law, Vol. 24 (1999), S. 295 ff. sowie *Baums*, WM 1993, S. 1 ff.

[627] *Ellis*, The Journal of Corporation Law, Vol. 24 (1999), S. 295/299 und 301 ff.

[628] So weisen *Lowenstein*, Columbia Law Review, Vol. 85 (1985), S. 730/779 ff. und *Merkt*, US-amerikanisches Gesellschaftsrecht, S. 585, darauf hin, daß ein LBO typischerweise durch *bonds*, die auf die zu übernehmende *corporation* ausgegeben und somit durch deren Vermögensgegenstände besichert werden, finanziert wird.

erhöhen kann[629]. Insofern kann in der praktischen Abwicklung insbesondere ein *staggered board* entgegenstehen, bei dem die *directors* zeitlich gestaffelte Vertragslaufzeiten haben und deshalb normalerweise auch nur zeitversetzt durch Vertreter der Bietergesellschaft ersetzt werden können. Die Verwertung der Vermögensgegenstände läßt sich dann unter Umständen erst zu einem späteren Zeitpunkt innerhalb des *board of directors* durchsetzen. Strebt der Bieter eine zügige Ausübung der Kontrolle durch eine Verschmelzung mit der Zielgesellschaft an, kann dem als weiteres Hindernis ein *„business combination statute"* entgegenstehen. Auch die für das Gesellschaftsrecht bedeutenden Einzelstaaten Delaware und New York verfügen über sogenannte *„third generation takeover statutes"*, bei denen der Erwerb von Aktien der Zielgesellschaft oder die Ausübung der damit verbundenen Stimmrechte dem Bieter zunächst nicht verboten sind. Innerhalb einer bestimmten Zeit nach dem Kontrollerwerb ist jedoch ein *merger* mit der Zielgesellschaft grundsätzlich ausgeschlossen[630]. Dies erschwert es dem Bieter jedenfalls, das Vermögen der Zielgesellschaft zur Besicherung der Übernahmefinanzierung uneingeschränkt zu nutzen[631].

Bestehen derartige Verwertungshindernisse nicht oder lassen sie sich umgehen, kann der Bieter im Anschluß an ein erfolgreiches *tender offer* das Vermögen der Zielgesellschaft zur Finanzierung der feindlichen Übernahme verwerten. Die Abwicklung beruht dabei regelmäßig auf einer bereits vor der Veröffentlichung des Übernahmeangebotes beschlossenen Vorgehensweise. Dabei nimmt der Bieter die Beratungsleistungen einer Investmentbank in Anspruch, mit deren Unterstützung er einerseits berechnet, wie sich im Anschluß an die Zusammenführung der beiden Unternehmen der Barmittelrückfluß (*cash flow*) entwickelt. Hintergrund dieser Berechnung ist die Verwendung dieser Mittel, um die laufenden Finanzierungskosten (z.B. Zinszahlungen) zu decken. Andererseits ist zu erörtern, ob, unter welchen Voraussetzungen und zu welchen Konditionen sich nicht benötigte Teile des Vermögens der Zielgesellschaft veräußern und der Veräußerungserlös zur Rückführung von Fremdkapital verwenden lassen. Schließlich ist zu prüfen, inwieweit die Zielgesellschaft über Vermögensgegenstände verfügt, die sich zur Absicherung des zur Finanzierung aufgenommenen Fremdkapitals oder möglicherweise erst zu einem späteren Zeitpunkt auszugebender Anleihen heranziehen lassen. Verfügt der Bieter nach diesen Überlegungen über ein schlüssiges Gesamtkonzept zur Finanzierung und Besicherung des Vorhabens, stellt ihm die Investmentbank eine Erklärung aus, in welcher sie versichert, daß

---

[629] Vgl. § 4 II. 5. c. (Zukünftige) Haftung für das Fremdkapital des Bieters kann Abwehrmaßnahmen der Zielgesellschaft rechtfertigen (modified *business judgment rule)* und somit den Übernahmepreis erhöhen.

[630] § 203 Del.Gen.Corp.L.; § 912(b) N.Y.Bus.Corp.L.

[631] *Merkt*, US-amerikanisches Gesellschaftsrecht, S. 595; *Ratner*, Securities Regulation, S. 117.

sie höchstes Vertrauen in die Finanzierbarkeit hat (*highly confident letter*). Diese Erklärung dient dem Bieter und den übrigen Kapitalmarktteilnehmern als Anzeichen für die Realisierbarkeit des Vorhabens. Darüber hinaus ist sie aber regelmäßig auch die Voraussetzung dafür, daß die Investmentbank dem Bieter einen Überbrückungskredit zur Verfügung stellt, der bespielsweise mittels einer nachfolgenden Anleiheemission zurückgeführt wird[632]. Indem die Investmentbank ihr Vertrauen bekundet, die zur Finanzierung notwendigen Fremdmittel beschaffen zu können, gibt sie folglich eine Finanzierungszusage[633]. Dabei garantiert sie allerdings allein mit dem *highly confident letter* noch nicht die endgültige Finanzierung. Regelmäßig übernimmt sie aber mit der Gewährung eines Überbrückungskredites und der Verantwortung für mögliche Anleiheemissionen entsprechende vertragliche Verpflichtungen.

Die Rückführung des Fremdkapitals kann aus einer Besicherung durch das Vermögen oder aus dem Erlös des Verkaufs von Vermögensteilen der Zielgesellschaft erfolgen. Zu berücksichtigen ist dann, daß von einem Rückgriff auf das Vermögen der Zielgesellschaft normalerweise die Interessen der Gläubiger der Zielgesellschaft betroffen sind. Dies ist im Rahmen einer feindlichen Übernahme beispielsweise denkbar, wenn der Bieter zunächst unbesicherte *bonds* zur Finanzierung des Erwerbs von Anteilen begibt und die Zielgesellschaft nach dem Kontrollerwerb veranlaßt, ihr Vermögen zur Besicherung dieser *bonds* zur Verfügung zu stellen[634]. Auch die Vermögensinteressen der in der Zielgesellschaft zunächst verbleibenden Minderheitsaktionäre sind hiervon betroffen, da sie regelmäßig erst nach der Befriedigung aller Gläubiger mit einer Dividende oder einem Anteil am Gesellschaftsvermögen zu rechnen haben[635]. Ist die feindliche Übernahme erfolgreich, verbleiben der Zielgesellschaft genügend Mittel, um sowohl die aus diesem Vorgang folgenden Finanzierungskosten zu tragen als auch den gewöhnlichen Geschäftsbetrieb weiterzuführen. In diesem Fall sind die Gläubigerinteressen an einer ordnungsgemäßen Rückführung ihrer Forderungen nicht beeinträchtigt. Ist die Zielgesellschaft im Anschluß an die Transaktion jedoch insolvent oder nicht in der Lage, neben den Finanzierungskosten den gewöhnlichen Geschäftsbetrieb in vollem Umfang aufrecht zu erhalten, verstößt das Vorhaben regelmäßig gegen die gesetzlich geschützten Rechte der Gläubiger. Insofern kommen vor allem[636] Verstöße der Beteiligten gegen die Ihnen ob-

---

[632] *Merkt*, US-amerikanisches Gesellschaftsrecht, S. 595; *Solomon/Schwartz/Bauman/Weiss*, Corporations, S. 1171 f.

[633] *Solomon/Schwartz/Bauman/Weiss*, Corporations, S. 1172.

[634] *Sherwin*, Minnesota Law Review, Vol. 72 (1988), S. 449/450.

[635] Vgl. § 3 I 1. a. cc. (1) Zulässigkeit der Ausschüttung von Gesellschaftsvermögen an die Aktionäre; *Sherwin*, Minnesota Law Review, Vol. 72 (1988), S. 449/451.

[636] Neben anderen denkbaren Ansprüchen, die beispielsweise *Sherwin*, Minnesota Law Review, Vol. 72 (1988), S. 449/452 ff. erläutert. Dies sind Ansprüche aus der *Ultra Vires-*

liegenden Treuepflichten (*breach of fiduciary duties*) sowie gegen die zur Verhinderung der betrügerischen Leitung von Unternehmen erlassenen Gesetze (*fraudulent conveyance laws*) in Betracht. Die erstgenannten Verstöße geben den Gläubigern unter Umständen die Möglichkeit, Schadensersatz zu verlangen. Letztere können es ihnen ermöglichen, bestimmte, als betrügerisch eingestufte Transaktionen außer Kraft zu setzen und auf diese Weise denjenigen *bondholders*, die die Transaktion finanziert haben, die ihnen gewährten Sicherheiten wieder zu entziehen[637].

b. Verletzung der Treuepflichten gegenüber den Gläubigern der Zielgesellschaft durch den Vorstand des Bieters

Die Verwendung des Vermögens einer Zielgesellschaft zur Finanzierung des Erwerbs von Aktien dieser Gesellschaft kann diejenigen Treuepflichten verletzten, zu denen sowohl der Käufer als auch der Verkäufer als Mehrheitsaktionäre gegenüber der Gesellschaft grundsätzlich verpflichtet sind[638]. Im Falle einer feindlichen Übernahme kann es allerdings bezogen auf den Verkäufer schon deshalb nicht zu einer Treuepflichtverletzung kommen, weil es unmöglich ist, gegen den Willen eines Mehrheitsaktionärs in feindlicher Weise die Kontrolle über eine Gesellschaft zu erlangen.

Fraglich ist somit, ob der Vorstand des Bieters seine Treuepflichten gegenüber den Gläubigern der Zielgesellschaft dadurch verletzt, daß er nach dem Erwerb einer Mehrheitsposition deren Gesellschaftsvermögen zur Besicherung verwendet. Eine solche Pflichtverletzung ist zwar gegenüber der Zielgesellschaft grundsätzlich möglich, bezogen auf deren Gläubiger aber umstritten, weil der Umfang dieser Treuepflicht unterschiedlich weit gesehen wird[639]. Einige Gerichte urteilten diesbezüglich, den Gläubigern einer Gesellschaft stünden keine gesetzlich geschützten Interessen zu, so daß sie auch keinen Schadensersatz verlangen könnten[640]. Andere Gerichte dehnen hingegen die Treuepflichten auf die Gläubiger der Zielgesellschaft aus und gewährten diesen dann einen Schadensersatz-

---

Doktrin (S. 453 ff.) oder der Lehre von der nachrangigen Befriedigung aus Billigkeitserwägungen (*equitable subordination*, S. 455 ff.). Vgl. auch *Clark*, Corporate Law, S. 40 ff. u. S. 91 f.

637 Vgl. *Baird/Jackson*, Vanderbilt Law Review, Vol. 38 (1985), S. 829/829 ff.; *Sherwin*, Minnesota Law Review, Vol. 72 (1988), S. 449/452 sowie die diesbezügliche Leitentscheidung *United States v. Gleneagles Investment Co.*, 565 F. Supp., S. 556.

638 Vgl. hierzu: *Henn/Alexander*, Laws of Corporations, S. 656 ff.; *Sherwin*, Minnesota Law Review, Vol. 72 (1988), S. 449/461; *United States v. Gleneagles Investment Co.*, 565 F. Supp., S. 556.

639 *Superintendent of Insurances v. Bankers Life & Casualty Co.*, 404 U.S. 6 (1971), S. 10-14.

640 *Sutton v. Regan & Lee*, 405 S.W.2d 828, S. 835; *Equitable Life & Casualty Ins. Co. v. Inland Printing Co.*, 484 P.2d 162, S. 163 f.

anspruch gegenüber einem erwerbenden Aktionär, wenn der Schaden der Gläubiger vorhersehbar war[641]. Insofern droht zwar die Annahme einer Treuepflichtverletzung, sofern unfaire Verhaltensweisen des Käufers im Zusammenhang mit einer Transaktion ersichtlich sind. Andererseits geben die Gerichte den Parteien keine verläßlichen Verhaltensmaßregeln vor. Ihre Maßstäbe sind folglich nur in unzureichendem Maße dazu geeignet, die Interessen der Gläubiger der Zielgesellschaft in hinreichendem Umfang zu schützen[642]. Der *board* des Bieters hat daher nur in den Fällen einer ersichtlich unfairen Vorgehensweise den Vorwurf einer Treuepflichtverletzung gegenüber den Gläubigern der Zielgesellschaft ernsthaft zu fürchten.

c. Verletzung dieser Treuepflichten durch den Kreditgeber des Bieters

Hingegen neigen die US-amerikanischen Gerichte von vornherein nicht dazu, die Gläubiger des Bieters gegenüber denen der Zielgesellschaft wegen einer Treuepflichtverletzung haften zu lassen, sofern der Kreditgeber des Bieters nicht ausnahmsweise selbst eine beherrschende Stellung innehat und deshalb als *insider* gilt[643].

d. Verletzung der *Fraudulent Conveyance Laws*

Ein umfassenderer Schutz der Gläubiger der Zielgesellschaft besteht insofern jedoch durch die *Fraudulent Conveyance Laws*. Hierbei handelt es sich entweder um Vorschriften des *Common Law* oder um mit dem *Uniform Fraudulent Conveyance Act* (UFCA) vergleichbare einzelstaatliche Gesetze. Diese gewähren den Gläubigern die Möglichkeit, die Übertragung von Vermögensgegenständen zu verhindern beziehungsweise das Eigentum oder dessen Wert vom Übernehmer zurück zu erhalten[644]. Folglich hat ein Bieter die hieraus folgenden Maßstäbe im Rahmen der Besicherung entsprechend zu berücksichtigen.

Der UFCA nennt vier Arten von Transaktionen, die den Gläubigern einer Gesellschaft gegenüber als betrügerisch einzustufen, deshalb von diesen anfechtbar und folglich vom Bieter zu berücksichitgen sind. Drei dieser Vorschriften benennen Umstände, in denen die Transaktionen unabhängig von einem entsprechenden Willen des Übertragenden als betrügerisch eingestuft werden. Sie

---

641 *United States v. Gleneagles Investment Co.*, 565 F. Supp., S. 584.

642 *Sherwin*, Minnesota Law Review, Vol. 72 (1988), S. 449/462 f.

643 *Henn/Alexander*, Laws of Corporations, S. 625 ff.; *Sherwin*, Minnesota Law Review, Vol. 72 (1988), S. 449/460 und 462 f.

644 11 U.S.C. §§ 548(a), 550(a); § 9(1) Uniform Fraudulent Conveyance Act (UFCA), abgedruckt in: *Clark*, Corporate Law, S. 40 f.; vgl. zu den Hintergründen dieser Gesetze *Sherwin*, Minnesota Law Review, Vol. 72 (1988), S. 449/464 ff.

behandeln somit Tatbestände des mutmaßlichen Betrugs (*constructive fraud*). In jedem dieser Fälle beruht der Betrugstatbestand auf der Kombination einer unzureichenden Gegenleistung für die Übertragung sowie einer unzureichenden finanziellen Verfassung der die Vermögensgegenstände übertragenden Gesellschaft nach der Transaktion. Infolge dessen ist ein betrügerisches Verhalten insbesondere dann anzunehmen, wenn die den Zugriff auf ihr Vermögen ermöglichende Gesellschaft hierfür keine angemessene Gegenleistung erhält und im Anschluß an die Transaktion insolvent ist[645]. In einer vierten Vorschrift behandelt der UFCA schließlich den Fall des absichtlichen Betrugs und ermöglicht den Gläubigern insofern die Rückübertragung des auf betrügerische Weise verlorenen Eigentums an die Gesellschaft[646]. Eine angemessene Gegenleistung in diesem Sinne liegt vor, wenn einerseits der Vermögensgegenstand gegen ein angemessenes Äquivalent getauscht und dabei andererseits redlich gehandelt wird[647]. Jedoch gibt es zwei Tatbestände, in denen ausnahmsweise nicht von einem betrügerischen Verhalten auszugehen ist. Dies ist der Fall, wenn der Erwerber der Sicherheit ohne Kenntnis des Betrugs[648] beziehungsweise ohne eine eigene betrügerische Absicht[649] handelt.

Die im Konkursgesetz (*Bankruptcy Code*) enthaltenen Vorschriften über betrügerisches Verhalten, folgen im wesentlichen dem Muster des UFCA. Der grundsätzliche Unterschied zwischen den Vorschriften liegt lediglich in der Definition des Begriffs der Gegenleistung[650]. Auch die mit dem *Uniform Fraudulent Transfer Act* (UFTA)[651] einhergegangene Revision des UFCA brachte keine wesentlichen Veränderungen der ursprünglich vorhandenen Gesetze. Der UFTA folgt in Bezug auf die Definition der Gegenleistung dem Bankruptcy Code, so daß nur noch zu fragen ist, ob der Übertragende einen angemessenen Gegenwert für das übertragene Vermögen erhalten hat. Hingegen entfällt das subjektive Element der redlichen Vorgehensweise[652].

---

[645] Vgl. §§ 4-6 UFCA (§ 4 Conveyance by insolvent; § 5 Conveyance by persons in business; § 6 Conveyance by a person about to incur debts).

[646] § 7 UFCA sowie insgesamt *Sherwin*, Minnesota Law Review, Vol. 72 (1988), S. 449/466 ff.; *Solomon/Schwartz/Bauman/Weiss*, Corporations, S. 345 f.

[647] § 3 UFCA.

[648] Vgl. § 9(1) UFCA: The creditor cannot recover from a „*purchaser for fair consideration without knowledge of the fraud*".

[649] „*[...] without actual fraudulent intent.*" Vgl. § 9(2) UFCA.

[650] *Sherwin*, Minnesota Law Review, Vol. 72 (1988), S. 449/469 f.; *Solomon/Schwartz/Bauman/Weiss*, Corporations, S. 345.

[651] 7A U.L.A. 639 ff. (1985).

[652] 7A U.L.A. 639/641 (1985) sowie zum Vergleich: 7A U.L.A. 639, 653, 657 (1984).

aa. Anwendungsfälle der *Fraudulent Conveyance Laws* im Zusammenhang mit feindlichen Übernahmen

Die *Fraudulent Conveyance Laws* sind im Rahmen von Übernahmetransaktionen vor allem im Zusammenhang mit Vorteilen bedeutsam, die bei einem Drei-Parteien-Verhältnis (*Three-Party Transfer*) Dritten aus dem Vorhaben erwachsen können. Daneben sind im Zwei-Parteien-Verhältnis entweder eine Haftung von Aktionären der Zielgesellschaft oder eine Haftung des Kreditgebers des Bieters gegenüber den Gläubigern der Zielgesellschaft zu bedenken.

Im Drei-Parteien-Verhältnis können beispielsweise einem Mehrheitsaktionär, der eine (Ziel-) Gesellschaft zur Zahlung[653] oder Besicherung[654] seiner eigenen Verbindlichkeiten veranlaßt, Vorteile aus der Transaktion erwachsen. Grundsätzlich vertreten US-amerikanische Gerichte jedoch die Auffassung, daß die einer dritten Partei zufließenden Vorteile keine angemessene Gegenleistung der Transaktion für die Gesellschaft darstellen. In Fällen einer betrügerischen Unternehmensführung, wenn also hinreichende Anhaltspunkte für einen *constructive fraud* vorliegen, können Gläubiger der Zielgesellschaft deren Vermögensgegenstände zurückfordern beziehungsweise deren Verpflichtungen außer Kraft setzen. Diese Handlungsmöglichkeiten ergeben sich vor allem deshalb, weil es für die Beurteilung einer angemessenen Gegenleistung wesentlich auf den Standpunkt des Gläubigers ankommt[655]. Für das Drei-Parteien-Verhältnis wird teilweise vertreten, daß die Garantie einer Gesellschaft zugunsten ihres Mehrheitsaktionärs als betrügerisches Verhalten des Mehrheitsaktionärs, nicht jedoch dessen Gläubigers anzusehen sei, obwohl ja nur letzterer die Gesellschaft unmittelbar aus der Garantie in Anspruch nehmen kann. Der Vorteil des Mehrheitsaktionärs wird hingegen darin gesehen, daß er aufgrund der Garantie zu vorteilhafteren Bedingungen Fremdmittel aufnehmen konnte[656].

Wenngleich sie zum selben Ergebnis kommen, folgen zwei konkursrechtliche Entscheidungen[657] einem anderen Ansatz. In beiden Fällen waren neben einer Gesellschaft als Zedenten deren Mehrheitsgesellschafter sowie dessen Gläubiger beteiligt. Der Mehrheitsgesellschafter veranlaßte jeweils die Gesellschaft, einen Barscheck zu erwerben, den er selbst seinem Gläubiger zur Begleichung seiner

---

653 *Zellerbach Paper Co. v. Valley National Bank*, 477 P.2d (1970), S. 550/551.

654 *Rubin v. Manufacturers Hanover Trust Co.*, 661 F. 2d (2nd Circuit 1981) S. 979/991.

655 *United States v. Gleneagles Investment Co.*, 565 F. Supp., S. 556/574; *Sherwin*, Minnesota Law Review, Vol. 72 (1988), S. 449/473.

656 *Comment*, Guarantees and Section 548(a)(2) of the Bankruptcy Code, 52 Univ. Chicago L. Rev. (1985), S. 194/207.

657 *Davis v. Cook Construction Co.*, 649 F.2d (8th Circuit 1981) S. 613 ff.; *Still v. American National Bank & Trust Co.*, 50 Bankr. S. 84.

eigenen Verbindlichkeiten übersandt hatte. Die Gerichte entschieden, daß hier nicht der Gläubiger des Mehrheitsgesellschafters, sondern der Mehrheitsgesellschafter selbst von der Transaktion profitiere. Sie beurteilten den Vorgang dabei als zwei voneinander unabhängige Transaktionen: (1.) Eine betrügerische Übertragung von der Gesellschaft an den Mehrheitsaktionär sowie (2.) eine wirksame Übertragung von diesem an seinen Gläubiger. Der Vorgang der Vermögensübertragung wurde demnach als Fehlverhalten desjenigen eingestuft, der den größten Nutzen daraus zieht, also des Mehrheitsgesellschafters. Dieser Ansatz bewirkt, daß derjenige Beteiligte, der den größten Vorteil aus der Transaktion zieht, den Gläubigern der Gesellschaft, denen er zumindest einen Teil der Haftungsmasse entzieht, unmittelbar haftet.

Eine unmittelbare Haftung von Aktionären der Zielgesellschaft kommt hingegen lediglich dann in Betracht, wenn diese ihre Beteiligung im Tausch gegen Anleihen veräußern, die durch die Vermögensgegenstände der Gesellschaft besichert sind. Hierzu wird aber neben deren *board of directors* lediglich ein Mehrheitsaktionär die Gesellschaft veranlassen können, weshalb eine solche Haftung im Zusammenhang mit einer feindlichen Übernahme wenig lebensnah erscheint. Abgesehen davon haben auch in dieser Situation einige Gerichte Klagen von Gesellschaftsgläubigern mit der Begründung abgewiesen, die *Fraudulent Conveyance Laws* seien von vornherein nicht auf derartige Übernahmefälle (es handelte sich insoweit um *buyouts*) anwendbar[658].

Schließlich gehen einige Gerichte auch von einer unmittelbaren Haftung unabhängiger Kreditgeber des Bieters aus, wenn diesen zur Besicherung ihrer Forderung der Zugriff auf das Vermögen der (Ziel-) Gesellschaft ermöglicht wird, weil hierin keine angemessene Gegenleistung im Sinne der *Fraudulent Conveyance Laws* zu sehen sei. Daneben kamen diese Gerichte zu dem Ergebnis, daß die übertragende Gesellschaft in solchen Fällen nicht hinreichend an den Vorteilen des Kredits teilhabe. Deshalb sollten unter solchen Umständen die Gesellschaftsgläubiger Rückgriff bei den Kreditgebern des Mehrheitsgesellschafters für nicht hinreichend erworbene Vorteile nehmen können[659].

bb. Die Entscheidung *United States v. Gleneagles Investment Co.*

In dem der Entscheidung *United States v. Gleneagles Investment Co.* zugrunde liegenden *buyout* beschafften Käufer und Verkäufer gemeinsam einen Kredit von einem unabhängigen Kreditgeber zugunsten der Zielgesellschaft. Das Darlehen war mit Pfandrechten auf Vermögensgegenstände der Gesellschaft und

---

[658] *Credit Managers Association v. Federal Co.*, 629 F. Supp. 175; *Emerald Hills Country Club v. Hollywood, Inc.*, 32 Bankr. 408.

[659] *United States v. Gleneagles Investment Co.*, 565 F. Supp., S. 556/574.

Überkreuz-Garantien der zur Zielgesellschaft gehörenden Konzerngesellschaften untereinander abgesichert. Gleichzeitig mit der Kreditaufnahme verlieh die Zielgesellschaft die Darlehensmittel an eine Holdinggesellschaft, welche die Käufer zum Erwerb der Anteile der Zielgesellschaft gegründet hatten. Die Holdinggesellschaft verwendete die Mittel zum Anteilserwerb, worüber der außenstehende Kreditgeber von vornherein unterrichtet war.

Der *District Court* entschied, daß die dem Kreditgeber eingeräumten Hypotheken in betrügerischer und nach der in Pennsylvania gültigen Version des UFCA vermeidbarer Weise gewährt worden waren. Nach Ansicht des Gerichts hatte ein direkter Austausch der Kreditmittel und der besicherten Anleihen zwischen dem außenstehenden Kreditgeber und der diesen Kredit in Anspruch nehmenden (Ziel-)Gesellschaft stattgefunden, wobei letztere jedoch wegen der Weitergabe der Mittel an die Holdinggesellschaft keine angemessene Gegenleistung für die zur Verfügung gestellten Vermögensgegenstände erhalten habe. Weil die Holdinggesellschaft außer den Aktien der Zielgesellschaft über keine Vermögensgegenstände verfügte, seien deren Schuldscheine der Zielgesellschaft gegenüber wertlos gewesen[660]. Weil der Kreditgeber zudem um die geplante Verwendung der Kreditmittel ebenso gewußt habe wie um die angespannte Finanzlage der Zielgesellschaft, habe es an dessen Redlichkeit gefehlt, die jedoch ihrerseits eine Voraussetzung einer angemessenen Gegenleistung im Sinne der *Fraudulent Conveyance Laws* darstelle[661].

Neben der insofern zwangsläufigen Feststellung einer mutmaßlich betrügerischen Vorgehensweise (*constructive fraud*), kam das Gericht zudem zur Annahme einer betrügerischen Absicht gegenüber den Gesellschaftsgläubigern, weil die Parteien deren Schädigung hätten voraussehen müssen. Trotz seiner Unabhängigkeit von Käufern und Verkäufern sei der Kreditgeber wegen seiner Kenntnis um die Verwendung der Mittel und die finanzielle Lage der Zielgesellschaft somit verantwortlich. Folglich könne er sich auch nicht auf die Ausnahmeregelung des § 9 UFCA berufen[662].

In der insoweit vergleichbaren Entscheidung *Roxbury State Bank v. The Clarendon*[663] hatte der Kreditgeber, abgesehen von der tatsächlichen Bereitstellung der Darlehensmittel, ebenfalls keinerlei weitergehendes Interesse an der Transaktion. Dennoch wurde der Kreditgeber auch hier den Gläubigern der Zielgesell-

---

660 *United States v. Gleneagles Investment Co.*, 565 F. Supp., S. 556/573-577.

661 *United States v. Gleneagles Investment Co.*, 565 F. Supp., S. 556/574-576.

662 *United States v. Gleneagles Investment Co.*, 565 F. Supp., S. 556/580-82 sowie *Gleneagles II*, 571 F. Supp., S. 955.

663 324 A.2d, S. 24 ff.

schaft gegenüber wegen seiner Kenntnis von der weiteren Vorgehensweise verantwortlich gemacht.

Auch wenn beide Entscheidungen nicht vom Kreditgeber verlangen, Nachforschungen über die Verwendung der Darlehensmittel anzustellen[664], erlegen sie ihm dennoch die Verpflichtung auf, vor einer umfangreichen Darlehensvergabe die Zulässigkeit der Transaktion im Hinblick auf die *Fraudulent Conveyance Laws* zu prüfen. Hierzu wird sich der Kreditgeber schon zur eigenen Absicherung veranlaßt sehen. Letztlich sollte er dabei die Finanzlage der Zielgesellschaft dahingehend überprüfen, ob diese im Anschluß an die Transaktion insolvent ist[665].

cc. Auswirkungen dieser Entscheidungen auf die Möglichkeiten der Besicherung

Die Entscheidung *United States v. Gleneagles Investment Co.*[666] verdeutlicht, daß *Leveraged Buyouts* sowie vergleichbare Vorhaben, bei denen eine dritte Partei im Wege der Besicherung durch Gesellschaftsvermögen profitiert, die Interessen der Gläubiger einer Zielgesellschaft in vergleichbarer Weise verletzen können, wie dies in den von den *Fraudulent Conveyance Laws* vorgesehenen Fällen geschehen würde. Im Ergebnis entziehen die Transaktionen den Gesellschaftsgläubigern Haftungsmasse. Demnach haben die US-amerikanischen Gerichte im Zusammenhang mit derartigen Transaktionen zwischen drei Parteien die besondere Bedeutung der aus den *Fraudulent Conveyance Laws* folgenden Rechtsmittel zu berücksichtigen. Diese dienen oftmals insofern der Wiederherstellung des alten Zustands, als der Beklagte, der, ohne eine angemessene Gegenleistung zu erbringen, Vermögensgegenstände einer nahezu insolventen Gesellschaft übertragen bekommt, ungerechtfertigt bereichert ist. Im Rahmen eines Drei-Parteien-Verhältnisses können die Gesellschaftsgläubiger jedoch auch gegen Parteien klagen, die nicht in dieser Weise bereichert sind. Hierbei bleiben die *Fraudulent Conveyance Laws* grundsätzlich anwendbar. Das Gericht hat jedoch die Rolle, die der Beklagte im Rahmen der Transaktion einnahm, sowie die Konsequenzen einer möglichen Inanspruchnahme desselben zu berücksichtigen[667].

---

664 *United States v. Gleneagles Investment Co.*, 565 F. Supp., S. 556/574 und 582; *Roxbury State Bank v. The Clarendon*, 324 A.2d, S. 24/34 f.

665 Vgl. insoweit §§ 4-6 UFCA.

666 565 F. Supp., S. 556 ff.

667 *Sherwin*, Minnesota Law Review, Vol. 72 (1988), S. 449/491.

(1) Haftung des Bieters als Aktionär der Zielgesellschaft

Die Gläubiger der Zielgesellschaft können ihre Klagen wegen betrügerischen Verhaltens gegen die veräußernden sowie gegen die erwerbenden Aktionäre der Zielgesellschaft richten. Wenn ein unabhängiger Kreditgeber unmittelbar von einer Vermögensverschiebung profitiert, können die Gläubiger ihre Klage gegen die Aktionäre auch darauf stützen, diese seien mittelbare Nutznießer des Vorgangs. In jedem Fall wird vertreten, die veräußernden beziehungsweise erwerbenden Aktionäre sollten den Gesellschaftsgläubigern gegenüber für die Verfügung über die Vermögensgegenstände der Gesellschaft verantwortlich sein, wenn hierdurch die finanziellen Anforderungen der *Fraudulent Conveyance Laws* verletzt werden[668]. Dies gelte selbst dann, wenn das Vorhaben im Interesse der Gläubiger lag, beispielsweise deshalb, weil die neue Unternehmensführung wertschöpfend arbeite[669]. Nichtsdestotrotz handeln nämlich die veräußernden und die erwerbenden Aktionäre der Gesellschaft die Bedingungen der Transaktion untereinander aus und sind somit deren hauptsächliche Nutznießer. Selbst wenn das Haftungsrisiko im Einzelfall den wirtschaftlichen Nutzen des Vorhabens übersteigt, so erscheine es nicht unbillig, dieses Risiko den beteiligten Parteien aufzuerlegen, weil sie es in der Hand haben, die Transaktion an den Grundsätzen der *Fraudulent Conveyance Laws* zu orientieren und auf diese Weise das Insolvenzrisiko der Gesellschaft sowie das hieraus folgende Ausfallrisiko ihrer Gläubiger zu vermeiden. Richten die Aktionäre ihre Vorgehensweise hingegen nicht nach diesen Grundsätzen, hätten sie andererseits aber jedenfalls das Risiko der Transaktion selbst zu tragen, ohne es den Gesellschaftsgläubigern auferlegen zu können[670].

(2) Haftung des Kreditgebers des Bieters

Demgegenüber erscheint die Anwendbarkeit der *Fraudulent Conveyance Laws* gegenüber den außenstehenden Kreditgebern des Bieters schwieriger. Während die Haftung in den Entscheidungen *United States v. Gleneagles Investment Co.* und *Roxbury State Bank v. The Clarendon* bei Kenntnis der weiteren Verwendung seiner Mittel auf den Kreditgeber erweitert wird, lehnten andere Gerichte

---

668 *Sherwin*, Minnesota Law Review, Vol. 72 (1988), S. 449/491.

669 *Credit Managers Association v. Federal Co.*, 629 F. Supp., S. 175/179; *Baird/Jackson*, Vanderbilt Law Review, Vol. 38 (1985), S. 829/853 f.; *Sherwin*, Minnesota Law Review, Vol. 72 (1988), S. 449/492.

670 Vgl. bereits *Shapiro v. Wilgus*, 287 U.S. (1932) S. 348/354 sowie *Sherwin*, Minnesota Law Review, Vol. 72 (1988), S. 449/492.

eine Verantwortung des Kreditgebers für die Verwendung der von ihm bereitgestellten Mittel ab[671].

In der Literatur wird diesbezüglich ein vermittelnder Standpunkt vorgeschlagen. Der außenstehende Kreditgeber solle den Gesellschaftsgläubigern gegenüber insoweit für die wirtschaftlichen Folgen des Vorhabens verantwortlich sein, wie er sich im Rahmen einer angemessenen Vorausschau gegen ein Haftungsrisiko absichern könne. Darüber hinaus solle von dem Kreditgeber aber nicht verlangt werden können, daß er auf Eigentum oder solche Rechte verzichte, die ihm im Rahmen der Verhandlungen als Gegenleistung für die Bereitstellung der Kreditmittel zur Verfügung gestellt wurden[672].

Für eine solche Argumentation sprechen gute Gründe. Einerseits wird ein Kreditgeber, dem die Verwendung der Mittel und ein daraus folgendes Haftungsrisiko im Vorfeld erkennbar sind, die wirtschaftlichen Folgen der Transaktion einschätzen und möglicherweise von der Kreditvergabe Abstand nehmen, wenn aus seiner Sicht ein betrügerisches Verhalten gegenüber den Gläubigern der Zielgesellschaft vorliegt. Wenn der Bieter auf Fremdkapital angewiesen ist, wird er deshalb entweder die Bedingungen der Transaktion an die Anforderungen der *Fraudulent Conveyance Laws* anpassen oder anderenfalls ebenfalls von dieser Abstand nehmen. Dieser Effekt ist insofern gewünscht, als der Kreditgeber im Vergleich zu den Gläubigern der Zielgesellschaft die finanziellen Auswirkungen der Transaktion auf die Zielgesellschaft und deren Gläubiger besser beurteilen kann, weil er über sämtliche mit der Finanzierung zusammenhängenden Umstände unterrichtet ist. Demgegenüber haben die Gläubiger der Gesellschaft regelmäßig keinen Einfluß auf die Transaktion und können sich gegen deren Folgen nur unzureichend schützen[673].

Andererseits ist auch die Quelle des finanziellen Ausgleichs für die Gläubiger vorteilhaft, wenn es sich dabei um einen außenstehenden Kreditgeber handelt. Der erwerbende Aktionär wird in Anbetracht der Insolvenz der Zielgesellschaft nicht zahlungsfähig sein. Die veräußernden Aktionäre sind für die Besicherung nicht verantwortlich und müssen demnach auch nicht nach den *Fraudulent Conveyance Laws* haften. Nehmen die Gläubiger der Zielgesellschaft hingegen den Kreditgeber in Anspruch, wenden sie sich an diejenige Partei, zu deren Gunsten ihrem Schuldner (der Zielgesellschaft) Haftungsmasse entzogen wurde. Insofern besteht auch eine hohe Wahrscheinlichkeit für die Zahlungsfähigkeit des Kre-

671 Vgl. beispielsweise *Jones v. National City Bank of Rome* (*In re Greenbook Carpet Co.*), 722 F.2d (11th Circuit 1984), S. 659 f.
672 *Sherwin*, Minnesota Law Review, Vol. 72 (1988), S. 449/492.
673 *Sherwin*, Minnesota Law Review, Vol. 72 (1988), S. 449/493.

ditgebers. Dieser handelte zudem im Rahmen seiner gewöhnlichen Geschäftstätigkeit, ohne besondere Vorteile aus der Transaktion zu ziehen.

Die Beschränkung des Haftungsumfangs außenstehender Kreditgeber auf diejenigen Fälle, in denen diese die Vereinbarkeit der Transaktion falsch einschätzen, ist auch mit den Vorschriften über einen *constructive fraud* im UFCA und dem *Bankruptcy Code* vereinbar. Diese beschränken nämlich ihrerseits ebenfalls den Begriff der betrügerischen Unternehmensführung auf bestimmte Sachverhalte. Demgegenüber erscheint die verstärkte Haftung der beteiligten Aktionäre der Gesellschaft deshalb nachvollziehbar, weil diese das Geschäft veranlassen. Würde hingegen der Kreditgeber des Bieters unter allen Umständen haften, hätte er die Position einer „Versicherung für den Erhalt der Zahlungsfähigkeit der Zielgesellschaft". Diese Position erscheint in Anbetracht des Grads der Beteiligung eines außenstehenden Kreditgebers jedoch unangemessen[674].

III. Öffentliches Angebot (*public offering*) von Wertpapieren

1. Ausgabe von Wertpapieren an das Publikum; Grundlagen

Ist die Finanzierung einer feindlichen Übernahme mit der Ausgabe von Wertpapieren verbunden, sind dabei die gesetzlichen Bestimmungen über das öffentliche Angebot (*public offering*) von Wertpapieren an das Publikum zu beachten. Die wesentlichen Vorschriften zur Ausgabe von und dem Handel mit Wertpapieren finden sich im US-amerikanischen Recht auf Bundesebene im SA (1933) und im SEA (1934)[675]. Im erstgenannten Gesetz ist die Neuausgabe von Wertpapieren an das Publikum geregelt, wohingegen sich das letztgenannte Gesetz mit den sonstigen Fragen des Kapitalmarktrechts und des Anlegerschutzes außerhalb der Neuausgabe befaßt. Wie viele einzelstaatliche Wertpapiergesetze zielt auch der SA (1933) vorwiegend auf die Veröffentlichung bestimmter Umstände oder Tatsachen ab (sogenanntes „*disclosure statute*"). Hingegen ist die zuständige Bundesbehörde, die *Securities Exchange Commission* (S.E.C.), nicht befugt, das öffentliche Angebot von Wertpapieren zu untersagen, solange der Emittent alle wesentlichen Tatsachen vollständig offenlegt[676].

---

674 *Sherwin*, Minnesota Law Review, Vol. 72 (1988), S. 449/495 f.

675 Die in den einzelstaatlichen Securities Acts (sogenannte *Blue Sky Laws*) enthaltenen Regelungen zur Ausgabe von Wertpapieren an das Publikum stimmen – wenngleich mit unterschiedlichen methodischen Ansätzen – inhaltlich weitgehend mit dem bundesstaatlichen Recht überein. Die weitere Darstellung dieser Gesetze ist im vorliegenden Zusammenhang folglich entbehrlich. Vgl. hierzu *Cary/Eisenberg*, Corporations, S. 1598; *Ratner*, Securities Regulation, S. 303 f.

676 *Ratner*, Securities Regulation, S. 32 ff. und S. 110.

Die Grundvorschrift ist dabei § 5 SA (1933), der allgemein regelt, daß Wertpapiere solange nicht öffentlich im Handel zwischen den Bundesstaaten (*interstate commerce*)[677] angeboten oder verkauft werden dürfen, bis sie bei der S.E.C. registriert sind. Diese Registrierung ist regelmäßig über ein vom Emittenten einzureichendes *registration statement* vorzunehmen, das neben einem Verkaufsprospekt auch einen zweiten Teil umfaßt, der ausführliche Angaben über den Emittenten und die auszugebenden Wertpapiere enthält[678]. Das Verfahren ist dabei in den §§ 6 und 8 des SA (1933) geregelt, während die §§ 7 und 10 SA (1933) die erforderlichen Informationen genauer beschreiben. In den §§ 3 und 4 SA (1933) sind Wertpapierarten und bestimmte Transaktionen aufgezählt, die von der Registrierungspflicht ausgenommen sind. Die zivilrechtliche Haftung für aus einer Verletzung dieser Vorschriften folgende Schäden ist in den §§ 11 und 12 SA (1933) geregelt[679]. § 11 regelt die Haftung für unrichtige oder fehlende Angaben in einem *registration statement.* § 12(a)(1) betrifft die zivilrechtliche Haftung für Angebote oder Verkäufe, die sich im Widerspruch zu § 5 befinden. Hingegen regelt § 12(a)(2) die Haftung für fehlerhafte oder unterbliebene Informationen im Zusammenhang mit einem solchen Verkauf und unabhängig davon, ob es sich um registrierte oder unregistrierte Wertpapiere handelt. Zudem verbietet § 17 SA (1933) betrügerisches Verhalten im Zusammenhang mit dem Angebot oder Verkauf von Wertpapieren[680]. Schließlich ist in S.E.C. Rule 10b-5 SEA (1934) die Haftung für falsche oder irreführende Handlungen beim öffentlichen Angebot von Wertpapieren geregelt[681].

---

677 Nur dann gilt das Bundesrecht. Dies ergibt sich nicht nur aus Art. I, Section 8 Clause 3 der *Federal Constitution*, sondern auch aus § 3(a)(11) SA (1933).

678 So ist neben umfassenden Mitteilungen über den Geschäftsbetrieb und zur Finanzlage der ausgebenden Gesellschaft beispielsweise auch auf bestimmte Risikofaktoren (*risk factors*), auf die Verwendung des Verkaufserlöses (*use of proceeds*) sowie darauf einzugehen, ob neben der Gesellschaft auch Aktionäre dieser Gesellschaft (*selling security holders*) Aktien verkaufen. Die diesbezüglichen Vorschriften finden sich nunmehr in der Regulation S-K (17 C.F.R. §§ 229.10 bis 229.915), die die Publizitätsvorschriften des SA (1933) (§ 7 und § 10 (a)(1)) und des SEA (1934) zusammengefaßt wiedergibt. Für Gesellschaften, die bereits gegenüber der S.E.C. einer Berichtspflicht unterlagen, gelten dabei nach den Registrierungsformularen S-2 und S-3 unter Umständen vereinfachte Regelungen; siehe insbesondere zu den Ausnahmetatbeständen und Sonderregelungen: *Ratner*, Securities Regulation, S. 33 ff.

679 Siehe hierzu vertiefend *Loss*, Fundamentals of Securities Regulation, S. 891 und 1071 ff.; *Merkt*, US-amerikanisches Gesellschaftsrecht, S. 273 ff.

680 Vertiefend Clark, Corporate Law, S. 748 f.; *Loss*, Fundamentals of Securities Regulation, S. 977 ff.; *Ratner*, Securities Law, S. 32 ff. sowie die Entscheidungen *Bruns v. Ladbetter*, 583 F. Supplement 1050 (S.D. California 1984); *Kilmartin v. H.C. Wainwright & Co.*, 580 F. Supplement 604 (D.C. Mass. 1984); *Warner Communications v. Murdoch*, 581 F. Supplement 1982 (D.C. Delaware 1984).

681 Weiterführend *Loss*, Fundamentals of Securites Regulation, S. 975.

Da die Fragestellungen, ob die öffentlich angebotenen Wertpapiere einer Registrierungspflicht unterliegen[682] und welche Informationen zu welchem Zeitpunkt in den *registration statements* zu veröffentlichen sind[683], nur unter Berücksichtigung der Umstände des konkreten Einzelfalles[684] zu beantworten sind, ist hierauf im vorliegenden Zusammenhang nicht näher einzugehen.

2. Auswirkungen dieser Anforderungen und des Verfahrens auf den Ablauf der Transaktion

Festzustellen bleibt jedoch, daß die Registrierungspflicht die Art und den Zeitablauf eines *tender offer* in erheblicher Weise beeinflußt. Während eine solche Pflicht bei einem Barangebot (*cash tender offer*) nicht besteht und dieses Angebot folglich auch spontan erfolgen könnte, bedarf ein *exchange offer* einer gründlichen Vorbereitung[685]. Zunächst muß die Bietergesellschaft die für ein *registration statement* erforderlichen Daten zusammentragen. Dies ist insbesondere bezüglich der Informationen über die Zielgesellschaft im Rahmen eines feindlichen Übernahmevorhabens schwierig. Insofern wird die Vorbereitung des umfangreicheren S.E.C. Formulars S-4, bei dem der Bieter jedoch auf die von der Zielgesellschaft veröffentlichten Daten zurückgreifen kann, mehr Zeit in Anspruch nehmen als die eines S.E.C. Formulars S-1. Nach Abschluß dieser vorbereitenden Arbeiten muß der Bieter das vollständige *registration statement* bei der S.E.C. einreichen.

---

[682] Vgl. hierzu §§ 2, 3 u. 4 SA (1933), S.E.C. Rules 144, 144A, 145, 506 (u. 502) sowie vertiefend *Clark*, Corporate Law, S. 731 ff.; *Hazen*, Securities Regulation, § 1.5, S. 24 ff.; *Oesterle*, The Law of Mergers and Acquisitions, S. 147 ff.; *Ratner*, Securities Regulation, S. 22 ff.; *Brown/Perell/Kiernan*, International Business Lawyer 1990, S. 499 ff. und die Entscheidungen *United Housing Foundation v. Forman*, 421 U.S. 837 (1975); *S.E.C. v. W.J.Howey Co.*, 328 U.S. 293 (1946); *S.E.C. v. Glenn W. Turner Enterprises Inc.*, 474 F.2d 476 (9th Cir. 1973); *Marine Bank v. Weaver*, 455 U.S. 551, 559 (1982); *Landreth Timber Co. v. Landreth*, 471 U.S. 681 (1985); *Reves v. Ernst&Young*, 494 U.S. 56 (1990); *S.E.C. v. Chinese Consolidated Benevolent Association*, 120 F.2d 738 (2nd Cir. 1941); *United States v. Wolfson*, 405 F.2d 779 (2nd Cir. 1968).

[683] Dem Bieter stehen hierfür grundsätzlich die S.E.C. Formulare S-4 und S-1 zur Verfügung. Die in Formular S-4 erforderlichen Informationen sind umfangreich und beziehen sich sowohl auf den Bieter als auch auf die Zielgesellschaft, wobei der Bieter als publizitätzpflichtige Gesellschaft auf fremde Informationen zurückgreifen kann. Formular S-1 erfordert hingegen weniger umfangreiche Informationen, verbietet aber den Rückgriff auf fremde Informationen, wodurch sich die Kosten der Erstellung regelmäßig erhöhen. Als Zeitpunkt der Erstellung bietet sich bei beiden Formularen grundsätzlich der Zeitpunkt des tender offer an. Vgl. hierzu vertiefend die beiden S.E.C. Formulare mit ihren *General Instructions* und *Oesterle*, The Law and Finance of Mergers and Acquisitions, S. 148 ff.

[684] Beispielsweise der gewählten Finanzierungsart und der Art der öffentlichen gehandelten Wertpapiere der beteiligten Gesellschaften.

[685] *Oesterle*, The Law of Mergers and Acquisitions, S. 148.

Nach dem Einreichen muß die *corporation* zwanzig Tage warten, bevor das *statement* wirksam wird[686]. Während dieser Zeit überprüft die S.E.C. das *statement* auf seine Vollständigkeit[687]. Die Vollständigkeit umfaßt insbesondere auch die Festsetzung eines Preises (beziehungsweise Umtauschverhältnisses) der jungen Aktien, auf den sich Emittenten in Anbetracht möglicher Marktschwankungen jedoch nur ungern zwanzig Tage im voraus festlegen wollen. Fehlt der Preis, so ist das *statement* allerdings unvollständig, was zur Folge hat, daß mit dem Einreichen einer Nachbesserung die zwanzigtätige Frist von vorne beginnt, womit für die Gesellschaft natürlich nichts gewonnen ist. Um diesem Problem gerecht zu werden, ist es zulässig, am neunzehnten Tag des ursprünglichen (mit einem Preis versehenen) *statements* einen Nachbesserungsantrag in Verbindung mit einem Antrag auf Beschleunigung der Zulassung (*acceleration of effectiveness*) zu stellen. Sofern die sonstigen Voraussetzungen erfüllt sind, verkürzt die S.E.C. die Frist in diesen Fällen bezüglich der Festsetzung des Preises auf einen Tag[688]. Diese Möglichkeit der Verfahrensbeschleunigung hat den Nebeneffekt, daß die Antragsteller von vornherein in ihrem eigenen Interesse auf die Vollständigkeit der Angaben im *registration statement* achten. Das Interesse eines registrierungspflichtigen Bieters folgt einerseits daraus, daß sich der Kurs der Aktien einer Zielgesellschaft gerade in der Zeit kurz vor der Veröffentlichung eines *tender offer* häufig in ausschlaggebender Weise verändert. Andererseits gibt jede zeitliche Verzögerung der Unternehmensleitung der Zielgesellschaft oder konkurrierenden Bietern die Gelegenheit, Abwehrmaßnahmen beziehungsweise Konkurrenzgebote vorzubereiten. Insofern hat der Bieter ein Interesse an einer sehr kurzen, möglichst nur zwanzigtägigen Frist, um der Gegenseite den geringstmöglichen Handlungsspielraum zu belassen. Während vor dem Einreichen des *registration statement* ein Angebot oder die Werbung für die Wertpapiere und ebenfalls deren Verkauf vollständig verboten sind, ist während der Bearbeitungsfrist der S.E.C. wenigstens die öffentliche Werbung und das Angebot der Papiere zulässig, nicht jedoch deren Verkauf[689]. Sinnvoll ist es insofern, das

686 § 8(a) SA (1933).

687 Sind die Angaben unvollständig, wird die *corporation* hierüber von der S.E.C. mit einem *letter of comment* (*letter of deficiency*) benachrichtigt und zur fristgerechten Nachbesserung aufgefordert. Auch im Falle der Unvollständigkeit wird das *statement* jedoch nach zwanzig Tagen automatisch wirksam, falls die S.E.C. nicht ausdrücklich einen Ablehnungsbescheid nach § 8(b) Securities Act (sogenannte *refusal order*) oder im Falle eines bereits wirksam gewordenen statements eine *stop order* gemäß § 8(d) SA (1933) erläßt. In der Praxis hat die S.E.C. von diesen Möglichkeiten jedoch im Falle der *refusal order* noch nie und im Falle der *stop order* nur äußert selten (z.B. *Universal Camera*, 19 S.E.C. 648 (1945); *Franchard*, 42 S.E.C. 163 (1964)) Gebrauch gemacht. *Oesterle*, The Law of Mergers and Acquisitions, S. 150; *Ratner*, Securities Regulation, S. 39 f.

688 Anderenfalls kommt es zum Erlaß einer *refusal order* und folglich zu einer regelmäßig unerwünschten Zeitverzögerung.

689 *Oesterle*, The Law of Mergers and Acquisitions, S. 149.

tender offer mit dem Einreichen des *registration statement* zu kombinieren. Dann gelangen zunächst keine Informationen an die Öffentlichkeit, andererseits ist aber gleichzeitig mit der Werbung für das *tender offer* die Werbung für die angebotenen Wertpapiere möglich.

Erst nachdem das *registration statement* wirksam geworden ist, ist ein Verkauf der Wertpapiere grundsätzlich möglich. Dabei sieht § 5 SA (1933) jedoch vor, daß allen Käufern vor Abschluß eines Kaufvertrages ein endgültiger Prospekt (*statutory prospectus*) zugeht, der die für das Publikum wichtigen Angaben des *registration statement* enthält[690]. Selbst wenn das *registration statement* wirksam geworden und die sonstigen Verkaufsbeschränkungen damit fortgefallen sind, dürfen die Wertpapiere also nur dann verkauft werden, wenn der Käufer vor oder mit der Zusendung der Aktien den endgültigen Prospekt erhält[691]. Eine denkbare und zulässige Form des öffentlichen Angebotes der Wertpapiere während der insofern mindestens zwanzigtägigen Wartefrist ist dabei die Versendung eines vorläufigen Prospektes[692]. Diese Möglichkeit nutzen Bieter aber häufig und insbesondere dann nicht, wenn sie ihr öffentliches Übernahmeangebot mit der Werbung um die Stimmrechtsvollmacht der Aktionäre der Zielgesellschaft (sogenannte *proxy solicitation*) kombinieren möchten[693]. Das Versenden einer *proxy card* ist im Zusammenhang mit einem vorläufigen Prospekt nämlich unzulässig. Insofern wartet der Bieter regelmäßig solange, bis die S.E.C. das *registration statement* für wirksam erklärt hat, und übersendet den Aktionären der Zielgesellschaft erst danach den endgültigen Prospekt sowie ihr *proxy statement* und die notwendige *proxy card*. Erst hiernach beginnt dann der Verkauf der Wertpapiere[694].

Mit Erfüllung der zuvor dargestellten gesetzlichen Pflichten ist der gebotenen Publizität dann jedoch grundsätzlich entsprochen. Es kommt somit nur darauf

---

690 Dieser Prospekt muß den Anforderungen des § 10(a) SA (1933) genügen.

691 § 5(b)(2) SA (1933); S.E.C. Release No. 6578 (April 23, 1985); *Oesterle*, The Law of Mergers and Acquisitions, S. 147.

692 Siehe hierzu: S.E.C. Rules 15c2-8 und 134 zum Securities Exchange Act; *Clark*, Corporate Law, S. 722; *Ratner*, Securities Regulation, S. 49 f.; *Merkt*, US-amerikanisches Gesellschaftsrecht, S. 266. Insgesamt ist die Kommunikation mit den Aktionären der Zielgesellschaft vom Bieter jedoch vorsichtig zu handhaben; *Oesterle*, The Law of Mergers and Acquisitions, S. 154. Für den Bereich der Kommunikation vor der Einreichung des *registration statements* (der im vorliegenden Zusammenhang wegen der damit verbundenen aber unerwünschten Publizität nicht näher zu betrachten ist), sieht S.E.C. Rule 145(b)(2) mit den darin enthaltenen „*safe-harbour*" Regelungen lediglich die Möglichkeit der schriftlichen Kommunikation in begrenztem Umfang vor.

693 Vgl. zu den Hintergründen und Voraussetzungen § 4 IV. 3. Werbung des Bieters um die Zustimmung der Aktionäre der Zielgesellschaft.

694 *Oesterle*, The Law of Mergers and Acquisitions, S. 154.

an, daß das Publikum über mögliche Risiken hinreichend unterrichtet ist, wohingegen keinesfalls ein riskantes Geschäft aus Gründen des Anlegerschutzes von vornherein unterbunden werden soll. So hat die S.E.C. beispielsweise keine Möglichkeit, den Verkauf extrem riskanter oder überteuerter Wertpapiere zu unterbinden, solange die dafür relevanten Umstände im *registration statement* und dem sich daraus ergebenden *statutory prospectus* offengelegt sind[695]. Deutlich ist aber andererseits, daß die im SA (1933) enthaltenen Vorschriften bezüglich eines öffentlichen Angebots von Wertpapieren die Flexibilität der Bietergesellschaft bei der Vorbereitung eines feindlichen Übernahmeangebotes in jedem Fall einschränken. Hierdurch verringert sich regelmäßig auch der mit einem solchen Angebot verbundene Überraschungseffekt[696].

IV. Zweiter Schritt der Übernahme: Zusammenschluß der beteiligten Unternehmen und *Freezeout* der Minderheitsaktionäre der Zielgesellschaft

1. Interessenlage des Bieters

Die Übernahme einer großen Publikumsgesellschaft bedeutet für den Bieter regelmäßig einen erheblichen finanziellen Aufwand. Die Finanzlage wird sich bei einem feindlichen Angebot - unabhängig vom Erfolg desselben - allein schon wegen der mit einem solchen Vorhaben verbundenen Kosten erheblich verschlechtern. Hat das Angebot Erfolg, ist der Bieter zusätzlich durch die Kosten der vom Management der Zielgesellschaft unternommenen Abwehrmaßnahmen belastet. Daneben sind die Beratungs- und Anwaltskosten sowie die Kosten etwaiger mit dem Übernahmeangebot verbundenen Werbemaßnahmen beider Parteien[697] zu berücksichtigen.

Diese erhebliche Belastung erscheint auf Seiten des Bieters nur dann gerechtfertigt, wenn sie zu einer möglichst uneingeschränkten Kontrolle der Zielgesellschaft führt. Mit der feindlichen Übernahme einer großen Publikumsgesellschaft werden nämlich regelmäßig strategische Ziele verfolgt. Neben einer Rationalisierung der Produktions- und Absatzprozesse sowie einer sinnvollen Ergänzung der eigenen Produktpalette geht der Bieter häufig davon aus, daß er die in der Zielgesellschaft vorhandenen Ressourcen besser nutzen kann als deren bisherige

---

695 Dies ist nach den *Securities Laws* mancher Bundesstaaten, die auch eine materielle Prüfung der zuzulassenden Wertpapiere vorsehen, anders; vgl.: *Merkt*, US-amerikanisches Gesellschaftsrecht, S. 263.

696 *Oesterle*, The Law of Mergers and Acqusitions, S. 148.

697 So beispielsweise im Fall der Übernahme der Mannesmann AG durch die Vodafone plc.. Hier war von Werbekosten in Höhe von 500 Mio. DM die Rede.

Unternehmensleitung[698]. Nur dann, wenn er möglichst viele Anteile an der Zielgesellschaft erwirbt, kann er seine diesbezügliche Unternehmensstrategie durch- und umsetzen. Hält der Bieter viele Anteile am Zielunternehmen, kann er im übrigen auch in höherem Umfang von den Erfolgen des eigenen Konzepts profitieren. Der Wunsch nach einem größtmöglichen Kontrollerwerb an der Zielgesellschaft steht somit regelmäßig im Mittelpunkt einer feindlichen Übernahme. Dies hat auch den Hintergrund, daß ein solcher Kontrollerwerb die Voraussetzung für eine Verwertung der Zielgesellschaft ist, weil erst hierdurch der uneingeschränkte Gebrauch ihrer Vermögenswerte gewährleistet ist. Der Erwerber kann den Übernahmepreis dann ganz oder teilweise aus den Erlösen dieser Veräußerungen finanzieren, so daß insofern das Vermögen der Zielgesellschaft nachträglich für die Verbindlichkeiten des Übernehmers haftet[699]. Nach einem erfolgreichen Übernahmeangebot wird der Bieter daher häufig versuchen, in einem zweiten Schritt den eigenen Einfluß auf die Zielgesellschaft zu erhöhen und den Einfluß der zunächst noch in dieser verbliebenen Minderheitsaktionäre dadurch zu beschränken, daß er auch deren Anteile erwirbt oder diese aus der Gesellschaft drängt und es im Anschluß daran zu einer Verschmelzung der Gesellschaften kommt. Ein Anteilserwerb durch freiwillige Veräußerung der bei den Minderheitsaktionären der Zielgesellschaft verbliebenen Aktien erscheint in diesem Zusammenhang allerdings unwahrscheinlich[700].

---

698 Vgl. § 1 Einleitung.

699 *Ebenroth/Eyles*, RIW 1988, S. 413/415; § 4 II. 7. Möglichkeiten der Besicherung des Fremdkapitals (durch Vermögensgegenstände der Zielgesellschaft).

700 Diese (Minderheits-)Aktionäre waren im Rahmen des *tender offer* nicht zum Umtausch ihrer Anteile bereit. Dies kann einerseits daran gelegen haben, daß sie die Beherrschung der Zielgesellschaft durch den Bieter grundsätzlich ablehnen. In diesem Fall ist auch zu einem späteren Zeitpunkt nicht mit einer Veräußerung zu rechnen. Regelmäßig wird der Grund aber in einer als unzureichend empfundenen Gegenleistung liegen. Würde der Bieter nunmehr unmittelbar im Anschluß an das *tender offer* einzelnen Minderheitsaktionären eine höhere Gegenleistung für ihre Anteile bieten, ergäbe sich das Problem, daß viele Gesellschaften in ihren Satzungen und auch einige Bundesstaaten kraft Gesetzes sogenannte *Fair Price-Regelungen* zum Schutze außenstehender Aktionäre eingeführt haben. Diese begründen eine Verpflichtung des Bieters, für alle Anteile und unabhängig davon, ob diese im Rahmen des *tender offer* oder anläßlich einer zu einem späteren Zeitpunkt erfolgenden Verschmelzung erworben wurden, einen in gleicher Weise angemessenen Preis zu zahlen. Bestehen solche Regelungen nicht oder zahlt der Bieter trotz ihres Bestehens innerhalb eines kurzen Zeitraumes zwei deutlich voneinander abweichende Gegenleistungen, drohen ihm Schadensersatzklagen derjenigen Aktionäre, die der Bietergesellschaft bereits im Rahmen des Übernahmeangebotes ihre Aktien überlassen haben. Wegen der nicht zuletzt aus der im SEA (1934) aufgenommenen *Best Price-Provision* folgenden Wertung - beabsichtigt sind die Gleichbehandlung und die Chancengleichheit aller Aktionäre im Falle eines Übernahmeangebotes - hätten derartige Klagen auch gute Erfolgsaussichten. Hierdurch könnte sich der aufzubringende Transaktionspreis deutlich erhöhen. Vgl. *Ebenroth/Eyles*, RIW 1988, S. 413/415 f.; *N.N.*, Comment, Senate Bill 510 and the

Der Kontrollerwerb erfolgt überwiegend im Wege der Verschmelzung durch Aufnahme (*merger*)[701]. Dabei sind grundsätzlich drei Vorgehensweisen denkbar: Verfügt die Bietergesellschaft über die Mehrheit der stimmberechtigten Aktien der Zielgesellschaft, nicht aber über eine zur Durchführung eines sogenannten *short form merger*[702] berechtigende Beteiligung, kann sie versuchen, einen Zusammenschluß beider Gesellschaften zu veranlassen. Dies kann zunächst in der Weise geschehen, daß die Minderheitsaktionäre der Zielgesellschaft als Gegenleistung für ihre Anteile Aktien des fortbestehenden Bieters (*merger*) oder Aktien einer durch den Zusammenschluß neu entstehenden Gesellschaft (*consolidation*) erhalten. Die opponierenden Minderheitsaktionäre würden dann also dennoch Aktionäre des Bieters oder der neuen Gesellschaft. Ihr relativer Einfluß auf die Entscheidungsfindung wäre durch den Zusammenschluß beider Unternehmen aber verkürzt[703]. Ferner kann die Gegenleistung für die ausstehenden Anteile an der Zielgesellschaft aber auch in Bargeld bestehen. Die Minderheitsaktionäre würden im Rahmen des Zusammenschlusses folglich zur Aufgabe ihrer Beteiligung veranlaßt und dafür in bar abgefunden (sogenannter *cash-out merger*)[704]. Dies hat für den Bieter im Ergebnis zwar den Vorteil, daß er die Zielgesellschaft nunmehr allein beherrscht. Andererseits kann dies im Extremfall bedeuten, daß er den Erwerb von ca. 49 % einer großen Publikumsgesellschaft in bar finanzieren muß, was aus rein tatsächlichen Gründen zu Schwierigkeiten führen kann[705]. Schließlich kann die Bietergesellschaft im Rahmen des vorangegangenen *tender offer* aber auch eine zu einem *short form merger* berechtigende Beteiligung an der Zielgesellschaft - regelmäßig sind dies etwa 90 % der Anteile - erworben haben. Dann ist ein Zusammenschluß mit der Zielgesellschaft nach dem Recht vieler Einzelstaaten in wesentlich vereinfachter Weise möglich[706].

Cash Tender Offer, 14 Wayne Law Review 568 (1968), S. 574; *Mahle*, The Journal of Corporation Law, Vol. 15 (1990), S. 721/741.

[701] *Ebenroth/Eyles*, RIW 1988, S. 413/414.

[702] Siehe zu diesem Verfahren des vereinfachten Zusammenschlusses zweier Unternehmen im Wege der Verschmelzung sogleich, § 4 IV. 4. b. Zusammenschluß zwischen Mutter- und Tochtergesellschaft (Freezeout im Wege des *Short Form Merger).*

[703] Vgl. hierzu § 4 IV. 2. Merger mit der Zielgesellschaft; Aktien des Bieters oder der neu entstehenden Gesellschaft als Gegenleistung für die Minderheitsaktionäre.

[704] Vgl. diesbezüglich insbesondere § 4 IV. 4. a. Merger mit der Zielgesellschaft; Bargeld als Gegenleistung für die Minderheitsgesellschafter (Freezeout im Wege des *Cash-Out Merger).*

[705] Siehe hierzu § 2 I. 4. Rechtsfragen der Finanzierung.

[706] Vgl. § 4 IV. 4. b. Zusammenschluß zwischen Mutter- und Tochtergesellschaft (Freezeout im Wege des *Short Form Merger).*

2. Merger mit der Zielgesellschaft; Aktien des Bieters oder der neu entstehenden Gesellschaft als Gegenleistung für die Minderheitsaktionäre

Die Bietergesellschaft kann versuchen, einen Zusammenschluß mit der Zielgesellschaft zu veranlassen und den verbliebenen Minderheitsaktionären dabei eigene Aktien oder Aktien der durch den Zusammenschluß entstehenden Gesellschaft als Gegenleistung anzubieten, um den Einfluß dieser Aktionäre auf die Zielgesellschaft zu beschränken und gleichzeitig die Kontrolle über dieselbe besser wahrzunehmen.

a. Problematik des *Merger* als Grundlagenentscheidung

Zu bedenken ist dabei jedoch, daß es sich bei einem Unternehmenszusammenschluß um eine Maßnahme mit erheblichen Auswirkungen auf die Gesellschafter- und Kapitalstruktur sowie die Marktstellung und die strategische Ausrichtung der beteiligten Unternehmen handelt. Dies gilt wegen der damit verbundenen finanziellen Belastung insbesondere im Zusammenhang mit der hier behandelten Thematik einer feindlichen Übernahme. Diese Belastung kann das mit der Investition verbundene Risiko, das ein Aktionär mit dem ursprünglichen Anteilserwerb bereit war einzugehen, nachträglich in ebenso erheblicher Weise verändern. Hierin kann ein Eingriff in die Rechte der Aktionäre liegen. Nach dem *Business Corporation Act* vieler Einzelstaaten sind Unternehmensentscheidungen von grundlegender Tragweite (sogenannte *organic transactions* beziehungsweise *fundamental changes*) daher von den Aktionären zu bestätigen. Eine Abstimmung der Aktionäre ist demnach dann notwendig, wenn sich der Charakter des Unternehmens fundamental verändert oder sich die Teilhaberechte der Aktionäre an den Ausschüttungen oder bei der Stimmrechtsausübung in maßgeblicher Weise verringern[707]. Stimmberechtigt sind in diesen Fällen häufig auch die Eigentümer von Vorzugsaktien[708]. Regelmäßig ergibt sich deren Stimmberechtigung aufgrund einer vertraglichen Vereinbarung zumindest in den Fällen einer solchen Veränderung der Gesellschaftsstruktur, die gerade die ihnen zustehenden Rechte und Vorzüge betrifft[709]. Selbst wenn der eigentliche Vorgang der Kapitalaufbringung zustimmungsfrei wäre, kann sich aus dem Charakter des darauf folgenden Zusammenschlusses als Grundlagenentscheidung ein Zustimmungsbedürfnis der diesbezüglich stimmberechtigten Aktionäre aus dem einzelstaatlichen Recht ergeben.

---

[707] Vgl. beispielsweise Official Comment zu § 11.04(g) R.M.B.C.A sowie *Solomon/Schwartz/Bauman/Weiss,* Corporations, S. 224 und 374.

[708] § 212(a) Del.Gen.Corp.L.

[709] *Merkt*, US-amerikanisches Gesellschaftsrecht, S. 255; *Solomon/Schwartz/Bauman/Weiss,* Corporations, S. 225.

b. Einzelstaatliche Regelungen

aa. New York

So sieht beispielsweise das Recht des Staates New York vor, daß die Aktionäre einer jeden beteiligten Gesellschaft einer Verschmelzung ihrer Unternehmen (*merger*) unter bestimmten Voraussetzungen zustimmen müssen[710]. Als *merger* gilt dabei gemäß § 901(a)(1) und (b)(1) N.Y.Bus.Corp.L. jeder Zusammenschluß zweier oder mehrerer Gesellschaften zu einer einzigen Gesellschaft, die ihrerseits eine der Vorgängergesellschaften ist[711]. Im weiteren Verlauf muß der *board of directors* des Bieters gemeinsam mit dem *board* der Zielgesellschaft einen Verschmelzungsplan erarbeiten und diesem auch zustimmen. Dieser Plan muß insbesondere die Art und Weise der vorgesehenen Gegenleistung enthalten[712]. Im Anschluß daran müssen die Aktionäre der Gesellschaften vorbehaltlich abweichender Satzungsbestimmungen mit einer Mehrheit von mindestens zwei Dritteln des stimmberechtigten Kapitals zustimmen[713].

bb. Delaware

Ähnlich ist die entsprechende Regelung in Delaware. Als *merger* gilt auch dort der Zusammenschluß zweier oder mehrerer Unternehmen in einer der Vorgängergesellschaften[714]. Die *boards* beider beteiligten Gesellschaften müssen einem gemeinsam erarbeiteten *agreement of merger* zustimmen, welches ebenfalls die vorgesehene Umwandlung der bisherigen in neue Wertpapiere ausdrücklich regeln muß[715]. Dem müssen die Aktionäre aller beteiligten Gesellschaften auf der ordentlichen oder einer außerordentlichen Hauptversammlung zustimmen. Die Einladung mit den entsprechenden Informationen muß allen Aktionären der Gesellschaften[716] mindestens 20 Tage vor der Versammlung zugehen. Diese müssen dem *merger* vorbehaltlich abweichender Satzungsregelungen dann mit einfacher Mehrheit zustimmen[717].

---

[710] § 803(c) iVm § 903(a) N.Y.Bus.Corp.L.

[711] Gleichbehandelt wird jedoch der Fall der *consolidation*, bei der die beiden Vorgängergesellschaften in einer neu zu gründenden Gesellschaft zusammengeschlossen und auch deren Aktien als Gegenleistung angeboten werden. Siehe § 901(a)(2) N.Y.Bus.Corp.L.

[712] Den sogenannten *plan of merger* nach § 902(a) N.Y.Bus.Corp.L., siehe auch § 902(a)(3).

[713] § 903(a) N.Y. Bus.Corp.L., wobei unter Umständen zusätzlich die Zustimmung der Mehrheit der Aktionäre einer einzelnen Aktiengattung erforderlich sein kann.

[714] Wobei auch in Delaware die *consolidation* gleichbehandelt wird, siehe § 251(a) Del.Gen. Corp.L.

[715] § 251(b)(5) Del.Gen.Corp.L.

[716] Unabhängig davon, ob sie stimmberechtigte oder stimmrechtslose Aktien halten.

[717] § 251(c) Del.Gen.Corp.L., wobei das Zustimmungserfordernis jedoch wiederum dann entfällt, wenn die im Gegenzug zur Hingabe der Aktien einer der beteiligten Gesellschaften

cc. R.M.B.C.A.

Schließlich regelt auch der R.M.B.C.A diese Frage in vergleichbarer Weise. So können die *boards of directors* beider beteiligten Gesellschaften eine Verschmelzung ihrer Unternehmen[718] oder einen Aktientausch[719] mit Hilfe eines entsprechenden gemeinsamen Plans beschließen, der auch die Art und Weise der Umwandlung der betroffenen Wertpapiere regelt[720]. Dieser Plan ist grundsätzlich[721] allen Aktionären[722] der beteiligten Gesellschaften mit einer Empfehlung zur Abstimmung vorzulegen[723]. Vorbehaltlich abweichender Satzungsbestimmungen stimmen diese dann mit einfacher Mehrheit derjenigen stimmberechtigten Aktien sowie gegebenenfalls zusätzlich auch der betroffenen Aktiengattung ab, die auf einer Aktionärsversammlung vertreten sind, der mindestens die Mehrheit aller insoweit stimmberechtigten Aktionäre beiwohnt[724]. Insofern ist es - im Gegensatz zur früheren Rechtslage[725] - nunmehr im Zweifelsfalle ausreichend, wenn etwas mehr als 25 % der Aktionäre zustimmen[726].

c. Zusammenfassung und Problematik im Rahmen feindlicher Übernahmen

Zur Durchführung einer Unternehmensverschmelzung bedarf es somit in den für das Wirtschaftsrecht bedeutenden einzelstaatlichen Rechtsordnungen eines vom *board of directors* beider Gesellschaften gemeinsam erarbeiteten *plan of merger* sowie eines zustimmenden Beschlusses der hierzu stimmberechtigten Aktionäre. Welche der Aktionäre dabei stimmberechtigt sind, hängt von der Ausgestaltung der mit den einzelnen Aktiengattungen verbundenen Rechte der Aktionäre zusammen. Neben den Aktionären der *common stocks*, mit denen regelmäßig ein Stimmrecht verbunden ist, können auch *preferred stocks* stimmberechtigt sein[727]. Wie bereits dargelegt, ist die Ausgabe stimmrechtsloser Aktien (*non voting*

---

ausgegebeben Aktien der verbleibenden Gesellschaft bei dieser nicht zu einem Anstieg von mehr als 20 % der stimmberechtigten Aktien führen. *Small-scale-merger* nach § 251(f)(3) Del.Gen.Corp.L., vergleichbar mit der bereits oben in § 4 I. 1. a. bb. Einzelstaatliche Sonderregelung bei bestimmtem Umfang der Kapitalerhöhung, S. 78, angesprochenen Regelung des § 6.21(f) R.M.B.C.A.

[718] § 11.02(a) R.M.B.C.A.

[719] § 11.03(a) R.M.B.C.A.

[720] §§ 11.02(c)(3), 11.03(c)(3) R.M.B.C.A.

[721] Es sei denn es handelt sich um einen *small-scale-merger*; siehe § 11.04(g)(4) R.M.B.C.A. sowie oben, § 4 IV. 2. b. bb. Delaware bezüglich § 251(f)(3) Del.Gen.Corp.L.

[722] Unabhängig von ihrer Stimmberechtigung, siehe § 11.04(d) R.M.B.C.A.

[723] § 11.04(b) R.M.B.C.A.

[724] § 11.04(e) R.M.B.C.A.

[725] Bei der es zusätzlich auch einer Zustimmung der Mehrheit aller Aktionäre bedurfte.

[726] *Hamilton*, The Law of Corporations, S. 633.

[727] Beispielsweise § 502(a) bis (c) N.Y.Bus.Corp.L. und § 151(1) Del.Gen.Corp.L.

stock) an das Publikum bei *public business corporations* nach US-amerikanischer Vorstellung rechtlich bedenklich. Der Ausschluß des Stimmrechts ist deshalb nach dem Recht der meisten Bundesstaaten unüblich[728], so daß *preferred stocks* regelmäßig mit Stimmrechten versehen sind. Ist ein Stimmrechtsausschluß dennoch vorgesehen, wird er jedoch ohnehin dann hinfällig, wenn es sich um grundlegende Entscheidungen, beispielsweise über die Änderung der Gesellschaftsstruktur, handelt[729]. Durch das Zustimmungserfordernis steht den Aktionären heute, im Gegensatz zum früheren Ansatz des *Common Law*, faktisch ein Veto-Recht zu[730]. Im übrigen sind auch die *bondholders* nach einzelstaatlichem Recht beziehungsweise wegen entsprechender vertraglicher Vereinbarungen bei einem *merger* regelmäßig zustimmungsberechtigt[731]. Dies ist in der Unternehmenspraxis in dreierlei Hinsicht bedeutsam.

aa. Zustimmung des *board of directors* der Zielgesellschaft

Ist eine Verschmelzung der Gesellschaften gewünscht, stellt sich zunächst das Problem, daß das Management der Zielgesellschaft das Angebot des Bieters als feindlich empfindet. Dementsprechend wird der *board of directors* derselben einem *plan of merger* nicht zustimmen. Ohne einen positiven Beschluß des *board* könnten aber weder eine Abstimmung der Aktionäre über die Verschmelzung noch die Verschmelzung selbst stattfinden. Zwar wird den Verantwortlichen im Falle eines erfolgreichen Umtauschangebots klar sein, daß die bietende Gesellschaft nunmehr kontrollierende Mehrheitsaktionärin der Zielgesellschaft ist. Es ist dann schon fraglich, ob der *board* der Zielgesellschaft in seinen Entscheidungen nicht im Einzelfall an den Willen der Mehrheit seiner Aktionäre gebunden ist. Jedenfalls kann der Bieter als Mehrheitsaktionär der Zielgesellschaft aber maßgeblichen Einfluß auf die Neubesetzung des *board* ausüben oder die derzeitigen Mitglieder dieses Gremiums im Falle eines Pflichtverstoßes sogar abwählen lassen. Spätestens dann könnte er den notwendigen zustimmenden Beschluß seitens des *board of directors* der Zielgesellschaft auch allein herbeiführen. Insofern kann sich allerdings der Abwehrmechanismus des „*staggered board*“ als hinderlich erweisen. Dabei werden die Posten im *board of directors*

---

728 Vgl. hierzu § 3 I. 1. a. aa. Kapitalaufbringung sowie § 151(b) Del.Gen.Corp.L.

729 Insofern soll das Stimmrecht wieder aufleben, siehe hierzu *Merkt*, US-amerikanisches Gesellschaftsrecht, S. 255; *Solomon/Schwartz/Bauman/Weiss*, Corporations, S. 225.

730 Siehe zur Rechtsentwicklung von dem im *Common Law* üblichen Prinizp der Einstimmigkeit zur heutigen Rechtslage *Hamilton*, The Law of Corporations, S. 627 ff.; *Solomon/Schwartz/Bauman/Weiss*, Corporations, S. 348 und S. 371 f. Dort ist auch beschrieben, daß das zuvor bereits erwähnte *right of dissent and appraisal* parallel zur Schwächung der Aktionärsrechte durch die Aufgabe des Einstimmigkeitsprinzips erfolgte.

731 Vgl. zu den vertraglichen Vereinbarungen § 4 II. 1. Bedeutung der Fremdkapitalfinanzierung im Rahmen gewöhnlicher Geschäftstätigkeit sowie *Solomon/Schwartz/Bauman/Weiss*, Corporations, S. 223.

einer potentiellen Zielgesellschaft in zeitlicher Staffelung besetzt, wodurch auch eine Neubesetzung im Regelfall erst nach Ablauf der jeweiligen Verträge möglich wird. Der Bieter kann seine Strategie für die Zielgesellschaft daher möglicherwiese erst nach und nach umsetzen[732]. Die hieraus folgenden Schwierigkeiten sind vom Bieter insbesondere deshalb zu berücksichtigen, weil sie sich nicht bereits im Vorbereitungsstadium einseitig umgehen lassen.

bb. Zustimmung der Aktionäre der Zielgesellschaft erfordert Bedingung des *tender offer*

(1) Grundsatz

Ferner hat die notwendige Zustimmung der Aktionäre der Zielgesellschaft zu einem *merger* regelmäßig Rückwirkungen auf das bereits vorher stattfindende *tender offer*. Gehört der Unternehmenszusammenschluß zwingend zum Gesamtvorhaben des Bieters, wird er sich bereits durch das *tender offer* in eine Lage versetzen wollen, die diesen zweiten Schritt unproblematisch werden läßt. Nur wenn der Bieter eine Beteiligung mindestens in Höhe des zur Zustimmung notwendigen Anteils der Stimmrechte an der Zielgesellschaft erwirbt, kann er sicher sein, daß „die Aktionäre der Zielgesellschaft" (also letztlich der Bieter selbst) dem Vorhaben zustimmen. Daher wird die bietende Gesellschaft ihr an die Aktionäre der Zielgesellschaft gerichtetes Umtauschangebot von vornherein auf diejenige Aktienzahl bedingen, die nach dem jeweils anzuwendenden einzelstaatlichen Recht zur Herbeiführung eines der Verschmelzung zustimmenden Beschlusses berechtigt[733]. Wie soeben dargelegt, bedarf es hierfür in Delaware und den insoweit den R.M.B.C.A. übernehmenden Staaten einer einfachen Mehrheit, wohingegen in New York eine Mehrheit von zwei Dritteln erforderlich ist. Verzichtet der Bieter auf eine solche Bedingung des *tender offer*, kann dies in Staaten wie New York zu der unangenehmen und unerwünschten Situation führen, daß er zwar eine einfache Mehrheit der stimmberechtigten Aktien an der Zielgesellschaft hält, aber den Zusammenschluß mit dieser nicht oder nur zu schlechteren Bedingungen herbeiführen kann. Ein gut unterrichteter Aktionär wird sich seine im Gegensatz zum *tender offer*[734] nunmehr für den Zusammenschluß notwendige Zustimmung dann jedoch entsprechend (teuer) bezahlen lassen.

---

[732] Siehe hierzu: *Hamilton*, The Law of Corporations, S. 668; *Merkt*, US-amerikanisches Gesellschaftsrecht, S. 624.

[733] *Ebenroth/Eyles*, RIW 1988, S. 413/415.

[734] Bei dem die Annahme des Angebotes durch die Aktionäre der Zielgesellschaft ja freiwillig ist.

(2) Problem sogenannter *supermajority provisions*

Handelt es sich bei der Zielgesellschaft um ein für eine Vielzahl von Unternehmen lohnendes Übernahmeziel, ergibt sich üblicherweise ein weiteres Problem. Die soeben genannten notwendigen Mehrheiten gelten nur vorbehaltlich (nach oben) abweichender Satzungsbestimmungen. Bei potentiellen Übernahmezielen liegt die erforderliche Stimmrechtsgrenze aufgrund entsprechender Bestimmungen in der Satzung häufig aber über der aus den gesetzlichen Bestimmungen folgenden Mehrheit[735]. Die Umtauschbedingungen müssen dann für eine größere Zahl von Aktionären attraktiv sein, weshalb der Bieter unter Umständen allen Aktionären eine höhere Gegenleistung bieten muß als im Fall des normalerweise gesetzlich vorgesehenen Mehrheitserwerbs[736]. Sind die Bedingungen in dieser Weise ausgestaltet, ist dieser (relativ) höhere Preis je Aktie des Zielunternehmens mit einer entsprechend höheren Anzahl der zum Kontrollerwerb notwendigen Anteile zu multiplizieren, wodurch sich der Preis der gesamten Transaktion möglicherweise erheblich erhöht[737]. Wegen des in dieser Weise gesteigerten Übenahmevolumens läßt sich der Kreis potentieller Käufer regelmäßig verringern. Dieser Mechanismus schreckt seinerseits wiederum mögliche Bieter ab. Derartige Satzungsbestimmungen, sogenannte *supermajority provisions*, sind im US-amerikanischen Rechtskreis nicht unüblich und kommen insbesondere im Falle einer beabsichtigten Verschmelzung gegen den Willen des Vorstands der Zielgesellschaft häufig vor. So hat ein Gericht in Delaware unter diesen Voraussetzungen beispielsweise ein Zustimmungserfordernis von 80 % der stimmberechtigten Aktionäre bei feindlichen Übernahmeversuchen als zulässig anerkannt[738]. Eine genaue Prüfung des im Einzelfall notwendigen Zustimmungserfordernisses sollte somit schon vor Veröffentlichung des Übernahmeangebotes erfolgen. Im Rahmen eines feindlichen Übernahmeangebotes hat der Vorstand

---

[735] § 216 Del.Gen.Corp.L.; *Easterbrook/Fischel*, The Journal of Law & Economics, Vol. 26 (1983), S. 395/399 f.; *Ebenroth/Eyles*, RIW 1988, S. 413/414 f.

[736] Wobei die diesbezüglich zu erwartenden Preisunterschiede nur sehr gering sind. So hat eine Untersuchung von *King*, Delaware Journal of Corporate Law, Vol. 21 (1996), S. 895/932 ff. ergeben, daß die durchschnittliche Übernahmeprämie bei Angeboten auf Gesellschaften mit *supermajority provision* bei 42,14 % liegt. Im Gegensatz dazu ist die Prämie bei den übrigen Gesellschaften mit 41,84 % etwas geringer.

[737] *Booth*, Columbia Business Law Review (1987), S. 553/570 f.

[738] Statt der nach § 251(c) Del.Gen.Corp.L. eigentlich nur notwendigen einfachen Mehrheit der Stimmen, siehe: *Seibert v. Gulton Industries, Inc.*, Civil Action No. 5631 (Del. Chancery Court 21.6.1979), 414 A.2d 822 (Del. 1980) sowie *Easterbrook/Fischel*, The Journal of Law & Economics, Vol. 26 (1983), S. 395/400; *Henn/Alexander*, Laws of Corporations, S. 975 f.

der Bietergesellschaft mit einer *supermajority provision* immer zu rechnen[739]. Ist die Verschmelzung zwischen Bieter- und Zielgesellschaft beabsichtigt, ist bereits das Übernahmeangebot derart auszugestalten, daß die Zustimmung unproblematisch wird. Das Problem eines zustimmenden Beschlusses einer größeren Mehrheit der Aktionäre der Zielgesellschaft läßt sich ebenso wie im Normalfall dadurch lösen, daß das Übernahmeangebot auf mindestens denjenigen Anteil der Stimmrechte bedingt wird, der zur Herbeiführung dieses Beschlusses notwendig ist. Der Beschluß der Aktionäre der Zielgesellschaft bleibt dann als solcher zwar weiterhin erforderlich. Die Zielgesellschaft wird infolge eines erfolgreichen Angebots zum Aktientausch allerdings in diesem Umfang vom bietenden Unternehmen beherrscht. Der Bieter als maßgeblicher Aktionär derselben kann den Beschluß dann also allein herbeiführen. Die Zulässigkeit einer solchen Bedingung des *tender offer* ergibt sich bereits aus § 14(d)(3) SEA (1934)[740].

cc. In der (verschmolzenen) Gesellschaft verbleibende Minderheitsaktionäre

In der vorgestellten Konstellation würden die Anteile der in der Zielgesellschaft verbliebenen Minderheitsaktionäre im Rahmen der Verschmelzung in Aktien des Bieters oder einer zum Zwecke der Verschmelzung neu gegründeten Gesellschaft umgewandelt. Regelmäßig ist die von diesen Aktionären erlangte Gegenleistung dabei aber geringer als die im Rahmen des *tender offer* gebotene Leistung. Selbst wenn die Bietergesellschaft also die zuvor dargestellten Beschlüsse bewirken kann, hätte der Zusammenschluß unter diesen Voraussetzungen zur Folge, daß diejenigen Aktionäre, die von vornherein gegen die Übernahme zu den im *tender offer* zum Ausdruck kommenden Bedingungen waren, zu nunmehr schlechteren Bedingungen Aktionäre des Bieters werden und bleiben sollen. Hierin liegt ein nicht zu unterschätzendes Konfliktpotential.

---

739 *Ebenroth/Eyles*, RIW 1988, S. 413/414 f. Siehe hierzu auch allgemein *King*, Delaware Journal of Corporate Law, Vol. 21 (1996), 895 ff., bei dessen Untersuchung von 50 Zielgesellschaften 20 Stück eine *supermajority provision* aufwiesen.

740 Siehe hierzu den von Gerichten und der S.E.C. angewendeten Acht-Punkte-Test, § 3 III. 1. Begriff des *tender offer*. Vgl. ferner *André*, The Journal of Corporation Law, Vol. 8 (1983), S. 499/501, der auf eine Stellungnahme durch *Manuel Cohen*, den *Chairman of the Securities and Exchange Commission* zur Zeit des Inkrafttretens des *Williams Acts*, verweist. Eine entsprechend höhere Bedingung des tender offer kann daneben auch aus steuerlichen und bilanzierungstechnischen Erwägungen empfehlenswert sein. Vgl. § 3 III. 4. Steuerliche Vorüberlegungen.

3. Werbung des Bieters um die Zustimmung der Aktionäre der Zielgesellschaft

Wird dem Bieter im Rahmen des *tender offer* der für eine Verschmelzung beider Gesellschaften oder bedeutsame Gesellschafterbeschlüsse erforderliche Anteil an Aktien der Zielgesellschaft nicht angeboten, die zuvor angesprochene Bedingung also nicht erfüllt, kann dieser aber bei den noch in der Zielgesellschaft verbliebenen Minderheitsaktionären um deren Zustimmung zu dem Vorhaben werben[741]. Die Vorschriften über die Werbung von Stimmrechtsvollmachten (*proxy-rules*[742]) sind auch in Fällen der nicht von der Unternehmensleitung ausgehenden Stimmrechtswerbung (*non-management solicitation*) anwendbar, sofern mehr als zehn Aktionäre um die Erteilung ihrer Stimmrechtsvollmacht gebeten werden[743].

Hintergrund eines solchen Vorgehens ist die weite Verbreitung kleinster Einzelbeteiligungen unter den zum Streubesitz zählenden Aktionären, die sich nur schwer miteinander koordinieren lassen. Die Werbung eines Aktionärs um die Stimmrechte seiner Mitaktionäre stellt somit den Versuch dar, deren Stimmrechte und folglich auch deren Einfluß auf die Gesellschaft zu bündeln[744]. Ein solches Werben eines Aktionärs um die Unterstützung seiner Mitaktionäre macht nur Sinn, wenn diese von einer für die Gesellschaft und somit auch für sie selbst nachteiligen Geschäftsführung durch das bisherige Management und insbesondere den *board of directors* überzeugt werden sollen. Ziel des Vorgehens ist es dann, im Wege der Neubesetzung einzelner oder mehrerer *directors* oder der Zustimmung zu einem außergewöhnlichen Geschäft maßgeblichen Einfluß auf die Geschäftsführung zu gewinnen[745]. Weil es sich dabei um eine Entmachtung der bisherigen Unternehmensleitung handelt, kommt es regelmäßig zu einem Wettstreit um die Gunst der Aktionäre zwischen dem *board of directors* und dem opponierenden Aktionär der Gesellschaft (sogenannter *proxy-contest*). Das Werben um die Erteilung von Stimmrechtsvollmachten war bis ungefähr

[741] Anderenfalls wird dem Bieter schon im Rahmen der Angebotsannahme das Stimmrecht abgetreten worden sein. Siehe hierzu auch *Hutter/Lawrence*, Übernahmerecht in den USA, S. 95/122.

[742] Vgl. § 4 I. b. ff. Offenlegungspflichten bei der Werbung um Stimmrechtsvollmachten (proxy *solicitation)*.

[743] S.E.C. Rule 14a-2(b)(2); *Cary/Eisenberg*, Corporations, S. 279; *Merkt*, US-amerikanisches Gesellschaftsrecht, S. 373.

[744] *Mahle*, The Journal of Corporation Law, Vol. 15 (1990), S. 721/734.

[745] *Cary/Eisenberg*, Corporations, S. 315; *Merkt*, US-amerikanisches Gesellschaftsrecht, S. 384, der darauf verweist, daß sich der überwiegende Teil dieser Auseinandersetzungen (ungefähr zwei Drittel) mit der Wahl der *directors* befaßt, der übrige Teil hingegen mit Beschlüssen der Aktionärsversammlung, hierbei insbesondere auch zu Übernahmen.

1960 der bevorzugte Weg des Kontrollerwerbs über eine Gesellschaft[746]. Obwohl seit dieser Zeit der Erwerb einer kontrollierenden Mehrheit durch Beteiligungserwerb im Wege eines *tender offer* zunehmend an Bedeutung gewinnt, bleiben die Bestimmungen über *proxy-contests* weiterhin zu beachten. Dies liegt zunächst daran, daß es auch aktuelle Beispiele der erfolgreichen Einflußnahme auf die Unternehmensleitung einer Zielgesellschaft im Wege des *proxy*-Verfahrens gibt. So hat beispielsweise der amerikanische Großinvestor *Kirk Kerkorian* während der 90er Jahre eine Veränderung der Dividenden- und Rückkaufpolitik bei der Chrysler Corporation bewirkt[747]. Andererseits werden beide Maßnahmen auch häufig miteinander kombiniert, um den Druck auf das Management der Zielgesellschaft zu erhöhen[748]. In seinen Erscheinungsformen erinnert der *proxy-contest* gelegentlich an den politischen Wahlkampf in den USA. So werden von beiden Seiten Zeitungsannoncen veröffentlicht, Wahlkampfbroschüren an die Aktionäre versendet und gelegentlich auch bedeutende Einzelaktionäre beeinflußt[749]. Neben den bereits erläuterten Vorschriften über das *proxy*-Verfahren, insbesondere die Offenlegungspflichten[750], ist es aus der Sicht des mit der Unternehmensleitung konkurrierenden Aktionärs dabei entscheidend, wie er seine Mitaktionäre in der Zielgesellschaft im Wege der die Abstimmung vorbereitenden Kommunikation erreichen kann. Hierfür sehen die S.E.C.-Rules zwei Möglichkeiten vor[751]. Einerseits kann der Bieter von der Gesellschaft die Herausgabe einer Liste mit den Anschriften aller Aktionäre verlangen, um diesen seine *proxy*-Unterlagen auf eigene Kosten zuzusenden (*mailing communication* nach S.E.C. Rule 14a-7 SEA (1934)[752]). Unter bestimmten Voraussetzungen hat der Aktionär aber andererseits auch einen Anspruch auf Aufnahme eines Vorschlags in die *proxy*-Materialien der Gesellschaft, die dann auch die Kosten zu tragen hat (*shareholder porposal* nach S.E.C. Rule 14a-8 SEA (1934)[753]).

---

[746] *Clark*, Corporate Law, S. 546; *Mahle*, The Journal of Corporate Law, Vol. 15 (1990), S. 721/734; The Developing Meaning of „Tender Offer“ under the Securities Exchange Act of 1934 (Note), 86 Harvard Law Review (1973), S. 1250, 1253.

[747] *Oesterle*, The Law of Mergers and Acquisitions, S. 358.

[748] So z. B. in der Auseinandersetzung *Hilton Hotels Corp. v. ITT Corp.*, 978 F.Suppl. 1342 (1997), worauf *Oesterle*, The Law of Mergers and Acquisitions, S. 358 f. hinweist.

[749] *Merkt*, US-amerikanisches Gesellschaftsrecht, S. 384.

[750] Vgl. § 4 I. 1. b. ff. Offenlegungspflichten bei der Werbung um Stimmrechtsvollmachten (proxy *solicitation)*.

[751] *Goforth*, The American University Law Review, Vol. 43 (1994), S. 379/394; *Merkt*, US-amerikanisches Gesellschaftsrecht, S. 379.

[752] Im Rahmen der S.E.C. Rule 14a-7 gilt dabei das Sprichwort: „*Mail their stuff or give them a list*“, siehe hierzu ferner *Clark*, Corporate Law, S. 371; *Easterbrook/Fischel*, The Journal of Law & Economics, Vol. 26 (1983), S. 395/419.

[753] Vgl. zu den Voraussetzungen und diesbezüglichen Rechtsfragen – insbesondere zur Frage denkbarer Ablehnungsgründe - vertiefend *Clark*, Corporate Law, S. 372 f.; *Easterbrook/Fischel*, The Journal of Law & Economics, Vol. 26 (1983), S. 395/419 ff.; *Goforth*, The American University Law Review, Vol. 43 (1994), S. 379/396 ff.; *Mahle*, The Journal

a. Anwendungsschwierigkeiten bei der *non-management solicitation* im Rahmen feindlicher Übernahmeversuche

Auch wenn sich in der Rechtsprechung eine grundsätzliche Tendenz zur Zulassung von *shareholder proposals* erkennen läßt, können sich im Zusammenhang mit feindlichen Übernahmen praktische Anwendungsschwierigkeiten ergeben.

Zunächst ist festzustellen, daß nach S.E.C. Rule 14a-9 sowohl die Ziel- als auch die Bietergesellschaft für falsche oder irreführende Angaben in ihren *proxy*-Unterlagen haften[754]. Verheimlicht ein den Weg des *proxy-contest* beschreitender Bieter seine Übernahmeabsicht, muß er demnach für hieraus folgende Schäden der Aktionäre haften.

Geht der Bieter insofern offen vor, ergeben sich weitere Fragestellungen. Beabsichtigt er, den Druck auf das Management der Zielgesellschaft dadurch zu erhöhen, daß er, sofern er die Voraussetzungen der S.E.C. Rule 14a-8(b)-(d) erfüllt, Gegenkandidaten bei der Wahl der *directors* aufstellt oder den *board* in seiner Entscheidungsfindung bindende Beschlüsse beantragt, ist der Weg des *shareholder proposal* nach S.E.C. Rule 14a-8 hierfür ungeeignet. Personalentscheidungen bilden ebenso einen dem *board* zur Verfügung stehenden Ablehnungsgrund für die Aufnahme des Vorschlags in die *proxy*-Materialien wie ein unrichtiger Vorschlagsgegenstand. Selbst wenn der Vorschlag einen an sich zulässigen Gegenstand enthielte, wird der das Vorhaben des Bieters als feindlich empfindende *board of directors* der Zielgesellschaft zunächst immer nach entsprechenden Ablehnungsgründen suchen und die Aufnahme des Vorschlags verweigern. Der Bieter müßte das mit seiner Aktionärseigenschaft verbundene Recht auf Aufnahme seines Vorschlags dann einklagen. Dies ist einerseits mit dem Risiko des Scheiterns und andererseits in jedem Fall mit einer Zeitverzögerung verbunden, die bei einem feindlichen Übernahmeversuch zu dessen Scheitern führen kann.

Dieses Risiko kann ein Bieter jedoch dadurch vermeiden, daß er die Druck- und Portokosten seiner *proxy*-Unterlagen selbst trägt und zur Stimmrechtswerbung das Verfahren der *mailing communication* nach S.E.C. Rule 14a-7 wählt. Dies hat ferner den Vorteil, daß er sich zu allen Tagesordnungspunkten, insbesondere zur Wahl der *directors* und zu grundlegenden Beschlüssen der Aktionärsversammlung, äußern kann. Dies ist zudem der einzige Weg, um die von einem Aktionär vorgeschlagenen *directors* zu wählen, da das Recht der Nominierung im

---

of Corporation Law, Vol. 15 (1990), S. 721/735 sowie die Entscheidung *Rauchman v. Mobil Corp.*, 739 F.2d 205 (6th Circuit 1984).

[754] *Clark*, Corporate Law, S. 373; *Merkt*, US-amerikanisches Gesellschaftsrecht, S. 387.

übrigen nur dem *board of directors* selbst, nicht aber den Aktionären zusteht[755]. Von entscheidender Bedeutung ist es dabei für den Bieter, eine Aktionärsliste zu erhalten, um gegebenenfalls auch außerhalb des *proxy*-Verfahrens mit den freien Aktionären der Zielgesellschaft in Verbindung treten zu können. Einen Anspruch auf Übersendung dieser Liste hat er jedoch nach dem Bundesrecht deshalb nicht, weil die *corporation* sich auch dafür entscheiden kann, die *proxy*-Materialien auf Kosten des Aktionärs für diesen zu versenden. Dies geschieht im Normalfall. Zudem sind die *proxy*-Verfahren oftmals erfolglos[756]. Diesbezüglich könnte allerdings eine besondere Ausgestaltung des *tender offer* Abhilfe schaffen.

b. Kombination des *Tender Offer* mit dem *Proxy-Fight*

Denkbar ist in diesem Zusammenhang die Kombination eines *tender offer* mit einem *proxy-fight*. Diese häufig vorkommende Verbindung hat bei der Durchführung einer feindlichen Übernahme einige Vorteile[757]. Die zuvor aufgezeigten Möglichkeiten der Behinderung des Kontrollerwerbs durch Verzögerung des *proxy*-Verfahrens seitens des *board of directors* der Zielgesellschaft lassen sich dadurch umgehen, daß der Mehrheitserwerb im Wege des *tender offer* gelingt. Der Bieter stellt sein Angebot jedoch unter die Bedingung, daß er einen *proxy-fight* um die Kontrolle im *board of directors* der Zielgesellschaft gewinnt. Erst dann beziehungsweise danach werden die Anteile der Aktionäre der Zielgesellschaft gegen Anteile des Bieters getauscht[758]. Als Weg für die Durchführung des *proxy*-Verfahrens ist die *mailing communication* nach S.E.C. Rule 14a-7 zu empfehlen. Die Möglichkeiten einer wirksamen Behinderung dieses Verfahrens durch den *board of directors* der Zielgesellschaft verringern sich dabei bereits dadurch erheblich, daß dem Bieter durch die Hinterlegung der zum Umtausch eingereichten Aktien der Zielgesellschaft, die Namen und Anschriften vieler Aktionäre bekannt werden. Hinterlegt die Mehrzahl der Anteilseigner ihre Aktien, ist diese Mehrheit auch im Rahmen des *proxy-fight* erreichbar und unterstützt die Pläne des Bieters. Anderenfalls würden die Aktionäre die Bedingung nicht akzeptieren und folglich auch nicht ihre Anteile hinterlegen. Im Wege der

---

755 Das Recht der Einzelstaaten sieht insofern lediglich ein Wahlrecht, nicht aber ein Recht auf Nominierung von *directors* vor; § 271 Del. Gen.Corp.L.; § 602(b) N.Y.Bus.Corp.L.; § 301 Cal.Gen.Corp.L., worauf *Goforth*, The American University Law Review, Vol. 43 (1994), S. 379/388 f. hinweist.

756 *Easterbrook/Fischel*, The Journal of Law & Economics, Vol. 26 (1983), S. 395/420; *Goforth*, The American University Law Review, Vol. 43 (1994), S. 379/463; *Mahle*, The Journal of Corporation Law, Vol. 15 (1990), S. 721/735.

757 Siehe z.B. *Hilton Hotels Corp. v. ITT Corp.*, 978 F.Suppl. 1342 (1997); *Oesterle*, The Law of Mergers and Acquisitions, S. 358 ff.; *Solomon/Schwartz/Bauman/Weiss*, Corporations, S. 1169.

758 *Oesterle*, The Law of Mergers and Acquisitions, S. 358.

Stimmrechtswerbung steigen die Aussichten eines erfolgreichen und zügigen Kontrollerwerbs im *board* der Zielgesellschaft somit erheblich. Gelingt dieser Kontrollerwerb, kann der Bieter einerseits die Beseitigung bestehender Abwehrmechanismen gegen feindliche Übernahmen veranlassen und andererseits mit der Umsetzung seiner Geschäftspolitik beginnen[759], selbst wenn im Einzelfall ein sofortiger *merger* mit der Zielgesellschaft ausgeschlossen sein sollte[760]. Die Kosten einer *mailing communication* sind zwar in absoluten Zahlen durchaus erheblich, im Vergleich zu den Gesamtkosten der feindlichen Übernahme einer großen Publikumsgesellschaft für den Bieter aber vertretbar und wegen des aus der Kombination mit einem *tender offer* folgenden Effektes durchaus lohnend.

4. *Freezeout*

Unabhängig davon, ob der Bieter in dieser Weise sein *tender offer* mit einer *proxy solicitation* kombiniert, ist es aus seiner Sicht in jedem Fall sinnvoll, eine Gestaltung zu wählen, bei der die in der Zielgesellschaft verbliebenen Minderheitsaktionäre aus dieser ausscheiden müssen. Dies geschieht üblicherweise im Wege des sogenannten *freezeout*[761]. Das *freezeout*-Verfahren ist eine Strategie, mit der ein Mehrheitsaktionär die Minderheitsaktionäre aus der Gesellschaft hinausdrängt und sie zum Verkauf ihrer Anteile zwingt. Die Minderheitsaktionäre werden dabei wie Inhaber von rückkaufbaren Vorzugsaktien (*redeemable preferred stock*) behandelt, wissen aber im Gegensatz zu diesen nicht schon beim Erwerb der Beteiligung, daß diese von der *corporation* nach ihrer Wahl zurückerworben werden können[762]. Im Ergebnis wird der Mehrheitsaktionär

---

759 So beispielsweise geschehen in *Hilton Hotels Corp. v. ITT Corp.*, 978 F.Suppl. 1342 (1997), wo - neben anderen Neuerungen - insbesondere ein herkömmlicher *board* in Anbetracht des *hostile tender offer* durch Hilton von der Unternehmensleitung der ITT Corp. eilig und ohne Zustimmung der Aktionäre in einen „*staggered board*" (zeitlich gestaffelte Laufzeiten der Verträge der directors, die somit ohne Vorliegen eines wichtigen Grundes erst nach und nach ersetzt werden können) umgewandelt wurde. Hierzu stellte der District Court von Nevada fest, daß einziger Zweck dieser kurzfristigen Änderung die Behinderung des *tender offer* war. Hierdurch wurde das eigentlich berechtigte Vorhaben der Ernennung eines *staggered board* in diesem Falle unzulässig, weil den Aktionären von ITT in Anbetracht des *proxy contest* das Privileg der Abstimmung über derartige Geschäftsvorfälle entzogen wurde. Siehe hierzu die Darstellung bei *Oesterle*, The Law of Mergers and Acquisitions, S. 359 ff. Ebenso: *Blasius Industries Inc. v. Atlas Corp.*, 564 A.2d 651 (Del.Chancery 1988).

760 Vgl. § 4 IV. 4. b. f. Zeitlich befristetes Verbot des Zusammenschlusses mit einem *interested shareholder*.

761 Wörtlich übersetzt: „*hinausfrieren*".

762 Vgl. allgemein zum *freezeout* sowie zu den gebräuchlichen Techniken *Cary/Eisenberg*, Corporations, S. 1202 f.; *Clark*, Corporate Law, S. 499 ff.; *Merkt*, US-amerikanisches Gesellschaftsrecht, S. 577 ff. sowie die Entscheidungen *Singer v. Magnavox Co.*, 380 A.2d

durch den *freezeout* zum Alleinaktionär[763]. Typische und im vorliegenden Zusammenhang bedeutende[764] *freezeout*-Situationen sind die zweistufige Übernahme (*cash-out merger*) sowie der Zusammenschluß einer Mutter- mit ihrer Tochtergesellschaft[765].

Bei einem *cash-out merger* übernimmt der Bieter die Zielgesellschaft im Wege eines *merger* und bezahlt deren Minderheitsaktionäre für ihre Aktien mit Bargeld aus. Dieses Verfahren ist in nahezu allen Bundesstaaten zulässig, häufig sogar ausdrücklich geregelt[766] und ferner die gebräuchlichste *freezeout*-Technik. Solange die Minderheitsaktionäre nicht unangemessen benachteiligt werden, beurteilt auch die Rechtsprechung den *cash-out merger* grundsätzlich als zulässig[767].

Nach den gesetzlich geregelten *short form merger*-Bestimmungen bedarf die Übernahme einer Tochtergesellschaft durch ihre Muttergesellschaft nicht der Zustimmung der Minderheitsaktionäre der Tochter. Wann ein Mutter-Tochter-Verhältnis zwischen den beteiligten Gesellschaften vorliegt, hängt von der einzelstaatlichen Regelung ab. Als Richtwert kann hier eine Beteiligungshöhe von 90 % dienen. Der *board of directors* des Bieters kann die Minderheitsaktionäre dabei aufgrund eines entsprechenden Beschlusses mit Anteilen an der Muttergesellschaft, aber auch mit Bargeld oder *bonds* abfinden[768].

---

969 (Del. 1977), S. 977-978; *Kirtz v. Grossman*, 463 S.W.2d 541 (Mo.App. 1971); *Kellog v. Georgia Pacific Paper Corp.*, 227 F.Suppl. 719 (W.D.Ark. 1964); *Cathedral Estates, Inc. v. Taft Realty Corp.*, 157 F.Suppl. 895 (D.Conn 1954), affirmed 251 F.2d 340 (2nd Circuit 1957).

763 Siehe hierzu und zur Abgrenzung vom *squeezeout* („herausquetschen"), bei dem der Minderheitsaktionär nicht juristisch, sondern rein faktisch zur Aufgabe seiner Beteiligung gezwungen wird: *Clark*, Corporate Law, S. 500.

764 Als weitere moderne *freezeout*-Technik ist zudem der *reverse stock split* zu erwähnen, dessen Zulässigkeit jedoch in der Rechtsprechung umstritten ist. So wird in *Teschner v. Chicago Title & Trust Co.*, 322 N.E.2d 54 (Ill. 1974) sowie in *Leader v. Hycor, Inc.*, 479 N.E.2d 173 (Mass. 1985) die Zulässigkeit eines *freezeout* durch einen *reverse stock split* bejaht, in *Clark v. Pattern Analysis & Recognition Corp.*, 384 N.Y.S.2d 660 (1976) hingegen verneint. Siehe *Merkt*, US-amerikanisches Gesellschaftsrecht, S. 582.

765 Vgl. § 4 IV. 4. b. Zusammenschluß zwischen Mutter- und Tochtergesellschaft (Freezeout im Wege des *Short Form Merger)*.

766 § 251(b)(5) Del.Gen.Corp.L.; § 1101(d) Cal.Gen.Corp.L.; § 902(a)(3) N.Y.Bus.Corp.L.; § 11.02(c)(3) R.M.B.C.A.

767 *Merkt*, US-amerikanisches Gesellschaftsrecht, S. 581.

768 Vgl. § 11.05(a) R.M.B.C.A.; § 4 IV. 4 b. aa. Grundlagen: *Merger* ohne Zustimmung des *board* oder der Minderheitsaktionäre der Zielgesellschaft sowie § 4 IV. b. bb. Abfindungsansprüche nach einzelstaatlichem Recht, S. 190 ff.

a. Merger mit der Zielgesellschaft; Bargeld als Gegenleistung für die Minderheitsgesellschafter (*Freezeout* im Wege des *Cash-Out Merger*)

Im Rahmen einer zweistufigen Übernahme folgt der *freezeout* regelmäßig auf ein erfolgreiches *tender offer*. Beabsichtigt der Bieter, Alleinaktionär der Zielgesellschaft zu werden, kann er die Minderheit unter gewissen Voraussetzungen dazu zwingen, ihre Anteile gegen Barleistung zu veräußern (*cash-out merger*). Die Minderheitsaktionäre sind also auf seine Veranlassung hin auszubezahlen[769]. Dies hat im Ergebnis den Vorteil, daß die die Übernahme ablehnenden Aktionäre die Gesellschaft im Rahmen der Verschmelzung der beiden Gesellschaften endgültig verlassen.

Die Voraussetzungen für einen solchen *cash-out merger* unterscheiden sich jedoch nicht von den im Zusammenhang mit einem *merger* gegen Aktien des Bieters genannten. Lediglich die andere Art der Gegenleistung (Bargeld statt Aktien) bewirkt ein aus Sicht des Bieters günstigeres Ergebnis. Insofern ist bezüglich des einzelstaatlichen Rechts auf die obige Darstellung zu verweisen[770]. Es bedarf somit wiederum eines zustimmenden Beschlusses der Aktionäre der Zielgesellschaft, dessen Zustandekommen durch eine *supermajority provision* erschwert sein könnte, sich aber durch eine entsprechende Bedingung des *tender offer* erreichen läßt[771]. Andererseits ist für den *merger* ferner ein zustimmender Beschluß des *board of directors* der Zielgesellschaft nötig[772]. Dabei kann ein *board*, der die Übernahme als feindlich einstuft und auch im Anschluß an ein erfolgreiches *tender offer* die Zusammenarbeit mit dem Bieter verweigert, die aus Sicht des Bieters notwendigen Entscheidungen jedoch zunächst blockieren oder jedenfalls verzögern[773]. Dieser Gefahr einer möglicherweise kostenintensiven Verzögerung wird sich der Bieter aber nicht aussetzen wollen, sofern er dies auf andere Weise vermeiden kann.

b. Zusammenschluß zwischen Mutter- und Tochtergesellschaft (*Freezeout* im Wege des *Short Form Merger*)

Insofern versprechen die einzelstaatlichen Regelungen zum *short form merger* Abhilfe. Bei dieser Form der Übernahme einer Tochter- durch ihre Muttergesellschaft geht es in vergleichbarer Weise darum, die bisherigen Minderheitsak-

---

[769] *Merkt*, US-amerikanisches Gesellschaftsrecht, S. 578 f.

[770] Vgl. § 4 IV. 2. b. Einzelstaatliche Regelungen.

[771] Vgl. § 4 IV. 2. c. bb. Zustimmung der Aktionäre der Zielgesellschaft erfordert Bedingung des *tender offer*.

[772] Siehe §§ 903(a) iVm 803(c) sowie § 902(a) N.Y.Bus.Corp.L.; § 251(b) und (c) Del.Gen. Corp.L; § 11.02(c) und § 11.04(b) und (d) R.M.B.C.A.

[773] Vgl. § 4 IV. 2. c. aa. Zustimmung des *board of directors* der Zielgesellschaft.

tionäre der Tochtergesellschaft zur Veräußerung ihrer Aktien an die Mutter zu zwingen. Auch hierbei wird die Minderheit der Aktionäre der Tochtergesellschaft im Rahmen eines *cash-out merger* ausbezahlt. Liegt nach den einzelstaatlichen Gesetzen zwischen den beteiligten Gesellschaften ein Verhältnis von Mutter- und Tochtergesellschaft vor, so gelten hierfür aber besondere Bestimmungen.

aa. Grundlagen: *Merger* ohne Zustimmung des *board* oder der Minderheitsaktionäre der Zielgesellschaft

Vorbehaltlich abweichender Bestimmungen in der Satzung der Gesellschaften bedarf die Übernahme einer Tochtergesellschaft durch ihre Mutter nach den Gesetzen zahlreicher Bundesstaaten unter bestimmten Voraussetzungen nicht der Zustimmung des *board* oder der Minderheitsaktionäre der Tochtergesellschaft. Erforderlich ist regelmäßig nur ein einseitiger Beschluß des *board* der Muttergesellschaft, der den Minderheitsaktionären der Tochtergesellschaft unter Hinweis auf die Gegenleistung und die ihnen zustehenden Rechte bekanntzugeben ist[774]. Die Aktionäre erhalten dann die von der Muttergesellschaft vorgesehene angemessene Gegenleistung und verlieren gleichzeitig ihre Stellung als Eigentümer der Tochter[775]. Voraussetzung ist jedoch eine bestimmte Mindestbeteiligung der Muttergesellschaft an der Tochter. Häufig sind dies 90 % der Anteile[776]. Die einzelstaatlichen Gesetze können jedoch auch andere Beteiligungshöhen vorsehen[777]. Die Aktionäre der Tochtergesellschaft können für ihre Anteile grundsätzlich sowohl mit Bargeld als auch gegen Aktien oder Anleihen (*bonds*) der Muttergesellschaft abgefunden und aus der Tochtergesellschaft gedrängt werden[778]. Der Grund für eine solche Regelung liegt darin, daß eine Abstimmung der Minderheitsaktionäre der Tochtergesellschaft unnötig ist, weil diese, wenn die Muttergesellschaft bereits über 90 %[779] der Anteile hält, in keinem Fall in der Lage

774 § 253(a) Del.Gen.Corp.L. und §§ 905, 913(g) N.Y.Bus.Corp.L.; *American Law Institute*, Buying, Selling and Merging Businesses, S. 97 f.; *Clark*, Corporate Law, S. 435 f.

775 *American Law Institute*, Buying, Selling and Merging Businesses, S. 102 f.

776 Siehe § 905(a) N.Y.Bus.Corp.L., § 253(a) Del.Gen.Corp.L.; § 1110 Cal.Gen.Corp.L.; § 11.05(a) R.M.B.C.A.

777 So liegt die maßgebliche Grenze in Alabama bei lediglich 80 %, in Montana, Nebraska, Vermont und Washington hingegen bei 95 %. Der District of Columbia sieht eine Beteiligung von 100 % vor und schließt damit ein ungewolltes Herausdrängen von Minderheitsgesellschaftern aus der Tochtergesellschaft von vornherein aus. *American Law Institute*, Buying, Selling and Merging Businesses, S. 99 f.; *Merkt*, US-amerikanisches Gesellschaftsrecht, S. 528.

778 *Hutter/Lawrence*, Übernahmerecht in den USA, S. 95/120 f.

779 Nachfolgend ist zur Vereifachung von einer notwendigen Mindestbeteiligung in Höhe von 90 % auszugehen, obwohl in einigen Einzelstaaten andere Beteiligungen vorgesehen sind, siehe Fn. 777.

sind, den Unternehmenszusammenschluß zu blockieren. Die Kosten für eine Aktionärsversammlung und die Werbung um Stimmrechte kann die Muttergesellschaft deshalb sparen[780]. Um eine solche Konstellation zu erreichen, müßte das Übernahmeangebot bereits auf den Erwerb von 90 % der stimmberechtigten Anteile der Zielgesellschaft bedingt und in diesem Umfang auch erfolgreich sein[781], damit die Zielgesellschaft als Tochtergesellschaft in diesem Sinne gilt.

Eine derartige Vorgehensweise hat für den Bieter unter Finanzierungsgesichtspunkten jedoch Auswirkungen in zweierlei Hinsicht. Zunächst ist bereits im Rahmen des *tender offer* der Erwerb von 90 % der Anteile sicherzustellen. Die den Aktionären der Zielgesellschaft angebotene Gegenleistung ist also in einem Umfang bereitzustellen, der einen solchen Erwerb ermöglicht. Dies gilt unabhängig davon, ob diese Gegenleistung in Wertpapieren[782] oder Bargeld besteht. Darüber hinaus hat der Bieter auch für den Fall des *short form mergers* selbst vorzusorgen und eine entsprechende Gegenleistung an die nunmehr aus der Gesellschaft gedrängten Aktionäre bereitzustellen. Zu berücksichtigen ist insofern, daß eine solche Gegenleistung oftmals aus Bargeld besteht und gegebenenfalls zum Erwerb von knapp unter 10 % der Anteile einer großen Publikumsgesellschaft zur Verfügung stehen muß.

bb. Abfindungsansprüche nach einzelstaatlichem Recht

Andererseits hat diese Art des *freezout* zur Folge, daß die Minderheitsaktionäre der Zielgesellschaft eine unangemessen niedrige Gegenleistung für ihre Anteile nicht mehr mit der bloßen Nicht-Annahme eines Angebotes verhindern können. Sie sind gezwungen, ihre Stellung als Anteilseigner aufzugeben und die ihnen im Rahmen des *short form merger* gebotene Gegenleistung zunächst hinzunehmen. Die Muttergesellschaft kann deren Höhe aufgrund ihrer beherrschenden Stellung einseitig bestimmen[783]. Weil den Minderheitsaktionären hierbei eine Übervorteilung durch den Mehrheitsaktionär droht und sie im Gegensatz zu den ansonsten zustimmungsbedürftigen Arten von Unternehmenszusammenschlüssen benachteiligt wären, gewähren ihnen die bundesstaatlichen Gesetze im Falle

---

[780] *Hamilton*, The Law of Corporations, S. 623.

[781] Wie bereits dargelegt, kann eine solche Bedingung auch in steuerlicher sowie in bilanztechnischer Hinsicht sinnvoll für den Bieter sein. Vgl. § 3 III. 4. Steuerliche Vorüberlegungen sowie zur generellen Zulässigkeit der Bedingung eines Übernahmeangebotes § 3 III. 1. Begriff des *tender offer*.

[782] Was im Falle der Übernahme einer großen Publikumsgesellschaft jedoch wahrscheinlicher ist.

[783] *American Law Institute*, Buying, Selling and Merging Businesses, S. 97; *Merkt*, US-amerikanisches Gesellschaftsrecht, S. 528.

einer Benachteiligung Abfindungsansprüche (*appraisal rights*)[784]. Grundsätzlich ist daher davon auszugehen, daß Aktionäre der Zielgesellschaft, die derartige Ansprüche geltend machen, in allen Einzelstaaten[785] unter bestimmten Voraussetzungen[786] vom Käufer eine Barabfindung in Höhe eines gerichtlich festgestellten Wertes der jeweiligen Aktien verlangen können. Dieser Wert kann die im Rahmen des *tender offer* gebotene Gegenleistung sowohl über- als auch unterschreiten[787]. Liegt der gerichtlich festgestellte Wert der Aktien oberhalb des im Rahmen des *short form mergers* gezahlten Preises, ergibt sich hieraus eine Nachschußpflicht des Bieters, die dieser - soweit möglich - bereits im Rahmen seiner Finanzierungsplanung berücksichtigen sollte. Die Schwierigkeit und vor allem die finanziellen Auswirkungen dieser Verfahren sollten vom Bieter nicht unterschätzt werden, da sie sich über Jahre hinziehen und für die Gesellschaft sehr teuer werden können[788].

cc. Gerichtliche Ermittlung des angemessenen Wertes der Anteile

Für den Anlegerschutz beim *freezeout* sind die einzelstaatlichen Regelungen von großer praktischer Bedeutung, da sie den Minderheitsaktionären der Zielgesellschaft für den Fall des unfreiwilligen Ausscheidens einen gerichtlich ermittelten angemessenen Wert ihrer Anteile zusichern. Im Umkehrschluß ergibt sich hieraus für den Bieter gegebenenfalls eine Verpflichtung zur Nachbesserung der im Rahmen des *freezeout* gewährten Gegenleistung und somit das Risiko einer Zahlungsverpflichtung, die bereits im Rahmen einer vorausschauenden Finanzplanung Berücksichtigung finden sollte. Die maßgeblichen Verfahren der Preisermittlung sind somit kurz darzustellen.

---

784 *Clark*, Corporate Law, S. 436; *Hamilton*, The Law of Corporations, S. 624. Zu Inhalt und Voraussetzungen dieser Rechte § 910 N.Y.Bus.Corp.L.; § 262(b)(1)-(2) Del.Gen.Corp.L.

785 Vgl. beispielsweise § 910(a)(2) i.V.m. § 623(c) N.Y.Bus.Corp.L. für stimmberechtigte Aktionäre, § 910(a)(3) für nicht stimmberechtigte Aktionäre; § 262 i.V.m. § 253 Del.Gen.Corp.L.; § 13.02 i.V.m. § 11.05 R.M.B.C.A.

786 Die Voraussetzungen sind vielfältig und seitens der klagewilligen Minderheitsaktionäre nicht zu unterschätzen, da sie im Falle der Nichteinhaltung die Ansprüche verlieren können. Vgl. §§ 910(a)(1)(A), 806(b)(6), 623 sowie §§ 910(a)(2), 623(c) N.Y.Bus.Corp.L.; § 262(d) und (e) Del.Gen.Corp.L.; §§ 13.20 bis 13.26 R.M.B.C.A. Ebenso: *Clark*, Corporate Law, S. 449-458; *Hamilton*, The Law of Corporations, S. 628; *Henn/Alexander*, Laws of Corporations, S. 1006 ff.

787 *Hutter/Lawrence*, Übernahmerecht in den USA, S. 95/123.

788 *Hutter/Lawrence*, Übernahmerecht in den USA, S. 95/123 sowie *Hamilton*, The Law of Corporations, S. 628, der auf das Beispiel der Aktionäre der Technicolor, Inc. verweist, deren Verfahren auf Abfindung zwischen 1982 und 2000 stattfanden, sich also über einen Zeitraum von 18 Jahren hinzogen. Siehe *Cede & Co. v. Technicolor, Inc.*, 634 A.2d 345 (Del.Supr. 1993).

Bei der gerichtlichen Ermittlung des angemessenen Werts der Anteile sind insbesondere die vergleichsweise strengen Vorschriften und Grundsätze über die sogenannten *self-dealing transactions* (Insichgeschäfte) zu beachten. Dies liegt daran, daß in nahezu allen *freezeout*-Fällen der Mehrheitsaktionär sowohl hinter der Transaktion als solcher als auch hinter dem diese veranlassenden *board of directors* steht. Gleichzeitig profitiert der Mehrheitsaktionär am stärksten vom *freezeout*. Die *self-dealing*-Grundsätze liefern somit regelmäßig den Maßstab für eine gerichtliche Prüfung des *freezeout*. Dabei muß nach dem Recht vieler Bundesstaaten zum einen insgesamt eine im wesentlichen gerechte Behandlung des ausscheidenden Aktionärs gewährleistet sein (sogenannter *intrinsic fairness test*). Ferner ist nach dem Recht einiger Bundesstaaten[789] mit dem *freezeout* ein anerkennenswerter unternehmerischer Zweck zu verfolgen (sogenannter *business purpose test*).

(1) *Intrinsic Fairness Test*

(a) Grundlagen

Der *intrinsic fairness test*, also die Frage, ob die ausscheidenden Aktionäre im wesentlichen gerecht behandelt wurden, gliedert sich grundsätzlich wiederum in drei Teile. Zunächst muß der den Aktionären gezahlte Preis im wesentlichen angemessen sein (*fairness of price*). Darüber hinaus muß das Verfahren, mit dem der *board of directors* den *freezeout* beschlossen hat, den Voraussetzungen eines fairen Verfahrens genügen (*procedural fairness*). Schließlich müssen die Einzelheiten der Transaktion den außenstehenden Minderheitsaktionären in angemessener Weise offengelegt werden (*fairness of disclosure*).

Erfüllt der *freezeout* diese Voraussetzungen, gilt der gezahlte Preis als angemessen und der Minderheitsaktionär damit als gerecht behandelt. Entspricht der *freezeout* hingegen nicht allen der zuvor genannten Kriterien, gilt das Gegenteil. Der ausgeschiedene Aktionär kann dann entweder versuchen, den *freezeout* im Wege des einstweiligen Rechtsschutzes durch eine gerichtliche Anordnung (*injunction*) untersagen zu lassen[790], oder aber auf Schadensersatz in Höhe der Differenz zwischen dem gezahlten und dem angemessenen Preis klagen[791].

---

789 Nicht jedoch des Staates Delaware; siehe: *Merkt*, US-amerikanisches Gesellschaftsrecht, S. 588.

790 Was allerdings nur im Ausnahmefall so entschieden werden wird. So stellte das Gericht in *Weinberger v. UOP, Inc.*, 457 A.2d 701 (Del. 1983) fest, daß ein Anspruch auf Rückgängigmachung im Wege der gerichtlichen Anordnung in aller Regel nicht besteht.

791 *Merkt*, US-amerikanisches Gesellschaftsrecht, S. 588.

(b) Die Entscheidung *Weinberger v. UOP, Inc.*

Die zuvor genannten Grundsätze zum *intrinsic fairness test* folgen im wesentlichen aus der Entscheidung *Weinberger v. UOP, Inc.*[792]. Bei dieser Entscheidung handelt es sich zwar um ein Urteil des Delaware Supreme Court. Sie wurde in der Rechtsprechung und der Literatur aber vielfach diskutiert und hat somit über die Grenzen dieses Staates hinaus Bedeutung erlangt. Vielfach wird sie deshalb auch in anderen Bundesstaaten als Leitentscheidung (*leading case*) bezeichnet[793].

Der Entscheidung liegt ein *cash-out merger* der UOP, Inc. zugrunde, an der die diesen veranlassende Signal Corp. 50,5 % der Anteile hielt. Die übrigen Anteile befanden sich in Streubesitz. Der *freezeout* beruhte auf einem Beschluß des *board of directors* der UOP Inc. Diesem gehörten auch vier *board*-Mitglieder der Signal Corp. an, in deren Auftrag zwei dieser Mitglieder eine Studie anfertigten, die bezüglich der verbleibenden 49,5 % der Anteile einen angemessenen Preis von 24 US-$ je Aktie ermittelte. Der *freezeout* selbst wurde jedoch lediglich zu 21 US-$ je Aktie abgewickelt, nachdem eine von UOP eingeschaltete Investmentbank diesen Preis in einer eilig erstellten *fairness opinion* als angemessen einstufte. Da allerdings zwischen den Gesellschaften keine Verhandlungen bezüglich der Bedingungen des *merger* stattfanden, stimmte der *board* der UOP Inc. dem *freezeout* zum vorgeschlagenen Preis von 21 US-$ zu. Die anderslautende Studie wurde indes nicht veröffentlicht, so daß neben der Aktionärsversammlung der Signal Corp. auch die Mehrheit der außenstehenden Aktionäre von UOP der Transaktion zu 21 US-$ je Aktie zustimmte. Nach deren Durchführung klagten jedoch einige der ausgeschiedenen Aktionäre von UOP, die gegen die Transaktion gestimmt hatten, wegen angeblicher Unangemessenheit der Gegenleistung auf Schadensersatz in Höhe der Differenz zwischen dem gezahlten und dem laut Studie angemessenen Preis.

Nach Prüfung des *freezeout* hinsichtlich aller zuvor genannten Teilaspekte des *intrinsic fairness test* kam der Delaware Supreme Court zu dem Ergebnis, daß dieser den Anforderungen an eine umfassende Fairness (*entire fairness*) nicht entsprach. Dies hatte verschiedene Gründe, die nachfolgend kurz darzustellen sind[794].

---

792 *Weinberger v. UOP, Inc.*, 457 A.2d 701 (Del. 1983).

793 Vgl. *Zelman v. Cook*, 616 F.Suppl. 1121 (S.D.Fla 1985) sowie m.w.N. *Merkt*, US-amerikanisches Gesellschaftsrecht, S. 588.

794 Siehe hierzu vertiefend und m.w.N. *Merkt*, US-amerikanisches Gesellschaftsrecht, S. 589 ff.

Der Umstand, daß die Studie vor den übrigen Mitgliedern des UOP-*board* geheimgehalten und auch keine Verhandlungen über die Konditionen der Transaktion geführt wurden, stellt einen Verstoß gegen den in der Rechtsprechung anerkannten Grundsatz dar, daß die hinter dem *merger* stehende Partei einen Informationsvorsprung nicht zum Nachteil der anderen Seite ausnutzen darf. Ferner verlief die Arbeit der eingeschalteten Investmentbanker ebenso wie die des *board of directors* der Signal Corp. übereilt und ohne die erforderliche Sorgfalt. Somit bestanden Zweifel daran, daß der *board* von UOP die Interessen der ausscheidenden Aktionäre angemessen berücksichtigt hatte beziehungsweise hierzu überhaupt in der Lage war. Darin lag nach Auffassung des Gerichts ein eklatanter Verstoß gegen das Gebot der *procedural fairness*.

Unabhängig vom deutlich niedrigeren Kurswert der Aktien wurde auch der gezahlte Preis in Höhe von 21 US-$ als in Anbetracht der Studie unangemessen niedrig bezeichnet, worin ein Verstoß gegen die *fairness of price* liegt.

Schließlich verletzte der *board of directors* der Signal Corp. durch die Verheimlichung der Studie auch seine gegenüber den Aktionären der UOP Inc. bestehenden Offenlegungspflichten, also die *fairness of disclosure*.

(c) Rechtsfolgen für den den *freezeout* veranlassenden Bieter

Wird ein feindliches Übernahmeangebot im Anschluß an den erfolgreichen Umtausch im Wege des *short form merger* abgeschlossen, sind in diesem Zusammenhang die Anforderungen an den in nahezu allen Einzelstaaten geltenden *intrinsic fairness test* vom *board of directors* der Bietergesellschaft in jedem Fall zu beachten. Anderenfalls drohen Klagen der ausgeschiedenen Aktionäre der Zielgesellschaft, die sich auf Zahlung eines Schadensersatzes oder sogar auf die Rückgängigmachung der Transaktion im Wege des einstweiligen Rechtsschutzes richten können. Dabei trägt der Beklagte die Beweislast dafür, daß er die gegenüber den Minderheitsaktionären bestehende Offenlegungspflicht erfüllt hat. Stimmt hingegen die Mehrheit der ausscheidenden Aktionäre in Kenntnis aller entscheidungserheblichen Umstände für den *cash-out merger*, trägt der klagende Minderheitsaktionär die Beweislast für die Mißachtung der *intrinsic fairness*[795].

Regelmäßig ist den ausgeschiedenen Minderheitsaktionären im Falle eines unzulässigen *freezeout* - ähnlich wie im *appraisal*-Verfahren - Schadensersatz in Höhe der Differenz zwischen dem tatsächlich gezahlten und dem angemessenen Preis der Aktien zu zahlen. Wegen dieser inhaltlichen Nähe gelten normaler-

---

[795] *Weinberger v. UOP, Inc.*, 457 A.2d 701 (Del.Supr.C. 1983).

weise auch die im Zusammenhang mit den *appraisal rights* geltenden Verfahrens- und Formvorschriften. Für den Bieter ist daran vorteilhaft, daß das *appraisal*-Verfahren recht schwierig ist und im Falle der Nichtbeachtung häufig zum Verlust des Anspruchs führt. Die Komplexität des Verfahrens verringert somit von vornherein das daraus für die übernehmende Gesellschaft folgende finanzielle Risiko. Außerdem verpflichtet das Verfahren den opponierenden Aktionär regelmäßig zur Anzeige seiner ablehnenden Haltung gegenüber der übernehmenden Gesellschaft bereits vor dem Zusammentreten der Aktionärsversammlung der Zielgesellschaft[796]. Die Bietergesellschaft kann somit die aus dem *freezeout* folgende Gefahr drohender Schadensersatzklagen schon frühzeitig erkennen und hinsichtlich ihres finanziellen Umfangs beurteilen. Dieser Umfang verringert sich zusätzlich noch dadurch, daß der Kläger im Rahmen von *appraisal*-Verfahren und folglich auch im Falle der Klage gegen einen *freezeout* nicht im Wege einer *class action* vorgehen kann. Somit kann er also nicht die Ansprüche aller betroffenen Aktionäre geltend machen und im Fall des Obsiegens entgegennehmen. Vielmehr muß jeder betroffene Aktionär einzeln klagen und selbst ein Prozeßrisiko eingehen. Hierdurch wird sich die Anzahl der geltend gemachten Ansprüche im Vergleich zur Zahl der anspruchsberechtigten Aktionäre tatsächlich jedoch verringern[797].

Ein Anspruch auf Unterlassung oder Rückgängigmachung eines *cash-out merger* im Wege des einstweiligen Rechtsschutzes oder mittels gerichtlicher Anordnung besteht hingegen regelmäßig nicht. Nur dann, wenn der Kläger Arglist (*fraud*), Täuschung (*misrepresentation*) oder einen offensichtlichen Fall erheblicher Übervorteilung (*gross and palpable overreaching*) nachweisen kann, muß die Bietergesellschaft diese Rechtsfolgen befürchten[798]. Hat der Kläger diese ungerechten Vorgehensweisen bewiesen, kommt statt dessen aber ausnahmsweise auch eine Schadensersatzklage im Wege der *class action* in Betracht[799]. Liegen derartige Umstände vor, muß der Bieter realistischerweise mit der Geltendmachung aller berechtigten Ansprüche rechnen. Er hat jedoch die Möglichkeit, mittels einer entsprechend gerechten Ausgestaltung des *short form mergers* derartige Ansprüche von vornherein selbst zu vermeiden.

(d) Möglicher Schutz der Bietergesellschaft vor diesen Ansprüchen

In gewissem Umfang kann sich die Bietergesellschaft vor den zuvor genannten Ansprüchen mit einer Maßnahme schützen, die der *Supreme Court of Delaware*

---

[796] § 910(a)(2) iVm § 623(c) N.Y.Bus.Corp.L.; § 262(a) Del.Gen.Corp.L.; § 13.02(a) (1)(ii) R.M.B.C.A.

[797] *Merkt*, US-amerikanisches Gesellschaftsrecht, S. 590 f.

[798] *Rabkin v. Philip A. Hunt Chemical Corp.*, 498 A.2d 1099 (Del. 1985).

[799] *Merkt*, US-amerikanisches Gesellschaftsrecht, S. 591.

in seiner Entscheidung *Weinberger v. UOP, Inc.* eher beiläufig erwähnte. Das Gericht wies darauf hin, daß die Entscheidung möglicherweise anders ausgefallen wäre, wenn der *board of directors* der UOP Inc. einen unabhängigen Ausschuß (*special independent negotiating committee*) für die Verhandlungen und Beratungen mit der Signal Corp. eingesetzt hätte. Gerechtigkeit setze nach Auffassung des Gerichts nämlich Unabhängigkeit und Unvoreingenommenheit voraus. Mit dem Einsatz eines unabhängigen Ausschusses hätte die Bietergesellschaft somit dem Vorwurf entgehen können, daß auf beiden Seiten der Transaktion dieselben Akteure tätig sind[800]. Für einen vernünftig handelnden Bieter wird sich die Entscheidung über einen solchen Ausschuß auf eine rein wirtschaftliche Frage beschränken. Er wird sich zwischen der wohl günstigeren aber möglicherweise ungerechten und folglich risikobehafteten Einflußnahme sowie dem unabhängigen, dafür aber vermutlich teureren Ausschuß für diejenige Variante entscheiden, die nach Lage des Einzelfalles voraussichtlich weniger kostenintensiv ist.

(2) *Business Purpose Test*

Einige Bundesstaaten sehen bei der Überprüfung eines *freezeout* im Anschluß an den *intrinsic fairness test* zusätzlich den sogenannten *business purpose test* vor[801]. Dabei muß der einen *freezeout* veranlassende Mehrheitsaktionär einen über die bloße Beseitigung der Minderheitsbeteiligung hinausgehenden eigenständigen und anerkennenswerten Zweck (*valid business purpose*) verfolgen und nachweisen. Im Rahmen der vorliegend relevanten Fälle einer zweistufigen Übernahme beziehungsweise der Übernahme einer Tochter- durch ihre Muttergesellschaft läßt sich ein solcher Zweck häufig dadurch nachweisen, daß die vollständige Übernahme von vornherein geplant war oder wegen der aus ihr folgenden Einsparungen finanzielle Vorteile für beide Unternehmen mit sich bringt. Insofern stellt der *business purpose test*, falls er im Falle eines *freezeout* im einzelstaatlichen Recht überhaupt vorgesehen ist, für die Bietergesellschaft keine nennenswerte Hürde dar.

---

800 *Weinberger v. UOP, Inc.*, 457 A.2d 701, 709 (Del.Supr.C. 1983); ähnlich auch *Rosenblatt v. Getty Oil Co.*, 493 A.2d 929 (Del. 1985); *Jedwab v. MGM Grand Hotels, Inc.*, 509 A.2d 584 (Del.Ch. 1986).

801 So beispielsweise New York, nicht jedoch Delaware, das diesen Ansatz zwischen 1977 und 1983 zwar aufgriff, später aber wieder aufgab, weil er zu keiner nennenswerten Verbesserung des Aktionärsschutzes führte. Vgl. m.w.N.: *Clark*, Corporate Law, S. 514; *Merkt*, US-amerikanisches Gesellschaftsrecht, S. 591 f.

dd. Weiterer Rechtsschutz der Minderheitsaktionäre durch S.E.C. Rule 10b-5

Die maßgeblichen Regelungen zum Schutz der Minderheitsaktionäre beim *freezeout* entstammen somit mehrheitlich dem einzelstaatlichen Recht. Die Aktionäre können sich gegen eine Übervorteilung durch den Mehrheitsgesellschafter auch dadurch zur Wehr setzen, daß sie einstweiligen Rechtsschutz erwirken oder eine Schadensersatzklage erheben. Aus prozeßökonomischen Gründen wird dies in der Praxis üblicherweise in Form einer sogenanten *class action* erfolgen[802].

Hingegen ist in diesem Zusammenhang mit der S.E.C. Rule 10b-5 lediglich eine bundesrechtliche Vorschrift zum Wertpapierrecht von maßgeblicher Bedeutung[803]. S.E.C. Rule 10b-5 beruht auf § 10(b) SEA (1934) und befaßt sich inhaltlich mit manipulativem Verhalten (*manipulative device*). § 10(b) SEA (1934) verbietet jedes Verhalten, das im Zusammenhang mit dem Erwerb oder Verkauf von Wertpapieren mit manipulativer Absicht erfolgt und denjenigen Regelungen widerspricht, deren Erlaß die S.E.C. im öffentlichen Interesse oder zum Anlegerschutz als notwendig oder angemessen erachtet hat. Erlaubt ist nach dieser Vorschrift somit alles, was nicht ausdrücklich durch die S.E.C. verboten ist. Insofern gewinnt S.E.C. Rule 10b-5 Bedeutung, wonach beim Kauf oder Verkauf jeglicher Wertpapiere (1.) betrügerische Vorgehensweisen, (2.) in wesentlichen Punkten unwahre oder irreführende Erklärungen sowie (3.) die Teilnahme an Handlungen, die zur Täuschung oder zum Betrug einer Person führen, ungesetzlich sind[804].

Nach dem am weitesten gefaßten Tatbestand, S.E.C. Rule 10b-5(3) SEA (1934), bedarf es dabei (a) eines Betrugs oder einer Täuschung, (b) gegenüber einer Per-

---

802 *Weinberger v. UOP, Inc.*, 457 A.2d (Del. 1983) S. 701/703; *Merkt*, US-amerikanisches Gesellschaftsrecht, S. 528.

803 Sieht man von den Sonderregelungen zum *going private* ab, die unter anderem bei *Merkt*, US-amerikanisches Gesellschaftsrecht, S. 586 f. erläutert sind.

804 Siehe hierzu *Ratner*, Securities Regulation, S. 134 sowie die Gesetzestexte, insbesondere S.E.C. Rule 10b-5:

„*It shall be unlawful for any person, directly or indirectly, by the use of any means or instrumentality of interstate commerce, or of the mails, or of any facility of any national securities exchange,*

(1) to employ any device, scheme, or artifice to defraud,

(2) to make any untrue statement of a material fact or to omit to state a material fact necessary in order to make the statements made, in the light of circumstances under which they were made, not misleading, or

(3) to engage in any act, practice, or course of business which operates or would operate as a fraud or deceit upon any person,

in connection with the purchase or sale of any security".

son, (c) im Zusammenhang mit (d) einem Kauf oder Verkauf (e) jeglicher Wertpapiere. Die Täuschungs- beziehungsweise Betrugshandlung setzt insofern wissentliches (*scienter*) Handeln voraus[805], das jedoch nicht vorsätzlich sein muß, sondern auch leichtfertig im Sinne einer bewußten Fahrlässigkeit sein kann[806]. Der Kreis der klageberechtigten Personen umfaßt in jedem Fall den Kreis der Investoren, also die Aktionäre der Gesellschaft. Ein Zusammenhang im Sinne der S.E.C. Rule 10b-5 liegt nicht mehr vor, wenn eine wesentliche zeitliche Unterbrechung oder kein unmittelbar ursächlicher Zusammenhang zwischen der Transaktion und dem Betrug bestehen. Diese Kriterien werden aber weit ausgelegt. So kann das Verhalten einer Gesellschaft beispielsweise schon dann den Tatbestand erfüllen, wenn diese unabhängig vom Rückerwerb oder einer Veräußerung eigener Aktien[807] eine fehlerhafte Pressemitteilung herausgibt. Der erforderliche Zusammenhang wurde in diesem Fall bereits deshalb bejaht, weil gleichzeitig Aktionäre über die Börse Anteile der Gesellschaft erwarben und veräußerten[808]. Unter einem Kauf oder Verkauf sind im Sinne der Vorschrift sowohl die Emission von Wertpapieren[809] als auch ein Unternehmenszusammenschluß (*merger*) zu verstehen, weil dieser einen Verkauf der Aktien der untergehenden Gesellschaft und den Erwerb von Aktien der fortbestehenden Gesellschaft umfaßt[810]. Unter den Begriff des Wertpapiers im Sinne der S.E.C. Rule 10b-5 fallen ausnahmslos alle Wertpapiere[811]. Obwohl die Norm selbst keine ausdrückliche Regelung für eine zivilrechtliche Haftung im Falle ihrer Verletzung enthält, ist ein entsprechendes Klagerecht heute anerkannt.

Entsteht den Aktionären einer Zielgesellschaft im Rahmen eines *freezeout* ein Schaden durch eine aufgund einer betrügerischen Handlung zu niedrige Gegenleistung für ihre Anteile, kommt neben den zuvor dargestellten einzelstaatlichen Abfindungsansprüchen ein Anspruch aus S.E.C. Rule 10b-5 in Höhe der Differenz zum angemessenen Wert der Anteile in Betracht. Deutlich ist, daß die Aktionäre im Ergebnis nur einmal den angemessenen Wert erhalten. Der Anwen-

---

805 In der maßgeblichen Entscheidung *Ernst and Ernst v. Hochfelder*, 425 U.S. 185 (1976), 96 S.Ct. 1375, S. 1381 wurde der Begriff *scienter* als *„mental state embracing intent to deceive, manipulate or defraud"* beschrieben. Ebenso *Aaron v. S.E.C.*, 446 U.S. 680 (1980).

806 *Sanders v. John Nuveen*, 554 F.2d 790 (7th Circuit 1977); *Ratner*, Securities Regulation, S. 137.

807 Womit die Gesellschaft die am Markt zustandekommenden Kurse hätte beeinflussen und insofern unmittelbar zum Schaden der Aktionäre handeln können.

808 *S.E.C. v. Texas Gulf Sulphur*, 401 F.2d 833 (2nd Circuit 1968); *Ratner*, Securities Regulation, S. 140.

809 *Hooper v. Mountain States*, 282 F.2d 195 (5th Circuit 1960).

810 *S.E.C. v. National Securities*, 393 U.S. 453 (1969); *Ratner*, Securities Regulation, S. 140 f.

811 Unabhängig von deren Emittent, seiner Rechtsform oder der Frage, ob es sich um nach dem SEA 1934 registrierte oder unregistrierte Wertpapiere handelt; *Ratner*, Securities Regulation, S. 141.

dungsbereich der S.E.C. Rule 10b-5 geht jedoch über den der Abfindungsansprüche hinaus. Ob ein *freezeout* gegen diese Regelung verstößt, hängt im Einzelfall davon ab, ob das Management beziehungsweise deren hinter der Transaktion stehende Mitglieder ihren Offenlegungspflichten in vollem Umfang genügen. Wurden diese Pflichten eingehalten, hält der *freezeout* einer gerichtlichen Kontrolle in der Regel stand, wobei es nach S.E.C. Rule 10b-5 keine Rolle spielt, ob die ausscheidenden Aktionäre für ihre Anteile einen angemessenen Preis erhalten oder die *directors* ihre gegenüber den Aktionären bestehenden Treuepflichten beachtet haben. Die Norm verbietet ausschließlich irreführendes oder manipulatives Verhalten, nicht jedoch ungerechtes oder treuwidriges Verhalten der Insider, weshalb nicht schon jede Schädigung, sondern lediglich eine arglistige Schädigung einen Verstoß darstellt[812].

Hat der *board of directors* seine Offenlegungspflichten wegen der Weitergabe unrichtiger oder unvollständiger Informationen zum Nachteil der ausscheidenden Aktionäre verletzt, kommt es darauf an, ob die opponierenden Aktionäre bei einer Klage nach einzelstaatlichem Recht Aussicht auf Erfolg hätten. Nur bei hinreichend großen Erfolgsaussichten ist diese Verletzung als wesentlich einzustufen und der Klage wegen eines Verstoßes gegen S.E.C. Rule 10b-5 stattzugeben[813].

ee. Umgehung eines Beschlusses der Aktionäre des Bieters durch einen *short form merger*?

Fraglich ist allerdings, ob mit der Ausgestaltung der Transaktion als (ein auf den Aktientausch folgender) *short form merger*, auch ein Aktionärsbeschluß beim Bieter entbehrlich ist. Grundsätzlich ist diese Art des Zusammenschlusses auf Seiten des Bieters ebenso zu behandeln wie ein gewöhnlicher *merger*. Demnach bedarf es eines Beschlusses des *board of directors* und einer entsprechenden Zustimmung der Aktionäre des Bieters[814].

Ein Hauptversammlungsbeschluß ist jedoch dann unnötig, wenn die Transaktion aus Sicht des Bieters einen sogenannten *small scale merger* darstellt. Dies ist nach dem Recht vieler Einzelstaaten dann der Fall, wenn die Abwicklung des Geschäfts für den Bieter nur einen verhältnismäßig geringen Aufwand mit sich

---

812 *Santa Fe Industries, Inc. v. Green*, 430 U.S. 462 (1977); *Clark*, Corporate Law, S. 519.

813 *Santa Fe Industries, Inc. v. Green*, 430 U.S. 462 (1977); *Goldberg v. Meridor*, 567 F.2d 209 (2nd Circuit 1977); *Healey v. Catalyst Recovery of Pennsylvania, Inc.*, 616 F.2d 641 (3rd Circuit 1980).

814 Vgl. § 253(c) iVm § 251(a) und (c) Del.Gen.Corp.L.; § 905(a) iVm § 903(a) N.Y.Bus. Corp.L.; § 11.05(c) iVm § 11.04(b) R.M.B.C.A.; *American Law Institute*, Buying, Selling and Merging Businesses, S. 105.

bringt[815]. Dies äußert sich regelmäßig darin, daß die zur Finanzierung zu emittierenden Wertpapiere nicht zu einem Anstieg der ausstehenden Aktien der Gesellschaft um mehr als 20 % führen[816]. Der Grund für diese Sonderregelung liegt in den geringen Auswirkungen, die eine solche Transaktion auf die Finanz- und Risikolage des Bieters hat. Die geringe Bedeutung rechtfertigt nicht den Aufwand und die Kosten einer Aktionärsversammlung. Dies gilt insbesondere dann, wenn der Bieter - wie in diesem Zusammenhang vorausgesetzt - bereits über mindestens 90 % der Anteile der Zielgesellschaft verfügt[817]. Die Aktionäre der übernehmenden Gesellschaft haben ferner nur dann ein *appraisal right*, wenn sie stimmberechtigt sind und die Aktionärsversammlung dem *plan of merger* zustimmen muß. Eine solche Zustimmung ist jedoch – wie bereits im Rahmen der Kapitalerhöhung durch Ausgabe von *authorized but unissued shares* dargelegt – nicht erforderlich, wenn es sich um einen *small scale merger* handelt. Regelmäßig scheiden *appraisal rights* der Aktionäre des Bieters daher in dieser Konstellation aus.

(1) Einzelstaatliche Regelung des *small scale merger*

Die einzelstaatlichen Regelungen des *small scale merger* unterscheiden sich jedoch teilweise voneinander.

(a) Delaware

In Delaware ist die grundsätzlich erforderliche Zustimmung der Aktionäre des Bieters zu einem *merger*[818] unter anderem ausnahmsweise dann entbehrlich, wenn im Rahmen dieses Zusammenschlusses keine Aktien der fortbestehenden Gesellschaft oder Wertpapiere, die in solche Aktien umgewandelt werden können, neu ausgegeben werden. Gleiches gilt, wenn der Bieter zwar *authorized but unissued shares* ausgibt, dies aber - verglichen mit dem Zeitpunkt unmittelbar vor dem Zusammenschluß - nicht zu einem Anstieg der Anzahl der Stammaktien dieser Gesellschaft um mehr als 20 % führt[819]. Liegt eine der zuvor ge-

---

815 *Clark*, Corporate Law, S. 450; *Solomon/Schwartz/Bauman/Weiss*, Corporations, S. 374 f.

816 § 253(c) iVm § 251(f)(3) Del.Gen.Corp.L.; § 11.05(c) iVm § 11.04(g)(4) und § 6.21(f) R.M.B.C.A.

817 *Hamilton*, The Law of Corporations, S. 623; *Merkt*, US-amerikanisches Gesellschaftsrecht, S. 528 f.; *Solomon/Schwartz/Bauman/Weiss*, Corporations, S. 374 f.

818 § 253(c) iVm § 251(a) und (c) Del.Gen.Corp.L.

819 Insofern ergibt sich im Falle eines *merger* ein Unterschied zur Kapitalerhöhung durch Ausgabe von *authorized but unissued shares*. Letztere ist in Delaware – unabhängig vom Umfang der Kapitalerhöhung – immer zustimmungsfrei; siehe § 4 I 1 a. bb. Einzelstaatliche Sonderregelung bei bestimmtem Umfang der Kapitalerhöhung, S. 78. Hingegen wird die Transaktion im Rahmen eines *merger* ab dem zuvor genannten Volumen zustimmungspflichtig.

nannten Situationen vor, bedarf es gemäß § 251(f)(3) Del.Gen.Corp.L. keines dem *merger* zustimmenden Beschlusses der Aktionäre des Bieters. Handelt es sich – wie hier angenommen – zudem um eine Konstellation, in der der Bieter vor dem Zusammenschluß mit der Zielgesellschaft mindestens 90 % der Anteile derselben hält, steht den widersprechenden Aktionären des Bieters kein Abfindungsanspruch zu[820].

(b) R.M.B.C.A.

Die Bestimmungen des R.M.B.C.A. sehen für den Fall eines Zusammenschlusses einer 90 %-igen Tochter- mit ihrer Muttergesellschaft im Wege des *short form merger* vor, daß zwar die Zustimmung der Aktionäre der Tochtergesellschaft zu der Transaktion entbehrlich ist. Ansonsten gelten nach § 11.05(c) R.M.B.C.A. aber die allgemeinen Vorschriften über den Zusammenschluß von Unternehmen. Diese sehen in § 11.04(g)(4) R.M.B.C.A. vor, daß vorbehaltlich abweichender Satzungsbestimmungen ein Beschluß der Aktionäre entbehrlich ist, wenn ihre Gesellschaft Aktien oder in diese wandelbare andere Wertpapieren emittiert und diese Emission nach § 6.21(f) R.M.B.C.A. nicht der Zustimmung bedürfte. Diese Vorschrift enthält die schon zuvor behandelte Regelung der zustimmungsfreien Kapitalerhöhung im Wege der Ausgabe von *authorized but unissued shares* in einem Umfang, der 20 % der bisherigen Aktien nicht übersteigt[821]. Hält der Bieter also mehr als 90 % der Anteile der Tochtergesellschaft und führt der *short form merger* nicht zu einem Anstieg der stimmberechtigten Aktien des Bieters um mindestens 20 %, müssen die Aktionäre der Transaktion nicht zustimmen. Den opponierenden Aktionären steht dann nach § 13.02(a)(1)(i) R.M.B.C.A. ebenfalls kein Abfindungsanspruch zu. Bewirkt der Zusammenschluß der Unternehmen allerdings einen größeren Anstieg der stimmberechtigten Aktien des Bieters, ist die Zustimmung seiner Aktionäre unverzichtbar[822] und gegebenenfalls auch ein Abfindungsanspruch vorgesehen[823].

(c) New York

Im Recht des Staates New York erfordert der Zusammenschluß einer 90-%igen Tochtergesellschaft mit ihrer Mutter nach § 905(a) N.Y.Bus.Corp.L. einen zustimmenden Beschluß der Aktionäre der Muttergesellschaft in Übereinstimmung mit der in § 903(a) N.Y.Bus.Corp.L. getroffenen Regelung. Diese Norm sieht

---

[820] § 253(c) und (d) Del.Gen.Corp.L. sieht *appraisal rights* ebenso wie § 262(b)(3) Del.Gen. Corp.L. nur für die Aktionäre der Tochtergesellschaft – hier also der Zielgesellschaft – vor.

[821] Siehe oben, § 4 I. 1. a. aa. Grundsatz der Ausgabe nach Beschluß des *board of directors*.

[822] Official Comment zu § 11.05 R.M.B.C.A.

[823] § 13.02(a)(1)(i) R.M.B.C.A.

einen zustimmenden Beschluß der Aktionäre zu der Transaktion vor[824]. Sie enthält jedoch keine Ausnahmeregelung für den Fall eines vergleichsweise unbedeutenden *merger*. Eine dem *small scale merger* vergleichbare Regelung besteht somit in New York nicht[825].

(2) Zwischenergebnis und Auswirkungen auf die Planung der bietenden Gesellschaft

Ist der Bieter in New York inkorporiert, bedarf er für einen *short form merger* der Zustimmung seiner eigenen Aktionäre. Diese Legitimation durch die Eigentümer des Unternehmens ist unverzichtbar.

Ist der Bieter hingegen in Delaware oder einem dem R.M.B.C.A. folgenden Einzelstaat eingetragen, ist eine solche Zustimmung zwar grundsätzlich erforderlich, im Einzelfall aber dann verzichtbar, wenn der *merger* nicht zu einem Kursanstieg der ausgegebenen Aktien um mehr als 20 % führt. In der Praxis bedarf es somit einer Unterscheidung. Bei isolierter Betrachtung des *short form merger* hängt die Frage, in welcher Höhe das stimmberechtigte Kapital des Bieters zum Erwerb von weniger als 10 % der Zielgesellschaft erhöht werden muß, von der Größe der Bieters im Verhältnis zur Größe der Zielgesellschaft ab. Ist der Bieter deutlich kleiner als die Zielgesellschaft[826], ist eine entsprechend umfangreiche Kapitalerhöhung notwendig, die ihrerseits im Einzelfall der Zustimmung durch die Aktionäre des Bieters bedarf. Sind die Gesellschaften ungefähr gleich groß, wird ein Beschluß der Hauptversammlung des Bieters ebensowenig nötig sein wie im Falle einer kleineren Zielgesellschaft[827]. Dann ist der auf ein erfolgreiches und auf 90 % der Anteile der Zielgesellschaft bedingtes Übernahmeangebot folgende Zusammenschluß der beteiligten Gesellschaften zustimmungsfrei und könnte daher allein durch einen entsprechenden Beschluß des *board of directors* der Bietergesellschaft erfolgen.

---

[824] Dies ist der in § 4 IV. 2. a. Problematik des *Merger* als Grundlagenentscheidung beschriebene Normalfall des zustimmenden Beschlusses der Aktionäre zu der Grundlagenentscheidung eines *merger*.

[825] Die für einen *merger* geltenden Vorschriften gleichen in New York insofern den für Kapitalerhöhungen durch Ausgabe von *authorized but unissued shares* geltenden Bestimmungen; vgl. § 4 I. 1. a. aa. Grundsatz der Ausgabe nach Beschluß des *board of directors*.

[826] Dies ist bei feindlichen Übernahmen durchaus üblich. So war in der Auseinandersetzung zwischen Olivetti und der Telecom Italia die Zielgesellschaft (Telecom Italia) ungefähr fünfmal größer als der Bieter. Auch die KruppHoesch AG war kleiner als die Zielgesellschaft Thyssen AG.

[827] Normalfall des *small scale merger*.

ff. Zeitlich befristetes Verbot des Zusammenschlusses mit einem *interested shareholder*

In diesem Zusammenhang hat der Bieter allerdings zu berücksichtigen, daß ein solcher Zusammenschluß der Zielgesellschaft nach dem Recht einiger Einzelstaaten in bestimmten Fällen verboten sein kann. So ist beispielsweise oftmals der Zusammenschluß einer Gesellschaft mit einem ihrer maßgeblichen Aktionäre innerhalb eines gewissen Zeitraums, nachdem dieser seine maßgebliche Stellung erlangte, verboten. Ein solches Verbot hätte insofern Auswirkungen auf die Finanzierung der Transaktion, als entweder der Bieter die mit einem Zusammenschluß beider Gesellschaften angestrebten Vorteile nur zeitverzögert erreichen kann oder es zur gegebenenfalls denkbaren Umgehung der Verbotsbestimmungen eines erhöhten Kapitalaufwands bedarf.

Ein Verbot des Zusammenschlusses mit einem *interested shareholder* findet sich vor allem in den sogenannten *business combination statutes*, also jenen Gesetzen die im Rahmen der vermehrten gesetzlichen Regelung von Übernahmen während der 80er Jahre entstanden sind[828]. Die Verbotsbestimmungen haben allerdings deshalb ein besonderes Gewicht, weil mit Delaware[829] und New York[830] die beiden für das Gesellschaftsrecht bedeutendsten Bundesstaaten entsprechende Regelungen erlassen haben. Obwohl ein Bieter das Vorhandensein solcher Bestimmungen immer prüfen sollte, sind im Zusammenhang mit den Rechtsfragen der Finanzierung eines feindlichen Übernahmeangebotes der genaue Regelungsinhalt sowie etwaige Ausnahmevorschriften von den gesetzlichen Bestimmungen zunächst von untergeordneter Bedeutung. Entscheidend für die Finanzierung sind jedoch die sich aus einem solchen Verbot ergebenden

---

828 Es handelt sich dabei um Gesetze der sog. zweiten und dritten Generation. Gelegentlich werden diese Gesetze wegen der Möglichkeit der Ablehnung einer Verschmelzung durch den *board* oder die Aktionäre der Zielgesellschaft auch „Just-Say-No Statutes" genannt, *Mahle*, The Journal of Corporation Law, Vol. 15 (1990), S. 721/751.

829 Vgl. zu den Einzelheiten und Ausnahmereglungen § 203 Del.Gen.Corp.L., der einen *interested shareholder* ab einem Anteil in Höhe von 15 % der ausstehenden stimmberechtigten Aktien annimmt und diesem während eines Zeitraums von drei Jahren nach Erwerb dieser Stellung bestimmte Transaktionen grundsätzlich verbietet. Siehe weiterführend *Ebenroth/Eyles*, RIW 1988, S. 413/422 f.; *Mahle*, The Journal of Corporation Law, Vol. 15 (1990), S. 721/743 ff.; *Oesterle*, The Law of Mergers and Acquisitions, S. 340 ff. sowie zur Frage der Vereinbarkeit der Bestimmungen mit der *Commerce Clause* und der *Supremacy Clause* ferner *Baker Norman Stevens, Inc. (BNS) v. Koppers, Inc.*, 683 F.Suppl. 458 (D.Del. 1988) sowie 56 L.W. 2574 (1988), S. 2574 f.

830 § 912 N.Y.Bus.Corp.L., der als *interested shareholder* den wirtschaftlichen Eingentümer von mindestens 20 % der ausgegebenen stimmberechtigten Aktien bezeichnet und diesem die *business combination* für einen Zeitraum von fünf Jahren untersagt. Vgl. *Mahle*, The Journal of Corporation Law, Vol. 15 (1990), S. 721/750.

Unsicherheiten. Diese haben für den Bieter in der Unternehmenspraxis regelmäßig zur Folge, daß feindliche Übernahmen zunehmend den Einsatz von Eigenkapital erfordern. Die zuvor genannten Verbotsregelungen unterbinden nämlich wirkungsvoll die während der 80-er Jahre gängige Fremdkapitalfinanzierung in Verbindung mit einem anschließenden *merger* zur schnellen Rückführung der neu eingegangenen Verbindlichkeiten[831].

5. Rechtsfolgen eines *merger*

Wird die Zielgesellschaft vom Bieter in der soeben dargelegten Weise übernommen, liegt ein *merger* im Sinne der oben genannten Vorschriften vor. Dies hat unterschiedliche Rechtsfolgen.

a. Übernehmende Gesellschaft bleibt bestehen und erhält alle Vermögensgegenstände

Zunächst bleibt die übernehmende Gesellschaft bestehen beziehungsweise entsteht die aus dem Zusammenschluß folgende neue Gesellschaft[832]. Diese Gesellschaft wird mit dem Inkrafttreten des Zusammenschlusses Eigentümerin aller Vermögensgegenstände sämtlicher Vorgängergesellschaften, ohne daß es hierzu eines weiteren Rechtsgeschäfts bedarf (*by operation of law*)[833]. Im hier dargestellten Fall bleibt somit der Bieter bestehen.

b. Andere Vorgängergesellschaft (Zielgesellschaft) hört auf zu bestehen

Hingegen hört die übernommene Gesellschaft - vorliegend also die Zielgesellschaft - mit dem Inkrafttreten des *merger* auf zu bestehen. All ihre Vermögensgegenstände gehen auf die übernehmende Gesellschaft über[834]. Dies kann jedoch praktische Nachteile haben. Beispielsweise müssen sämtliche bisherigen Ar-

---

831 *Merkt*, US-amerikanisches Gesellschaftsrecht, S. 621. Im jeweiligen Einzelfall bleibt gegebenenfalls dennoch zu prüfen, ob und bejahendenfalls wie eine Verbotsregelung möglicherweise umgangen werden kann. Hierfür erweist sich das Recht des Staates Delaware im Vergleich zu New York als liberaler, da eine *business combination* hiernach ausnahmsweise möglich ist, wenn der *interested stockholder* bereits diese Stellung durch eine Transaktion begründet, die ihm 85 % der stimmberechtigten Aktien verschafft. Dann kann der Bieter als *interested stockholder* den als zweiten Schritt der Übernahme geplanten *merger* mit der Zielgesellschaft gemäß § 203(a)(2) Del.Gen.Corp.L. dennoch sofort veranlassen. Anderenfalls ist die Sperrfrist von drei Jahren in Delaware deutlich kürzer als beispielsweise in New York (fünf Jahre).

832 § 906(b)(1) N.Y.Bus.Corp.L; § 11.07(a)(1) R.M.B.C.A.

833 § 259(a) Del.Gen.Corp.L.; § 906(b)(1) u. (2) N.Y.Bus.Corp.L.; § 11.07(a)(3) R.M.B.C.A.; *Gilson/Black*, The Law and Finance of Corporate Acquisitions, S. 669.

834 § 259(a) Del.Gen.Corp.L.; § 906(b)(1) N.Y.Bus.Corp.L.; § 11.07(a)(2) R.M.B.C.A.

beitsverträge mit der übernommenen Gesellschaft neu geschlossen werden. Dies kostet nicht nur Geld und Zeit, es kann auch zu einem Identifikationsverlust bei den Arbeitnehmern führen[835]. Schließlich kann auch aus steuerlicher Sicht der Fortbestand beider Gesellschaften sinnvoll sein[836].

c. Haftung der übernehmenden Gesellschaft für die Verbindlichkeiten der übernommenen Gesellschaft

Schließlich haftet die übernehmende Gesellschaft ab dem Zusammenschluß in vollem Umfang für die Verbindlichkeiten der übernommenen Gesellschaft, weil auch diese mit dem Inkrafttreten des *merger* auf sie übergehen[837]. Bei einem unmittelbaren Zusammenschluß der Bieter- mit der Zielgesellschaft bedeutet dies, daß der fortbestehende Bieter mit all seinen Vermögenswerten haftet. Im Rahmen einer feindlichen Übernahme ist dies in zweierlei Hinsicht problematisch. Zunächst bekommt der Bieter bei der feindlichen Übernahme keinen über den Inhalt von Pflichtveröffentlichungen hinausgehenden Einblick in die Geschäftsunterlagen der Zielgesellschaft, weil deren Vorstand eine ansonsten bei Unternehmenskäufen übliche *Due-Diligence*-Prüfung gerade nicht zuläßt. Insofern ist es möglich, daß der Bieter für sich erst nachträglich offenbarende Verbindlichkeiten der Zielgesellschaft mit seinen Vermögensgegenständen haftet. Da solche Verbindlichkeiten einen erheblichen Umfang haben können, liegt hierin ein erhöhtes Risiko[838]. Darüber hinaus erhöht sich der Umfang dieses Risikos zusätzlich durch die feindliche Vorgehensweise des Bieters selbst. Diese veranlaßt den *board of directors* potentieller oder tatsächlicher Zielgesellschaften nämlich zu Maßnahmen, die durch eine erhebliche Verteuerung des Übernahmepreises einen dementsprechenden Versuch abwehren sollen[839]. Die Kosten dieser Maßnahmen, sowie die diesbezüglich anfallenden Beratungshonorare für Investmentbanken und Rechtsanwälte trägt im Falle einer erfolgreichen feindlichen Übernahme letztlich der Übernehmer selbst. Dieses Risiko der unmittelbaren Haftung für sämtliche, möglicherweise auch verborgenen Verbindlichkeiten der Zielgesellschaft wird der Bieter aber nur ungern und jedenfalls dann nicht eingehen,

[835] *Gilson/Black*, The Law and Finance of Corporate Acquisitions, S. 670.

[836] Vgl. dazu § 5 V. 2. b. bb. Steuerliche Vorteile des *reverse-* gegenüber dem *forward triangular merger*.

[837] § 259(a) Del.Gen.Corp.L.; § 906(b)(3) N.Y.Bus.Corp.L; § 11.07(a)(4) R.M.B.C.A.; *Gilson/Black*, The Law and Finance of Corporate Acquisitions, S. 669.

[838] *Gilson/Black*, The Law and Finance of Corporate Acquisitions, S. 669.

[839] Zu denken ist hier beispielsweise an Abfindungsleistungen für aus dem *board* der Zielgesellschaft ausscheidende Mitglieder, die sogenannten *golden parachutes*. Diese erreichten im Fall des nach der Übernahme durch Vodafone plc. aus dem Vorstand der deutschen Mannesmann AG ausscheidenden Vorsitzenden Klaus Esser die Höhe von annähernd 60 Mio. DM.

wenn es sich - beispielsweise durch den Einsatz einer Tochtergesellschaft - beschränken läßt[840].

V. Bedenken gegen die Abgabe des Übernahmeangebots durch den Bieter und einen unmittelbaren Zusammenschluß desselben mit der Zielgesellschaft (Zwischenergebnis)

Gegen die Abgabe des Übernahmeangebotes durch den Bieter und einen unmittelbaren Zusammenschluß desselben mit der Zielgesellschaft sprechen verschiedene Überlegungen.

Zunächst muß der Bieter regelmäßig Kapitalmaßnahmen vornehmen, um den Übernahmepreis aufzubringen. Führt der Bieter zur Eigenkapitalfinanzierung eine Kapitalerhöhung durch, ist zunächst davon auszugehen, daß der Erwerb einer großen Publikumsgesellschaft regelmäßig Kapitalmaßnahmen erfordert, die zu einem Anstieg des Grundkapitals des Bieters um mehr als 20 % führen. Dann bedarf die Maßnahme jedoch der Zustimmung der Aktionäre des Bieters. Diese Zustimmung kann zu Verzögerungen oder der frühzeitigen Offenlegung des Übernahmevorhabens führen und zudem schlechtestenfalls ausbleiben. Darüber hinaus können im Einzelfall Abfindungsansprüche widersprechender Aktionäre oder eine Haftung nach S.E.C. Rule 14a-9 entstehen[841]. Der Rückerwerb eigener Aktien ist grundsätzlich möglich, sofern nicht die *articles of incorporation* entgegenstehen oder der Rückkauf zur Zahlungsunfähigkeit der Gesellschaft führt. Die frühzeitige Bekanntgabe des konkreten Übernahmevorhabens ist nach S.E.C. Rule 10b-5 aber geboten, wenn schon der Rückerwerb zu dem Zweck und in der Absicht erfolgt, die Aktien zur Bedienung eines bereits konkret geplanten *tender offer* zu verwenden[842].

Im Rahmen der Fremdkapitalfinanzierung durch den Bieter kommen insbesondere *junk bonds* und *convertible bonds* als denkbare Finanzierungsinstrumente in Betracht. Die *margin rules* des *Federal Reserve Board*, durch die der Erwerb von Anteilen der Zielgesellschaft auf Kredit mengenmäßig beschränkt werden könnte, sind bei der unmittelbaren Emission eines Bieters, der zusätzlich über einen eigenen Geschäftsbetrieb verfügt, nicht anwendbar. Die Verwendung von *junk bonds* durch den Bieter kann jedoch, zumindest wenn hierdurch eine Überschuldung der Zielgesellschaft zu befürchten ist, im Einzelfall Abwehrmaßnahmen des *board* der Zielgesellschaft rechtfertigen, wodurch sich der vom Bieter

---

840 *Clark*, Corporate Law, S. 433.

841 Vgl. § 4 I. 1. b. ff. Offenlegungspflichten bei der Werbung um Stimmrechtsvollmachten (proxy *solicitation).*

842 Vgl. § 4 I. 2. b. cc. Erwerb zum Zwecke der Wiederausgabe im Rahmen eines *tender offer*.

zu erbringende Übernahmepreis regelmäßig erhöht. Die steuerliche Behandlung von *junk bonds* als Fremd- beziehungsweise Eigenkapital ist insgesamt fraglich. Anhaltspunkte liefern insofern das Case Law, die Risikoanalyse sowie die steuerlichen Vorschriften des Einkommensteuergesetzes zum *Original Issue Discount* (OID) und der *Applicable High Yield Discount Obligation* (AHYDO)[843]. Die Ausgabe von *convertible bonds* zum Zwecke der Finanzierung einer feindlichen Übernahme ist wegen der damit verbundenen Beweglickeit in wirtschaftlicher Hinsicht sowohl für die Investoren als auch den Emittenten reizvoll. Aus Anlegersicht spricht zwar die oftmals schlechte Bonität dieser Papiere gegen den Erwerb von *convertible bonds*. Dieser Nachteil wird aber regelmäßig durch eine höhere Verzinsung sowie die Wandeloption ausgeglichen. Aus der Sicht des Emittenten spricht der nur sehr seltene Gebrauch von Anlegerschutzklauseln für dieses Finanzierungsinstrument. Hinderlich ist für ihn jedoch, daß die Bedingungen der nationalen Wertpapierbörsen einen zustimmenden Beschluß der Aktionäre des Bieters für die Ausgabe von *convertible bonds* erfordern, sofern die Emission zu einem Anstieg des stimmberechtigten Kapitals um mehr als 20 % führen könnte. Ferner kann die steuerliche Abzugsfähigkeit der Zinszahlungen im Einzelfall beschränkt sein[844].

Neben den Publizitätspflichten und Haftungsrisiken, die aus dem öffentlichen Angebot der im Rahmen dieser Kapitalmaßnahmen ausgegebenen Wertpapiere des Bieters folgen können[845], sprechen letztlich auch die möglichen Rechtsfolgen eines unmittelbaren Zusammenschlusses des Bieters mit der Zielgesellschaft gegen diese Vorgehensweise. Insofern kommt hauptsächlich ein *short form merger* des Bieters mit der Zielgesellschaft in Betracht, weil dann eine Zustimmung des *board* der Zielgesellschaft entbehrlich ist[846]. Dies schließt allerdings die Notwendigkeit eines zustimmenden Beschlusses der Aktionäre des Bieters[847] ebensowenig aus wie die Gefahr eines nach einzelstaatlichem Recht gegebenen Verbots des Zusammenschlusses mit einem *interested shareholder*[848]. Entscheidend gegen einen unmittelbaren Zusammenschluß des Bieters mit der Zielgeselschaft spricht jedoch die Tatsache, daß in diesem Fall der Bieter mit all seinen Vermögensgegenständen für sämtliche Verbindlichkeiten der Zielgesell-

---

[843] Vgl. § 4 II. 5. e. Zwischenergebnis.
[844] Vgl. § 4 II. 6. g. Zwischenergebnis.
[845] Vgl. § 4 III. 2. Auswirkungen dieser Anforderungen und des Verfahrens auf den Ablauf der Transaktion.
[846] Siehe § 4 IV. 4. b. aa. Grundlagen: *Merger* ohne Zustimmung des *board* oder der Minderheitsaktionäre der Zielgesellschaft.
[847] § 4 IV. 4. b. ee. Umgehung eines Beschlusses der Aktionäre des Bieters durch einen *short form merger?*
[848] Siehe hierzu § 4 IV. 4. b. ff. Zeitlich befristetes Verbot des Zusammenschlusses mit einem *interested shareholder*.

schaft haften muß[849]. Dieses Risiko wird ein Bieter gerade bei einem feindlichen Übernahmeversuch nicht eingehen wollen.

849 § 4 IV. 5. c. Haftung der übernehmenden Gesellschaft für die Verbindlichkeiten der übernommenen Gesellschaft.

§ 5 Übernahmeangebot durch eine Tochtergesellschaft des bietenden Unternehmens

Statt des Bieters kann auch eine Tochtergesellschaft desselben das Übernahmeangebot abgeben. Dies ist beispielsweise dann vorteilhaft, wenn der Bieter nicht mit der Gesamtheit seiner Vermögenswerte für die Verbindlichkeiten der Zielgesellschaft haften will. Gerade bei feindlichen Übernahmen ist die genaue Höhe dieser Verbindlichkeiten wegen der geringen Informationen und der Kosten der Maßnahmen zur Abwehr der Übernahme im voraus nur schwer einzuschätzen. Deshalb ist es aus der Sicht des Bieters vorteilhaft, wenn eine mit wenig Kapital ausgestattete Tochtergesellschaft anstelle der Muttergesellschaft für die mit der Übernahme verbundenen Risiken haftet. Eine solche Tochtergesellschaft stellt also regelmäßig nur ein Erwerbsvehikel dar, weshalb man sie auch als Mantelgesellschaft (*shell corporation*) bezeichnet[850]. Ferner ist die eigentlich bietende Muttergesellschaft die einzige Aktionärin ihrer das Übernahmeangebot abgebenden Tochter. Wann immer die Zustimmung der Aktionäre der das Angebot abgebenden Gesellschaft erforderlich ist, kann die Muttergesellschaft diese also unproblematisch selbst erteilen.

I. Vorbereitungsstadium - Gründung einer Tochtergesellschaft

Setzt der Bieter bei der Abwicklung der Transaktion eine Tochtergesellschaft (*subsidiary*) ein[851], sollte diese bereits vor der Veröffentlichung des Übernahmeangebots gegründet werden. Dies hat nicht so sehr den Hintergrund der Dauer des Errichtungsvorgangs. Die Gründung einer *corporation* ist im US-amerikanischen Rechtskreis verhältnismäßig einfach und dauert häufig nicht länger als einen Tag[852]. Vielmehr bietet es sich an, daß die Tochtergesellschaft, wenn sie als Übernahmevehikel eingesetzt wird, auch die bereits im Vorfeld des Übernahmeangebotes zu erwerbende Beteiligung an der Zielgesellschaft erwirbt. Schließlich muß, sofern die Aktien der Tochtergesellschaft als Gegenleistung im Rahmen des Übernahmeangebotes dienen sollen, bereits bei dessen Veröffentlichung eine Registrierungserklärung dieser Aktien beziehungsweise ein entsprechender Antrag vorliegen. Dazu sind die vorherige Gründung der Gesell-

---

850 *Clark*, Corporate Law, S. 433.

851 Was nach *Solomon/Schwartz/Bauman/Weiss*, Corporations, S. 1172 typischerweise der Fall ist.

852 Vgl. *Hutter/Lawrence*, Übernahmerecht in den USA, S. 95/104 sowie allgemein zum Gründungsvorgang *Merkt*, US-amerikanisches Gesellschaftsrecht, S. 175 ff.

schaft sowie jedenfalls der rechtzeitige Antrag auf Registrierung der Anteile unumgänglich[853].

1. Registrierungspflicht nach § 12(b) SEA (1934)

Zu beachten ist also bereits im Vorfeld, daß die Tochtergesellschaft gemäß § 12(b) SEA (1934) gegenüber der S.E.C. registrierungspflichtig wird. Die Pflicht tritt zwar erst in dem Zeitpunkt ein, in dem Wertpapiere (*equity* und *debt securities*) der Tochtergesellschaft öffentlich angeboten und gehandelt werden. Dies ist jedenfalls nicht vor Veröffentlichung des Übernahmeangebotes der Fall. Problematisch ist aber, daß es allen Wertpapierhändlern verboten ist, Geschäfte mit Wertpapieren abzuwickeln, die nicht registriert sind[854]. Die Registrierung selbst wird jedoch normalerweise erst 30 Tage nach dem Tag wirksam, an dem die zuständigen Börsengremien der S.E.C. die Vollständigkeit und Vereinbarkeit der eingereichten Unterlagen mit den Vorschriften über die Registrierung mitgeteilt haben[855]. Darüber hinaus sind die einzureichenden Unterlagen recht umfangreich, so daß es insofern einer guten Vorbereitung des Emittenten bedarf. Nach § 12(b) SEA (1934) ist der S.E.C. im einzelnen mitzuteilen und durch Unterlagen zu belegen,

(1) wer der Emittent der Wertpapiere ist und welche Personen oder Gesellschaften diesen kontrollieren beziehungsweise von ihm kontrolliert werden, sofern die S.E.C. dies wegen des öffentlichen Interesses oder aus Gründen des Anlegerschutzes für notwendig und angemessen halten könnte[856].

---

853 Siehe § 3 III. 6. a. Inhalt der Veröffentlichungspflicht nach § 14(d) SEA (1934) sowie S.E.C.-Rule 14d-4(b).

854 § 12(a) SEA (1934).

855 § 12(d) SEA (1934), wobei allerdings die S.E.C. im Einzelfall eine abweichende kürzere Frist bestimmen kann.

856 Dabei sind gemäß § 12(b)(1) SEA (1934) insbesondere offenzulegen:

(a) die Gesellschaftsform, die Finanzstruktur und der Unternehmensgegenstand,

(b) die mit den bereits ausgegebenen Wertpapieren verbundenen Rechte und Bedingungen,

(c) die Bedingungen, zu denen die Wertpapiere der Öffentlichkeit angeboten werden beziehungsweise in der Vergangenheit angeboten wurden,

(d) die Namen der Vorstände, Führungskräfte und maßgeblichen Anteilseigner (mehr als 10 Prozent einer Aktiengattung), deren Entlohnung und ihr Interesse an den Wertpapieren des Emittenten sowie ihre vertraglichen Beziehungen zu diesem und jeder anderen Person oder Gesellschaft, die diesen kontrolliert oder von ihm kontrolliert wird,

(e) die Entlohnung anderer als der vorgenannten Personen, sofern diese 20.000,- US-$ im Jahr übersteigt,

(f) Bonus- und Tantiemenvereinbarungen,

(g) Management- und Dienstleistungsverträge,

Einzureichen sind ferner:

(2) Kopien der Gründungsurkunde, der Satzung, von Treuhandvereinbarungen und sämtlicher vergleichbarer Vereinbarungen des Emittenten sowie aller Personen oder Gesellschaften, die diesen kontrollieren oder von ihm kontrolliert werden und die der S.E.C. aus Gründen des Anlegerschutzes und zur Gewährleistung eines fairen Handels mit den Wertpapieren als notwendig oder angemessen erscheinen könnten.

(3) Kopien bedeutsamer Verträge, die nicht die gewöhnliche Geschäftstätigkeit des Emittenten betreffen und von diesem in den zwei dem Registrierungsantrag vorangegangenen Jahren geschlossen wurden, sofern die S.E.C. diese aus Gründen des Anlegerschutzes und zur Gewährleistung eines fairen Handels mit den Wertpapieren als notwendig oder angemessen erscheinen könnten.

Problematisch können dabei vor allem die offenen Tatbestandsmerkmale, also beispielsweise dasjenige sein, was der S.E.C. aus Gründen des Anlegerschutzes und zur Gewährleistung eines fairen Handels notwendig und angemessen erscheint. Diese erlauben es der S.E.C., weitere als die ausdrücklich genannten Unterlagen aus Gründen des öffentlichen Interesses, des Anlegerschutzes und der Gewährleistung eines fairen Wertpapierhandels anzufordern. Hier bedarf es einer sorgfältigen Vorbereitung durch den Emittenten, ein dementsprechender Zeit- und Arbeitsaufwand ist einzuplanen. Kommt es zu zeitlichen Verzögerungen, kann dies, beispielsweise wegen der längeren Bereitstellung von Fremdkapital[857], zu erheblichen Kosten führen. Da das Übernahmeangebot selbst die Finanzierungsquellen benennen muß und die umtauschbereiten Aktionäre der Zielgesellschaft während der Angebotsfrist ihr Umtauschangebot auch wieder zurückziehen können, sollte es diesbezüglich nicht zu Fehlern oder Verzöge-

---

(h) bestehende oder in Aussicht gestellte Optionen bezüglich der zu emittierenden Wertpapiere,

(i) bedeutsame Verträge außerhalb der gewöhnlichen Geschäftstätigkeit des Emittenten,

(j) Bilanzen der drei zurückliegenden Geschäftsjahre (diese müssen zudem von unabhängigen Wirtschaftsprüfern bestätigt sein),

(k) Gewinn- und Verlustrechnungen der drei zurückliegenden Geschäftsjahre (ebenfalls bestätigt),

(l) sämtliche weiteren Finanzauskünfte, die aus Sicht der S.E.C. zum Schutz der Anleger nötig sein könnten.

Diese Informationen werden sich, da die Tochtergesellschaft regelmäßig ausschließlich zu dem Zweck der Übernahme gegründet wird, noch verhältnismäßig einfach beschaffen lassen.

857 Dieses könnte als Barzusatz, Baralternative oder dazu benötigt werden, die Transaktionsbeziehungsweise Restrukturierungskosten zu begleichen.

rungen kommen. Sonst ist unter Umständen sogar der Gesamterfolg des Vorhabens gefährdet.

2. Registrierungspflicht nach § 12(g)(1) SEA (1934)

Eine im Umfang vergleichbare Registrierungspflicht ergibt sich gemäß § 12(g)(1) SEA (1934) in Verbindung mit S.E.C. Rule 12g-1 auch dann, wenn der Emittent zum Ende des letzten Geschäftsjahres Vermögenswerte in Höhe von mindestens 10 Mio. US-$ hatte und ferner mindestens 500 Aktionäre eine seiner Aktiengattungen halten[858].

Während es denkbar ist, daß eine als Übernahmevehikel errichtete Tochtergesellschaft des bietenden Unternehmens zu Beginn der Transaktion über Vermögenswerte verfügt, die die Grenze von 10 Mio. US-$ überschreiten, wird die zweite Voraussetzung regelmäßig nicht vorliegen. Zunächst ist es unwahrscheinlich, daß mehr als 500 Aktionäre eine Aktiengattung der Tochtergesellschaft halten. Um die Transaktion schnell und reibungslos abzuwickeln, handelt es sich bei der Mantelgesellschaft nahezu immer um eine 100 %ige Tochtergesellschaft des Bieters. Unter Umständen könnten zwar die mit der Transaktion befaßten Berater (z.B. Investmentbanken) einige Anteile der Tochtergesellschaft halten beziehungsweise erhalten. Dies werden aber keinesfalls mehr als 500 Aktionäre sein, denn sonst wäre auch das Gesamtvorhaben nicht mehr am Markt geheimzuhalten. Im übrigen trifft diese Pflicht zur Registrierung lediglich Emittenten, die im zwischenstaatlichen Handel tätig sind oder die die Wertpapiere unter Benutzung der Bundespost vertreiben. Vor der Veröffentlichung des Übernahmeangebotes werden die Aktien der Tochtergesellschaft aber nicht öffentlich gehandelt.

Eine Registrierungspflicht nach § 12(g) SEA (1934) kommt demnach erst nach der Veröffentlichung des Angebots und darüber hinaus nur dann in Betracht, wenn die Tochtergesellschaft den Aktionären der Zielgesellschaft eigene Aktien als Gegenleistung anbietet. Erhöht sich der Kreis der Aktionäre durch erfolgreichen Aktientausch auf mehr als 500, dann ist die Tochtergesellschaft registrierungspflichtig, sofern die übrigen Voraussetzungen der Norm ebenfalls vorliegen. Da dieser Umstand im Verlauf der Transaktion schnell eintreten kann und spätestens mit Ablauf der Frist eines erfolgreichen Angebots regelmäßig vorliegt, muß auch dies entsprechend bei den Vorbereitungen berücksichtigt werden. Die als Voraussetzung für den Handel notwendige Registrierung kann bis zu 60 Tage nach dem Einreichen der erforderlichen Unterlagen dauern. Dies ist bei der Ausgestaltung der Umtauschfrist und der sonstigen Bedingungen des

[858] *Ratner*, Securities Regulation, S. 96 ff.

Angebots zu berücksichtigen. Es bietet sich deshalb zunächst an, den Antrag auf Registrierung parallel zum Übernahmeangebot zu stellen. Vorher ist eine Registrierung unnötig und würde zudem das Vorhaben öffentlich machen. Wenn der Übernahmeplan aber bekannt ist, kann die Tochtergesellschaft die Angebotsfrist dazu nutzen, um gleichzeitig die Registrierung zu erwirken. Während der Registrierungspflicht sind das Angebot und die Werbung für die im Tausch angebotenen Wertpapiere bereits zulässig, unzulässig ist hingegen deren Verkauf[859].

Ist das *tender offer* als Angebot im juristischen Sinne und ohne weitere Bedingungen (z.B. Registrierung oder bestimmter Mindestumtausch) ausgestaltet, ist es mit der Annahme des Aktionärs wirksam. Der registrierungspflichtige Umstand kann dann während des Verlaufs der Umtauschfrist, möglicherweise sogar schon kurz nach der Veröffentlichung des *tender offer*, eintreten. Ist der Antrag zu diesem Zeitpunkt noch nicht gestellt oder läuft die Registrierungsfrist noch, wäre ein Handel mit den Aktien noch nicht möglich. Dies könnte jedoch im Umkehrschluß die Aktionäre der Zielgesellschaft von der Annahme des Angebotes abschrecken. Ist die Laufzeit des Übernahmeangebotes auf einen kürzeren Zeitraum als 60 Tage befristet, sollte auch die Registrierung innerhalb dieses kürzeren Zeitraums erfolgen, da anderenfalls der erst verzögert mögliche Handel mit den Aktien der Tochtergesellschaft dem Management der Zielgesellschaft als Argument gegen den Umtausch dienen könnte. Insofern wird die Tochtergesellschaft oftmals einen Antrag auf Fristverkürzung an die S.E.C. richten. Zu empfehlen ist aber jedenfalls eine Bedingung des Angebotes dergestalt, daß die Angebotsannahme erst mit der Registrierung wirksam wird. Dies garantiert einerseits dem Bieter, hier also der Tochtergesellschaft, daß er seine Registrierungspflicht nicht verletzt. Andererseits haben die Aktionäre der Zielgesellschaft die Gewähr, daß ihre Annahme nur im Falle der Registrierung wirksam wird, so daß ab dem Zeitpunkt des Umtauschs jederzeit auch der Handel mit den als Gegenleistung erhaltenen Wertpapieren möglich und gewährleistet ist.

Bietet die Tochtergesellschaft den Aktionären der Zielgesellschaft hingegen Aktien ihrer Muttergesellschaft an[860], bleibt diese alleinige Gesellschafterin der Tochter, so daß eine Registrierung der Anteile der Tochtergesellschaft nach § 12(g)(1) SEA (1934) in Verbindung mit S.E.C. Rule 12g-1 unnötig ist. Die Muttergesellschaft unterliegt dabei ihrerseits natürlich weiterhin der Registrierungspflicht. Weil es sich bei der Muttergesellschaft jedoch regelmäßig ebenfalls um eine große Publikumsgesellschaft handelt, ist diese Pflicht normaler-

---

[859] Siehe § 4 III. 2. Auswirkungen dieser Anforderungen und des Verfahrens auf den Ablauf der Transaktion; *Oesterle*, The Law of Mergers and Acquisitions, S. 149.

[860] Dies ist der Normalfall einer auf drei Parteien verteilten Transaktion, *Schulman/Schenk*, The Business Lawyer, Vol. 38 (1983), S. 1529/1532.

weise von vornherein erfüllt, so daß sich hierdurch bei der weiteren Abwicklung keine Besonderheiten ergeben.

3. Anzeigepflicht nach § 13(d) SEA (1934)

Erwirbt die Tochtergesellschaft im Vorfeld mehr als fünf Prozent der Anteile an der Zielgesellschaft, wird sie selbst anzeigepflichtig nach § 13(d) SEA (1934)[861]. Gleiches gilt, wenn Mutter- und Tochtergesellschaft allein jeweils weniger als fünf Prozent halten, diese Grenze aber gemeinsam überschreiten. Dann besteht eine Registrierungspflicht in jedem Fall für die Muttergesellschaft, da der Wortlaut der Norm auf denjenigen (wirtschaftlichen) Eigentümer abstellt, der „direkt oder indirekt" die Grenze von fünf Prozent überschreitet. Daneben könnten Mutter- und Tochtergesellschaft auch als Konzern im Sinne des § 13(d)(3) SEA (1934) betrachtet werden. Dann ist der Konzern selbst (die „*group*") die registrierungspflichtige Person, so daß auch die Tochtergesellschaft als Teil desselben verpflichtet wäre. Für einen *pre-announcement purchase* der Aktien der Zielgesellschaft gilt folglich nichts anderes als bei einem Erwerb durch die Muttergesellschaft. Sinnvoll ist es demnach, den Erwerb auf etwas unter fünf Prozent der Anteile der Zielgesellschaft zu beschränken[862].

Fraglich könnte die Publizitätspflicht nach § 13(d) SEA (1934) jedoch noch aus einem anderen Grunde sein. Stattet die Muttergesellschaft ihre als Übernahmevehikel dienende Tochter mit ihren eigenen Aktien aus, um damit das Umtauschangebot zu bedienen, kann dies dazu führen, daß die Tochtergesellschaft mehr als fünf Prozent der Anteile ihrer Mutter erhält. Dies ist insbesondere in der vorliegenden Konstellation wahrscheinlich, wenn es sich bei der Zielgesellschaft um eine große Publikumsgesellschaft handelt. Wäre die Tochtergesellschaft in dieser Situation dazu verpflichtet, diesen Anteilsbesitz an der Muttergesellschaft anzuzeigen, würde das Vorhaben unter Umständen wiederum vorzeitig öffentlich bekannt. Hiergegen spricht bereits, daß die Muttergesellschaft, würde sie selbst das Übernahmeangebot abgeben und ihre Aktien als Gegenleistung anbieten, nicht publizitätspflichtig wäre. Handeln das Übernahmevehikel und seine Muttergesellschaft zu einem bestimmten Zweck zusammen, gelten sie zudem gemäß § 13(d)(3) SEA (1934) als Konzern und damit als eine Person im Sinne der Vorschrift. Für diese Person gilt dann wiederum, daß die Pflicht zur Anzeige des Anteilserwerbs entfällt, sofern es sich bei den direkt oder indirekt erworbenen Wertpapieren um *equity securities* handelt, deren Emittent die Person selbst ist[863].

---

[861] Siehe oben § 3 III. 5. b. § 13(d) SEA (1934) als quantitative Schranke.

[862] Vgl. oben § 3 III. 5. a. Wirtschaftlicher Hintergrund.

[863] § 13(d)(1) SEA (1934) i.V.m. § 13(d)(6)(C) SEA (1934).

4. Publizitätspflicht nach § 14(d) und § 14(e) SEA (1934)

Hinsichtlich der Publizitätspflicht im Rahmen des *tender offer* gelten ebenso wie für einen Verstoß gegen diese Pflicht die allgemeinen Grundsätze nach § 14(d) und § 14(e) SEA (1934). Insofern ist auf die Ausführungen zum Vorbereitungsstadium eines unmittelbar vom Bieter abgegebenen Übernahmeangebots zu verweisen[864]. Hervorzuheben ist an dieser Stelle lediglich, daß das *Summary Term Sheet* im Falle der Beteiligung von drei Gesellschaften gemäß S.E.C. Rule 14d-6(a)(4) und (d)(1) alle weiteren Items des Schedule TO mit Ausnahme des Item 12 enthalten muß[865].

5. Steuerliche Vorüberlegungen

In steuerlicher Hinsicht ist die Transaktion bei Einschaltung einer Tochtergesellschaft je nach der gewährten Gegenleistung zunächst wiederum als vorläufig steuerneutrale *Type A* beziehungsweise *Type B Reorganization* zu behandeln[866]. Werden den Aktionären der Zielgesellschaft Aktien als Gegenleistung angeboten, ist es dabei unerheblich, ob die das Übernahmeangebot abgebende Tochtergesellschaft eigene Aktien oder solche ihrer Muttergesellschaft anbietet. Nur eine Kombination zwischen diesen beiden Möglichkeiten würde zum Verlust des steuerlichen Privilegs führen und scheidet im vorliegenden Zusammenhang folglich als denkbare Alternative aus[867].

II. Eigenkapitalfinanzierung

Gründet die eigentlich bietende Mutter- eine Tochtergesellschaft als Übernahmevehikel, kann sie diese von vornherein in der gewünschten beziehungsweise nötigen Weise mit Finanzmitteln ausstatten. Beispielsweise kann die Muttergesellschaft die benötigte Aktienanzahl schaffen oder ihre eigenen Aktien in das Vermögen der Tochter übertragen, damit diese die Aktien der Muttergesellschaft im Rahmen des Umtauschangebotes an die Aktionäre der Zielgesellschaft weiterreichen kann. Sollen beziehungsweise müssen dennoch zu einem späteren Zeitpunkt Kapitalmaßnahmen bei der Tochtergesellschaft durchgeführt

---

864 § 3 III. 6. a. Inhalt der Veröffentlichungspflicht nach § 14(d) SEA (1934) sowie b. Rechtsfolgen bei Verstoß gegen die Publizitätspflicht gemäß § 14(e) SEA (1934).

865 Vgl. § 3 III. 6. a. Inhalt der Veröffentlichungspflicht nach § 14(d) SEA (1934).

866 Siehe oben § 3 III. 4. Steuerliche Vorüberlegungen.

867 *Bittker/Eustice*, Federal Income Taxation of Corporations and Shareholders (1994), 12:23; *Merkt*, US-amerikanisches Gesellschaftsrecht, S. 542 sowie § 3 III. 4. Steuerliche Vorüberlegungen.

werden, erweisen sich diese als weitgehend unproblematisch, weil die Muttergesellschaft Alleinaktionärin der Tochter ist.

1. Kapitalerhöhung

Grundsätzlich[868] bedarf es lediglich eines Beschlusses des *board* einer Gesellschaft, um deren Kapital im Wege der Ausgabe von *authorized but unissued shares* zu erhöhen. Ausnahmsweise können aber das einzelstaatliche Recht[869] oder die Börsenregeln[870] einen zustimmenden Beschluß der Aktionärsversammlung erfordern, wenn die Kapitalerhöhung zu einem Anstieg des stimmberechtigten Kapitals um mehr als 20 % führt[871]. Selbst wenn die neu gegründete Tochtergesellschaft nicht von vornherein über die nötige Aktienanzahl beziehungsweise das erforderliche Kapital verfügt und demnach im Rahmen einer Kapitalerhöhung in diesem Sinne eine Zustimmung ihrer Aktionäre erforderlich ist, ist dies in der Praxis unproblematisch. Die Muttergesellschaft kann diesen Beschluß, vertreten durch ihren *board of directors*, als Alleinaktionärin der Tochtergesellschaft nämlich ohne weiteres bewirken.

Ist eine Kapitalerhöhung im Wege einer Änderung der Gründungsurkunde (*amendment of the articles of incorporation*) der Tochtergesellschaft notwendig, bedarf es eines Beschlusses der Aktionäre dieser Gesellschaft nach einzelstaatlichem Recht[872] sowie bei einer Erhöhung um mehr als 20 Prozent des stimmberechtigten Kapitals nach den Vorschriften der nationalen Wertpapierbörsen[873]. Auch diesen Beschluß kann die Muttergesellschaft als Alleinaktionärin ihrer Tochter bewirken. Folglich drohen hier bereits von vornherein keine Abfindungsansprüche widersprechender Aktionäre, wie sie im Falle einer Kapitalerhöhung in der Muttergesellschaft nach § 13.02 R.M.B.C.A. oder § 806 (b)(6) N.Y.Bus.Corp.L. zumindest denkbar gewesen wären[874].

---

868 § 161 Del.Gen.Corp.L.; § 501(a) N.Y.Bus.Corp.L.; § 6.21(a) und (f) R.M.B.C.A.; *Clark*, Corporate Law, S. 436; *Solomon/Schwartz/Baumann/Weiss*, Corporations, S. 238 und 377.

869 Beispielsweise nach § 6.21(f) R.M.B.C.A.

870 New York Stock Exchange Listed Company Manual Rule 312.03(c)(1); American Stock Exchange Company Guide Rule 712 (b); NASDAQ Stock Market Rule 4310(c)(25)(H)(i).

871 *Oesterle*, The Law of Mergers and Acquisitions, S. 109 ff.; sowie oben § 4 I. 1. a. Ausgabe von *authorized but unissued shares*.

872 § 242 iVm § 245 Del.Gen.Corp.L.; § 801 N.Y.Bus.Corp.L.; *Hamilton*, The Law of Corporations, S. 231 und S. 610; *Henn/Alexander*, Laws of Corporations, S. 973 ff.; *Solomon/Schwartz/Bauman/Weiss*, Corporations, S. 237.

873 New York Stock Exchange Listed Company Manual Rule 312.03(c)(1); American Stock Exchange Company Guide Rule 712 (b); NASDAQ Stock Market Rule 4310(c)(25)(H)(i).

874 Siehe oben § 4 I. 1. b. cc. Abfindungsansprüche widersprechender Aktionäre des Bieters; Grundlagen und R.M.B.C.A., und dd. Abfindungsregelungen im einzelstaatlichen Recht.

Weil es in beiden Fällen der vorbereitenden Kapitalerhöhung nicht der Werbung um die Stimmrechtsvollmachten der übrigen Aktionäre bedarf, drohen insofern auch weder eine frühzeitige Offenlegung der Übernahmeabsicht im Rahmen des *proxy*-Verfahrens noch Haftungsansprüche wegen einer Verletzung desselben[875]. Zudem entfallen die mit diesem Verfahren bei einer Publikumsgesellschaft entstehenden Kosten.

Schließlich ist eine im US-amerikanischen Recht ohnehin unübliche Bezugsrechtsproblematik in dieser Konstellation von vornherein ausgeschlossen. Bezugsberechtigt wäre allenfalls die Muttergesellschaft als Alleinaktionärin, die die Ausgabe neuer Aktien vorliegend allerdings allein regelt und folglich nicht gegen ihre eigene Vorgehensweise klagen wird[876].

2. Rückerwerb eigener Aktien

Schaltet die Muttergesellschaft eine Tochter als Übernahmevehikel ein, ist es unter normalen Umständen ausgeschlossen, daß sich diese die zur Bedienung des Übernahmeangebotes notwendigen Aktien im Wege des Rückerwerbs eigener Aktien verschafft. Regelmäßig hält die Muttergesellschaft bereits 100 Prozent der Anteile der Tochter. Damit die Muttergesellschaft die Transaktion schnell und ohne von außen verursachte Verzögerungen abwickeln kann, befinden sich die Anteile demnach gerade nicht ganz oder teilweise im Umlauf.

Insofern könnte ein Rückerwerb allenfalls von der Muttergesellschaft erfolgen. Dies ist jedoch unwahrscheinlich, weil diese dann die Kontrolle über das Übernahmevehikel ganz oder teilweise verlieren würde. Bietet die Tochter anschließend ihre eigenen Aktien im Rahmen des Umtauschangebotes den Aktionären der Zielgesellschaft an, würde letztere zwar zum Vermögen der Tochtergesellschaft. Andererseits würde die Tochtergesellschaft aber wesentlich von den Aktionären der Zielgesellschaft beherrscht. Ein solches Ergebnis ist aber gerade unerwünscht. Die Aktien der Tochtergesellschaft stehen somit regelmäßig nicht als Gegenleistung im Rahmen des Umtauschangebotes zur Verfügung. Dies ist letztlich auch deshalb interessengerecht, weil sich die Aktionäre der Zielgesellschaft oftmals nicht damit zufrieden geben werden, statt der bisher gehaltenen Beteiligung an einer großen Publikumsgesellschaft nunmehr Aktien der Tochter einer anderen Publikumsgesellschaft zu erhalten.

Im Zusammenhang mit dem Rückerwerb eigener Aktien ist in dieser Konstellation aber fraglich, ob, inwieweit und unter welchen Voraussetzungen die Toch-

[875] Siehe oben § 4 I. 1. b. ff. Offenlegungspflichten bei der Werbung um Stimmrechtsvollmachten (*proxy solicitation*).
[876] Siehe oben § 4 I. 1. c. Bezugsrechtsausschluß.

tergesellschaft zur Bedienung des Übernahmeangebotes mit (eigenen) Aktien der Muttergesellschaft ausgestattet werden darf beziehungsweise sich selbst ausstatten kann.

Bedarf es auf Seiten der Muttergesellschaft hierzu eines Rückerwerbs eigener Aktien am Markt, ist diese Situation exakt mit derjenigen des Rückerwerbs zur Bedienung des eigenen Übernahmeangebotes der Muttergesellschaft vergleichbar. Folglich gelten hierfür auch dieselben Grundsätze, so daß auf Veranlassung des *board of directors* ein unbeschränkter Rückerwerb grundsätzlich möglich ist, sofern dieser aus den Gewinnrücklagen finanziert wird, nicht das Grundkapital schmälert oder zur Zahlungsunfähigkeit der Gesellschaft führt[877]. Wie soeben dargelegt[878], unterliegt die Tochtergesellschaft hinsichtlich der zu ihrer ursprünglichen Kapitalausstattung erhaltenen Aktien der Muttergesellschaft keiner Anzeigepflicht gemäß § 13(d) SEA (1934), weil beide Gesellschaften als Konzern behandelt werden.

Besondere Vorschriften für den Fall, daß die Tochtergesellschaft Aktien ihrer Mutter erwirbt, bestehen nicht. Zunächst handelt es sich bei der Muttergesellschaft aus Sicht der Tochter formal um ein anderes Unternehmen. Beim Erwerb der Anteile der Mutter- durch die Tochtergesellschaft sind die einzelstaatlichen Vorschriften über den Rückerwerb eigener Aktien folglich nicht zu beachten. Im Sinne des Bundeswertpapierrechts hat dieser Umstand daher eigentlich zur Folge, daß die Tochtergesellschaft der Anzeigepflicht aus § 13(d)(1) SEA (1934) unterliegt, sofern sie mehr als fünf Prozent einer Aktiengattung dieser anderen Gesellschaft erwirbt. Hier greift jedoch wiederum der Ausnahmetatbestand des § 13(d)(3) SEA (1934) ein, wonach mehrere Personen, die als Konzern zum Zweck des Erwerbs von Wertpapieren zusammenwirken, als eine Person betrachtet werden. In der vorgenannten Konstellation setzt die Mutter- ihre Tochtergesellschaft zum Zwecke des Erwerbs ihrer eigenen Aktien ein, so daß ein Konzern in diesem Sinne vorliegt. Geht es bei deren Erwerb jedoch um eigene Aktien, also Aktien eines der Mitglieder des Konzerns, ist deren Emittent nach § 13(d)(6)(C) SEA (1934) von der Anzeigepflicht befreit. Die Vorschrift sieht folglich aus der Sicht des eigentlich bietenden Emittenten einen mittelbaren Rückerwerb über eine dazwischen geschaltete Tochtergesellschaft ausdrücklich vor. Wenn dies der Fall und die Mutter dann auch nicht publizitätspflichtig ist, kann für einen Erwerb der Aktien der Muttergesellschaft durch ihre Tochter im Ergebnis nichts anderes gelten. Anderenfalls wäre die zuvor dargestellte Regelung sinnlos und würde ihrem Zweck zuwiderlaufen. Insofern unterliegt auch

[877] Siehe hierzu § 160 Del.Gen.Corp.L., § 513 N.Y.Bus.Corp.L., § 6.31 R.M.B.C.A. sowie § 4 I. 2. Verwendung zurückerworbener eigener Aktien als Gegenleistung im Rahmen eines Aktientauschs.

[878] Vgl. zuvor § 5 I. 3. Anzeigepflicht nach § 13(d) SEA (1934).

die Tochtergesellschaft beim Erwerb einer über fünf Prozent einer Wertpapiergattung liegenden Beteiligung an ihrer Muttergesellschaft nicht der Anzeigepflicht nach § 13(d) SEA (1934).

3. Ansprüche der Aktionäre der Muttergesellschaft wegen Ansprüchen der Tochtergesellschaft (*double derivative suit*)

Unter Umständen können den Aktionären der Muttergesellschaft im Falle der Eigenkapitalfinanzierung der Tochtergesellschaft jedoch Ansprüche aus einem von dieser abgeleiteten Recht zustehen. Dies ist beispielsweise bei einer doppelt abgeleiteten Klage (*double derivative suit*) der Fall, bei der das Klagerecht zunächst von der *subsidiary corporation* zur *parent corporation*, als deren Alleinaktionärin, und dann von der *parent corporation* zu deren Aktionär abgeleitet wird. Dem insofern abgeleiteten Klagerecht liegt die Überlegung zugrunde, daß der Wert der Beteiligung des Aktionärs an der Muttergesellschaft durch Schädigungen der Tochtergesellschaft zumindest mittelbar verringert wird, und daß dem Aktionär der Muttergesellschaft aus diesem Grund billigerweise ein Anspruch auf Schadensersatz einzuräumen sei[879]. Eine solche Verpflichtung der Muttergesellschaft wäre somit im Rahmen der Finanzplanung des Vorhabens als Kostenpunkt entsprechend zu berücksichtigen.

Als besondere Voraussetzung[880] einer solchen Klage wird der Nachweis verlangt, daß die unmittelbar geschädigte Gesellschaft eine „*subsidiary*“ derjenigen Gesellschaft ist, an der der klagende Aktionär beteiligt ist. Dabei ist es jedoch unerheblich, ob diese *parent corporation* Mehrheitsgesellschafterin der *subsidiary* ist beziehungsweise diese kontrolliert[881]. Die Aktionäre der Muttergesellschaft könnten folglich auch in den Fällen im Wege der *double derivative suit* gegen diese vorgehen, in denen Ihnen als Minderheitsaktionär der Tochtergesellschaft eine *derivative suit* gegen den Mehrheitsaktionär oder die Unternehmensleitung zustünde. In dieser Weise abgeleitete Klagen hat die Rechtsprechung beispielsweise anerkannt, wenn der Kläger[882]

---

[879] *Gadd v. Pearson*, 351 F.Suppl. 895 (M.D.Fla.1972); 19 Am.Jur.2d, Corporations, § 2349; *DeMott*, Ohio State Law Journal, Vol. 49 (1988), S. 517 ff.

[880] Siehe zu den allgemeinen Klagevoraussetzungen: *Henn/Alexander*, Laws of Corporations, S. 1053; *Merkt*, US-amerikanisches Gesellschaftsrecht, S. 479 ff.

[881] *Kennedy v. Nicastro*, 517 F.Suppl. 1157 (Ill. 1981); 19 Am.Jur.2d, „Corporations“, §§ 2253, 2349 m.w.N.; *Henn/Alexander*, Laws of Corporations, S. 1056; *Merkt*, US-amerikanisches Gesellschaftsrecht, S. 478.

[882] Siehe hierzu *Henn/Alexander*, Laws of Corporations, S. 1049.

(a) Schadensersatz wegen einer bereits vorgenommenen aber nicht mit dem Gesellschaftszweck übereinstimmenden Handlung verlangt[883],
(b) Unterlassung einer Handlung begehrt, durch die die *directors*, *officers* und Mehrheitsaktionäre ihre Treuepflichten gegenüber der Gesellschaft verletzen würden[884] beziehungsweise Schadensersatz in den Fällen begehrt, in denen eine solche Verletzung bereits eingetreten ist[885],
(c) die Ausgabe von Aktienoptionen zu einem unangemessenen Preis verhindern will[886],
(d) Schadensersatz für unrechtmäßig gezahlte Dividenden verlangt[887] oder
(e) Außenstehende davon abhalten will, die Gesellschaft zu übervorteilen beziehungsweise für bereits getätigtes Unrecht Schadensersatz verlangt[888].

Die zuvor genannten Fallgruppen können dem Bieter folglich als Anhaltspunkt dienen. Liegt ein vergleichbarer Fall im Rahmen der bei der Tochtergesellschaft durchzuführenden Kapitalmaßnahmen vor, drohen je nach der Gestaltung des Einzelfalles möglicherweise Ansprüche der Aktionäre der Muttergesellschaft.

III. Fremdkapitalfinanzierung

Während der Übernahmephase der 80er Jahre wurde die Beschaffung des zur Finanzierung einer feindlichen Übernahme notwendigen Kapitals häufig durch die Gründung einer als Übernahmevehikel dienenden Tochtergesellschaft des Bieters abgewickelt. Diese *shell corporation* gab zur Finanzierung des Vorhabens Fremdkapitalinstrumente (*debt securities*) aus, häufig waren dies *junk bonds*. Daneben verfügte die *shell corporation* aber nicht über einen nennenswerten eigenen Geschäftsbetrieb. Diese Belastung mit Fremdkapital hatte andererseits zur Folge, daß der Bieter nach dem erfolgreichen Kontrollerwerb oftmals dazu gezwungen war, die Zielgesellschaft ganz oder zumindest teilweise zu zerschlagen, um seine hohen Verbindlichkeiten aus dem Liquidationserlös zu begleichen[889].

---

883 *Starbird v. Lane*, 203 Cal.App.2d, 247.
884 *Weinberg v. Baltimore Brick Co.*, 108 A.2d 81 (Del.Chancery 1954).
885 Beispielsweise durch Managementfehler, *Litwin v. Allen*, 25 N.Y.S.2d 667 (1940); Unterschlagung von Gesellschaftvermögen, *Heller v. Boylan*, 29 N.Y.S.2d 653 (1941); Verkauf der Kontrollmehrheit, *Perlman v. Feldmann*, 219 F.2d 173 (2nd Circuit 1955).
886 *Selman v. Allen*, 121 N.Y.S.2d 142 (1953).
887 *Campbell v. Clark*, 159 Cal.App.2d 432 (1958).
888 *Fanchon & Marco, Inc. v. Paramount Pictures, Inc.*, 202 F.2d 731.
889 *Barker*, Pacific Law Journal, Vol. 19 (1988), S. 769/771 f.; *Pate*, Washington and Lee Law Review, Vol. 43 (1986), S. 1087/1089.

1. Keine Beschränkung der steuerlichen Abzugsfähigkeit von Zinsleistungen nach § 279 (a) I.R.C. bei Aufnahme des Fremdkapitals durch die Tochtergesellschaft

Auch bei der Ausgabe von *junk bonds* durch die Tochtergesellschaft des eigentlichen Bieters sind in steuerlicher Hinsicht die Vorschriften über den *Original Issue Discount* (OID) sowie die *Applicable High Yield Discount Obligation* (AHYDO) zu berücksichtigen[890]. Bezüglich der Beschränkung der Abzugsfähigkeit von Zinsleistungen im Falle der Verschuldung zum Zwecke des Unternehmenskaufs gibt es im Rahmen von Dreiecks-Transaktionen allerdings eine Sonderregelung. § 279 Internal Revenue Code, durch den die Höhe abzugsfähiger Zinsleistungen ansonsten auf fünf Millionen US-$ pro Jahr beschränkt sein könnte, ist nicht anwendbar, wenn ein Übernahmevehikel, das anschließend auf die Zielgesellschaft verschmolzen wird, die notwendige Verschuldung (*indebtedness*) aufnimmt. In diesem Fall eines *reverse triangular merger*[891] wird das Fremdkapital in steuerlicher Hinsicht nicht so behandelt, als diene es dem Kauf eines Unternehmens. Vielmehr wird es so behandelt, als diene es dem vereinbarten Rückerwerb eigener Aktien durch die Zielgesellschaft (*redemption of target's own stock*)[892]. Steuerlich sind die Zinsleistungen für das in dieser Weise von der Tochtergesellschaft aufgenommene Fremdkapital folglich unbeschränkt abzugsfähig.

2. Mögliche Beschränkung der steuerlichen Verrechnungsfähigkeit nach einzelstaatlichem Recht

Im US-amerikanischen Bundessteuerrecht ist es zulässig, daß der Steuerschuldner zusammen mit den ihm zuzurechnenden Gesellschaften eine konsolidierte Einkommenssteuererklärung (*consolidated federal income tax return*) abgibt. Dies gibt ihm die Möglichkeit abzugsfähige Zinsleistungen gegen steuerpflichtiges Einkommen innerhalb der zusammengehörenden Gesellschaften zu verrechnen. Fraglich und im jeweiligen Einzelfall zu prüfen ist jedoch, ob eine solche Verrechnungsmöglichkeit auch nach dem einzelstaatlichen Steuerrecht besteht. Viele amerikanische Bundesstaaten erlauben eine solche konsolidierte Steuererklärung nämlich nicht[893]. Diese Sonderprobleme des jeweils anzuwendenden einzelstaatlichen Steuerrechts sind im vorliegenden Zusammenhang jedoch nicht weiter zu erläutern.

---

890 Siehe oben § 4 II. 5. d. bb. Weitere Fragestellungen mit Bezug auf das Steuerrecht.

891 Siehe hierzu sogleich § 5 V. *2. Reverse triangular merger*.

892 Revenue Rules 78-250, 1978-1 C.B. 83.; *Hooker*, The Business Lawyer, Vol. 53 (1998), S. 799/804.

893 *Hooker*, The Business Lawyer, Vol. 53 (1998), S. 799/806 f.

3. Finanzierung durch von der Tochtergesellschaft des Bieters begebene *Junk Bonds*

a. Vergleich mit der Begebung von *Junk Bonds* durch die Muttergesellschaft

Finanziert der Bieter die Transaktion dadurch, daß die Tochtergesellschaft *junk bonds* begeben soll, ist für diesen Vorgang zunächst wiederum der *board of directors*, diesmal jedoch derjenige der Tochtergesellschaft, zuständig[894]. Im übrigen kann auch in diesem Fall die drohende Haftung der Zielgesellschaft für das Fremdkapital des Bieters Abwehrmaßnahmen der Zielgesellschaft rechtfertigen und den Übernahmepreis folglich erhöhen. Aus der Sicht des *boards* der Zielgesellschaft macht es nämlich keinen Unterschied, ob die eigentlich bietende Muttergesellschaft oder eine Tochtergesellschaft durch ihr Verhalten die Zielgesellschaft in ihrem Bestand bedroht. Er ist daher auch dann zu Abwehrmaßnahmen berechtigt, wenn die Tochtergesellschaft das Übernahmeangebot abgibt und mit der Begebung von *junk bonds* finanziert[895]. Ein Unterschied zu der Situation, in der die Muttergesellschaft unmittelbar das Übernahmeangebot abgibt, besteht jedoch hinsichtlich der Anwendbarkeit der vom *Federal Reserve Board* erlassenen *margin rules*.

b. Anwendbarkeit der *margin rules*

Begibt eine Tochtergesellschaft des Bieters, die dieser nur als Übernahmevehikel gegründet und ansonsten mit keinem eigenen Geschäftsbetrieb ausgestattet hat, im Rahmen eines feindlichen Übernahmevorhabens *junk bonds*, gelten diese, sofern die Tochtergesellschaft die ihr hieraus zufließenden Mittel zum Erwerb von Aktien einer börsennotierten Zielgesellschaft oder zur alleinigen Besicherung des Kredites verwendet, grundsätzlich als *indirectly secured* und unterliegen somit den *margin rules* des *Federal Reserve Board*[896].

Die diesbezügliche Interpretationsregelung, durch die nunmehr auch andere Investoren als die ohnehin der staatlichen Regulierung unterliegenden Banken, Broker und Wertpapierhändler die *margin rules* zu beachten haben, wurde be-

---

[894] Siehe oben § 4 II. 3. Kompetenz zur Aufnahme von Fremdkapital.

[895] Siehe oben § 4 II. 5. c. (Zukünftige) Haftung für das Fremdkapital des Bieters kann Abwehrmaßnahmen der Zielgesellschaft rechtfertigen (*modified business judgment rule*) und somit den Übernahmepreis erhöhen.

[896] Siehe 12 C.F.R. § 207.112; *Hutter/Lawrence*, Übernahmerecht in den USA, S. 95/139; *Pate*, Washington and Lee Law Review, Vol. 43 (1986), S. 1087/1095 sowie oben § 4 II. 5. b. Anwendung der *Margin Rules* auf die *Junk Bond*-Finanzierung.

reits kurz nach ihrem Erlaß am 8. Januar 1986 von vielen Seiten kritisiert[897]. Die S.E.C., das Justizministerium (Department of Justice) und die Investmentbank Drexel Burnham Lambert[898] stützten ihre Kritik zunächst auf Verfahrensmängel beim Zustandekommen der Vorschrift. Vertreter der Literatur argumentierten einerseits mit dem Willen des Gesetzgebers, der die ausreichende Versorgung der Wirtschaft mit Krediten sicherstellen wollte, was über lange Zeit auch ohne einen regulatorischen Eingriff in den Markt für *junk bonds* gelungen sei. Andererseits spreche auch das Wesen dieser Wertpapiere gegen eine Beschränkung, da sie sich regelmäßig an risikobereite Investoren richteten, die bereit seien, ein hohes Risiko für die Aussicht auf einen hohen Ertrag einzugehen. Diese Anleger seien deshalb nicht mit den risikoaversen Banken, Brokern und Wertpapierhändlern vergleichbar, an die sich die *margin rules* ursprünglich richteten[899]. Der Zusammenbruch der New Yorker Börse vom 14. Oktober 1989 hat aber die Risiken und die Anfälligkeit des *junk bond*-Marktes aufgezeigt und somit den *Federal Reserve Board* bewogen, die Interpretationsregel des C.F.R. § 207.112 unverändert aufrecht zu erhalten[900].

Gibt eine Tochtergesellschaft des Bieters zur Finanzierung eines feindlichen Übernahmeangebotes auf eine große Publikumsgesellschaft *junk bonds* aus, können die Möglichkeiten zum Einsatz dieses Finanzierungsmittels daher wegen der Anwendbarkeit der *margin rules* von vornherein in der Menge begrenzt sein.

c. Inhalt der *margin rules*

Die Einführung der Interpretationsregel des C.F.R. § 207.112 beruht im wesentlichen auf den Erfahrungen aus den Übernahmeauseinandersetzungen *Unocal Corp. v. Mesa Petrolium Co.*[901] sowie *Revlon, Inc. v. Pantry Pride*[902]. Im Grundsatz ist die Kreditaufnahme zum Erwerb von Aktien einer Zielgesellschaft auf 50 % des Marktwertes dieser Aktien beschränkt, sofern diese direkt oder indirekt zur Besicherung des Kredits herangezogen werden. Der *Federal Reserve*

---

[897] *Barker*, Pacific Law Journal, Vol. 19 (1988) S. 769/771.

[898] Die seinerzeit bei der Emission von *junk bonds* führende Investmentbank verfolgte mit ihrer Kritik das Ziel, einer möglichen Beschränkung dieses Geschäfts entgegen zu wirken. An den hiermit verbundenen Risiken ist die Bank aber letztlich selbst gescheitert, was für eine Begrenzung der Verwendungsmöglichkeiten von *junk bonds* spricht.

[899] *Barker*, Pacific Law Journal, Vol. 19 (1988), S. 769/776 ff.

[900] Siehe hierzu *Barker*, Pacific Law Journal, Vol. 19 (1988), S. 769 ff.; *Merkt*, US-amerikanisches Gesellschaftsrecht, S. 236 f.; *Pate*, Washington and Lee Law Review, Vol. 43 (1986), S. 1087 ff.

[901] 493 A.2d 946 (Del. Supr. 1985). Vgl. die Darstellung unter § 4 II. 5. b. aa. Historischer Hintergrund der *Margin Rules* sowie der Regulation G und bei *Pate*, Washington and Lee Law Review, Vol. 43 (1986), S. 1087/1096.

[902] Siehe hierzu *Federal Reserve Board Release* 24-25 (10. Januar 1986).

Board betont dabei aber, daß selbst dann, wenn die Verfügungsgewalt über die Aktien der Zielgesellschaft beschränkt ist, solange nicht davon auszugehen ist, diese seien *indirectly secured*, bis der *lender* nachweist, gutgläubig darauf vertraut zu haben, daß die *margin stocks* der Sicherheit der Rückzahlung dienen sollten. Gleichzeitig nennt er vier Situationen, in denen die Interpretationsregel unanwendbar sein soll, weil der *lender* in diesen Situationen vernünftigerweise nicht darauf vertrauen könne, daß einzig die Vermögenswerte der Zielgesellschaft der Rückzahlung dienen. Dies bedeutet im Umkehrschluß, daß immer dann, wenn der *lender* neben den *margin stock* ernsthaft auf weitere Sicherungsobjekte vertrauen kann, die Regulation G und insbesondere C.F.R. § 207.112 nicht eingreifen, folglich also auch nicht den zulässigen Umfang der Fremdkapitalfinanzierung beschränken können[903]. Zu diesen Situationen, die gelegentlich auch als *safe harbours* bezeichnet werden, zählen:

(a) eine Garantieerklärung des Bieters (als Muttergesellschaft des Übernahmevehikels) oder einer dritten Gesellschaft mit ausreichenden Vermögensgegenständen, die nicht in *margin stock* bestehen, für die Verbindlichkeiten aus den *debt securities* einzustehen,
(b) eine Verschmelzungsvertrag zwischen dem Bieter und der Zielgesellschaft, der schon im Zeitpunkt des Kaufs der *debt securities* vorliegt,
(c) eine *shell corporation*, die selbst über ausreichende Vermögensgegenstände zur Befriedigung der Verbindlichkeiten verfügt, oder
(d) eine Verpflichtung der Käufer der *debt securities* zur Ausstattung der vom Bieter eingesetzten Tochtergesellschaft mit Finanzmitteln, die vom Erwerb mindestens derjenigen Anzahl von Anteilen der Zielgesellschaft abhängig ist, die notwendig wäre, um eine Verschmelzung beider Gesellschaften ohne die Zustimmung des *board of directors* oder der Aktionäre der Zielgesellschaft (*short form merger*) zu veranlassen.

Im Zusammenhang mit der Finanzierung eines feindlichen Übernahmeangebotes auf eine große Publikumsgesellschaft durch eine zu diesem Zweck geschaffene Tochtergesellschaft sind diese Ausnahmeregelungen von unterschiedlicher praktischer Bedeutung.
Eine Garantieerklärung des hinter der Tochtergesellschaft stehenden Bieters scheidet regelmäßig deshalb aus, weil die Tochtergesellschaft gerade zu dem Zweck der Haftungsbegrenzung gegründet wird und eine Garantieerklärung diesem Ziel entgegen stünde. Zwar ist die Haftung in diesen Fällen auf die aus der Ausgabe der *debt securities* folgenden Verbindlichkeiten beschränkt und umfaßt somit nicht die Verbindlichkeiten der Zielgesellschaft. Dennoch sind zum Erwerb der Mehrheit der Anteile einer großen Publikumsgesellschaft erhebliche

[903] Siehe hierzu insgesamt 12 C.F.R. § 207.112(f) und *Pate*, Washington and Lee Law Review, Vol. 43 (1986), S. 1087/1096 f.

Fremdmittel erforderlich. Sollen die hieraus folgenden Zinsverpflichtungen sowie die Rückzahlung aus dem Vermögen des Bieters erfolgen, wäre dem Ziel der Haftungsbeschränkung jedoch nicht entsprochen. Anderenfalls hängt die Möglichkeit zur Zinszahlung und Rückführung vom Erfolg der Übernahme und den Ressourcen der Zielgesellschaft ab. Diese kann der Bieter bei einer feindlichen Übernahme, die ihn zudem mit den Kosten der Abwehrmaßnahmen der Zielgesellschaft belastet, aber nur schwer einschätzen. Auch die Garantieerklärung einer dritten Gesellschaft dürfte sich wegen der Größe der Zielgesellschaft und der hieraus folgenden Höhe des nötigen Fremdkapitals wenn überhaupt nur unter Schwierigkeiten beschaffen lassen.

Diese Argumente sprechen letztlich auch dagegen, das Übernahmevehikel selbst mit den für eine Besicherung ausreichenden Vermögensgegenständen auszustatten.

Weil es sich zudem um ein feindliches Übernahmevorhaben handelt, ist auch ein bereits im Vorfeld der Transaktion vorliegender Verschmelzungsvertrag zwischen dem Bieter und der Zielgesellschaft unrealistisch.

Somit bleibt nur der Weg des *short form merger*, um einer möglichen Beschränkung der Fremdkapitalfinanzierung zu entgehen. Ist die Zahlungsverpflichtung der Anleihekäufer davon abhängig, daß die vom Bieter eingesetzte Tochtergesellschaft mit den aus der *junk bond*-Finanzierung stammenden Mitteln mindestens diejenige Anzahl an Aktien der Zielgesellschaft erwirbt, mit der sie bei dieser ohne Zustimmung der *directors* oder der Aktionäre eine Verschmelzung mit sich selbst veranlassen kann, gilt die Regulation G gemäß 12 C.R.F. § 207.112 in diesem Falle nicht. Ein *short form merger*[904] ist nach dem Recht der meisten Einzelstaaten bei einer Beteiligungshöhe von mindestens 90 % möglich[905]. Zwar scheint eine notwendige Beteiligung dieser Höhe zunächst gegen ein Eingreifen dieses Befreiungstatbestandes bei der Finanzierung der feindlichen Übernahme einer großen Publikumsgesellschaft zu sprechen[906]. Jedoch ist ein derart hoher Prozentsatz bei erfolgreichen *tender offers* keinesfalls unüblich[907]. Im übrigen kann das Übernahmeangebot von vornherein auf die erforderliche Erfolgsquote bedingt sein und der *junk bond* erst dann begeben werden.

---

904 Siehe hierzu oben § 4 IV. 4. b. Zusammenschluß zwischen Mutter- und Tochtergesellschaft (*Freezeout* im Wege des *Short Form Merger*).

905 § 253(a) Del.Gen.Corp.L.; § 905(a) N.Y.Bus.Corp.L.; § 1110(a) Cal.Gen.Corp.L.; § 11.05 (a) R.M.B.C.A.

906 *Barker*, Pacific Law Journal, Vol. 19 (1988), S. 769/785.

907 *Hutter/Lawrence*, Übernahmerecht in den USA, S. 95/121.

Andererseits greifen die übrigen Befreiungstatbestände regelmäßig nicht ein, so daß in diesen Fällen die *margin rules* des *Federal Reserve Board* gelten. Dann ist die Möglichkeit der Fremdfinanzierung des Erwerbs von Aktien einer Zielgesellschaft auf 50 % des Marktwertes dieser Aktien beschränkt, sofern diese direkt oder indirekt zur Besicherung des Kredits herangezogen werden. Dies hat zur Folge, daß die Tochtergesellschaft den Erwerb von Aktien der Zielgesellschaft nur bis zu diesem Prozentsatz über die Begebung unbesicherten Fremdkapitals finanzieren könnte. Soll die Tochtergesellschaft nicht über weitere Vermögensgegenstände oder einen eigenen Geschäftsbetrieb verfügen, werden hierdurch die Aussichten auf eine erfolgreiche Übernahme aber entscheidend verringert. Verfügt die Tochtergesellschaft allerdings bereits über weiteres Vermögen[908], kann der durch *junk bonds* fremdfinanzierte Erwerb weiterer Anteile an der Zielgesellschaft, auch wenn er nur in begrenztem Umfang möglich ist, eine sinnvolle Ergänzung darstellen.

4. Finanzierung durch von der Tochtergesellschaft begebene *Convertible Bonds*

Die Tochtergesellschaft kann auch *convertible bonds* ausgeben, um auf diese Weise den zum Erwerb von Aktien der Zielgesellschaft notwendigen Finanzierungsbedarf ganz oder teilweise zu decken. Grundsätzlich haftet die Muttergesellschaft dabei weder für die Rückzahlung der Hauptforderung (*principal*) noch für die auf den *bond* zu leistenden Zinszahlungen (*interest*)[909].

a. Vergleich mit *Convertible Bonds*, die von der Muttergesellschaft begeben werden

In mancher Hinsicht ähnelt die Ausgabe von *convertible bonds* durch die als Übernahmevehikel eingesetzte Tochter dabei der Ausgabe durch die Muttergesellschaft selbst.

Die Befugnis zur Ausgabe der *bonds* liegt grundsätzlich beim *board of directors* der Tochtergesellschaft, der, sofern abweichende Bestimmungen in der Gründungsurkunde fehlen, folglich auch die Anleihebedingungen festlegen darf[910].

---

[908] Beispielsweise eine im Vorfeld erworbene Beteiligung an der Zielgesellschaft in Höhe von etwas unter 5 %, Bargeld oder Aktien der Muttergesellschaft.

[909] *Mabon, Nugent & Co v. Texas American Energy Corp.*, No. 8578, Delaware Chancery Court (27.1.1988).

[910] § 122(13) Del.Gen.Corp.L; § 3.02(7) R.M.B.C.A.; § 519(a) N.Y.Bus.Corp.L.; siehe oben § 4 II. 6. a. Gesetzliche Sondervorschriften für *Convertible Bonds*.

Sofern die Ausgabe nach den Bestimmungen der nationalen Wertpapierbörsen[911] oder ausnahmsweise nach dem einzelstaatlichen Recht[912] doch eines zustimmenden Beschlusses der Aktionäre der Gesellschaft bedarf, läßt sich dieser problemlos herbeiführen, weil die Muttergesellschaft die einzige Aktionärin ihrer Tochter ist. Sofern einzelstaatliche Ausgabehindernisse vorgesehen sind[913], lassen sich diese ebenfalls umgehen, weil die Muttergesellschaft als deren Alleinaktionärin die Vorgehensweise der Tochtergesellschaft leiten und beeinflussen kann.

Insbesondere dann, wenn *convertible bonds* von einer Tochtergesellschaft ausgegeben werden, die ansonsten über keinen eigenen Geschäftsbetrieb verfügt, wird deren Bonität schlecht sein, was wiederum zu Risikoaufschlägen bei der Verzinsung der Anleihen führt[914]. Das erhöhte Ausfallrisiko ließe sich zwar grundsätzlich durch Anlegerschutzklauseln (*covenants*) ausgleichen[915], diese kommen aber, wie *Kahan* und *Yermack* feststellten, bei *convertible bonds* nahezu niemals vor[916].

Wegen der insofern vorhandenen Ähnlichkeit mit Finanzierungsmitteln des Eigenkapitals gilt auch der von einer Tochtergesellschaft ausgegebene *convertible bond* gemäß § 3(a)(11) SEA (1934) als *„equity security“* im Sinne des Wertpapierrechts des Bundes (*Federal Securites Laws*). Dies kann aus der Sicht des Bieters grundsätzlich wiederum das Risiko einer Haftung nach S.E.C. Rule 10b-5 auslösen. Bei einer von vornherein als Übernahmevehikel eingesetzten Tochtergesellschaft ist jedoch die Wahrscheinlichkeit gering, daß die Mutter nach der Ausgabe der *convertible bonds* tatsächlich deren Kapital erhöht oder gar deren Aktien zurückerwirbt[917]. Ferner besteht zumindest vor dem Abschluß der Trans-

---

[911] New York Stock Exchange Listed Company Manual Rule 312.03(c)(1); American Stock Exchange Company Guide Rule 712(b); NASDAQ Stock Market Rule 4310(c)(25)(H)(i) sowie § 4 II. 6. c. Zustimmungsbedürfnis nach Börsenzulassungsvorschriften.

[912] Vgl. § 6.21(f)(1) R.M.B.C.A.; § 519(b) N.Y.Bus.Corp.L.

[913] Vgl. § 519(c) N.Y.Bus.Corp.L.

[914] *Kahan/Yermack*, The Journal of Law, Economics & Organization, Vol. 14 (1998), S. 136/140 sowie oben § 4 II. 6. d. Schlechte Bonität der *Convertible Bonds.*

[915] Siehe hierzu *Brudney/Chirelstein*, Corporate Finance, S. 167 ff. und 299; *Kahan/Yermack*, The Journal of Law, Economics & Organization, Vol. 14 (1998), S. 136 ff. sowie oben § 4 II. 6. b. Denkbare vertragliche Vereinbarungen zur Absicherung der Gläubiger vor bestimmten Risiken.

[916] *Kahan/Yermack*, The Journal of Law, Economics & Organization, Vol. 14 (1998), S. 136 ff. sowie zu den Hintergründen § 4 II. 6. b. cc. *Convertible Bonds* in der Praxis oftmals ohne Anlegerschutzklauseln.

[917] Schließlich handelt es sich bei dem Übernahmevehikel regelmäßig um eine 100 %-ige Tochtergesellschaft, so daß sich bereits alle Aktien in Händen der Mutter befinden und diese folglich gar keine Aktien mehr zurückerwerben kann.

aktion keine Gefahr, daß die Rechte der Anleihegläubiger durch eine übermäßige Dividendenausschüttung der Tochtergesellschaft im Sinne der S.E.C. Rule 10b-17(b)(1)(v) beeinträchtigt werden. Empfehlenswert ist es jedoch, bei der Ausgabe von *convertible bonds* durch eine Tochtergesellschaft des Bieters eine den Fall eines *merger* mit einer anderen Gesellschaft regelnde Klausel in die *indentures* aufzunehmen und hierdurch die Gefahr einer Haftung nach den aus § 10(b) SEA (1934) folgenden Vorschriften zu verringern[918].

In steuerlicher Hinsicht stellen *convertible bonds* grundsätzlich[919] *debt securities* dar. Das Wandelrecht als solches führt folglich regelmäßig nicht zu einem Ausgaberabatt (OID) oder zur Anwendung der *Applicable High Yield Discount Obligation*-Regelung (AHYDO)[920]. Eine Beschränkung der steuerlichen Abzugsfähigkeit von Zinsleistungen nach § 279 *Internal Revenue Code* ist, vergleichbar mit der Ausgabe von *junk bonds* durch die Tochtergesellschaft, jedenfalls dann ausgeschlossen, wenn das Übernahmevehikel auf die Zielgesellschaft verschmolzen wird[921]. Die Abzugsfähigkeit der auf die *convertible bonds* gezahlten Zinsen kann aber wiederum dann ausgeschlossen sein, wenn die Voraussetzungen des § 163(l) *Internal Revenue Code* vorliegen[922].

b. Besondere Vorschriften für *Convertible Bonds*, die eine Tochtergesellschaft ausgibt

Bei der Finanzierung einer feindlichen Übernahme durch Anleihen, die von einer als Übernahmevehikel gegründeten Tochtergesellschaft des eigentlichen Bieters ausgegeben werden, sind häufig Elemente des *convertible bond* mit denen eines *junk bond* kombiniert. Auch bei der Ausgabe von *convertible bonds* ist es letztlich so, daß die das Angebot abgebende Tochtergesellschaft Bargeld erhält und damit Aktien der Zielgesellschaft auf Kredit erwirbt. Insofern verwundert es nicht, daß auch in diesem Fall die *margin rules* zu beachten sind. Werden *convertible bonds* im Rahmen eines feindlichen Übernahmevorhabens von einer Tochtergesellschaft des Bieters begeben, die dieser mit keinem eigenen Geschäftsbetrieb ausgestattet hat, so gelten die Anleihen, sofern mit den

---

918 *Pittsburgh Terminal Corp. v. The Baltimore and Ohio Railroad Co.*, 459 U.S. 1056 (1982); *Brudney/Chirelstein*, Corporate Finance, S. 315.

919 Eine Ausnahmesituation kann diesbezüglich die – nicht seltene – Verknüpfung eines *convertible bond* mit Elementen des *junk bond* darstellen.

920 § 163 Internal Revenue Code sowie oben § 4 II. 6. f. bb. Besondere steuerliche Aspekte bei Verwendung von *Convertible Bonds*.

921 Siehe zu diesem Fall des *reverse triangular merger* zuvor § 5 III. 1. Keine Beschränkung der steuerlichen Abzugsfähigkeit von Zinsleistungen nach § 279 (a) I.R.C. bei Aufnahme des Fremdkapitals durch die Tochtergesellschaft.

922 Siehe hierzu *Hooker*, The Business Lawyer, Vol. 53 (1998), S. 799/804 f. sowie oben, § 4 II. 6. f. bb. Besondere steuerliche Aspekte bei Verwendung von *Convertible Bonds*.

hieraus der Tochtergesellschaft zufließenden Mitteln Aktien einer börsennotierten Zielgesellschaft erworben und zur alleinigen Besicherung des Kredites verwendet werden, grundsätzlich als *indirectly secured* und unterliegen somit den *margin rules* des *Federal Reserve Board*[923]. Folglich können unter diesen Umständen auch die Möglichkeiten zum Einsatz von *convertible bonds* wegen der Anwendbarkeit der *margin rules* von vornherein in der Menge begrenzt sein. Auf interessengerechte Weise kann die Tochtergesellschaft einer Beschränkung der Finanzierung durch Fremdkapital auf 50 % folglich nur durch die Veranlassung eines *short form merger* entgehen[924]. Ist die Zahlungsverpflichtung der Anleihekäufer davon abhängig, daß die vom Bieter eingesetzte Tochtergesellschaft mit den aus der *convertible bond*-Finanzierung stammenden Mitteln mindestens diejenige Anzahl an Aktien der Zielgesellschaft erwirbt, mit der sie bei dieser ohne Zustimmung der *directors* oder der Aktionäre eine Verschmelzung mit sich selbst veranlassen kann, gilt die Regulation G gemäß 12 C.R.F. § 207.112 nicht. Ein *short form merger* ist regelmäßig ab einer Beteiligungshöhe von mindestens 90 % möglich[925]. Zwar spricht die insofern notwendige Beteiligungshöhe gegen ein Eingreifen des Befreiungstatbestandes bei der Finanzierung der feindlichen Übernahme einer großen Publikumsgesellschaft[926]. Ist das Übernahmeangebot jedoch auf die erforderliche Erfolgsquote bedingt und wird der *convertible bond* erst dann begeben, ergibt sich aus der Sicht des Bieters eine interessengerechte Lösung.

IV. *Public offering* von Wertpapieren der Tochtergesellschaft

Gibt die als Übernahmevehikel geschaffene Tochtergesellschaft das Angebot ab, so sind, wenn diese den Aktionären der Zielgesellschaft eigene Wertpapiere oder solche Wertpapiere anbietet, deren Emittentin die Muttergesellschaft ist, grundsätzlich wiederum die Vorschriften des SA (1933) über das *public offering* zu beachten. Folglich besteht die Registrierungspflicht nach § 5 SA (1933) grundsätzlich auch für diejenigen Wertpapiere, die die Tochtergesellschaft öffentlich anbietet. Die Tochtergesellschaft haftet dabei für Inhalts- und Verfahrensfehler, die ihr beim Angebot eigener Wertpapiere unterlaufen, genauso wie es zuvor bereits für die Muttergesellschaft dargestellt wurde[927]. Darüber hin-

---

[923] Siehe 12 C.F.R. § 207.112 sowie oben § 5 III. 3. b. Anwendbarkeit der *margin rules*; *Pate*, Washington and Lee Law Review, Vol. 43 (1986), S. 1087/1095.

[924] Siehe zur grundsätzlichen Beurteilung im Fall von *junk bonds* und den diesbezüglichen Hintergründen § 5 III. 3. c. Inhalt der *margin rules*.

[925] § 253(a) Del.Gen.Corp.L.; § 905(a) N.Y.Bus.Corp.L.; § 1110(a) Cal.Gen.Corp.L.; § 11.05 (a) R.M.B.C.A.

[926] *Barker*, Pacific Law Journal, Vol. 19 (1988), S. 769/785.

[927] Siehe oben § 4 III. Öffentliches Angebot (*public offering*) von Wertpapieren.

aus ergibt sich in zwei Konstellationen eine zusätzliche Haftung der Muttergesellschaft, wenn drei Gesellschaften an der Transaktion beteiligt sind.

1. Haftung der Muttergesellschaft als *underwriter* der Tochtergesellschaft für deren Inhalts- und Verfahrensfehler

Werden Wertpapiere der Tochtergesellschaft öffentlich angeboten, haftet auch die Muttergesellschaft für Inhalts- und Verfahrensfehler, die der Tochtergesellschaft im Rahmen des *public offering* unterlaufen. Dies ergibt sich aus § 2(11) SA (1933), wonach die Muttergesellschaft als *underwriter* der Tochtergesellschaft gilt. Folglich haftet die Muttergesellschaft grundsätzlich in gleichem Umfang wie die Tochter dafür, daß diese ihrer Registrierungspflicht nachkommt. Eine Ausnahme von diesem Grundsatz kann sich wiederum aus S.E.C. Rule 144 ergeben. Hiernach gilt ein Mehrheitsaktionär nämlich nicht als *underwriter* der von ihm beherrschten Gesellschaft, wenn (1.) die angebotenen Aktien eine gewisse mengenmäßige Grenze nicht übersteigen[928], sich (2.) die verkauften Papiere vor dem Verkauf mindestens zwei Jahre in seinem Portefeuille befunden haben[929], (3.) die ausgebende Gesellschaft eine *public corporation* ist, es sich (4.) bei dem Verkauf um ein gewöhnliches Geschäft eines Börsenmaklers handelt[930] und schließlich (5.) der Verkauf der S.E.C. und den Börsen, an denen die Aktien der betreffenden Gesellschaft gehandelt werden, schriftlich gemeldet wird[931]. Bereits aus dem Wortlaut der Vorschrift ist deutlich, daß sich diese nur auf das öffentliche Angebot von Aktien beschränkt. Es erscheint allerdings nur schwer vorstellbar, daß die Muttergesellschaft als Gegenleistung für die Aktien der Zielgesellschaft, deren Aktionären Aktien ihrer Tochtergesellschaft anbietet. In diesem Fall würde sie nämlich die Kontrolle der Tochtergesellschaft Stück für Stück aus der Hand geben und die Transaktion unter Umständen sinnlos. Selbst wenn ein solches Angebot tatsächlich beabsichtigt ist, ist in der Praxis jedoch davon auszugehen, daß der soeben dargestellte Ausnahmetatbestand nicht eingreift. Unter Berücksichtigung der aus S.E.C. Rule 144(e)(1) folgenden Voraussetzungen würde bereits der Verkauf einer dreiprozentigen Beteiligung durch den Mehrheitsaktionär mehr als sieben Jahre dauern. Sind jedoch derart lange Zeitspannen zur Abwicklung einer Transaktion notwendig, wird diese

---

[928] Der vierteljährliche Verkauf des Mehrheitsaktionärs darf entweder 1% des vom Publikums gehaltenen Aktienbestandes oder aber das durchschnittliche Volumen der in den vier vergangenen Wochen getätigten Verkäufe nicht übersteigen. Werden diese Werte überschritten, so unterliegt der Verkauf der Registrierungspflicht nach § 5 SA (1933); S.E.C. Rule 144(e)(1); *Clark*, Corporate Law, S. 740; *Merkt*, US-amerikanisches Gesellschaftsrecht, S. 268.

[929] S.E.C. Rule 144(d)(1).

[930] S.E.C. Rule 144(g).

[931] S.E.C. Rule 144(h).

Vorgehensweise nur auf eine geringe Akzeptanz am Kapitalmarkt stoßen. Folglich ist sie nicht dazu geeignet, bei der Finanzierung eines feindlichen Übernahmeangebotes eingesetzt zu werden. Demnach ist das Angebot einer wesentlichen Beteiligung an einer Tochtergesellschaft durch deren Muttergesellschaft registrierungspflichtig[932]. Für Fehler, die der Tochter- oder der Muttergesellschaft beim öffentlichen Angebot von Wertpapieren der Tochter unterlaufen, haftet die Muttergesellschaft also regelmäßig nach § 2(11) SA (1933).

2. Haftung der Muttergesellschaft als Emittentin, falls ihre Aktien von der Tochtergesellschaft als Gegenleistung verwendet werden

Bietet die Tochtergesellschaft den Aktionären der Zielgesellschaft im Rahmen ihres *exchange offer* hingegen Aktien der Mutter als Gegenleistung an, so haftet die Muttergesellschaft als Emittentin dieser Wertpapiere ebenfalls nach den allgemeinen Vorschriften dafür, daß im Rahmen des Angebotsvorgangs keine Inhalts- und Verfahrensfehler vorliegen.

V. *Merger* mit der Zielgesellschaft

Erfolgt das Übernahmeangebot durch oder unter Zuhilfenahme einer Tochtergesellschaft des Bieters, sind auch an dem Vorgang des Zusammenschlusses der Gesellschaften regelmäßig drei *corporations* beteiligt, weshalb man solche Transaktionen auch als *triangular mergers* bezeichnet[933]. Unter den Arten möglicher Zusammenschlüsse ist dabei der *forward triangular merger*, bei dem die Zielgesellschaft auf die Tochtergesellschaft des Bieters verschmolzen wird, von dem *reverse triangular merger*, mit einer Verschmelzung der Tochtergesellschaft auf die Zielgesellschaft, zu unterscheiden.

1. *Forward triangular merger*

Beim *forward triangular merger* gründet der Bieter eine Tochtergesellschaft, deren gesamtes Vermögen aus denjenigen Anteilen ihrer Muttergesellschaft besteht, die diese als Gegenleistung für alle Anteile der Tochtergesellschaft gezahlt hat[934]. Sonstiges Vermögen oder ein eigenständiger Geschäftsbetrieb sind in der

---

[932] S.E.C. Rule 144(e)(1); *Clark*, Corporate Law, S. 740; *Merkt*, US-amerikanisches Gesellschaftsrecht, S. 268.

[933] *Clark*, Corporate Law, S. 430 ff; *Hamilton*, The Law of Corporations, S. 619 ff.; *Oesterle*, The Law of Mergers and Acquisitions, S. 57 ff.; *Stöcker*, Rechtsfragen grenzüberschreitender Unternehmenszusammenschlüsse, Diss., S. 231 ff.

[934] *Stöcker*, Rechtsfragen grenzüberschreitender Unternehmenszusammenschlüsse, Diss., S. 232 ff. sowie § 5 I. Vorbereitungsstadium - Gründung einer Tochtergesellschaft.

Tochtergesellschaft nicht vorhanden. Die Tochtergesellschaft gibt das Übernahmeangebot an die Aktionäre der Zielgesellschaft ab, die ihre Anteile an die Tochtergesellschaft leisten, dafür jedoch als Gegenleistung Aktien der Muttergesellschaft erhalten[935]. Dies hat als Zwischenergebnis die Beherrschung der Zielgesellschaft durch die Tochtergesellschaft zur Folge, während diejenigen früheren Aktionäre der Zielgesellschaft, die ihre Aktien getauscht haben, inzwischen Aktionäre der Muttergesellschaft sind. Anschließend wird die Zielgesellschaft auf deren Veranlassung auf die Tochtergesellschaft verschmolzen. Diese Verschmelzung kann im Wege eines *statutory merger* oder durch jede andere Form des *merger* abgewickelt werden[936]. In Betracht kommt insoweit grundsätzlich auch ein *short form merger*[937].

a. Zustimmender Beschluß des *board of directors* sowie der Aktionärsversammlung der Zielgesellschaft im Fall eines *short form merger* entbehrlich

aa. Grundsatz

Zu einer Verschmelzung einer (Ziel)Gesellschaft auf eine andere Gesellschaft bedarf es im Wege des *statutory merger* eines zwischen den Parteien ausgehandelten Verschmelzungsplans (*plan of merger*), sowie der Zustimmung des *board of directors* der Zielgesellschaft und eines entsprechenden Mehrheitsbeschlusses ihrer Aktionäre[938]. Jedenfalls die Mitwirkung des *board* der Zielgesellschaft ist im Falle einer feindlichen Übernahme aber ausgeschlossen. Wird jedoch der hier vorgeschlagene Weg eines *short form merger* gewählt, werden beide Beschlüsse auf Seiten der Zielgesellschaft entbehrlich. Dies erfordert jedoch seinerseits bereits die Bedingung des Übernahmeangebotes auf den Umtausch der jeweils zu einem *short form merger* berechtigenden Aktienanzahl in Höhe von regelmäßig 90 % der Anteile[939].

bb. Beseitigung der Minderheitsbeteiligungen an der Zielgesellschaft

Ferner ist eine Rechtsfolge des *merger*, daß diejenigen Aktionäre der Zielgesellschaft, die ihre Aktien nicht freiwillig auf das Angebot der Tochtergesellschaft

[935] Dies bietet sich auch wegen der zu erwartenden Vorbehalte der Kapitalmarktteilnehmer und Akzeptanzprobleme gegenüber den ansonsten als Gegenleistung zu empfangenden Aktien einer Tochtergesellschaft an.

[936] *Merkt*, US-amerikanisches Gesellschaftsrecht, S. 533.

[937] Siehe oben § 4 IV. 4. b. Zusammenschluß zwischen Mutter- und Tochtergesellschaft (*Freezeout* im Wege des *Short Form Merger*).

[938] *Gilson/Black*, The Law and Finance of Corporate Acquisitions, S. 669.

[939] Siehe oben § 4 IV. 4 b. aa. Grundlagen: *Merger* ohne Zustimmung des *board* oder der Minderheitsaktionäre der Zielgesellschaft sowie *Schulman/Schenk*, The Business Lawyer, Vol. 38 (1983), S. 1529/1534.

hin in Aktien der Muttergesellschaft getauscht haben, nunmehr durch den *merger* gegen Zahlung des angemessenen Wertes ihrer Beteiligung oder im Tausch gegen Aktien der Muttergesellschaft aus der Zielgesellschaft ausscheiden[940]. Der Bieter vermeidet insofern von vornherein den denkbaren Widerspruch opponierender Aktionäre der Zielgesellschaft gegen die weitere Umsetzung seiner für die Zielgesellschaft geplanten Unternehmensstrategie, indem er letztlich alle Anteile der Zielgesellschaft und somit deren 100%-ige Kontrolle erwirbt[941].

b. *Appraisal rights* der aus der Zielgesellschaft gedrängten Aktionäre

Ebenso wie im Fall des Zusammenschlusses von zwei im Mutter-Tochter-Verhältnis zueinander stehenden Gesellschaften besteht aber auch in der Dreiecks-Konstellation die Gefahr, daß die Aktionäre der Zielgesellschaft im Rahmen des *short form merger* gegen Zahlung eines unangemessen niedrigen Preises aus ihrer Gesellschaft gedrängt werden. Insofern sind die Aktionäre der Zielgesellschaft in gleicher Weise schutzwürdig, weswegen ihnen ebenso wie im Grundfall ein *appraisal right* auch beim *forward triangular merger* zusteht[942]. Bezüglich der Anspruchsgrundlagen, Voraussetzungen, Verfahrensvorschriften und Rechtsfolgen dieser Ansprüche ist daher auf die hierzu bereits getätigten Ausführungen zu verweisen[943].

Das Risiko drohender Abfindungsansprüche opponierender Aktionäre der Zielgesellschaft, für deren Bedienung der Bieter bereits im Rahmen der Finanzplanung Vorkehrungen zu treffen hätte, ist jedoch auch in dieser Konstellation tatsächlich begrenzt. Einerseits kann sich die den *short form merger* veranlassende Gesellschaft, hier also die als Übernahmevehikel gegründete Tochtergesellschaft des Bieters, nach den in der Rechtsprechung erprobten Grundsätzen zur Ermittlung einer angemessenen Gegenleistung richten. Hierzu ist sie als Mehrheitsaktionärin aufgrund ihrer Treuepflichten gegenüber der in der Zielgesellschaft verbliebenen Aktionärsminderheit ohnehin verpflichtet, sofern zwischen diesen wegen der Beteiligungshöhe des Übernahmevehikels an der Zielgesellschaft ein Mutter-Tochter-Verhältnis besteht[944]. Andererseits kann die Ent-

---

[940] *Gilson/Black*, The Law and Finance of Corporate Acquisitions, S. 669; *Merkt*, US-amerikanisches Gesellschaftsrecht, S. 533.

[941] *Gilson/Black*, The Law and Finance of Corporate Acquisitions, S. 669; *Hamilton*, The Law of Corporations, S. 620; *Perrie*, Virginia Law Review, Vol. 57 (1971), S. 1242/1244.

[942] Z.B. § 13.02(a)(1) R.M.B.C.A.; *Merkt*, US-amerikanisches Gesellschaftsrecht, S. 556; *Schulman/Schenk*, The Business Lawyer, Vol. 38 (1983), S. 1529/1543.

[943] Siehe oben § 4 IV. 4. b. bb. Abfindungsansprüche nach einzelstaatlichem Recht, cc. Zwischenergebnis und Verfahrensvorschriften und cc. Gerichtliche Ermittlung des angemessenen Wertes der Anteile.

[944] *Weinberger v. UOP, Inc.*, 457 A.2d 701, 709 (Del.Supr.C. 1983); *Merkt*, US-amerikanisches Gesellschaftsrecht, S. 441.

scheidung über deren Höhe von einem unabhängigen Ausschuß des *board of directors* getroffen werden, wodurch nach ständiger Rechtsprechung jedenfalls ein starkes Indiz für die Angemessenheit der Gegenleistung vorliegt[945]. Selbst wenn es zu Abfindungsansprüchen der in der Zielgesellschaft verbliebenen Aktionäre kommt, sind diese schlimmstenfalls für etwas weniger als zehn Prozent der Anteile derselben zu leisten.

c. Zustimmung des *board of directors* sowie der Aktionärsversammlung der fortbestehenden Tochtergesellschaft erforderlich aber unproblematisch

Wie bereits dargelegt, ist der *short form merger* auf der Seite der übernehmenden Gesellschaft wie ein gewöhnlicher *merger* zu behandeln, so daß es eines zustimmenden Beschlusses des *board of directors* der Tochtergesellschaft sowie eines Mehrheitsbeschlusses ihrer Aktionäre bedarf[946]. Beide Voraussetzungen werden im Rahmen eines *forward triangular merger* jedoch zur bloßen Formalität.

Die erforderliche Zustimmung des *board of directors* der Tochtergesellschaft zu dem Zusammenschluß mit der Zielgesellschaft ist insofern unproblematisch, als der *board* einer als Übernahmevehikel geschaffenen 100%-igen Tochtergesellschaft regelmäßig entweder unmittelbar aus den *directors* der Muttergesellschaft besteht oder jedenfalls von diesem ausgewählt und bestimmt wurde[947].

Ferner bedarf es der Zustimmung der Aktionäre der fortbestehenden Gesellschaft. Dies ist vorliegend die Tochtergesellschaft, deren Alleinaktionärin die die Transaktion veranlassende Mutter ist. Folglich muß bei der Tochtergesellschaft lediglich das zuständige Organ der Muttergesellschaft zustimmen, regelmäßig also deren *board of directors*.

d. Erfordernis eines Mehrheitsbeschlusses der Aktionäre der Muttergesellschaft

Fraglich ist jedoch, ob es darüber hinaus auch eines zustimmenden Beschlusses der Aktionäre der ebenfalls an der Transaktion beteiligten Muttergesellschaft bedarf.

---

945 *Weinberger v. UOP, Inc.*, 457 A.2d 701, 709 (Del.Supr.C. 1983); ähnlich: *Rosenblatt v. Getty Oil Co.*, 493 A.2d 929 (Del. 1985); *Jedwab v. MGM Grand Hotels, Inc.*, 509 A.2d 584 (Del.Ch. 1986); vgl. hierzu oben § 4 IV. 4. b. cc. (d) Möglicher Schutz der Bietergesellschaft vor diesen Ansprüchen.

946 Siehe oben § 4, IV. 4. b. ee. Umgehung eines Beschlusses der Aktionäre des Bieters durch einen *short form merger*?

947 *Merkt*, US-amerikanisches Gesellschaftsrecht, S. 533.

aa. Nach einzelstaatlichem Recht regelmäßig entbehrlich

Weil der *merger* in der vorliegenden Konstellation zwischen der Zielgesellschaft und der Tochtergesellschaft stattfindet, ist deren Mutter als eigentlicher Bieter an der Verschmelzung nicht unmittelbar, sondern wegen der Verwendung ihrer Aktien als Gegenleistung und ihrer beherrschenden Stellung gegenüber der Tochtergesellschaft allenfalls mittelbar beteiligt. Insofern bedarf der Zusammenschluß nach einzelstaatlichem Recht regelmäßig nicht der Zustimmung der Aktionäre der Muttergesellschaft, sondern lediglich der Aktionärin ihrer Tochtergesellschaft – letztlich also der Muttergesellschaft selbst. Die Aktionäre der Muttergesellschaft sind hingegen grundsätzlich weder stimmberechtigt, noch haben sie diesbezüglich einen Anspruch auf Leistung einer angemessenen Entschädigung in Form eines *appraisal right*, der im Rahmen der Finanzplanung zu berücksichtigen wäre[948].

bb. Zustimmungserfordernis nach einzelstaatlichem Recht ausnahmsweise möglich

Die Vorschriften des einzelstaatlichen Rechts können jedoch ein Zustimmungserfordernis der Muttergesellschaft zu einem *merger* der Tochtergesellschaft vorsehen.

Beispiel für eine solche Regelung ist die Vorschrift des § 1200(e) i.V.m. § 1201.5(a) Cal.Gen.Corp.L., wonach eine *reorganization* oder ein auf einen Aktientausch gerichtetes öffentliches Angebot auch der Zustimmung der Aktionäre derjenigen Gesellschaft bedarf, deren Aktien dabei ausgegeben, übertragen oder getauscht werden. Dieses Zustimmungsbedürfnis besteht jedoch nur dann, wenn die Transaktion die vorher bestehenden Stimmrechte an der Muttergesellschaft um mehr als fünf Sechstel verwässert.

Eine weitere Ausnahmeregelung ist nach einer Änderung im Jahre 1999 nunmehr auch im R.M.B.C.A. aufgenommen, dessen § 6.21(f) ein Stimmrecht der Aktionäre einer Gesellschaft vorsieht, wenn eine Transaktion - gleich welcher Art[949] - zu einem Anstieg der Stimmrechte um mindestens 20 Prozent führt. Folglich besteht im Falle eines *triangular merger* dann auch ein Stimmrecht der

---

[948] *Gilson/Black*, The Law and Finance of Corporate Acquisitions, S. 669; *Hamilton*, The Law of Corporations, S. 633; *Oesterle*, The Law of Mergers and Acquisitions, S. 56; *Perrie*, Virginia Law Review, Vol. 57 (1971), S. 1242/1244; *Schulman/Schenk*, The Business Lawyer, Vol. 38 (1983), S. 1529/1544 f.

[949] Insofern ist damit auch jegliche Art eines *merger*, folglich auch ein *triangular merger* gemeint, vgl. Official Comment zu § 6.21 R.M.B.C.A., 3. Shareholder Approval Requirement for Certain Issuances; *Hamilton*, The Law of Corporations, S. 633.

Aktionäre der Muttergesellschaft, wodurch sich die bestehende Rechtslage entscheidend verändert. Eine dem R.M.B.C.A. vergleichbare Regelung besteht jedoch nicht in den übrigen Bundesstaaten, so daß das Mustergesetz insoweit von der bestehenden Rechtslage abweicht[950].

Somit handelt es sich bei den zuvor genannten Regelungen lediglich um Ausnahmetatbestände zum eigentlich entbehrlichen Beschluß der Aktionärsversammlung der Muttergesellschaft[951]. Als solche sind sie in der Unternehmenspraxis gegebenenfalls zu beachten, im vorliegenden Zusammenhang jedoch nicht weiter zu vertiefen.

cc. Zustimmungserfordernis aus der Gründungsurkunde

Darüber hinaus kann ein Zustimmungserfordernis ausnahmsweise auch aus den Vorschriften der Gründungsurkunde (*articles of incorporation*) der Muttergesellschaft folgen. Mit entsprechend ausdrücklichen Regelungen könnten die Aktionäre ihr Stimmrecht auch im Falle eines Dreiecks-Erwerbs (*triangular acquisition*) schützen. Teilweise bejaht die Rechtsprechung ein solches Stimmrecht sogar im Wege einer „ausdehnenden" Auslegung der Gründungsurkunde[952]. Ein in der Gründungsurkunde vorgesehenes Stimmrecht der Aktionäre der Muttergesellschaft ist im Falle eines Dreiecks-Erwerbs zwar zu beachten und kann insoweit auch hinderlich sein. Andererseits ist es dem *board* der Muttergesellschaft von vornherein bekannt und kann bei langfristiger und rechtzeitiger Planung auf dessen Veranlassung hin auch abgeschafft beziehungsweise verändert werden. Insofern bietet sich eine Regelung bezüglich einer bloß nach der Veröffentlichung des *tender offer* notwendigen Genehmigung an, so daß der Erfolg desselben nicht durch vorzeitige Bekanntgabe der Übernahmeabsicht gefährdet wird. Die Zustimmung müßte aber andererseits vor der tatsächlichen Verschmelzung der beteiligten Gesellschaften vorliegen. Auch hierbei handelt es sich jedoch um eine Ausnahmeregelung.

---

950 *Hamilton*, The Law of Corporations, S. 633.

951 *Merkt*, US-amerikanisches Gesellschaftsrecht, S. 533; *Oesterle*, The Law of Mergers and Acquisitions, S. 56. Vergleichbare Regelungen fanden sich bei Einführung der three-party-merger durch den R.M.B.C.A. in Pennsylvania und New Jersey, vgl. *Schulman/Schenk*, The Business Lawyer, Vol. 38 (1983), S. 1529/1544.

952 So etwa der Delaware Chancery Court in *Pasternak v. Glazer*, 1996 WL 549960, auszugsweise abgedruckt und weitergehend behandelt in: *Oesterle*, The Law of Mergers and Acquisitions, S. 61 f.

dd. Zustimmungerfordernis und *appraisal rights* nach der *de facto merger-doctrine?*

Denkbar sind ein Zustimmungserfordernis und ein *appraisal right* der Aktionäre der Muttergesellschaft schließlich wegen eines Verstoßes gegen die sogenannte *de facto merger-doctrine*. Nach dieser Theorie ist eine Transaktion, die zwar den wirtschaftlichen Effekt eines *statutory merger* hat, wegen ihrer konkreten rechtlichen Ausgestaltung den Aktionären der beteiligten Gesellschaften aber nicht die hierfür vom Gesetzgeber grundsätzlich vorgesehenen Rechte einräumt, wie ein *statutory merger* zu behandeln, wenn die Wahl der Ausgestaltung den alleinigen Zweck hat, die Aktionäre ihrer Rechte zu berauben[953]. Konsequenz der Anwendung dieser Theorie ist es dann, daß den Aktionären der Muttergesellschaft dieselben Rechte zustehen als wenn diese unmittelbar an der Transaktion beteiligt wäre. Dieser Gedanke erscheint auch im vorliegenden Zusammenhang nachvollziehbar, weil gerade die nicht am Zusammenschluß beteiligte Muttergesellschaft die im Rahmen des Aktientauschs benötigte Gegenleistung bereitstellt, die Transaktion plant und steuert und dadurch auch wesentlich an ihr beteiligt ist[954]. In Betracht kommt insofern also ein Anspruch auf zustimmenden Beschluß der Aktionäre der Muttergesellschaft sowie gegebenenfalls auch ein *appraisal right* derselben aufgrund der *de facto merger-doctrine*[955]. Das damit verbundene Kostenrisiko wäre somit im Rahmen der Finanzplanung des feindlichen Übernahmevorhabens zu berücksichtigen.

In der Praxis sind solche Rechte der Aktionäre der Muttergesellschaft aber nach übereinstimmender Meinung nicht mehr anerkannt. Zwar ist es deutlich, daß die bei einem *forward triangular merger* gewählte Konstruktion über die Einschaltung einer Tochtergesellschaft des Bieters gerade den Zweck hat, die Transaktion ohne Zustimmung der Aktionärsversammlung der Mutter und ohne ein möglicherweise kostspieliges *appraisal*-Verfahren schnell und kostengünstig abzuwickeln[956]. Aus diesem Grund waren Stimmrechte und Abfindungsansprüche der Aktionäre der Muttergesellschaft in einer solchen Konstellation ursprünglich mit dem Argument anerkannt, die *merger statutes* würden anderenfalls unterlaufen[957]. Andererseits ergibt sich die Möglichkeit, im Rahmen eines Aktientauschs andere Aktien als die der das Angebot abgebenden (Tochter-)Ge-

[953] *Hamilton*, The Law of Corporations, S. 647; *Merkt*, US-amerikanisches Gesellschaftsrecht, S. 557 u. S. 568 f.

[954] *Schulman/Schenk*, The Business Lawyer, Vol. 38 (1983), S. 1529/1536.

[955] Siehe oben § 4 IV. 4. b. bb. Abfindungsansprüche nach einzelstaatlichem Recht.

[956] *Clark*, Corporate Law, S. 433.

[957] *In re Penn Central Securities Litigation*, 367 F.Suppl. 1158 (E.D. Pa. 1973); *Cary/Eisenberg*, Corporations, S. 1500; *Eisenberg*, The Structure of the Corporations, S. 217; *Herwitz*, Business Planning, S. 474.

sellschaft als Gegenleistung anzubieten, spätestens seit der Überarbeitung des M.B.C.A. im Jahre 1984 regelmäßig aus dem Gesetz. Insofern sehen bereits die einzelstaatlichen *corporation laws* die Möglichkeit einer Dreiecks-Konstruktion nunmehr ausdrücklich vor[958]. Die damit verbundene Rechtsfolge, nämlich der Verlust des Stimmrechts und des *appraisal right* der Aktionäre der Muttergesellschaft, ergibt sich ebenfalls aus der gewöhnlichen Anwendung dieser Gesetze. Im Rahmen der zulässigen Grenzen des ihm obliegenden *business judgment* muß sich der *board of directors* des Bieters somit auch für diese Konstruktion entscheiden können, ohne eine Aushöhlung ihrer Vorteile durch die Anwendung der *de facto merger-doctrine* befürchten zu müssen[959]. Insoweit wird in der Praxis vor allem entscheidend sein, ob der *board* vernünftigerweise annehmen darf, seine Entscheidung liege im besten Interesse der Gesellschaft. Im Interesse der Muttergesellschaft und ebenfalls ihrer Aktionäre liegt es aber, wenn die Unternehmensleitung zur Begrenzung von Haftungsrisiken für die im Rahmen einer feindlichen Übernahme möglicherweise zunächst unerkannten Verbindlichkeiten der Zielgesellschaft auf eine gesetzlich zulässige Dreiecks-Konstruktion zurückgreift[960]. Auch muß eine feindliche Übernahme heimlich vorbereitet und dann schnell umgesetzt werden. Hierbei erweist sich aber die Notwendigkeit eines Beschlusses der Aktionärsversammlung der Muttergesellschaft als hinderlich. So ist es auch zu erklären, daß, obwohl hierzu alle amerikanischen Bundesstaaten die Möglichkeit hatten, lediglich Kalifornien ein Stimmrecht der Aktionäre der Muttergesellschaft vorsieht[961]. Weil die übrigen Staaten bewußt auf eine entsprechende Regelung verzichtet haben, bleibt für eine richterliche Rechtsfortbildung insofern aber auch kein Raum. Ferner ist darauf hinzuweisen, daß nahezu alle einzelstaatlichen Gesetze erst eingeführt wurden, nachdem die US-amerikanischen (Bundes-) Steuergesetze *triangular-mergers*, bei denen die Aktien der Muttergesellschaft die beim Aktientausch gewährte Gegenleistung darstellen, steuerlich begünstigte[962]. Diesen Vorteil ver-

---

[958] Z.B. § 251(b)(4) Del.Gen.Corp.L.; § 11.01(b)(3) R.M.B.C.A. Dies ist keinesfalls selbstverständlich und bedurfte in den einzelstaatlichen Rechtsordnungen der USA einer ausdrücklichen gesetzlichen Regelung. Diese Regelungen wurden durch eine Änderung des Einkommenssteuergesetzes vom Bundesgesetzgeber flankiert (§ 368(a)(2)(D) Internal Revenue Code). Siehe *Cary/Eisenberg*, Corporations, S. 1155 f.; *Gilson/Black*, The Law and Finance of Corporate Acquisitions, S. 669; *Merkt*, US-amerikanisches Gesellschaftsrecht, S. 534; *Perrie*, Virginia Law Review, Vol. 57 (1971), S. 1242/1243.

[959] *Equity Group Holdings v DMG, Inc.*, 576 F. Supplement 1197 (S.D. of Florida 1983); *Oesterle*, The Law of Mergers and Acquisitions, S. 59 ff.; *Schulman/Schenk*, The Business Lawyer, Vol. 38 (1983), S. 1529/1537 ff.

[960] Siehe hierzu sogleich, § 5 V. 1. e. Begrenzung des Haftungsrisikos.

[961] § 1200(e) iVm § 1201.5(a) Cal.Gen.Corp.L.

[962] *Schulman/Schenk*, The Business Lawyer, Vol. 38 (1983), S. 1529/1537 f., die insofern auf die 1967 vom *Internal Revenue Service* eingeführten Revenue Rules 67-326, 1967-2 C.B. 143 und 67-448, 1967-2 C.B. 144 sowie weitere Gesetzesänderungen in den Jahren 1968

bindet der *triangular-merger* ferner mit dem bereits gesetzlich vorgesehenen und in Bezug auf große Zielgesellschaften komfortablen Übergang aller Vermögensgegenstände und Verbindlichkeiten. Schließlich kann die Haftung für die Verbindlichkeiten der Zielgesellschaft durch die Abwicklung über eine Tochtergesellschaft auf deren Vermögen beschränkt werden[963]. Diese Argumente sprechen nicht nur eindeutig für *triangular-mergers*, sondern ferner auch dafür, daß die einzelstaatlichen Gesetzgeber bewußt darauf verzichtet haben, den Aktionären der Muttergesellschaft Stimmrechte oder Abfindungsansprüche zuzuerkennen. Die Entscheidung der Gesetzgeber, diese Rechte nicht zuzuerkennen, ist somit unmißverständlich[964]. Aus diesem Grund hat die *de facto merger-doctrine* in der jüngeren Vergangenheit zunehmend an Bedeutung verloren[965].

Die Anwendung der *de facto merger-doctrine* auf einen *forward triangular merger* ist daher abzulehnen, so daß auch das Erfordernis einer Zustimmung der Aktionärsversammlung der Muttergesellschaft sowie *appraisal rights* ihrer Aktionäre regelmäßig nicht bestehen.

e. Begrenzung des Haftungsrisikos

Wie bereits dargelegt, gilt auch im amerikanischen Recht der Grundsatz, daß eine Muttergesellschaft nicht für die Handlungen der Tochtergesellschaft verantwortlich ist[966]. Aufgrund der geringen Ausstattung der Tochtergesellschaft mit Vermögenswerten wird die aus der Verschmelzung resultierende Haftung für etwaige Verbindlichkeiten der Zielgesellschaft von vornherein auf das Vermögen der Tochtergesellschaft und somit auf im Vergleich zum Vermögen der hinter dem Angebot stehenden Mutter verhältnismäßig geringe Vermögenswerte beschränkt[967]. Dieses Vorgehen ist insbesondere dann sinnvoll, wenn sich im Vermögen der Zielgesellschaft nach einer erfolgreichen feindlichen Übernahme

---

und 1971 verweisen, die zu der nunmehr in § 368(a)(2)(D), (E) I.R.C. kodifizierten Steuerbefreiung von *triangular mergers* führten.

963 *Schulman/Schenk*, The Business Lawyer, Vol. 38 (1983), S. 1529/1537 f. sowie sogleich, § 5 V. 1. e. Begrenzung des Haftungsrisikos.

964 *Committee on Corporate Laws*, The Business Lawyer, Vol. 31 (1976), S. 1747/1753.

965 *Terry v. Penn Central*, 668 F.2d 188 (3rd Circuit 1981); *Equity Group Holdings v. DMG, Inc.*, 576 F.Supplement 1197 (S.D. of Florida 1983); *Hamilton*, The Law of Corporations, S. 647; *Merkt*, US-amerikanisches Gesellschaftsrecht, S. 556 und S. 569; *Moscow*, Wayne Law Review, Vol. 18 (1972), S. 1003/1018 ff.; *Oesterle*, The Law of Mergers and Acquisitions, S. 57; *Schulman/Schenk*, The Business Lawyer, Vol. 38 (1983), S. 1529/1538.

966 *United States v. Bestfoods*, 524 U.S. 51 (1998), Opinion of the Court by Justice Souter, gedruckt in: *Oesterle*, The Law of Mergers and Acquisitions, S. 238 ff./239; *Sealey*, The Journal of Corporation Law, Vol. 20 (1995), S. 497/509.

967 *Hamilton*, The Law of Corporations, S. 620; *Oesterle*, The Law of Mergers and Acquisitions, S. 239.

bisher unbekannte Risikopositionen offenbaren können[968]. Eine weitergehende Haftung der Muttergesellschaft kommt darüber hinaus nur in den Fällen einer Durchgriffshaftung (*piercing the corporate veil*) in Betracht. Dies setzt aber auf Seiten der Mutter- oder der Tochtergesellschaft ein Verhalten voraus, durch welches „öffentliche Vorteile beseitigt", „Unrecht gerechtfertigt", „Betrug geschützt" oder „Verbrechen verteidigt" wird[969]. Im vorliegenden Zusammenhang ist diese Form der Haftung daher zu vernachlässigen. Darüber hinaus wird in der Literatur zwar vereinzelt vertreten, die Muttergesellschaft solle auch für die gewöhnlichen Verbindlichkeiten ihrer Tochtergesellschaft haften, weil es „naiv" sei zu glauben, die Tochter könne wichtige Entscheidungen ohne eine maßgebliche Einflußnahme der Mutter treffen[970]. Hierbei handelt es sich jedoch um eine Mindermeinung, für deren Anwendung es im übrigen einer ausdrücklichen Gesetzesänderung durch den *Congress* bedürfte. Folglich ist die Haftung für die Verbindlichkeiten der Zielgesellschaft auf das Vermögen der Tochtergesellschaft selbst beschränkt[971]. Diese haftet jedoch mit all ihren eigenen Vermögenswerten in vollem Umfang für die Verbindlichkeiten der Zielgesellschaft, nachdem sie mit dieser im Wege eines Aktientauschs (*stock-for-stock-exchange*) verschmolzen ist.

f. Verringerung des Haftungsumfangs durch *stock-for-assets exchange*?

Fraglich ist allerdings, ob eine Haftung für die Verbindlichkeiten der Zielgesellschaft sich nicht dadurch umgehen läßt, daß die Tochtergesellschaft lediglich den wesentlichen Teil des Vermögens der Zielgesellschaft, nicht aber deren Verbindlichkeiten übernimmt. Die Tochtergesellschaft des Bieters könnte beispielsweise den wesentlichen Teil der Zielgesellschaft gegen Zahlung von Aktien ihrer Muttergesellschaft erwerben, während die Zielgesellschaft anschließend aufgelöst wird und die in ihrem Gesellschaftsvermögen befindlichen Aktien der Muttergesellschaft an die Aktionäre verteilt werden. Durch ein solches Vorgehen wird der Zielgesellschaft Haftungssubstanz entzogen, was aus der Sicht des Bieters aber auch der Aktionäre der Zielgesellschaft insbesondere bei der Zielgesellschaft drohenden deliktischen Ansprüchen wünschenswert ist. Andererseits scheitern Ansprüche der Gläubiger in diesem Fall unter Umständen an

---

968 *Clark*, Corporate Law, S. 432 f. Solche Risiken können auch aus den Kosten von Abwehrmaßnahmen resultieren.

969 *Used to „defeat public convenience, justify wrong, protect fraud, or defend crime"*; *Sealey*, The Journal of Corporation Law, Vol. 20 (1995), S. 497/507 f. sowie *Clark*, Corporate Law, S. 71-81, der darauf abstellt, daß es neben einer unzureichenden Kapitalausstattung der Tochtergesellschaft für eine Durchgriffshaftung der Mutter weiterer Elemente bedarf.

970 *Landers*, University of Chicago Law Review, Vol. 42 (1975), S. 589/592 und 619.

971 *Perrie*, Virginia Law Review, Vol. 57 (1971), S. 1242/1244; *Sealey*, The Journal of Corporation Law, Vol. 20 (1995), S. 497/511.

unzureichenden Gläubigerschutzklauseln (*covenants*)[972]. Daher greifen einige amerikanische Gerichte, jedoch nicht diejenigen des Staates Delaware, in einem solchen Fall ebenfalls auf die *de facto merger-doctrine* zurück, so daß, weil die veräußernde Zielgesellschaft nicht mehr besteht, die erwerbende (Tochter-) Gesellschaft haften müßte[973].

Gegen eine solche Vorgehensweise sprechen jedoch ohnehin verschiedene Gründe. Zunächst handelt es sich bei der Zielgesellschaft um eine große Publikumsgesellschaft. Es ist allerdings aufwendig, jeden einzelnen Vermögensgegenstand einer solchen Gesellschaft zu übertragen. Insofern ergeben sich schon erhebliche Bedenken bezüglich der Praktikabilität eines solchen Vorgehens[974]. Ferner ist es im US-amerikanischen Recht aus Gründen des Gläubigerschutzes nicht uneingeschränkt möglich, der Gesellschaft ihr Haftungskapital zu entziehen (sogenanntes *asset stripping*). Neben Gläubigerschutzklauseln und der *de facto merger-doctrine* ist insofern auch an eine Durchgriffshaftung nach dem Grundsatz des *piercing the corporate veil* zu denken. Dieser Grundsatz bildet insofern die Ausnahme zu der Regel, daß die Muttergesellschaft für die Verbindlichkeiten oder das Verhalten der Tochtergesellschaft nicht haftet. Der Aktionär einer Gesellschaft haftet nämlich für deren Verhalten, wenn eine bestimmte Gesellschaftsform gewählt wird, um im Auftrag der Aktionäre einem unrechtmäßigen Zweck, wie beispielsweise Betrug, zu dienen[975]. Liegt eine solche Situation vor, kommt folglich auch eine Haftung der Muttergesellschaft für das Verhalten ihrer Tochter, deren Alleinaktionärin die Mutter ja ist, in Betracht. Schließlich setzt ein *stock-for-assets exchange* zwar eine (in diesem Fall ohnehin unproblematische) Zustimmung durch die Aktionärsversammlung der übernehmenden Gesellschaft nicht voraus, sofern nicht die Kapitalmaßnahmen zur Aufbringung der Gegenleistung einen solchen Beschluß erfordern. Zustimmen müssen allerdings regelmäßig der *board* und die Aktionärsversammlung der zu übernehmenden Gesellschaft[976], weil es sich aus deren Sicht um eine Veräußerung von Gesellschaftsvermögen handelt. Selbst wenn ein zustimmender Beschluß der Aktionäre sich über eine entsprechende Bedingung des *tender offer* erreichen läßt, ist von einer Zustimmung durch den *board* der Zielgesellschaft nicht auszugehen. Die Bietergesellschaft könnte zwar versuchen, diese im

---

[972] *Merkt*, US-amerikanisches Gesellschaftsrecht, S. 570.

[973] *Merkt*, US-amerikanisches Gesellschaftsrecht, S. 569 f.

[974] *Merkt*, US-amerikanisches Gesellschaftsrecht, S. 532.

[975] Siehe hierzu vertiefend: *United States v. Bestfoods*, 524 U.S. 51 (1998); *Mabon, Nugent & Co v. Texas American Energy Corp.*, No. 8578 (Del. Ch. C., 1988); *Clark*, Corporate Law, S. 37 ff. und S. 71 ff.; *Henn/Alexander*, Laws of Corporations, S. 355 ff.; *Merkt*, US-amerikanisches Gesellschaftsrecht, S. 216 ff. und S. 225 ff.; *Oesterle*, The Law of Mergers and Acquisitions, S. 238 ff.

[976] Siehe hierfür beispielhaft § 12.02(e) R.M.B.C.A.

Wege der teilweisen beziehungsweise kompletten Neubesetzung des *board* zu umgehen. Eine zügige und kostengünstige Umsetzung solcher Nachfolgemaßnahmen ist dann aber keinesfalls gesichert. Insbesondere die Abwehrmaßnahme des *staggered board* kann hier wiederum hinderlich sein. Aus der Sicht des Bieters macht es aber keinen Sinn, auf ein langwieriges und mit erheblichen Unsicherheiten behaftetes Verfahren zurückzugreifen, um nach dessen Abschluß erneut mit hohem technischen, zeitlichen und finanziellen Aufwand sämtliche Vermögenswerte der Zielgesellschaft einzeln auf die Tochtergesellschaft zu übertragen.

g. Zwischenergebnis

Im Ergebnis erhält der Bieter im Rahmen eines als *short-form merger* ausgestalteten *forward triangular merger* über seine Tochtergesellschaft alle Anteile an der Zielgesellschaft. Die Aktionäre der Zielgesellschaft erhalten hierfür als Gegenleistung die marktfähigen Aktien des Bieters oder hilfsweise eine geringe Barquote. Zustimmender Beschlüsse des *board of directors* oder der Aktionäre der Zielgesellschaft bedarf es in diesem Rahmen nicht. Auch das Risiko möglicher Abfindungsansprüche der Aktionäre der Zielgesellschaft läßt sich vom Bieter von vornherein begrenzen beziehungsweise ausschließen. Die erforderlichen Zustimmungen bei der Tochtergesellschaft sind wegen deren Beherrschung durch die Muttergesellschaft für diese unproblematisch. Hingegen haben die Aktionäre der Muttergesellschaft weder ein Stimmrecht noch ein *appraisal right*, wodurch sich die praktische Abwicklung erheblich erleichtert und sich die Kosten der Transaktion zusätzlich reduzieren. Für die Bietergesellschaft ist ferner die Begrenzung des Haftungsumfangs für die Verbindlichkeiten der Zielgesellschaft auf das Vermögen ihrer Tochtergesellschaft vorteilhaft. Die Haftung der Tochtergesellschaft für die Verbindlichkeiten der im Rahmen einer Verschmelzung aufgenommenen Zielgesellschaft bleibt als solche aber bestehen.

2. Reverse triangular merger

Im Gegensatz zum *forward triangular merger* wird bei einem *reverse triangular merger* die Tochtergesellschaft des Bieters, deren Vermögen wiederum lediglich aus Aktien ihrer Mutter besteht, auf die Zielgesellschaft verschmolzen und somit praktisch von dieser übernommen[977].

[977] Vgl. hierzu vertiefend *Stöcker*, Rechtsfragen grenzüberschreitender Unternehmenszusammenschlüsse, Diss., S. 234 ff.

a. Ablauf

Im Ergebnis wird auch hierbei die Zielgesellschaft eine 100%-ige Tochter der eigentlich bietenden Muttergesellschaft, während ihre früheren Aktionäre nunmehr ebenfalls Aktionäre der Muttergesellschaft sind. Dieser Tauschvorgang vollzieht sich jedoch in zwei Schritten. Zunächst stattet die Muttergesellschaft die als Übernahmevehikel fungierende Tochter dadurch mit ihren Aktien aus, daß sie all deren Anteile im Tausch gegen eigene Aktien erwirbt. Im Verlauf der weiteren Abwicklung wird auf der Grundlage eines *merger agreement* die Tochtergesellschaft auf die Zielgesellschaft verschmolzen. Dabei erhält der eigentliche Bieter (die Muttergesellschaft) alle Anteile der Zielgesellschaft, während deren Aktionäre zunächst die Aktien der Tochtergesellschaft erhalten. Das Vermögen dieser Tochtergesellschaft besteht dabei ausnahmslos aus denjenigen Aktien der Muttergesellschaft, die diese ursprünglich für den Erwerb aller Anteile der Tochtergesellschaft geleistet hatte[978]. Im Rahmen der Verschmelzung geht dieses Vermögen jedoch in das Gesellschaftsvermögen der Zielgesellschaft über und wird dann schließlich an deren ursprüngliche Aktionäre verteilt[979].

b. Gründe für diese Vorgehensweise

Die Übernahme im Wege eines *reverse triangular merger* erscheint nicht nur umständlich, sondern vor allem deshalb sonderbar, weil nicht die Zielgesellschaft tatsächlich übernommen wird, sondern die als Übernahmevehikel geschaffene Tochtergesellschaft des Bieters. Dennoch hat diese Konstellation einige Vorteile, die sie zur bevorzugten Übernahmeform machen[980].

aa. Zustimmung der Aktionärsversammlung der Zielgesellschaft unproblematisch

Zunächst ist die Zustimmung der Aktionärsversammlung der Zielgesellschaft unter normalen Umständen unproblematisch. Dies liegt daran, daß bei einem *reverse triangular merger* bereits vor der eigentlichen Verschmelzung alle Aktionäre der Zielgesellschaft zu Aktionären der Muttergesellschaft werden und die-

[978] *Hamilton*, The Law of Corporations, S. 620; *Merkt*, US-amerikanisches Gesellschaftsrecht, S. 535; *Perrie*, Virginia Law Review, Vol. 57 (1971), S. 1242/1247.

[979] Dies geschieht als Gegenleistung anstelle der sonst üblichen Aktien der fortbestehenden (Ziel-)Gesellschaft, weil diese im Ergebnis zu 100 % der Muttergesellschaft gehören beziehungsweise zur Verfügung stehen sollen. *Clark*, Corporate Law, S. 431; *Perrie*, Virginia Law Review, Vol. 57 (1971), S. 1242/1244; *Schulman/Schenk*, The Business Lawyer, Vol. 38 (1983), S. 1529/1532.

[980] *Clark*, Corporate Law, S. 431; *Hamilton*, The Law of Corporations, S. 620; *Merkt*, US-amerikanisches Gesellschaftsrecht, S. 535; *Stöcker*, Rechtsfragen grenzüberschreitender Unternehmenszusammenschlüsse, Diss., S. 240 f.

se im Gegenzug Alleinaktionärin der Zielgesellschaft ist. Bereits vor der Verschmelzung befinden sich also alle Aktien der Zielgesellschaft bei der Muttergesellschaft, so daß die möglicherweise opponierenden Aktionäre der Zielgesellschaft den Zusammenschluß nicht mehr einseitig verhindern können[981].

Beruht die Dreiecks-Konstruktion hingegen, wie wegen des Widerstandes des *board* der Zielgesellschaft im vorliegenden Zusammenhang anzunehmen, nicht auf einem *merger agreement* aller maßgeblichen Parteien, ist jedenfalls davon auszugehen, das der Bieter sein vorhergehendes *tender offer* an die Aktionäre der Zielgesellschaft auf den bei dieser notwendigen Anteil der Stimmrechte bedingt hat. Ferner wird es zur Verschmelzung - als zweitem Schritt der Transaktion - nur dann kommen, wenn das *tender offer* auch in diesem Umfang erfolgreich war. Die notwendige Zustimmung der Aktionäre der Zielgesellschaft ist demnach auch in diesem Fall unproblematisch.

bb. Abfindungsansprüche opponierender Aktionäre der Zielgesellschaft

Es kommen jedoch Abfindungsansprüche (*appraisal rights*) derjenigen Aktionäre der Zielgesellschaft in Betracht, die auf diese Weise aus ihrer Gesellschaft gedrängt werden. Dabei ist danach zu unterscheiden, auf welche Weise der Zusammenschluß zwischen der Zielgesellschaft und der Tochtergesellschaft tatsächlich abgewickelt wird. Handelt es sich um eine Übernahme der Tochter im Wege des *statutory merger*, dann steht den Aktionären der Zielgesellschaft ein *appraisal right* zu[982]. Wird die Tochtergesellschaft von der Zielgesellschaft hingegen im Wege eines *stock-for-assets exchange*[983] übernommen, würde nach den *corporate statutes* der Mehrzahl der Bundesstaaten ein Abfindungsanspruch nicht bestehen. Der Erwerb des Vermögens einer anderen Gesellschaft bedarf nämlich regelmäßig nicht der Zustimmung der Aktionärsversammlung der übernehmenden Gesellschaft. Hierin wird jedoch von einigen Gerichten eine Umgehung der Vorschriften über die Abfindungsansprüche gesehen. Diese Gerichte greifen dann teilweise auf die Lehre vom *de facto merger* zurück, nach der den Aktionären auch dann ein Abfindungsanspruch zusteht, wenn die Ausgestaltung

---

981 *Clark*, Corporate Law, S. 432 f.; *Merkt*, US-amerikanisches Gesellschaftsrecht, S. 535 und S. 557.

982 *Merkt*, US-amerikanisches Gesellschaftsrecht, S. 557.

983 Hierbei erwirbt die Zielgesellschaft das Vermögen der Tochtergesellschaft gegen Bezahlung im Wege der Ausgabe von Aktien der Zielgesellschaft. Zu beachten ist dabei, daß das Vermögen der Tochtergesellschaft ausschließlich aus den Aktien ihrer Muttergesellschaft besteht.

der Übernahme die Vermutung einer Umgehung der *appraisal*-Bestimmungen nahelegt[984].

cc. Zustimmung der Aktionärsversammlung der Muttergesellschaft nicht erforderlich und keine *appraisal rights* ihrer Aktionäre

Im übrigen ist ebenso wie beim *forward triangular merger* auch beim *reverse triangular merger* die Zustimmung der Aktionärsversammlung der Muttergesellschaft grundsätzlich nicht erforderlich, weil an der Verschmelzung wiederum lediglich deren Tochtergesellschaft beteiligt ist. Ebensowenig besteht ein Abfindungsanspruch (*appraisal right*) der Aktionäre der Muttergesellschaft[985]. Ausnahmetatbestände bilden insofern wiederum das Recht Kaliforniens, der R.M.B.C.A. sowie eine entsprechende Vorschrift in den *articles of incorporation* der Muttergesellschaft[986]. Auch in diesem Fall verschafft jedoch, mit denselben Argumenten wie beim *forward triangular merger*, die *de facto merger-doctrine* keine Abhilfe[987]. Für die Muttergesellschaft bedeutet dies, daß sie eine zeitliche Verzögerung oder Kostenerhöhung durch ein Zustimmungserfordernis oder Abfindungsansprüche ihrer Aktionäre nicht zu fürchten hat.

dd. Steuerliche Vorteile des *reverse* - gegenüber dem *forward triangular merger*

Gegenüber dem *forward triangular merger* hat der *reverse triangular merger* ferner steuerliche Vorteile. Diese bestehen dabei in der Möglichkeit, Verluste steuerlich zurückzubuchen. Nach der Übernahme der Tochtergesellschaft durch die Zielgesellschaft entstehende Verluste der Zielgesellschaft können im Rahmen eines *reverse triangular merger* buchungstechnisch zurückgetragen und deshalb steuerlich mit Gewinnen verrechnet werden, die die Zielgesellschaft in der Zeit vor der Übernahme erwirtschaftet hat. Entscheidend ist dabei, daß die Zielgesellschaft als nunmehr „übernehmende" *corporation* weiter besteht. Hört sie hingegen wie beim *forward triangular merger* auf zu bestehen, geht diese

---

[984] *Farris v. Glen Alden Corp.*, 143 A.2d 25 (Pennsylvania 1958) ; *Merkt*, US-amerikanisches Gesellschaftsrecht, S. 557; *Cary/Eisenberg*, Corporations, S. 1135 f.

[985] *Clark*, Corporate Law, S. 433; *Oesterle*, The Law of Mergers and Acquisitions, S. 56; *Schulman/Schenk*, The Business Lawyer, Vol. 38 (1983), S. 1529/1532.

[986] Vgl. § 5 V. 1. d. bb. Zustimmungserfordernis nach einzelstaatlichem Recht ausnahmsweise möglich.

[987] Siehe oben, § 5 V. 1. d. dd. Zustimmungserfordernis und *appraisal rights* nach der *de facto merger-doctrine?* sowie *Terry v. Penn Central*, 668 F.2d 188 (3rd Circuit 1981); *Equity Group Holdings v. DMG, Inc.*, 576 F.Supplement 1197 (S.D. of Florida 1983); *Oesterle*, The Law of Mergers and Acquisitions, S. 57 ff.; *Schulman/Schenk*, The Business Lawyer, Vol. 38 (1983), S. 1529/1536 ff.

Verrechnungsmöglichkeit verloren[988]. Wegen der Gefahr unbekannter Haftungsrisiken sowie der Kosten möglicher Abwehrmaßnahmen ist dieser Gesichtspunkt insbesondere im Rahmen eines feindlichen Übernahmevorhabens bedeutsam.

ee. Haftungsbegrenzung

Ebenso wie beim *forward triangular merger* ist auch bei einem *reverse triangular merger* die Haftung der Muttergesellschaft beschränkt. Eine Haftung der Mutter mit ihrem eigenen Gesellschaftsvermögen für die im Rahmen einer feindlichen Übernahme möglicherweise verborgenen Verbindlichkeiten der Zielgesellschaft tritt somit nicht ein[989]. Demgegenüber haftet jedoch das Gesellschaftsvermögen der Tochtergesellschaft, nachdem diese auf die Zielgesellschaft verschmolzen wurde, für deren Verbindlichkeiten. Die Kapitalausstattung der Tochter ist aber gerade aus Gründen der Haftungsbegrenzung gering und besteht regelmäßig lediglich aus den als Gegenleistung für die Aktionäre der Zielgesellschaft notwendigen Aktien der Muttergesellschaft.

c. Gegenargumente

aa. Keine weitere Haftungsbeschränkung

Auch im Rahmen des *reverse triangular merger* lohnt sich die Betrachtung der Möglichkeiten eines *stock-for-assets exchange* zur weiteren Haftungsbeschränkung. Fraglich ist dabei in der vorliegenden Konstellation, ob die übernehmende Gesellschaft (nunmehr die Zielgesellschaft) das Vermögen der zu übernehmenden Gesellschaft (hier der Tochtergesellschaft) gegen Ausgabe eigener Aktien oder Bargeld erwerben kann, ohne gleichzeitig deren Verbindlichkeiten zu übernehmen. Verbindlichkeiten könnten bei der Tochtergesellschaft beispielsweise mit der Aufnahme von Fremdkapital entstanden sein. Im Vergleich zur Situation beim *forward triangular merger* scheint die Ausgangsposition diesbezüglich zunächst besser, weil das Vermögen der Tochtergesellschaft ausschließlich aus den Aktien der Muttergesellschaft besteht und sich insofern deutlich leichter übertragen läßt als beispielsweise Fabrikationsanlagen oder Immobilien. Insofern wäre ein *stock-for-assets exchange* eher praktikabel.

---

988 § 381(b)(3) Internal Revenue Code; *Clark*, Corporate Law, S. 433; *Hamilton*, The Law of Corporations, S. 620; *Schulman/Schenk*, The Business Lawyer, Vol. 38 (1983), S. 1529/1532; *Stöcker*, Rechtsfragen grenzüberschreitender Unternehmenszusammenschlüsse, Diss., S. 240 f.

989 *Merkt*, US-amerikanisches Gesellschaftsrecht, S. 535; *Sealey*, The Journal of Corporation Law, Vol. 20 (1995), S. 497/509.

Gegen ein solches Vorgehen spricht aber auch beim *reverse triangular merger*, daß weitere Haftungsbeschränkungen nur bedingt möglich sind[990] und daß zudem der *board* der übernehmenden Zielgesellschaft dieses Geschäft vornehmen müßte, was wiederum sein Einverständnis voraussetzt. Damit ist im Falle einer feindlichen Übernahme aber von vornherein nicht zu rechnen. Auch die Möglichkeiten einer Neubesetzung der *directors* sind unter diesen Umständen begrenzt oder jedenfalls aufwendig. Insofern läßt sich die Haftung der Tochtergesellschaft für die Verbindlichkeiten der Zielgesellschaft nicht weiter beschränken.

bb. Zustimmung des *board of directors* der Zielgesellschaft erforderlich

Problematisch an der Konstellation des *reverse triangular merger* ist allerdings, daß es auch wegen der steuerrechtlichen Auswirkungen gerade auf den Fortbestand der Zielgesellschaft ankommt und diese dadurch zur übernehmenden Gesellschaft wird. Auf deren Seite ist die Transaktion nämlich als *statutory merger* zu behandeln, so daß es eines zustimmenden Beschlusses des *board of directors* der Zielgesellschaft bedarf[991]. Hiermit ist bei einer feindlichen Übernahme aber nicht zu rechnen. Selbst wenn der Bieter die zu einer Verschmelzung erforderliche Mehrheit der stimmberechtigten Aktien der Zielgesellschaft erworben hat, sind deren *directors* lediglich der *corporation* gegenüber verpflichtet und können den *merger* daher einseitig blockieren, wenn sie sich dabei auf Gründe des Gesellschaftsinteresses berufen können. Die Möglichkeiten der Neubesetzung des *board* können und werden bei „klassischen Zielgesellschaften“ zusätzlich durch einen *staggared board* erschwert sein beziehungsweise verzögert werden. Die steuerrechtlichen Vorteile des *reverse triangular merger* kommen dem Bieter somit lediglich dann zugute, wenn es ihm aus der Position der faktischen Kontrolle der Zielgesellschaft heraus gelingt, den *board* derselben – notfalls mittels finanzieller Zugeständnisse – zur Zustimmung zu bewegen. Anderenfalls kann der Bieter einen *reverse triangular merger* jedenfalls nicht unmittelbar nach dem Kontrollerwerb veranlassen.

3. Zwischenergebnis

Ein Zusammenschluß der Tochtergesellschaft des Bieters mit der Zielgesellschaft kann entweder im Wege eines *forward triangular merger* oder eines *reverse triangular merger* erfolgen.

---

[990] Siehe oben § 5 V. 1. e. Begrenzung des Haftungsrisikos, und § 5 V. 1. f. Verringerung des Haftungsumfangs durch *stock-for-assets exchange?* sowie *Merkt*, US-amerikanisches Gesellschaftsrecht, S. 570.

[991] Siehe § 5 V. 1. c. Zustimmung des *board of directors* sowie der Aktionärsversammlung der fortbestehenden Tochtergesellschaft erforderlich aber unproblematisch.

Im Falle eines *short form forward triangular merger* sind zustimmende Beschlüsse des *board* sowie der Aktionärsversammlung der Zielgesellschaft entbehrlich[992]. Gegebenenfalls können zwar *appraisal rights* der auf diese Weise aus der Zielgesellschaft gedrängten Aktionäre bestehen. Das hieraus folgende Finanzierungsrisiko ist angesichts des *short form merger* im Vergleich zu den gesamten Übernahmekosten allerdings verhältnismäßig gering[993]. Ein zustimmender Beschluß des *boards* sowie der Aktionärsversammlung der fortbestehenden Tochtergesellschaft ist zwar formal erforderlich, praktisch aber unproblematisch[994]. Hingegen bedarf es grundsätzlich keines Beschlusses der Aktionärsversammlung der Muttergesellschaft[995]. Durch den Zusammenschluß der Zielgesellschaft mit der Tochtergesellschaft beschränkt sich zudem die Haftung des Bieters für die möglicherweise unvorhersehbaren Verbindlichkeiten der Zielgesellschaft auf das Vermögen der Tochtergesellschaft[996].

Demgegenüber ist ein *reverse triangular merger* in steuerlicher Hinsicht vorteilhaft[997], in der Abwicklung jedoch umständlicher[998] und im Rahmen einer feindlichen Übernahme sogar nachteilig. Wenig praktikabel ist in diesem Zusammenhang vor allem der Umstand, daß der *merger* eines zustimmenden Beschlusses durch den *board of directors* der übernehmenden Gesellschaft bedarf. Dies ist im Rahmen eines *reverse triangular merger* nämlich die Zielgesellschaft, weshalb bei einer feindlichen Vorgehensweise mit einer Kooperation ihres *board* nicht zu rechnen ist[999]. Insofern ist ein feindlicher *reverse triangular merger* praktisch ausgeschlossen, sofern der Bieter den *board* der Zielgesellschaft nicht zur Zustimmung bewegen kann. Zudem folgt für den Bieter aus einem *reverse triangular merger* ein erhebliches Kosten- und Zeitrisiko, das er im Rahmen eines *forward triangular merger* nicht zu tragen hätte. Zwar gehen ihm als Preis für diese Sicherheit bei der letztgenannten Variante möglicherweise Steuervorteile verloren. Andererseits ergeben sich beim *reverse triangular merger* bezüglich des Haftungsumfangs, dessen Beschränkung ein Hauptargument für die Einschaltung einer Tochtergesellschaft ist, auch keine Vorteile gegenüber einem *forward triangular merger*.

---

992 § 5 V. 1. a. Zustimmender Beschluß des *board of directors* sowie der Aktionärsversammlung der Zielgesellschaft im Fall eines *short form merger* entbehrlich.

993 § 5 V. 1. b. *Appraisal rights* der aus der Zielgesellschaft gedrängten Aktionäre.

994 Vgl. § 5 V. 1. c. Zustimmung des *board of directors* sowie der Aktionärsversammlung der fortbestehenden Tochtergesellschaft erforderlich aber unproblematisch.

995 § 5 V. 1 d. Erfordernis eines Mehrheitsbeschlusses der Aktionäre der Muttergesellschaft.

996 Siehe § 5 V. 1. e. Begrenzung des Haftungsrisikos.

997 § 5 V. 2. b. dd. Steuerliche Vorteile des *reverse* – gegenüber dem *forward triangular merger.*

998 Vgl. § 5 V. 2. a. Ablauf sowie b. aa. Zustimmung der Aktionärsversammlung der Zielgesellschaft unproblematisch.

999 § 5 V. 2. c. bb. Zustimmung des *board of directors* der Zielgesellschaft erforderlich.

VI. Zwischenergebnis

Wie bereits dargelegt[1000], bedarf die Finanzierung eines auf eine große Publikumsgesellschaft gerichteten Übernahmeangebotes durch den Bieter regelmäßig der Zustimmung seiner Aktionäre zu den erforderlichen Kapitalmaßnahmen (Kapitalerhöhung, Ausgabe von *debt securities*) sowie zu einer möglicherweise angestrebten Verschmelzung beider Gesellschaften. Diese Zustimmungspflichten erfordern nicht nur einen gewissen zeitlichen und finanziellen Aufwand. Sie sind zudem mit einer regelmäßig unerwünschten Publizität verbunden. Ferner ergibt sich aus einem unmittelbaren Zusammenschluß des Bieters mit der Zielgesellschaft ein erhebliches Haftungsrisiko, weil der Bieter nach einem Zusammenschluß mit all seinen Vermögensgegenständen für die Verbindlichkeiten der Zielgesellschaft haften würde.

Demgegenüber ist die feindliche Übernahme unter Einschaltung einer Tochtergesellschaft zu bevorzugen. Setzt der Bieter zur Abgabe des *tender offer* eine Tochtergesellschaft ein, sind zwar ebenfalls die Registrierungs- und Anzeigepflichten des SEA (1934) schon im Vorfeld zu beachten[1001]. Dies gilt bezüglich der Registrierung hinsichtlich der den Aktionären der Zielgesellschaft als Gegenleistung angebotenen Wertpapiere[1002]. Erhalten die Aktionäre in diesem Zusammenhang Aktien, handelt es sich aus steuerrechtlichen Überlegungen entweder um solche der Tochtergesellschaft oder um solche der Muttergesellschaft, nicht jedoch um eine Kombination aus beiden[1003]. Insofern bietet sich die Verwendung von Aktien der Muttergesellschaft jedoch aus Gründen der Praktikabilität an. Zunächst sind diese unter normalen Umständen[1004] bereits registriert, so daß der Bieter auf die zuvor erstellten Unterlagen verweisen oder diese jedenfalls als Grundlage des neuen *registration statement* verwenden kann. Wenn der Bieter den Aktionären der Zielgesellschaft als Gegenleistung die Aktien seiner Tochtergesellschaft anbietet, besteht zudem die Gefahr, daß er die mehrheitliche Kontrolle über dieselbe verliert und dann seine Unternehmensstrategie nicht mehr umsetzen kann. Wollte der Bieter seine Mehrheitsposition beim Übernahmevehikel erhalten, müßte er dann gegebenenfalls rechtzeitig eine Kapitalerhöhung gegen Bareinlage durchführen. Dem steht einerseits entgegen,

---

[1000] Vgl. oben § 4 V. Bedenken gegen die Abgabe des Übernahmeangebotes durch den Bieter und einen unmittelbaren Zusammenschluß desselben mit der Zielgesellschaft (Zwischenergebnis).

[1001] § 5 I. Vorbereitungsstadium - Gründung einer Tochtergesellschaft.

[1002] Vgl. § 5 I. 1. Registrierungspflicht nach § 12(b) SEA (1934) und 2. Registrierungspflicht nach § 12(g)(1) SEA (1934).

[1003] § 5 I. 5. Steuerliche Vorüberlegungen.

[1004] Nämlich dann, wenn es sich auch bei dem Bieter um eine große und bereits börsennotierte Publikumsgesellschaft handelt, was bei einer feindlichen Übernahme auf eine ebensolche Zielgesellschaft üblicherweise der Fall ist.

daß dies bei einer großen Zielgesellschaft einen unrealistisch hohen Kapitalbetrag erfordern würde[1005]. Zudem sprechen auch Akzeptanzgesichtspunkte gegen eine solche Lösung. Es ist nämlich davon auszugehen, daß die Gesamtheit der bisherigen Aktionäre einer großen Publikumsgesellschaft sich nur schwer mit dem Gedanken anfreunden kann, nunmehr die Minderheit einer Tochtergesellschaft des Bieters zu stellen. Folglich wird die Tochtergesellschaft des Bieters den Aktionären der Zielgesellschaft als Gegenleistung Aktien ihrer Muttergesellschaft anbieten. Erwirbt die Tochtergesellschaft in der hier empfohlenen Weise bereits vor der Veröffentlichung des *tender offer* Aktien der Zielgesellschaft, hat sie ebenfalls die Anzeigepflicht des § 13(d) SEA (1934) zu berücksichtigen[1006].

Die Durchführung von Kapitalmaßnahmen ist im Vergleich zur unmittelbaren Abgabe des Angebots durch den Bieter hingegen leichter, wenn dieser eine Tochtergesellschaft einschaltet.
Bedarf es im Rahmen einer Eigenkapitalfinanzierung einer Kapitalerhöhung auf Seiten der Tochtergesellschaft, ist diesbezüglich zwar die Zustimmung ihrer Aktionäre erforderlich. Dies ist aber deshalb unproblematisch, weil die Muttergesellschaft über 100 Prozent der Anteile verfügt und einen entsprechenden Beschluß deshalb schnell, kostengünstig und ohne eine frühzeitige Bekanntgabe des Vorhabens durchführen kann[1007]. Die Frage eines Rückerwerbs von Aktien stellt sich in der Praxis lediglich für den Rückerwerb von Aktien der Muttergesellschaft durch ihre Tochter. Ebenso wie der Rückerwerb durch die Mutter selbst, ist aber auch dieser Vorgang regelmäßig nicht anzeigepflichtig[1008]. Schadensersatzansprüche seiner eigenen Aktionäre hat der *board of directors* einer Muttergesellschaft nur dann zu befürchten, wenn er diese im Rahmen der Abwicklung der Transaktion über eine Tochtergesellschaft übervorteilt oder schädigt[1009].
Begibt die Tochtergesellschaft zur Finanzierung der feindlichen Übernahme *debt securities*, sind in steuerrechtlicher Hinsicht auf Bundesebene zunächst die allgemeinen Vorschriften zu beachten[1010], wobei jedoch eine Beschränkung der steuerlichen Abzugsfähigkeit von Zinsleistungen nach § 279 Internal Revenue

---

1005 Dieser müßte gegebenenfalls, wenn 100 % der Aktionäre der Zielgesellschaft das Angebot annehmen, mehr als das Grundkapital einer großen Publikumsgesellschaft betragen. Wenn ein Bieter einen solchen Betrag tatsächlich bar aufbringen könnte, so wäre zudem ohnehin eher an ein Barangebot zu denken.

1006 Vgl. § 5 I. 3. Anzeigepflicht nach § 13(d) SEA (1934).

1007 § 5 II. 1. Kapitalerhöhung.

1008 § 13(d)(6)(C) SEA (1934); sowie oben, § 5 II. 2. Rückerwerb eigener Aktien.

1009 Vgl. § 5 II. 3. Ansprüche der Aktionäre der Muttergesellschaft wegen Ansprüchen der Tochtergesellschaft (double *derivative suit).*

1010 Siehe oben § 4 II. 5. d. Steuerliche Behandlung von *Junk Bonds.*

Code im Falle eines *reverse triangular merger* nicht in Betracht kommt[1011]. Die Möglichkeiten der steuerlichen Verrechenbarkeit zwischen Mutter- und Tochtergesellschaft können jedoch nach einzelstaatlichem Recht beschränkt sein[1012]. Begibt die Tochtergesellschaft in diesem Zusammenhang *junk bonds*, ist neben den allgemeinen Gesichtspunkten[1013] zu berücksichtigen, daß in diesem Fall die *margin rules* des *Federal Reserve Board* grundsätzlich anzuwenden sind[1014]. Die Tochtergesellschaft kann einer insofern drohenden Beschränkung der Fremdkapitalaufnahme auf 50 % des Marktwertes im Rahmen einer feindlichen Übernahme jedoch in einem Fall entgehen. Sie muß versuchen, mit den aus der Emission der *junk bonds* erlangten Mitteln diejenige Anzahl an Aktien der Zielgesellschaft zu erwerben, mit der sie einen *short form merger* veranlassen kann und bereits im Vorfeld die Zahlungsverpflichtung der potentiellen Erwerber des *junk bond* auf das Zustandekommen dieses Falles bedingen[1015]. Gibt die Tochtergesellschaft *convertible bonds* aus, gelten hierfür zunächst die allgemeinen Bedingungen[1016]. Eine Besonderheit ergibt sich jedoch daraus, daß *convertible bonds* häufig mit Elementen des *junk bond* kombiniert werden und über eine ähnlich schlechte Bonität verfügen. In diesen Fällen können wiederum die *margin rules* zu berücksichtigen sein, die sich bei Veranlassung eines *short form merger* aber unter denselben Voraussetzungen vermeiden lassen wie bei *junk bonds*[1017].

Im Rahmen eines öffentlichen Angebots ihrer Wertpapiere unterliegt die Tochtergesellschaft des Bieters grundsätzlich den allgemeinen Vorschriften[1018]. Zu berücksichtigen ist aber, daß neben der Tochtergesellschaft auch deren Mutter für diesbezügliche Inhalts- und Verfahrensfehler haftet. Dies folgt, falls ihre eigenen Aktien als Gegenleistung verwendet werden, aus ihrer Stellung als Emit-

1011 § 5 III. 1. Keine Beschränkung der steuerlichen Abzugsfähigkeit von Zinsleistungen nach § 279 (a) I.R.C. bei Aufnahme des Fremdkapitals durch die Tochtergesellschaft.

1012 § 5 III. 2. Mögliche Beschränkung der steuerlichen Verrechnungsfähigkeit nach einzelstaatlichem Recht.

1013 Vgl. hierzu § 4 II. 3. Kompetenz zur Aufnahme von Fremdkapital, § 4 II. 5. Finanzierung durch *Junk Bonds* sowie § 5 III 3. a. Vergleich mit der Begebung von *Junk Bonds* durch die Muttergesellschaft.

1014 § 5 III. 3. b. Anwendbarkeit der *margin rules*.

1015 Vgl. insofern § 5 III. 3. c. Inhalt der *margin rules*.

1016 § 4 II. 6. Finanzierung durch *Convertible Bonds* und § 5 III. 4. a. Vergleich mit *Convertible Bonds*, die von der Muttergesellschaft begeben werden.

1017 § 5 III. 4. b. Besondere Vorschriften für Convertible Bonds, die eine Tochtergesellschaft ausgibt.

1018 Vgl. § 4 III. Öffentliches Angebot (*public offering*).

tentin[1019], soweit durch die Tochter begebene Wertpapiere Verwendung finden hingegen aus der Stellung der Muttergesellschaft als *underwriter*[1020].

Wie soeben dargelegt, bietet sich für den Zusammenschluß der Tochtergesellschaft mit der Zielgesellschaft dann ein *forward triangular merger* an, der als *short form merger* ausgestaltet ist. Demnach muß bereits das von der Tochtergesellschaft des Bieters erklärte Übernahmeangebot die Bedingung auf (regelmäßig) 90 % der Anteile der Zielgesellschaft enthalten.

VII. Ergebnis USA

Die feindliche Übernahme einer großen Publikumsgesellschaft ist unter Einschaltung einer Tochtergesellschaft aus der Sicht des Bieters wesentlich besser durchzuführen als ein unmittelbarer Zusammenschluß des Bieters mit der Zielgesellschaft[1021]. Neben der Beschränkung des Haftungsumfangs fällt insofern insbesondere die erleichterte Herbeiführung der gegebenenfalls notwendigen Beschlüsse der Aktionärsversammlung sowie des *board of directors* der Tochtergesellschaft ins Gewicht. In der Kombination eines *short form merger* mit einem *forward triangular merger* ist das Interesse des Bieters an einer zügigen und unkomplizierten Abwicklung der feindlichen Übernahme im US-amerikanischen Recht daher am besten gewahrt, ohne daß es zu der Transaktion einer Zustimmung des *board of directors* der Zielgesellschaft bedarf.

Die Art der im Einzelfall konkret verwendeten Finanzierungsmittel wird sich dabei vor allem an wirtschaftlichen Überlegungen sowie an der Praktikabilität ausrichten.
Handelt es sich bei dem Bieter um eine große Publikumsgesellschaft, kann diese am Kapitalmarkt oftmals verhältnismäßig hohe Summen Fremdkapital binnen kurzer Zeit beschaffen. Es ist davon auszugehen, daß solchen Bietern ein Betrag von 5 bis 10 Mrd. US-$ gegebenenfalls innerhalb weniger Tage zur Verfügung steht. Ist jedoch auch die Zielgesellschaft eine große Publikumsgesellschaft, wird eine solche Summe für eine erfolgreiche feindliche Übernahme nicht ausreichen. Als Beispiel sei insoweit auf die Börsenkapitalisierung der im Dow Jones notierten Unternehmen vom 22.02.2002 verwiesen. Diese lag bei einem ins-

---

1019 § 5 IV. 2. Haftung der Muttergesellschaft als Emittentin, falls ihre Aktien von der Tochtergesellschaft als Gegenleistung verwendet werden.

1020 Vgl. § 2(11) SA (1933) sowie § 5 IV. 1. Haftung der Muttergesellschaft als *underwriter* der Tochtergesellschaft für deren Inhalts- und Verfahrensfehler.

1021 Siehe zu den diesbezüglichen Bedenken § 4 V. Bedenken gegen die Abgabe des Übernahmeangebotes durch den Bieter und einen unmittelbaren Zusammenschluß desselben mit der Zielgesellschaft (Zwischenergebnis).

gesamt eher schwachen wirtschaftlichen Umfeld[1022] zwischen 9,35 (Eastman Kodak) und 378,35 Mrd. US-$ (General Electric). Der durchschnittliche Börsenwert lag bei 109,22 Mrd. US-$, der Mittelwert betrug sogar 193,85 Mrd. US-$. Wollte ein Bieter ein Unternehmen mit durchschnittlichem Börsenwert eines Dow Jones-Unternehmens unter Verwendung von Fremdkapital durch Erwerb einer einfachen Mehrheit übernehmen, läge der Fremdkapitalbedarf bereits bei ungefähr 55 Mrd. US-$. Wollte ein Bieter, wie hier vorgeschlagen, einen *short form merger* veranlassen, müßte er bei Verwendung von Fremdkapital und einer Mindestbeteiligung von 90 % der Anteile hingegen 98,3 Mrd. US-$ aufbringen. Deshalb sprechen gegen eine solche Vorgehensweise zwei Argumente. Zunächst lassen sich derart hohe Summen Fremdkapital selbst am US-amerikanischen Kapitalmarkt wenn überhaupt nur unter Schwierigkeiten und mit erheblichem Zeitaufwand beschaffen. Dabei ist auch zu berücksichtigen, daß eine Beschaffung im Wege des einfachen Bankkredits schon wegen der Eigenkapitalvorschriften der Banken regelmäßig ausscheidet. Verhandlungen mit einem größeren Bankenkonsortium oder eine Anleiheplazierung am Kapitalmarkt sind zeitaufwendig und zudem mit der Gefahr der frühzeitigen Offenlegung des Vorhabens behaftet[1023]. Ferner ist aber auch in wirtschaftlicher Hinsicht zu bedenken, daß wohl kein Unternehmen durch Verbindlichkeiten in Höhe von ca. 100 Mrd. US-$, die zudem noch durch das für die Finanzierung des gewöhnlichen Geschäftsbetriebs benötigte Fremdkapital erhöht sein können, mittel- bis langfristig belastet sein möchte. Hier ist insbesondere zu berücksichtigen, daß das erhaltene Fremdkapital selbst im Falle einer Verschlechterung des gesamtwirtschaftlichen Umfelds auch „real" zurückbezahlt werden muß. Unabhängig davon würden allein die fälligen Zinsleistungen das Unternehmensergebnis langfristig in erheblichem Umfang belasten[1024]. Die Nachteile einer Fremdkapitalfinanzierung durch Ausgabe von *debt securities* oder Inanspruchnahme von Bankdarlehen liegen somit auf der Hand.

Folglich wird ein Bieter im Rahmen der feindlichen Übernahme einer großen Publikumsgesellschaft immer bestrebt sein, diese im Wege einer Kapitalerhöhung gegen Sacheinlage zu finanzieren. Nach der im Rahmen dieser Arbeit gefundenen Lösung wird er dabei eine Tochtergesellschaft gründen, deren Vermögen aus Aktien der bietenden Muttergesellschaft besteht. Die Tochtergesellschaft gibt das Übernahmeangebot ab, und erwirbt von den Aktionären der Zielgesellschaft mindestens 90 % der Anteile. Hingegen erhalten diese Aktionäre als

---

[1022] Die zu dieser Zeit insgesamt vorherrschende Konjunkturschwäche wurde zudem noch durch die Terroranschläge vom 11.09.2001 in New York und Washington negativ beeinflußt. Die nachfolgenden Zahlenwerte ergeben sich aus der Welt am Sonntag vom 24.02.2002, S. 67.

[1023] Vgl. § 4 II. 4. a. bb. (1) Wirtschaftliche und juristische Grenzen der herkömmlichen Darlehensfinanzierung.

[1024] Bei einer angenommenen Verzinsung von 5 % beispielsweise mit 5 Mrd. US-$ jährlich.

Gegenleistung Aktien der eigentlich bietenden Muttergesellschaft. Anschließend wird die Zielgesellschaft auf die Tochtergesellschaft im Wege eines *short form merger* verschmolzen. Rechtlich hat diese Konstruktion die bereits dargestellten Vorteile der schnellen und vergleichsweise einfachen Abwicklung bei gleichzeitiger Haftungsbeschränkung auf das Vermögen der Tochtergesellschaft[1025]. In wirtschaftlicher Hinsicht ist insofern zu berücksichtigen, daß die eigentlich bietende Muttergesellschaft lediglich gewährleisten muß, daß eine entsprechende Anzahl ihrer Aktien zur Bedienung des Übernahmeangebots zur Verfügung steht. Der „realen" Erbringung einer bestimmten (Mindest-)Kapitalsumme bedarf es hingegen nicht. Vielmehr erhält jeder Aktionär der Zielgesellschaft so viele Aktien der Muttergesellschaft, wie es dem ihm versprochenen Wert seiner Beteiligung an der Zielgesellschaft entspricht. Da zur Durchführung der Transaktion insofern tatsächlich nur eine deutlich niedrigere Kapitalsumme benötigt wird als dies im Rahmen der Fremdkapitalfinanzierung nötig gewesen wäre[1026], belasten die laufenden Finanzierungskosten sowie die Tilgungsleistungen den Bieter auch deutlich weniger. Dies beläßt dem Bieter den nötigen finanziellen Freiraum, um die bereits im Vorfeld geplanten Umstrukturierungsmaßnahmen bei der Zielgesellschaft auch tatsächlich durchzuführen und gleichzeitig den eigenen Geschäftsbetrieb unverändert aufrecht zu erhalten.

[1025] Siehe § 5 V. 3. Zwischenergebnis sowie § 5 VI. Zwischenergebnis.

[1026] Zu bedenken sind insofern beispielsweise die Beratungs-, Transaktions- und Werbekosten sowie die zur Bedienung gegebenenfalls bestehender *appraisal rights* nötigen Summen.

§ 6 Rechtsfragen der Finanzierung nach deutschem Recht

I. Grundlagen

1. Gang der Bearbeitung

Unter Bezugnahme auf die bereits dargestellten Voraussetzungen[1027] ist davon auszugehen, daß sich ein feindliches Übernahmeangebot auf eine große Publikumsgesellschaft auch bei in Deutschland angesiedelten Sachverhalten jedenfalls nicht vollständig mit den in der Gesellschaft vorhandenen Finanzierungsmitteln, also im Wege der Innenfinanzierung durchführen läßt. Zu betrachten sind daher wiederum die Möglichkeiten der Außenfinanzierung, die sich der Form nach durch die Verwendung von Eigen- beziehungsweise Fremdkapital unterscheiden.

Es ergeben sich insofern verschiedene Rechtsfragen, je nachdem, ob das bietende Unternehmen selbst, eine Tochtergesellschaft des Bieters oder ein drittes Unternehmen – beispielsweise eine unabhängige Bank oder eine von dieser zu gründende Tochtergesellschaft – das Übernahmeangebot abgibt. Weil das Übernahmeangebot nur dann erfolgreich durchzuführen ist, wenn lediglich eine der vorgenannten Gesellschaften es veröffentlicht, richtet sich die weitere Bearbeitung im Interesse eines einheitlichen Lösungsvorschlags vor allem nach diesem Kriterium. Somit werden zunächst für die Bietergesellschaft (§ 7), sodann für eine Tochtergesellschaft derselben (§ 8) und anschließend für ein drittes Unternehmen (§ 9) beziehungsweise eine von diesem zu gründende Tochtergesellschaft (§ 10) die Möglichkeiten der Eigen- und Fremdkapitalfinanzierung betrachtet.

2. Kompetenzverteilung für Fragen der Finanzierung von Übernahmevorhaben in der Aktiengesellschaft

Gemäß § 76 Abs. 1 AktG hat der Vorstand die Aktiengesellschaft unter eigener Verantwortung zu leiten. Fragen der Unternehmensplanung und Unternehmenskoordination fallen somit in seinen Zuständigkeitsbereich[1028]. Folglich obliegt die Vorbereitung eines feindlichen Übernahmeangebotes mitsamt der dafür notwendigen Finanzierung grundsätzlich dem Vorstand. Im Einzelfall ist hierbei jedoch zu differenzieren:

[1027] Vgl. hierzu § 2 I. 4. Rechtsfragen der Finanzierung.

[1028] *Hüffer*, § 76 AktG, Rn. 8; *Vogel*, Finanzierung von Übernahmeangeboten, S. 2 f.; *ders.*, in: Haarmann/Binger/Schüppen, § 13 WpÜG, Rn. 35.

Zunächst ist zu beachten, daß es sich bei einem feindlichen Übernahmeangebot auf eine große Publikumsgesellschaft um eine Maßnahme handeln wird, die nach dem Inkrafttreten des *Transparenz- und Publizitätsgesetz* (TransPuG) gemäß § 111 Abs. 4 Satz 2 AktG der Zustimmung des Aufsichtsrats bedarf. Nach dieser Vorschrift ist der Aufsichtsrat verpflichtet, einen Katalog zustimmungsbedürftiger Geschäfte zu beschließen. Bei diesen Geschäften soll es sich um solche Vorgänge grundlegender Bedeutung handeln, die nach den Planungen oder Erwartungen die Ertragsaussichten der Gesellschaft oder ihre Risikoexposition grundlegend verändern und damit eine existentielle Bedeutung für das künftige Schicksal der Gesellschaft haben[1029]. Zwar sind die somit vorgegebenen Anforderungen durch das Kriterium der existentiellen Bedeutung sehr hoch. Dennoch wird die feindliche Übernahme einer großen Publikumsgesellschaft diese Kriterien regelmäßig erfüllen. Es handelt sich hierbei normalerweise um eine mittel- bis langfristig angelegte Transaktion mit erheblichen Auswirkungen auf die Finanzlage des Bieters. Daher wird es regelmäßig so sein, daß der Vorstand die Transaktion zwar planen kann, aber nur mit Unterstützung des Aufsichtsrats durchführen darf. Je nach der Ausgestaltung der im Einzelfall zustimmungsbedürftigen Geschäfte können hiervon auch Fragen der Finanzierung umfaßt sein. In diesem Fall bedarf es für Teile der Finanzierung beziehungsweise deren Gesamtkonzept der Zustimmung des Aufsichtsrates. Verweigert der Aufsichtsrat dieselbe, so könnte theoretisch auch eine Zustimmung der Hauptversammlung gemäß § 111 Abs. 4 Satz 3 und 4 AktG die Zustimmung des Aufsichtsrats ersetzen. Dies hätte im Ergebnis aber eine frühzeitige Offenlegung der Übernahmepläne zur Folge und ist deshalb nicht praktikabel.

Andererseits kann der Vorstand die Hauptversammlung um eine Zustimmung gemäß § 119 Abs. 2 AktG bitten. Ein solches Vorgehen erscheint auf den ersten Blick insbesondere deshalb naheliegend, weil es zu einer möglicherweise als zweitem Schritt der Transaktion geplanten Verschmelzung der Gesellschaften gemäß §§ 13 Abs. 1, 65 Abs. 1 UmwG ohnehin der Zustimmung von drei Vierteln des bei der Beschlußfassung vertretenen Grundkapitals bedarf[1030]. Auch für einen Ausschluß von Minderheitsaktionären, wie ihn §§ 327a ff. AktG nunmehr vorsehen, bedürfte es einer Zustimmung durch die Hauptversammlung der Gesellschaft[1031]. Weil hierdurch die Übernahmepläne ebenfalls offenkundig werden und die Erfolgschancen der Transaktion sinken könnten[1032], kommt eine solche

---

[1029] Regierungsbegründung zum TransPuG, A. Nr. 9.

[1030] Siehe hierzu nachfolgend § 9 III. 3. Verschmelzung der Zielgesellschaft auf die Banktochter (1. Alt.).

[1031] Vgl. diesbezüglich § 9 III. 4. *Squeeze-out* der Minderheitsaktionäre der Zielgesellschaft (2. Alt.).

[1032] Siehe oben: § 2 I. 4. Rechtsfragen der Finanzierung.

Vorgehensweise regelmäßig nicht oder allenfalls dann vor, wenn die Transaktion bereits am Kapitalmarkt bekannt ist.

Im übrigen richtet sich die Zuständigkeit der Organe der Aktiengesellschaft nach den allgemeinen rechtlichen Voraussetzungen des jeweils verwendeten Finanzierungsmittels[1033]. Geht es um die in der Gesellschaft bereits vorhandenen Mittel, also um Fragen der sogenannten Innenfinanzierung, so ist deren Verwendung solange Teil der Leitungskompetenz des Vorstands, wie dieser hierdurch die ihm in §§ 23 Abs. 3 Nr. 2, 82 Abs. 2 AktG gesetzten Grenzen seiner Geschäftsführungsbefugnis nicht überschreitet. In der Bietergesellschaft vorhandene Aktiva können somit verwendet und verkauft, aber auch für die Besicherung von Fremdkapital herangezogen werden.

Sollen jedoch in einem über dieses Maß hinaus gehenden Umfang Mittel extern beschafft werden, so handelt es sich um den Bereich der Außenfinanzierung. Hierbei ist danach zu unterscheiden, ob die das benötigte Kapital bereitstellenden neuen Investoren im Verhältnis zur Gesellschaft Aktionäre oder Gläubiger werden.
Erwerben die Investoren die Stellung eines Aktionärs, so beeinträchtigt dies die Eigentumsverhältnisse der bisherigen Aktionäre an der Gesellschaft, so daß es folglich gemäß §§ 179 Abs. 1, 23 Abs. 3, Nr. 3 und 4 AktG einer Satzungsänderung bedarf. Es ist somit ein Beschluß der Hauptversammlung notwendig. Dieser erfordert nach § 179 Abs. 2 AktG eine Mehrheit von drei Vierteln des bei der Beschlußfassung vertretenen Grundkapitals. Somit kommt es zu einer Verlagerung der Kompetenz zugunsten der Eigentümer der Gesellschaft. Die in diesem Zusammenhang denkbaren Maßnahmen sind im zweiten Abschnitt des sechsten Teils des AktG (§§ 182-221) gesetzlich geregelt. Es handelt sich insofern insbesondere um die Kapitalerhöhung gegen Einlagen, die bedingte Kapitalerhöhung, das genehmigte Kapital sowie die Wandelschuldverschreibungen.

Erlangen die Investoren hingegen die Stellung von Gläubigern, fällt die Beschaffung des Fremdkapitals grundsätzlich in den Zuständigkeitsbereich des Vorstandes, sofern nicht – beispielsweise wegen der Höhe der Kreditsumme – ein Zustimmungsvorbehalt zugunsten des Aufsichtsrates im Sinne des § 111 Abs. 4 Satz 2 ff. AktG besteht.

[1033] Dies gilt, obwohl die Diskussion über das WpÜG insbesondere die Praktiken der Finanzierung feindlicher Übernahmen als „archimedischen Punkt“ identifizierte; *Liebscher*, ZIP 2001, S. 853/868; *Vogel*, Finanzierung von Übernahmeangeboten, S. 2 f.; *ders.*, in: Haarmann/Binger/Schüppen, § 13 WpÜG, Rn. 13. Da insofern aber bereits gesetzliche Regelungen bestanden, auf die im Zusammenhang mit den jeweiligen Finanzierungsarten einzugehen ist, beschränkt sich das WpÜG in dieser Hinsicht weitgehend auf Informationspflichten des Bieters.

II. Feindliche Übernahmen in der Bundesrepublik Deutschland

Im Vergleich zu den USA sind feindliche Übernahmen und derartige Versuche in Europa eher selten[1034]. Dem entsprechend läßt sich bezogen auf den deutschen Kapitalmarkt nicht ernsthaft von einer Geschichte feindlicher Übernahmen sprechen[1035]. Im Bereich der großen Publikumsgesellschaften gibt es bisher lediglich wenige feindliche Übernahmeversuche. Zu erwähnen sind in diesem Zusammenhang vor allem die Auseinandersetzungen zwischen Pirelli Spa und der Continental AG (September 1990 – April 1993)[1036], Friedrich Krupp AG Hoesch-Krupp und der Thyssen AG (März 1997)[1037], die Übernahme der Mannesmann AG durch Vodafone Airtouch plc. (November 1999 – März 2000)[1038], die Übernahme der FAG Kugelfischer AG durch die INA Holding Schaeffler KG (September – Oktober 2001)[1039] sowie der Kamps AG durch Barilla (April 2002)[1040]. Weitere erwähnenswerte Beispiele für feindliche Übernahmeversuche auf große Publikumsgesellschaften sind am deutschen Kapitalmarkt nicht er-

---

[1034] Im Zeitraum von 2000-2002 fanden in Europa 1.474 öffentliche Übernahmen statt, von denen lediglich 71 feindliche Transaktionen waren. Die entspricht einem Anteil von lediglich 5 % der öffentlichen Übernahmeangebote; vgl. *Handelsblatt*, 30.04.2003, S. B 2 unter Verweis auf eine Studie des Branchendienstes mergermarket.

[1035] Nur 5 der zuvor genannten 71 feindlichen Übernahmen entfielen auf die Bundesrepublik. Dies entspricht einem Anteil von lediglich 4 %; vgl. *Handelsblatt*, 30.04.2003, S. B 2 unter Verweis auf eine Studie des Branchendienstes mergermarket.

[1036] Vgl. hierzu vertiefend *Baums*, Hostile Takeovers in Germany, S. 2 ff.; *Wagner*, Standstill Agreements, Diss., S. 29 f.

[1037] Diese Übernahme hätte – je nach der erreichten Beteiligungshöhe - ein Transaktionsvolumen von 10 – 14 Mrd. DM gehabt, wurde wegen einer gezielten Indiskretion jedoch frühzeitig bekannt. Dennoch begannen mit diesem Versuch Fusionsverhandlungen, die über eine Zusammenlegung der Stahlbereiche inzwischen zu einer vollständigen Fusion der beiden Unternehmen führten. Vgl. *Birkenkämper*, Rechtsfragen feindlicher Übernahmen – Juristische Nachlese zum Fall Krupp/Thyssen, Diss., insbesondere S. 14-32.

[1038] Im Verlauf dieser Übernahmeauseinandersetzung wurde die den Mannesmann-Aktionären angebotene Gegenleistung von ursprünglich 47,3 auf schließlich 59 Vodafone-Aktien erhöht, wodurch sich ein Transaktionsvolumen von insgesamt rund 400 Mrd. DM ergab. Die neuen Aktien wurden von der Vodafone Airtouch plc. im Rahmen einer Kapitalerhöhung gegen Sacheinlage (Aktien der Mannesmann AG) geschaffen. Vgl. u.a. *Handelsblatt* vom 4.2.2000.

[1039] Das von der in Familienhand befindlichen INA Holding Schaeffler KG aufgebrachte Transaktionsvolumen betrug ungefähr 1,3 Mrd. € und soll teils bar und teils auf Kredit finanziert worden sein.

[1040] Im Rahmen dieser zunächst als „feindlich" eingestuften Übernahme bot Barilla ursprünglich 12 € je Aktie der Kamps AG, die sich wegen der starken Expansion in den Vorjahren in einer schwierigen Finanzlage befand. Nachdem es zu einer Nachbesserung auf 12,50 € je Aktie kam, empfahl der Vorstand der Kamps AG seinen Aktionären die Annahme dieses nunmehr „freundlichen" Angebotes. Die Transaktion wurde damit zur größten Übernahme des Jahres 2002 in Europa, vgl. *Handelsblatt*, 30.4.2003, S. B 2.

sichtlich[1041]. Die Seltenheit feindlicher Übernahmen auf große Publikumsgesellschaften in Deutschland hat zahlreiche Ursachen.

Zunächst gilt der deutsche Kapitalmarkt im internationalen Vergleich als rückständig. Die Rechtsform der Aktiengesellschaft ist in Deutschland nicht zuletzt wegen der hohen rechtlichen Anforderungen relativ wenig verbreitet. Die Anzahl der Gesellschaften mit beschränkter Haftung[1042] ist ca. 120 mal so hoch wie diejenige der Aktiengesellschaften[1043]. Noch dazu wird nur ein geringer Teil der Aktien dieser Gesellschaften an deutschen Börsen gehandelt[1044]. Gerade die freie Handelbarkeit der Aktien an der Börse ist jedoch eine der wichtigsten Voraussetzungen für ein erfolgreiches feindliches Übernahmeangebot. Ferner hemmten die in der Vergangenheit vielfältigen Kreuzverflechtungen der deutschen Konzerne[1045] sowie der geringe Streubesitz[1046] die Chancen potentieller Bieter, eine Zielgesellschaft gegen den Willen der Großaktionäre zu übernehmen. Die Beteiligungen der Banken stellte sich insbesondere in der Kombination mit dem ihnen oftmals eingeräumten Depotstimmrecht gemäß § 135 AktG als Hemmnis dar[1047]. Schließlich hat in der Zeit bis zum Ende des Jahres 2001 auch die Steuerpflicht, die für Kapitalgesellschaften entstand, wenn sie Beteiligungen an ande-

---

1041 *Der Spiegel* Nr. 31/1999, S. 78/79, Interview mit Paul Achleitner, seinerzeit noch in der Funktion als Deutschland-Chef von Goldman Sachs.

1042 Im Jahre 1995 existierten in Deutschland 543.444 Unternehmen in der Rechtsform der GmbH, vgl. Statistisches Jahrbuch 1995, S. 132, Angaben ohne Hessen. Deren wirtschaftliche Bedeutung wird deutlich, wenn man berücksichtigt, daß es sich bei 426.724 (14,9%) der im Jahre 1998 erfaßten 2.859.983 Umsatzsteuerspflichtigen um Gesellschaften mit beschränkter Haftung handelt. Vgl. *Hansen*, AG 2001, S. R 31 f.

1043 Ende 1997 gab es nur 4.548, Ende 1998 hingegen bereits 5.468 Aktiengesellschaften in Deutschland. Diese machten mit 3.139 AG und KGaA jedoch nur 0,1% der umsatzsteuerpflichtigen Gesellschaften aus, obwohl die Anzahl der Gesellschaften stark zunimmt. Vgl. *Hansen*, AG 2001, S. R 31 ff. unter Rückgriff auf die Kapitalmarktstatistik November 2000 der Deutschen Bundesbank.

1044 Ende 1994 waren lediglich 814 deutsche Aktiengesellschaften börsennotiert, vgl. Hansen, AG 1995, S. R 320.

1045 Vgl. hierzu nur beispielhaft die Darstellung der Beteiligungen von Banken und Versicherungen bei *Adams*, AG-Sonderheft, August 1997, S. 9/19.

1046 Im Jahre 1996 waren lediglich 13,1 % aller in Depots verwahrten Aktien im Besitz von Privatpersonen; vgl. hierzu die Aufstellung des Aktienbesitzes nach Anteilseignern in AG 1997, R 415. Vgl. ferner *Baums*, FS Mestmäcker, S. 815/817f; *Bozenhardt*, Freiwillige Übernahmeangebote, Diss., S. 2.

1047 So stellte *Baums*, AG 1990, S. 221/227 f. fest, daß den Banken aufgrund ihres Interesses an der Beibehaltung als Haus- oder Depotbank der Aktiengesellschaften oftmals an der Fortsetzung der Zusammenarbeit mit dem bisherigen Management besonders gelegen ist. Zudem weist *Lüttmann*, Kontrollwechsel, Diss., S. 153, darauf hin, daß Kontrollwechsel häufig erschwert werden, weil die Depotbanken auf der Hauptversammlung Stimmen für Aktionäre abgeben, die bei Kenntnis der genauen Sachlage und Umstände anders entschieden hätten.

ren Kapitalgesellschaften verkauften, dazu beigetragen, daß einmal erworbene Beteiligungen der deutschen Aktiengesellschaften in der Regel nicht wieder veräußert wurden.

Dennoch läßt sich wegen der jüngsten Entwicklungen am deutschen und europäischen[1048] Kapitalmarkt als sicher voraussagen, daß die Übernahmetätigkeit in Europa auf mittlere Sicht sowohl bezüglich der Anzahl als auch hinsichtlich der Transaktionsvolumina zunehmen wird[1049]. Teile der deutschen Politik und der Bevölkerung stehen feindlichen Übernahmen abneigend gegenüber. Es ist jedoch zu berücksichitgen, daß diese Übernamhen für die ihre Anteile veräußernden Aktionäre der Zielgesellschaft häufig mit erheblichen Gewinnen verbunden sind. Insofern wäre ein Prozeß des Umdenkens wünschenswert. Auch die zunehmende Häufigkeit und damit einhergehende bessere Information über die Auswirkungen feindlicher Übernahmen werden die öffentliche Meinung zu diesem Thema beeinflussen. Ferner trägt die Möglichkeit der steuerneutralen Veräußerung von Unternehmensbeteiligungen dazu bei, daß sich große Aktiengesellschaften von Teilen ihrer Beteiligungen trennen. Dies gilt insbesondere für Banken und Versicherungen. Hierdurch ist mittelfristig eine Vergrößerung des Streubesitzes bei den großen Aktiengesellschaften zu erwarten, die die Durchführung feindlicher Übernahmen auch in Deutschland erleichtern wird. Deshalb ist die Betrachtung der für deutsche Aktiengesellschaften geltenden Vorschriften unter dem Aspekt der Finanzierung einer feindlichen Übernahme auf eine große Publikumsgesellschaft von praktischer Bedeutung.

III. Rahmenbedingungen für die Finanzierung feindlicher Übernahmen in Deutschland

Der Rechtsrahmen für Fragen der Finanzierung feindlicher Übernahmeangebote ergibt sich in Deutschland aus verschiedenen Gesetzen.

1. Allgemeine Grundlagen

Ausschlaggebend für die bei der Übernahmefinanzierung zu berücksichtigenden Normen sind zunächst die im einzelnen durchzuführenden beziehungsweise durchgeführten Maßnahmen auf Seiten des Bieters. Da es sich vorliegend bei dem Bieter um eine Aktiengesellschaft handeln soll, sind diese Kapitalmaßnahmen hauptsächlich im AktG geregelt.

[1048] Beispielsweise die Transaktionen Barilla/Kamps; Vodafone Airtouch/Mannesmann; Olivetti/Telecom Italia; BNP/Societé Generale und Banque Paribas sowie Sanofi-Synthelabo/Aventis.

[1049] *Der Spiegel* Nr. 31/1999, S. 78/79, Interview mit Paul Achleitner.

Ist die Zielgesellschaft eine große Publikumsgesellschaft, wird die Finanzierung der Transaktion hauptsächlich im Wege von Eigenkapitalmaßnahmen abgewickelt[1050], so daß es regelmäßig einer Kapitalerhöhung auf Seiten des Bieters bedarf. Hierfür kommen grundsätzlich die Kapitalerhöhung gegen Einlagen (§§ 182-191 AktG), die bedingte Kapitalerhöhung (§§ 192-201 AktG), das genehmigte Kapital (§§ 202-206 AktG) sowie eine Kapitalerhöhung aus Gesellschaftsmitteln[1051] (§§ 207-220 AktG) in Betracht. Im Gegensatz dazu wird die feindliche Übernahme einer großen Publikumsgesellschaft nur in den seltensten Fällen ausschließlich durch Fremdkapital zu finanzieren sein[1052]. Kommt Fremdkapital dennoch neben der Eigenkapitalfinanzierung zum Einsatz, so stehen dem Bieter hierbei grundsätzlich vielfältige Gestaltungsmöglichkeiten zu Verfügung. Zunächst ist diesbezüglich an Formen der Fremdkapitalfinanzierung zu denken, die unabhängig von der Rechtsform des Bieters bestehen und insofern keinen besonderen Regeln unterliegen. Dies sind einerseits die Finanzierung durch kurz- und mittelfristige Kredite sowie Schuldscheindarlehen, deren Ausgestaltung sich nach den §§ 488-490 BGB richtet. Andererseits ist die langfristige Aufnahme von Fremdkapital in verbriefter Form über den Kapitalmarkt denkbar, wie sie sich beispielsweise durch die Ausgabe von Industrieobligationen ergibt. Deren Behandlung orientiert sich an den §§ 793 ff. BGB. Ferner kommen noch solche Finanzierungsinstrumente in Betracht, die lediglich an die besondere Rechtsform des Bieters als Aktiengesellschaft anknüpfen[1053]. Insofern sind die in § 221 AktG vorgesehenen Instrumente der Wandel-, Options- und Gewinnschuldverschreibung zu berücksichtigen.

Sind der Handel mit Wertpapieren sowie dabei möglicherweise zu berücksichtigende Publizitätsvorschriften betroffen, so finden sich die maßgeblichen Regelungen primär[1054] im Wertpapierhandelsgesetz (WpHG).

Sofern ein späterer „Zusammenschluß" des Bieters[1055] und der Zielgesellschaft vorgesehen ist, sind die hierzu im Umwandlungsgesetz (UmwG) enthaltenen

---

1050 *Vogel*, in: Haarmann/Binger/Schüppen, § 13 WpÜG, Rn. 34.

1051 Die allerdings im vorliegenden Zusammenhang nur von geringer Bedeutung sein wird, weil es sich bei der Zielgesellschaft um eine große Publikumsgesellschaft handeln soll.

1052 *Vogel*, Finanzierung von Übernahmeangeboten, S. 4; *ders.*, in: Haarmann/Binger/Schüppen, § 13 WpÜG, Rn. 34.

1053 Siehe hierzu *Baums/Vogel*, in: Lutter/Scheffler/Schneider, Handbuch der Konzernfinanzierung, Rn. 9.25 ff.; *Vogel*, in: Haarmann/Binger/Schüppen, § 13 WpÜG, Rn. 14.

1054 Eine Ausnahme ergibt sich insofern beispielsweise für die nach § 10 WpÜG vorzunehmende „Veröffentlichung der Entscheidung zur Abgabe eines Angebotes". Bei dieser gilt nach § 10 Abs. 6 WpÜG die Vorschrift des § 15 WpHG („ad-hoc-Publizität") ausdrücklich nicht.

1055 Oder einer von diesem zur Abwicklung unmittelbar eingesetzten beziehungsweise mittelbar veranlaßten dritten Gesellschaft.

Vorschriften sowie die Neuregelung über den Ausschluß von Minderheitsaktionären in §§ 327a ff. AktG zu berücksichtigen.

2. Vorschriften des Wertpapiererwerbs- und Übernahmegesetzes (WpÜG) mit besonderer Bedeutung für die Rechtsfragen der Finanzierung von Übernahmeangeboten

Soweit es die Anforderungen betrifft, die an ein Übernahmeangebot sowie die Finanzierung der Gegenleistung zu stellen sind, ergeben sich diese aus dem *Gesetz zur Regelung von öffentlichen Angeboten zum Erwerb von Wertpapieren und Unternehmensübernahmen* (WpÜG)[1056]. Der Regelungsgehalt dieses Gesetzes wird ab Mai 2006 von der bis zu diesem Zeitpunkt in nationales Recht umzusetzenden EU-Übernahmerichtlinie[1057] ergänzt.

1056 BGBl. I/2002, S. 3822 ff. Siehe zur Entstehungsgeschichte dieses Gesetzes den „Regierungsentwurf eines Gesetzes zur Regelung von öffentlichen Angeboten zum Erwerb von Wertpapieren und Unternehmensübernahmen vom 11.07.2001", abgedruckt in: ZIP 2001, S. 1262 ff. sowie *Baums*, ZIP 1997, S. 1310 ff.; *Land*, DB 2001, S. 1707 ff.; *Land/Hasselbach*, DB 2000, S. 1747 ff.; *Liebscher*, ZIP 2001, S. 853 ff.; *Möller/Pötzsch*, ZIP 2001, S. 1256 ff.; *Pötzsch/Möller*, WM 2000, Sonderbeilage 2, S. 13 ff.; *Riehmer/Schröder*, NZG 2000, S. 820 ff.; *Riehmer/Schröder*, BB 2001, Beilage 5, S. 1 ff.; *Vogel*, in: Haarmann/Binger/Schüppen, § 13 WpÜG, Rn. 7; *Zinser*, NZG 2001, S. 391 ff.; „Standpunkte der Börsensachverständigenkommission zur künftigen Regelung von Unternehmensübernahmen", S. 9; „Empfehlungen der Expertenkommission „*Unternehmensübernahmen*" vom 17. Mai 2000", abgedruckt bei: *Pötzsch/Möller*, WM 2000, Sonderbeilage 2, S. 37 f. Siehe bzgl. des bereits vor dem Inkrafttreten des WpÜG bestehenden Übernahmekodex *Assmann*, AG 1995, S. 563 ff.; *Neye*, ZIP 1995, S. 1464 ff.; *Thoma*, ZIP 1996, S. 1725 ff.; *Weisgerber*, ZHR 1997, S. 421 ff.

1057 Abrufbar bei: http://register.consilium.eu.int/pdf/de/03/st15/st15476.de03.pdf. Der Richtlinientext wurde durch den Ministerrat und das Parlament am 21.04.2004 unterzeichnet und tritt am 20. Tag nach seiner Veröffentlichung im Amtsblatt in Kraft. Siehe zum Inhalt und der Entstehungsgeschichte dieser Richtlinie zusammenfassend *Maul/Muffat-Jeandet*, AG 2004, S. 221/222 ff. Vgl. bzgl. der vorangegangenen Entwürfe: „Vorschlag für eine Dreizehnte Richtlinie des Rates auf dem Gebiet des Gesellschaftsrechts über Übernahmeangebote" (KOM/88/823) vom 14.03.1989, ABl. Nr. C 64, S. 8.; „Geänderter Vorschlag für eine Dreizehnte Richtlinie des Parlaments und des Rates auf dem Gebiet des Gesellschaftsrechts über Übernahmeangebote" (KOM/97/0565/2) vom 13.12.1997, ABl. Nr. C 378, S. 10; „Gemeinsamer Standpunkt (EG) Nr. 1/2001 vom 19.06.2000", ABl. Nr. C 23 vom 24.01.2001, S. 1; „Ergebnisse der Zweiten Lesung des Europäischen Parlaments (Straßburg 11.-15.12.2000)", Ratsdokument 14044/00 vom 22.12.2000; „Gemeinsamer Entwurf einer Richtlinie des Europäischen Parlaments und des Rates auf dem Gebiet des Gesellschaftsrechts betreffend Übernahmeangebote in der vom Vermittlungsausschuß am 06.06.2001 gebilligten Fassung (PE-CONS 3629/01)", abgedruckt in ZIP 2001, S. 1120 ff. sowie *Land*, DB 2001, S. 1707/1707; *Möller/Pötzsch*, ZIP 2001, S. 1256/1257.

Auch wenn die Finanzierung der Transaktion zu den Kernproblemen praktisch jeder (feindlichen) Übernahme zählt[1058], beschränkt sich der Gesetzgeber im WpÜG weitgehend darauf, Informationspflichten des Bieters zur Finanzierung der Übernahme, zu deren wirtschaftlichen Auswirkungen auf die Vermögens-, Finanz- und Ertragslage sowie die Verwendung des Vermögens der Zielgesellschaft zu normieren[1059]. Im übrigen gelten die allgemeinen rechtlichen Rahmenbedingungen für die Finanzierung von Unternehmensakquisitionen. Diese „Zurückhaltung" des deutschen Gesetzgebers erklärt sich aus einigen systematischen Unterschieden im Vergleich zu anderen Rechtsordnungen, beispielsweise auch dem US-amerikanischen Recht. In den USA zwangen vor allem während der 80er Jahre des vergangenen Jahrhunderts die von den Banken zur Finanzierung von Übernahmeangeboten gewährten Risikokredite den Bieter häufig zur anschließenden Zerschlagung der Zielgesellschaft[1060]. Dies führte zu einer umfassenden Regulierung der Finanzierung, die in Deutschland im Rahmen des WpÜG nicht gerechtfertigt war, weil hier bereits andere wirksame Mechanismen vorhanden sind. Zu verweisen ist insofern zunächst auf die Beschränkung von Kreditvergaben durch das Bankaufsichtsrecht[1061]. Ferner sind dem herrschenden Unternehmen durch das deutsche Unternehmensverfassungsrecht Grenzen beim Zugriff auf die Zielgesellschaft gesetzt. Die ausgeprägte institutionelle Absicherung der Verwaltungsorgane deutscher Aktiengesellschaften[1062] in Kombination mit den konzernrechtlichen Schutzvorschriften des Aktiengesetzes erschwert einem Bieter nach dem Erwerb der Zielgesellschaft den Rückgriff auf deren Ver-

---

[1058] *Liebscher*, ZIP 2001, S. 853/855; *Solomon/Schwartz/Bauman/Weiss*, Corporations, 4. Aufl. 1998, S. 1171 f.; *Vogel*, Finanzierung von Übernahmeangeboten, S. 2; *ders.*, in: Haarmann/Binger/Schüppen, § 13 WpÜG, Rn. 1 und 13.

[1059] *Liebscher*, ZIP 2001, S. 853/869.

[1060] Also einem *„bust-up takeover"*, vgl. m.w.N. *Assmann/Bozenhard*, Übernahmeangebote, S. 1/58.

[1061] In diesem Zusammenhang ist insbesondere § 13 KWG zu nennen, der für sich genommen jedoch nicht ausreicht. So wird hierdurch das Kreditvolumen einer einzelnen Bank oder Bankengruppe, nicht jedoch eines Konsortiums beschränkt. Ferner greifen die Kreditvergabebestimmungen des deutschen Bankaufsichtsrechts nicht, wenn es sich um einen ausländischen Bieter handelt. Vgl. *Vogel*, ZIP 2002, S. 1421/1422 sowie *ders.*, in: Haarmann/ Binger/Schüppen, § 13 WpÜG, Rn. 13, hier insbesondere Fußnote 15.

[1062] Um die tatsächliche Kontrolle über ein Unternehmen zu erlangen, muß der Bieter die Mitglieder des Vorstands bestimmen, die jedoch vom Aufsichtsrat ernannt werden, dessen Abwahl aber nur mit einer ¾-Mehrheit der Hauptversammlung möglich ist. Ansonsten können Vorstandsmitglieder nur bei Vorliegen eines wichtigen Grundes abberufen werden. Im Zusammenhang mit der üblichen fünfjährigen Amtszeit der Aufsichtsrats- und Vorstandsmitglieder führt dies dazu, daß ein Bieter auch beim Erwerb der qualifizierten Mehrehit unter Umständen mehrere Jahre benötigt, bis er die tatsächliche Kontrolle über das operative Geschäft der Zielgesellschaft erlangt. Das in Deutschland geltende duale System von Vorstand und Aufsichtsrat stellt somit einen „natürlichen Schutzwall" gegen feindliche Übernahmen dar, *Picot*, in: Picot, Handbuch Mergers & Acquisitions, S. 185.

mögen zur Finanzierung der Transaktion. Dies gilt jedenfalls dann, wenn nicht eine Verschmelzung durchgeführt oder ein Vertragskonzern begründet werden[1063]. Hinsichtlich der Finanzierung unterliegt der Bieter somit keinen über die dem jeweiligen nationalen Recht zu entnehmenden Vorgaben hinausgehenden besonderen Verhaltensbindungen in der Vorangebotsphase. Jedoch besteht für den Bieter wegen des kapitalmarktrechtlichen Publizitätsinteresses und des Anliegens einer informierten Entscheidung der Aktionäre der Zielgesellschaft die Verpflichtung zur Information über die Finanzierung der veröffentlichten Angebotsunterlage[1064]. Insofern sind für die Rechtsfragen der Finanzierung eines feindlichen Übernahmeangebots vor allem die §§ 11-13 sowie § 31 WpÜG bedeutend. Außerdem enthält die gemäß § 31 Abs. 7 WpÜG erlassene Rechtsverordnung zum WpÜG (VO WpÜG) weitere Vorschriften.

a. Angaben in der Angebotsunterlage gemäß § 11 WpÜG

Gemäß § 11 Abs. 1 WpÜG hat die Angebotsunterlage alle Angaben zu enthalten, die notwendig sind, um in Kenntnis der Sachlage über das Angebot entscheiden zu können. Folglich bedarf es insbesondere einer vollständigen und richtigen Darstellung in deutscher Sprache und in einer das Verständnis erleichternden Form. Die Angaben setzten eine weitgehend abgeschlossene Planung der Transaktionsfinanzierung zum Zeitpunkt der Erstellung der Angebotsunterlage voraus.
Gemäß § 11 Abs. 2 Satz 2 Nr. 4 WpÜG hat die Angebotsunterlage die Art und die Höhe der für die Wertpapiere der Zielgesellschaft gebotenen Gegenleistung zu bezeichnen[1065]. Die Angaben sind bedeutsam, weil sie ausschlaggebend für die Entscheidung der Wertpapierinhaber der Zielgesellschaft über die Annahme des Angebots sind[1066]. Somit muß schon vor der Erstellung der Angebotsunterlage die Finanzierung der Transaktion weitgehend geplant und vorbereitet sein. Das nötige Maß der Vorbereitung hängt von den im konkreten Fall verwendeten Finanzierungsmaßnahmen ab. Aus den Angaben zur Art und Höhe ergibt sich jedoch das aufzubringende Gesamtvolumen der Gegenleistung.
Nach § 11 Abs. 2 Satz 3 Nr. 1 WpÜG sind als ergänzende Angaben die notwendigen Maßnahmen zu benennen, die sicherstellen, daß dem Bieter die zur voll-

[1063] Im letztgenannten Fall greifen die eigenständigen aktienrechtlichen Mechanismen des Minderheitenschutzes und der Kapitalerhaltung, *Liebscher*, ZIP 2001, S. 853/868; *Vogel*, Finanzierung von Übernahmeangeboten, S. 3; *ders.*, in: Haarmann/Binger/Schüppen, § 13 WpÜG, Rn. 13.

[1064] *Vogel*, in: Haarmann/Binger/Schüppen, § 13 WpÜG, Rn. 13.

[1065] Vgl. insoweit auch Art. 6 Abs. 3 EU-Übernahmerichtlinie. Die Gegenleistung kann in diesem Zusammenhang gemäß Art. 5 Abs. 5 RL grundsätzlich aus Wertpapieren; einer Geldleistung oder einer Kombination aus diesen beiden Faktoren bestehen.

[1066] Begründung zum Gesetzentwurf der Bundesregierung, Besonderer Teil, S. 99.

ständigen Erfüllung des Angebots notwendigen Mittel zur Verfügung stehen, und Angaben zu den erwarteten Auswirkungen eines erfolgreichen Angebots auf die Vermögens-, Finanz- und Ertragslage des Bieters zu machen[1067]. Diese Angaben sind geboten, da es weder im Interesse der Wertpapierinhaber der Zielgesellschaft noch im Interesse der Zielgesellschaft selbst ist, an einem Angebotsverfahren beteiligt zu sein, das auf der Seite des Bieters auf keiner vertretbaren wirtschaftlichen Grundlage steht und deshalb unter Umständen zum Scheitern verurteilt ist[1068].
Gegebenenfalls ist die Angebotsunterlage gemäß § 11 Abs. 2 Satz 3 Nr. 4 WpÜG im Falle eines Barangebotes um die nach § 13 Abs. 1 Satz 2 WpÜG nötige Bestätigung eines Wertpapierdienstleistungsunternehmens zu ergänzen, wobei dann auch die Firma, der Sitz und die Rechtsform dieses Unternehmens anzugeben sind. Die Aufnahme der Finanzierungsbestätigung in die Angebotsunterlage ist vor dem Hintergrund einer möglichst umfassenden Information der Wertpapierinhaber zu verstehen[1069].

b. Finanzierung des Angebots gemäß § 13 WpÜG

Im Hinblick auf die Finanzierung des Angebots sind gemäß § 13 WpÜG folgende Bestimmungen zu beachten:

aa. Sicherstellung der zur Angebotserfüllung notwendigen Mittel

Bereits vor der Veröffentlichung der Angebotsunterlage hat der Bieter gemäß § 13 Abs. 1 WpÜG die notwendigen Maßnahmen zu treffen, um sicherzustellen, daß ihm die zur vollständigen Erfüllung des Angebots notwendigen Mittel zum Zeitpunkt der Fälligkeit des Anspruchs auf die Gegenleistung zur Verfügung stehen. Nach dem Sprachverständnis des Bürgerlichen Rechts verlangt der Begriff der „Sicherstellung" die Leistung einer Sicherheit im Sinne der § 232 ff. BGB, also beispielsweise durch Hinterlegung von Geld oder Wertpapieren, die Bestellung von Grundpfandrechten an Betriebsgrundstücken oder einer selbstschuldnerischen Bürgschaft. Jedoch ist im Zusammenhang mit der Sicherstellung der Gegenleistung gemäß § 13 Abs. 1 WpÜG eine Sicherheitsleistung im

[1067] Eine vergleichbare Verpflichtung ergibt sich im Rahmen der EU-Übernahmerichtline aus dem allgemeinen Grundsatz der Sicherstellung der Gegenleistung (Art. 3 Abs. 1e RL) und der Pflicht zu Angaben bzgl. der Finanzierung des Angebots (Art. 6 Abs. 3k RL).
[1068] Begründung zum Gesetzentwurf der Bundesregierung, Besonderer Teil, S. 99.
[1069] Schließlich können gemäß § 11 Abs. 4 und 5 WpÜG das Bundesministerium der Finanzen oder im Falle der Übertragung die BAFin durch eine Rechtsverordnung, die nicht der Zustimmung des Bundesrates bedarf, nähere Bestimmungen über die in die Angebotsunterlage aufzunehmenden Angaben erlassen beziehungsweise weitere ergänzende Angaben vorschreiben. Vgl. Begründung zum Gesetzentwurf der Bundesregierung, Besonderer Teil, S. 100 ff.

technischen Sinne gerade nicht gemeint[1070]. Vor dem Hintergrund, daß die mit einem Übernahmeangebot angesprochenen Aktionäre einer Zielgesellschaft es selbst in der Hand haben, ob sie dieses annehmen oder nicht, ist ihr Sicherungsbedürfnis geringer zu veranschlagen als beispielsweise das Sicherungsbedürfnis von Gläubigern im Fall einer Verschmelzung oder eines im Rahmen eines *Squeeze-out* gegen Abfindung aus der Gesellschaft ausgeschlossenen Aktionärs. Die Regelungssituation des § 13 WpÜG ist somit nicht mit derjenigen des § 22 UmwG oder des § 327b Abs. 3 AktG vergleichbar, bei denen die Begünstigten grundsätzlich keine Möglichkeit haben, die die Sicherheitspflicht begründende Maßnahme zu verhindern[1071]. Um dem Kriterium der Sicherstellung zu genügen, reicht eine Bankbürgschaft beziehungsweise Bankgarantie aus, ist aber nicht zwingend. Dies ergibt sich aus dem wörtlichen Vergleich des § 13 Abs. 1 Satz 1 WpÜG mit der zeitgleich eingeführten Vorschrift des § 327b Abs. 3 AktG. Hätte der Gesetzgeber eine Bankgarantie oder eine ähnliche Haftungszusage eines Kreditinstituts als Mindeststandard vorausgesetzt, so hätte er eine dem § 327b Abs. 3 AktG vergleichbare Regelung getroffen[1072].

Die Sicherstellung der Gegenleistung hat zu erfolgen, weil die Fähigkeit des Bieters, den Erwerb der Wertpapiere der Zielgesellschaft tatsächlich zu finanzieren, von entscheidender Bedeutung für die Beurteilung der Qualität des Angebotes ist. Insofern verlangen nicht nur das WpÜG, sondern auch der britische City Code, das österreichische Übernahmegesetz und nunmehr auch die EU-Übernahmerichtlinie eine Sicherstellung[1073]. Diese Verpflichtung besteht unabhängig davon, ob es sich bei der Gegenleistung um eine Geld- oder Sachleistung handelt. Allgemein läßt sich damit feststellen, daß der Bieter im Zeitpunkt des Angebotes alle Schritte unternommen haben muß, um die damit eingegangenen Verpflichtungen im Zeitpunkt ihrer Fälligkeit erfüllen zu können. Welche Schritte dies im einzelnen sind, hängt von den im konkreten Fall verwendeten

---

1070 *Vogel*, ZIP 2002, S. 1421/1426 f.; *ders.*, in: Haarmann/Binger/Schüppen, § 13 WpÜG, Rn. 68 f.

1071 *Vogel*, in: Haarmann/Binger/Schüppen, § 13 WpÜG, Rn. 68, der jedoch darauf hinweist, daß § 327b Abs. 3 AktG den Minderheitsaktionären einen zusätzlichen unmittelbaren Anspruch gegen ein Kreditinstitut wegen der von diesem zu leistenden Bankgarantie einräumt.

1072 *Vogel*, Finanzierung von Übernahmeangeboten, S. 11 f.; *ders.*, in: Haarmann/Binger/Schüppen, § 13 WpÜG, Rn. 69, der zugleich mit weiteren Nachweisen auf die vergleichbaren Regelungen in Österreich und Frankreich hinweist.

1073 Vgl. *City Code on Takeovers and Mergers*, Rule 2.5 c) i.V.m. Rule 3.2 und 24.7; § 4 Nr. 1 i.V.m. § 9 Abs. 1 *Österreichisches Übernahmegesetz*; Art. 3 Abs. 1e *EU-Übernahmerichtlinie*; Begründung zum Gesetzentwurf der Bundesregierung, Besonderer Teil, S. 106; *Fleischer/Kalss*, S. 87 f. sowie *Möllers*, in: Kölner Kommentar zum WpÜG, § 13, Rn. 1 ff. und *Vogel*, in: Haarmann/Binger/Schüppen, § 13 WpÜG, Rn. 10 ff., die zudem auf die im Ansatz vergleichbare Regelung nach dem Schweizer Recht hinweisen.

Finanzierungsmitteln ab. Der Gesetzgeber hat davon abgesehen, spezielle inhaltliche Anforderungen an die Finanzierung aufzustellen. Möglichkeiten und Grenzen der Finanzierung von Angeboten ergeben sich somit allein unter Heranziehung der allgemeinen, dem Bieter vorgegebenen rechtlichen Rahmenbedingungen außerhalb des WpÜG[1074]. Die Verpflichtung zur Sicherstellung der Gegenleistung geht jedoch nicht so weit, daß der Bieter beispielsweise im Fall eines Barangebotes zum Zeitpunkt der Veröffentlichung nach § 10 WpÜG bereits über das Geld zum Erwerb der Wertpapiere der Zielgesellschaft verfügen muß. Vielmehr ist es ausreichend, wenn dem Bieter bei Fälligkeit der Geldleistung die notwendigen Mittel zur Verfügung stehen.

bb. Finanzierungsbestätigung im Falle des Barangebots

Im Falle eines Barangebotes bedarf es insoweit nach § 13 Abs. 1 Satz 2 WpÜG der schriftlichen Bestätigung eines unabhängigen Wertpapierdienstleistungsunternehmens[1075]. Dieses schuldet gegebenenfalls denjenigen Personen Ersatz des aus der nicht vollständigen Erfüllung entstandenen Schadens, die das Angebot annehmen, denen gegenüber die angebotene Gegenleistung jedoch deshalb nicht oder nicht vollständig erbracht wird, weil die notwendigen Mittel dem Bieter nicht zur Verfügung stehen[1076]. Hinsichtlich der Haftung sah der Diskussionsentwurf zum WpÜG seinerzeit keine Unterscheidung zwischen einer in einer Geld- oder einer Sachleistung bestehenden Gegenleistung vor. Die insofern vorgenommene Beschränkung der Haftung auf Barangebote erfolgte aufgrund zahlreicher berechtigter Einwände von Praktikerseite. Ein entsprechendes Testat wäre insbesondere dann problematisch, wenn der Bieter eigene Aktien als Ge-

---

[1074] *Vogel*, in: Haarmann/Binger/Schüppen, § 13 WpÜG, Rn. 3.

[1075] Hierbei handelt es sich um ein Unternehmen im Sinne des § 2 Abs. 4 WpHG. Dies sind neben den inländischen Kredit- und Finanzdienstleistungsinstituten die entsprechenden Institute mit Sitz in einem anderen Staat des Europäischen Wirtschaftsraums, die berechtigt sind, ohne erneute Zulassung im Inland durch Zweigniederlassungen oder im Wege des grenzüberschreitenden Dienstleistungsverkehrs im Inland tätig zu sein. Hierdurch soll ein möglichst hoher Überwachungsstandard über das bestätigende Unternehmen gewährleistet werden. Dem Kriterium der Unabhängigkeit steht dabei nicht entgegen, daß das Wertpapierdienstleistungsunternhmen den Bieter bei der Transaktion berät. Gewährleistet muß nur sein, daß der Bieter nicht insoweit auf das Wertpapierdienstleistungsunternehmen einwirken kann, daß es sich bei der Bestätigung lediglich um eine bloße Gefälligkeit desselben handelt. Vgl. Begründung zum Gesetzentwurf der Bundesregierung, Besonderer Teil, S. 106 und *Möllers*, in: Kölner Kommentar zum WpÜG, § 13, Rn. 70 ff. Zur Präzisierung der Unabhängigkeit scheint somit grundsätzlich ein Abgleich mit den Ausschlußgründen für Abschlußprüfer gemäß § 319 Abs. 2 und 3 HGB möglich, wobei jedoch § 319 Abs. 2 Nr. 5 HGB nicht zu berücksichtigen wäre; *Fleischer/Kalss*, S. 88 f. Vgl. auch *Vogel*, Finanzierung von Übernahmeangeboten, S. 6 f.

[1076] Nicht abschließend geklärt ist in diesem Zusammenhang allerdings die Frage, wie sich ein solcher Schadensersatz zu berechnen hat, vgl. hierzu *Zinser*, WM 2002, S. 15/17.

genleistung anbietet. Es könnte in diesen Fällen vom Wertpapierdienstleistungsunternehmen allenfalls bestätigt werden, daß der Bieter die erforderlichen Schritte zur Durchführung einer Kapitalerhöhung beziehungsweise Ausnutzung des genehmigten Kapitals eingeleitet hat. Andererseits könnte der Wertpapierdienstleister jedoch nicht die erfolgreiche Durchführung dieser Schritte bestätigen, geschweige denn dafür haften. Schließlich liegen die hierzu nötigen Maßnahmen gar nicht in seinem Verantwortungsbereich[1077].

Als praktisches Problem stellt sich für den Bieter zudem die Schwierigkeit, innerhalb relativ kurzer Frist eine Finanzierungsbestätigung gemäß § 13 Abs. 1 Satz 2 WpÜG zu beschaffen, deren vertragsgegenständliches Risiko grundsätzlich erst nach Abschluß einer Risikoanalyse bei Bieter und Zielgesellschaft bestimmt werden könnte[1078]. Auch die Vornahme einer solche Risikoanalyse ist im Rahmen feindlicher Übernahmen deshalb problematisch, weil die Unternehmensleitung der Zielgesellschaft regelmäßig jegliche Mitarbeit verweigert.

cc. Die Rechtsnatur der Finanzierungsbestätigung und ihre praktische Bedeutung im vorliegenden Zusammenhang

Wegen ihrer - nicht zuletzt für die übrigen Kapitalmarktteilnehmer - erheblichen Bedeutung ist die Finanzierungsbestätigung des unabhängigen Wertpapierdienstleistungsunternehmens gemäß § 11 Abs. 2 Satz 3 Nr. 4 WpÜG als ergänzende Angabe in die Angebotsunterlage aufzunehmen[1079]. Ihr wird somit eine dem aus dem US-amerikanischen Recht bekannten *highly confident letter*[1080] vergleichbare Signalwirkung zukommen. Dennoch ist dieser lediglich Ausdruck des gegenüber dem Bieter geäußerten größten Vertrauens einer Investmentbank in die Finanzierbarkeit des Vorhabens. Somit läßt sich eine unmittelbare Haftung der Investmentbank gegenüber den Aktionären der Zielgesellschaft hieraus regelmäßig nicht ableiten[1081]. Insofern unterscheidet sich die Finanzierungsbestätigung nach § 13 Abs. 1 Satz 2 WpÜG von der US-amerikanischen Praxis. Im Falle der Haftung auf Schadensersatz nach § 13 Abs. 2 WpÜG hat das Wertpapierdienstleistungsunternehmen den Wertpapierinhaber zwar so zu stellen, als hätte der Bieter ordnungsgemäß erfüllt. Dennoch ist auch die Finanzierungsbestätigung nicht mit einer bürgschafts- oder garantiegleichen Einstandspflicht

[1077] *Möllers*, in: Kölner Kommentar zum WpÜG, § 13, Rn. 67 f. sowie *Vogel*, in: Haamann/Binger/Schüppen, § 13 WpÜG, Rn. 9, der ferner darauf hinweist, daß die von Anwaltschaft und Kreditgewerbe vorgebrachte Forderung, die Anforderungen eines Testats mit nachfolgender Haftung gänzlich zu streichen, kein Gehör fanden.

[1078] *Riehmer/Schröder*, NZG 2000, S. 820/821; *Vogel*, ZIP 2002, S. 1421/1421.

[1079] Begründung zum Gesetzentwurf der Bundesregierung, Besonderer Teil, S. 106.

[1080] Vgl. hierzu *Solomon/Schwartz/Bauman/Weiss*, Corporations, S. 1171 f.

[1081] Siehe auch § 3 III. 2. Einschalten einer Investmentbank.

gleichzusetzen. Für die Feststellung eines Haftungsanspruchs des Wertpapierinhabers gelten nach § 13 Abs. 3 WpÜG nämlich § 12 Abs. 2 bis 6 WpÜG entsprechend. Der Anspruch kann somit beispielsweise dann nicht bestehen, wenn sich der Bieter oder die sonst Verantwortlichen exculpieren[1082] oder der Anspruch nach § 12 Abs. 3 WpÜG ausgeschlossen beziehungsweise nach § 12 Abs. 4 WpÜG verjährt ist. Im übrigen unterliegen der Erfüllungsanspruch und der subsidiäre Schadensersatzanspruch gegenüber dem Wertpapierdienstleister einer unterschiedlichen Verjährungsfrist[1083]. Aus der Sicht der Adressaten des Übernahmeangebotes stellt die in § 13 Abs. 1 Satz 2 WpÜG angeordnete Verschuldenshaftung somit ein „Weniger" als eine Bürgschafts- oder Garantiehaftung dar[1084].

In der Praxis feindlicher Übernahmen auf große Publikumsgesellschaften wird dem Haftungstatbestand des § 13 Abs. 1 Satz 2 WpÜG jedoch ohnehin nur eine geringe Bedeutung zukommen. Gerade in den spektakulären Übernahmefällenes Bieters immer mehr an Bedeutung[1085], so daß ein die Finanzierungsbestätigung erforderndes Barangebot regelmäßig gerade nicht vorliegt[1086].

IV. Vorbereitung des feindlichen Übernahmeangebotes durch den Bieter

Ein erfolgreiches feindliches Übernahmeangebot setzt auf der Seite des Bieters auch unter Berücksichtigung des deutschen Rechts eine intensive Vorbereitung voraus.

1. Beauftragung einer Investmentbank

Nicht zuletzt wegen der zuvor dargestellten Anforderungen an die Sicherstellung der Finanzierung durch den Bieter gemäß § 13 WpÜG, ist es sinnvoll, rechtzeitig vor der Veröffentlichung der Angebotunterlage eine Investmentbank

---

1082 § 12 Abs. 2 WpÜG.

1083 Vgl. § 13 Abs. 3 i. V. m. § 12 Abs. 4 WpÜG.

1084 *Vogel*, in: Haarmann/Binger/Schüppen, § 13 WpÜG, Rn. 68 f.; *Möllers*, in: Kölner Kommentar zum WpÜG, § 13, Rn. 63 f. Eine andere – systematisch jedoch nicht überzeugende - Ansicht vertritt insoweit *Süßmann*, in: Geibel/Süßmann, § 13 WpÜG, Rn. 16-20, der die Finanzierungsbestätigung als kündbare Garantie bezeichnet.

1085 *Riehmer/Schröder*, NZG 2000, S. 820/821 f; *Vogel*, ZIP 2002, S. 1421/1422; *ders.*, in: Haarmann/Binger/Schüppen, § 13 WpÜG, Rn. 15. Das Angebot von Aktien dritter Unternehmen oder von Tochterunternehmen des Bieters läßt das WpÜG lediglich beim „schlichten Erwerbsangebot" oder als Alternative bei einem Übernahme- bzw. Pflichtangebot zu.

1086 Vgl. zu den dabei typischerweise auftretenden Fragestellungen *Vogel*, Finanzierung von Übernahmeangeboten, S. 5 ff.

bzw. ein Wertpapierdienstleistungsunternehmen einzuschalten. Dies ergibt sich schon daraus, daß die Angebotsunterlage nach § 11 Abs. 2 Satz 2 Nr. 4 WpÜG die Art und Höhe der Gegenleistung sowie nach § 11 Abs. 2 Satz 3 Nr. 4 WpÜG gegebenenfalls die Finanzierungsbestätigung des Wertpapierdienstleistungsunternehmens anzugeben hat. Folglich müssen schon in diesem Zeitpunkt die wesentlichen Rahmendaten der Finanzierung feststehen.

Zudem wird in der Unternehmenspraxis die Frage der Finanzierbarkeit des Vorhabens regelmäßig eines der ausschlaggebenden Kriterien hinsichtlich der Entscheidung zur Abgabe eines Angebots im Sinne des § 10 Abs. 1 Satz 1 WpÜG, also des „Ob" der Transaktion darstellen.

Die beauftragte Investmentbank wird somit gemeinsam mit dem Bieter jedenfalls erörtern, ob und gegebenenfalls welcher Maßnahmen der Eigen- bzw. Fremdkapitalfinanzierung es zur erfolgreichen Durchführung der feindlichen Übernahme bedarf[1087].

2. Angebotssperren und Beschränkungen der Übertragbarkeit der Aktien der Zielgesellschaft (Vinkulierung)

Die Übernahme einer unter wirtschaftlichen Gesichtspunkten interessanten Zielgesellschaft wäre jedoch von vornherein ausgeschlossen, wenn eine Angebotssperre bestünde (nachfolgend unter a.) oder die Aktien der Zielgesellschaft nicht frei übertragbar wären (nachfolgend unter b.). Andere denkbare Abwehrmechanismen der Zielgesellschaft[1088] sind hingegen nach deutschem Recht entweder unzulässig beziehungsweise nur schwer durchzusetzen oder im Ergebnis nicht geeignet, den Anteilserwerb beziehungsweise das Übernahmeangebot als solches zu verhindern. Sie haben vielmehr den Zweck, die wirtschaftlichen Vorteile der Transaktion zu verringern oder das entsprechende Risiko des Bieters zu erhöhen. Dies gilt insbesondere auch für die mit dem WpÜG geschaffene Möglichkeit des Vorratsbeschlusses über bestimmte Einzelmaßnahmen für einen Zeitraum von maximal 18 Monaten (§ 33 Abs. 2 WpÜG), da hierdurch lediglich ein Weg zur Reaktion auf ein bereits veröffentlichtes Übernahmeangebot eröffnet wird[1089].

[1087] Vgl. zur Rolle der Investmentbanken ergänzend, jedoch noch unter Berücksichtigung des Übernahmekodex: *Groß*, DB 1996, S. 1909 ff.

[1088] Vgl. hierzu *Krause*, AG 2002, S. 133 ff.

[1089] *Krause*, AG 2002, S. 133/136 f.

a. Angebotssperre

Gemäß §§ 26 Abs. 1, 34 WpÜG besteht für freiwillige Angebote[1090] in zwei Fällen eine Sperrfrist von einem Jahr. Zunächst nach §§ 26 Abs. 1 Satz 1, 34 WpÜG dann, wenn ein ein früheres Angebot des Bieters für die Aktien der Zielgesellschaft nach § 15 Abs. 1 oder 2 WpÜG von der BAFin untersagt worden ist. Fristbeginn ist dann der Zeitpunkt der Untersagung. Ferner gilt die Sperrfrist gemäß §§ 26 Abs. 1 Satz 2, 34 WpÜG auch dann, wenn der Bieter ein früheres Angebot vom Erreichen eines bestimmten Mindestanteils abhängig gemacht hat und dieser nach Ablauf der Annahmefrist nicht erreicht wurde. Das Gesetz sieht hiervon zwar in § 26 Abs. 2 WpÜG einen Tatbestand, nach dem die BAFin den Bieter auf schriftlichen Antrag von der Angebotssperre befreien kann. Da es hierfür jedoch der Zustimmung der Zielgesellschaft bedarf, ist eine solche Befreiung im Zusammenhang mit einem feindlichen Übervorhaben nicht zu erwarten[1091].

b. Übertragungsbeschränkungen

Der freien Übertragbarkeit der Aktien der Zielgesellschaft auf den Bieter könnte im deutschen Aktienrecht eine Vinkulierung von Namensaktien entgegenstehen. Eine Vinkulierung liegt gemäß § 68 Abs. 2 Satz 1 AktG vor, wenn die Satzung die Übertragung von Namensaktien an die Zustimmung der Gesellschaft bindet. Eine solche Zustimmung erteilt dann regelmäßig der Vorstand der Gesellschaft. Sie kann jedoch auch dem Aufsichtsrat oder der Hauptversammlung vorbehalten sein[1092]. Gemäß § 68 Abs. 2 Satz 4 AktG kann die Satzung dabei auch die Gründe bestimmen, aus denen die Zustimmung verweigert werden kann.

Bei der Regelung des § 68 Abs. 2 AktG handelt es sich somit um eine Ausnahme vom allgemeinen Grundsatz der freien Verfügbarkeit der Namensaktien[1093]. Aus der Sicht einer potentiellen Zielgesellschaft[1094] dient eine Vinkulierung häufig dem Zweck, die Aktiengesellschaft vor einer „Überfremdung“ zu

---

[1090] Also für schlichte Erwerbs- und Übernahmeangebote, nicht hingegen für Pflichtangebote nach § 35 ff. WpÜG, vgl. § 26 Abs. 1 Satz 2 WpÜG.

[1091] Vgl. hierzu *Assmann*, AG 2002, S. 114/116, der darauf hinweist, daß eine Zustimmung der Zielgesellschaft zur Befreiung von der Sperrfrist beispielsweise dann in Betracht kommt, wenn der frühere Bieter in Anbetracht eines weiteren Übernahmeangebots nunmehr als „*white knight*“ fungieren soll. Dann ist das erneute Angebot dieses früheren Bieters jedoch als „freundlich“ zu qualifizieren.

[1092] § 68 Abs. 2 Sätze 2 und 3 AktG.

[1093] Während eine solche Einschränkung der Verkehrsfähigkeit bei Inhaberaktien ohnehin unzulässig wäre, bleiben auch vinkulierte Namensaktien geborene Orderpapiere, die somit mittels Indossament übertragen werden können; *Hüffer*, § 68 AktG, Rn. 10.

[1094] Vgl hierzu oben, § 2 II. Potentielle Zielunternehmen.

schützen, also den Erwerb von Anteilen durch einen den bisherigen Wertpapierinhabern unerwünschten Dritten[1095] zu verhindern. Daneben kann auch das Eindringen unerwünschter Aktionäre in den Aufsichtsrat verhindert werden, wenn mit bestimmten Aktien ein Recht zur Entsendung von Aufsichtsratsmitgliedern verbunden ist[1096]. Da sich die Vinkulierung lediglich auf die Übertragung der Namensaktien bezieht, sind von der Vorschrift insofern die auf einem Rechtsgeschäft[1097] beruhenden Verfügungsgeschäfte erfaßt[1098]. Diese kann die Gesellschaft also gegebenenfalls verhindern. Als konkrete Verweigerungsgründe im Sinne des § 68 Abs. 2 Satz 4 AktG kommen dabei beispielsweise die Familienfremdheit, die Ausländereigenschaft oder die Branchennähe in Betracht[1099]. Insbesondere der zuletzt genannte Verweigerungsgrund kann im Zusammenhang mit der geplanten feindlichen Übernahme eines Konkurrenten von praktischer Bedeutung sein. Enthält die Satzung jedoch keine Vorgaben hinsichtlich eines Verweigerungsgrundes, so entscheidet der Vorstand beziehungsweise das ansonsten zuständige Organ der Gesellschaft nach pflichtgemäßem, die Gesellschaftsinteressen und die Interessen des übertragungswilligen Aktionärs abwägenden, durch das Gleichbehandlungsgebot (§ 53a AktG) gebundenem Ermessen[1100]. Weitergehende Ermessensbeschränkungen sind hingegen nicht gerechtfertigt, insbesondere bedarf es keiner sachlichen Rechtfertigung der Entscheidung im Falle der Verweigerung der Zustimmung zur Übertragung[1101]. Weil in einem feindlichen Übernahmeverfahren die Zustimmung zum Erwerb von Aktien der Zielgesellschaft naturgemäß verweigert wird, hat dies für den Bieter zur Folge, daß er gegebenenfalls entsprechende Tatsachen behaupten und beweisen muß, um eine in der Verweigerung liegende Pflichtverletzung des zuständigen Organs geltend zu machen[1102]. In der Praxis spielen vinkulierte Namensaktien bei großen Publikumsgesellschaften jedoch nur eine untergeordnete Rolle. So waren beispielsweise Ende Juli 2002 unter den Unternehmen des Dax-100 lediglich in vier Fällen vinkulierte Namensaktien zum Handel zugelassen. Allerdings handelte es sich dabei mit der Allianz AG, der Lufthansa AG und der

---

[1095] Z.B. eines übernahmewilligen Wettbewerbers oder eines ausländischen Investors.

[1096] Was dann gemäß § 101 Abs. 2 Satz 2 AktG zwangsweise zu einer Vinkulierung führt, vgl. *Hüffer*, § 68 AktG, Rn. 10.

[1097] Nicht erfaßt sind somit die Gesamtrechtsnachfolge oder eine Übertragung kraft Gesetzes, beispielsweise bei der Verschmelzung.

[1098] *Hüffer*, § 68 AktG, Rn. 11.

[1099] *Hüffer*, § 68 AktG, Rn. 14.

[1100] BGH NJW 1987, S. 1019/1020; LG Aachen, AG 1992, S. 410/411 ff.; *Hüffer*, § 68 AktG, Rn. 115; *Lutter*, AG 1992, S. 369/370.

[1101] LG Aachen, AG 1992, S. 410/411 ff.; *Hüffer*, § 68 AktG, Rn. 15; *Lutter*, AG 1992, S. 369/372 f.; a.A.: *Immenga*, AG 1992, S. 79/82 f.

[1102] *Bork*, FS Henckel, 1995, S. 23/26; *Hüffer*, § 68 AktG, Rn. 15; *Lutter*, in: Kölner Kommentar zum AktG, § 68, Rn. 30; a.A. *Kossmann*, BB 1985, S. 1364/1367.

Münchener Rückversicherungs AG in drei Fällen um Werte, die im Dax-30 notiert waren[1103].

Für die Zukunft[1104] ist insofern jedoch zu berücksichtigen, daß zunächst alle dem Recht eines Mitgliedstaates der EU unterliegenden Gesellschaften, deren Wertpapiere an einem geregelten Markt zum Handel zugelassen sind, verpflichtet sein werden, etwaige Beschränkungen in Bezug auf die Übertragbarkeit der Wertpapiere in ihrem Lagebericht bekanntzumachen[1105]. Ferner werden derartige Übertragungsbeschränkungen gegenüber einem Bieter während der Annahmefrist zukünftig gemäß Art. 11 Abs. 2 EU-Übernahmerichtline durchbrochen, so daß die fraglichen Wertpapieren im Ergebnis an den Bieter übertragen werden können.

3. Steuerliche Vorüberlegungen

Neben der grundsätzlichen Entscheidung zum „ob" einer Übernahme stellt sich im Rahmen des „Wie" der Transaktion regelmäßig die Frage der steuerlichen Behandlung auf Seiten des Bieters und der Veräußerer. Deren Interessenlagen sind dabei grundsätzlich insofern gegenläufig, als die Veräußerer einen möglichst hohen Verkaufspreis nach Steuern erzielen wollen, wohingegen der Bieter den zu zahlenden Kaufpreis möglichst schnell einkommensmindernd geltend machen will. Folglich ist es wichtig, die steuerliche Ausgangssituation der Aktionäre der Zielgesellschaft als Veräußerer mit den Interessen des Bieters als Erwerber zu verknüpfen[1106]. Die steuerliche Behandlung eines Übernahmevorhabens ist im vorliegenden Zusammenhang somit in Grundzügen zu erläutern.

Im Rahmen der Vorbereitung der feindlichen Übernahme einer großen Publikumsgesellschaft ist insofern zunächst zu bedenken, daß der Bieter diese allein vornehmen muß, weil Verhandlungen über die Konditionen des Angebots mit den Aktionären der Zielgesellschaft wegen der feindlichen Vorgehensweise und zur Wahrung des Überraschungseffekts immer unterbleiben. Zur Verbesserung der Akzeptanz des Angebots liegt es dabei aber im eigenen Interesse des Bieters, das Angebot auch in steuerlicher Hinsicht für eine Vielzahl der Aktionäre der

---

1103 *Handelsblatt* vom 23.07.2002, S. 20.

1104 Ab dem spätesten Datum der Umsetzung der EU-Übernahmerichtlinie durch die Mitgliedstaaten (Mai 2006).

1105 Art. 10 Abs. 1b und Abs. 2 EU-Übernahmerichtlinie. Gleiches gilt für der Gesellschaft bekannte Vereinbarungen zwischen Gesellschaftern, die die Übertragung von Wertpapieren und/oder Stimmrechten im Sinne der RL 2001/34/EG einschränken können (Art. 10 Abs. 1g und Abs. 2 EU-Übernahmerichtlinie).

1106 Vgl. zu diesen Fragestellungen die umfassende Darstellung von *Eilers*, in: Picot, Handbuch Mergers & Acquisitions, S. 69 ff.

Zielgesellschaft interessant zu gestalten. Ferner ergeben sich zwei weitere Charakteristika. Einerseits kommt eine steuerliche Vorprüfung der Zielgesellschaft, die sogenannte *tax due diligence*, wegen der feindlichen Vorgehensweise nicht in Betracht[1107]. Andererseits schließt die Größe der Zielgesellschaft den Erwerb derselben durch Erwerb der einzelnen Vermögensgegenstände (*asset deal*) von vornherein aus. Insofern sind nur die Fälle des Erwerbs von Anteilen an der Zielgesellschaft (*share deal*) zu berücksichtigen. Regelmäßig wird es sich dabei ferner um einen Aktientausch handeln. Diese Form des Unternehmenskaufs hat in der jüngeren Vergangenheit gerade deshalb an Bedeutung gewonnen, weil hierbei keine „effektive“ Zahlung an die Gesellschafter des Zielunternehmens erforderlich ist, so daß auch sehr große (bzw. „teure“) Akquisitionen finanzierbar wurden[1108].

a. Steuerliche Ausgangssituation der Veräußerer

Die Aktionäre der Zielgesellschaft streben regelmäßig an, die Versteuerung eines möglichen Veräußerungsgewinns, der beispielsweise aufgrund der im Kaufpreis zu berücksichtigenden stillen Reserven der Zielgesellschaft oder der Übernahmeprämie entstehen kann[1109], ganz zu vermeiden oder diese durch eine begünstigte Besteuerung jedenfalls zu minimieren. Für die steuerliche Behandlung solcher Gewinne ist jedoch der steuerliche Status der jeweiligen Veräußerer entscheidend. Insofern kommt es aus Sicht des Bieters darauf an, ob es sich bei diesen um natürliche Personen, Personengesellschaften oder Kapitalgesellschaften handelt. Problematisch ist zwar, daß der Bieter wegen der bei „klassischen Zielgesellschaften“ vorhandenen hohen Streubesitzquote[1110] nur geringe Kenntnisse über die Identität der Veräußerer hat. Deutlich ist andererseits aber, daß dem Bieter regelmäßig zumindest die Identität derjenigen Aktionäre bekannt ist, die über eine im Sinne des WpHG maßgebliche Beteiligung an der Zielgesellschaft verfügen. Insofern kann sich der Bieter jedenfalls auf die steuerliche Situation dieser Veräußerer einstellen.

Gemäß § 17 Abs. 1 Satz 1 EStG können natürliche Personen und Personengesellschaften in ihrem Privatvermögen befindliche Anteile an einer Kapitalgesell-

---

[1107] Eine solche Vorprüfung käme allenfalls in abgewandelter Form in Betracht, nämlich inhaltlich auf öffentlich zugängliche Informationen beschränkt. Vgl. insoweit *Eilers*, in: Picot, Handbuch Mergers & Acquisitions, S. 108 ff.

[1108] *Eilers*, in: Picot, Handbuch Mergers & Acquisitions, S. 72 verweist insofern auf die Beispiele Mannesmann/Vodafone; Rhone-Poulenc/Hoechst und Daimler/Chrysler. Siehe zum letztgenannten Beispiel insbesondere *Stöcker*, Rechtsfragen grenzüberschreitender Unternehmenszusammenschlüsse, Diss.

[1109] Vgl. zu den weiteren Tatbeständen, die einen Gewinn in diesem Sinne auslösen können *Eilers*, in: Picot, Handbuch Mergers & Acquisitions, S. 102 ff.

[1110] § 2 II. Potentielle Zielunternehmen.

schaft insoweit steuerfrei veräußern, als sie innerhalb der letzten fünf Jahre vor der Veräußerung am Kapital dieser Gesellschaft nicht wesentlich beteiligt waren. Wesentlich im Sinne der Vorschrift ist eine Beteiligung nach § 17 Abs. 1 Sätze 1 und 4 EStG dann, wenn der Veräußerer an der Gesellschaft mit mindestens 1 Prozent unmittelbar oder mittelbar beteiligt war[1111]. In die Berechnung der Beteiligung nach § 17 EStG fließen jedoch diejenigen Anteile nicht mit ein, die durch Einbringung eines Betriebs, Teilbetriebs, Mitunternehmensanteils[1112] oder bestimmter Anteile an Kapitalgesellschaften[1113] gegen Gewährung neuer Anteile an einer Kapitalgesellschaft in diese als Sacheinlage unter dem Teilwert eingebracht wurden. Dieser Regelung geht zudem die in § 23 EStG getroffene Bestimmung zur Spekulationsfrist bei privaten Veräußerungsgeschäften vor. Insofern können Wirtschaftsgüter im Privatvermögen, also auch Aktien einer Kapitalgesellschaft, gemäß § 23 Abs. 1 Nr. 2 EStG nach Ablauf einer Spekulationsfrist von einem Jahr steuerfrei verkauft werden. Für die Veräußerer, bei denen es sich um natürliche Personen oder Personengesellschaften handelt, ist der Verkauf beziehungsweise Tausch ihrer Anteile somit immer dann steuerpflichtig, wenn die Aktien kürzer als ein Jahr gehalten wurden. Werden die Aktien länger gehalten, so ist die Veräußerung steuerfrei, sofern keine wesentliche Beteiligung im Sinne des § 17 EStG vorlag. Liegt hingegen eine wesentliche Beteiligung vor, so ist die Veräußerung für natürliche Personen und Personengesellschaften grundsätzlich steuerpflichtig. Die Freibetragsregelung des § 16 EStG bei Veräußerung einer das gesamte Nennkapital umfassenden Beteiligung[1114] kommt im Rahmen einer feindlichen Übernahme von vornherein nicht in Betracht.

Ist der Veräußerer von Anteilen an einer Kapitalgesellschaft[1115] selbst eine Kapitalgesellschaft, so fällt nach der Systematik des EStG grundsätzlich die ungeminderte Körperschaftsteuer auf einen Veräußerungsgewinn an. Insofern bildet § 8b Abs. 2 KStG jedoch eine Ausnahme von diesem Grundsatz. Nach dieser Vorschrift sind Gewinne aus der Veräußerung von Anteilen sowohl an inländischen als auch an ausländischen Kapitalgesellschaften nunmehr von der Körperschaftsteuer- und der Gewerbesteuerpflicht befreit[1116]. Die Regelung ver-

[1111] Die diesbezügliche Grenze lag ursprünglich bei 25 Prozent, ist jedoch zunächst durch das Steuerentlastungsgesetz vom 24.3.1999 mit Wirkung vom 1.1.1999 auf 10 Prozent, sowie später durch das Steuersenkungsgesetz vom 23.10.2000 mit Wirkung zum 1.1.2001 auf 1 Prozent reduziert worden. Vgl. zu den weiteren Hintergründen, insbesondere zum Fehlen einer Übergangsregelung *Eilers*, in: Picot, Handbuch Mergers & Acquisitions, S. 73 sowie ferner *Hitschler*, BB 1990, S. 1877/1882.

[1112] § 20 Abs. 1 Satz 1 UmwStG.

[1113] § 20 Abs. 1 Satz 2 UmwStG.

[1114] Vgl. hierzu *Eilers*, in: Picot, Handbuch Mergers & Acquisitions, S. 91 f.

[1115] Im Sinne des § 17 EStG.

[1116] Dieser ist dann wie bei einer Veräußerung durch eine natürliche Person oder Personengesellschaft zu ermitteln; vgl. *Eilers*, in: Picot, Handbuch Mergers & Acquisitions, S. 79

folgt die wirtschaftspolitische Zielsetzung, die sogenannte „Deutschland-AG“[1117] aufzubrechen. In ihren persönlichen Anwendungsbereich fallen uneingeschränkt alle steuerpflichtigen Körperschaften im Sinne der §§ 1 und 2 KStG[1118]. Sachlich ist die Norm auf alle Anteilsveräußerungsgewinne durch den Verkauf von Inlands- oder Auslandsbeteiligungen anzuwenden, ohne daß es auf Mindestbeteiligungsquoten, die Erfüllung von Aktivitätsklauseln oder das Vorliegen von Doppelbesteuerungsabkommen ankäme[1119].

In bestimmten Fällen ist diese grundsätzliche Steuerfreiheit jedoch ausnahmsweise ausgeschlossen:

Dies gilt gemäß § 8b Abs. 2 Satz 2 KStG zunächst dann, wenn in den vorangegangenen Wirtschaftsjahren eine gewinnwirksame Teilwertabschreibung vorgenommen wurde und die dadurch eingetretene Gewinnminderung bis zum Veräußerungszeitpunkt nicht durch eine Wertaufholung im Sinne des § 6 Abs. 1 Satz 1 Nr. 2, Satz 3 EStG ausgeglichen wurde. Lediglich wenn der Veräußerungsgewinn die Höhe der Teilwertabschreibung übersteigt, ist dieser übersteigende Betrag steuerfrei[1120].
Ferner bestehen in den beiden in § 8b Abs. 4 Satz 1 Nr. 1 und Nr. 2 KStG genannten Fällen Ausnahmen. Diese liegen vor, wenn es sich bei den mit Gewinn veräußerten Anteilen um einbringungsgeborene Anteile im Sinne des § 21 UmwStG (Nr. 1) oder um solche Anteile handelt, die von nicht im Sinne des § 8b Abs. 2 KStG begünstigten Personen deshalb unter dem Teilwert in eine begünstigte Körperschaft eingebracht wurden, damit diese unter die Steuerbefreiung fällt (Nr. 2). Von der insofern dann bestehenden ausnahmsweisen Steuerpflicht bestimmt § 8b Abs. 4 Satz 2 KStG jedoch wiederum einige Rückausnahmen[1121]. Schließlich ist der Veräußerungsgewinn aus Kapitalbeteiligungen unter bestimmten Voraussetzungen für Kredit- und Finanzdienstleistungsinsti-

---

sowie S. 92 f. Die Freistellung erfolgt für die Körperschaftsteuer regelungstechnisch dadurch, daß die Gewinne bei der Einkommensermittlung der inländischen Körperschaft außer Ansatz bleiben.

1117 Hierunter ist die Abschirmung der deutschen Wirtschaftsunternehmen gegen Eingriffe von außen durch ein System der wechselseitigen Beteiligungen und Kontrolle zu verstehen.

1118 *Eilers*, in: Picot, Handbuch Mergers & Acquisitions, S. 94 f.

1119 Vgl. hierzu m. w. N. *Eilers*, in: Picot, Handbuch Mergers & Acquisitions, S. 95.

1120 *Eilers*, in: Picot, Handbuch Mergers & Acquisitions, S. 96.

1121 Auf diese ist im vorliegenden Zusammenhang jedoch nicht mehr einzugehen. Siehe hierzu m. w. N. *Eilers*, in: Picot, Handbuch Mergers & Acquisitions, S. 96 f. und S. 99 f.

tute[1122] unter den in § 8b Abs. 7 KStG genannten Fällen ausnahmsweise nicht steuerfrei[1123].

b. Steuerliche Ausgangssituation des Erwerbers (Bieters)

Im Grundsatz wird der Bieter aus steuerlicher Sicht einen Erwerb einzelner Wirtschaftsgüter (*asset deal*) zwar dem Erwerb von Anteilen einer Zielgesellschaft (*share deal*) regelmäßig vorziehen. Im erstgenannten Fall hat er nämlich die Möglichkeit, den sowohl auf die abnutzbaren Wirtschaftsgüter als auch auf den *goodwill* entfallenden Teil des Kaufpreises in steuermindernde Abschreibungen umzusetzen. Hingegen ist beim *share deal* eine Umsetzung des Kaufpreises in laufende Abschreibung nicht möglich, da die Beteiligung an Kapitalgesellschaften als solche nicht zu den abnutzbaren Wirtschaftsgütern gehört[1124].

Dennoch kommt im vorliegenden Fall lediglich ein Erwerb von Anteilen der Zielgesellschaft in Betracht. Dabei bilanziert der Erwerber die Beteiligung als eigenständiges Wirtschaftsgut mit der Folge, daß nicht der Buchwert der einzelnen Wirtschaftsgüter aufgestockt wird, sondern nur die erworbene Beteiligung mit ihren Anschaffungskosten aktiviert wird. Eine Abschreibung der erworbenen Anteile ist somit außer in den Fällen einer Teilwertabschreibung nicht möglich. Diese ist nur zulässig, wenn sich die Anschaffung der Beteiligung als Fehlmaßnahme erweist oder der Substanzwert der Beteiligung unter den bilanzierten Wert derselben absinkt[1125]. Insofern konzentriert sich der Bieter als Erwerber im Rahmen seiner steuerlichen Vorüberlegungen regelmäßig auf

- die steuerliche Abzugsfähigkeit von Finanzierungskosten,
- die steuerliche Nutzung von Verlustvorträgen sowie
- die Umsetzung von Anschaffungskosten in Abschreibungspotential (*step up*)[1126].

aa. Steuerliche Abzugsfähigkeit der Finanzierungskosten

Der steuerlichen Abzugsfähigkeit der Finanzierungskosten steht seit dem Veranlagungszeitraum 2002 jedoch § 3c Abs. 2 EStG entgegen. Nach dieser Vorschrift sind Betriebsausgaben oder Werbungskosten, die in wirtschaftlichem Zusammenhang mit den nach § 3 Nr. 40 EStG stehenden Einnahmen entstehen, nur noch zur Hälfte abziehbar. Dies gilt selbst dann, wenn in dem Veranlagungszeit-

---

[1122] Im Sinne des § 1 Abs. 2 KWG.

[1123] Siehe zum Regelungsgehalt und den Hintergründen der Norm *Eilers*, in: Picot, Handbuch Mergers & Acquisitions, S. 97 ff.

[1124] Vgl. m.w.N. *Eilers*, in: Picot, Handbuch Mergers & Acquisitions, S. 79.

[1125] BFH, BStBl. II 1990, S. 343; *Eilers*, in: Picot, Handbuch Mergers & Acquisitions, S. 91.

[1126] *Eilers*, in: Picot, Handbuch Mergers & Acquisitions, S. 80.

raum überhaupt keine Einnahmen nach § 3 Nr. 40 EStG angefallen sind. Handelt es sich bei dem Erwerber, wie im vorliegenden Zusammenhang anzunehmen, um eine inländische Kapitalgesellschaft, so ergeben sich diesbezüglich wenigstens geringe Vorteile. Gemäß § 8 Abs. 1 KStG i. V. m. § 3c Abs. 1 EStG können laufende erwerbsbedingte Aufwendungen von diesen Gesellschaften zumindest dann abgezogen werden, wenn in einem Veranlagungszeitraum keine Dividenden zufließen[1127].

bb. Umsetzung der Anschaffungskosten in Abschreibungspotenzial

Die steuerliche Umsetzung der Anschaffungskosten in Abschreibungspotenzial versuchte man in der Vergangenheit durch den Einsatz verschiedener Unternehmenskaufmodelle zu erreichen. So sollten mit Hilfe des Kombinationsmodells, des Mitunternehmerschaftsmodells und des Umwandlungsmodells[1128] die steuerlichen Vorteile eines Kaufs von Wirtschaftsgütern auch im Falle eines Beteiligungskaufs realisiert werden. Durch das Steuerreformgesetz 2001 ist jedoch das Umwandlungsmodell obsolet[1129], während die Durchführung eines Kombinationsmodells beziehungsweise eines Mitunternehmerschaftsmodells aus steuerlicher Sicht nicht mehr attraktiv erscheinen[1130].

Neuere Ansätze, die eine mehrstufige Gestaltung der Transaktion auf der Erwerberseite erfordern, führen ebenfalls nicht zu dem gewünschten Erfolg, die

---

1127 Vgl. zum Hintergrund dieser Regelung auch BFH, BStBl. II 1997, S. 57/60; *Eilers*, in: Picot, Handbuch Mergers & Acquisitions, S. 80.

1128 Vgl. hierzu im einzelnen *Eilers*, in: Picot, Handbuch Mergers & Acquisitions, 1. Auflage, S. 68-74.

1129 Das Umwandlungsmodell war als Formwechsel- oder Verschmelzungsmodell denkbar. Die im Rahmen einer Umwandlung ursprünglich gegebene Möglichkeit der steuerneutralen Realisierung des Abschreibungspotenzials für Zwecke der Körperschaftssteuer durch einen Formwechsel der erworbenen Kapitalgesellschaft in eine Personengesellschaft wurde durch das Steuerreformgesetz 2001 aufgehoben. Wegen des aus § 4 Abs. 6 UmwStG folgenden Verlustabzugsverbots können nunmehr infolge des Umwandlungsvorgangs die stillen Reserven der auf die Personengesellschaft zu Buchwerten übertragenen Wirtschaftsgüter durch den gleichzeitig mitverwirklichten Übernahme- (bzw. Verschmelzungs-)verlust nicht mehr steuerneutral aufgedeckt werden. Darüber hinaus kommt es bei einer Weiterveräußerung zu einer erneuten Versteuerung der stillen Reserven. Vgl. m.w. N. *Eilers*, in: Picot, Handbuch Mergers & Acquisitions, S. 81 f.

1130 Dies liegt zum einen am Wegfall des „Anrechnungsverfahrens“, durch den die Erstattung der Körperschaftsteuer, die bei diesen Modellen infolge interner *asset deal* entsteht, auf der Ebene des Erwerbers nicht mehr möglich ist. Zum anderen ist die steuerneutrale Erhöhung des Abschreibungspotenzials wegen der Abschaffung der ausschüttungsbedingten Teilwertabschreibung gemäß § 3c Abs. 2 EStG nur noch zur Hälfte beziehungsweise nach § 8b Abs. 3 KStG überhaupt nicht mehr möglich. *Eilers*, in: Picot, Handbuch Mergers & Acquisitions, S. 82.

Anschaffungskosten in Abschreibungspotenzial umzusetzen. Insoweit ist zunächst das Organschaftsmodell zu nennen. Nach diesem Modell gründet die Erwerberkapitalgesellschaft eine Tochter-Personengesellschaft, die die Anteile an der Zielgesellschaft im Rahmen eines Beteiligungskaufs erwirbt. Im Anschluß hieran schließen die Tochter-Personengesellschaft und die Zielkapitalgesellschaft einen Gewinnabführungsvertrag im Sinne des § 291 Abs. 1 Satz 1, 2. Alt. AktG, um eine gewerbesteuerliche und körperschaftsteuerliche Organschaft zu begründen (§§ 14, 17 KStG). Sodann veräußert die Zielkapitalgesellschaft die Wirtschaftsgüter mit den maßgeblichen stillen Reserven einschließlich Firmenwert an die Tochter-Personengesellschaft, wobei die Wirtschaftsgüter mit den Anschaffungskosten angesetzt werden. Hierdurch kommt es zu einer Buchwertaufstockung in Höhe der stillen Reserven. Der Veräußerungsgewinn gelangt über die Gewinnabführung an die Tochter-Personengesellschaft und wird dort durch eine abführungsbedingte Teilwertabschreibung auf die Beteiligung an der Zielkapitalgesellschaft steuerlich neutralisiert[1131]. Dem Organschaftsmodell sind nunmehr jedoch die Neufassung des § 8b Abs. 2 Satz 1 KStG[1132] sowie § 3c Abs. 2 Satz 2 EStG entgegenzuhalten. Nach diesen Vorschriften erstreckt sich die Steuerbefreiung auch auf die Veräußerung von Anteilen an Organgesellschaften, sofern eine Kapitalgesellschaft Organträger ist. Ist der Organträger hingegen eine Personengesellschaft, so kann nach § 3c Abs. 2 EStG auch eine abführungsbedingte Teilwertabschreibung nur zur Hälfte erfolgen[1133].

Daneben ist noch das sogenannte Down-Stream-Merger-Modell bekannt. Hierbei steht auf der ersten Stufe die Gründung einer Tochterkapitalgesellschaft durch die Erwerberkapitalgesellschaft mit Einlage des Kaufpreisbetrages zum Erwerb der Anteile der Zielkapitalgesellschaft. Anschließend findet ein Beteiligungserwerb durch die Tochterkapitalgesellschaft mittels des eingelegten Kapitals statt. Dann wird eine formwechselnde Umwandlung (§§ 190 ff. UmwG) der Zielkapitalgesellschaft in eine Personengesellschaft ohne die Umsetzung von Anschaffungskosten in Abschreibungspotential nach § 4 Abs. 6 UmwStG vorgenommen, bevor eine Verschmelzung[1134] der Tochterkapitalgesellschaft auf die Personengesellschaft, der sogenannte *down stream merger*, erfolgt. Nach dieser Verschmelzung hält die Erwerberkapitalgesellschaft anstelle von Kapitalgesellschaftsanteilen an der Tochtergesellschaft Anteile an der verschmolzenen Perso-

---

[1131] *Blumers/Beinert/Witt*, DStR 2001, S. 233/235 ff.; *Eilers*, in: Picot, Handbuch Mergers & Acquisitions, S. 83; *Schwedhelm/Olbing/Binewies*, GmbHR 2000, S. 1173/1180.

[1132] In der Fassung des UntStFG vom 20.12.2001.

[1133] Die Gewinne einer Personengesellschaft aus der Veräußerung von Organbeteiligungen werden nämlich auf der Ebene der Mitunternehmer durch § 3 Nr. 40 lit. a) oder b) EStG erfaßt, so daß § 3c Abs. 2 Satz 2 EStG n.F. Anwendung findet. Vgl. hierzu *Eilers*, in: Picot, Handbuch Mergers & Acquisitions, S. 83 m.w.N.

[1134] §§ 2 ff. UmwG.

nengesellschaft. Infolge dessen setzt die Erwerberkapitalgesellschaft als Mitunternehmerin die Wirtschaftsgüter der Personengesellschaft mit den dort geführten Buchwerten an, so daß es auf dieser Ebene zu einer Umsetzung der Anschaffungskosten in Abschreibungspotential käme[1135]. Das Down-Stream-Merger-Modell führt nunmehr jedoch deshalb nicht mehr zu dem gewünschten Erfolg, weil der damit einhergehende Verschmelzungsverlust als Übernahmeverlust gemäß § 4 Abs. 6 UmwStG nicht berücksichtigungsfähig ist[1136].

cc. Zwischenergebnis

Somit ist eine steuerneutrale Umwandlung der Anschaffungskosten in Abschreibungspotenzial im Ergebnis weder nach dem Organschafts- noch nach dem Down-Stream-Merger-Modell möglich. Dies hat zur Folge, daß die aus § 8b Abs. 2 KStG folgende Entlastung der Veräußerer aufgrund der steuerfreien Veräußerung von Kapitalgesellschaftsbeteiligungen zu einer steuerlichen Mehrbelastung des Erwerbers führt. Diese Mehrbelastung wird der Bieter regelmäßig kaufpreismindernd in Rechnung stellen, sofern die Transaktion nicht ausnahmsweise dennoch wirtschaftlich interessant für ihn ist[1137].

4. Zum Kontrollerwerb notwendige Beteiligungsquote

Neben der taktischen Beratung besteht die wichtigste Aufgabe der vom Bieter beauftragten Investmentbank in der Beratung und Planung der Finanzierung des Vorhabens. Für die Berechnung des sich insofern ergebenden Transaktionsvolumen bedarf es zunächst der Ermittlung der zum Kontrollerwerb notwendigen Beteiligungsquote. Daneben sind ferner die Art und die Höhe der den Aktionären der Zielgesellschaft anzubietenden Gegenleistung relevant[1138].

Der Bieter hat ein Übernahmeangebot[1139] wegen des aus § 32 WpÜG folgenden Verbots von Teilangeboten an alle Wertpapierinhaber der Zielgesellschaft zu richten. Hintergrund dieser Regelung ist vor allem die Gleichbehandlung der Wertpapierinhaber. Ohne Zweifel hat ein Bieter, der Inhaber von 100 Prozent der Anteile beziehungsweise Stimmrechte einer Zielgesellschaft wird, die Kon-

---

[1135] *Dieterlen/Schaden*, BB 2000, S. 2492/2499; *Eilers*, in: Picot, Handbuch Mergers & Acquisitions, S. 82 f.; *Hannemann*, DB 2000, S. 2497.

[1136] Vgl. Umwandlungssteuererlaß der Finanzverwaltung in: BStBl. 1998 I, S. 268, Tz. 3.10, 4.12; *Eilers*, in: Picot, Handbuch Mergers & Acquisitions, S. 83; *Pluskat*, DB 2001, S. 2216/2221. Insoweit a. A. *Blumers/Beinert/Witt*, DStR 2001, S. 233/234 f.; *Hannemann*, DB 2000, S. 2497/2497.

[1137] *Eilers*, in: Picot, Handbuch Mergers & Acquisitions, S. 84.

[1138] Siehe hierzu sogleich: § 6 IV. 5. Art und Höhe der Gegenleistung.

[1139] Unabhängig davon, ob er es freiwillig abgibt oder hierzu verpflichtet ist.

trolle über diese Gesellschaft erlangt. Legt man diesen Maßstab zugrunde, so müßte der Bieter sich darauf einstellen, Finanzmittel in einem Umfang sicherzustellen, der ihm den Erwerb dieser 100 Prozent-Beteiligung ermöglicht. Bei Erwerb aller Anteile wäre der Bieter somit aus finanzieller Sicht maximal belastet. Weil es sich bei der Zielgesellschaft um eine große Publikumsgesellschaft handelt, erreicht ein solches Transaktionsvolumen auch ein für die Finanzlage des Bieters erhebliches Ausmaß.

Infolge dessen würde sich ein vernünftiger Bieter bereits mit einer Beteiligung zufrieden geben, die ihm die tatsächliche und gegebenenfalls auch juristische Kontrolle der Zielgesellschaft gewährt, dabei jedoch finanziell weniger aufwendig ist. Trotz der Verpflichtung des Bieters zum Angebot an alle Aktionäre geht auch der Gesetzgeber davon aus, daß regelmäßig nicht 100 Prozent der Anteile erworben werden. So sind dem Bieter gemäß § 18 Abs. 1 WpÜG beispielsweise solche Bedingungen des Angebots erlaubt, deren Eintritt weder der Bieter noch die mit ihm gemeinsam handelnde Personen oder Unternehmen selbst herbeiführen können. In diesem Zusammenhang weist die Begründung des WpÜG darauf hin, daß es beispielsweise zulässig ist, die Wirksamkeit des Angebots vom Erreichen einer bestimmten Beteiligungshöhe abhängig zu machen[1140]. Dem liegt aus der Sicht des Gesetzgebers die Erkenntnis zugrunde, daß sich der Erwerb aller Anteile der Zielgesellschaft in der Praxis schon deshalb nicht erreichen läßt, weil es immer einige „träge“ sowie unter Umständen auch bestimmte bewußt opponierende Aktionäre gibt, die auf das Angebot nicht reagieren.

Für den Bieter ändert sich hierdurch zwar nichts an seiner Verpflichtung zum Angebot an alle Aktionäre[1141]. Bedingt er sein Angebot jedoch auf den Erwerb einer Mindestbeteiligung, so hat dies zur Folge, daß er gegebenenfalls selbst dann die von ihm angestrebte Kontrolle einer Zielgesellschaft erwerben könnte, wenn ein Großaktionär (z.B. 10 % der Anteile) das Angebot nicht annimmt. Die Frage, welche Beteiligungsquote dem Bieter den von ihm angestrebten Einfluß auf die Zielgesellschaft gewährt, ist demnach von den konkreten Zielen des Bieters abhängig.

Bereits ab einer Stimmrechtsquote von 50 % plus einer Aktie besteht in jedem Fall die Möglichkeit, auf die Entscheidungen der Aktiengesellschaft maßgeblichen Einfluß zu nehmen. So werden beispielsweise Beschlüsse der Hauptversammlung gemäß § 133 AktG regelmäßig mit einer einfachen Mehrheit des bei der Hauptversammlung vertretenen Kapitals gefaßt. Auf diese Weise läßt sich beispielsweise auf die Entlastung[1142], Wiederwahl oder Neubesetzung von Auf-

---

[1140] Begründung zum Gesetzentwurf der Bundesregierung, Besonderer Teil, S. 115.
[1141] *Vogel*, in: Haarmann/Binger/Schüppen, § 13 WpÜG, Rn. 67.
[1142] §§ 119 Abs. 1 Nr. 3 i.V.m. 120 AktG.

sichtsrats-[1143] und somit indirekt auch von Vorstandsmitgliedern[1144] Einfluß nehmen.

Legt man die tatsächliche Hauptversammlungspräsenz[1145] zugrunde, so ist jedoch bereits ab einer Beteiligungshöhe von ungefähr 30 % der Anteile von einer maßgeblichen Einflußnahme auszugehen. Insofern bezeichnet auch § 29 Abs. 2 WpÜG das Halten von mindestens 30 % der Stimmrechte an der Zielgesellschaft als Kontrolle[1146]. Angebote, die auf den Erwerb eines solchen Anteils gerichtet sind, gelten demnach als Übernahmeangebote im Sinne des Wertpapiererwerbs- und Übernahmegesetzes[1147].

Andererseits bedarf es für satzungsändernde Beschlüsse, beispielsweise eines Kapitalerhöhungs- oder Verschmelzungsbeschlusses, regelmäßig einer Mehrheit von drei Vierteln des bei der Beschlußfassung vertretenen Kapitals[1148]. Erst ab dieser Beteiligungshöhe lassen sich wichtige Strukturmaßnahmen somit unproblematisch durchsetzen. Strebt ein Bieter hingegen den Ausschluß von Minderheitsaktionären im Wege eines *squeeze-out* nach §§ 327a ff. AktG an, so müßte er hierfür sogar über 95 Prozent der Stimmrechte verfügen. Problematisch ist in beiden Fällen, daß die notwendigen Beschlüsse von einzelnen Minderheitsaktionären einseitig blockiert werden könnten, sofern diese über eine Sperrminorität beziehungsweise eine Beteiligung in Höhe von 5 Prozent verfügen. Diese Aktionäre werden ihre Interessen regelmäßig in der Hauptversammlung wahrnehmen, so daß die vom Mehrheitsaktionär geplante Geschäftspolitik langfristig behindert werden könnte. Dennoch ist davon auszugehen, daß trotz einer möglicherweise schon vorher eintretenden faktischen Kontrolle ein Kontrollwechsel im Sinne eines erfolgreichen feindlichen Übernahmeangebotes erst ab einer Beteiligung in Höhe von 75 % der Anteile vorliegt. Dies gilt jedenfalls dann, wenn die Zielgesellschaft nach den Planungen des Bieters mit diesem verschmolzen werden soll. Ist ein *squeeze-out* geplant, so wäre die Bedingung des Angebots vom Bieter auf eine Beteiligungshöhe von 95 Prozent auszurichten.

1143 § 119 Abs. 1 Nr. 1 AktG.

1144 § 84 Abs. 1 AktG.

1145 Diese liegt oftmals nur bei unter 60 % des Kapitals.

1146 In dieser Hinsicht stimmt die Vorschrift mit den entsprechenden Regelungen in Frankreich, Italien, Österreich, der Schweiz sowie Großbritannien überein, die alle einen Kontrollerwerb bei 30 Prozent bzw. 1/3 der Stimmrechte annehmen. Vgl. Begründung zum Gesetzentwurf der Bundesregierung, Besonderer Teil, S. 129 f.

1147 § 29 Abs. 1 WpÜG. Vgl. zudem § 6 III. 2. Vorschriften des Wertpapiererwerbs- und Übernahmegesetzes (WpÜG).

1148 Siehe beispielsweise § 179 Abs. 1 AktG (Satzungsänderung), § 182 Abs. 1 AktG (Kapitalerhöhung gegen Einlagen) und §§ 13 Abs. 1, 65 Abs. 1 AktG (Verschmelzung).

5. Art und Höhe der Gegenleistung

Wie bereits dargelegt, sind Art und Höhe der für die Wertpapiere der Zielgesellschaft gebotenen Gegenleistung gemäß § 11 Abs. 2 Satz 2 Nr. 4 WpÜG in der Angebotsunterlage zu benennen. Folglich muß die Finanzierung der Transaktion bereits vor der Erstellung der Angebotsunterlage weitgehend geplant sein[1149].

Aus der Art und der Höhe der für jedes Wertpapier der Zielgesellschaft gebotenen Gegenleistung multipliziert mit der Anzahl der Aktien der Zielgesellschaft ergibt sich somit das maximale Übernahmevolumen. Die Annahmequote der Wertpapierinhaber der Zielgesellschaft liegt zwar regelmäßig unter diesem Wert, ist für den Bieter aber nur bedingt zu planen. Die vom Bieter angestrebte Beteiligungshöhe liefert zwar einen wichtigen Anhaltspunkt hinsichtlich des im Erfolgsfall mindestens entstehenden Übernahmevolumens. Andererseits hat er, falls die Annahmequote die Mindestbeteiligungshöhe übersteigt, im Falle eines Übernahme- oder Pflichtangebotes gegebenenfalls auch diese höhere Anzahl von Wertpapieren abzunehmen. Im übrigen gibt § 16 Abs. 2 Satz 1 WpÜG denjenigen Aktionären der Zielgesellschaft, die das Angebot nicht angenommen haben, die Möglichkeit, dieses innerhalb einer Frist von zwei Wochen nach der in § 23 Abs. 1 Satz 1 Nr. 2 genannten Veröffentlichung (weitere Annahmefrist) dennoch anzunehmen. Dies gilt im Falle der zuvor dargestellten und auf eine bestimmte Beteiligungshöhe bedingten Übernahmeangebote jedoch nur, wenn der angestrebte Mindestanteil erreicht wurde (§ 16 Abs. 2 Satz 2 WpÜG)[1150]. Insofern muß der Bieter auch die Erfüllung dieser möglicherweise erst nachträglich entstehenden Verpflichtungen einkalkulieren. Folglich sind grundsätzlich die finanziellen Voraussetzungen des Erwerbs sämtlicher Aktien der Zielgesellschaft sicherzustellen. Dies wird im Fall einer großen Zielgesellschaft eine erhebliche wirtschaftliche Belastung darstellen, die bereits während des einem Anteilserwerb vorausgehenden Prozesses der Willensbildung zu berücksichtigen ist[1151]. Im Rahmen der vorbereitenden Finanzplanung kann der Bieter vom maximalen Übernahmevolumen deshalb verläßlich lediglich den Anteil derjenigen Wertpapiere abzuziehen, den er bereits vor der Veröffentlichung seiner Entscheidung zur Abgabe eines Übernahmeangebotes an der Börse erworben hat[1152].

1149 Eine dem entsprechende Verpflichtung ergibt sich künftig (ab Mai 2006) auch aus Art. 6 Abs. 3d (bzgl. der Gegenleistung) und Art. 6 Abs. 3k (bzgl. der Finanzierung) EU-Übernahmerichtlinie.

1150 Sogenannte „Zaunkönigregel", vgl. *Mülbert*, ZIP 2001, S. 1221/1223.

1151 *Vogel*, in: Haarmann/Binger/Schüppen, § 13 WpÜG, Rn. 5.

1152 Vgl. hierzu § 6 IV. 6. Erwerb von Anteilen vor der Veröffentlichung des Angebotes.

a. Art der Gegenleistung

Die Art der möglichen Gegenleistung richtet sich nach § 31 Abs. 2 und 3 WpÜG. Gemäß § 31 Abs. 2 WpÜG hat die Gegenleistung in einer Geldleistung in Euro oder in liquiden Aktien zu bestehen, die zum Handel an einem organisierten Markt zugelassen sind[1153]. Werden den Inhabern von stimmberechtigten Aktien als Gegenleistung ebenfalls Aktien angeboten, so müssen auch diese ein Stimmrecht gewähren. Der Bieter ist nicht gehindert, den Aktionären der Zielgesellschaft neben den zuvor genannten Möglichkeiten auch noch eine andere Gegenleistung anzubieten[1154]. Es muß dabei aber in jedem Fall gesichert sein, daß jeder Aktionär mindestens die Möglichkeit hat, seine Aktien entweder gegen Zahlung einer Geldleistung in Euro zu veräußern oder sie gegen liquide börsenzugelassene Aktien zu tauschen[1155]. Das zumindest wahlweise Angebot einer Geldleistung in Euro hat den Hintergrund, daß die Kleinaktionäre weder mit einem Währungsrisiko noch mit den Kosten eines Umtausch der Gegenleistung in Euro belastet werden sollen[1156]. Werden hingegen liquide[1157] Aktien angeboten, so müssen diese spätestens zum Zeitpunkt der Übereignung an die Adressaten des Angebots zum Handel auf einem geregelten Markt im Sinne des Artikels 1 Nr. 13 der Wertpapierdienstleistungsrichtlinie zugelassen sein. Hierdurch soll ein Mindestanlegerschutz gewährleistet und gleichzeitig vermieden werden, daß die Angebotsadressaten auf außereuropäische Vorschriften und möglicherweise deutlich geringere Standards verwiesen werden[1158].

[1153] Gemäß Art. 5 Abs. 5 EU-Übernahmerichtlinie könnte die Gegenleistung auch aus einer Kombinationen dieser beiden Gegenleistungen bestehen.

[1154] Somit kann der Bieter die Transaktionswährung neben diesen Voraussetzungen relativ frei wählen. Auch nicht liquide Aktien oder sonstige Wertpapiere, wie Obligationen oder Wandelschuldverschreibungen können als Äquivalent angeboten werden. In der Praxis sind derartige „sonstige" Gegenleistungen allerdings von geringer Bedeutung. Bericht der *Übernahmekommission*, Drei Jahre Übernahmekodex, 1998, S. 30 ff.; *Kremer/ Oesterhaus*, in: Kölner Kommentar zum WpÜG, § 31, Rn. 19 und 33; *Thun*, in: Geibel/Süßmann, § 31 WpÜG, Rn. 7 f. und 21; *Vogel*, in: Haarmann/Binger/Schüppen, § 13 WpÜG, Rn. 14.

[1155] *Haarmann*, in: Haarmann/Binger/Schüppen, § 31 WpÜG, Rn. 1; *Kremer/Oesterhaus*, in: Kölner Kommentar zum WpÜG, § 31, Rn. 33.

[1156] Begründung zum Gesetzentwurf der Bundesregierung, Besonderer Teil, S. 135; *Haarmann*, in: Haarmann/Binger/Schüppen, § 31 WpÜG, Rn. 79; *Thun*, in: Geibel/Süßmann, § 31 WpÜG, Rn. 8.

[1157] Vgl. zur Kritik am Begriff der Liquidität *Zschocke*, DB 2002, S. 79/81.

[1158] *Kremer/Oesterhaus*, in: Kölner Kommentar zum WpÜG, § 31, Rn. 26 ff. Andererseits sind Unternehmen mit Sitz außerhalb des Europäischen Wirtschaftsraums nicht gehindert, ihre Aktien an einem solchen Markt zum Handel zuzulassen, sofern diese die verlangten Mindeststandards erfüllen; vgl. Begründung zum Gesetzentwurf der Bundesregierung, Besonderer Teil, S. 136.

Gemäß § 31 Abs. 3 WpÜG hat der Bieter den Aktionären der Zielgesellschaft eine Geldleistung in Euro anzubieten, wenn er, mit ihm gemeinsam handelnde Personen oder deren Tochterunternehmen entweder (1.) in den drei Monaten vor der Veröffentlichung gemäß § 10 Abs. 3 Satz 1 WpÜG (Veröffentlichung der Entscheidung zur Abgabe eines Übernahmeangebotes) mindestens fünf Prozent der Aktien oder Stimmrechte an der Zielgesellschaft[1159] oder (2.) nach dieser Veröffentlichung und vor Ablauf der Annahmefrist mindestens ein Prozent der Aktien oder Stimmrechte an der Zielgesellschaft gegen Zahlung einer Geldleistung erworben hat[1160]. Die sich insoweit ergebende Verpflichtung zum zumindest wahlweisen Angebot einer Geldleistung ist Ausdruck des Gleichbehandlungsgrundsatzes der Aktionäre der Zielgesellschaft unter der Voraussetzung eines zeitnah zum Angebot stattfindenden Erwerbs der Aktien der Zielgesellschaft. Die Berechnung des insofern maßgeblichen Erwerbszeitraums richtet sich unbeschadet der Vorschriften der §§ 21 Abs. 5, 22 Abs. 2 nach § 16 WpÜG i.V.m. §§ 187 ff. BGB[1161].

Der Gleichbehandlungsgrundsatz nach Nr. 1 soll dabei ein „Anschleichen“[1162] an die Zielgesellschaft unter Ausgrenzung der Minderheitsaktionäre verhindern[1163], erlaubt dem Bieter aber zugleich Ankäufe in geringem Umfang. Wie sich aus der einerseits auf die Aktien, andererseits auf die Stimmrechte abstellenden Formulierung der Norm ergibt, bezieht die Regelung auch Vorzugsaktien mit ein. Diese Unterscheidung ist nicht zuletzt deshalb systemkonform, weil sich ein Übernahmeangebot wegen des aus § 32 WpÜG folgenden Verbots von Teilangeboten immer auch auf die vorhandenen Vorzugsaktien zu erstrecken hat[1164]. Der Gleichheitsgrundsatz nach Nr. 2 hat hingegen den Hintergrund, daß, sofern der Bieter oder die mit ihm gemeinsam handelnden Personen oder Unternehmen „außerhalb“ des Verfahrens Aktien oder Stimmrechte im Umfang von mehr als einem Prozent gegen Geld erwerben, eine Gegenleistung dieser Art auch den übrigen Aktionären zugute kommen soll[1165].

1159 Vgl. vertiefend *Kremer/Oesterhaus*, in: Kölner Kommentar zum WpÜG, § 31, Rn. 36 f.

1160 Eine vergleichbare Verpflichtung ergibt sich – allerdings erst ab einem Erwerb von fünf Prozent oder mehr der Stimmrechte gegen eine Geldleistung innerhalb von sechs bis zwölf Monaten – auch aus Art. 5 Abs. 5 Satz 3 EU-Übernahmerichtlinie.

1161 Begründung zum Gesetzentwurf der Bundesregierung, Besonderer Teil, S. 137; *Kremer/Oesterhaus*, in: Kölner Kommentar zum WpÜG, § 31, Rn. 42 f.; *Rodewald/Siems*, ZIP 2002, S. 926/926.

1162 Aus dem US-amerikanischen Recht ist ein solches Anschleichen als der Versuch eines *„creeping takeover“* bekannt.

1163 *Thun*, in: Geibel/Süßmann, § 31 WpÜG, Rn. 31; *Rodewald/Siems*, ZIP 2002, S. 926/926.

1164 Vgl. hierzu die Berechnungsbeispiele bei *Kremer/Oesterhaus*, in: Kölner Kommentar zum WpÜG, § 31, Rn. 36 ff. sowie die Begründung zum Gesetzentwurf der Bundesregierung, Besonderer Teil, S. 136 f.

1165 Begründung zum Gesetzentwurf der Bundesregierung, Besonderer Teil, S. 137.

b. Höhe der Gegenleistung

Die Höhe der Gegenleistung richtet sich nach § 31 Abs. 1, Abs. 4 bis 7 WpÜG sowie §§ 3 bis 7 VO WpÜG[1166]. Sie gilt sowohl für Übernahme- als auch Pflichtangebote (§ 39 WpÜG).

aa. Grundsatz der angemessenen Gegenleistung

§ 31 Abs. 1 WpÜG regelt insofern grundlegend, daß der Bieter den Aktionären der Zielgesellschaft eine angemessene Gegenleistung anzubieten hat[1167], bei deren Bestimmung grundsätzlich der durchschnittliche Börsenkurs der Aktien der Zielgesellschaft[1168] und Erwerbe von Aktien der Zielgesellschaft durch den Bieter beziehungsweise mit ihm gemeinsam handelnder Personen oder Tochterunternehmen[1169] zu berücksichtigen sind[1170]. Von einer über diese allgemeine Aussage hinausgehenden näheren gesetzlichen Regelung der Höhe der Gegenleistung hat der Gesetzgeber jedoch abgesehen. Vorbild dieser Regelungstechnik sind die umwandlungsrechtlichen Regelungen zur Barabfindung in §§ 29 Abs. 1 Satz 1, 207 Abs. 1 Satz 1 UmwG. Angesichts der Sachnähe beider Materien und der Vielgestaltigkeit der möglichen zu regelnden Sachverhalte ist eine solche Vorgehensweise angezeigt und interessengerecht[1171]. Andererseits bestehen für die Beteiligten eines Übernahmeverfahrens enge zeitliche Vorgaben sowie für die Unternehmens- und Aufsichtspraxis der Wunsch, Eckpunkte zur Bestimmung der Angemessenheit einer Gegenleistung rechtsverbindlich festzulegen. Solche Eckpunkte müßten jedoch sinnvollerweise bei Bedarf kurzfristig modifiziert werden können, um die in der Praxis gewonnenen Erfahrungen zu berücksichtigen. Um diesem Gedanken Rechnung zu tragen, ist das Bundesministerium der Finanzen gemäß § 31 Abs. 7 WpÜG dazu ermächtigt, Bestimmungen über die Angemessenheit der Gegenleistung in einer Rechtsverordnung zu erlassen[1172].

[1166] Verordnung über den Inhalt der Angebotsunterlagen, die Gegenleistung bei Übernahmeangeboten und Pflichtangeboten und die Befreiung von der Verpflichtung zur Veröffentlichung und zur Abgabe eines Angebots, BGBl. Vom 27.12.2001, Nr. 77, S. 4263.

[1167] Gleiches gilt für die gemäß Art. 4 Abs. 4 EU-Übernahmerichtlinie zu erbringende Gegenleistung. Vgl. vertiefend *Maul/Muffat-Jeandet*, AG 2004, S. 221/230 ff.

[1168] Sog. „Börsenpreisregel", vgl. *Thun*, in: Geibel/Süßmann, § 31 WpÜG, Rn. 4.

[1169] Sogenannte „Gleichpreisregel", *Thun*, in: Geibel/Süßmann, § 31 WpÜG, Rn. 4.

[1170] *Haarmann*, in: Haarmann/Binger/Schüppen, § 31 WpÜG, Rn. 16 f.; *Rodewald/Siems*, ZIP 2002, S. 926/926; *Kremer/Oesterhaus*, in: Kölner Kommentar zum WpÜG, § 31, Rn. 15.

[1171] Begründung zum Gesetzentwurf der Bundesregierung, Besonderer Teil, S. 134 f.

[1172] Nach § 31 Abs. 7 Satz 2 WpÜG kann das Bundesministerium der Finanzen diese Befugnis aber auch an die BAFin delegieren, um sich beispielsweise der Erfahrung des dort angesiedelten Beirats zu bedienen. Begründung zum Gesetzentwurf der Bundesregierung, Besonderer Teil, S. 135 und 140.

Dem ist das Bundesfinanzministerium mit den §§ 3-7 VO WpÜG nachgekommen, aus denen sich die weitergehenden Anforderungen an die Höhe der im konkreten Fall gebotene Gegenleistung ergeben[1173]. § 3 Satz 1 VO WpÜG, wonach der Bieter bei Übernahme- und Pflichtangeboten den Aktionären der Zielgesellschaft eine angemessene Gegenleistung anzubieten hat, verweist inhaltlich insofern zunächst auf § 31 Abs. 1 Satz 1 WpÜG. Die Höhe der Gegenleistung ist für unterschiedliche Aktiengattungen der Zielgesellschaft nach § 3 Satz 3 VO WpÜG getrennt zu ermitteln. Welche Gegenleistung im konkreten Falle „angemessen" in diesem Sinne ist, läßt sich jedoch auch der VO WpÜG nicht sicher entnehmen. Üblicherweise wird sich dies allerdings auch nur unter Berücksichtigung der Marktbedingungen im konkreten Einzelfall sinnvoll ermitteln lassen. Der Gesetzgeber beschränkt sich in § 3 Satz 2 VO WpÜG somit vielmehr auf eine Regelung im Wege der negative Abgrenzung. „Unangemessen" ist danach eine Gegenleistung, die den in den §§ 4 bis 6 VO WpÜG festgelegten Mindestwert unterschreitet.

bb. Berücksichtigung zeitnaher Vorerwerbe (§ 4 VO WpÜG)

Insofern sind gemäß § 4 VO WpÜG zunächst die Vorerwerbe zu berücksichtigen. Die Gegenleistung für die Aktien der Zielgesellschaft muß mindestens dem Wert der höchsten vom Bieter, einer mit ihm gemeinsam handelnden Person oder deren Tochterunternehmen gewährten oder vereinbarten Gegenleistung für den Erwerb von Aktien der Zielgesellschaft innerhalb der letzten drei Monate vor der Veröffentlichung nach § 14 Abs. 2 Satz 1 (Angebotsunterlage beim freiwilligen Angebot nach Überprüfung durch die BAFin)[1174] oder § 35 Abs. 2 Satz 1 WpÜG (Angebotsunterlage beim Pflichtangebot) entsprechen[1175]. Dabei gilt § 31 Abs. 6 WpÜG gemäß § 4 Satz 2 VO WpÜG entsprechend, so daß auch Vereinbarungen über eine zukünftige Übereignung der Aktien zu berücksichtigen sind, wovon jedoch gesetzliche Bezugsrechte ausgeschlossen sind. Eine Gegenleistung, die unterhalb einer im Rahmen solcher Vorerwerbe geleisteten Gegenleistung liegt, ist somit unangemessen[1176].

[1173] *Haarmann*, in: Haarmann/Binger/Schüppen, § 31 WpÜG, Rn. 19; *Kremer/Oesterhaus*, in: Kölner Kommentar zum WpÜG, § 31, Rn. 15 f.

[1174] Die EU-Übernahmerichtlinie stellt insoweit gemäß Art. 4 Abs. 4 auf einen Zeitraum von mindestens sechs und höchstens zwölf Monaten vor dem Angebot ab. Demnach bedarf es insoweit einer Anpassung des WpÜG an diese Regelung bis zum Mai 2006; vgl. *Maul/ Muffat-Jeandet*, AG 2004, S. 221/230 f.

[1175] *Haarmann*, in: Haarmann/Binger/Schüppen, § 31 WpÜG, Rn. 19.

[1176] *Thun*, in: Geibel/Süßmann, § 31 WpÜG, Rn. 80 ff.

cc. Berücksichtigung zeitnaher inländischer Börsenkurse (§ 5 VO WpÜG)

Daneben sind gemäß § 5 VO WpÜG für die Gegenleistung die zuvor an einer inländischen Börse erzielten Kurse zu berücksichtigen. Sind die Aktien der Zielgesellschaft zum Handel an einem organisierten Markt im Inland zugelassen, muß die Gegenleistung mindestens dem gewichteten durchschnittlichen inländischen Börsenkurs dieser Aktien während der letzten drei Monate vor der Veröffentlichung nach § 10 Abs. 1 Satz 1 (Entscheidung zur Abgabe eines freiwilligen Angebots) oder § 35 Abs.1 Satz 1 (Veröffentlichung über die Erlangung des Kontrollerwerbs bei Pflichtangeboten) WpÜG entsprechen. Sind die Aktien noch nicht so lange zum Handel an einem organisierten Markt im Inland zugelassen, so muß der Wert der Gegenleistung gemäß § 5 Abs. 2 VO WpÜG mindestens dem gewichteten durchschnittlichen inländischen Börsenkurs seit Einführung der Aktien in den Handel entsprechen[1177]. Als gewichteter durchschnittlicher inländischer Börsenkurs gilt dabei nach § 5 Abs. 3 VO WpÜG der nach Umsätzen gewichtete Durchschnittskurs der dem Bundesaufsichtsamt nach § 9 des WpHG als börslich gemeldeten Geschäfte[1178]. Sind jedoch für die Aktien der Zielgesellschaft an weniger als einem Drittel der Börsentage Börsenkurse festgestellt worden und weichen mehrere nacheinander festgestellte Börsenkurse um mehr als fünf Prozent voneinander ab, so hat die Bestimmung der Höhe der Gegenleistung gemäß § 5 Abs. 4 VO WpÜG auf der Grundlage einer Unternehmensbewertung der Zielgesellschaft zu erfolgen[1179]. In diesem Fall ist eine feindliche Übernahme praktisch ausgeschlossen. Eine über die veröffentlichten Geschäftsberichte hinausgehende Bewertung der Zielgesellschaft wäre einem Bieter nämlich deshalb unmöglich, weil die Zielgesellschaft keinen Einblick in die Gesellschaftsinterna geben und somit eine *due diligence*-Prüfung verhindern wird[1180]. Im vorliegenden Zusammenhang dürfte eine solche Konstellation jedoch ohnehin von geringer praktischer Relevanz sein, weil es sich bei der Zielgesellschaft um eine große Publikumsgesellschaft handeln soll. Für diese Gesellschaften kommen aber regelmäßig Börsenkurse zustande.

[1177] *Haarmann*, in: Haarmann/Binger/Schüppen, § 31 WpÜG, Rn. 28; *Thun*, in: Geibel / Süßmann, § 31 WpÜG, Rn. 88 ff.

[1178] Vgl. hierzu sowie zu der bereits im Rahmen des Gesetzgebungsverfahrens geäußerten Kritik zu dieser Regelung *Haarmann*, in: Haarmann/Binger/Schüppen, § 31 WpÜG, Rn. 30 ff.

[1179] Beachte zu den in diesem Zusammenhang auftretenden Fragestellungen: *Haarmann*, in: Haarmann/Binger/Schüppen, § 31 WpÜG, Rn. 36-62; *Thun*, in: Geibel/Süßmann, § 31 WpÜG, Rn. 94 ff.

[1180] So im Ergebnis wohl auch *Thun*, in: Geibel/Süßmann, § 31 WpÜG, Rn. 99.

dd. Berücksichtigung zeitnaher ausländischer Börsenkurse (§ 6 VO WpÜG)

Sind die Aktien der Zielgesellschaft ausschließlich zum Handel an einem organisierten Markt in einem anderen Staat des Europäischen Wirtschaftsraums zugelassen, so gelten die Vorschriften des § 5 Abs. 1, 2, 4 VO WpÜG gemäß § 6 Abs. 1, 2, 6 VO WpÜG entsprechend, wobei jedoch in diesem Zusammenhang ohne eine Gewichtung lediglich auf den durchschnittlichen Börsenkurs abzustellen ist. Als durchschnittlicher Börsenkurs gilt gemäß § 6 Abs. 3 VO WpÜG der Durchschnittskurs der täglichen Schlußauktion der Aktien der Zielgesellschaft an dem organisierten Markt. Findet eine solche Schlußauktion nicht statt, so ist der Durchschnittskurs auf der Grundlage anderer, zur Bildung eines Durchschnittskurses geeigneter Kurse, die täglich festgestellt werden, zu bestimmen. Geschieht die Kursfeststellung in einer anderen Währung als in Euro, so sind die Durchschnittskurse nach § 6 Abs. 4 VO WpÜG auf der Grundlage der jeweiligen Tageskurse in Euro umzurechnen. Ferner sind die Grundlagen der Berechnung des durchschnittlichen Börsenkurses gemäß § 6 Abs. 5 VO WpÜG in einer Weise zu dokumentieren, daß eine Prüfung durch das Bundesaufsichtsamt möglich ist[1181].

ee. Zwischenergebnis

Abschließend läßt sich somit verkürzt festhalten, daß die Höhe der den Aktionären der Zielgesellschaft gebotenen Gegenleistung gemäß § 3 Satz 2 VO WpÜG dann „nicht unangemessen" ist, wenn sie mindestens den Wert der Vorerwerbe innerhalb der letzten drei Monate vor der Veröffentlichung der Angebotsunterlage sowie mindestens den durchschnittlichen Börsenkurs während der letzten drei Monate vor der Veröffentlichung der Entscheidung zur Abgabe eines Angebotes erreicht. Eine „angemessene" Gegenleistung wird sich zudem noch am aktuellen Börsenkurs der Aktien der Zielgesellschaft orientieren, auf den regelmäßig eine Übernahmeprämie zu leisten ist. Besteht die vom Bieter für diese Aktien angebotene Gegenleistung ebenfalls in Aktien[1182], so sind für die Bestimmung des Wertes dieser Aktien gemäß § 7 VO WpÜG die §§ 5 und 6 VO WpÜG entsprechend anzuwenden. Folglich orientiert sich deren Wertbestimmung ebenfalls am durchschnittlichen Börsenkurs der drei Vormonate[1183].

Für den Bieter ergibt sich aus der insofern als angemessen errechneten Gegenleistung je Aktien der Zielgesellschaft multipliziert mit dem aus seiner Sicht noch notwendigen beziehungsweise wahrscheinlichen Übernahmevolumen das Gesamtvolumen der feindlichen Übernahme.

[1181] Vgl. hierzu *Haarmann*, in: Haarmann/Binger/Schüppen, § 31 WpÜG, Rn. 33 ff.; *Thun*, in: Geibel/Süßmann, § 31 WpÜG, Rn. 101 ff.

[1182] Handelt es sich also um einen Aktientausch.

[1183] Vgl. insoweit *Haarmann*, in: Haarmann/Binger/Schüppen, § 31 WpÜG, Rn. 67 ff.

c. Kritik an der einheitlichen Mindestpreisregelung

Kritik hat diese sowohl bei Übernahme- als auch bei Pflichtangeboten einheitliche Mindestpreisregelung vor allem von *Mülbert*[1184] erfahren. Dieser bejaht zwar die Notwendigkeit einer Mindestpreisregelung für Pflichtangebote, lehnt deren einheitliche Geltung auch für freiwillige Übernahmeangebote jedoch ab. Hierfür fehle es zunächst an einer ökonomischen Rechtfertigung. Weil die Aktionäre der Zielgesellschaft gemäß § 2 Abs. 7 VO WpÜG ohnehin über die vom Bieter im Rahmen von Vorerwerben vereinbarten Gegenleistungen informiert würden, könnten sie auf dieser Basis autonom über die Annahme des Angebots entscheiden. Ein dem Pflichtangebot vergleichbarer Entscheidungsdruck („*pressure to tender*") bestehe schon deshalb nicht, weil § 16 Abs. 2 WpÜG es den Aktionären ermögliche, gegebenenfalls erst abzuwarten, um sich im Falle eines erfolgreichen Übernahmeangebots dessen Konditionen auch noch nachträglich zu sichern. Die gesetzliche Mindestpreisregelung für freiwillige Übernahmeangebote sei folglich mit dem Gedanken der freien Marktwirtschaft nicht vereinbar[1185]. Da die in dieser Weise informierten Aktionäre der Zielgesellschaft nicht schutzwürdig seien und der Bieter durch die Regelung des Mindestpreises einen Teil der erstrebten Effizienzgewinne mit den Aktionären teilen müsse, sei dieser Eingriff in den Marktprozeß unzulässig[1186]. Selbst wenn man die Notwendigkeit einer Mindestpreisregelung aus Gründen der Umgehungsgefahr auch für freiwillige Übernahmeangebote bejahe, so lasse sich ein hinreichender Umgehungsschutz auch auf andere Weise erreichen. Denkbar sei es, das Erfordernis der mehrheitlichen Angebotsannahme durch die außenstehenden Aktionäre zu statuieren. Dies lasse sich am einfachsten in Form einer gesetzlichen Wirksamkeitsbedingung regeln. Wenn auch aufwendiger und mit einem Anfechtungsrisiko behaftet, lasse sich dieses Ergebnis aber auch durch eine Regelung erreichen, die für ein erfolgreiches Übernahmeangebot ein zustimmendes Votum der auf einer Hauptversammlung vertretenen außenstehenden Aktionäre vorschreibt[1187].

Rechtliche Relevanz räumt *Mülbert* selbst seiner Kritik jedoch nur auf europarechtlicher Ebene ein. Die aus seiner Sicht unnötige Mindestpreisregelung für freiwillige Übernahmeangebote stelle eine Beschränkung der Niederlassungsfreiheit (Art. 43 ff. EGV) sowie der Kapitalverkehrsfreiheit (Art. 56 ff. EGV)

1184 *Mülbert*, ZIP 2001, S. 1221 ff., vgl. hierzu auch *Rodewald/Siems*, ZIP 2002, S. 926/927; *Haarmann*, in: Haarmann/Binger/Schüppen, § 31 WpÜG, Rn. 1

1185 *Mülbert*, ZIP 2001, S. 1221/1223.

1186 *Mülbert*, ZIP 2001, S. 1221/1224.

1187 Vgl. *Mülbert*, ZIP 2001, S. 1221/1224, unter Rückgriff auf *Baums*, ZIP 1997, S. 1310/1314 (‚der sich insoweit allerdings nur im Bezug auf Pflichtangebote äußert) und *Schneider/Burgard*, DB 2001, S. 963/968.

dar. Die Frage der Rechtfertigung einer solchen Beschränkung habe sich an den zur Warenverkehrsfreiheit aufgestellten „*Cassis de Dijon*"-Grundsätzen des EuGH zu orientieren. Hiernach dürfe das Ziel einer nationalen Regelung nicht durch gleich wirksame, aber weniger belastende Maßnahmen zu erreichen sein. Derartige Maßnahmen seien mit dem alternativen Erfordernis der mehrheitlichen Angebotsannahme durch die außenstehenden Aktionäre jedoch gegeben[1188].

Diese Kritik überzeugt einerseits bei rechtsvergleichender (aa.) und systematischer (bb.) Betrachtung nicht und ist andererseits im Zusammenhang mit den im Rahmen dieser Arbeit behandelten feindlichen Übernahmen von geringer praktischer Relevanz (cc.).

aa. Rechtsvergleichende Betrachtung

Rechtsvergleichend ist dem Standpunkt von *Mülbert* zwar zuzugestehen, daß die deutsche Regelung mit ihren gleichen Anforderungen an die Angemessenheit der Gegenleistung bei freiwilligen und verpflichtenden Übernahmeangeboten einzigartig ist. Zu berücksichtigen ist in diesem Zusammenhang jedoch, daß der Bieter auch in anderen Rechtsordnungen hinsichtlich seiner Entscheidung über die Gegenleistung nicht völlig frei ist. Dies zeigt sich beispielsweise an Rule 11.1(b)[1189] und Rule 11.1 (c)[1190] des britischen City Code[1191]. Auch die in den USA geltende „*best price rule*"[1192] sowie die in einigen US-amerikanischen Bundesstaaten bestehenden „*fair price provisions*"[1193] schränken den Bieter bei der Bestimmung einer angemessenen Gegenleistung in seiner Entscheidungsfreiheit ein[1194].

Im europäischen Vergleich ist zudem zu berücksichtigen, daß in einigen Ländern auf ein erfolgreiches freiwilliges Übernahmeangebot noch ein zusätzliches Pflichtangebot erfolgen muß. Dabei wird im Rahmen des freiwilligen Angebots pro Aktie regelmäßig nicht weniger gezahlt als beim nachfolgenden Pflichtan-

---

1188 *Mülbert*, ZIP 2001, S. 1221/1225; vgl. auch *Rodewald/Siems*, ZIP 2002, S. 926/927.

1189 Nach dieser Vorschrift ergeben sich besondere Anforderungen, wenn der Bieter in den letzten zehn Monaten vor dem freiwilligen Übernahmeangebot 10 Prozent der Aktien der Zielgesellschaft erworben hat.

1190 Nach dieser Vorschrift ist bei einem freiwilligen Übernahmeangebot ein Bargebot erforderlich, wenn dies auf Grund des Gleichbehandlungsgrundsatzes (General Principle 1 City Code) geboten ist.

1191 Dieser ist unter http://www.thetakeoverpanel.org.uk abrufbar.

1192 Wonach im gleichen Übernahmeverfahren nicht unterscheidliche Gegenleistungen angeboten werden dürfen, *Merkt*, US-amerikanisches Gesellschaftsrecht, Rn. 1093.

1193 Wonach unterschiedliche Preise im Rahmen zweistufiger Übernahmeangebote verboten sind.

1194 *Rodewald/Siems*, ZIP 2002, S. 926/927 f.

gebot, so daß auch hierbei sowohl ein relative als auch eine absolute Benachteiligung der Aktionäre typischerweise ausgeschlossen ist[1195].

bb. Systematische Betrachtung

In systematischer Hinsicht ist anzumerken, daß *Mülbert* die Notwendigkeit einer wie auch immer ausgestalteten Mindestpreisregelung ausschließlich deshalb verneint, weil die Aktionäre der Zielgesellschaft wegen § 2 Abs. 7 VO WpÜG über die im Rahmen von Vorerwerben vereinbarten Gegenleistungen ohnehin informiert seien. Folglich bedürfe es keines gesetzgeberischen Eingriffs in die freie Marktwirtschaft. Er vernachlässigt dabei aber die Situation, in der ein Vorerwerb mehr als drei Monate zurückliegt. Es ist gut vorstellbar, daß ein Bieter im Falle eines sinkenden Aktienkurses der Zielgesellschaft genau drei Monate und einen Tag nach einem Anteilserwerb abwartet, und erst dann ein freiwilliges Übernahmeangebot abgibt. Dies hätte aus Sicht des Bieters den Vorteil, daß die im Rahmen des Vorerwerbs vereinbarte Gegenleistung weder in den Angebotspreis einfließen noch überhaupt bekanntgegeben würde. Die Aktionäre der Zielgesellschaft hätten dann allerdings im Rahmen der ergänzenden Angaben der Angebotsunterlage (§ 2 VO WpÜG) keinerlei Anhaltspunkte hinsichtlich des in letzter Zeit realisierten Werts ihrer Aktien. Ein solcher Anhaltspunkt ist zur sachgerechten Beurteilung des Angebots allerdings wichtig und im Sinne der Transparenz auch gerade auf einem rückständigen Kapitalmarkt sehr wünschenswert. Insofern ist auch ein entsprechendes Schutzbedürfnis der Wertpapierinhaber zu bejahen. Gerade hier greift jedoch die von *Mülbert* völlig außer Acht gelassene andere Komponente der getroffenen Mindestpreisregelung. In diesen Fällen sind nach §§ 5 und 6 VO WpÜG die innerhalb der letzten drei Monate erzielten Börsenkurse bei der Berechnung des Mindestpreises zu berücksichtigen. Auf diese Weise ist sichergestellt, daß die Aktionäre der Zielgesellschaft eine angemessene Gegenleistung für ihre Anteile erhalten.

Ferner ist in diesem Zusammenhang zu berücksichtigen, daß die Literatur häufig einen wesentlich längeren Referenzzeitraum für die Berechnung eines Mindestpreises forderte. Somit wurde in diesen Fällen ein deutlich höheres Schutzbedürfnis der Wertpapierinhaber angenommen, als es die VO WpÜG nunmehr vorsieht. So hielt beispielsweise auch der von *Mülbert* herangezogene Vorschlag von *Baums*[1196] einen Referenzzeitraum von zwölf Monaten für angemessen. In dieser Hinsicht ist die nunmehr getroffene Regelung des Mindestpreises keinesfalls als überflüssig, sondern vielmehr als kleinster gemeinsamer Nenner zu verstehen.

[1195] Vgl. hierzu ebenfalls *Rodewald/Siems*, ZIP 2002, S. 926/928.
[1196] ZIP 1997, S. 1310/1311.

Des weiteren ist das im WpÜG enthaltene System in sich stimmig. Wenn wegen § 35 Abs. 3 WpÜG nur ein Angebot erforderlich ist, muß dieses freiwillige Übernahmeangebot, da es faktisch das Pflichtangebot bereits umfaßt, der für dieses notwendigen angemessenen Preisbestimmung entsprechen. Die Grundsatzentscheidung für ein solches einheitliches Angebot ist nicht nur verfassungsrechtlich und rechtspolitisch unbedenklich, sondern wegen der daraus folgenden Vermeidung eines doppelten Kosten- und Zeitaufwands auch vorteilhaft. Zudem ist die Einheitlichkeit materiell durch den aus § 3 Abs. 1 WpÜG folgenden Grundsatz der Gleichbehandlung gerechtfertigt[1197].

cc. Geringe praktische Relevanz im vorliegenden Zusammenhang

Schließlich ist im vorliegenden Zusammenhang aus zweierlei Gründen von einer geringen praktischen Relevanz der von *Mülbert* erhobenen Kritik auszugehen.

Einerseits ist die getroffene Mindestpreisregelung für freiwillige Übernahmeangebote nunmehr gültiges Recht und im Rahmen der Finanzplanung deshalb auch zu berücksichtigen. Dies wird der Bieter im Rahmen einer feindlichen Übernahme nicht zuletzt schon deshalb tun, weil er die Transaktion schnell und für die Unternehmensleitung der Zielgesellschaft überraschend abwickeln möchte. Würde schon die Veröffentlichung der Angebotsunterlage nach der Prüfung durch die BAFin daran scheitern, daß die Vorschriften über den Mindestpreis nicht eingehalten sind, so ginge hierdurch wertvolle Zeit verloren. Diese Zeit könnte der Vorstand der Zielgesellschaft zur Suche eines konkurrierenden Bieters oder zur Vornahme der ihm per Hauptversammlungs- oder Vorratsbeschluß[1198] gestatteten Abwehrmaßnahmen nutzen. Hierdurch verteuert sich die Transaktion oftmals jedoch so wesentlich, daß die zunächst vermeintlich „eingesparte" Differenz der tatsächlich gebotenen Gegenleistung zum gesetzlich geregelten Mindestpreis hiervon aufgezehrt wird.

Andererseits zahlt der Bieter gerade im Rahmen einer feindlichen Übernahme regelmäßig eine hohe Übernahmeprämie auf den letzten Börsenkurs der Aktien der Zielgesellschaft. Während die durchschnittliche Prämie hinsichtlich sämtlicher Übernahmen in Europa bei 29 Prozent liegt, wird bei feindlichen Übernahmen sogar durchschnittlich eine Prämie in Höhe von 44 Prozent gezahlt[1199]. In einem normalen Marktumfeld ohne besondere äußere Einflüsse ist es allerdings ungewöhnlich, wenn der Börsenkurs der Aktien eines Zielunternehmens innerhalb von nur drei Monaten so stark fällt. Dies gilt insbesondere dann, wenn

1197 *Rodewald/Siems*, ZIP 2002, S. 926/928; Begründung zum Gesetzentwurf der Bundesregierung, Besonderer Teil, S. 148.
1198 § 33 Abs. 1 und 2 WpÜG.
1199 Vgl. hierzu § 2 I. 4. Rechtsfragen der Finanzierung.

die Zielgesellschaft in der Hinsicht ein typisches Übernahmeziel ist, daß sie einen niedrigen Verschuldungsgrad aufweist, in ihrem Kerngeschäft mit ausgereiften Produkten eine gesicherte Marktposition auf einem Markt mit geringer Wettbewerbsintensität einnimmt und bei einem zwar mäßigen Wachstum konstante Gewinne erzielt[1200]. Insofern wird sich im Rahmen feindlicher Übernahmen eine Situation, in der die vom Bieter angebotene Gegenleistung tatsächlich geringer ist als der gesetzlich vorgeschriebene Mindestpreis, in der Praxis nur selten ergeben.

d. Nachbesserungspflichten

Selbst wenn der Bieter den Aktionären der Zielgesellschaft eine im Sinne der gesetzlichen Vorgaben angemessene Gegenleistung angeboten hat, ist er in bestimmten Situationen dazu verpflichtet, die Höhe der Gegenleistung nachzubessern. Solche Nachbesserungspflichten ergeben sich aus § 31 Abs. 4 und 5 WpÜG. Sie können bestehen, sofern der Bieter oder mit ihm gemeinsam handelnde Personen oder Tochterunternehmen Aktien der Zielgesellschaft im zeitlichen Zusammenhang mit dem Übernahmeverfahren zu einer wertmäßig höheren als der in der Angebotsunterlage genannten Gegenleistung erwerben. Bei den Regelungen handelt es sich folglich um einen Ausfluß des aus § 3 Abs. 1 WpÜG folgenden allgemeinen Gleichheitsgrundsatzes mit denen die entsprechenden Mitteilungs- und Veröffentlichungspflichten des § 23 Abs. 2 WpÜG korrespondieren[1201].

Voraussetzung eines solchen Nachbesserungsanspruchs ist immer ein bestehender oder bereits erfüllter Anspruch auf die Gegenleistung. Besteht ein solcher Anspruch auf die Gegenleistung nicht, beispielsweise, weil die vom Bieter vorgegebene Mindestannahmequote nicht erreicht oder andere Bedingungen nicht erfüllt wurden, so sind folglich weder § 31 Abs. 4 noch Abs. 5 WpÜG anwendbar[1202]. Anderenfalls kann es unter den nachfolgenden Umständen zu einer Nachbesserungspflicht des Bieters kommen.

[1200] Siehe § 2 II. Potentielle Zielunternehmen.

[1201] *Kremer/Oesterhaus*, in: Kölner Kommentar zum WpÜG, § 31, Rn. 60; *Haarmann*, in: Haarmann/Binger/Schüppen, § 31 WpÜG, Rn. 122; *Rodewald/Siems*, ZIP 2002, S. 926/927.

[1202] Begründung zum Gesetzentwurf der Bundesregierung, Besonderer Teil, S. 137; sowie *Haarmann*, in: Haarmann/Binger/Schüppen, § 31 WpÜG, Rn. 123. Vgl. insoweit auch *Kremer/Oesterhaus*, in: Kölner Kommentar zum WpÜG, § 31, Rn. 72 f. und 89.

aa. Pflicht zur Nachbesserung bei Erwerb von Aktien während der Annahmefrist (§ 31 Abs. 4 WpÜG)

Erwerben der Bieter, mit ihm gemeinsam handelnde Personen oder deren Tochterunternehmen nach Veröffentlichung der Angebotsunterlage[1203] und vor der Veröffentlichung gemäß § 23 Abs. 1 Satz 1 Nr. 2 WpÜG[1204] Aktien der Zielgesellschaft und wird hierfür eine höhere als die im Angebot genannte Gegenleistung gewährt oder vereinbart, so erhöht sich die den Angebotsempfängern der jeweiligen Aktiengattung geschuldete Gegenleistung gemäß § 31 Abs. 4 WpÜG wertmäßig um den Unterschiedsbetrag[1205]. Liegen die genannten Voraussetzungen vor, so erhöht sich also die vom Bieter im Rahmen des Übernahmeangebotes geschuldete Gegenleistung automatisch und zwar wertmäßig um den das Übernahmeangebot übersteigenden Teil der Gegenleistung. Unverändert bleibt somit die Art der Gegenleistung, und zwar selbst dann, wenn sich das Übernahmeangebot und der weitere Erwerb während der Annahmefrist diesbezüglich unterscheiden[1206].

bb. Pflicht zur Nachbesserung bei Erwerb von Aktien innerhalb eines Jahres nach Ablauf der Annahmefrist (§ 31 Abs. 5 WpÜG)

Eine dem § 31 Abs. 4 WpÜG vergleichbare Verpflichtung zur Zahlung des Unterschiedsbetrages besteht nach § 31 Abs. 5 WpÜG grundsätzlich auch dann, wenn der Bieter oder die gemeinsam mit ihm Handelnden innerhalb eines Jahres nach der Veröffentlichung des Ergebnisses gemäß § 23 Abs. 1 Satz 1 Nr. 2 Aktien der Zielgesellschaft außerbörslich für eine wertmäßig höhere Gegenleistung[1207] erwerben. Dies gilt gemäß § 31 Abs. 5 Satz 2 WpÜG jedoch nicht, wenn der nachträgliche Erwerb auf einer gesetzlichen Verpflichtung zur Gewährung einer Abfindung beziehungsweise auf dem Erwerb des Vermögens oder von

---

1203 Hierbei ist auf die in § 14 Abs. 3 WpÜG genannten Zeitpunkte abzustellen; *Haarmann*, in: Haarmann/Binger/Schüppen, § 31 WpÜG, Rn. 124 ff.

1204 Hierbei handelt es sich um die Pflicht des Bieters zur Veröffentlichung des Ergebnisses des Angebots unverzüglich nach Ablauf der Annahmefrist.

1205 Vgl. für dessen Berechnung *Kremer/Oesterhaus*, in: Kölner Kommentar zum WpÜG, § 31, Rn. 64 ff. Auch auf EU-rechtlicher Ebene sind Zwischenerwerbe, also solche Erwerbe, die zwischen der Bekanntmachung des Angebotes und dem Angebotsschluß (Ende der Annahmefrist) erfolgen, gemäß Art. 4 Abs. 4 Satz 2 EU-Übernahmerichtlinie zu berücksichtigen.

1206 Begründung zum Gesetzentwurf der Bundesregierung, Besonderer Teil, S. 136 f.; *Haarmann*, in: Haarmann/Binger/Schüppen, § 31 WpÜG, Rn. 124 – 140 sowie *Thun*, in: Geibel/Süßmann, § 31 WpÜG, Rn. 53.

1207 Siehe hierzu vertiefend *Kremer/Oesterhaus*, in: Kölner Kommentar zum WpÜG, § 31, Rn. 84 ff.

Teilen des Vermögens der Zielgesellschaft durch Verschmelzung, Spaltung oder Vermögensübertragung beruht[1208].

Zweck dieser Regelung ist die Vermeidung von Umgehungstatbeständen durch eine zeitliche Verlagerung des Erwerbs von Anteilen an der Zielgesellschaft. Im Gegensatz zu den in § 31 Abs. 4 WpÜG behandelten Fällen, wird der Bieter hier die von ihm im Rahmen des Übernahmeverfahrens geschuldete Gegenleistung regelmäßig bereits erbracht haben. Folglich greift die Regelung des Abs. 5 nicht in diese bereits abgeschlossenen Vertragsverhältnisse ein, sondern statuiert einen eigenständigen Zahlungsanspruch derjenigen Aktionäre, die zuvor das Übernahmeangebot angenommen haben[1209].

Im Rahmen der Ausnahmeregelung des Satzes 2 ist auf solche Strukturänderungen abzustellen, bei denen den Inhabern aufgrund gesetzlicher Anordnung eine Gegenleistung für den Erwerb von Aktien zu gewähren ist. Bei diesen Maßnahmen kann die dort erfolgende Bewertung der Gegenleistung von der Bewertung der Gegenleistung nach dem WpÜG abweichen. Häufig steht die genaue und endgültige Höhe der Gegenleistung auch erst nach einem mehrjährigen gerichtlichen Spruchverfahren fest. Fielen die aus strukturändernden Maßnahmen folgenden Erwerbsvorgänge in den Anwendungsbereich des Anspruchs auf Nachbesserung, wäre der Bieter über einen unverhältnismäßig langen Zeitraum einem unkalkulierbaren Kostenrisiko ausgesetzt. Andererseits besteht ein zwingendes Schutzbedürfnis der Aktionäre auf Nachbesserung nicht. Die Möglichkeit strukturändernder Maßnahmen im Anschluß an Übernahmen besteht grundsätzlich, ohne daß hieraus eine besondere Benachteiligung der Aktionäre der Zielgesellschaft abzuleiten wäre. Wer das Übernahmeangebot annimmt, wird durch die zuvor dargestellte Preisregelung geschützt. Wer das Angebot hingegen ablehnt, wird durch die die Strukturmaßnahmen im einzelnen regelnden Normen des Aktien- und Umwandlungsrechts geschützt[1210]. Folglich spricht vieles dafür, die aus strukturändernden Maßnahmen folgenden Erwerbsvorgänge vom Anwendungsbereich des Nachbesserungsanspruchs auszunehmen. Konkret kommen insofern Abfindungen bei Beherrschungs- und Gewinnabführungsverträgen (§ 305 AktG), bei Eingliederungen (§ 320b AktG), beim *squeeze-out* (§ 327a AktG) sowie eine Anteilsgewährung oder Barabfindung bei Verschmelzungen und Spaltungen, eine Gegenleistung bei Vermögensübertragungen und eine Barabfindung beim Formwechsel in Betracht[1211].

1208 Vgl. hierzu und zum Verhältnis dieser Norm zu § 31 Abs. 3 Nr. 2 WpÜG *Haarmann*, in: Haarmann/Binger/Schüppen, § 31 WpÜG, Rn. 143 ff.; *Kremer/Oesterhaus*, in: Kölner Kommentar zum WpÜG, § 31, Rn. 79 und 92 ff.

1209 Begründung zum Gesetzentwurf der Bundesregierung, Besonderer Teil, S. 138.

1210 Aufgrund dessen war eine Nachbesserung bei solchen Maßnahmen bereits nach § 15 Übernahmekodex ausgeschlossen.

1211 Vgl. die Begründung zum Gesetzentwurf der Bundesregierung, Besonderer Teil, S. 138 f., die zudem ergänzend darauf hinweist, daß ein solcher Anspruch auch beim Erwerb von

cc. Zwischenergebnis

Die Nachbesserungsvorschriften sind vom Bieter in jedem Fall zu beachten. Bereits der Erwerb einer einzigen Aktie zu einer höheren als der im Übernahmeangebot gewährten Gegenleistung kann (im Falle des § 31 Abs. 5 WpÜG) die Nachbesserungspflicht hinsichtlich aller in diesem Zusammenhang erworbenen Aktien auslösen. Im Extremfall kann sich hieraus eine Nachzahlungspflicht des Bieters für 95 % minus einer Aktie der Anteile einer großen Publikumsgesellschaft ergeben. Die hätte allein wegen der Größe der Zielgesellschaft bereits bei einem Differenzbetrag von 1 €-Cent erhebliche wirtschaftliche Konsequenzen für den Bieter. Zu berücksichtigen ist insoweit auch, daß nicht nur ein tatsächlich bereits erfolgter Erwerb die Nachbesserungspflicht auslösen kann. Vielmehr gilt nach § 31 Abs. 6 WpÜG auch eine Vereinbarung, aufgrund derer die Übereignung von Aktien verlangt werden kann, als Erwerb gemäß § 31 Abs. 4 und 5 WpÜG. Hierdurch sollen Umgehungsgeschäfte mit herausgeschobenem Erfüllungszeitpunkt vermieden werden[1212].

6. Erwerb von Anteilen vor der Veröffentlichung des Angebotes

Idealerweise erwirbt der Bieter nach der Auswahl einer geeigneten Zielgesellschaft aber noch vor der Veröffentlichung seiner Entscheidung zur Abgabe eines Übernahmeangebotes nach § 10 WpÜG über die Börse eine kleinere Beteiligung an der Zielgesellschaft. Hierdurch lassen sich in wirtschaftlicher Hinsicht sowohl der Übernahmepreis als auch der Schaden im Falle eines Scheiterns des Vorhabens verringern[1213]. Bei einem anonymen Erwerb von Aktien der Zielgesellschaft über die Börse sind dem Bieter im Vorfeld einer feindlichen Übernahme jedoch gewisse Grenzen gesetzt.

a. Anonymer Erwerb nur vor der Entscheidung zur Abgabe eines Übernahmeangebotes möglich und sinnvoll

Wie bereits dargelegt, hat der Bieter im Rahmen einer feindlichen Übernahme ein erhebliches Interesse daran, seine Übernahmeabsicht solange wie möglich

---

Vermögen der Zielgesellschaft durch Verschmelzung, Spaltung oder Vermögensübernahme nicht besteht, weil insoweit ein Erwerb von Aktien gar nicht vorliegt.

1212 Was sowohl bei Kauf- als auch Tauschverträgen als auch beim Abschluß von Optionsgeschäften vorliegen kann. Ausgenommen ist gemäß § 31 Abs. 6 Satz 2 WpÜG insoweit jedoch die Ausübung eines Bezugsrechts. Vgl. Begründung zum Gesetzentwurf der Bundesregierung, Besonderer Teil, S. 139; *Haarmann*, in: Haarmann/Binger/Schüppen, § 31 WpÜG, Rn. 157 ff.; *Kremer/Oesterhaus*, in: Kölner Kommentar zum WpÜG, § 31, Rn. 95 ff.

1213 Vgl. zu den Vorteilen eines Beteiligungserwerbs vor der Veröffentlichung des Übernahmeangebots mit weiteren Nachweisen auch § 3 III. 5. a. Wirtschaftlicher Hintergrund.

geheim zu halten. Andererseits ist er nach § 10 Abs. 1 WpÜG dazu verpflichtet, seine Entscheidung zur Abgabe eines Angebotes auf eine bestimmte Zielgesellschaft unverzüglich zu veröffentlichen. Nach dieser Veröffentlichung ist der Erwerb von Aktien der Zielgesellschaft zwar möglich, regelmäßig aber nicht mehr sinnvoll. Einerseits steigt der Börsenkurs einer (oft unterbewerteten) Zielgesellschaft erfahrungsgemäß ab diesem Zeitpunkt stark an, so daß ein wirtschaftlicher Vorteil aus dem Anteilserwerb, wenn überhaupt, nur noch in entsprechend geringerem Umfang besteht. Findet der Erwerb gar nach der Veröffentlichung der Angebotsunterlage und gegen eine höhere als die hierin bezeichnete Gegenleistung statt, so kann er gemäß § 31 Abs. 4 WpÜG sogar eine Nachbesserungspflicht des Bieters hinsichtlich aller Aktionäre, die das Angebot annehmen, begründen[1214].

Sinnvollerweise sollte der Erwerb von Aktien der Zielgesellschaft daher vor dem Zeitpunkt der Veröffentlichung des Entschlusses zur Abgabe eines Angebotes stattfinden. Zwar mag es auf den ersten Blick ein wenig befremdlich klingen, bereits in einem Zeitpunkt erhebliche Summen in ein Projekt zu investieren, in dem man sich zu dessen tatsächlicher Vornahme noch gar nicht endgültig entschlossen hat. Dennoch liegt es beispielsweise keinesfalls fern, daß ein Bieter, der auf mittlere Sicht die Übernahme eines Konkurrenten anstrebt, zur Vorbereitung einer Transaktion bereits Anteile potentieller Zielunternehmen erwirbt, bevor er sich für ein konkretes Zielunternehmen entscheidet. Ein solches Vorgehen ist aus wirtschaftlicher Sicht insbesondere dann sinnvoll, wenn der Börsenkurs der potentiellen Zielunternehmen zwischenzeitlich außergewöhnlich niedrig ist. Ferner ist es auch denkbar, daß der Bieter in einem Zeitpunkt, zu dem sich die Übernahme eines konkreten Zielunternehmens abzeichnet, hierüber aber noch nicht endgültig entschieden ist, Aktien dieser Gesellschaft erwirbt. Insbesondere im letztgenannten Fall ist es aus der Sicht des Bieters empfehlenswert, die Phase des Vorerwerbs nachvollziehbar vom Zeitpunkt der Entscheidung zur Abgabe eines Angebotes abzugrenzen. Anderenfalls ist es denkbar, daß die BAFin einen vorsätzlichen oder leichtfertigen Verstoß gegen die Veröffentlichungspflicht des § 10 Abs. 1 Satz 1 WpÜG und damit eine Ordnungswidrigkeit gemäß § 61 Abs. 1 Satz 1 Nr. 1 a) WpÜG feststellt. Eine solche Ordnungswidrigkeit kann gemäß § 61 Abs. 3, 1. Halbsatz WpÜG mit einer Geldbuße bis zu einer Million Euro geahndet werden. Jedoch handelt es sich hierbei um eine Summe, die im Verhältnis zu den voraussichtlichen Gesamtkosten einer feindlichen Übernahme auf eine große Publikumsgesellschaft für den Bieter noch relativ überschaubar ist.

[1214] Vgl. hierzu § 6 IV. 5. d. aa. Pflicht zur Nachbesserung bei Erwerb von Aktien während der Annahmefrist (§ 31 Abs. 4 WpÜG).

Falls der Börsenkurs der Zielgesellschaft nach dem Vorerwerb aber unmittelbar vor der Entscheidung zur Abgabe eines Angebotes dauerhaft sinkt, ist es für den Bieter aus wirtschaftlicher Sicht zudem sinnvoll, zwischen dem Erwerb und der Veröffentlichung der Entscheidung eine Frist von mindestens etwas mehr als zwei Monaten verstreichen zu lassen. Anderenfalls ist die Höhe der Gegenleistung des Vorerwerbs in die Berechnung der angemessenen Gegenleistung im Rahmen des Übernahmeangebots einzubeziehen und würde diese, weil der Börsenkurs nach dem Vorerwerb sank, dadurch erhöhen. Dies folgt daraus, daß gemäß § 4 VO WpÜG einerseits Vorerwerbe innerhalb der letzten drei Monate vor der Veröffentlichung nach § 14 Abs. 2 Satz 1 WpÜG zu berücksichtigen sind. In dem für die Fristberechnung aus Sicht des Bieters ungünstigsten Fall kann die BAFin die Veröffentlichung der Angebotsunterlage nach dieser Vorschrift unverzüglich gestatten. Allerdings hat der Bieter andererseits der BAFin die Angebotsunterlage gemäß § 14 Abs. 1 Satz 1 WpÜG erst innerhalb von vier Wochen nach der Veröffentlichung der Entscheidung zur Abgabe eines Angebots zu übermitteln. Die vom Bieter insofern vorzunehmende Fristberechnung läßt sich daher konkret auf die Formel: „Drei Monate plus einen Tag abzüglich vier Wochen" reduzieren.

Diese aus wirtschaftlicher und juristischer Sicht sinnvolle Vorgehensweise birgt in der Wirtschaftspraxis indes für den Bieter eine Gefahr. Ein potentielles Zielunternehmen ist an der Börse oftmals unterbewertet, wodurch im Umkehrschluß potentielle Bieter ihrerseits angezogen werden[1215]. Sinkt nun der Börsenkurs einer ohnehin unterbewerteten und attraktiven Zielgesellschaft über einen längeren Zeitraum, so erhöht sich die Wahrscheinlichkeit, daß einer der potentiellen Bieter ein Übernahmeangebot abgibt. Je länger ein potentieller Bieter in dieser Situation seine Entscheidung über die Abgabe eines Angebots hinauszögert, um so größer ist daher auch die Wahrscheinlichkeit, daß andere Bieter konkurrierende Angebote abgeben und es insofern zu einem Bieterwettbewerb kommt. Hierdurch erhöht sich jedoch wiederum der Übernahmepreis und damit auch die jedem Wertpapierinhaber zu bietende Gegenleistung. Somit ist es fraglich, ob der Bieter die mit seiner abwartenden Haltung ursprünglich beabsichtigten Einsparungen auch tatsächlich realisieren kann.

b. Quantitative Schranken eines anonymen Erwerbs nach § 21 WpHG

Einem Erwerb von Aktien der Zielgesellschaft zur anonymen Vorbereitung eines noch nicht endgültig feststehenden Übernahmeangebotes setzt zudem § 21 WpHG quantitative Grenzen. Nach dieser Vorschrift hat jeder Aktionär, der durch Erwerb, Veräußerung oder auf sonstige Weise 5, 10, 25, 50 oder 75 Pro-

[1215] Vgl. hierzu § 2 II. Potentielle Zielunternehmen.

zent der Stimmrechte an einer börsennotierten Gesellschaft erreicht, überschreitet oder unterschreitet (Meldepflichtiger), dies unverzüglich, spätestens innerhalb von sieben Kalendertagen, unter Angabe der Höhe seines Stimmrechtsanteils der betreffenden Gesellschaft sowie der BAFin schriftlich mitzuteilen. Folglich wird mit jeder Mitteilung eines Bieters hinsichtlich des Erreichens oder Überschreitens einer der vorgegebenen Beteiligungsschwellen auch der Öffentlichkeit bekannt, daß der Bieter zumindest grundsätzliches Interesse an einer Beteiligung an der Zielgesellschaft hat und sich deren Aktionärsstruktur entsprechend verändert. Insofern kann beispielsweise die Mitteilung des Erreichens der 5 Prozent-Schwelle erstmals das Interesse des Bieters kundtun oder das Erreichen der 25 Prozent-Schwelle den Wunsch des Bieters nach maßgeblichem Einfluß auf die Zielgesellschaft[1216] offenbaren.

Diese Art der unerwünschten Publizität sollte der Bieter im Rahmen eines feindlichen Übernahmevorhabens unbedingt vermeiden. Dies kann er erreichen, indem er den Ersterwerb beziehungsweise den Ausbau einer bereits vorhandenen maßgeblichen Beteiligung an der Zielgesellschaft so betreibt, daß vor der Veröffentlichung der Entscheidung über die Abgabe eines Angebotes Publizitätspflichten nach § 21 Abs. 1 WpHG oder anderen Vorschriften nicht entstehen. Hierbei ist nach dem Inkrafttreten des WpÜG insbesondere folgendes zu berücksichtigen:

Gemäß § 21 Abs. 2 WpHG[1217] gilt als börsennotierte Gesellschaft im Sinne des § 21 Abs. 1 WpHG nunmehr jede Gesellschaft mit Sitz im Inland, deren Aktien zum Handel an einem organisierten Markt an einer Börse in einem Mitgliedstaat der Europäischen Union oder einem anderen Vertragsstaat des Abkommens über den Europäischen Wirtschaftsraum zugelassen sind. Im Gegensatz zur früheren Regelung, die auf eine Zulassung zum amtlichen Handel abstellte, ist der Anwendungsbereich der Norm somit erweitert. Künftig sind wegen § 2 Abs. 5 WpHG nunmehr diejenigen Zielgesellschaften erfaßt, deren Aktien entweder im amtlichen Handel (§§ 36 ff. BörsG) oder im geregelten Markt (§§ 71 ff. BörsG) gehandelt werden. Lediglich hinsichtlich solcher Zielgesellschaften, deren Aktien im Freiverkehr gehandelt werden, besteht daher keine Mitteilungspflicht. Mit der Orientierung am Begriff des organisierten Marktes findet zudem neben einer Förderung der Transparenz des Kapitalmarktes eine Abstimmung des WpHG mit den Vorschriften des WpÜG statt[1218].

1216 Jedenfalls durch das Erreichen einer Sperrminorität.

1217 Geändert durch Artikel 2 Nr. 1 des WpÜG.

1218 Vgl. insofern die Begründung zum Gesetzentwurf der Bundesregierung, Besonderer Teil, S. 176 sowie *Schneider*, in: Assmann/Schneider, § 22 WpHG, Rn. 9 ff.; *Witt*, AG 2001, S. 233/234 f.

Ferner ersetzt und erweitert die Neuregelung des § 22 Abs. 2 WpHG den bisherigen § 22 Abs. 1 Nr. 3 WpHG. Wurden bisher nur solche Stimmrechte Dritter zugerechnet, die dem Meldepflichtigen oder einem von ihm kontrollierten Unternehmen aufgrund einer getroffenen Vereinbarung zustanden, so sind nunmehr auch die Stimmrechte derjenigen Dritten zu berücksichtigen, mit denen der Meldepflichtige oder sein Tochterunternehmen eine Vereinbarung getroffen oder sich in sonstiger Weise abgestimmt hat. Im Rahmen der „sonstigen Abstimmung" ist damit auch das international mit dem Begriff „*acting in concert*" bezeichnete Verhalten Gegenstand der Zurechnung. Diese Änderung ist zu begrüßen, da das deutsche Recht insofern Anschluß an den internationalen Standard erreicht und zudem erhebliche Auslegungsprobleme und ein beträchtliches Umgehungspotential nunmehr wegfallen[1219]. Daneben bewirkt das Abstellen auf die Tochterunternehmen eine Erweiterung des Zurechnungstatbestandes. Diese tritt - verkürzt gesagt - dadurch ein, daß nicht mehr nur auf eine tatsächliche Kontrolle des Unternehmens abzustellen ist, sondern durch den Begriff des Tochterunternehmens auch die Stimmrechte derjenigen Unternehmen zugerechnet werden, auf die ein beherrschender Einfluß ausgeübt werden kann. Die bloße Möglichkeit eines beherrschenden Einflusses[1220] ist damit ausreichend, ohne daß es insoweit eines Beherrschungsvertrages bedarf[1221].

Schließlich ist zu berücksichtigen, daß eine weitere Veröffentlichungspflicht sich nunmehr auch bei Erreichen einer Beteiligungsschwelle von 30 Prozent ergibt. Hält der Bieter mindestens 30 Prozent der Stimmrechte der Zielgesellschaft, so kontrolliert er diese gemäß § 29 Abs. 2 WpÜG. Den zum Pflichtangebot verpflichtenden Kontrollerwerb hat der Bieter gemäß § 35 Abs. 1 und 2 WpÜG unter Angabe der Höhe seines Stimmrechtsanteils jedoch unverzüglich, spätestens innerhalb von sieben Kalendertagen, nach § 10 Abs. 3 Sätze 1 und 2 WpÜG zu veröffentlichen.

Die insofern bei den Beteiligungsschwellen von 5, 10, 25, 30, 50 und 75 Prozent bestehenden Publizitätspflichten erschweren es dem Bieter zwar, unerkannt und anonym bereits vor der Veröffentlichung der Entscheidung zur Abgabe eines Übernahmeangebots in größerem Umfang Aktien der Zielgesellschaft zu erwerben. Jedoch läßt sich hieraus nicht auf einen umfassenden Schutz der Zielgesell-

---

1219 Begründung zum Gesetzentwurf der Bundesregierung, Besonderer Teil, S. 177 sowie S. 133; *Witt*, AG 2001, S. 233/237 f.

1220 Diese Möglichkeit muß jedoch beständig, umfassend und gesellschaftsrechtlich fundiert sein. Hierbei können die zu § 17 Abs. 1 AktG entwickelten Grundsätze herangezogen werden, so daß beispielsweise auf der Basis einer dauerhaften faktische Hauptversammlungsmehrheit beherrschender Einfluß ausgeübt werden kann. Vgl. Begründung zum Gesetzentwurf der Bundesregierung zu § 2 Abs. 6 WpÜG, Besonderer Teil, S. 81 f.

1221 *Witt*, AG 2001, S. 233/236.

schaft vor „unliebsamen Überraschungen“ schließen. Insbesondere zwischen den Beteiligungsschwellen von 10 und 25 Prozent herrscht ein beträchtliche Lücke. Der Bieter hat somit, beispielsweise dann, wenn er schon seit längerer Zeit über eine Beteiligung in Höhe von 10 Prozent verfügt, dennoch die Möglichkeit, eine Beteiligung von 25 Prozent heimlich aufzubauen sowie den Vorstand der Zielgesellschaft mit der Bekanntgabe der nunmehr vorhandene Sperrminorität zu überraschen und in dieser Hinsicht auch vor vollendete Tatsachen zu stellen[1222].

7. Publizitätspflicht gemäß § 15 WpHG

Für den Bieter stellt sich im Rahmen der Vorbereitung einer feindlichen Übernahme zudem die Frage, ob und gegebenenfalls in welchem Umfang er neben der Veröffentlichung der Entscheidung zur Abgabe eines Angebotes im Sinne des § 10 Abs. 1 Satz 1 WpÜG dazu verpflichtet ist, sein Vorhaben im Rahmen der *ad hoc*-Publizität kundzutun. Gemäß § 15 Abs. 1 WpHG ist jeder Emittent von Wertpapieren verpflichtet, eine neue Tatsache zu veröffentlichen, die in seinem Tätigkeitsbereich eingetreten und nicht öffentlich bekannt ist, wenn sie wegen der Auswirkungen auf die Vermögens- oder Finanzlage oder auf den allgemeinen Geschäftsverlauf des Emittenten geeignet ist, den Börsenpreis der zugelassenen Wertpapiere erheblich zu beeinflussen. Gleiches gilt, sofern Schuldverschreibungen des Emittenten zum Handel zugelassen sind, wenn die neue Tatsache die Fähigkeit des Emittenten beeinträchtigen kann, seinen Verpflichtungen nachzukommen. Zuvor hat der Emittent ferner die zu veröffentlichende Tatsache gemäß § 15 Abs. 2 WpHG den dort genannten Stellen mitzuteilen.

Bei der feindlichen Übernahme einer großen Publikumsgesellschaft wird es sich regelmäßig um ein Vorhaben handeln, daß zur Beeinflussung des Börsenpreises beziehungsweise einer Beeinträchtigung der Zahlungsfähigkeit des Bieters führen kann. Insofern handelt es sich bei der Entscheidung über die Abgabe eines Angebotes regelmäßig um eine Tatsache, die den Bieter als Emittenten zu einer Veröffentlichung beziehungsweise Mitteilung gemäß § 15 Abs. 1 und 2 WpHG verpflichtet. Weil sich diese Pflicht jedoch zumindest teilweise mit der Verpflichtung eines Bieters nach § 10 Abs. 1 Satz 1 WpÜG überschneidet, enthält § 10 Abs. 6 WpÜG diesbezüglich eine Sonderregelung. Diese Norm besagt, daß § 15 WpHG nicht für Entscheidungen zur Abgabe eines Angebotes gilt. Insofern stellt sie klar, daß § 10 WpÜG eine gegenüber § 15 WpHG ausschließliche Sonderregelung ist. Zu beachten ist insofern, daß dies nur in dem Umfang gilt, in dem die Veröffentlichung nach § 10 WpÜG vorgenommen wurde[1223]. Deren Inhalt ist jedoch gering und enthält nach der Vorstellung des Gesetzgebers ledig-

---

[1222] Vgl. insoweit auch *Witt*, AG 2001, S. 233/241.
[1223] Begründung zum Gesetzentwurf der Bundesregierung, Besonderer Teil, S. 97.

lich die betroffenen Wertpapiere der Zielgesellschaft sowie die Erklärung über die Absicht zur Angebotsabgabe. Details über Art und Höhe der Gegenleistung sind hingegen regelmäßig nicht in der Veröffentlichung nach § 10 WpÜG aufzunehmen[1224]. Wurden oder werden jedoch im Rahmen der Veröffentlichung gemäß § 10 WpÜG nicht die über diese Informationen hinausgehenden Eckdaten des beabsichtigten Angebots bekanntgegeben, so sind diese bei ihrem Vorliegen nach § 15 WpHG zu veröffentlichen, wenn die Informationen die Qualität einer *ad hoc*-Mitteilung besitzen[1225]. Infolge dessen können die Details der geplanten Finanzierung der Transaktion beziehungsweise der den Aktionären der Zielgesellschaft anzubietenden Gegenleistung in jeweiligen Einzelfall ihrerseits eine Publizitätspflicht in Sinne des § 15 WpHG begründen[1226]. Diese hätte der Bieter somit zu beachten.

1224 Vgl. hierzu § 6 III. 2. b. a. sowie die Begründung zum Gesetzentwurf der Bundesregierung, Besonderer Teil, S. 94.

1225 Begründung zum Gesetzentwurf der Bundesregierung, Besonderer Teil, S. 97.

1226 *Assmann*, AG 2002, S. 114/117.

§ 7 Übernahmeangebot durch den Bieter

Denkbar ist zunächst die Situation, daß der Bieter selbst ein Übernahmeangebot an die Aktionäre der Zielgesellschaft richtet. Als Gegenleistung bietet er denjenigen Aktionären der Zielgesellschaft, die das Übernahmeangebot annehmen, eigene Aktien und/oder Bargeld an. Es besteht daher für den Bieter die Notwendigkeit, Aktien zur Durchführung eines Aktientausches beziehungsweise Bargeld zum Erwerb der Anteile der Aktionäre der Zielgesellschaft zu beschaffen.

I. Eigenkapitalfinanzierung und die zur Sicherstellung nach § 13 WpÜG notwendigen Maßnahmen

Im Zusammenhang mit der Eigenkapitalfinanzierung, bei der ein Investor die Stellung eines Eigentümers erwirbt, ist daher an dieser Stelle zu untersuchen, auf welche Weise der Bieter diejenigen Aktien (be-)schaffen kann, die er als Gegenleistung im Rahmen eines Aktientausches benötigt. Wie bereits dargestellt, bleibt die Schaffung von Eigenkapital im Wege der Barkapitalerhöhung im vorliegenden Zusammenhang unberücksichtigt[1227], weil es sich bei der Zielgesellschaft um eine große Publikumsgesellschaft handelt. Solche Gesellschaften werden üblicherweise im Wege eines Aktientauschs übernommen.

Die Beschaffung der zur Bedienung des Angebots notwendigen Aktien kann zunächst im Wege einer Kapitalerhöhung gegen Sacheinlage erfolgen. Dabei werden den Aktionären der Zielgesellschaft als Gegenleistung Aktien des Bieters angeboten. Die nach § 13 Abs. 1 WpÜG geforderten „notwendigen Maßnahmen" zur Sicherstellung der vollständigen Erfüllung des Angebots im maßgeblichen Zeitpunkt können in diesem Zusammenhang naturgemäß nicht in der Durchführung und Herbeiführung der endgültigen Wirksamkeit der Kapitalerhöhung bestehen. Die Zeichnung der jungen Aktien durch die Adressaten des Angebots als Neuaktionäre fällt zeitlich mit der Erfüllung des Angebots zusammen und bildet somit erst die erforderliche Mitwirkungshandlung der Adressaten zum Vollzug des Angebots. Demnach muß den Adressaten lediglich die hinreichend sichere Möglichkeit zur Zeichnung der zum Tausch angebotenen Anteilsscheine des Bieters angeboten werden. Diesbezüglich ist nur zu verlangen, daß der Bieter vor oder bei der Veröffentlichung der Angebotsunterlage alle erforderlichen Schritte zur Durchführung der Kapitalerhöhung unternommen hat. Vorliegen muß insofern ein wirksamer, d.h. im Handelsregister eingetragener Kapitalerhöhungsbeschluß, der im Falle der ordentlichen beziehungsweise ge-

[1227] Dies hat zur Folge, daß sich die u.a. von *Vogel*, ZIP 2002, S. 1421/1427 unter dem Gesichtspunkt der vollständigen Erbringung der Gegenleistung aufgezeigte Problematik der Mindesteinlage nach § 36a Abs. 1 AktG im vorliegenden Zusammenhang nicht stellt.

nehmigten Kapitalerhöhung einen Ausschluß des Bezugsrechts der Altaktionäre beinhaltet[1228]. Wegen der nach § 14 Abs. 1 Satz 3 WpÜG vorgesehenen Möglichkeit der Verlängerung der Frist bis zur Vorlage der Angebotsunterlage um einmalig vier Wochen hat ein Bieter nunmehr grundsätzlich acht Wochen Zeit, eine Hauptversammlung einzuberufen und den insofern notwendigen Beschluß über die Kapitalerhöhung herbeizuführen[1229].

Neben den verschiedenen Formen der Kapitalerhöhung (1.) kann die Bedienung des Angebots auch durch die Verwendung zurückerworbener eigener Aktien (2.) erfolgen. Schließlich sind als Formen der Eigenkapitalfinanzierung noch die Mischformen der Wandelschuldverschreibung und des Genußrechtskapitals (3.) zu berücksichtigen[1230].

1. Schaffung von Eigenkapital im Wege der Kapitalerhöhung

Im Rahmen der Schaffung von Eigenkapital im Wege der Kapitalerhöhung erweist sich die Kapitalerhöhung aus Gesellschaftsmitteln (nominelle Kapitalerhöhung) als Form der Innenfinanzierung als ungeeignet. Es handelt sich hierbei lediglich um eine Umwandlung von Kapital- und/oder Gewinnrücklagen in Grundkapital, bei der der Gesellschaft kein neues Betriebskapital von außen zugeführt wird[1231]. Gerade auf dessen Bereitstellung kommt es bei der Finanzierung einer feindlichen Übernahme auf eine große Publikumsgesellschaft aber an, weil sich der Erwerbspreis - wie bereits dargestellt - typischerweise nicht aus den in der Gesellschaft vorhandenen Mitteln erbringen läßt. Folglich sind in diesem Zusammenhang lediglich die ordentliche, die bedingte sowie die genehmigte Kapitalerhöhung zu betrachten.

a. Kapitalerhöhung gegen Einlagen

Zu denken ist daher zunächst an eine Kapitalerhöhung gegen Einlagen nach den §§ 182 ff. AktG gegen Einbringung der Aktien der Zielgesellschaft als Sacheinlage gemäß § 183 AktG. Hierbei treten verschiedene Rechtsfragen auf.

[1228] *Vogel*, in: Haarmann/Binger/Schüppen, § 13 WpÜG, Rn. 75; *ders.*, in: Finanzierung von Übernahmeangeboten, S. 13 f.; im Ergebnis ebenso *Möllers*, in: Kölner Kommentar zum WpÜG, § 13, Rn. 57; *Süßmann*, in: Geibel/Süßmann, § 13 WpÜG, Rn. 5.

[1229] *Süßmann*, in: Geibel/Süßmann, § 13 WpÜG, Rn. 5.

[1230] *Möllers*, in: Kölner Kommentar zum WpÜG, § 13, Rn. 42.

[1231] *Kübler*, Gesellschaftsrecht, S. 218.

aa. Rechtsfragen

Da die Kapitalerhöhung gegen Einlagen keiner gesonderten sachlichen Rechtfertigung bedarf[1232], braucht der Verwendungszweck des neu einzulegenden Kapitals weder angegeben noch im einzelnen offengelegt zu werden[1233]. Hierdurch scheint diese Art der Kapitalbeschaffung zur Finanzierung feindlicher Übernahmen zunächst besonders geeignet. Gibt der Bieter unmittelbar selbst das Übernahmeangebot ab, so ergeben sich im Rahmen einer Kapitalerhöhung gegen Einlagen jedoch folgende Rechtsfragen.

(1) Kapitalerhöhungsbeschluß bei Ungewißheit über den Umfang der Zeichnung

Zunächst stellt sich bei einer solchen Vorgehensweise das Problem, daß zum Zeitpunkt der Beschlußfassung über die Kapitalerhöhung noch nicht feststeht, wie viele Aktionäre der Zielgesellschaft das Umtauschangebot annehmen und insofern Ungewißheit über die Anzahl der benötigten jungen Aktien besteht. Andererseits ist gemäß § 185 AktG eine Vollzeichnung der jungen Aktien erforderlich. Dies liegt daran, daß der Zeichnungsschein gemäß § 185 Abs. 1 Satz 3 Nr. 4 AktG den Zeitpunkt enthalten muß, an dem die Zeichnung unverbindlich wird, wenn nicht bis dahin die Durchführung der Erhöhung des Grundkapitals eingetragen ist. Die Vorschrift bezweckt den Schutz des Zeichners. Ist die Durchführung der Kapitalerhöhung bis zu dem in § 185 Abs. 1 Satz 3 Nr. 4 AktG genannten Zeitpunkt nicht eingetragen, so entfällt bereits mit diesem Endzeitpunkt die Möglichkeit eines wirksamen Abschlusses des Zeichnungsvertrages. Nach Ablauf der Frist ist der Zeichner wegen des im Zeichnungsvertrag zum Ausdruck kommenden Vertrauens in die vollständige Durchführung der beschlossenen Kapitalerhöhung nicht mehr an seine Erklärung gebunden und kann daher bereits geleistete Einlagen gemäß §§ 812 ff. BGB zurückfordern[1234]. Das Fehlen einer solchen Fristangabe im Zeichnungsschein führt hingegen gemäß § 185 Abs. 2 AktG zu dessen Nichtigkeit.
Die Durchführung einer Kapitalerhöhung wird demnach nur dann eingetragen, wenn sich das Ergebnis der Zeichnung mit dem im Kapitalerhöhungsbeschluß genannten Betrag deckt oder wenn es in eine festgelegte Bandbreite fällt. Somit kann eine Kapitalerhöhung auch nur dann nach § 189 AktG mit ihrer Eintragung in das Handelsregister wirksam werden, wenn sie in ihrem tatsächlichen Um-

---

[1232] *Krieger*, in: Münchener Handbuch des Gesellschaftsrechts, Bd. IV, § 56, Rn. 7; *Lutter*, in: Kölner Kommentar zum AktG, Vorb. § 182, Rn. 24.
[1233] *Vogel*, in: Haarmann/Binger/Schüppen, § 13 WpÜG, Rn. 20.
[1234] RGZ 55, S. 65/68 f.; *Hefermehl/Bungeroth*, in: Geßler/Hefermehl, AktG, § 182, Rn. 50.

fang dem Kapitalerhöhungsbeschluß entspricht[1235]. Die Deckung mit einem bestimmten festgesetzten Betrag kommt dabei nur in Betracht, wenn bereits bei der Beschlußfassung die Zeichnung aller neuen Aktien gewiß ist. Dies ist beispielsweise bei der Vollzeichnung durch eine Emissionsbank oder ein Emissionskonsortium der Fall[1236]. Ist der Umfang der Zeichnung noch ungewiß, so ist die Angabe eines Mindest- bzw. Höchstbetrages zulässig und zweckmäßig[1237]. Die Durchführung einer Kapitalerhöhung, deren Zeichnungsergebnis sich nicht mit dem Betrag aus dem Kapitalerhöhungsbeschluß deckt beziehungsweise nicht in die entsprechende Bandbreite fällt, wird daher regelmäßig nicht in das Handelsregister eingetragen und kann demnach auch nicht wirksam werden.
Wird eine Kapitalerhöhung, deren Umfang dem Kapitalerhöhungsbeschluß nicht entspricht, dennoch in das Handelsregister eingetragen, so verhindert diese Eintragung nicht, daß die Zeichnung unverbindlich wird[1238]. Im übrigen kann auch eine von der Hauptversammlung veranlaßte nachträgliche Herabsetzung des im Beschluß genannten Erhöhungsbetrages auf den tatsächlich erreichten Umfang der Zeichnungen die Kapitalerhöhung nicht heilen[1239].

Das Problem der Ungewißheit über den tatsächlichen Zeichnungsumfang besteht gleichfalls bei einer Kapitalerhöhung, die nicht dem Zwecke der Abgabe eines (feindlichen) Übernahmeangebotes dient. Sofern keine Emissionsbank oder kein Emissionskonsortium bei der Zeichnung eingeschaltet ist und sich dazu verpflichtet hat, die jungen Aktien an die zeichnungswilligen Bezugsberechtigten weiterzugeben, ist auch in dieser Situation nicht bekannt, wieviel Bezugsberechtigte die jungen Aktien zeichnen. Es wird daher in diesem Fall als zulässig und empfehlenswert angesehen, im Beschluß über die Kapitalerhöhung einen Mindest- und einen Höchstbetrag der Kapitalerhöhung festzusetzen und hierfür eine von vornherein genau bestimmte und eng begrenzte Zeichnungsfrist festzulegen[1240]. Die Zeichnungsfrist sollte dabei höchstens 6 Monate andauern[1241]. Keinesfalls darf die Hauptversammlung der Aktiengesellschaft diese Frist – wie auch den Umfang der Kapitalerhöhung – in einer Weise festsetzen, die dem Vorstand und dem Aufsichtsrat einen unangemessenen eigenen Entscheidungsspielraum eingeräumt. Der Vorstand darf nicht sachlich an die Stelle der Haupt-

---

[1235] *Hefermehl/Bungeroth*, in: Geßler/Hefermehl, AktG, § 182, Rn. 53; *Hüffer*, § 182 AktG, Rn. 12; *Vogel*, in: Haarmann/Binger/Schüppen, § 13 WpÜG, Rn. 48.

[1236] *Hüffer*, § 182 AktG, Rn. 12 i.V.m. Rn. 5.

[1237] *Hüffer*, § 182 AktG, Rn. 12; *Vogel*, in: Haarmann/Binger/Schüppen, § 13 WpÜG, Rn. 49.

[1238] RGZ 55, S. 65/69; *Hefermehl/Bungeroth*, in: Geßler/Hefermehl, AktG, § 185, Rn. 64.

[1239] RGZ 55, S. 65/69; *Hefermehl/Bungeroth*, in: Geßler/Hefermehl, AktG, § 182, Rn. 53 sowie § 185, Rn. 64.

[1240] So bereits RGZ 55, S. 65/68; vgl. *Hefermehl/Bungeroth*, in: Geßler/Hefermehl, AktG, § 185, Rn. 52 f.; *Hüffer*, § 182 AktG, Rn. 12; *Lutter*, in: Kölner Kommentar zum AktG, § 182, Rn. 17.

[1241] *Lutter*, in: Kölner Kommentar zum AktG, § 182, Rn. 17.

versammlung treten. Hierdurch würde die Grenze zum genehmigten Kapital überschritten[1242]. Es genügt demnach, lediglich einen Höchstbetrag zu bestimmen und die Durchführung der Kapitalerhöhung im übrigen auf denjenigen Betrag zu richten, für den sich tatsächlich Zeichner junger Aktien finden[1243]. Fehlt im Kapitalerhöhungsbeschluß jegliche Festlegung einer Zeichnungs- und Durchführungsfrist, so hat der Vorstand die Kapitalerhöhung grundsätzlich unverzüglich durchzuführen. Sofern ein fester Erhöhungsbetrag nicht bestimmt oder beschlossen ist und statt dessen lediglich ein Mindest- und ein Höchstbetrag angegeben wird, ist eine genau bestimmte und zeitlich nicht zu weit ausgelegte Zeichnungsfrist festzulegen. Nur so ist sichergestellt, daß Erfolg und Umfang der Kapitalerhöhung allein vom unverzüglich geäußerten Willen der Aktionäre und nicht vom Vorstand abhängen[1244].

Zu überprüfen ist jedoch, ob diese Regelung in gleicher Weise auf eine ordentliche Kapitalerhöhung gegen Sacheinlagen anwendbar ist. Für diesen Fall ergänzt nämlich § 183 AktG die in § 182 AktG normierten Anforderungen an die Kapitalerhöhung gegen Einlagen. Gemäß § 183 Abs. 1 Satz 1 AktG sind im Kapitalerhöhungsbeschluß der Gegenstand der Sacheinlage, die Person des Einlegers sowie der Nennbetrag beziehungsweise die Stückzahl der Aktien, die im Umtausch gewährt werden, festzusetzen. Zweck dieser Vorschrift ist es zunächst, den Aktionären die Entscheidung zu überlassen, ob sie statt Geld andere Gegenstände auf das erhöhte Kapital leisten können und sollen. Ferner schützt die Regelung die Gläubiger und die Aktionäre der Gesellschaft vor einer unzureichenden Kapitalaufbringung. Der Wert der Sacheinlage wird dadurch gesichert, daß er mindestens dem Nominalwert der dafür ausgegebenen Aktien entsprechen muß[1245]. Die Werthaltigkeit der Sacheinlage gewährleistet dabei die in § 183 Abs. 3 AktG geregelte Überprüfung durch einen unabhängigen Sachprüfer.

Fraglich ist jedoch, ob die Angabe eines Mindest- und eines Höchstbetrages der Kapitalerhöhung dieses Ziel beeinträchtigen. Bei der hier behandelten Variante sollen die neu zu schaffenden jungen Aktien des Bieters in die Anteile an der Zielgesellschaft getauscht werden. Der Kapitalerhöhungsbeschluß enthält somit eine Bestimmung über den Wert der Sacheinlage, also die Anteile an der Zielge-

---

1242 *Hefermehl/Bungeroth*, in: Geßler/Hefermehl, AktG, § 182, Rn. 56; *Hüffer*, § 182 AktG, Rn. 12; *Lutter*, in: Kölner Kommentar zum AktG, § 182, Rn. 17.

1243 LG Hamburg, AG 1995, S. 92/93; *Hefermehl/Bungeroth*, in: Geßler/Hefermehl, AktG, § 182, Rn. 54; *Hüffer*, § 182 AktG, Rn. 12.

1244 LG Hamburg, AG 1995, S. 92/93; *Hefermehl/Bungeroth*, in: Geßler/Hefermehl, AktG, § 182, Rn. 56.

1245 *Hüffer*, § 183 AktG, Rn. 1; *Lutter*, in: Kölner Kommentar zum AktG, § 183, Rn. 2; *Vogel*, in: Haarmann/Binger/Schüppen, § 13 WpÜG, Rn. 50.

sellschaft, sowie eine Bestimmung über den Nennwert der hierfür auszugebenden Aktien der Bieters. Das vom Sachverständigen zu prüfende Umtauschverhältnis sichert die Werthaltigkeit der Sacheinlage auch dann, wenn statt eines festen Kapitalerhöhungsbetrages lediglich ein Mindest- und ein Höchstbetrag angegeben ist. Der Beschluß über eine Kapitalerhöhung innerhalb einer bestimmten Bandbreite beeinträchtigt dieses Ziel also nicht[1246]. Demnach ist im Rahmen einer Kapitalerhöhung gegen Sacheinlagen die Bestimmung eines Mindest- und eines Höchstbetrages ebenfalls zulässig.

Die Formulierung eines Kapitalerhöhungsbeschlusses, bei dem ein Mindest- und ein Höchstbetrag festgelegt wird, könnte daher wie folgt lauten[1247]:

> „Das Grundkapital der (bietenden) Aktiengesellschaft wird gegen Sacheinlage in Form von Aktien der (Ziel)-AG erhöht von EUR (bisheriges Grundkapital der bietenden Gesellschaft) um bis zu EUR (Höchstbetrag der Kapitalerhöhung) auf bis zu EUR (Betrag des höchsten Grundkapitals nach vollständiger Durchführung der Kapitalerhöhung) durch Ausgabe von (Anzahl junger Aktien) Aktien im Nennbetrag von je EUR 1,-.
>
> ...
>
> Das gesetzliche Bezugsrecht der Aktionäre wird ausgeschlossen.
>
> ...
>
> Der Beschluß über die Erhöhung des Grundkapitals wird ungültig, wenn nicht bis zum Ablauf des (Ende der Zeichnungsfrist) neue Aktien im Gesamtnennbetrag von mindestens EUR (Mindestbetrag der Kapitalerhöhung) gezeichnet sind.“

Die hier getroffene Formulierung des Mindestbetrages enthält eine auflösende Bedingung im Sinne des § 158 Abs. 2 BGB. Denkbar scheint es jedoch auch zu sein, den Kapitalerhöhungsbeschluß unter eine aufschiebende Bedingung zu stellen. Die Formulierung müßte dann lauten:

> „Der Beschluß über die Erhöhung des Grundkapitals wird erst dann gültig, wenn bis zum Ablauf des (Ende der Zeichnungsfrist) neue Aktien im Gesamtnennbetrag von mindestens EUR (Mindestbetrag der Kapitalerhöhung) gezeichnet sind.“

Im Falle einer solchen Bedingung erscheint es aus Sicht des Bieters sinnvoll, das Übernahmeangebot zeitlich unmittelbar nach einem Beschluß über die Kapitalerhöhung, der nur einen Mindestbetrag enthält, zu erklären. Innerhalb des für Durchführungs- und Zeichnungsfristen üblichen und zulässigen zeitlichen Rahmens ist dann jedenfalls der genaue Umfang der Kapitalerhöhung danach zu

---

1246 *Vogel*, in: Haarmann/Binger/Schüppen, § 13 WpÜG, Rn. 51.

1247 Vgl. *Hölters*, in: Münchener Vertragshandbuch (Gesellschaftsrecht), V. 91, S. 786 sowie V. 95, S. 793.

bestimmen, wieviel Aktionäre der Zielgesellschaft das Übernahmeangebot annehmen[1248].

Die Zulässigkeit einer solchen Vorgehensweise erscheint allerdings einerseits deshalb zweifelhaft, weil die Zeichnungs- und Durchführungsfristen bei der ordentlichen Kapitalerhöhung nicht hinreichend genau bestimmt sind. So ist beispielsweise die genannte Frist von höchstens 6 Monaten[1249] nicht als feste Grenze, sondern lediglich als Richtwert zu verstehen. Die jeweils zulässige Grenze ergibt sich hingegen immer aus den Besonderheiten des Einzelfalles. Andererseits haben diese Pflichten den Zweck, die Grenze zum genehmigten Kapital zu wahren, damit der Vorstand weder durch die Wahl einer zu langen Frist noch durch die Ausgestaltung des Kapitalerhöhungsbeschlusses einen unangemessen weiten eigenen Ermessensspielraum erhält. Der infolge der Zeichnungs- und Durchführungsfristen begründete Rahmen würde für die Durchführung einer feindlichen Übernahme genutzt, obwohl die Ungewißheit über den Zeichnungsumfang möglicherweise über das gewöhnliche Maß der für eine Zeichnung erforderlichen Zeit hinausgeht und von den Besonderheiten des Übernahmeangebotes abhängt. Wird die Frist durch diese Besonderheiten verlängert, so besteht die Gefahr, daß die Grenze zum genehmigten Kapital in unzulässiger Weise überschritten wird. Dadurch würde der Beschluß über die Kapitalerhöhung in schwerwiegenden Fällen nach § 241 Nr. 3 AktG nichtig und bei geringeren Verstößen jedenfalls nach § 243 Abs. 1 i.V.m. § 255 Abs. 1 und 2 AktG anfechtbar[1250]. Wird den Aktionären der Zielgesellschaft also beispielsweise eine längere Annahmefrist bewilligt als es außerhalb eines Übernahmeverfahrens bei einer Bezugserklärung erforderlich ist, so besteht die Gefahr, daß der Kapitalerhöhungsbeschluß anfechtbar oder sogar nichtig ist. Bei der Ausgestaltung einer konkreten Formulierung des Beschlusses über die Kapitalerhöhung ist deshalb auf diesen Umstand zu achten. Wegen der Regelung des § 16 Abs. 1 WpÜG, die die gewöhnliche Annahmefrist auf maximal zehn Wochen beschränkt, besteht die Gefahr einer zu großzügigen Bemessung der Durchführungsfrist im Rahmen von Übernahmeverfahren jedoch regelmäßig nicht[1251].

(2) Bedingung des Kapitalerhöhungsbeschlusses und Vorschriften des AktG

Wie soeben dargestellt, erscheint es oftmals sachgerecht, den Kapitalerhöhungsbeschluß der bietenden Gesellschaft an eine Bedingung zu knüpfen. Konkret in Betracht kommt die aufschiebende Bedingung, daß ein bestimmter Anteil der

---

[1248] *Vogel*, in: Haarmann/Binger/Schüppen, § 13 WpÜG, Rn. 51.
[1249] *Lutter*, in: Kölner Kommentar zum AktG, § 182, Rn. 17.
[1250] *Hefermehl/Bungeroth*, in: Geßler/Hefermehl, AktG, § 182, Rn. 56; *Hüffer*, § 182 AktG, Rn. 17.
[1251] *Vogel*, in: Haarmann/Binger/Schüppen, § 13 WpÜG, Rn. 51.

Aktionäre der Zielgesellschaft bis zu einem bestimmten Zeitpunkt dem Übernahmeangebot zustimmt und somit neue Aktien zeichnet.
Es ist allerdings fraglich, ob eine solche Vorgehensweise zulässig ist. Dies könnte sich wegen der Verteilung der Kompetenzen innerhalb der Organe der Aktiengesellschaft sowie wegen des soeben aufgezeigten Aspektes der Abgrenzung der ordentlichen Kapitalerhöhung zum genehmigten Kapital als schwierig erweisen. Der Vorstand und der Vorsitzende des Aufsichtsrates haben gemäß § 184 Abs. 1 Satz 1 AktG den Beschluß der Kapitalerhöhung ebenso zur Eintragung im Handelsregister anzumelden wie sie dies gemäß § 188 Abs. 1 Satz 1 AktG mit deren Durchführung zu tun haben. Allerdings können die beiden Anmeldungen nach § 188 Abs. 4 AktG auch miteinander verbunden werden. Vorstand und Aufsichtsratsvorsitzender sind hierbei gegenüber der Aktiengesellschaft verpflichtet[1252] und lediglich an die Weisungen der Hauptversammlung gebunden[1253]. Hingegen besteht keinerlei Verpflichtung zur Anmeldung der Eintragung gegenüber der Öffentlichkeit[1254].
Wie bereits dargestellt, kann die Hauptversammlung den Zeitpunkt der Anmeldung im Kapitalerhöhungsbeschluß festlegen[1255]. Ferner kann die Hauptversammlung den Vorstand anweisen, den Änderungsbeschluß nur bei Eintritt eines bestimmten Umstandes anzumelden, wodurch der Beschluß selbst mit einer unechten Bedingung versehen wird[1256]. Dies gilt grundsätzlich auch für einen Beschluß über eine Kapitalerhöhung, der die Satzung der Gesellschaft ändert[1257]. Im Sinne der Kompetenzverteilung unter den Organen der Aktiengesellschaft darf diese Bedingung dem Vorstand aber keinerlei eigenen Entscheidungsspielraum einräumen. Insbesondere ist auch hierbei die Grenze zum genehmigten Kapital zu wahren[1258].
Sind diese Grundsätze beachtet, so kann die Hauptversammlung des Bieters im Beschluß über die Kapitalerhöhung den Vorstand aber anweisen, die Anmel-

---

[1252] *Hüffer*, § 188 AktG, Rn. 2.
[1253] *Lutter*, in: Kölner Kommentar zum AktG, § 184, Rn. 6.
[1254] *Hüffer*, § 188 AktG, Rn. 2; *Vogel*, in: Haarmann/Binger/Schüppen, § 13 WpÜG, Rn. 52.
[1255] *Hefermehl/Bungeroth*, in: Geßler/Hefermehl, AktG, § 184, Rn. 19.
[1256] *Hefermehl/Bungeroth*, in: Geßler/Hefermehl, AktG, § 179, Rn. 63; *Hüffer*, § 179 AktG, Rn. 26.
[1257] *Lutter*, in: Kölner Kommentar zum AktG, § 184, Rn. 6.
[1258] LG Frankfurt, AG 1990, S. 169/170; *Grunewald*, AG 1990, S. 133/138; *Hüffer*, § 179 AktG, Rn. 26; *Zöllner*, in: Kölner Kommentar zum AktG, § 179, Rn. 196. Gewährt die Anweisung dem Vorstand der bietenden Gesellschaft einen zu großen Entscheidungsspielraum, so besteht auch hierbei die Gefahr, daß der Beschluß über die Kapitalerhöhung gemäß §§ 243 Abs. 1, 255 Abs. 1 AktG anfechtbar oder sogar nach § 241 Nr. 3 AktG nichtig wird. Bei der Formulierung einer konkreten Bedingung im Kapitalerhöhungsbeschluß ist diesem Umstand daher Rechnung zu tragen.

dung des Beschlusses erst dann vorzunehmen, wenn ein bestimmter Anteil der Aktionäre der Zielgesellschaft dem Übernahmeangebot zugestimmt hat[1259].

(3) Übernahmeangebot vor dem Kapitalerhöhungsbeschluß (Problem der fehlenden Sicherstellung der Gegenleistung)

Wie soeben dargelegt, birgt ein Kapitalerhöhungsbeschluß, der vor dem Übernahmeangebot getroffen wird, das Risiko, daß dieser Beschluß wegen der Ungewißheit über den Zeichnungsumfang und der Ausgestaltung mit einer Bedingung anfechtbar oder sogar nichtig ist. Der Gefahr der Nichtigkeit beziehungsweise Anfechtbarkeit ließe sich zwar dadurch begegnen, daß das Übernahmeangebot vor dem Kapitalerhöhungsbeschluß unterbreitet wird. Gibt die bietende Gesellschaft das Übernahmeangebot selbst ab, so ergeben sich gegen den Erfolg dieser Vorgehensweise unter dem Aspekt der Sicherstellung der Gegenleistung (§ 13 Abs. 1 WpÜG) in zweierlei Hinsicht Bedenken. Zunächst ist dem Bieter nicht bewußt oder bekannt, wie die eigenen Aktionäre und der Kapitalmarkt das Übernahmeangebot aufnehmen und ob im Falle der geringen Unterstützung des Vorhabens ein Beschluß über die Kapitalerhöhung zustande kommt. Im Anschluß daran ergibt sich andererseits die Schwierigkeit, daß das Übernahmeangebot angenommen, aber die Kapitalerhöhung von den Aktionären nicht beschlossen werden könnte. Dann wäre der Bieter aus dem Übernahmeangebot zur Lieferung junger Aktien verpflichtet, die ihm wegen der ausgebliebenen Kapitalerhöhung gar nicht zur Verfügung stünden. Gerade aus diesem Grund wird von einer Sicherstellung der Gegenleistung im Zeitpunkt der Veröffentlichung der Angebotsunterlage erst dann ausgegangen, wenn zu diesem Zeitpunkt bereits ein wirksamer Kapitalerhöhungsbeschluß vorliegt[1260]. Hingegen steht eine Unsicherheit über die Finanzierung nicht nur dem Regelungszweck des § 13 Abs. 1 WpÜG entgegen, sondern führt im Umkehrschluß auch zu einer potentiell schlechteren Bewertung des Vorhabens durch den Kapitalmarkt und die Aktionäre der Zielgesellschaft.

Dieser Problematik ließe sich möglicherweise dadurch begegnen, daß der Bieter eine Bank einschaltet, die sich zur Zeichnung der jungen Aktien verpflichtet, vor dieser Zeichnung aber die Aktionäre der Zielgesellschaft zur Abgabe von Umtauschangeboten (*invitatio ad offerendum*) auffordert. Aus dem Umfang der Aktien der Zielgesellschaft, die deren Aktionäre der Bank zum Tausch gegen die Aktien des Bieters anbieten, ergibt sich somit der erforderliche Umfang der Kapitalerhöhung. Anschließend könnte die Bank die jungen Aktien des Bieters

[1259] Vgl. *Vogel*, in: Haarmann/Binger/Schüppen, § 13 WpÜG, Rn. 52, der darauf hinweist, daß auch das Übernahmeangebot selbst gemäß § 18 Abs. 1 WpÜG an die Bedingung des Erreichens einer bestimmten Beteiligungshöhe geknüpft werden kann.

[1260] *Vogel*, in: Haarmann/Binger/Schüppen, § 13 WpÜG, Rn. 75.

zeichnen, gegen die ihr angebotenen Aktien der Zielgesellschaft tauschen und letztere dann an den Bieter weitergeben. Die Hauptversammlung des Bieters faßt den Beschluß über die Kapitalerhöhung demnach erst nach der Abgabe des Übernahmeangebotes. Hierdurch würde nicht nur eine Bedingung des Beschlusses über eine Kapitalerhöhung entbehrlich, sondern auch keine Ungewißheit mehr über den Zeichnungsumfang bestehen[1261], weil im Zeitpunkt des Beschlusses bereits feststeht, in welchem Umfang Aktien zur Erfüllung des Übernahmeangebotes benötigt werden[1262].

Problematisch erscheint eine solche Vorgehensweise jedoch einerseits hinsichtlich der Akzeptanz des Übernahmeangebotes durch die Aktionäre der Zielgesellschaft sowie andererseits wegen § 17 WpÜG.

(a) Problem der Akzeptanz durch die Aktionäre der Zielgesellschaft

Die Aktionäre der Zielgesellschaft müßten wegen der *invitatio ad offerendum* der Bank ihre Aktien zum Tausch anbieten, also im Sinne des Gesamtvorhabens ihre „Zustimmung“ erteilen, obwohl nicht gesichert ist, daß die Kapitalerhöhung tatsächlich stattfindet. Die Annahme dieser Angebote nimmt jedoch normalerweise nicht die eingeschaltete Bank vor, da diese dann auch zur Lieferung der jungen Aktien des Bieters verpflichtet wäre. Diese Verpflichtung wird die Bank aber, weil es sich um eine feindliche Übernahme auf eine große Publikumsgesellschaft handelt, regelmäßig nicht erfüllen können. Demnach müßte der Bieter selbst die Annahme der Angebote erklären. Alternativ könnte der Bieter auch aus der Annahmeerklärung, also dem Außenverhältnis zu den Aktionären der Zielgesellschaft, oder dem Innenverhältnis gegenüber der Bank zur Lieferung der jungen Aktien verpflichtet sein. Im Rahmen einer ordentlichen Kapitalerhöhung kann der Bieter den tauschwilligen Aktionären der Zielgesellschaft bezie-

---

1261 Vgl. oben § 7 I. 1. a. bb. (1) Kapitalerhöhungsbeschluß bei Ungewißheit über den Umfang der Zeichnung.

1262 In ähnlicher Weise erfolgte der – allerdings friedliche – Zusammenschluß der Daimler-Benz AG und der Chrysler Corp.: Zur Vorbereitung der Verschmelzung der Daimler-Benz AG auf die DaimlerChrysler AG wurde die Deutsche Bank AG bereits im Rahmen des Übernahmeangebotes eingeschaltet. Die Deutsche Bank AG stellte auch die Erfüllung der Verpflichtungen aus dem Übernahmeangebot an die Aktionäre der Daimler-Benz AG sicher, indem sie im Rahmen der Kapitalerhöhung gegen Sacheinlagen die Zeichnung der jungen Aktien und die Einbringung der Daimler-Benz-Aktien durchführte. Im Gegensatz zu der hier vorgeschlagenen Variante wurde das Übernahmeangebot an die Aktionäre der Daimler-Benz AG jedoch nicht von der Deutschen Bank AG, sondern von der DaimlerChrysler AG selbst abgegeben. Eine solche Vorgehensweise ließe sich im Rahmen einer feindlichen Übernahme jedoch nicht durchführen. Vgl. zum Fall Daimler/Chrysler vertiefend *Stöcker*, Rechtsfragen grenzüberschreitender Unternehmenszusammenschlüsse, Diss., zum Ablauf insbesondere S. 39 ff.

hungsweise der Bank jedoch keine Bezugsrechte auf die jungen Aktien einräumen, soweit nicht die Hauptversammlung der Gesellschaft einen entsprechenden Kapitalerhöhungsbeschluß faßt. Gemäß § 187 Abs. 1 AktG können Rechte auf den Bezug junger Aktien nur unter dem Vorbehalt des gesetzlichen Bezugsrechts der Altaktionäre zugesichert werden. Ferner ist eine solche Zusicherung gemäß § 187 Abs. 2 AktG der Gesellschaft gegenüber unwirksam, wenn sie vor dem Kapitalerhöhungsbeschluß der Hauptversammlung erteilt wird. Die Vorschrift des § 187 AktG regelt somit das Verhältnis solcher Zusicherungen zum gesetzlichen Bezugsrecht und bezweckt den Schutz des gesetzlichen Bezugsrechts sowie die Gewährleistung der Entscheidungsfreiheit der Hauptversammlung über eine Kapitalerhöhung und einen damit einhergehenden Bezugsrechtsausschluß[1263]. Fraglich ist also, ob es sich bei der von der Bank geäußerten *invitatio ad offerendum* um eine solche Zusicherung handelt. Als Zusicherung im Sinne des § 187 AktG gelten alle rechtsgeschäftlichen Verpflichtungen zum Abschluß künftiger Zeichnungsverträge über junge Aktien[1264]. Bei einer *invitatio ad offerendum* handelt es sich hingegen lediglich um eine Aufforderung zur Abgabe eines Angebotes, nicht jedoch um ein verbindliches Angebot, durch dessen Annahme sich der Erklärende zur Leistung verpflichtet. Demnach stellt die *invitatio ad offerendum* der Bank selbst in dem Fall, daß der Bieter die Lieferung von jungen Aktien als Gegenleistung im Rahmen des Tauschvertrages anbietet, keine Zusicherung im Sinne des § 187 AktG dar. Ebenso verhält es sich, wenn sich die Bank gegenüber den Aktionären der Zielgesellschaft verpflichtet, während der Bieter im Innenverhältnis zur Bank einen Ausgleich, also die Lieferung der jungen Aktien, vornimmt. Auch in diesem Fall liegt keine Zusicherung im Sinne des § 187 AktG vor.

Dies führt dazu, daß die Aktionäre der Zielgesellschaft, wenn sie infolge der *invitatio ad offerendum* einer Bank ihre Aktien zum Tausch anbieten würden, keine Zusicherung zum Bezug neuer Aktien im Sinne des § 187 AktG erhielten. Selbst wenn ihnen eine solche Zusicherung gegeben würde, wäre diese gemäß § 187 Abs. 2 AktG der Gesellschaft gegenüber unwirksam, wenn sie vor dem eigentlichen Kapitalerhöhungsbeschluß erfolgt. Die Reihenfolge - Übernahmeangebot vor Beschluß - scheint aus der Sicht des Bieters jedoch geboten, um dem Risiko der Anfechtbarkeit oder Nichtigkeit des Kapitalerhöhungsbeschlusses zu entgehen[1265]. Für jeden tauschwilligen Aktionär der Zielgesellschaft ergibt sich daher das Problem, daß mit dem Umtauschangebot die Erfüllung der Gegenleistung noch nicht hinreichend gesichert ist, weil diese noch von einem ent-

---

[1263] *Hüffer*, § 187 AktG, Rn. 1.

[1264] *Hefermehl/Bungeroth*, in: Geßler/Hefermehl, AktG, § 187, Rn. 7; *Hüffer*, § 187 AktG, Rn. 2; *Lutter*, in: Kölner Kommentar zum AktG, § 187, Rn. 5.

[1265] Vgl. § 7 I. 1. a. bb. (1) Kapitalerhöhungsbeschluß bei Ungewißheit über den Umfang der Zeichnung.

sprechenden Kapitalerhöhungsbeschluß der Hauptversammlung des Bieters abhängig ist. Deshalb ist davon auszugehen, daß auch bei der Einschaltung einer Bank und einem dem Kapitalerhöhungsbeschluß vorhergehenden Übernahmeangebot, dieses auf eine geringe Akzeptanz bei den Aktionären der Zielgesellschaft treffen wird.

(b) Unzulässigkeit einer *invitatio ad offerendum* (§ 17 WpÜG)

Im übrigen ist eine solche Vorgehensweise nunmehr auch am Maßstab des § 17 WpÜG zu überprüfen. Nach dieser Vorschrift ist eine öffentliche auf den Erwerb von Wertpapieren der Zielgesellschaft gerichtete Aufforderung des Bieters zur Abgabe von Angeboten durch die Inhaber der Wertpapiere unzulässig. Hierdurch sollen die Aktionäre der Zielgesellschaft vor solchen Angeboten geschützt werden, bei denen auf Seiten des Bieters noch kein Wille zu einer rechtlichen Bindung vorhanden ist. Angesichts der gravierenden Folgen eines Übernahmeangebotes auf die Zielgesellschaft und deren Börsenkurs erscheint es deshalb sachgerecht, den Bieter zur Abgabe verbindlicher Angebote zu verpflichten, die nur unter den Voraussetzungen des § 18 WpÜG mit Bedingungen versehen werden können[1266].

Im vorliegenden Zusammenhang ist diesbezüglich festzustellen, daß sich nunmehr die von der eigentlich das Übernahmeangebot planenden Gesellschaft eingeschaltete Bank gegenüber den Aktionären der Zielgesellschaft zur Erbringung der Gegenleistung zu verpflichten gedenkt und folglich als „Bieter" im Sinne des § 2 Abs. 4 WpÜG anzusehen ist. Tatsächlich würde sich die Bank jedoch lediglich gegenüber der sie beauftragenden Gesellschaft zur Zeichnung der jungen Aktien verpflichten, nicht jedoch gegenüber den Aktionären der Zielgesellschaft zur Erfüllung des Angebotes. Vor einer solchen Konstellation sollen die Aktionäre der Zielgesellschaft aber durch § 17 WpÜG gerade bewahrt werden. Infolgedessen ist ein in Form der *invitatio ad offerendum* ausgestaltetes Angebot seitens der Bank unzulässig[1267].
Im Ergebnis muß der Kapitalerhöhungsbeschluß somit in jedem Fall vor der Veröffentlichung der Angebotsunterlage gefaßt sein. Die dabei durch die Fristen zur Vorbereitung einer Hauptversammlung regelmäßig entstehenden organisatorischen Schwierigkeiten sind durch das WpÜG nunmehr allerdings in gewissem

---

1266 Dem liegt der Gedanke eines angemessenen Interessenausgleichs (§ 3 Abs. 4 WpÜG) zwischen Bieter und Zielgesellschaft zugrunde, vgl. Begründung zum Gesetzentwurf der Bundesregierung, Besonderer Teil, S. 114 f. sowie *Hasselbach*, in: Kölner Kommentar zum WpÜG, § 17, Rn. 2.

1267 Das zuvor angedeutete Akzeptanzproblem läßt sich folglich auch nicht dadurch beseitigen, daß die von der Bank geäußerte *invitatio ad offerendum* unter der Bedingung des Zustandekommens eines Kapitalerhöhungsbeschlusses steht. Zudem wäre auch die Zulässigkeit dieser Vorgehensweise unter Berücksichtigung des § 18 Abs. 1 WpÜG fraglich.

Umfang entschärft. Gemäß § 14 Abs. 1 Satz 3 WpÜG kann der Bieter bei der BAFin beantragen, die mit der Entscheidung zur Abgabe eines Angebots beginnende vierwöchige Frist bis zur Übermittlung der Angebotsunterlage einmalig um weitere vier Wochen zu verlängern[1268].

(4) Sacheinlagevorschriften

Gleichwohl sind die Vorschriften über die ordentlichen Kapitalerhöhung gegen Sacheinlage zu beachten. Der Zweck dieser im Verhältnis zur Kapitalerhöhung gegen Bareinlage strengeren Regelungen ist es zunächst, den Aktionären die Entscheidung zu überlassen, ob statt Geld auch andere Gegenstände auf das erhöhte Kapital geleistet werden können und sollen. Ferner sollen die Gläubiger und die Aktionäre vor einer unzureichenden Kapitalaufbringung geschützt und der Wert der Sacheinlage dadurch gesichert werden, daß ihr Wert mindestens dem Nominalwert der dafür ausgegebenen Aktien entspricht[1269].

So sind gemäß § 183 Abs. 1 Satz 1 AktG der Gegenstand der Sacheinlage, die Person, von der die Gesellschaft diesen erwirbt sowie der Nennbetrag (§ 8 Abs. 2 AktG) beziehungsweise die Stückzahl (§ 8 Abs. 3 AktG) der bei der Sacheinlage zu gewährenden Aktien im Kapitalerhöhungsbeschluß festzusetzen. Der Beschluß darf ferner gemäß § 183 Abs. 1 Satz 2 AktG erst gefaßt werden, wenn die Einbringung von Sacheinlagen und die Festsetzungen nach Satz 1 der Vorschrift ausdrücklich und ordnungsgemäß im Sinne des § 124 Abs. 1 AktG bekanntgemacht worden sind. Diese Bestimmungen ergänzen die allgemeinen Voraussetzungen für eine Kapitalerhöhung gegen Einlagen aus § 182 AktG, so daß deren Voraussetzungen ebenfalls erfüllt sein müssen. Eine Kapitalerhöhung gegen Sacheinlage ist dabei häufig mit einem Bezugsrechtsausschluß verbunden[1270].

Fehlt eine der in § 183 Abs. 1 AktG verlangten Angaben oder weicht sie von bereits getroffenen Verträgen über die Sacheinlage ab, so hat das Registergericht die Eintragung des Erhöhungsbeschlusses (§ 184 AktG) sowie die Eintragung der Durchführung (§ 188 AktG) abzulehnen[1271]. Verträge über Sacheinlagen und die Rechtshandlungen zu deren Ausführung sind ohne die in § 183 Abs. 1 AktG genannten Festsetzungen gemäß § 183 Abs. 2 Satz 1 AktG der Gesellschaft gegenüber unwirksam. Hiervon sind alle Sacheinlagevereinbarungen betroffen und zwar unabhängig davon, ob es sich dabei um Verpflichtungs- oder Verfügungs-

---

[1268] *Möllers*, in: Kölner Kommentar zum WpÜG, § 13, Rn. 51; *Süßmann*, in: Geibel/Süßmann, § 13 WpÜG, Rn. 5.

[1269] *Lutter*, in: Kölner Kommentar zum AktG, § 183, Rn. 2; *Hüffer*, § 183 AktG, Rn. 1.

[1270] *Hüffer*, § 183 AktG, Rn. 8.

[1271] *Hüffer*, § 183 AktG, Rn. 11.

geschäfte handelt[1272]. Die relative Unwirksamkeit wirkt lediglich zwischen der Aktiengesellschaft und den Sacheinlegern und kann somit auch nur von diesen, nicht jedoch von Dritten geltend gemacht werden[1273]. Würde die bietende Gesellschaft im Rahmen eines feindlichen Übernahmeangebotes also mit den Aktionären der Zielgesellschaft schon verbindliche Umtauschverträge schließen, im Kapitalerhöhungsbeschluß jedoch nicht alle erforderlichen Festsetzungen treffen, wären die Umtauschverträge der Gesellschaft gegenüber unwirksam, müßten also nicht von dieser erfüllt werden. Ebenso kann sich aber auch der Vertragspartner der Gesellschaft auf die Unwirksamkeit berufen[1274]. Für die Gesellschaft hat dies die Folge, daß sie einen vertraglichen Anspruch auf Übertragung der Aktien durch die Aktionäre der Zielgesellschaft im Zweifelsfall nicht durchsetzen kann.

Erfolgt dennoch eine Eintragung der Durchführung der Kapitalerhöhung, ist diese gemäß § 183 Abs. 2 Satz 2 AktG zwar wirksam, jedoch gemäß Satz 3 derselben Vorschrift als Bar- und nicht als Sachkapitalerhöhung. Somit wandelt sich die geplante Sachkapitalerhöhung kraft Gesetzes zwingend in eine Barkapitalerhöhung[1275]. Demzufolge hätte die Leistung der Einleger in diesem Falle bar zu erfolgen, so daß ein Aktientausch ausgeschlossen wäre. Somit müßte ein ausschließlich im Wege des Aktientausches finanziertes Übernahmevorhaben scheitern. Nach einer solchen Eintragung läßt sich im übrigen gemäß § 183 Abs. 2 Satz 4 AktG die Unwirksamkeit des Beschlusses nicht durch eine nochmalige Satzungsänderung heilen.

Die Werthaltigkeit der Sacheinlage gewährleistet die in § 183 Abs. 3 AktG geregelte Überprüfung durch einen oder mehrere unabhängige Sachprüfer. Diese Prüfung hat gemäß § 184 Abs. 1 Satz 2 AktG vor der Anmeldung der Eintragung des Kapitalerhöhungsbeschlusses beim Handelsregister zu erfolgen. Für das dabei anzuwendende Verfahren verweist § 183 Abs. 3 Satz 1 AktG auf die sinngemäße Geltung einiger Vorschriften, die bei der Gründungsprüfung anzuwenden sind. So bestellt das Registergericht des in der Satzung ausgewiesenen Sitzes der Gesellschaft auf Antrag der Aktiengesellschaft den oder die Prüfer nach Anhörung der örtlichen Industrie- und Handelskammer (§ 183 Abs. 3 Satz

---

1272 RGZ 130, S. 248/252; *Hüffer*, § 183 AktG, Rn. 12; *Hefermehl/Bungeroth*, in Geßler/Hefermehl, AktG, § 183, Rn. 63.

1273 *Hefermehl/Bungeroth*, in Geßler/Hefermehl, AktG, § 183, Rn. 64; *Hüffer*, § 183 AktG, Rn. 12.

1274 *Hefermehl/Bungeroth*, in Geßler/Hefermehl, AktG, § 183, Rn. 64; *Lutter*, in: Kölner Kommentar zum AktG, § 183, Rn. 35.

1275 BGHZ 33, S. 175/178; BGH AG 1982, S. 278/282; *Hefermehl/Bungeroth*, in: Geßler/Hefermehl, AktG, § 183, Rn. 74; *Hüffer*, § 183 AktG, Rn. 11; *Lutter*, in: Kölner Kommentar zum AktG, § 183, Rn. 38.

2 i.V.m. § 33 Abs. 3 AktG)[1276]. Die Prüfer müssen unabhängig, sowie gemäß § 183 Abs. 3 Satz 2 i.V.m. § 33 Abs. 4 und 5 AktG sachlich und persönlich geeignet sein. Sie haben einen schriftlichen Prüfungsbericht anzufertigen (§ 183 Abs. 3 Satz 2 i.V.m. § 34 Abs. 2 AktG). Hiervon ist jeweils ein Exemplar dem Gericht und dem Vorstand einzureichen, wobei jedermann den Bericht bei Gericht einsehen kann (§ 183 Abs. 3 Satz 2 i.V.m. § 34 Abs. 3 AktG). Die Prüfer können dabei alle für die Prüfung notwendigen Aufklärungen und Nachweise verlangen und bei Unstimmigkeit über den Umfang dieses Rechtes kann eine verbindliche gerichtliche Entscheidung beantragt werden (§ 183 Abs. 3 Satz 2 i.V.m. § 35 Abs. 1 und 2 AktG). Der Prüfer hat dabei gemäß § 183 Abs. 3 Satz 2 i.V.m. § 35 Abs. 3 AktG einen Anspruch auf Auslagenersatz und eine Vergütung, die im einzelnen das zuständige Gericht festsetzt. Der Prüfungsgegenstand ist in § 183 Abs. 3 AktG nicht genau benannt[1277], insbesondere verweist die Vorschrift nicht auf § 34 Abs. 1 Nr. 2 AktG. Aus § 183 Abs. 3 Satz 3 AktG ergibt sich jedoch, daß zu prüfen ist, ob der Wert der Sacheinlage den geringsten Ausgabebetrag der hierfür gewährten jungen Aktien erreicht[1278]. Auch bei der ordentlichen Kapitalerhöhung gegen Sacheinlagen soll demnach die Kapitalaufbringung im Interesse der Gesellschaftsgläubiger gesichert sein. Dem entsprechend ist es unerheblich, wenn der Prüfer bei der Sachprüfung eine Einlage feststellt, die einem höheren als dem geringsten Ausgabebetrag entspricht[1279].

Neben dem unabhängigen Prüfer hat jedoch auch das Registergericht ein eigenes Prüfungsrecht[1280]. Gemäß § 183 Abs. 3 Satz 3 AktG kann es die Eintragung ablehnen, wenn der Wert der Sacheinlage wesentlich hinter dem geringsten Ausgabebetrag der dafür zu gewährenden Aktien zurückbleibt. Bei dieser Entscheidung ist das Gericht nicht an den Bericht des Prüfers gebunden, wird diesen aber regelmäßig berücksichtigen und die eigene Entscheidung darauf stützen. Entgegen dem Wortlaut der Vorschrift hat das Gericht aber keinen Ermessensspielraum. Somit ist es verpflichtet, sobald die Voraussetzungen des § 183 Abs. 3 Satz 3 AktG vorliegen, die entsprechende Eintragung abzulehnen[1281].

1276 In der Unternehmenspraxis erfolgt die Auswahl des Prüfers häufig auf Anregung der Aktiengesellschaft beziehungsweise der von dieser eingeschalteten Rechtsanwälte. Diese schlagen einen Prüfer vor, fragen bei der Industrie- und Handelskammer nach, ob gegen dessen Bestellung Einwendungen bestehen und teilen dies dem Registergericht den Namen eines Prüfers mit, gegen den keine Bedenken bestehen. Das Registergericht wird diesen sodann im Regelfall bestellen.

1277 *Hefermehl/Bungeroth*, in: Geßler/Hefermehl, AktG, § 183, Rn. 91.

1278 *Hefermehl/Bungeroth*, in: Geßler/Hefermehl, AktG, § 183, Rn. 99; *Hüffer*, § 183 AktG, Rn. 18; *Lutter*, in: Kölner Kommentar zum AktG, § 184, Rn. 12.

1279 *Hüffer*, § 183 AktG, Rn. 16 i.V.m. § 9 AktG, Rn. 1.

1280 *Hefermehl/Bungeroth*, in: Geßler/Hefermehl, AktG, § 183, Rn. 98; *Hüffer*, § 183 AktG, Rn. 18.

1281 *Hüffer*, § 183 AktG, Rn. 18.

Ergeben sich im Rahmen dieser Prüfungen Fehler, so hat dies, je nach der Fehlerursache, unterschiedliche Rechtsfolgen:

Findet weder durch den Prüfer noch durch das Gericht eine Prüfung statt, läßt dies den Kapitalerhöhungsbeschluß unberührt. Wird die Kapitalerhöhung gegen Sacheinlage in das Handelsregister eingetragen, ist sie in dieser Form auch wirksam und kann nicht von Amts wegen gelöscht werden[1282].

Im Falle einer Unterpariemission, wenn also der Wert der Sacheinlage unter dem Ausgabebetrag der im Gegenzug gewährten jungen Aktien bleibt, liegt ein Verstoß gegen § 9 Abs. 1 AktG vor. Daher hat das Registergericht gemäß § 183 Abs. 3 Satz 3 AktG zunächst die Eintragung abzulehnen. Die Unterpariemission führt im übrigen zur Nichtigkeit des Kapitalerhöhungsbeschlusses nach § 241 Nr. 3, 2. Variante AktG[1283]. Erreicht der Wert der Sacheinlage zwar den geringsten Ausgabebetrag, steht er dabei aber dennoch in grobem Mißverhältnis zum Ausgabebetrag der jungen Aktien, so hat auch dies gemäß § 241 Nr. 3 AktG die Nichtigkeit zur Folge[1284]. Demnach hat das Registergericht auch in diesem Fall die Eintragung abzulehnen[1285].

Wurde die Kapitalerhöhung gegen Sacheinlagen unter Ausschluß des Bezugsrechts der Altaktionäre beschlossen, ist der Erhöhungsbeschluß gemäß § 255 Abs. 2 AktG anfechtbar, wenn der Wert der Sacheinlage hierin unangemessen niedrig festgesetzt ist[1286].

Darüber hinaus haftet der Einleger verschuldensunabhängig auf die Wertdifferenz in Geld, wenn der Wert der Sacheinlage wesentlich hinter dem geringsten Ausgabebetrag der dafür ausgegebenen Aktien zurückbleibt und die Kapitalerhöhung aufgrund der Eintragung der Durchführung gemäß § 189 AktG wirksam

---

[1282] *Hüffer*, § 183 AktG, Rn. 19; *Lutter*, in: Kölner Kommentar zum AktG, § 184, Rn. 13.

[1283] *Hefermehl/Bungeroth*, in: Geßler/Hefermehl, AktG, § 183, Rn. 101; *Hüffer*, § 183 AktG, Rn. 20.

[1284] Dies ist bei Sacheinlagen im Rahmen der Gründung einer Aktiengesellschaft unstreitig: BGHZ 64, S. 52/62; *Eckhardt*, in: Geßler/Hefermehl, AktG, § 46, Rn. 20; *K. Schmidt*, Gesellschaftsrecht, S. 585. Dies gilt auch im Recht der GmbH: § 9 GmbHG; BGHZ 68, S. 191/195 (Gründung); § 56 Abs. 2 i.V.m. § 9 GmbhG (Kapitalerhöhung mit Sacheinlagen). Nach allgemeiner Ansicht ist dieser Grundsatz daher unverändert auch auf die Kapitalerhöhung mit Sacheinlagen bei der Aktiengesellschaft zu übertragen: *Hefermehl/Bungeroth*, in: Geßler/Hefermehl, AktG, § 183, Rn. 102; *Hüffer*, § 183 AktG, Rn. 21; *Lutter*, Kapital, Sicherung der Kapitalaufbringung und Kapitalerhaltung, S. 311; *K. Schmidt*, Gesellschaftsrecht, S. 585.

[1285] *Hüffer*, § 183 AktG, Rn. 20.

[1286] BGHZ 71, S. 40/50 f.; *Hefermehl/Bungeroth*, in: Geßler/Hefermehl, AktG, § 183, Rn. 103; *Hüffer*, § 183 AktG, Rn. 20.

geworden ist. Die Haftung folgt dabei aus § 188 Abs. 2 i.V.m. § 36a Abs. 2 Satz 3 AktG und dem Grundsatz der realen Kapitalaufbringung. Für die Berechnung der Differenz ist der Zeitpunkt der Anmeldung der Durchführung der Kapitalerhöhung gemäß § 188 AktG maßgeblich[1287]. Somit trägt der Einleger das Bewertungsrisiko bis zu diesem Zeitpunkt, jedoch nicht länger, da er anderenfalls auch für die Arbeitsweise des Registergerichts haften müßte[1288].

Eine solche Haftung könnte in der vorliegenden Konstellation die Aktionäre der Zielgesellschaft treffen, wenn der Wert ihrer als Einlage geleisteten Anteile wesentlich hinter dem Wert der dafür gewährten jungen Aktien zurückbliebe. Dies würde im Normalfall voraussetzen, daß der Bieter bereit wäre, zum Zeitpunkt der Anmeldung zur Eintragung in das Handelsregister, einen wesentlich überhöhten Preis für die Anteile der Zielgesellschaft zu bezahlen. Weil es sich hierbei um einen Zeitpunkt handelt, der nach dem Tag der öffentlichen Ankündigung der Übernahmeabsicht und somit dem für die Berechnung der Kontrollprämie maßgeblichen Tag liegt, scheint eine solche Situation jedoch wenig praxisrelevant.

Andererseits ist der Grund für die Wertdifferenz zwischen der Sacheinlage und dem gezeichneten Nominalbetrag unerheblich, so daß beispielsweise auch ein Börsencrash oder ein sonstiger plötzlicher Wertverfall zu Lasten des Einlegers geht[1289]. Hieraus könnte sich die Situation ergeben, daß der Wert der als Gegenleistung gewährten Aktien der Zielgesellschaft unter dem geringsten Ausgabebetrag (§ 9 Abs. 1 AktG) der jungen Aktien der bietenden Gesellschaft bleibt. In diesem Fall würden die Aktionäre der Zielgesellschaft als Sacheinleger auf die Differenz haften.

Wenn es sich, wie hier vorgeschlagen, um einen Kapitalerhöhungsbeschluß handelt, der erst im Anschluß an die Veröffentlichung der Entscheidung zur Abgabe eines Übernahmeangebotes erfolgt, ist jedoch regelmäßig nicht davon auszugehen, daß ein Haftungstatbestand vorliegt. Dies erklärt sich daraus, daß der Umfang der benötigten jungen Aktien feststeht und das im Umtauschverhältnis zum Ausdruck kommende Wertverhältnis bereits den vom Vorstand vorgeschlagenen Gegenstand des Kapitalerhöhungsbeschlusses bildet. Der Vorstand des Bieters strebt eine zügige und problemlose Übernahme der Zielgesellschaft an. Er hat deshalb auch ein eigenes Interesse daran, für die Werthaltigkeit der Sacheinlage zu sorgen. Würde der Wert der Sacheinlage unangemessen niedrig sein, dürfte es sich unter der Voraussetzung wahrheitsgemäßer Bilanzen und Wert-

---

[1287] *Hefermehl/Bungeroth*, in: Geßler/Hefermehl, AktG, § 183, Rn. 107; *Hüffer*, § 183 AktG, Rn. 21; *Lutter* in Kölner Kommentar zum AktG, § 183, Rn. 60.
[1288] *Lutter*, in: Kölner Kommentar zum AktG, § 183, Rn. 50.
[1289] *Lutter*, in: Kölner Kommentar zum AktG, § 183, Rn. 66.

gutachten bereits als schwierig erweisen, eine satzungsändernde Mehrheit unter den bisherigen Aktionären der bietenden Gesellschaft zu erreichen. Bestünde die ernsthafte und ersichtliche Gefahr einer Inanspruchnahme, wären außerdem die Aktionäre der Zielgesellschaft nur in geringerem Umfang bereit, dieses Risiko durch die Annahme des Umtauschangebotes einzugehen. Schließlich müßte der Vorstand des Bieters den Anspruch auf Differenzhaftung für diesen geltend machen und damit öffentlich eingestehen, jedenfalls ungenau gearbeitet oder mögliche Risiken verkannt zu haben. Kommen die Vorstandsmitglieder im Rahmen der Vorbereitung oder Durchführung einer Kapitalerhöhung mit Sacheinlagen einer solchen Verpflichtung nicht nach, sind sie selbst gemäß § 93 AktG schadensersatzpflichtig[1290]. All dies spricht dafür, daß der Vorstand der bietenden Gesellschaft im Falle einer Kapitalerhöhung gegen Sacheinlage besondere Sorgfalt auf die Werthaltigkeit der Sacheinlage legt und die theoretisch bestehende Möglichkeit der Differenzhaftung praktisch wenig relevant sein wird[1291].

Die Vorschriften über eine Kapitalerhöhung gegen Sacheinlage erfordern von der bietenden Gesellschaft jedoch insgesamt ein hohes Maß an Vorsicht und Genauigkeit. Dies gilt insbesondere für die Werthaltigkeit der Sacheinlage. Das Verfahren ist strenger und insbesondere durch das Prüfungsverfahren kostenintensiver als bei einer Kapitalerhöhung gegen Bareinlage. Ferner ist eine Kapitalerhöhung gegen Sacheinlagen regelmäßig mit dem Risiko der Nichtigkeit oder Anfechtbarkeit des Erhöhungsbeschlusses sowie der generellen Gefahr einer Differenzhaftung der Einleger verbunden. Diese grundsätzlichen Verfahrensnachteile wiegen aber nicht so schwer, daß sie dazu führen könnten, von einem ernsthaft geplanten Übernahmevorhaben abzusehen.

[1290] *Hefermehl/Bungeroth*, in:Geßler/Hefermehl, AktG, § 183, Rn. 113.

[1291] Sollte dennoch ein Fall der Differenzhaftung eintreten, so ist umstritten, ob sich diese auf den geringsten Ausgabebetrag (§ 9 Abs. 1 AktG) beschränkt, oder sich auch auf das Aufgeld bezieht. Zum Teil wird eine gesetzliche Bardeckungspflicht auch für das Aufgeld vertreten, weil der tatsächliche Zufluß an Kapital hinter den im Kapitalerhöhungsbeschluß zum Ausdruck kommenden Erwartungen zurückbleibe (*Hefermehl/Bungeroth*, in: Geßler/ Hefermehl, AktG, § 183, Rn. 106; *Krieger*, Münchener Handbuch zum Gesellschaftsrecht, § 56 Rn. 40). Andererseits wird nachvollziehbar argumentiert, daß das Aufgeld nicht als Kapital gelte und dementsprechend auch kein Bestandteil des gesetzlichen Kapitalaufbringungsschutzes sei. Da die Differenzhaftung aber gerade aus Gründen des Kapitalschutzes entwickelt wurde, umfasse sie somit nicht das Aufgeld. Eine gesetzliche Haftung bestehe daher nicht, was jedoch eine Haftung im Rahmen einer rechtsgeschäftlichen Wertdeckungszusage nicht ausschließe (*Hüffer*, § 183 AktG, Rn. 21; *Lutter*, in: Kölner Kommentar zum AktG, § 183, Rn. 66).

(5) Bezugsrechtsausschluß und das Risiko der Anfechtung des Beschlusses über die Kapitalerhöhung

Neben den allgemeinen Verfahrensnachteilen im Rahmen einer Kapitalerhöhung gegen Sacheinlagen liegt ein zentrales Problem darin, daß das Bezugsrecht der Aktionäre der bietenden Gesellschaft im Beschluß über die Kapitalerhöhung gemäß § 186 Abs. 3 AktG ausgeschlossen werden muß, damit die hierdurch geschaffenen jungen Aktien für die Durchführung des Aktientausches zur Verfügung stehen[1292]. Infolge dessen droht der bietenden Gesellschaft eine Anfechtungsklage gemäß §§ 255 Abs. 2, 243 Abs. 1 AktG. Gemäß § 255 Abs. 2 Satz 1 AktG kann eine Anfechtung bei ganzem oder teilweisem Bezugsrechtsausschluß auch darauf gestützt werden, daß der sich aus dem Erhöhungsbeschluß ergebende Ausgabebetrag oder der Mindestbetrag, unter dem keine neuen Aktien ausgegeben werden sollen, unangemessen niedrig ist. Zweck der Vorschrift ist es, der Verfolgung gesellschaftsfremder Sondervorteile zum Schaden der Aktionäre dadurch vorzubeugen, daß die Aktionäre jedenfalls vor einer Verwässerung ihrer Beteiligung gesichert werden, wenn sie schon infolge des Bezugsrechtsausschlusses eine Reduzierung ihrer Grundkapitalquote hinnehmen müssen. Eine solche Verwässerung ergibt sich beispielsweise aus einer Ausgabe der jungen Aktien unter Wert[1293].

Der Ausschluß des Bezugsrechts muß sich dabei zwar nicht ausdrücklich, jedenfalls aber eindeutig aus dem Beschluß ergeben. Bei einer Kapitalerhöhung gegen Sacheinlagen kann er sich also auch inzidenter aus den im Erhöhungsbeschluß zum Ausdruck kommenden Bedingungen der Sacheinlage ergeben[1294].

Ferner müßte zur Begründung einer Anfechtung ein unangemessen niedriger Ausgabebetrag vorliegen. Bei einer Kapitalerhöhung gegen Sacheinlagen fehlt es zwar an einem Ausgabebetrag im klassischen Sinne. Dennoch läßt sich § 255 Abs. 2 AktG jedenfalls entsprechend anwenden, weil der Wert der Sacheinlage ermittelt und auf diese Weise die Wertrelation zwischen den auszugebenden neuen Aktien und der Gegenleistung zu bestimmen ist[1295]. Auch ist der vom Gesetzgeber bezweckte Schutz der Aktionäre vor Verwässerung bei einer Ausgabe der Aktien gegen Sacheinlagen ebenso erforderlich wie bei Bareinlagen[1296].

1292 *Möllers*, in: Kölner Kommentar zum WpÜG, § 13, Rn. 50; *Vogel*, in: Haarmann/Binger/Schüppen, § 13 WpÜG, Rn. 53.

1293 *Hüffer*, § 255 AktG, Rn. 2; *Zöllner*, in: Kölner Kommentar zum AktG, § 255, Rn. 1 und Rn. 9.

1294 *Zöllner*, in: Kölner Kommentar zum AktG, § 255, Rn. 8.

1295 BGHZ 71, S. 40/50 ff. (Kali+Salz); *Hüffer*, § 255 AktG, Rn. 1 und 7; *Zöllner*, in: Kölner Kommentar zum AktG, § 255, Rn. 7.

1296 *Hüffer*, § 255 AktG, Rn. 7.

Fraglich ist jedoch, wann ein Ausgabebetrag unangemessen niedrig ist. Bereits aus dem Wortlaut der Vorschrift ergibt sich, daß nicht bereits jede Ausgabe unter Wert eine Anfechtung begründen soll. Vielmehr muß die Ausgabe zu einem Betrag erfolgt sein, der unangemessen niedrig ist. Dies ist im Regelfall eine Ausgabe unter dem Kapitalwert der jungen Aktien, wenn sich ein höherer Ausgabepreis hätte erzielen lassen[1297]. Verallgemeinern läßt sich diese Formel jedoch nicht. Unter Berücksichtigung des Ziels der Finanzierung einer feindlichen Übernahme auf eine große Publikumsgesellschaft ergeben sich verschiedene Einwände. Zunächst ist es deutlich, daß sich bei der Finanzierung einer auf eine bestimmte Zielgesellschaft gerichtete feindlichen Übernahme im Wege der Kapitalerhöhung gegen Sacheinlage nicht damit argumentieren läßt, man hätte als Gegenleistung für die jungen Aktien eine andere und in finanzieller Hinsicht wertvollere Gesellschaft erwerben können. Die Auswahl derartiger Alternativen entspricht nicht der Zielsetzung des Gesamtvorhabens und wird in der Regel auch nicht Gegenstand des Kapitalerhöhungsbeschlusses sein. Der Rückgriff auf die Möglichkeit einer ordentliche Kapitalerhöhung gegen Bareinlage scheidet im Rahmen der Übernahme einer großen Publikumsgesellschaft wegen der Höhe des Kaufpreises aus tatsächlichen Gründen aus[1298]. Schließlich können sich auch sachliche Gründe dafür ergeben, eine Ausgabe unter dem Kapitalwert der jungen Aktien letztlich dennoch als angemessen zu bewerten. Zu denken ist dabei beispielsweise an Synergieeffekte, die sich für die bietende Gesellschaft einzig mit einer bestimmten Zielgesellschaft realisieren lassen. Liegt die nachvollziehbare Höhe dieser Einsparungsmöglichkeiten langfristig deutlich über dem Betrag, um den der sich aus dem Erhöhungsbeschluß ergebende Ausgabebetrag zu niedrig ist, so erscheint diese Differenz jedenfalls nicht unangemessen. Deutlich ist somit, daß bei sinnvoller Betrachtung derart komplexer Vorgänge jedenfalls nicht allein das Finanzinteresse ausschlaggebend sein kann[1299]. Folglich ist nicht allein der Börsenkurs der Zielgesellschaft bei der Ermittlung ihres wirklichen Wertes entscheidend, sondern es sind vielmehr auch stille Reserven und der sogenannte innere Geschäftswert der Gesellschaft zu berücksichtigen[1300]. Zum Teil wird sogar vertreten, § 255 Abs. 2 AktG sei entsprechend § 305 AktG auszule-

---

1297 *Zöllner*, in: Kölner Kommentar zum AktG, § 255, Rn. 9.

1298 So wurde beispielsweise der zweite Börsengang der Deutschen Telekom AG als Kapitalerhöhung gegen Bareinlage mit einem Volumen von ca. 20 Mrd. DM als vom deutschen Kapitalmarkt nur schwer zu bewältigende Summe empfunden. Hingegen konnte der feindliche Übernahmeversuch von Vodafone Airtouch auf die Mannesmann AG mit einem im Rahmen eines Aktientauschs entstandenen Transaktionsvolumen von ungefähr 400 Mrd. DM bewältigt werden, weil hierbei das Kapital nicht real in dieser Höhe aufzubringen war.

1299 *Zöllner*, in: Kölner Kommentar zum AktG, § 255, Rn. 10.

1300 BGHZ 71, S. 40/51(Kali+Salz); BGHZ 83, S. 319/321 (Holzmann); OLG Frankfurt, AG 1999, S. 231/232 f.; *Hirte*, WM 1997, S. 1001/1004; *Hüffer*, § 255 AktG, Rn. 5; *Paefgen*, AG 1999, S. 67/69.

gen, so daß die Ausgabe der jungen Aktien zum vollen inneren Wert verlangt werden könne und sich auch die Ermittlung dieses Wertes an § 305 AktG orientiere, womit neben den Vermögens- auch die Herrschaftsrechte der Aktionäre umfaßt seien[1301].

Weil sich diesbezügliche Bedenken bei jeglicher Form der effektiven Kapitalerhöhung anführen lassen, hat sich für die Beurteilung der Angemessenheit des Ausgabebetrages im Rahmen des § 255 Abs. 2 AktG eine Formel herausgebildet. Angemessen ist der Ausgabebetrag danach dann, wenn er unter Berücksichtigung aller Umstände des einzelnen Falles, insbesondere auch der Bedeutung des neuen Aktionärs oder seiner Einlage, der für die Gesellschaft höchst Erzielbare ist[1302]. Als praktische Konsequenz dieser Definition bleibt die Abgrenzung weithin offen und vielfältigen Argumentationen zugänglich[1303]. Hierin liegt aber die besondere Gefahr für die Finanzierung einer feindlichen Übernahme im Wege der ordentlichen Kapitalerhöhung gegen Sacheinlagen. Eine Anfechtung könnte auf die Begründung gestützt werden, der Einlagewert der Aktien der Zielgesellschaft stehe in keinem angemessenen Verhältnis zu dem Ausgabebetrag der dafür gewährten jungen Aktien des Bieters. Dieses Risiko ist im Rahmen einer feindlichen Übernahme auch besonders hoch, weil der Vorstand der Zielgesellschaft regelmäßig nicht zur Kooperation oder gar zur Durchführung oder Unterstützung einer *due diligence*-Prüfung bereit ist. Deshalb läßt sich der Einlagewert der Aktien der Zielgesellschaft nicht zuverlässig ermitteln, wodurch andererseits die Zweifel der Aktionäre des Bieters am Wert der Sacheinlage wachsen. Weitere Zweifel an der Angemessenheit der Gegenleistung werden regelmäßig durch die bei feindlichen Übernahmen hohen Übernahmeprämien entstehen. Erheben die zweifelnden Aktionäre eine Anfechtungsklage gegen den Erhöhungsbeschluß, so kann dies dazu führen, daß die für die Wirksamkeit einer ordentlichen Kapitalerhöhung gemäß § 189 AktG notwendige Eintragung in das Handelsregister gemäß § 127 FGG unterbleibt[1304]. Eine solche Anfechtungsklage nach § 255 Abs. 2 AktG verursacht aber Kosten und führt darüber hinaus zu einer teilweise erheblichen Zeitverzögerung. Daneben bieten die zuvor aufgezeigten Anfechtungsrisiken eines feindlichen Übernahmevorhabens ein klassisches Einfallstor für erpresserische Aktionäre, die sich ihr Anfechtungsrecht von der Gesellschaft abkaufen lassen wollen. Diese Nachteile wiegen insgesamt so schwer, daß sie sogar den Erfolg des Gesamtvorhabens gefährden können.

1301 *Hirte*, WM 1997, S. 1001/1004; *Mülbert*, Aktiengesellschaft, Unternehmensgruppe und Kapitalmarkt, S. 263 f.

1302 *Hüffer*, § 255 AktG, Rn. 5; *Zöllner*, in: Kölner Kommentar zum AktG, § 255, Rn. 10.

1303 *Zöllner*, in: Kölner Kommentar zum AktG, § 255, Rn. 10.

1304 *Vogel*, in: Haarmann/Binger/Schüppen, § 13 WpÜG, Rn. 53.

Daneben ergibt sich ein weiteres Risiko daraus, daß dem Bezugsrechtsausschluß von der Rechtsprechung neben dem gesetzlichen Mehrheitserfordernis mit dem Erfordernis der „sachlichen Begründung“ eine weitere Rechtfertigungsgrenze gesetzt wurde[1305]. Die Gesellschaft muß folglich ein hinreichendes Interesse am Erwerb des Einlagegegenstandes haben und nachweisen. Die Erforderlichkeit des Ausschlusses des Bezugsrechts ist regelmäßig nur dann gegeben, wenn die Einlagegegenstände[1306] nicht unter Einsatz von Barmitteln durch einfachen Kaufvertrag zu vergleichbaren Konditionen erworben werden können[1307]. Eine solche Alternative wird in dem hier fraglichen Zusammenhang der feindlichen Übernahme einer großen Publikumsgesellschaft jedoch ebenso wenig ernsthaft in Betracht kommen wie ein vereinfachter Bezugsrechtsausschluß gemäß § 186 Abs. 3 Satz 4 AktG[1308].

bb. Zwischenergebnis

Selbst wenn der Bieter den aus § 13 Abs. 1 WpÜG folgenden Anforderungen an die Sicherstellung der Gegenleistung dadurch genügt, daß bereits vor der Veröffentlichung der Angebotsunterlage ein wirksamer Kapitalerhöhungsbeschluß unter Ausschluß des Bezugsrechts der Altaktionäre vorliegt, ist die ordentliche Kapitalerhöhung als Instrument zur Finanzierung eines feindlichen Übernahmeangebotes nur bedingt tauglich. Eine erst nach der Veröffentlichung der Übernahmeabsicht vorzunehmende ordentliche Kapitalerhöhung hätte zwar den Vorteil, daß der mit ihr verfolgte Zweck nicht offengelegt zu werden braucht. Dieser Vorteil wird jedoch häufig durch den dafür erforderlichen Zeitaufwand aufgewogen[1309]. Wenn der Bieter selbst das feindliche Übernahmeangebot abgibt und die Finanzierung desselben im Wege einer ordentlichen Kapitalerhöhung gegen Sacheinlagen durchführt, stehen dieser Vorgehensweise erhebliche Probleme gegenüber. Wegen der Ungewißheit über den tatsächlichen Zeichnungsumfang erscheint eine ordentliche Kapitalerhöhung nur unter Einschaltung einer Bank geeignet. Eine Bedingung des Kapitalerhöhungsbeschlusses kann zu Durchführungsfristen führen, die organisatorisch notwendig, aber im Hinblick auf die Grenzen zum genehmigten Kapital unzulässig sind. Der Bieter kann insofern auch keine Bank einschalten, die beispielsweise vor dem Kapitalerhöhungsbeschluß das Übernahmeangebot in Form einer *invitatio ad offerendum* erklärt. Die im Verhältnis zur Barkapitalerhöhung strengeren Voraussetzungen

---

[1305] BGHZ 71, S. 40/43 ff., vgl. jedoch zur Lockerung der diesbezüglichen Anforderungen die Entscheidung Siemens/Nold, BGHZ 136, S. 133.

[1306] Hier also die Aktien der Zielgesellschaft.

[1307] BGHZ 71, S. 40/46; *Hüffer*, § 186 AktG, Rn. 34.

[1308] *Vogel*, in: Haarmann/Binger/Schüppen, § 13 WpÜG, Rn. 54.

[1309] *Vogel*, in: Haarmann/Binger/Schüppen, § 13 WpÜG, Rn. 22; *Assmann/Bozenhardt*, in: Assmann/Basaldua/Bozenhardt/Peltzer, Übernahmeangebote, S. 59.

einer Kapitalerhöhung gegen Sacheinlage erschweren diese zusätzlich. Ungeeignet erscheint die Kapitalerhöhung gegen Sacheinlage in der vorgestellten Konstellation aber vor allem wegen des erforderlichen Ausschlusses des Bezugsrechts der Aktionäre der bietenden Gesellschaft. Gerade wegen der im Rahmen einer feindlichen Übernahme typischen Unsicherheit über die Angemessenheit des Erwerbspreises drohen dem Bieter Anfechtungsklagen gemäß § 255 Abs. 2 i.V.m. § 243 Abs. 1 AktG mit der Folge einer Registersperre nach § 127 FGG.

b. Bedingte Kapitalerhöhung

Des weiteren besteht die Möglichkeit, die zum Aktientausch benötigten jungen Aktien im Wege einer bedingte Kapitalerhöhung gemäß § 192 AktG zu schaffen[1310]. Vor einer Erläuterung der hierbei im Rahmen einer feindlichen Übernahme auftretenden Rechtsfragen, soll die Bedeutung des bedingten Kapitals in der Unternehmenspraxis kurz dargestellt werden.

aa. Bedeutung des bedingten Kapitals in der Unternehmenspraxis

Die Bedeutung des bedingten Kapitals in der Unternehmenspraxis hat zuletzt *Roth* dargestellt[1311]. Grundlage der Untersuchung waren die im Jahre 1998 insgesamt 526 börsennotierten Unternehmen (AG bzw. KGaA) mit einem festen Anteilsbesitz von weniger als 95 %.

Nur 8,6 % beziehungsweise 46 der untersuchten Unternehmen verfügten über bedingtes Kapital. Lediglich bei 11 dieser Unternehmen betrug die Quote des bedingten Kapitals mehr als 10 % des Grundkapitals. Durchschnittlich lag diese Quote hingegen nur bei 5,8 %[1312]. In Unternehmen mit einem Grundkapital von weniger als 10 Mio. DM fanden bedingte Kapitalerhöhungen überhaupt nicht statt. Erst ab einem Grundkapital von mehr als 100 Mio. DM benutzten mehr als 10 % der Unternehmen bedingetes Kapital zur Unternehmensfinanzierung[1313]. Mit zunehmender Unternehmensgröße stieg jedoch auch die Bedeutung bedingter Kapitalerhöhungen an. So verfügten bei den Unternehmen mit einem Grund-

---

[1310] *Vogel*, in: Haarmann/Binger/Schüppen, § 13 WpÜG, Rn. 46 sowie *Möllers*, in: Kölner Kommentar zum WpÜG, § 13, Rn. 49.

[1311] Vgl. *Roth*, ZBB-Report 2001, S. 50 ff.

[1312] *Roth*, ZBB-Report 2001, S. 50/50 f.

[1313] *Roth*, ZBB-Report 2001, S. 50/53.

kapital von über 500 Mio. DM durchschnittlich mehr als 34,6 % der Unternehmen über bedingtes Kapital[1314].

bb. Rechtsfragen

Im Zusammenhang mit der Durchführung einer bedingten Kapitalerhöhung zur Bedienung des Umtauschangebots ergeben sich die nachfolgenden Rechtsfragen.

(1) Anforderungen des § 194 AktG (Sacheinlagevorschriften)

Auch im Rahmen der bedingten Kapitalerhöhung sind besondere Anforderungen an eine Kapitalerhöhung gegen Sacheinlage gestellt. Diese sind in § 194 AktG geregelt. Zweck dieser Vorschrift ist es, die effektive Kapitalaufbringung auch im Falle einer Sacheinlage zu gewährleisten[1315]. Bis auf einige, sich aus den Besonderheiten der bedingten Kapitalerhöhung ergebenden Ergänzungen, gleicht diese Vorschrift inhaltlich im wesentlichen der des § 183 AktG bei der ordentlichen Kapitalerhöhung, so daß zunächst auf die hierzu bereits erfolgten Ausführungen[1316] zu verweisen ist. Als wesentlicher Unterschied ist in diesem Zusammenhang zu erwähnen, daß die bedingte Kapitalerhöhung gemäß §§ 194 Abs. 2 Satz 2, 200 AktG mit der Ausgabe der Bezugsaktien gültig wird, wenn die nach § 194 Abs. 1 Satz 1 AktG[1317] erforderlichen Angaben nicht festgesetzt sind. Die Ausgabe tritt damit an die Stelle der im Rahmen der ordentlichen Kapitalerhöhung gemäß §§ 183 Abs. 2 Satz 2, 189 AktG erforderlichen Eintragung der Durchführung[1318]. Die übrigen Abweichungen ergeben sich aus den unterschiedlichen Zweckbindungen nach § 192 Abs. 2 AktG, auf die nachfolgend einzugehen ist.

Wie im Rahmen der ordentlichen Kapitalerhöhung erweisen sich die Voraussetzungen für die Sacheinlage bei der bedingten Kapitalerhöhung als im Vergleich zur Bareinlage strenger. Durch die besondere Beachtung des Wertes der Sacheinlage (§ 194 Abs. 2 Satz 2 AktG) und das damit verbundene Prüfungsverfahren (§ 194 Abs. 4 AktG) wird das Verfahren kostenintensiver und zusätzlich mit dem Risiko der Nichtigkeit des Kapitalerhöhungsbeschlusses beziehungsweise einer gegen diesen gerichteten Anfechtungsklage behaftet. Diese sich aus-

---

1314 In der Kategorie von 500-999 Mio.DM Grundkapital lag die Quote bei 40 %, Während sie bei Unternehmen mit mehr als 1 Mrd. DM Grundkapital 34,62 % betrug; vgl. *Roth*, ZBB-Report 2001, S. 50/53.
1315 *Hüffer*, § 194 AktG, Rn. 1.
1316 Siehe oben § 7 I 1 a. bb. (4) Sacheinlagevorschriften
1317 Wie auch nach § 183 Abs. 1 Satz 1 AktG.
1318 *Hüffer*, § 194 AktG, Rn. 1.

schließlich aus den Sacheinlagevorschriften ergebenden Verfahrensnachteile fallen aber auch im Rahmen einer bedingten Kapitalerhöhung nicht so schwer ins Gewicht, daß sie das bietende Unternehmen dazu bewegen könnten, vom grundsätzlichen Plan der feindlichen Übernahme abzusehen.

(2) Zusammenschluß als zulässiger Zweck

Rechtsfragen ergeben sich zunächst aus der in § 192 Abs. 2 AktG vorgesehenen Zweckbindung der bedingten Kapitalerhöhung. Zu prüfen ist, ob die Lieferung junger Aktien des Bieters, die im Rahmen eines Aktientausches verwendet werden sollen, durch bedingtes Kapital gesichert werden kann. Die Zulässigkeit einer solchen Vorgehensweise ist dabei an die gemäß §§ 192 Abs. 2, 193 Abs. 2 Nr. 1 AktG begrenzte Zwecksetzung gebunden. Die Schaffung junger Aktien im Wege der bedingten Kapitalerhöhung kann gemäß § 192 Abs. 2 Nr. 2 AktG auch zum Zwecke eines Zusammenschlusses erfolgen. Nach dieser Vorschrift ist als Zweck einer bedingten Kapitalerhöhung jeder Unternehmenszusammenschluß zulässig, zu dessen Durchführung Aktien der Gesellschaft zur Verfügung zu stellen sind[1319]. Als Zusammenschluß in diesem Sinne gelten dabei nicht nur die Fälle, in denen aus mehreren Unternehmen eine rechtliche Einheit gebildet wird, sondern auch diejenigen, in denen die Unternehmen rechtlich selbständig bleiben[1320]. Somit ist auch die Abgabe eines an die Aktionäre der Zielgesellschaft gerichteten Übernahmeangebotes mit dem Inhalt, deren Anteile gegen junge Aktien der bietenden Gesellschaft einzutauschen, als Anwendungsfall des § 192 Abs. 2 Nr. 2 AktG zu erachten[1321]. Dies gilt auch dann, wenn im Zeitpunkt des Kapitalerhöhungsbeschlusses der eigentliche Zusammenschluß lediglich angestrebt wird und im Ergebnis noch unsicher ist. Zur Erfüllung etwaiger sich aus einem Übernahmeangebot ergebender Lieferansprüche, kann daher eine bedingte Kapitalerhöhung beschlossen werden[1322].

(3) Bekanntgabe der Übernahmeabsicht

Der Erhöhungsbeschluß muß im Falle einer bedingten Kapitalerhöhung zunächst allgemein erkennen lassen, daß es sich um eine solche handeln soll. Dies geschieht regelmäßig mittels einer Anweisung des Vorstandes der Gesellschaft, Umtausch- oder Bezugsrechte an einen bestimmten Personenkreis zu gewähren.

[1319] *Hüffer*, § 192 AktG, Rn. 14; *Lutter*, in: Kölner Kommentar zum AktG, § 192, Rn. 14.

[1320] *Hüffer*, § 192 AktG, Rn. 14; *Lutter*, in: Kölner Kommentar zum AktG, § 192, Rn. 13; *Vogel*, in: Haarmann/Binger/Schüppen, § 13 WpÜG, Rn. 25.

[1321] *Bungeroth*, in: Geßler/Hefermehl, AktG, § 192, Rn. 35; *Hüffer*, § 192 AktG, Rn. 14; *Lutter*, in: Kölner Kommentar zum AktG, § 192, Rn. 13.

[1322] *Lutter*, in: Kölner Kommentar zum AktG, § 192, Rn. 13; *Vogel*, in: Haarmann/Binger/Schüppen, § 13 WpÜG, Rn. 25.

Des weiteren ist ein Erhöhungsbetrag festzusetzen, der wegen der bedingten Kapitalerhöhung ein Höchstbetrag ist[1323]. Im Gegensatz zu der Situation bei einer ordentlichen Kapitalerhöhung ist die Unsicherheit über den Zeichnungsumfang im Rahmen der bedingten Kapitalerhöhung unproblematisch. Dies liegt daran, daß bei letzterer im Zeitpunkt des Kapitalerhöhungbeschlusses regelmäßig unsicher ist, in welchem Umfang die Umtausch- und Bezugsberechtigten von ihrer Berechtigung tatsächlich Gebrauch machen[1324].

Als problematisch erweisen sich jedoch die aus § 193 Abs. 2 AktG folgenden besonderen Anforderungen an den Beschlußinhalt. Im Beschluß sind nach dieser Vorschrift nicht nur der Zweck der bedingten Kapitalerhöhung (Nr. 1), sondern auch der Kreis der Bezugsberechtigten (Nr. 2) und der Ausgabebetrag oder die Grundlagen, nach denen dieser Betrag errechnet wird (Nr. 3) zu nennen. Bei der Festlegung des Zwecks der bedingten Kapitalerhöhung gemäß § 193 Abs. 2 Nr. 1 AktG ist es nicht ausreichend, den sich aus § 192 Abs. 2 Nr. 2 AktG ergebenden Zusammenschluß mehrerer Unternehmen zu benennen. Vielmehr bedarf es der konkreten Angabe von Firma, Sitz und Rechtsform der Zielgesellschaft sowie der Art des Zusammenschlusses[1325].

Die konkrete Benennung des Vorhabens ist auch deshalb notwendig, weil nach § 193 Abs. 2 Nr. 2 AktG der Kreis der Bezugsberechtigten eindeutig festgestellt sein muß. Die Bezugsberechtigten müssen hierbei zwar nicht notwendig namentlich genannt, jedenfalls aber eindeutig bestimmbar sein[1326]. Die Feststellung der zum Bezug berechtigten Personen könnte daher beispielsweise lauten[1327]:

> „Bezugsberechtigt sind alle Aktionäre der vom Bieter zu übernehmenden Zielgesellschaft XY“

Schließlich muß im Kapitalerhöhungbeschluß gemäß § 193 Abs. 2 Nr. 3 AktG auch der Ausgabebetrag der jungen Aktien oder die Grundlage, nach denen dieser Betrag errechnet wird, festgestellt werden. Hierbei gilt das aus § 9 Abs. 1 AktG folgende Verbot der Unterpariemission, so daß der Ausgabebetrag in keinem Fall unter dem Nennbetrag beziehungsweise dem anteiligen Betrag am

---

[1323] *Hüffer*, § 193, Rn. 4.

[1324] *Lutter*, in: Kölner Kommentar zum AktG, § 192, Rn. 13.

[1325] *Bungeroth*, in: Geßler/Hefermehl, AktG, § 193, Rn. 8; *Hüffer*, § 193 AktG, Rn. 5; *Lutter*, in: Kölner Kommentar zum AktG, § 193, Rn. 8.

[1326] *Bungeroth*, in: Geßler/Hefermehl, AktG, § 193, Rn. 9; *Hüffer*, § 192 AktG, Rn. 14, § 193, Rn. 5; *Lutter*, in: Kölner Kommentar zum AktG, § 193, Rn. 9.

[1327] Siehe hierzu *Bungeroth*, in: Geßler/Hefermehl, AktG, § 193, Rn. 10; *Lutter*, in: Kölner Kommentar zum AktG, § 193, Rn. 9, die sich bei ihrer Darstellung allerdings auf die neutralere Formulierung der Gesellschafter eines zu übernehmenden Unternehmens beschränken.

Grundkapital liegen darf[1328]. Der Ausgabebetrag muß aber nicht ausdrücklich bestimmt, sondern lediglich eindeutig bestimmbar sein[1329]. Im Falle eines Zusammenschlusses von Unternehmen, der im Wege eines Aktientausches vollzogen werden soll, kann dieser Ausgabebetrag beispielsweise als Umtauschverhältnis angegeben werden. Andererseits ist es jedoch ebenso zulässig, den Ausgabebetrag nach dem Börsenkurs an einem bestimmten Stichtag zu berechnen oder durch Sachverständige nach bestimmten Vorgaben errechnen zu lassen[1330].

Soweit der Bieter ein feindliches Übernahmeangebot plant und eine bedingte Kapitalerhöhung durchführen will, um dadurch eine Grundlage für die Bedienung eines Umtauschangebotes zu schaffen, muß somit bereits der Beschluß der Hauptversammlung konkrete Angaben über das Vorhaben und insbesondere die Firma der Zielgesellschaft enthalten. Diese Bekanntgabe erschwert den Erfolg des Übernahmeangebotes, da aufgrund der frühzeitigen Veröffentlichung der Pläne die Börsenkurse der Zielgesellschaft auf ein Niveau steigen können, bei dem eine feindliche Übernahme auf eine große Publikumsgesellschaft nicht mehr durchzuführen ist[1331].

Die Möglichkeit, das Übernahmeangebot vor dem Beschluß über die Kapitalerhöhung abzugeben, beinhaltet für die bietende Gesellschaft wiederum das Problem, daß sie nicht sicher vom Zustandekommen der Kapitalerhöhung ausgehen kann.

(4) Beschränkung des Umfangs

Gegen die Bereitstellung junger Aktien im Wege einer bedingten Kapitalerhöhung sprechen jedoch noch weitere Gründe. Zunächst beschränkt § 192 Abs. 3 AktG den Umfang der Kapitalerhöhung. Nach dieser Vorschrift darf der Nennbetrag des bedingten Kapitals die Hälfte des Grundkapitals, das zur Zeit der Beschlußfassung über die bedingte Kapitalerhöhung vorhanden ist, nicht übersteigen[1332]. Im Falle von Stückaktien gilt § 182 Abs. 1 Satz 5 AktG sinngemäß[1333]. Soll die Übernahme im Wege eines Umtauschangebotes an die Aktionäre der Zielgesellschaft finanziert werden, müßte demnach das Grundkapital

---

[1328] *Hüffer*, § 193 AktG, Rn. 6; *Lutter*, in: Kölner Kommentar zum AktG, § 193, Rn. 10.
[1329] *Lutter*, in: Kölner Kommentar zum AktG, § 193, Rn. 12.
[1330] *Bungeroth*, in: Geßler/Hefermehl, AktG, § 193, Rn. 16; *Hüffer*, § 193 AktG, Rn. 6; *Lutter*, in: Kölner Kommentar zum AktG, § 193, Rn. 12.
[1331] *Vogel*, in: Haarmann/Binger/Schüppen, § 13 WpÜG, Rn. 25 und 57 m.w.N.; *Möllers*, in: Kölner Kommentar zum WpÜG, § 13, Rn. 49.
[1332] Vgl. § 192 Abs. 3 Satz 1 AktG sowie *Vogel*, in: Haarmann/Binger/Schüppen, § 13 WpÜG, Rn. 56.
[1333] § 192 Abs. 3 Satz 2 AktG.

des Bieter auch ohne Berücksichtigung der Kontrollprämie bereits doppelt so groß wie das der Zielgesellschaft sein. Dies erscheint angesichts der Tatsache, daß auch die Zielgesellschaft eine große Publikumsgesellschaft ist, praktisch nicht durchführbar.

(5) Anfechtbarkeit des Kapitalerhöhungsbeschlusses

Die bedingte Kapitalerhöhung bietet den Vorteil, daß ein Bezugsrecht der Altaktionäre von vornherein ausgeschlossen und demnach ein entsprechend geringeres Anfechtungsrisiko vorhanden ist. Dennoch besteht auch bei einer Finanzierung im Wege der bedingten Kapitalerhöhung grundsätzlich das Risiko einer Anfechtungsklage, weil § 255 AktG auf jede Form der effektiven Kapitalerhöhung anwendbar ist[1334]. Somit kann im Falle einer bedingten Kapitalerhöhung eine Anfechtung gemäß §§ 255 Abs. 2, 243 Abs. 1 AktG darauf gestützt werden, daß der Ausgabebetrag selbst unter der Berücksichtigung etwaiger Bewertungsschwierigkeiten unangemessen niedrig ist[1335]. Ebenso wie bei dem durch eine ordentliche Kapitalerhöhung finanzierten Übernahmeangebot ist dieses Risiko auch im Rahmen einer bedingten Kapitalerhöhung erheblich, weil der Bieter bei der Ermittlung des Wertes der Zielgesellschaft keine Unterstützung durch deren Vorstand erhält. Deshalb sind sowohl Fehleinschätzungen der bietenden Gesellschaft als auch zweifelnde Aktionäre zu erwarten.

(6) Zwischenergebnis

Genügt der Bieter den aus § 13 Abs. 1 WpÜG folgenden Anforderungen an die Sicherstellung der Gegenleistung dadurch, daß bereits vor der Veröffentlichung der Angebotsunterlage ein wirksamer Beschluß über die Kapitalerhöhung vorliegt, sprechen somit dennoch erhebliche Praktikabilitätsschranken gegen die Finanzierung eines vom Bieter selbst abgegebenen feindlichen Übernahmeangebotes auf der Grundlage einer bedingten Kapitalerhöhung[1336]. Zunächst ergibt sich die Schwierigkeit, daß bereits bei der Beschlußfassung der Zweck der bedingten Kapitalerhöhung genau zu bezeichnen und damit die Zielgesellschaft zu benennen ist. Wegen der hieraus folgenden frühzeitigen Bekanntgabe der Zielgesellschaft besteht die Gefahr, daß das Gesamtvorhaben scheitert. Ferner kann bedingtes Kapital nur bis zur Hälfte des bisherigen Grundkapitals begeben werden und ist daher in seiner Verwendung beschränkt. Des weiteren besteht die

---

[1334] *Hüffer*, § 255 AktG, Rn. 1; *Vogel*, in: Haarmann/Binger/Schüppen, § 13 WpÜG, Rn. 58 f.; *Zöllner*, in: Kölner Kommentar zum AktG, § 255, Rn. 3.

[1335] *Bungeroth*, in: Geßler/Hefermehl, AktG, § 193, Rn. 18; *Hüffer*, § 193 AktG, Rn. 6; *Vogel*, in: Haarmann/Binger/Schüppen, § 13 WpÜG, Rn. 58; *Lutter*, in: Kölner Kommentar zum AktG, § 193, Rn. 13.

[1336] *Vogel*, in: Haarmann/Binger/Schüppen, § 13 WpÜG, Rn. 59.

Gefahr einer Anfechtungsklage wegen der Unsicherheit über der Wert der Zielgesellschaft.

c. Genehmigte Kapitalerhöhung

Die erforderlichen jungen Aktien könnten ebenfalls im Wege einer genehmigten Kapitalerhöhung geschaffen werden[1337]. Aufgrund des genehmigten Kapitals wird der Vorstand der Gesellschaft gemäß § 202 Abs. 1 AktG ermächtigt, das Grundkapital bis zu einem bestimmten Betrag und innerhalb eines bestimmten Zeitraumes mittels Ausgabe neuer Aktien gegen Bar- oder Sacheinlagen zu erhöhen.

aa. Bedeutung des genehmigten Kapitals in der Unternehmenspraxis

Auch die Bedeutung des genehmigten Kapitals in der Unternehmenspraxis hat *Roth* in seiner bereits zuvor erwähnten Studie dargestellt[1338]. Die Ergebnisse spiegeln die besondere Bedeutung des genehmigten Kapitals für die Finanzierung der Unternehmen wider.

Insgesamt verfügten 336 der 526 untersuchten Unternehmen über genehmigtes Kapital. Dies entspricht einem Anteil von 63,9 %. Die Höhe des genehmigten Kapitals betrug dabei durchschnittlich 31,3 % des Grundkapitals der Gesellschaften. 83, also 15,8 % der untersuchten beziehungsweise 24,7 % derjenigen Unternehmen mit genehmigtem Kapital, nutzten die höchstmögliche Quote von 50 % des Grundkapitals aus[1339]. Mehr als 50 % der Unternehmen mit einem Grundkapital von mehr als 10 Mio. DM stand genehmigtes Kapital zur Verfügung. Die intensivste Nutzung war in der Klasse der Unternehmen mit einem Grundkapital von 500-999 Mio.DM zu verzeichnen. Hier verfügten ungefähr 90 % der Unternehmen über genehmigtes Kapital[1340]. Allerdings nutzten die Kleinstunternehmen[1341] die zur Verfügung stehende Quote von 50 % des Grundkapitals am besten aus. Die durchschnittliche Quote betrug hier 37,6 % und sank mit zunehmender Unternehmensgröße konstant auf nur noch 17,1 % bei den Unternehmen mit einem Grundkapital von mehr als 1 Mrd. DM ab[1342]. Ab einem

---

[1337] *Möllers*, in: Kölner Kommentar zum WpÜG, § 13, Rn. 49.

[1338] Vgl. *Roth*, ZBB-Report 2001, S. 50 ff. Grundlage der Untersuchung waren die im Jahre 1998 insgesamt 526 börsennotierten Unternehmen (AG bzw. KGaA) mit einem festen Anteilsbesitz von weniger als 95 %.

[1339] *Roth*, ZBB-Report 2001, S. 50/51.

[1340] Allerdings fielen lediglich 2 % der untersuchten Unternehmen in diese Einstufung, vgl. *Roth*, ZBB-Report 2001, S. 50/53.

[1341] Hierzu zählten im Rahmen der Untersuchung Unternehmen mit einem Grundkapital von weniger als 10 Mio. DM.

[1342] *Roth*, ZBB-Report 2001, S. 50/53.

zur Verfügung stehenden Grundkapital von mehr als 100 Mio. DM nutzten nur weniger als 10 % der Unternehmen, denen genehmigtes Kapital überhaupt zur Verfügung stand, die Quote von 50 % aus. Ab einem Grundkapital von mehr als 500 Mio. DM kam dies überhaupt nicht mehr vor[1343].

bb. Rechtsfragen

Im Falle der Verwendung genehmigten Kapitals ergeben sich die nachfolgenden Rechtsfragen.

(1) Beschränkung des Umfangs

Gegen die Verwendung genehmigten Kapitals im Rahmen der Finanzierung eines feindlichen Übernahmeangebotes auf eine große Publikumsgesellschaft spricht zunächst eine praktische Erwägung. Gemäß § 202 Abs. 3 Satz 1 AktG ist der Nennbetrag des genehmigten Kapitals auf die Hälfte des Grundkapitals, das zur Zeit des ermächtigenden Beschlusses vorhanden ist, beschränkt. Somit müßte die bietende Gesellschaft, um als Zielgesellschaft eine große Publikumsgesellschaft komplett übernehmen zu können, bereits doppelt so groß sein wie diese. Zudem sind noch die zu zahlende Übernahmeprämie sowie die Kosten möglicher Abwehrmaßnahmen der Zielgesellschaft zu berücksichtigen. Die alleinige Bereitstellung der erforderlichen jungen Aktien im Wege des genehmigten Kapitals erscheint deshalb ausgeschlossen[1344].

(2) Bekanntgabe der Übernahmeabsicht durch Sacheinlage und Bezugsrechtsausschluß

Als problematisch erweist sich an der vorliegenden Konstellation ferner, daß eine Sacheinlage unter Ausschluß des Bezugsrechts der Altaktionäre vorgesehen sein muß. Nur dann stehen die Aktien zur Verfügung, um sie an die Aktionäre der Zielgesellschaft als Gegenleistung für deren Aktien weiterzugeben.

Gemäß § 205 Abs. 1 AktG darf die Gesellschaft Aktien gegen Sacheinlage nur ausgegeben, wenn die Ermächtigung dies vorsieht. § 205 Abs. 2 Satz 1 AktG bestimmt daher, daß der Gegenstand der Sacheinlage, die Person, von der die Gesellschaft den Gegenstand erwirbt und der Nennbetrag beziehungsweise die Stückzahl der zu gewährenden Aktien in der Ermächtigung festzusetzen sind. Bereits diese Sacheinlagevorschriften im Rahmen des genehmigten Kapitals erfordern daher eine Bekanntgabe der Sacheinlage, also der Aktien der Zielgesellschaft, wodurch das Vorhaben der bietenden Gesellschaft zwangsläufig publik

---

[1343] *Roth*, ZBB-Report 2001, S. 50/54.

[1344] *Vogel*, in: Haarmann/Binger/Schüppen, § 13 WpÜG, Rn. 61.

wird. Den Anforderungen des § 205 Abs. 2 Satz 1 AktG genügt es jedoch auch, diese Festsetzungen erst im Zeichnungsschein vorzunehmen. Somit ließe sich der Zeitpunkt der Bekanntgabe des Vorhabens im Rahmen der Vorschrift des § 205 AktG auch hinauszögern.

Anders könnte es sich jedoch mit dem Ausschluß des Bezugsrechts verhalten. Gemäß §§ 203 Abs. 2 Satz 2, 186 Abs. 4 Satz 2 AktG hat der Vorstand bei der Beschlußfassung über einen Ausschluß des Bezugsrechts im Rahmen des genehmigten Kapitals der Hauptversammlung einen schriftlichen Bericht über den Grund des Ausschlusses vorzulegen. Die konkreten Anforderungen an den Inhalt und den Umfang dieses Berichtes sind dabei wesentlich durch die Rechtsprechung des Bundesgerichtshofes geprägt[1345].
Dieser hatte in der Entscheidung *Holzmann*[1346] ursprünglich eine extensive Berichtspflicht vorgesehen. So sollte ein Bezugsrechtsausschluß im Rahmen des genehmigten Kapitals nur dann zulässig sein, wenn nach der Lage der Gesellschaft und dem Stand der Pläne für ihre Zukunft konkrete Anhaltspunkte dafür gegeben sind, daß es sich innerhalb der dem Vorstand eingeräumten Frist als notwendig und auch im Hinblick auf die Interessen der betroffenen Aktionäre als vertretbar erweisen könnte, bei der Ausgabe neuer Aktien das Bezugsrecht auszuschließen. Diese Voraussetzungen habe der Vorstand in seinem nach §§ 203 Abs. 2 Satz 2, 186 Abs. 4 Satz 2 AktG erforderlichen Bericht darzulegen[1347]. Das Gericht begründete diese Auffassung damit, daß der Bezugsrechtsausschluß einen derart schwerwiegenden Eingriff in die mitgliedschaftliche und vermögensrechtliche Stellung der Aktionäre darstelle, daß er nur unter besonderer sachlicher Rechtfertigung zulässig sei. Dies gelte im übrigen nicht nur für den Ermächtigungsbeschluß als solchen, sondern auch für den vom Vorstand zu fassenden Ausübungsbeschluß[1348]. Somit sei es jedenfalls unzulässig, einen Ermächtigungsbeschluß ohne konkreten Anlaß, also gewissermaßen „auf Vorrat“, mit einem Beschluß über genehmigtes Kapital zu verbinden[1349]. Diese Ansicht ist in der Literatur aber auf einige Kritik gestoßen. Zwar wird dem BGH zugute gehalten, daß er beispielhaft einige Fälle nennt, in denen der Ausschluß des Bezugsrechts bei Ausnutzung des genehmigten Kapitals ausnahmsweise zulässig sein könne[1350]. Insgesamt erwiesen sich die Anforderungen aber als so weitrei-

---

[1345] *Vogel*, in: Haarmann/Binger/Schüppen, § 13 WpÜG, Rn. 62 f. sowie *Möllers*, in: Kölner Kommentar zum WpÜG, § 13, Rn. 50.
[1346] BGHZ 83, S. 319 ff.
[1347] BGHZ 83, S. 319/319.
[1348] BGHZ 83, S. 319/321.
[1349] BGHZ 83, S. 319/322.
[1350] Hierunter fällt auch der für die hier behandelte Problemstellung relevante Fall der Zusammenarbeit mit einen anderen Unternehmen, die durch eine gegenseitige Beteiligung begründet oder intensiviert werden soll; *Heinsius*, in: FS Kellermann, S. 115/121.

chend, daß das Ziel des genehmigten Kapitals, den Unternehmen ein schnelles und flexibles Handeln am Kapitalmarkt zu ermöglichen, nicht mehr gewährleistet sei. Dies könne unter Umständen auch dazu führen, daß Unternehmensstrategien frühzeitig bekanntgegeben werden müßten[1351]. Zudem sei die Grenzziehung zwischen den zulässigen Ermächtigungsbeschlüssen mit Bezugsrechtsausschluß und den unzulässigen Vorratsermächtigungen deshalb nicht praktikabel, weil die Vorgaben zu unbestimmt seien und sich auf Handlungsbereiche beziehen, die dem unternehmerischen Beurteilungsspielraum zuzuordnen sind[1352]. Somit seien, unter Berücksichtigung des Zwecks des genehmigten Kapitals, an die Berichtspflicht keine übertriebenen Anforderungen zu stellen. Insbesondere dürften die Anforderungen an die Berichtspflicht nach §§ 203 Abs. 2, 186 Abs. 4 AktG nicht dazu führen, daß die Unternehmensstrategie so frühzeitig bekanntgegeben werden muß, daß sie dadurch von vornherein zum Scheitern verurteilt ist[1353].

Aus diesen Gründen hat der BGH seine bisherige Rechtsprechung zum Ausschluß des Bezugsrechts im Rahmen des genehmigten Kapitals in der Entscheidung Siemens/Nold[1354] geändert. Nunmehr soll es ausreichen, wenn die Maßnahme, zu deren Durchführung der Vorstand der Gesellschaft ermächtigt werden soll, allgemein umschrieben und in dieser Form der Hauptversammlung bekannt gegeben worden ist. Darüber hinaus muß die Maßnahme im Interesse der Gesellschaft liegen. Sind der Hauptversammlung bei der Beschlußfassung außer einem abstrakt beschriebenen Vorhaben keine weiteren Tatsachen bekannt, so hat sie ihre Prüfung, ob der Ausschluß des Bezugsrechts im Gesellschaftsinteresse liegt, einzig an diesen abstrakt umschriebenen Umständen auszurichten. Der Vorstand ist im Falle der Ausübung dieser Ermächtigung jedoch seinerseits verpflichtet, im Rahmen seines unternehmerischen Ermessens zu prüfen, ob der lediglich ihm vollständig bekannte Sachverhalt die Durchführung des Hauptversammlungsbeschlusses, der den Ausschluß des Bezugsrechts umfaßt, rechtfertigt[1355]. Liegt dem Beschluß der Hauptversammlung ein Ermächtigungsbericht zugrunde, der diesen Anforderungen genügt, so ist er nicht anfechtbar. Die Aktionäre können in diesem Fall lediglich eine Pflichtwidrigkeit des Vorstandes bei der Umsetzung der Ermächtigung zum Gegenstand einer Feststellungs- oder, sofern dies noch möglich ist, einer Unterlassungsklage machen[1356].

[1351] *Heinsius*, in: FS Kellermann, S. 115/120.

[1352] *Martens*, ZIP 1992, S. 1677/1682 f.

[1353] *Heinsius*, in: FS Kellermann, S. 115/127; *Martens*, ZIP 1992, S. 1677/1682 f.; *Marsch*, AG 1981, S. 211/214.

[1354] BGH, ZIP 1997, S. 1499 ff.; vgl. hierzu auch *Hofmeister*, NZG 2000, S. 713 ff.

[1355] BGH, ZIP 1997, S. 1499/1501.

[1356] BGH, ZIP 1997, S. 1499/1501.

Fraglich und dem Urteil Siemens/Nold nicht unmittelbar zu entnehmen ist jedoch, ob der Vorstand konkrete Angaben in den Ermächtigungsbericht einzubringen hat, wenn ihm das Vorhaben, für dessen Finanzierung die Kapitalerhöhung beschlossen werden soll, bereits hinreichend konkret bekannt ist und sich somit in einem fortgeschrittenen Planungsstadium befindet[1357]. Für eine Lösung dieser Fragestellung läßt sich mit dem Grund der Rechtsprechungsänderung argumentieren. Wenn es darum geht, als Unternehmen einerseits schnell und flexibel am Kapitalmarkt agieren zu können, andererseits aber den Konkurrenzunternehmen die eigene Strategie nicht dadurch offenzulegen, daß geheimhaltungsbedürftige Informationen veröffentlicht werden[1358], so kann es keinen Unterschied machen, ob ein Vorhaben bereits konkret geplant ist oder noch nicht. Die Bekanntgabe der Absicht, den Aktionären der Zielgesellschaft ein feindliches Übernahmeangebot zu unterbreiten, würde die Erfolgsaussichten des Vorhabens in Frage stellen oder sogar grundsätzlich vereiteln. Demnach sind auch dann, wenn ein Vorhaben bereits konkret geplant ist, keine anderen Anforderungen an den Inhalt des Ermächtigungsberichts zu stellen. Soweit die Maßnahme im Gesellschaftsinteresse steht und der Vorstand von seiner Ermächtigung erst nach pflichtgemäßer Ausübung seines Ermessens Gebrauch macht, bedarf es für den Ermächtigungsbericht des Vorstandes daher keiner genaueren Angaben über das Vorhaben. Es genügt demnach als Begründung für die Beschlußfassung gemäß §§ 203 Abs. 2 Satz 2, 186 Abs. 4 AktG der Hinweis auf die Möglichkeit, Beteiligungen gegen Überlassung junger Aktien erwerben zu können[1359].

(3) Zwischenergebnis

Selbst wenn der Bieter den aus § 13 Abs. 1 WpÜG folgenden Anforderungen an die Sicherstellung der Gegenleistung dadurch genügt, daß bereits vor der Veröffentlichung der Angebotsunterlage ein wirksamer Kapitalerhöhungsbeschluß unter Ausschluß des Bezugsrechts der Altaktionäre vorliegt, erweist sich die Beschaffung der als Gegenleistung zu verwendenden Aktien im Wege des genehmigten Kapitals als schwierig. Zwar ist die Gefahr, die Übernahmeabsicht bei einer Finanzierung durch genehmigtes Kapital frühzeitig zu offenbaren, aufgrund der Rechtsprechung des BGH im Fall Siemens/Nold nunmehr deutlich verringert. Problematisch bleibt aber, daß wegen der Vorschrift des § 202 Abs. 3 Satz 1 AktG der Umfang der Kapitalerhöhung auf die Hälfte des vor der Ermächtigung vorhandenen Kapitals beschränkt ist. Somit reicht das genehmigte Kapital allein regelmäßig nicht aus, um ein feindliches Übernahmeangebot auf eine große Publikumsgesellschaft zu finanzieren. Zudem ist nicht auszuschlie-

[1357] *Vogel*, in: Haarmann/Binger/Schüppen, § 13 WpÜG, Rn. 63.
[1358] BGH, ZIP 1997, S. 1499/1500.
[1359] *Vogel*, in: Haarmann/Binger/Schüppen, § 13 WpÜG, Rn. 63.

ßen, daß eine Kapitalerhöhung dieses Umfangs unter Ausschluß des Bezugsrechts dennoch Gerüchte und Spekulationen auslöst, die ihrerseits die Durchführung des Vorhabens erschweren[1360].

2. Verwendung von eigenen Aktien als Mittel der Finanzierung einer feindlichen Übernahme

Im Zusammenhang mit der Verwendung eigener Aktien zur Finanzierung einer feindlichen Übernahme stellen sich zwei Fragen. Es ist zu prüfen, ob und unter welchen Bedingungen der Erwerb eigener Aktien zum Zwecke der Verwendung als Finanzierungsmittel überhaupt möglich ist. Hieran schließt sich die Frage an, ob und gegebenenfalls wie die in der Gesellschaft vorhandenen eigenen Aktien zur Finanzierung einer feindlichen Übernahme verwendet werden können.

a. Zulässigkeit des Erwerbs eigener Aktien zum Zwecke der Finanzierung einer feindlichen Übernahme

Eine ausschließliche Finanzierung des Kaufpreises in bar ist im Falle der feindlichen Übernahme einer großen Publikumsgesellschaft ausgeschlossen. Das bietende Unternehmen muß somit all denjenigen Aktionären der Zielgesellschaft, die das feindliche Übernahmeangebot annehmen, als Gegenleistung für deren Aktien jedenfalls auch Aktien des eigenen Unternehmens liefern. Diese Aktien sind demnach vom Bieter zu beschaffen. Fraglich ist daher, ob der Bieter eigene Aktien ausschließlich zu dem Zweck erwerben darf, diese im Rahmen des Übernahmeangebotes als Gegenleistung und somit als „Akquisitionswährung" zu verwenden.

aa. Grundlagen und Gang der Bearbeitung

Als hinderlich stellt sich an einer solchen Vorgehensweise dar, daß der Erwerb eigener Aktien nach der ursprünglich in § 71 Abs. 1 Satz 1 AktG getroffenen Regelung zwar möglich, aber grundsätzlich unzulässig war[1361]. Dies hatte seine Ursache in den mit dem Rückerwerb verbundenen Nachteilen[1362]. Diese Nachteile liegen in einem erhöhten Insolvenzrisiko[1363] und der Möglichkeit der Kursma-

---

[1360] So auch *Vogel*, in: Haarmann/Binger/Schüppen, § 13 WpÜG, Rn. 63.

[1361] *Lutter*, in: Kölner Kommentar zum AktG, § 71, Rn. 17; *Hüffer*, § 71 AktG, Rn. 3.

[1362] Die hierzu vertretenen und vielfach erwähnten Argumente sollen an dieser Stelle nicht im einzelnen wiederholt und erörtert, sondern lediglich unter Angabe von Fundstellen genannt werden.

[1363] *Huber*, in: FS Kropff, S. 101/122; *Hüffer*, § 71 AktG, Rn. 19 i; *Lutter*, in: Kölner Kommentar zum AktG, § 71, Rn. 5; *Stawowy*, S. 10 und 31.

nipulation[1364]. Des weiteren wird der Rückerwerb als mit den Prinzipien der Kapitalerhaltung und der Kapitalaufbringung unvereinbar angesehen[1365]. Ferner ergibt sich ein übermächtiger Verwaltungseinfluß[1366], die Gefahr der Ungleichbehandlung der Aktionäre[1367] sowie der Beeinträchtigung der Mitgliedschaftsrechte derjenigen Aktionäre, die ihre Aktien nicht an die Gesellschaft veräußern[1368]. Der Erwerb eigener Aktien kann für die Gesellschaft und deren Aktionäre jedoch auch vorteilhaft sein[1369]. So kann der Rückkauf durch seine Signalwirkung auf den Kapitalmarkt dazu beitragen, den Börsenkurs der Aktie zu stütztenoder zu erhöhen[1370]. Ferner ist der Rückerwerb als Dividendenersatz[1371] sowie als Mittel zur Kapitalherabsetzung auf Zeit einsetzbar[1372]. Durch den Erwerb eigener Aktien kann eine Gesellschaft zudem feindliche Übernahmen abwehren[1373] und einen „*Leverage*"-Effekt erzielen[1374]. Schließlich kann die Gesellschaft die erworbenen Aktien an Mitarbeiter des Unternehmens weitergeben[1375].

Wegen dieser Vorteile und zur Förderung des bundesdeutschen Kapitalmarktes sind die Möglichkeiten zum Erwerb eigener Aktien nunmehr erweitert. Aufgrund einer Bestimmung im *Gesetz zur Kontrolle und Transparenz im Unternehmensbereich* (KonTraG)[1376] ist der Erwerb nunmehr auch aufgrund eines ermächtigenden Beschlusses der Hauptversammlung gemäß § 71 Abs. 1 Nr. 8 AktG zulässig.

Die Möglichkeiten, eigene Aktien zur Finanzierung einer feindlichen Übernahme in zulässiger Weise zu erwerben, sind daher nach einer Darstellung der Zuständigkeit für einen solchen Erwerb, genauer zu untersuchen. Sollte der Erwerb

---

1364 *Lutter*, in: Kölner Kommentar zum AktG, § 71 Rn. 12; *von Rosen/Helm*, AG 1996, S. 434/437; *Stawowy*, S. 28.

1365 *Hüffer*, § 71 AktG, Rn. 1; *Lutter*, in: Kölner Kommentar zum AktG, § 71 Rn. 5 und 33.

1366 *Huber*, in: FS Duden, S. 137/138 u. 141; *Lutter*, in: Kölner Kommentar zum AktG, § 71, Rn. 12; *von Rosen/Helm*, AG 1996, S. 434/438; *Stawowy*, S. 26.

1367 *Huber*, in: FS Duden, S. 137/149; *Lutter*, in: Kölner Kommentar zum AktG, § 71, Rn. 15; *Posner*, AG 1994, S. 312/316; *von Rosen/Helm*, AG1996, S. 434/437; *Stawowy*, S. 22.

1368 *Merkt*, US-amerikanisches Gesellschaftsrecht, S. 284.

1369 Auch die diesbezüglich vertretenen Argumente sollen nicht mehr erörtert, sondern lediglich unter Angabe von Fundstellen genannt werden.

1370 *Merkt*, US-amerikanisches Gesellschaftsrecht, Rn. 471; *Posner*, AG 1994, S. 312/314; *von Rosen/Helm*, AG 1996, S. 434/437; *Stawowy*, S. 10.

1371 *Huber*, in: FS Kropff, S. 101/108; *Merkt*, US-amerikanisches Gesellschaftsrecht, Rn. 471; *Posner*, AG 1994, S. 312/315; *Stawowy*, S. 8.

1372 *Huber*, in: FS Kropff, S. 101/109 ff.; *von Rosen/Helm*, AG 1996, S. 434/437.

1373 *Posner*, AG 1994, S. 312/315; *Huber*, in: FS Kropff, S. 101/106 f.; *von Rosen/Helm*, AG 1996, S. 434/438.

1374 *Huber*, in: FS Kropff, S. 101/106; *Posner*, AG 1994, S. 312/314.

1375 *Baums*, in: FS Claussen, S. 3/5 ff.; *Posner*, AG 1994, S. 312/314.

1376 Gesetz vom 27.4.1998 (BGBl. I S. 786).

zum Zwecke der Lieferung im Rahmen eines Aktientausches bei einer feindlichen Unternehmensübernahme gemäß § 71 Abs. 1 AktG zulässig sein, so müßten ferner die weiteren Voraussetzungen des § 71 Abs. 2 und 3 AktG vorliegen. An deren Darstellung schließt sich die Frage an, in welchen Formen sich der Erwerb konkret vollziehen kann. Ferner ist zu erörtern, ob sich für das die eigenen Aktien zurückkaufende Unternehmen Folgepflichten aus dem Erwerb ergeben. Schließlich werden die Folgen eines unzulässigen Erwerbs eigener Aktien sowie einer Verletzung der Publizitätspflichten dargestellt.

bb. Zuständigkeit für den Erwerb eigener Aktien

Beim Erwerb eigener Aktien handelt es sich um eine Maßnahme der Geschäftsführung, die daher gemäß §§ 76, 77 AktG allein dem Vorstand zusteht. Gemäß § 111 Abs. 4 AktG kann jedoch die Satzung der Aktiengesellschaft für einzelne oder sämtliche Fälle die Zustimmung durch den Aufsichtsrat vorsehen[1377]. Die Hauptversammlung ist in den Erwerbsvorgang lediglich in den im Gesetz vorgesehenen Fällen eingebunden. Ihre Mitwirkung kommt deshalb beim Erwerb zur Einziehung nach den Vorschriften über die Herabsetzung des Grundkapitals (§ 71 Abs. 1 Nr. 6 AktG), beim Erwerb zum eigenen Handel durch ein Kreditinstitut (§ 71 Abs. 1 Nr. 7 AktG) und der Ermächtigung gemäß § 71 Abs. 1 Nr. 8 AktG in Betracht. In diesen Fällen bedarf es jedoch lediglich eines Beschlusses der Hauptversammlung, der den Vorstand der Gesellschaft zur Vornahme der jeweiligen Erwerbshandlung ermächtigt[1378]. Eine weitergehende Mitwirkung der Hauptversammlung im Rahmen des eigentlichen Erwerbsvorganges ist hingegen nicht vorgesehen. Darüber hinaus kommt eine Mitwirkungsbefugnis der Hauptversammlung lediglich bei einem entsprechenden Antrag des Vorstands gemäß § 119 Abs. 2 AktG in Betracht[1379].

cc. Zulässigkeit des Rückerwerbs gemäß § 71 Abs. 1 Nr. 1 AktG

Für einen Rückerwerb könnte zunächst der Fall des § 71 Abs. 1 Nr. 1 AktG in Betracht kommen, wenn der Erwerb eigener Aktien notwendig ist, um einen schweren unmittelbar bevorstehenden Schaden von der Gesellschaft abzuwenden.

Als Schaden gemäß § 71 Abs. 1 Nr. 1 AktG ist jeder Schaden im Sinne der §§ 249 ff. BGB zu verstehen[1380]. Demnach reicht jede Vermögenseinbuße

---

[1377] *Lutter*, in: Kölner Kommentar zum AktG, § 71, Rn. 16.

[1378] *Hüffer*, § 71 AktG, Rn. 19, 19b und 19d; *Lutter*, in: Kölner Kommentar zum AktG, § 71, Rn. 16.

[1379] *Lutter*, in: Kölner Kommentar zum AktG, § 71, Rn. 16.

[1380] *Günther/Muche/White*, RIW 1998, S. 337/340; *Lutter*, in: Kölner Kommentar zum AktG, § 71, Rn. 22; *Hüffer*, § 71 AktG, Rn. 7.

aus[1381]. Ein solcher Schaden muß, um dem Kriterium der Schwere zu genügen, unter Berücksichtigung von Größe und Finanzkraft der Gesellschaft jedenfalls beachtlich - wenn auch nicht existenzgefährdend - sein[1382]. Zulässig wird der Erwerb für die Gesellschaft jedoch nur dann, wenn der Schaden unmittelbar bevorsteht und der Rückerwerb zu seiner Abwehr notwendig ist. Hierfür muß in überschaubarer Zukunft ein Schaden konkret zu erwarten und der Erwerb objektiv erforderlich sein, um diesen von der Gesellschaft abzuwenden. Es muß sich daher nicht nur um ein mögliches, sondern um das tauglichste Mittel der Abwehr des Schadens handeln[1383]. Wegen der gesetzlichen Behandlung des Erwerbs eigener Aktien als Verbot mit Erlaubnisvorbehalt, ist die Frage der Notwendigkeit dabei restriktiv zu behandeln[1384].
Berücksichtigt man diese Kriterien, so ist deutlich, daß ein Rückerwerb zur Finanzierung einer feindlichen Übernahme, deren Erfolg keinesfalls sicher ist[1385], dem Kriterium der „objektiven Notwendigkeit zur Schadensabwehr" regelmäßig nicht genügen wird. Wegen der Ausgestaltung des § 71 Abs. 1 Nr. 1 AktG als Verbot mit Erlaubnisvorbehalt ist der Erwerb eigener Aktien in dieser Konstellation somit als unzulässig zu bezeichnen.

dd. Zulässigkeit des Rückerwerbs gemäß § 71 Abs. 1 Nr. 8 AktG

In Betracht kommt daneben vor allem ein aus Finanzierungszwecken beabsichtigter Erwerb eigener Aktien aufgrund eines Ermächtigungsbeschlusses der Hauptversammlung. Mit der Reform des deutschen Aktienrechts durch das *Gesetz zur Kontrolle und Transparenz im Unternehmensbereich* (KonTraG)[1386], sind die in § 71 Abs. 1 AktG genannten Möglichkeiten eines zulässigen Aktienrückerwerbs um die Nr. 8 erweitert. Hiernach ist ein Rückerwerb zulässig, wenn er aufgrund einer höchstens 18 Monate geltenden Ermächtigung der Hauptversammlung erfolgt, die den niedrigsten und höchsten Gegenwert sowie den Anteil am Grundkapital festlegt, der erworben werden soll. In dem Beschluß ist eine positive Zweckvorgabe nicht erforderlich. Lediglich der Handel in eigenen Aktien stellt gemäß § 71 Abs. 1 Nr. 8 Satz 2 AktG einen unzulässigen Zweck dar.
Mit dieser Vorschrift, die einer Aktiengesellschaft den Erwerb eigener Aktien ohne Bindung an einen speziellen Zweck (§ 71 Abs. 1 Nr. 1-6 AktG) oder Beschränkung wegen der Zugehörigkeit zu einer bestimmten Branche (§ 71 Abs. 1

[1381] *Palandt*, Heinrichs, § 249 BGB, Rn. 6; *Günther/Muche/White*, RIW 1998, S. 337/340.
[1382] *Lutter*, in: Kölner Kommentar zum AktG, § 71, Rn. 28; *Hüffer*, § 71 AktG, Rn. 7.
[1383] *Günther/Muche/White*, RIW 1998, S. 337/340; *Hüffer*, § 71 AktG, Rn. 7 f.; *Lutter*, in: Kölner Kommentar zum AktG, § 71, Rn. 30 f.
[1384] *Hüffer*, § 71 AktG, Rn. 3.
[1385] Über 50 % der Übernahmen erreichen nicht die damit angestrebten Ziele.
[1386] Gesetz vom 27.04.1998, BGBl. I S. 786.

Nr. 7 AktG) erlaubt, liegt eine wesentliche Änderung des § 71 AktG vor. Ziel der Vorschrift ist es, die Flexibilität der Eigenkapitalfinanzierung von Aktiengesellschaften zu verbessern[1387]. Dies kann beispielsweise mittels einer vereinfachten Reduzierung des Eigenkapitals, einer Erhöhung der Eigenkapitalrendite oder der Belebung des Börsenhandels geschehen[1388]. Es handelt sich damit jedenfalls um eine Liberalisierung des zuvor bestehenden grundsätzlichen Erwerbsverbotes[1389]. Einige Vertreter der Literatur gehen sogar von einer Umkehr des Verbots mit Erlaubnisvorbehalt in eine generelle Erlaubnis des Rückerwerbs aus[1390]. Jedoch ist der Erwerb eigener Aktien auch im Wege des § 71 Abs. 1 Nr. 8 AktG nicht unbeschränkt möglich[1391]. So ergeben sich aus den Anforderungen an den Ermächtigungsbeschluß sachliche, zeitliche und qualitative Erwerbsschranken[1392].

ee. Zulässige Formen des Erwerbs eigener Aktien

Als Erwerbsformen kommen neben dem Erwerb über die Börse auch das öffentliche Angebot beziehungsweise der Paketerwerb in Betracht. Ob und unter welchen Umständen diese Formen zulässig sind, ist im einzelnen umstritten. Unabhängig vom jeweiligen Erwerbsgrund unterliegt der Erwerb eigener Aktien der Regelung des § 53a AktG[1393]. Hiernach sind alle Aktionäre unter gleichen Voraussetzungen gleich zu behandeln.

(1) Börsenhandel

Denkbar ist zunächst ein Rückerwerb eigener Aktien über die Börse. Die Anonymität und die Neutralität des Börsenmarktes erweisen sich hierbei als vorteilhaft, weil hierbei kein Aktionär begünstigt oder benachteiligt und folglich dem Gleichbehandlungsgrundsatz des § 53a AktG entsprochen ist. Somit besteht in der Literatur weitgehend Einigkeit darüber, daß ein Erwerb eigener Aktien über

---

1387 *Hüffer*, § 71 AktG, Rn. 19c; Referentenentwurf zur Änderung des Aktiengesetzes („KonTraG"), Allgemeine Begründung; abgedruckt in ZIP 1996, S. 2129/2129.

1388 Referentenentwurf zur Änderung des Aktiengesetzes („KonTraG"), abgedruckt in ZIP 1996, S. 2129/2130.

1389 *Hüffer*, § 71 AktG, Rn. 19c.

1390 *Wastl*, DB 1997, S. 461/462; *Huber*, in: FS Kropff, S. 103/103; *Günther/Muche/White*, RIW 1998, S. 337/343.

1391 Dies bestreitet auch *Wastl*, DB 1997, S. 461/462 nicht.

1392 Vgl. hierzu: Referentenentwurf zur Änderung des Aktiengesetzes („KonTraG"), abgedruckt in ZIP 1996, S. 2129/2129 ff.; *Günther/Muche/White*, RIW 1998, S. 337/342; *Hüffer*, § 71 AktG, Rn. 19c ff.; *Kraft/Altvater*, NZG 1998, S. 448/449.

1393 *Hüffer*, § 71 AktG, Rn. 19j.

die Börse jedenfalls zulässig und die vorzuziehende Erwerbsform ist[1394]. *Lutter* geht sogar so weit, grundsätzlich nur den Rückerwerb über die Börse für zulässig zu erklären. Nur in Ausnahmefällen solle daher eine andere Erwerbsform, beispielsweise ein Ausruf oder ein öffentliches Angebot, überhaupt zulässig sein[1395]. Für die durch das KonTraG geschaffene Möglichkeit des Erwerbs eigener Aktien aufgrund eines Ermächtigungsbeschlusses regelt bereits der Wortlaut der Vorschrift in § 71 Abs. 1 Nr. 8 Satz 4 AktG, daß der Erwerb über die Börse dem Grundsatz der Gleichbehandlung aus § 53a AktG jedenfalls genüge, andere Erwerbsformen aber nicht ausschließt.

Im Rahmen des Gesetzgebungsverfahrens standen dem Rückerwerb eigener Aktien über die Börse nur einzelne Vertreter der Literatur unter dem Gesichtspunkt der Gleichbehandlung kritisch gegenüber[1396]. Teilweise folgten diese Bedenken auch aus rechtsvergleichenden Betrachtungen des US-amerikanischen Rechts zum Rückkauf eigener Aktien[1397]. Dieser Vergleich erscheint jedoch zweifelhaft[1398]. Diese Literaturvertreter mußten aber mittlerweile einräumen, daß der

---

1394 *Martens*, AG 1996, S. 337/339; *Wastl*, DB 1997, S. 461/463; *Hüffer*, § 71 AktG, Rn. 19j; *von Rosen/Helm*, AG 1996, S. 434/439.

1395 *Lutter*, in: Kölner Kommentar zum AktG, § 71, Rn. 16.

1396 So kritisierte *Huber*, in: FS Kropff, S. 101/113, daß der Grundsatz der Gleichbehandlung beim Börsenhandel nicht in optimaler Weise gewahrt werde. So erwerbe die Gesellschaft die Aktien, je nach Kurslage, zu unterschiedlichen Preisen von den Aktionären zurück. Zwar sei es zutreffend, daß dies im Rahmen des normalen Börsengeschehens zum gewöhnlichen Risiko der Aktionäre gehöre. Ein Rückkauf größeren Umfangs, der unter Angabe von Mindest- und Höchstpreisen angekündigt wurde, sei aber nicht mehr als ein solches gewöhnliches Börsengeschehen zu bezeichnen. Bereits die Ankündigung beeinflusse den Kurs in einer Weise, die für Aktionäre schwer berechenbar sei. Aktionäre, die während eines solchen Vorganges bei rückwirkender Betrachtung zu billig an die Gesellschaft verkauft hätten, würden sich daher dennoch unfair behandelt fühlen. Daneben gibt *Wenger*, in: AG Sonderheft 1997, S. 57/63 zu bedenken, daß dem Grundsatz der Gleichbehandlung nicht schon dadurch genügt werde, daß der Erwerb über die Börse erfolge. Einzelne Marktteilnehmer könnten auch hierbei von einer Transaktion Kenntnis erlangen und ihren Vorteil daraus ziehen, ohne einen Insidertatbestand zu erfüllen. Konkrete Beispiele hierfür kann *Wenger* nicht benennen. Er fordert lediglich eine starke Transparenz, die nur über eine dem öffentlichen Angebot vergleichbare Erwerbsform zu erzielen sei.

1397 So verweist *Huber*, in: FS Kropff, S. 101/113 f. (u.a. unter Verweis auf *Posner*, AG 1994, S. 312/318) auch auf die Rechtswirklichkeit in den USA. Dort sei der Rückkauf über die Börse nur dann üblich, wenn die Gesellschaft beabsichtige, relativ kleine Mengen von Aktien zurückzuerwerben und den Rückkaufsprozeß über mehrere Monate oder Jahre zu erstrecken. Die Existenz strenger börsenaufsichtsrechtlicher Regeln für den Handel in eigenen Aktien spricht seiner Ansicht nach ebenfalls dafür, daß der Rückerwerb eigener Aktien über die Börse in den USA als problematisch eingestuft werde.

1398 Der Argumentation von *Huber* läßt sich entgegnen, daß der deutsche ebenso wie der europäische Gesetzgeber eine weitere Einschränkung der Erwerbsform ausdrücklich nicht vorgenommen hat. Ferner ist der Rückerwerb in den meisten Fällen durch § 71 Abs. 2

ausdrückliche Wortlaut des Gesetzestextes die praktische Relevanz ihrer Einwände entfallen läßt[1399]. Wegen der eindeutigen gesetzlichen Regelung ist der Rückerwerb eigener Aktien über die Börse somit als mit dem Grundsatz der Gleichbehandlung vereinbar und somit zulässige Erwerbsform anzusehen.

(2) Öffentliches Angebot

Bei einem öffentlichen Angebot bietet die Gesellschaft den Aktionären öffentlich an, unter bestimmten Voraussetzungen Aktien zurück zu erwerben. Die Aktionäre können dann auf die gestellten Bedingungen eingehen oder das Angebot ablehnen, wenn sie diese als nicht attraktiv beurteilen.

(a) Formen öffentlicher Angebote

Im einzelnen gibt es verschiedene Formen des öffentlichen Angebotes zum Rückkauf eigener Aktien. Diese leiten sich im wesentlichen aus der US-amerikanischen Kapitalmarktpraxis ab.

Einfachste Form ist hierbei das öffentliche Rückkaufangebot zum Festpreis (*fixed price tender offer*). Der ausgelobte Rückkaufpreis muß hierbei naturgemäß durch eine Prämie attraktiv sein. Als nachteilig erweist sich hieran jedoch, daß das Angebot im Falle einer zu geringen Prämie fehlschlagen wird, wohingegen im Falle einer attraktiven Prämie mit einer Überzeichnung zu rechnen ist[1400].

Ferner ist das öffentliche Rückkaufangebot in der Form der sogenannten holländischen Versteigerung (*Dutch auction tender offer*) bekannt. Hierbei bietet die Gesellschaft lediglich den Rückkauf einer bestimmten Anzahl von Aktien innerhalb einer bestimmten Preisspanne an. Jeder Aktionär kann nun wählen, zu welchem Preis er der Gesellschaft die Aktien zum Kauf anbietet. Die Angebote werden sodann von unten nach oben bedient, bis die gewünschte Anzahl an Aktien erworben ist. Höhere Angebote werden dann nicht mehr angenommen[1401].

Schließlich hat sich in den USA ein weiteres Verfahren durchgesetzt, die sogenannten *transferable put rights*. Hierbei werden übertragbare Verkaufsoptionen ausgegeben. Diese sind dem Charakter nach umgekehrte Bezugsrechte, wobei

---

AktG von vornherein auf ein Volumen von zehn Prozent des Grundkapitals beschränkt. Des weiteren ist der in den USA problematische Fall des Rückerwerbs zum Zwecke des Handels in eigenen Aktien auch im deutschen Aktienrecht nicht zulässig, sondern in § 71 Abs. 1 Nr. 8 Satz 2 AktG gerade ausdrücklich verboten.

1399 *Huber*, in: FS Kropff, S. 101/113.

1400 *Huber*, in: FS Kropff, S. 101/114; *Wastl*, DB 1997, S. 461/463.

1401 *Wastl*, DB 1997, S. 461/463; *Huber*, in: FS Kropff, S.101/114.

der Basispreis über dem laufenden Börsenkurs liegt. Diese Verkaufsoptionen sind während der Ausübungsfrist an der Börse handelbar[1402].

(b) Zulässigkeit des öffentlichen Angebots im Rahmen des Rückerwerbs eigener Aktien

Nahezu alle Vertreter der Literatur betrachten den Rückerwerb im Wege eines öffentlichen Angebotes als zulässig[1403]. Für den Fall des vorliegend bedeutsamen Ermächtigungsbeschlusses folge bereits aus dem Wortlaut des Gesetzes, daß der Erwerb eigener Aktien in sämtlichen denkbaren Formen grundsätzlich gestattet sei. Den ohnehin nur vereinzelt geäußerten Bedenken[1404] sei somit zumindest für diesen Fall nicht zuzustimmen[1405]. Auch in den übrigen Rückerwerbsfällen bestünden aber weder unter dem sich aus § 53a AktG ergebenden Gesichtspunkt der Gleichbehandlung noch aus Gründen des Schutzes der Anleger und des Kapitalmarktes Bedenken gegen die Zulässigkeit eines Rückerwerbs im Wege des öffentlichen Angebotes. Ein Verstoß gegen den Grundsatz der Gleichbehandlung scheide bereits deshalb aus, weil bei dieser Erwerbsform jedem einzelnen Aktionär gleichrangig die Beteiligung am Rückerwerb eigener Aktien durch die Gesellschaft ermöglicht sei[1406]. Dem Schutz der Anleger und des Kapitalmarktes

---

[1402] *Huber*, in: FS Kropff, S. 101/116.

[1403] *Hüffer*, § 71 AktG, Rn. 19 k; *Wastl*, DB 1997, S. 461/463.

[1404] So stand *Martens* der Zulässigkeit öffentlicher Angebote im Rahmen eines Rückerwerbs schon während des Gesetzgebungsverfahrens zum KonTraG kritisch gegenüber. Zwar führe der Erwerb eigener Aktien im Wege eines öffentlichen Angebots nicht notwendigerweise zu einer Abkoppelung von dem allen Marktteilnehmern zugänglichen Börsenkurs. Dies lasse sich durch die Vereinbarung von Stichtagskursen verhindern, die eine objektive Wertäquivalenz von Leistung und Gegenleistung gewähren. Eine positive Auswirkung auf den Börsenkurs ergebe sich jedoch nur dann, wenn die Gesellschaft einen Erwerbspreis biete, der über dem aktuellen Börsenkurs liegt. Koppele man hingegen die Offerte vom Börsenkurs ab, sei nicht sichergestellt, daß das Aktienkapital in angemessener Weise verwendet werde. Der Sache nach handele es sich hierbei um eine Ausschüttung von frei verfügbaren Rücklagen, die ebenso als Dividende oder Bonus gezahlt werden könnte. Der positive Effekt für den Börsenkurs werde sich jedoch nur kurzfristig einstellen, so daß sich keine langfristigen Perspektiven ergeben. Folglich lehnte *Martens* die Zulässigkeit eines solchen Verfahrens ursprünglich ab. Der Formulierung des § 71 Abs. 1 Nr. 8 Sätze 4 und 5 AktG ist zu entnehmen, daß der Gesetzgeber diese Ansicht nicht teilt. Für diesen Fall stellte *Martens* klar, daß jedenfalls das Verfahren des Rückerwerbs geregelt sein müsse. Insbesondere die Dauer der Verbindlichkeit des Angebots, das Zuteilungsverfahren und die Publizitätserfordernisse sollten gesetzlich geregelt sein. Ebenso sei eine Kontrollinstanz einzusetzen, um den Verdacht manipulativen Verhaltens auszuräumen. Der hierdurch entstehende Aufwand spreche jedoch ebenfalls gegen die Zulässigkeit des Erwerbs eigener Aktien im Wege des öffentlichen Angebots. Vgl. *Martens*, AG 1996, S. 337/340.

[1405] *Wastl*, DB 1997, S. 461/463.

[1406] *Hüffer*, § 71 AktG, Rn. 19 k.

werde dadurch Rechnung getragen, daß neben den im Zusammenhang mit den einzelnen Erwerbsgründen genannten Voraussetzungen für alle Rückkäufe § 71 Abs. 2 bis 4 AktG zu beachten seien. Darüber hinaus trügen auch die Regelungen der §§ 71a bis 71e AktG zum Rechtsschutz bei. Ferner gewährleiste das an sämtliche Aktionäre gerichtete öffentliche Angebot ein hohes Maß an Transparenz und Publizität. Dieser Argumentation ist zuzustimmen und der Erwerb eigener Aktien im Wege eines öffentlichen Angebotes somit als zulässig anzusehen[1407]. Einige Vertreter der Literatur bezeichnen das öffentliche Angebot zudem als die vorzuziehende Erwerbsform[1408].

(3) Paketkauf

Der Paketkauf (*negotiated repurchase*), d.h. der Erwerb eigener Aktien von einzelnen Großaktionären außerhalb des Börsenhandels, birgt grundsätzlich zwei Gefahren. Erstens liegt es nahe, daß der bisherige Großaktionär sich die in seinen Anteilen gebündelte Stimmrechtsmacht mit einer Prämie, also einem über dem Börsenkurs liegenden Preis, vergüten lassen möchte. Hierdurch droht eine Ungleichbehandlung der Aktionäre durch die Gesellschaft, welche gemäß § 53a AktG verboten ist. Zweitens ist es denkbar, daß der Vorstand der Gesellschaft durch ein „Auskaufen“ unliebsamer Aktionäre sowie eine spätere Veräußerung der erworbenen eigenen Aktien an „wohlgesonnene Dritte“ Einfluß auf die Struktur der Eigentümer der Gesellschaft nimmt. Dennoch wird der Rückerwerb eigener Aktien im Wege des Paketkaufs mittlerweile als grundsätzlich zulässige Erwerbsform bezeichnet. Dies liegt daran, daß die Neuregelung des § 71 Abs. 1 Nr. 8 Sätze 4 und 5 AktG ausdrücklich alle Erwerbsformen als grundsätzlich

---

1407 *Wastl*, DB 1997, S. 461/464; *Hüffer*, § 71 AktG, Rn. 19 k; *von Rosen/Helms*, AG 1996, S. 434/439 und 442; *Lutter*, AG Sonderheft 1997, S. 52/56.

1408 *Huber* argumentiert mit dem jeweiligen Zweck der Transaktion. Das *fixed price tender offer* habe den Vorteil, daß allen Aktionären die feste Prämie angeboten wird und somit der Gleichbehandlungsgrundsatz gewahrt bleibe. Einer Überzeichnung lasse sich durch Repartierung begegnen. Hierdurch sei die Gleichbehandlung gewahrt, auch wenn dies nichts daran ändere, daß einige Anleger wegen der teilweisen Nichterfüllung dennoch enttäuscht sein werden. Diesem Problem lasse sich jedoch mit Rückgriff auf ein *Dutch auction tender offer* begegnen. Dieses Verfahren erscheine insgesamt gerechter als das schematische Repartierungsverfahren im Fall des Festpreisangebotes. Problematisch sei jedoch, daß man damit jedem einzelnen Aktionär eine sachlich richtige Unternehmensbewertung zumute. Diese setze im Grunde aber eine Gesellschaft voraus, deren Aktionäre sämtlich professionelle, spekulativ eingestellte Anleger sind. Aus diesem Grund habe sich in den USA das Verfahren der sogenannten *transferable put rights* entwickelt. Es biete den Aktionären ein hohes Maß an Fairneß. Darüber hinaus kann es auf das in Deutschland bekannte Vorbild des Handels mit Bezugsrechten zurückgreifen, weshalb dieses Verfahren für größere Rückkaufaktionen in Deutschland als besonders geeignet zu bezeichnen sei. Siehe *Huber*, in: FS Kropff, S. 101/114. *Wenger*, AG Sonderheft 1997, S. 57/63, schließt sich dieser Ansicht im Ergebnis an.

zulässig bezeichnet[1409]. Vertreter der Literatur weisen zudem darauf hin, daß eine ungerechtfertigte Gewährung von Sondervorteilen oder die Einflußnahme auf die Eigentümerstruktur im Einzelfall immer wegen eines Verstoßes gegen § 53a AktG unzulässig ist[1410]. Des weiteren seien Situationen denkbar, in denen eine Ungleichbehandlung der Aktionäre durch die Gesellschaft ausnahmsweise sachlich gerechtfertigt sei. Daher sei es folgerichtig, den Paketkauf als Form des Rückerwerbs nicht gänzlich auszuschließen, solange die Gesellschaft den Grundsatz des § 53a AktG einhalte[1411].

(4) Zwischenergebnis

Somit sind nicht nur der Erwerb über die Börse, sondern auch der Erwerb im Rahmen eines öffentlichen Angebotsverfahrens oder eines Paketkaufs zulässige Formen des Rückkaufs eigener Aktien.

ff. Folgen eines unzulässigen Erwerbs eigener Aktien

(1) Rechtsfolgen für das Erwerbsgeschäft

Erwirbt eine Aktiengesellschaft hingegen unter Verstoß gegen die Vorschriften des § 71 Abs. 1 und 2 AktG eigene Aktien zurück, so ist der Erwerb unzulässig. Die Rechtsfolgen eines unzulässigen Erwerbs eigener Aktien ergeben sich aus § 71 Abs. 4 i.V.m. § 62 Abs. 1 Satz 1 AktG.

§ 71 Abs. 4 Satz 1 AktG regelt, daß im Falle eines Verstoßes gegen § 71 Abs. 1 oder 2 der Erwerb eigener Aktien dinglich wirksam ist. Die Gesellschaft ist damit trotz unzulässigen Erwerbs grundsätzlich Inhaberin der Mitgliedschaft. Dies ist unter anderem deshalb notwendig, um die Gesellschaft in die Lage zu versetzen, ohne in fremde Eigentumsrechte einzugreifen dem aus § 71c AktG folgenden Gebot nachzukommen, die Aktien zu veräußern oder einzuziehen[1412]. Von dieser Rechtsfolge bleiben jedoch die allgemeinen Nichtigkeitsgründe des Zivilrechts unberührt[1413].

Ein gegen die Bestimmungen des § 71 Abs. 1 und 2 AktG verstoßendes schuldrechtliches Kausalgeschäft ist jedoch von Anfang an nichtig. Dies ergibt sich aus

---

[1409] *Martens*, AG 1996, S. 337/340; wohl auch *Lutter*, AG Sonderheft 1997, S. 52/56.
[1410] *Huber*, in: FS Kropff, S. 101/116; *Wastl*, DB 1997, S. 461/464.
[1411] *Huber*, in: FS Kropff, S. 101/116; *von Rosen/Helm*, AG 1996, S. 434/439; *Wastl*, DB 1997, S. 461/464. Im Ergebnis ebenso *Wenger*, AG Sonderheft 1997, S. 57/63.
[1412] *Hüffer*, § 71 AktG, Rn. 24; *Lutter*, in: Kölner Kommentar zum AktG, § 71, Rn. 76.
[1413] Beispielsweise §§ 105, 138 Abs. 1 BGB; *Lutter*, in: Kölner Kommentar zum AktG, § 71, Rn. 76.

§ 71 Abs. 4 Satz 2 AktG. Auch ein zunächst wirksames Grundgeschäft kann später nichtig werden, wenn beispielsweise vor seiner Erfüllung die 10%-Grenze überschritten ist[1414]. Für die Aktiengesellschaft ergibt sich weder eine Erfüllungsverpflichtung noch bewirkt eine Erfüllung eine Heilung des Grundgeschäfts. Erfüllt die Gesellschaft dennoch, handelt es sich um eine verbotene Einlagenrückgewähr, die nach den Vorschriften des § 62 AktG grundsätzlich von den (früheren) Aktionären der Gesellschaft auszugleichen ist[1415]. In der Praxis haben diese Aktionäre aber nur selten Konsequenzen zu befürchten. Dies liegt daran, daß im Falle des Anspruchs der Gesellschaft nach § 62 Abs. 1 AktG normalerweise alle Beteiligten mit dem vorgenommenen Erwerbs- oder Veräußerungsgeschäft zufrieden sind. So machen sich die Vorstands- und Aufsichtsratsmitglieder bei einer verbotenen Einlagenrückgewähr nach § 93 Abs. 3 Nr. 1 AktG bzw. § 116 i.V.m. § 93 Abs. 3 Nr. 1 AktG schadensersatzpflichtig. Ferner begehen diese Mitglieder der Verwaltung eine Ordnungswidrigkeit gemäß § 405 Abs. 1 Nr. 4 a AktG. Im Falle eines verbotenen Erwerbs eigener Aktien findet sich mit der Aktiengesellschaft daher regelmäßig schon deshalb kein Kläger für einen Rückgriff gemäß § 62 Abs. 1 AktG, weil die beteiligten Verwaltungsmitglieder den eigenen Verstoß nicht offenbaren wollen[1416].

(2) Veräußerungspflichten gemäß § 71c AktG

Bezüglich der aus § 71c AktG folgenden Pflicht zur Veräußerung eigener Aktien ist danach zu unterscheiden, ob die Gesellschaft die Aktien rechtmäßig oder

---

[1414] *Hüffer*, § 71 AktG, Rn. 24; *Lutter*, in: Kölner Kommentar zum AktG, § 71, Rn. 75.

[1415] Handelt es sich um eine in § 62 Abs. 2 AktG geregelte Haftung der Aktionäre gegenüber den Gesellschaftsgläubigern, ergibt sich für die den Anspruch stellenden Gläubiger die Schwierigkeit, diejenigen Aktionäre ausfindig zu machen, die Vertragspartner der Aktiengesellschaft bei dem schuldrechtlich nichtigen Geschäft waren. In der überwiegenden Zahl der Fälle wird der Erwerb eigener Aktien als Rückkauf über die Börse vollzogen (Am Kapitalmarkt der USA, wurden zwischen den Jahren 1985 und 1993 mehr als 90 % der Aktienrückkäufe über den offenen Markt abgewickelt; vgl. hierzu: *Günther/Muche/White*, RIW 1998, S. 337/337 f.). Beim Börsenerwerb läßt sich der jeweilige Vertragspartner jedoch nicht feststellen, so daß ein Rückgriff gemäß § 62 Abs. 2 AktG meist schon aus praktischen Erwägungen ausscheidet; vgl. *Lutter*, in: Kölner Kommentar zum AktG, § 71, Rn. 75. Im ebenfalls gebräuchlichen öffentlichen Angebotsverfahren ist das Angebot an die Gesamtheit der Aktionäre gerichtet. Unabhängig von der im Einzelfall gewählten Variante, läßt sich hierbei der jeweilige Vertragspartner im nachhinein feststellen, weil bei diesem Verfahren kein anonymer Verkauf über die Börse stattfindet. Ebenso läßt sich in der letzten verbleibenden Möglichkeit des Rückkaufs, nämlich der unmittelbaren Verhandlung zwischen einem (Groß-)Aktionär und dem Bieter, der einzelne Aktionär als Vertragspartner identifizieren. Vgl. *Günther/Muche/White*, RIW 1998, S. 337/338. Nur in den beiden letztgenannten Fällen, muß der Aktionär folglich mit einer Inanspruchnahme im Rahmen der Haftung gemäß § 62 Abs. 2 AktG rechnen.

[1416] *Hüffer*, § 71 AktG, Rn. 24; *Lutter*, in: Kölner Kommentar zum AktG, § 71, Rn. 75.

rechtswidrig erworben hat. Zuständig für die Veräußerung ist in beiden Fällen der Vorstand der Gesellschaft, da es sich um eine Rechtspflicht der AG und folglich um eine Maßnahme der Geschäftsführung handelt[1417].

§ 71c Abs. 1 AktG sieht vor, daß unter Verstoß gegen § 71 Abs. 1 oder Abs. 2 AktG und somit rechtswidrig erworbene eigene Aktien innerhalb eines Jahres nach ihrem Erwerb veräußert werden müssen. Soweit diese Aktien individualisierbar sind, sind die jeweils unzulässig erworbenen Stücke abzugeben[1418]. Der Vorstand der Gesellschaft unterliegt hierbei allerdings rechtlichen Bindungen. Dies gilt zunächst für die Auswahl des Erwerbers. Für den Fall der rechtswidrig erworbenen Aktien ergibt sich dies aus § 71 Abs. 4 Satz 2 AktG. Die dort geregelte Nichtigkeit des Kausalgeschäfts führt zu einem Bereicherungsanspruch des Veräußerers gegenüber der Gesellschaft. Diesen muß die Gesellschaft vorrangig bedienen, um einer verschärften Haftung gemäß §§ 819 Abs. 1, 818 Abs. 4, 989, 992 BGB zu entgehen[1419]. Scheidet ein Anspruch des Veräußerers auf Rückgewähr nach § 814 BGB aus oder gelingt diese aus tatsächlichen Gründen nicht, so ist die Aktiengesellschaft bezüglich der Person des Abnehmers frei[1420]. Jedoch ist auch in diesem Fall der aus § 53a AktG folgende Grundsatz der Gleichbehandlung der Aktionäre zu beachten, so daß ein willkürliches Vorgehen des Vorstands oder gar eine Veräußerung „unter der Hand" unzulässig ist[1421].

Hingegen regelt § 71c Abs. 2 AktG die Fälle, in denen die Gesellschaft nach § 71 Abs. 1 AktG in zulässiger Weise eigene Aktien erworben hat und noch besitzt, diese aber mehr als zehn Prozent des Grundkapitals ausmachen. Der Teil der Aktien, der diese Grenze übersteigt, ist innerhalb von drei Jahren nach dem Erwerb zu veräußern. Es kommt hierbei lediglich darauf an, die Grenze von zehn Prozent wiederherzustellen, ohne daß bestimmte Stücke zu veräußern sind[1422]. Das schuldrechtliche Grundgeschäft ist beim rechtmäßigen Erwerb wirksam, so daß eine Pflicht zur Rückübereignung an den Veräußerer nicht in Betracht kommt[1423]. Der Vorstand der Gesellschaft hat bei rechtmäßigem Erwerb somit zwar keine rechtlichen Bindungen hinsichtlich der Person des nunmehrigen Erwerbers, unter Umständen aber hinsichtlich des Erwerbszweckes zu berücksichtigen. Eine Veräußerungspflicht nach § 71c Abs. 2 AktG kann sich nämlich nur in den Fällen des Erwerbs eigener Aktien gemäß § 71 Abs. 1 Nr. 4

[1417] *Hüffer*, § 71c AktG, Rn. 6; *Lutter*, in: Kölner Kommentar zum AktG, § 71c, Rn. 16.
[1418] *Hüffer*, § 71c AktG, Rn. 6; *Lutter*, in: Kölner Kommentar zum AktG, § 71c, Rn. 18.
[1419] *Hüffer*, § 71c AktG, Rn. 7; *Lutter*, in: Kölner Kommentar zum AktG, § 71c, Rn. 21.
[1420] *Hefermehl/Bungeroth* in Geßler/Hefermehl/Eckardt/Kropff, § 71c, Rn. 15.
[1421] *Hefermehl/Bungeroth* in Geßler/Hefermehl/Eckardt/Kropff, § 71c, Rn. 15; *Lutter*, in: Kölner Kommentar zum AktG, § 71c, Rn. 23.
[1422] *Hüffer*, § 71c AktG, Rn. 6; *Lutter*, in: Kölner Kommentar zum AktG, § 71c, Rn. 19.
[1423] *Lutter*, in: Kölner Kommentar zum AktG, § 71c, Rn. 22.

bis 6 AktG ergeben. Dies folgt aus dem Wortlaut des § 71 Abs. 2 Satz 1 AktG, der für die übrigen Ausnahmetatbestände bereits den Erwerb von mehr als zehn Prozent als rechtswidrig bezeichnet[1424]. Abgesehen hiervon handelt der Vorstand bei der Veräußerung im übrigen nach pflichtgemäßem Ermessen, wozu auch die Einhaltung des Grundsatzes der Gleichbehandlung gemäß § 53a AktG gehört[1425].

Bei der Berechnung des nach § 71c Abs. 2 AktG relevanten Aktienbestandes ist zu beachten, daß lediglich diejenigen Aktien zählen, die rechtmäßig erworben wurden. Rechtswidrig erworbene Aktien sind in jedem Fall zu veräußern. In die Berechnung nach § 71c Abs. 2 AktG sind also nur die Fälle einzubeziehen, in denen die Grenze von zehn Prozent des Grundkapitals im Wege des rechtmäßigen Erwerbs eigener Aktien nahezu ausgeschöpft ist und durch einen Erwerb nach § 71 Abs. 1 Nr. 4 bis 6 AktG überschritten wird. Ferner sind gemäß § 71e Abs. 1 Satz 1 AktG in Pfand genommene Aktien bei der Feststellung der Grenze von zehn Prozent mitzuzählen[1426]. Die Pflicht zur Veräußerung nach § 71c Abs. 2 AktG ist dann erfüllt, wenn die jeweilige Überschreitung fristgerecht abgebaut ist. Neue Überschreitungen lösen somit einen erneuten Fristbeginn aus[1427].

(3) Pflicht zur Einziehung

Erfüllt der Vorstand der Gesellschaft die ihm obliegenden Veräußerungspflichten nicht oder nicht fristgerecht, so sind die eigenen Aktien gemäß § 71c Abs. 3 AktG einzuziehen. Der Vorstand begeht im Falle der Nichteinziehung eine Ordnungswidrigkeit nach § 405 Abs. 1 Nr. 4b AktG. Da vorliegend jedoch gerade der Einsatz eigener Aktien als Finanzierungsmittel zu betrachten ist, ist auf den Fall der Nichterfüllung von Veräußerungspflichten an dieser Stelle nicht einzugehen.

b. Verwendung vorhandener eigener Aktien als Finanzierungsmittel

Fraglich ist im vorliegenden Zusammenhang ferner, ob und bejahendenfalls unter welchen Bedingungen vorhandene eigene Aktien als Finanzierungsmittel eingesetzt werden können. Denkbar ist hierbei zwar auch ein Verkauf zum Zwecke der anschließenden Verwendung des Verkaufserlöses. Ein solches Vorgehen erscheint aber in mehrfacher Hinsicht unpraktisch. Zunächst wäre eine relativ große Anzahl eigener Aktien zu veräußern, damit es sich überhaupt um einen maßgeblichen Finanzierungsbeitrag handelt. Die Veräußerung eines solchen Anteils eigener Aktien würde sich aber nachteilig auf den Börsenkurs des Bieters

---

[1424] *Lutter*, in: Kölner Kommentar zum AktG, § 71c, Rn. 8.
[1425] *Hüffer*, § 71c AktG, Rn. 7.
[1426] *Lutter*, in: Kölner Kommentar zum AktG, § 71c, Rn. 9.
[1427] *Lutter*, in: Kölner Kommentar zum AktG, § 71c, Rn. 10.

auswirken und somit die weitere Kapitalbeschaffung möglicherweise erschweren. Im übrigen könnte eine solche Veräußerungsaktion, da der Bieter sich hierbei an den jeweiligen Marktgegebenheiten orientieren wird, bereits in einem relativ frühen Übernahmestadium Publizitätspflichten auslösen. Schließlich handelt es sich bei der Veräußerung von Anteilen über die Börse regelmäßig um ein steuerpflichtiges Verfügungsgeschäft. Insofern liegt ein Verkauf der eigenen Aktien zur Verwendung des Gegenwertes eher fern.
Dementsprechend lassen sich die beim Bieter vorhandenen eigenen Aktien eher als Gegenleistung im Rahmen eines Tauschgeschäfts verwenden. Bei den hierfür zu verwendenden Aktien könnte es sich zunächst um veräußerungspflichtige Aktien handeln. Andererseits kommen aber auch die aufgrund eines Ermächtigungsbeschlusses erworbenen eigenen Aktien für einen Tausch in Betracht.

aa. Aktien, die einer Veräußerungspflicht unterliegen

Rechtswidrig erworbene eigene Aktien unterliegen gemäß § 71c Abs. 1 AktG der Veräußerungspflicht. Wie soeben dargestellt, kann sich eine solche Pflicht unter gewissen Umständen auch für rechtmäßig erworbene eigene Aktien ergeben. Sind alle für den Verkaufsvorgang denkbaren rechtlichen Beschränkung beachtet, so kann die Gesellschaft die verbleibenden eigenen Aktien grundsätzlich als Finanzierungsmittel verwenden, solange sie hierdurch ihrer Veräußerungspflicht nachkommt.

Beim Veräußerungsvorgang selbst handelt es sich um ein vom Gesetz angeordnetes, ansonsten aber reguläres Umsatzgeschäft. Der Vorstand der Gesellschaft hat hierbei nach pflichtgemäßem Ermessen und unter Berücksichtigung des Grundsatzes der Gleichbehandlung (§ 53a AktG) zu handeln[1428]. So hat er beispielsweise den bestmöglichen Preis zu erzielen. Bei börsennotierten Aktien bietet sich daher zwar eine Veräußerung über die Börse an. Ein solches Vorgehen ist vorliegend aber unwahrscheinlich, weil die Aktien ja gerade den Aktionären der Zielgesellschaft als Gegenleistung für deren Anteile zur Verfügung gestellt werden sollen.

bb. Aktien, die rechtmäßig nach § 71 Abs. 1 Nr. 8 AktG erworben wurden

Die Möglichkeit einer freiwilligen Veräußerung rechtmäßig erworbener eigener Aktien ist für den Fall des § 71 Abs. 1 Nr. 8 AktG bereits vom Gesetzgeber vorgesehen und damit zulässig. Auch hierbei ist der Grundsatz der Gleichbehandlung zu beachten (§ 71 Abs. 1 Nr. 8 Satz 3 AktG). Gemäß § 71 Abs. 1 Nr. 8 Satz 4 AktG genügt dem eine Veräußerung über die Börse. Dies bedeutet, daß das

[1428] *Hüffer*, § 71c AktG, Rn. 7.

Geschäft an einer inländischen oder ausländischen Börse in einem beliebigen Marktsegment stattfinden kann[1429].

Eine andere Veräußerung, beispielsweise im Wege des öffentlichen Angebotes oder eines Paketverkaufs, ist gemäß § 71 Abs. 1 Nr. 8 Satz 5 AktG ebenso möglich, bedarf aber eines Beschlusses durch die Hauptversammlung. Dieser Beschluß muß zunächst § 186 Abs. 3 und 4 AktG, also die Vorschriften über den Ausschluß des Bezugsrechtes, berücksichtigen. Dies liegt daran, daß eine Veräußerung der eigenen Aktien an Dritte oder an einzelne Aktionäre den übrigen Aktionären gegenüber wie ein solcher Ausschluß des Bezugsrechts wirkt[1430]. Ferner ist grundsätzlich auch § 193 Abs. 2 Nr. 4 AktG zu beachten. Dieser Verweis stellt einerseits klar, daß die Bedienung von Optionsrechten aus eigenen Aktien erfolgen kann, sofern der Ermächtigungsbeschluß dies vorsieht. Andererseits stellt die Vorschrift sicher, daß die Bedienung von Aktienoptionen aus eigenen Aktien nicht dazu führt, daß die Anforderungen leerlaufen, die bei der Begründung von Bezugsrechten durch bedingtes Kapital gelten[1431]. Im Zusammenhang mit der Verwendung eigener Aktien als Mittel zur Finanzierung einer feindlichen Übernahme spielt die Regelung des § 193 Abs. 2 Nr. 4 AktG daher keine Rolle.

cc. Anforderungen an den Inhalt eines Veräußerungsbeschlusses nach § 71 Abs. 1 Nr. 8 Sätze 3 bis 5 AktG

Genauerer Darstellung bedarf nun die Frage, welchen formellen und materiellen Anforderungen ein solcher Veräußerungsbeschluß genügen muß.

Der Wortlaut des § 71 Abs. 1 Nr. 8 AktG verzichtet auf ausdrückliche gesetzliche Verfahrensvorschriften zum Erwerb oder zu der Veräußerung eigener Aktien. Gemäß § 71 Abs. 1 Nr. 8 Satz 3 AktG ist bei der Veräußerung solcher eigener Aktien, die aufgrund eines Ermächtigungsbeschlusses erworben wurden, lediglich der aus § 53a AktG folgende Grundsatz der Gleichbehandlung anzuwenden. Somit muß der Vorstand Aktionäre unter gleichen Bedingungen gleich behandeln. Im wesentlichen ergibt sich somit ein Verbot willkürlicher Ungleichbehandlung, das den Schutz der Mitgliedschaft des Aktionärs zum Zweck hat und sich als Normadressat ausschließlich an die Aktiengesellschaft richtet[1432].

[1429] *Hüffer*, § 71 AktG, Rn. 19 k.
[1430] *Hüffer*, § 71 AktG, Rn. 19 l.
[1431] *Hüffer*, § 71 AktG, Rn. 19 l.
[1432] *Paefgen*, AG 1999, S. 67/68; *Hüffer*, § 53a AktG, Rn. 4.

(1) Veräußerung über die Börse

Findet die Veräußerung über die Börse statt, so regelt § 71 Abs. 1 Nr. 8 Satz 4 AktG, daß bereits hierdurch dem Grundsatz der Gleichbehandlung genüge getan ist. Der Wortlaut des nachfolgenden Satzes 5 stellt klar, daß nur im Falle einer anderen Veräußerung die Vorschriften des § 186 Abs. 3 und 4 AktG über den Ausschluß des Bezugsrechts entsprechend anzuwenden sind. Grundsätzlich fällt ein Beschluß über die Veräußerung eigener Aktien über die Börse als Geschäftsführungsmaßnahme in die Kompetenz des Vorstands[1433]. Abweichendes kann sich lediglich dann ergeben, wenn sich die Hauptversammlung auch für diesen Fall ausdrücklich die eigene Entscheidungskompetenz vorbehält. Dann ist ein Veräußerungsbeschluß der Hauptversammlung zu fassen. Dabei bedarf es jedoch lediglich einer einfachen Mehrheit, weil es sich insoweit lediglich um einen *actus contrarius* zum ursprünglichen Erwerbsbeschluß handelt[1434]. Außerdem handelt es sich in dieser Konstellation nicht um einen satzungsändernden Beschluß, so daß auch die Vorschriften des § 186 Abs. 3 und 4 AktG in diesem Fall nicht anzuwenden sind. Eine Veräußerung über die Börse kommt vorliegend jedoch deshalb nicht in Betracht, weil die Aktien des Bieters den Aktionären der Zielgesellschaft gerade im Tausch angeboten werden sollen.

(2) Andere Veräußerungen

Soll die Veräußerung der eigenen Aktien außerhalb der Börse vorgenommen werden, so bedarf es hierzu gemäß § 71 Abs. 1 Nr. 8 Satz 5 AktG eines entsprechenden Beschlusses der Hauptversammlung. Hierbei sind die §§ 186 Abs. 3 und 4 sowie 193 Abs. 2 Nr. 4 AktG entsprechend anzuwenden[1435]. Der Veräußerungsbeschluß ist daher nach § 186 Abs. 3 Satz 2 AktG mit einer Mehrheit zu beschließen, die mindestens drei Viertel des bei der Beschlußfassung vertretenen Grundkapitals umfaßt. Darüber hinaus unterliegt er den für den Ausschluß des Bezugsrechts allgemein geltenden formellen und materiellen Bedingungen[1436].
Hierbei ergibt sich die Frage, wie konkret der Inhalt des Veräußerungsbeschlusses auf den Zweck der Finanzierung einer feindlichen Übernahme eingehen

---

1433 *Van Aerssen*, WM 2000, S. 391/394.

1434 *Van Aerssen*, WM 2000, S. 391/394; *Huber*, in: FS Kropff, S. 101/118; *Hüffer*, § 71 AktG, Rn. 19j.

1435 Dies ergibt sich bereits aus dem Wortlaut der Vorschrift sowie dem Referentenentwurf zur Änderung des Aktiengesetzes („KonTraG"), ZIP 1996, S. 2129/2131. Siehe darüber hinaus auch: *Huber*, in: FS Kropff, S. 101/118; *Hüffer*, § 71 AktG, Rn. 19j; *Wastl*, DB 1997, S. 461/465. A.A. jedoch mit nicht überzeugender Argumentation lediglich *van Aerssen*,WM 2000, S. 391/394, der vertritt, daß es bei der Wiederveräußerung - in Ermangelung anderer Vorgaben im Ermächtigungsbeschluß - grundsätzlich keines Beschlusses der Hauptversammlung bedarf.

1436 *Huber*, in: FS Kropff, S. 103/118, *Hüffer*, § 71 AktG, Rn. 19j.

muß. Insoweit ergeben sich keine Abweichungen zum Erwerbsbeschluß. Die Vorgabe darf nicht zu konkret sein, um das Gesamtvorhaben nicht zu gefährden. Andererseits sollte der Beschluß zumindest in groben Zügen den Zweck der Veräußerung zu erkennen geben. Eine allgemein gehaltene Formulierung ist daher auch in diesem Fall angebracht und ausreichend.
Wirtschaftlicher Zweck einer Veräußerung eigener Aktien ist die Erhöhung des Eigenkapitals der Gesellschaft. Das zivilrechtliche Mittel ist der Abschluß eines Kaufvertrages. Im Gegensatz zum Zeichnungsvertrag im Rahmen einer förmlichen Kapitalerhöhung, handelt es sich dabei nicht um einen korporationsrechtlichen Vertrag eigener Art, sondern um einen gewöhnlichen gegenseitigen Vertrag[1437].

(3) Tausch als Form der Veräußerung

Wenn die Gegenleistung für die Aktien - wie im vorliegenden Zusammenhang vorgesehen - in einer Sacheinlage bestehen soll, so kommt als Veräußerungsvorgang auch ein Tauschvertrag in Betracht[1438]. Im Zusammenhang mit dem Erwerb eines Unternehmens oder einer Beteiligung durch einen Bieter ist die Bezahlung häufig in eigenen Aktien vereinbart[1439]. Ein solcher Vorgang wird regelmäßig durch die Ausnutzung eines genehmigten Kapitals unter Ausschluß des Bezugsrechts abgewickelt. Hierbei muß jedoch gemäß § 203 Abs. 2 AktG bereits der Ermächtigungsbeschluß den Ausschluß des Bezugsrechts vorsehen. Liegt ein in dieser Form beschlossenes genehmigtes Kapital vor, so spricht nichts dagegen, daß der Vorstand der Gesellschaft statt dessen veräußerungspflichtige oder zur freien Verfügung stehende eigene Aktien zur Finanzierung verwendet[1440].

c. Praktische Tauglichkeit eigener Aktien als Finanzierungsmittel

Der Einsatz eigener Aktien als Akquisitionswährung kann für die Aktionäre der Zielgesellschaft insofern vorteilhaft sein, als eine steuerpflichtige Auflösung stiller Reserven unter bestimmten Voraussetzungen zu vermeiden ist[1441]. Dies kann wiederum für den Bieter Vorteile mit sich bringen, weil dieser Umstand bei den Preisverhandlungen regelmäßig zu berücksichtigen und somit ein indirekter Preisvorteil gegeben ist[1442]. Allerdings ist bei der Verwendung eigener

---

1437 *Huber*, in: FS Kropff, S. 103/120.
1438 *Huber*, in: FS Kropff, S. 103/120; *Lutter*, in: Kölner Kommentar zum AktG, § 71c, Rn. 28.
1439 *Lutter*, in: Kölner Kommentar zum AktG, § 71c, Rn. 28.
1440 *Lutter*, in: Kölner Kommentar zum AktG, § 71c, Rn. 28.
1441 Vgl. hierzu oben, § 6 IV. 3. Steuerliche Vorüberlegungen.
1442 *Böhm*, in: von Rosen/Seifert, Die Übernahme börsennotierter Unternehmen, S. 327/333.

Aktien zu Finanzierungszwecken in jedem Fall eine gute zeitliche Planung erforderlich. Ein Rückkauf eigener Aktien „auf Vorrat" für eventuelle Akquisitionen lohnt sich in der Regel nicht und kann sich für den Bieter im nachhinein als sehr teuer herausstellen[1443].
Auf praktische Grenzen stößt die Verwendung eigener Aktien zur Finanzierung eines feindlichen Übernahmeangebotes auf eine große Publikumsgesellschaft darüber hinaus aufgrund der Beschränkung des Umfangs auf eine Höhe von zehn Prozent des Grundkapitals. Unabhängig davon, ob es sich um veräußerungspflichtige Aktien oder um eigene Aktien handelt, die nach § 71 Abs. 1 Nr. 8 AktG erworben wurden, verfügt der Bieter im Regelfall nicht über mehr eigene Aktien, als es einem Anteil von zehn Prozent des eigenen Grundkapitals entspricht. Bei einer Orientierung an der Marktkapitalisierung müßte der Bieter daher ein Vielfaches der Größe der Zielgesellschaft haben, um diese vollständig zu übernehmen oder wenigstens eine einfache Kontrollmehrheit zu erwerben. Bedenkt man dabei, daß es sich bei der Zielgesellschaft bereits um eine große Publikumsgesellschaft handelt, so ist deutlich, daß der Einsatz eigener Aktien als einziges Mittel zur Finanzierung eines feindlichen Übernahmeangebotes jedenfalls ungeeignet erscheint. Dies gilt um so mehr, wenn man bedenkt, daß im Rahmen von feindlichen Übernahme häufig die bietende Gesellschaft kleiner als die Zielgesellschaft und ferner regelmäßig eine Übernahmeprämie zu zahlen ist[1444]. Dennoch erscheint es denkbar, daß ein Teil der Gegenleistung durch die Lieferung eigener Aktien erbracht wird[1445].

3. Verwendung von Wandelschuldverschreibungen und Genußrechten

Schließlich kommen als weitere Mittel der Eigenkapitals im Rahmen der Finanzierung einer feindlichen Übernahme noch die Verwendung von Wandelschuldverschreibungen sowie von Genußrechtskapital in Betracht[1446]. Bei beiden Finanzierungsinstrumenten handelt es sich nicht um Eigenkapital im klassischen Sinne. Vielmehr verbinden sie Elemente des Eigenkapitals mit solchen des Fremdkapitals, weshalb man sie auch als hybride Finanzierungsinstrumente bezeichnet[1447]. Beiden Arten ist gemein, daß sie zwar verbriefte Gläubigerrechte

---

[1443] *Böhm*, in: von Rosen/Seifert, Die Übernahme börsennotierter Unternehmen, S. 327/334.

[1444] So beispielsweise in dem Fall Olivetti/Telecom Italia und dem schon vor der Veröffentlichung eines konkreten Übernahmeangebotes abgebrochenen Versuch der Fried. Krupp AG Hoesch-Krupp, die Thyssen AG zu übernehmen. Vgl. hierzu: *Birkenkämper*, Rechtsfragen feindlicher Übernahmen – Juristische Nachlese zum Fall Krupp/Thyssen, Diss., S. 3-14.

[1445] Im Ergebnis ebenso *Möllers*, in: Kölner Kommentar zum WpÜG, § 13, Rn. 49.

[1446] *Vogel*, in: Haarmann/Binger/Schüppen, § 13 WpÜG, Rn. 30 ff.; *Möllers*, in: Kölner Kommentar zum WpÜG, § 13, Rn. 42.

[1447] *Drukarczyk*, Theorie und Politik der Finanzierung, S. 16; *Weiss*, in: Hölters, Handbuch des Unternehmens- und Beteiligungskaufs, S. 204.

darstellen, diese jedoch entweder ein mitgliedschaftliches Wertrecht verleihen (Genußschein) oder in ein solches Recht umgewandelt werden können (Wandelschuldverschreibung). Weil somit in jedem Fall in die mitgliedschaftlichen Rechte der Aktionäre des Emittenten eingegriffen wird beziehungsweise werden kann, bedarf es zur Ausgabe dieser Papiere eines ermächtigenden Beschlusses der Hauptversammlung[1448]. Grundsätzlich steht den Aktionären der Gesellschaft dabei ein Bezugsrecht zu, das jedoch auch ausgeschlossen werden kann[1449]. Beide Finanzierungsinstrumente sind für Aktiengesellschaften als Emittenten in § 221 AktG geregelt.

a. Wandelschuldverschreibung – Kennzeichen und Emission

Gemäß der gesetzlichen Definition in § 221 Abs. 1 AktG handelt es sich bei Wandelschuldverschreibungen um solche Schuldverschreibungen, die entweder ein Umtausch- oder ein Bezugsrecht auf Aktien begründen. Dennoch faßt man unter dem Begriff nach dem heutigen Verständnis nur noch solche Schuldverschreibungen zusammen, die ein Umtauschrecht gewähren[1450]. Unerheblich ist es dabei, ob die Schuldverschreibung auf den Inhaber[1451] oder ausnahmsweise an Order lauten[1452]. Bei dem den Anleihegläubigern gewährten Umtauschrecht handelt es sich um eine Ersetzungsbefugnis des Gläubigers, also ein von diesem auszuübendes Wahl- und Gestaltungsrecht[1453]. Wandelanleihen im „klassischen Sinne“ sind in Aktien des emittierenden Unternehmens zu tauschen. Hingegen sehen die sogenannten *Exchangeables* ein Umtauschrecht in Aktien anderer Gesellschaften, also beispielsweise einer Beteiligung oder eines Tochterunternehmens des Emittenten vor[1454]. Einer staatlichen Genehmigung bedarf es für die Ausgabe von Inhaber-Wandelschuldverschreibungen beider Arten seit der Aufhebung des § 795 BGB zum 01.01.1991 nicht mehr[1455]. Um dem Risiko der vol-

---

[1448] *Hüffer*, § 221 AktG, Rn. 1 f.; *Ruby*, Fremdfinanzierung der Aktiengesellschaft durch Ausgabe von Wandelanleihen, Optionsanleihen und Gewinnschuldverschreibungen, abrufbar unter: www.der-syndikus.de/briefings/gs/gs_014.htm, S. 1 ff.

[1449] Vgl. § 221 Abs. 4 i.V.m. § 186 AktG.

[1450] Während man solche Schuldverschreibungen, die ein Bezugsrecht gewähren, als Optionsanleihen bezeichnet, vgl. *Ruby*, Fremdfinanzierung der Aktiengesellschaft durch Ausgabe von Wandelanleihen, Optionsanleihen und Gewinnschuldverschreibungen, abrufbar unter: www.der-syndikus.de/briefings/gs/gs_014.htm, S. 1/1 f.

[1451] § 793 Abs. 1 BGB umschreibt die Inhaberschuldverschreibung als eine Urkunde, in der der Aussteller dem Inhaber eine Leistung verspricht; vgl. hierzu *Hüffer*, in: MünchKomm BGB, § 793, Rn. 5 ff.

[1452] *Hüffer*, § 221 AktG, Rn. 3.

[1453] Folglich handelt es sich also nicht um einen Tauschvertrag im Sinne des § 515 BGB, vgl. *Hüffer*, § 221 AktG, Rn. 4 f.

[1454] *Handelsblatt* vom 30./31.08.2002, S. 34.

[1455] *Hüffer*, § 221 AktG, Rn. 3.

len Rückzahlungsverpflichtung im Falle sinkender Aktienkurse vorzubeugen werden Wandelschuldverschreibungen in der Praxis häufig mit einer sogenannten *„mandatory clause“* versehen. Hiernach erfolgt die Rückzahlung der Anleihe am Ende der Laufzeit nicht in bar, sondern auf jeden Fall in Aktien[1456].

Wegen der aus einer Emission von Wandelschuldverschreibung folgenden Beeinträchtigung der Beteiligungsverhältnisse an der Gesellschaft bedarf es hierfür eines entsprechenden Beschlusses der Hauptversammlung. Dieser ist jedoch nicht auf eine Satzungsänderung gerichtet, sondern betrifft im Sinne des § 119 Abs. 1 Nr. 6 AktG lediglich die Billigung einer Geschäftsführungsmaßnahme. Inhaltlich kann ein solcher Beschluß sowohl auf eine bloße Ermächtigung zur Vornahme von Kapitalmaßnahmen als auch auf eine Verpflichtung des Vorstands zur Vornahme einer konkreten Maßnahme gerichtet sein[1457]. Notwendigerweise sind in jedem Beschluß zunächst die Art der Anleihe[1458], die Art der Beauftragung des Vorstandes[1459] sowie der Gesamtnennbetrag der auszugebenden Anleihe festzusetzen. Fakultativ kann der Beschluß gemäß §§ 221 Abs. 4 i. V. m. 186 Abs. 3 Satz 1 AktG den Ausschluß des Bezugsrechts der Aktionäre vorsehen[1460]. Zudem ist die Hauptversammlung berechtigt, in ihrem Beschluß bereits das Umtauschverhältnis festzusetzen, wobei der Ausgabebetrag der Anleihe nicht unbedingt den Aktiennennbetrag erreichen muß[1461]. Der Beschluß kann den Ausgabebetrag der Anleihe, ihre Laufzeit sowie die Höhe der Zinsen festlegen oder sogar die Anleihebedingungen vollständig ausgestalten[1462]. Vorbehaltlich einer abweichenden Satzungsbestimmung bedarf es für das wirksame Zustandekommen eines solchen Beschlusses nach § 221 Abs. 1 Satz 2 AktG einer Mehrheit, die mindestens drei Viertel des bei der Beschlußfassung vertretenen Grundkapitals[1463] sowie die Mehrheit der abgegebenen Stimmen (einfache

---

1456 *Handelsblatt* vom 27.8.2002 sowie 30./31.8.2002, S. 34.

1457 Dies ergibt sich im Einzelfall entweder aus dem konkreten Wortlaut des Beschlusses oder aus den Umständen. Allgemein ist davon auszugehen, daß eine zunehmende Konkretisierung auf eine entsprechende Verpflichtung hindeutet, *Hüffer*, § 221 AktG, Rn. 9.

1458 Anzugeben ist also, ob es sich um eine Wandelanleihe, Optionsanleihe oder Gewinnschuldverschreibung handeln soll.

1459 Also die Frage, ob es sich um eine Verpflichtung oder eine Ermächtigung handelt, wobei im letztgenannten Fall regelmäßig auch eine Befristung vorzunehmen ist.

1460 *Hüffer*, § 221 AktG, Rn. 10.

1461 Insofern sorgt § 199 Abs. 2 AktG für einen entsprechenden Ausgleich.

1462 *Krieger*, in: Münchener Handbuch zum Gesellschaftsrecht, § 63, Rn. 9 sowie *Hüffer*, § 221 AktG, Rn. 11, der im übrigen auch genauer bezeichnet, was inhaltlich in den Anleihebedingungen geregelt ist beziehungsweise geregelt werden kann.

1463 Für die Berechnung dieser Mehrheit gelten die gleichen Grundsätze wie bei der Berechnung nach § 179 Abs. 2 Satz 1 AktG. Bezugsgröße ist somit das Kapital, das bei der Beschlußfassung mit ja oder nein gestimmt hat, wohingegen Stimmenthaltungen und solches Kapital unberücksichtigt bleiben, das nicht an der Beschlußfassung mitgewirkt hat oder mitwirken durfte.

Stimmenmehrheit) im Sinne des § 133 Abs. 1 AktG umfaßt. Bestehen mehrere Aktiengattungen ist der Beschluß gemäß § 221 Abs. 1 Satz 4 AktG zudem nur dann wirksam, wenn die Aktionäre einer jeden Gattung der Kapitalmaßnahme in Form eines Sonderbeschlusses zugestimmt haben[1464]. Der Vorstand und der Aufsichtsratsvorsitzende der Gesellschaft haben gemäß § 221 Abs. 2 Satz 2 AktG den Beschluß der Hauptversammlung über die Ausgabe der Wandelschuldverschreibungen sowie eine Erklärung über deren Ausgabe sodann beim Handelsregister am Sitz der Gesellschaft zu hinterlegen sowie in den Gesellschaftsblättern bekanntzumachen[1465].

b. Genußscheine

aa. Kennzeichen und Emission

Das verbriefte Genußrecht ist ein Gläubigerrecht, das seinem Inhalt nach ein mitgliedschaftliches Wertrecht verleiht. Aufgenommenes Genußkapital wird deshalb, je nach der Ausgestaltung im Einzelfall, im Steuer- und Bilanzrecht auch als Eigenkapital behandelt. Als verbriefte Rechte kommen eine mittelbare Beteiligung am Gewinn beziehungsweise am Liquidationserlös in Betracht (*Genußrechte mit aktienähnlichem Inhalt*). Hierbei ist es nicht erforderlich, daß das Genußrecht vermögensmäßig wie eine Aktie ausgestaltet ist. Vielmehr genügt es, daß die Verzinsung in irgendeiner Form vom Gewinn, beispielsweise der den Aktionären gezahlten Dividende, abhängt, mag auch daneben noch ein weiterer Festzins vereinbart worden sein[1466]. Genußrechte gewähren dabei jedoch lediglich schuldrechtliche, nicht hingegen korporationsrechtliche Ansprüche gegenüber dem Emittenten. Die Verbriefung der Rechte erfolgt typischerweise in den Genußscheinen[1467], die ihrerseits als Inhaber-, Order- oder Namenspapiere, aber auch als bloße Beweisurkunden ausgestaltet sein können[1468]. Einer staatlichen Genehmigung bedarf es auch für die Ausgabe von Inhaber-Genußscheinen seit der Aufhebung des § 795 BGB zum 01.01.1991 nicht mehr[1469].

Die Genußrechtsbedingungen werden nur ausnahmsweise zwischen den Vertragsparteien ausgehandelt. Überwiegend werden sie vom Emittenten der Genußscheine einseitig vorgegeben. Werden die Genußrechte zur Kapitalbeschaffung ausgegeben, so sind neben den gewöhnlichen inhaltlichen Ausgestaltun-

---

[1464] Hierbei handelt es sich um einen Sonderbeschluß im Sinne des § 138 AktG.

[1465] Vgl. § 221 Abs. 2 Satz 3 AktG.

[1466] *Hüffer*, § 221 AktG, Rn. 25; *Vogel*, in: Haarmann/Binger/Schüppen, § 13 WpÜG, Rn. 32.

[1467] Vgl. hierzu insbesondere *Frantzen*, Genußscheine (1993)

[1468] *Hüffer*, § 221 AktG, Rn. 26 ff., 28; *Karollus*, in: Geßler/Hefermehl, § 221, Rn. 263 f.; *Lutter*, in: Kölner Kommentar zum AktG, § 221, Rn. 274 ff.

[1469] *Vogel*, in: Haarmann/Binger/Schüppen, § 13 WpÜG, Rn. 33.

gen[1470] weiterhin beispielsweise die Rückzahlungsmodalitäten eine eventuelle Nachzahlungspflicht, eine Verlustbeteiligung, die Berechtigung des Emittenten zur Herabsetzung des Genußrechtskapitals bei einer Herabsetzung des Grundkapitals, die Beteiligung am Liquidationserlös und der dabei bestehende Rang zu regeln[1471].

Gemäß § 221 Abs. 3 AktG bedarf der Vorstand einer Aktiengesellschaft zur Ausgabe von Genußscheinen einer Ermächtigung durch die Hauptversammlung. Dieser Beschluß erfordert eine Mehrheit, die mindestens drei Viertel des bei der Beschlußfassung vertretenen Grundkapitals umfaßt und nach herrschender Meinung[1472] zudem nicht älter als fünf Jahre sein darf[1473]. Der Ermächtigungsbeschluß ist als solcher sowie gegebenenfalls gemeinsam mit einer Erklärung des Vorstands und des Aufsichtsratsvorsitzenden über die Ausgabe von Genußscheinen beim Handelsregister zu hinterlegen und in den Geschäftsblättern bekanntzumachen. Grundsätzlich steht den Aktionären des Emittenten dabei ein gesetzliches Bezugsrecht nach § 221 Abs. 4 AktG zu, das jedoch nach Maßgabe des § 186 Abs. 4 AktG ausgeschlossen werden kann[1474].

Der Vorteil des Emittenten im Zusammenhang mit der Finanzierung eines Übernahmeangebotes liegt in der Möglichkeit, die Vorteile des Eigenkapitals mit denen des Fremdkapitals zu verbinden. So erwirbt der Inhaber der Genußscheine keine Mitgliedschaftsrechte, obgleich diese im Hinblick auf die Ausgestaltung der Verzinsung und Rückzahlung dem Eigenkapital angenähert und zudem börsengängig ausgestaltet sein können[1475]. Genußscheine, die zur Finanzierung einer Übernahme ausgegeben werden, lauten typischerweise auf den Inhaber sowie einen bestimmten Nennbetrag. Sie werden gegen Leistung einer Bareinlage aus-

---

[1470] So sind die Laufzeit, die Kündigung, die wertpapierrechtliche Ausgestaltung, Auskunftsrechte der Genußrechtsinhaber sowie die Modalitäten des Gewinnrechts regelmäßig bei allen Genußrechten zu regeln, vgl. *Hüffer*, § 221 AktG, Rn. 29; *Frantzen*, Genußscheine (1993), S. 295 ff.

[1471] *Hüffer*, § 221 AktG, Rn. 30 m.w.N.

[1472] Die insoweit trotz des Fehlens eines ausdrücklichen Verweises die entsprechende Anwendung des § 221 Abs. 2 AktG fordert, vgl. OLG München, AG 1994, S. 372/373; *Lutter*, in: Kölner Kommentar zum AktG, § 221, Rn. 81 ff.

[1473] *Hüffer*, § 221 AktG, Rn. 25; *Vogel*, in: Haarmann/Binger/Schüppen, § 13 WpÜG, Rn. 31.

[1474] Vgl. zum Erfordernis einer über die formalen Anforderungen des § 186 Abs. 4 AktG hinausgehenden sachlichen Rechtfertigung des Bezugsrechtsausschlusses *Krieger*, in: Münchener Handbuch des Gesellschaftsrechts, Bd. IV, § 63, Rn. 55 m.w.N. Im Ergebnis wird dabei es eines besonderen sachlichen Grundes für einen Bezugsrechtsausschluß dann nicht bedürfen, wenn die ausgegebenen Genußscheine obligationsähnlich in der Weise ausgestaltet sind, daß der Anspruch der Aktionäre auf eine anteilige Teilnahme am Gewinn und Liquidationserlös nicht beeinträchtigt wird, vgl. *Vogel*, in: Haarmann/Binger/Schüppen, § 13 WpÜG, Rn. 31 sowie *Hüffer*, § 221 AktG, Rn. 43 m.w.N.

[1475] *Krieger*, in: Münchener Handbuch des Gesellschaftsrechts, Bd. IV, § 63 Rn. 49.

gegeben, gewähren eine jährliche von der Dividende abhängige Ausschüttung und nehmen am Liquidationserlös nicht beziehungsweise allenfalls nach der Befriedigung aller Gesellschaftsgläubiger teil[1476].

bb. Bedeutung des Genußrechtskapitals in der Unternehmenspraxis

Die Bedeutung des Genußrechtskapitals als Finanzierungsmittel für die Unternehmenspraxis hat *Roth* dargestellt[1477]. Grundlage seiner Untersuchung waren die im Jahre 1998 insgesamt 526 börsennotierten Unternehmen (AG bzw. KGaA) mit einem festen Anteilsbesitz von weniger als 95 %.

Von besonderer Bedeutung ist Genußrechtskapital für Banken und Versicherungen. Wird es dem Emittenten dauerhaft und im Vergleich zu den übrigen Gesellschaftsgläubiger im Hinblick auf die Befriedigung nachrangig zur Verfügung gestellt, so zählt das Genußrechtskapital gemäß § 10 Abs. 5 KWG beziehungsweise § 53c Abs. 3a VAG haftungsrechtlich als Eigenkapital[1478]. Dies zeigt sich auch anhand der Ergebnisse zuvor erwähnten Studie. Zwar verfügten nur 19 der untersuchten Gesellschaften (3,6 %) über Genußrechte. Diese erreichten jedoch einen Umfang von durchschnittlich 110,4 % des Grundkapitals dieser Unternehmen. Besonders hervorzuheben ist dabei die Deutsche Pfandbrief- und Hypothekenbank AG, bei der diese Quote sogar 805,9 % des Grundkapitals betrug. Selbst wenn man diese Gesellschaft außer Betracht läßt, betrug die durchschnittliche Quote des Genußrechtskapitals bei den übrigen Gesellschaften immer noch um die 71,7 % des vorhandenen Grundkapitals[1479]. Lediglich Unternehmen mit einem Grundkapital von mindestens 30 Mio. DM, deren Aktien zum amtlichen Handel zugelassen waren[1480], nutzten die Möglichkeit der Begebung von Genußscheinen. Das Finanzierungsinstrument hat somit insbesondere Bedeutung für die mittelgroßen bis großen Unternehmen. Am intensivsten setzten es Unternehmen mit einem Grundkapital von 30 bis 249 Mio. DM in einer Höhe von durchschnittlich 200 % des Grundkapitals ein[1481]. Mit steigender Unternehmensgröße sinkt jedoch der jeweilige Anteil am Grundkapital[1482].

[1476] *Vogel*, in: Haarmann/Binger/Schüppen, § 13 WpÜG, Rn. 32.

[1477] Vgl. *Roth*, ZBB-Report 2001, S. 50 ff.

[1478] *Hüffer*, § 221 AktG, Rn. 30; *Roth*, ZBB-Report 2001, S. 50/52; *Vogel*, in: Haarmann/ Binger/Schüppen, § 13 WpÜG, Rn. 32. Siehe zur Bedeutung des Genußscheinkapitals für Banken – insbesondere öffentliche Kreditinstitute – vertiefend *Beyer*, in: Lüthje, Bankbetrieb und Eingenkapitalfinanzierung, S. 277 ff.

[1479] *Roth*, ZBB-Report 2001, S. 50/52.

[1480] *Roth*, ZBB-Report 2001, S. 50/60.

[1481] In diese Gruppe fallen immerhin 42,6 % der untersuchten Unternehmen, vgl. *Roth*, ZBB-Report 2001, S. 50/53.

[1482] *Roth*, ZBB-Report 2001, S. 50/54.

c. Rechtsfragen im Zusammenhang mit der Finanzierung einer feindlichen Übernahme auf eine große Publikumsgesellschaft

Im Zusammenhang mit der Finanzierung einer feindlichen Übernahme auf eine große Publikumsgesellschaft im Wege der Emission von Wandelschuldverschreibungen und Genußscheinen ergeben sich jedoch verschiedene tatsächliche sowie rechtliche Schwierigkeiten.

Zunächst ist in tatsächlicher Hinsicht die Ausgabe der Finanzierungsmittel gegen Bareinlage problematisch. Ein feindliches Übernahmeangebot auf eine große Publikumsgesellschaft läßt sich im Rahmen eines Barangebotes regelmäßig nicht finanzieren. Werden Wandelschuldverschreibungen oder Genußscheine gegen Barleistung ausgegeben, so genügen die auf diese Weise eingenommenen Mittel daher nur zur teilweisen Bedienung des Angebots.

In rechtlicher Hinsicht ist sodann das gemäß § 221 Abs. 4 AktG gesetzlich vorgesehene Bezugsrecht der Aktionäre hinderlich. Eröffnet der Emittent seinen Aktionären die Möglichkeit des Erwerbs, so besteht die Gefahr, daß das beabsichtigte Emissionsvolumen mangels Nachfrage seitens der Aktionäre nicht erreicht wird. Will der Emittent hingegen die vollständige Unterbringung des Emissionsvolumens am Kapitalmarkt mit der Einschaltung eines Emissionskonsortiums sicherstellen[1483], so bedarf es hierfür eines Ausschlusses des Bezugsrechts, der durch sinngemäße Anwendung des § 186 AktG zu vollziehen ist. Ein solcher Bezugsrechtsausschluß ist gemäß § 186 Abs. 4 AktG ausdrücklich öffentlich bekanntzumachen sowie in einem schriftlichen Bericht sachlich zu begründen[1484]. Zwar wird vertreten, daß die aus der Entscheidung Siemens/Nold[1485] folgenden erleichterten Anforderungen an den Beschlußinhalt auch im Zusammenhang mit der Emission hybrider Finanzierungsmittel gelten, da die Entscheidung nicht spezifisch auf das genehmigte Kapital zugeschnitten sei. Vielmehr hätten diese Voraussetzungen nunmehr allgemeine Geltung selbst für die in § 221 AktG genannten Finanzierungsmittel[1486]. Dennoch besteht auch bei diesen Anforderungen an den Beschlußinhalt wiederum die Gefahr der frühzeitigen öffentlichen Kundgabe des Vorhabens beziehungsweise entsprechender Gerüchte am Kapitalmarkt.

[1483] Welches dann möglicherweise zu einem späteren Zeitpunkt die Genußscheine an die Aktionäre der Zielgesellschaft im Tausch gegen deren Anteile weiterreicht.

[1484] *Ruby*, Fremdfinanzierung der Aktiengesellschaft durch Ausgabe von Wandelanleihen, Optionsanleihen und Gewinnschuldverschreibungen, abrufbar unter: www.der-syndikus.de/briefings/gs/gs_014.htm, S. 1/3

[1485] BGHZ 136, S. 133 ff.

[1486] *Hofmeister*, NZG 2000, S. 713/719.

Obwohl sie im Rahmen der Unternehmensfinanzierung und insbesondere der Finanzierung eines Übernahmevorhabens ansonsten von großer praktischer Bedeutung sind, sind sowohl die Wandelschuldverschreibung als auch das Genußrechtskapital für die Finanzierung einer feindlichen Übernahme, bei der der Bieter selbst das Übernahmeangebot abgibt, wenig geeignet.

II. Fremdkapitalfinanzierung und die zur Sicherstellung nach § 13 WpÜG notwendigen Maßnahmen

In wirtschaftlicher Hinsicht ist die Verwendung von Fremdkapital für Unternehmen oftmals interessant. Die auf das Fremdkapital zu leistenden Zins- und Tilgungsleistungen belasten zwar die Liquidität und auch den Ertrag eines Unternehmens. Andererseits liegt ein erheblicher steuerlicher Anreiz darin, daß eine Aktiengesellschaft durch die Zinsaufwendungen den der Körperschaftssteuer unterliegenden Ertrag mindern kann, während die Zahlung von Dividenden allenfalls zu einer Senkung des Steuersatzes führen würde.
Unabhängig davon sind Übernahmen großer Publikumsgesellschaften aus den bereits genannten Gründen[1487] nur in den seltensten Fällen fremdfinanziert[1488]. Obwohl ein Bieter in diesem Zusammenhang wohl nur selten auf eine vollständige oder teilweise Fremdkapitalfinanzierung zurückgreifen wird, sind die Rechtsfragen einer solchen Finanzierung dennoch kurz darzustellen. Der Gestaltung der Transaktion durch Verwendung der unterschiedlichsten Formen von Fremdkapital sind dabei grundsätzlich nur wenige Grenzen gesetzt[1489]. Vor den denkbaren Instrumenten der Fremdkapitalfinanzierung sind jedoch zunächst die sich aus § 13 WpÜG ergebenden Voraussetzungen an die Sicherstellung der Gegenleistung darzustellen.

Allgemein gültige Aussagen darüber, wann ein Bieter die zur Sicherstellung der Gegenleistung notwendigen Maßnahmen im Falle der Fremdkapitalfinanzierung

[1487] Vgl. oben § 2 I. 3. b. bb. Verwendete Finanzierungsformen sowie § 2 I. 4. Rechtsfragen der Finanzierung.

[1488] *Vogel*, in: Haarmann/Binger/Schüppen, § 13 WpÜG, Rn. 34; vgl. zum Fall Krupp/Thyssen in diesem Zusammenhang *Birkenkämper*, Rechtsfragen feindlicher Übernahmen – Juristische Nachlese zum Fall Krupp/Thyssen, Diss., S. 119 ff.

[1489] Allgemein läßt sich in diesem Zusammenhang zwischen denjenigen Finanzierungsinstrumenten unterscheiden, die von der Rechtsform des Bieters unabhängig sind sowie solchen Finanzierungsmitteln, die an eine besondere Rechtsform anknüpfen sind, vgl. *Baums/Vogel*, in: Lutter/Scheffler/Schneider, Handbuch der Konzernfinanzierung, Rn. 9.25 ff. Da der Bieter vorliegend in jedem Fall die Rechtsform der Aktiengesellschaft trägt, kommt es auf die Unterscheidung nicht an.

unternommen hat, sind nur in begrenztem Umfang möglich[1490]. Dies liegt einerseits an den vielfältigen Möglichkeiten der Ausgestaltung des Vertragsverhältnisses und der Finanzierungsbedingungen sowie andererseits an den zu berücksichtigenden externen Einflußfaktoren. So ist es beispielsweise denkbar, daß ein zugesagter Kredit notleidend oder noch vor der vollständigen Angebotserfüllung gekündigt wird. Ferner können die beteiligten Banken unter Umständen auch vor der vollständigen Valutierung einer Anleihe vom Übernahmevertrag zurücktreten. Aus diesen denkbaren Unsicherheiten ergeben sich lediglich zwei allgemein zu berücksichtigende Voraussetzungen für eine Sicherstellung gemäß § 13 Abs. 1 Satz 1 WpÜG. Zunächst muß der jeweilige Finanzierungsvertrag abgeschlossen sein. Ferner darf dieser Vertrag keinen Anlaß zu der Befürchtung geben, daß vor der vollständigen Erfüllung des Angebots eine Kündigung der Finanzierung auf der Grundlage der im jeweiligen Einzelfall ausgehandelten Finanzierungsbedingungen erfolgt. Insofern hat das testierende Wertpapierdienstleistungsunternehmen bei entsprechendem Anlaß auch externe Faktoren, wie etwa Kündigungsregelungen oder *cross default clauses*, in seine Prüfung einzubeziehen[1491]. Die im einzelnen zur Sicherstellung der Gegenleistung bei Kredit- und Anleihefinanzierungen notwendigen Maßnahmen sind nachfolgend zu behandeln.

1. Kreditfinanzierung

Zunächst kommt die Aufnahme kurz- und mittelfristiger Kredite[1492] sowie die Aufnahme von Schuldscheindarlehen[1493] in Betracht. Sämtliche dieser Formen des Fremdkapitals unterliegen keinen besonderen Anforderungen nach dem Gesetz. Für die im jeweiligen Fall kreditgebende Bank ergibt sich im Rahmen der Finanzierung der Übernahme einer großen Publikumsgesellschaft dabei regel-

---

1490 Vgl. hierzu insgesamt *Vogel*, Finanzierung von Übernahmeangeboten, S. 14 ff.; *ders.*, in: Haarmann/Binger/Schüppen, § 13 WpÜG, Rn. 72.

1491 *Vogel*, Finanzierung von Übernahmeangeboten, S. 15; *ders.*, in: Haarmann/Binger/Schüppen, § 13 WpÜG, Rn. 72.

1492 *Ruby*, Fremdfinanzierung der Aktiengesellschaft durch Ausgabe von Wandelanleihen, Optionsanleihen und Gewinnschuldverschreibungen, abrufbar unter: www.der-syndikus.de/briefings/gs/gs_014.htm, S. 1/1.

1493 Schuldscheindarlehen haben in der Praxis eine wesentliche Bedeutung, weil sie für größere Unternehmen als Alternative zur Begebung von Anleihen ein attraktives Finanzierungsinstrument darstellen, wobei hohe Darlehensbeträge und lange Laufzeiten typisch sind. Die Abwicklung erfolgt in der Praxis derart, daß der Bieter mit einer Kapitalsammelstelle (beispielsweise eine Versicherung oder Pensionskasse) einen Darlehensvertrag abschließt, dabei aber auf die Ausstellung eines gesonderten Schuldscheins verzichtet (mangels besonderer Formvorschriften ist ein Schuldschein als Beweisurkunde zur Geltendmachung der Forderung ohnehin nicht erforderlich). Vgl. *Vogel*, in: Haarmann/Binger/ Schüppen, § 13 WpÜG, Rn. 35.

mäßig eine Begrenzung des Kreditvolumens aus den einschlägigen Vorschriften des Bankaufsichtsrechts, insbesondere der §§ 13 ff. KWG. Diese lassen sich grundsätzlich durch Bildung eines Konsortiums überwinden[1494]. Da die Finanzierung jedoch bereits im Stadium der Übermittlung und Veröffentlichung der Angebotsunterlage sichergestellt sein muß, ergibt sich im Rahmen eines feindlichen Übernahmevorhabens das Risiko einer frühzeitigen Veröffentlichung der Transaktion. Dies ist neben der Tatsache zu berücksichtigen, daß das im Wege der Fremdkapitalfinanzierung am Kapitalmarkt durch eine bietende Gesellschaft zu beschaffende Kreditvolumen oftmals nicht für die Übernahme einer großen Publikumsgesellschaft ausreichen wird.

Ist das Übernahmeangebot dennoch kreditfinanziert, muß der Kreditvertrag gewährleisten, daß die zugesagten Kreditmittel im maßgeblichen Zeitpunkt dem Bieter zur Verfügung stehen und jedenfalls die vorzeitige Kündigung durch den Kreditgeber, möglichst jedoch eine ordentliche Kündigung überhaupt, ausgeschlossen ist[1495].

Für die Aufnahme von Krediten ist innerhalb der Aktiengesellschaft regelmäßig der Vorstand zuständig. Einer Zustimmung des Aufsichtsrats bedarf der Vorstand lediglich dann, wenn die Art der Fremdkapitalbeschaffung beziehungsweise ein bestimmtes Volumen in den Anwendungsbereich des nunmehr nach § 111 Abs. 4 Satz 2 AktG[1496] obligatorischen Katalogs der zustimmungsbedürftigen Geschäfte fällt. Die Hauptversammlung des Bieters ist mit der Kreditaufnahme hingegen regelmäßig nicht befaßt[1497].

2. Begebung von Anleihen

Im Rahmen der Anleihefinanzierung besteht insbesondere für größere Bieter die Möglichkeit der langfristigen Aufnahme von Fremdkapital über den Kapitalmarkt. Dies geschieht regelmäßig[1498] in verbriefter Form durch die Ausgabe von Industrieobligationen. Dies sind Inhaber- und Orderschuldverschreibungen, die zum Zwecke einer mittel- bis langfristigen Deckung des Kapitalbedarfs am Markt ausgegeben werden und hinsichtlich ihrer Ausgestaltung und Rechtsfol-

---

[1494] *Vogel*, in: Haarmann/Binger/Schüppen, § 13 WpÜG, Rn. 35.

[1495] Nicht auszuschließen ist hingegen das Recht auf eine außerordentliche Kündigung des Kredits, vgl. hierzu *Vogel*, in: Haarmann/Binger/Schüppen, § 13 WpÜG, Rn. 73.

[1496] Vgl. die diesbezügliche Änderung durch das *Gesetz zur weiteren Reform des Aktien- und Bilanzrechts, zu Transparenz und Publizität* (TransPuG) vom 19.7.2002, BGBl. Teil I, S. 2681 ff., das am 26.7.2002 in Kraft getreten ist.

[1497] *Vogel*, in: Haarmann/Binger/Schüppen, § 13 WpÜG, Rn. 35.

[1498] Die Ausnahmeformen der Wandel- und der Gewinnschuldverschreibung sind bereits vorstehend im Rahmen der hybriden Finanzierungsmittel behandelt worden; vgl. vorstehend § 7 I. 3. Verwendung von Wandelschuldverschreibungen und Genußrechten.

gen den Bestimmungen der §§ 793 ff. BGB unterliegen[1499]. Im einzelnen bestehen auch bei der Anleihefinanzierung verschiedene Möglichkeiten der Ausgestaltung. So handelt es sich bei den sogenannten *straight bonds* um Papiere, die eine feste Verzinsung während der Laufzeit sowie eine Rückzahlung zum Nennbetrag am Ende der Laufzeit verbriefen. Als Sonderformen sind die Nullkupon-Anleihe (*zero bond*) als abgezinstes Papier sowie Anleihen mit variablem Zinssatz (*floating rate notes*) zu nennen. Schließlich sind in diesem Zusammenhang die aus dem amerikanischen Recht bekannten *junk bonds*, als nachrangig besicherte und hochverzinste Schuldverschreibungen mit ebenso hohem Ausfallrisiko zu erwähnen[1500]. Diese Papiere haben sich jedoch auch nach der Aufhebung des aus § 795 BGB folgenden staatlichen Genehmigungserfordernisses zur Ausgabe von auf den Inhaber lautenden Schuldverschreibungen im Jahre 1991 in der deutschen Praxis nicht durchgesetzt. So gilt nicht nur der deutsche, sondern auch der europäische *junk bond*-Markt als illiquide[1501]. Unabhängig von der Anleiheform im einzelnen besteht auch nach deutschem Recht die Möglichkeit, in den Anleihebedingungen den US-amerikanischem Recht vergleichbare Anlegerschutzklauseln aufzunehmen. Hiervon wird in der Praxis allerdings nur wenig Gebrauch gemacht[1502].

Erfolgt die Finanzierung des Übernahmeangebots durch die Emission einer Anleihe, so muß vor dem Hintergrund des § 13 Abs. 1 WpÜG gewährleistet sein, daß diese so bei einem Kreditinstitut oder einem Emissionskonsortium plaziert werden kann, daß möglichst der zur vollständigen Erfüllung des Angebots erforderliche Geldbetrag im maßgeblichen Zeitpunkt dem Bieter zur Verfügung steht. Somit muß ein entsprechender Vertrag mit dem Emissionskonsortium über die Übernahme der Emission zum Festpreis abgeschlossen oder zumindest ein entsprechendes Angebotsschreiben dem Bieter zugegangen sein[1503]. Ferner darf kein Grund zu der Annahme bestehen, daß das Emissionskonsortium vor der vollständigen Erfüllung des Angebots vom Vertrag über die Übernahme der Emission zurücktreten oder der Anleihetreuhänder nach Maßgabe der dort geregelten Anleihebedingungen den Übernahmevertrag kündigen wird[1504].

1499 *Ruby*, Fremdfinanzierung der Aktiengesellschaft durch Ausgabe von Wandelanleihen, Optionsanleihen und Gewinnschuldverschreibungen, abrufbar unter: www.der-syndikus.de/briefings/gs/gs_014.htm, S. 1/1; *Vogel*, in: Haarmann/Binger/Schüppen, § 13 WpÜG, Rn. 37.

1500 Vgl. hierzu auch *Peltzer*, DB 1987, S. 973/976; *Schiessl*, RIW 1988, S. 522/525.

1501 So gab es laut Moody`s Deutschland im Jahr 2000 in Europa *Junk Bond*-Emissionen im Volumen von 11,3 Mrd. US-$, während das Volumen in den USA 60 Mrd. US-$ betrug. *Handelsblatt* vom 28./29.9.2001 sowie *Vogel*, in: Haarmann/Binger/Schüppen, § 13 WpÜG, Rn. 37.

1502 *Handelsblatt* vom 31.05.2001, S. 47.

1503 Vgl. hierzu vertiefend *Kümpel*, Bank- und Kapitalmarktrecht, Rn. 9.131 ff.

1504 *Vogel*, in: Haarmann/Binger/Schüppen, § 13 WpÜG, Rn. 74.

Hinsichtlich der Zuständigkeit für die Emission von Anleihen ergeben sich für die zuvor genannten Industrieobligationen grundsätzlich keine Besonderheiten. Insbesondere sind weder § 119 Abs. 1 Nr. 6 AktG, wonach die Hauptversammlung einer Aktiengesellschaft über „Maßnahmen der Kapitalbeschaffung" beschließt[1505], noch § 221 AktG anwendbar, der ein Zustimmungserfordernis der Hauptversammlung für bestimmte Finanzierungsinstrumente, nicht jedoch die „reinen" Anleihen vorsieht[1506]. Ausnahmsweise kommt im Rahmen der Anleiheemission jedoch eine Zuständigkeit der Hauptversammlung nach den Grundsätzen der *Holzmüller*-Doktrin des BGH in Betracht. Zu fragen ist sodann, ob sich durch die Emission der Anleihe oder durch die Veröffentlichung des Übernahmeangebotes der Verschuldungsgrad der Gesellschaft in einem Umfang erhöht und das zuvor bestehende Risiko der Eigenkapitalgeber in einem Ausmaß beeinträchtigt, daß hierin ein schwerwiegender Eingriff in das „rechtliche Substrat der Mitgliedschaft" zu sehen ist[1507].

3. Finanzierung durch *Leveraged Buyout* (LBO)?

Schon vor dem Inkrafttreten des WpÜG war die Mehrzahl aller Unternehmensübernahmen, unabhängig davon, ob diese freundlich oder feindlich abliefen, fremdfinanziert. Aus den §§ 32, 13 WpÜG folgt nunmehr die Notwendigkeit, bei Abgabe eines Übernahmeangebots stets die zum vollständigen Erwerb der Zielgesellschaft erforderlichen Mittel vorzuhalten beziehungsweise sicherzustellen. Hierdurch ist zu erwarten, daß die Bedeutung fremdfinanzierter Übernahmen allgemein und insbesondere in der Form des sogenannten *Leveraged Buyout* (LBO) zunehmen werden. Bei dieser Art erfolgt die Finanzierung der Transaktion durch Fremdkapital und unter Verwendung des Vermögens oder des Barmittelrückflusses (*Cash Flow*) der Zielgesellschaft. Die Kreditmittel zur Erwerbsfinanzierung werden dabei durch das Vermögen der Zielgesellschaft besichert und kurzfristig durch einen Zugriff auf dasselbe getilgt. Der eingesetzte Kaufpreis soll somit möglichst schnell aus der Substanz der Zielgesellschaft erbracht werden, wobei zudem das Vermögen des Bieters gerade nicht als Sicherungsmittel dient[1508]. Unabhängig von den ansonsten mit einem LBO verbundenen Rechtsfragen der Kapitalerhaltung und des Verbots der Einlagenrückge-

---

[1505] Diese Vorschrift bezieht sich ausschließlich auf die Beschaffung von Eigenkapital, vgl. *Lutter*, in: Kölner Kommentar zum AktG, Vorbemerkungen zu § 182, Rn. 35; *Vogel*, in: Haarmann/Binger/Schüppen, § 13 WpÜG, Rn. 39.

[1506] Vgl. zuvor § 7 I. 3. Verwendung von Wandelschuldverschreibungen und Genußrechten.

[1507] BGHZ 83, S. 122 ff., jüngst bestätigt in BGH - II ZR 154/02 und BGH – II ZR 155/03 (Urteile vom 26.04.2004); *Lutter*, FS Stimpel (1985), S. 825/845.

[1508] Vgl. dazu allgemein *Hitschler*, BB 1990, S. 1877 ff.; *Otto*, DB 1994, S. 2121 ff.; *Peltzer*, DB 1987, S. 973 ff.; *ders.*, in: Lutter/Scheffler/Schneider, Handbuch der Konzernfinanzierung, Rn. 31.32.

währ[1509] ist somit deutlich, daß diese Finanzierungsart in jedem Fall eine Kooperation mit der Zielgesellschaft voraussetzt. So verlangt die Verwendung von Vermögensgegenständen der Zielgesellschaft einen hinreichenden Grad der Beherrschung beziehungsweise Einwirkung auf die Zielgesellschaft durch den Bieter. Diese Einwirkungsmöglichkeiten kann ein Bieter lediglich durch ein Zusammenwirken mit dem bisherigen Vorstand der Zielgesellschaft oder erst im Anschluß an ein erfolgreiches Übernahmeangebot erreichen[1510]. Beide Situationen taugen somit nicht dazu, die Finanzierung eines feindlichen Übernahmeangebotes im Rahmen der Veröffentlichung der Angebotsunterlage sicherzustellen, weshalb die Finanzierungsform des LBO im vorliegenden Zusammenhang schon aus tatsächlichen Gründen ausscheidet[1511].

In der Praxis ließe sich ein mit einem LBO vergleichbare wirtschaftlicher Effekt zwar durch Verwendung einer zweistufigen Konstruktion herbeiführen. Dabei verschafft sich der Bieter die erforderlichen Mittel durch entsprechende Kreditaufnahme, erwirbt damit Aktien der Zielgesellschaft in einem Umfang, der einen für die Verschmelzung erforderlichen Zustimmungsbeschluß in der Hauptversammlung gewährleistet, und nimmt anschließend die Zielgesellschaft durch Verschmelzung auf. Der fortbestehende Bieter kann dann die neu hinzugewonnenen Aktiva zur Besicherung der aus dem Aktienerwerb entstandenen Verbindlichkeiten verwenden[1512]. Einer solche Vorgehensweise stehen im vorliegenden Zusammenhang jedoch einerseits die Größe der Zielgesellschaft sowie andererseits das damit verbundene Anfechtungsrisiko und die Verpflichtung zur Sicherheitsleistung nach § 22 UmwG entgegen. Diese setzen einer in hohem Maße fremdfinanzierten Übernahme in Erwartung einer anschließenden Verschmelzung gewisse faktische Grenzen[1513].

4. Zwischenergebnis zur Fremdkapitalfinanzierung

Obwohl die Flexibilität bei der Ausgestaltung sowie die steuerliche Abzugsfähigkeit der Zinsen auf das Fremdkapital grundsätzlich für eine Fremdkapitalfinanzierung sprechen, erscheint diese Finanzierungsform im Rahmen eines feind-

[1509] Vgl. hierzu jeweils m.w.N. *Becker*, DStR 1998, S. 1429/1430 ff.; *Fleischer*, AG 1996, S. 494 ff.; *Lutter/Wahlers*, AG 1989, S. 1/8 ff.; *Vogel*, in: Haarmann/Binger/Schüppen, § 13 WpÜG, Rn. 40 ff.

[1510] Beispielsweise dann, wenn der Bieter im Anschluß an die Durchführung eines Übernahmeangebotes über mindestens 75 % der Stimmrechte der Gesellschaft verfügt und eine Verschmelzung der Zielgesellschaft auf sich selbst oder nach dem Erwerb von 95 % der Stimmrechte einen *squeeze-out* veranlaßt.

[1511] *Vogel*, in: Haarmann/Binger/Schüppen, § 13 WpÜG, Rn. 41 ff.

[1512] *Lutter/Wahlers*, AG 1989, S. 1/12 ff.; *Peltzer*, in: Lutter/Scheffler/Schneider, Handbuch der Konzernfinanzierung, Rn. 31.38.

[1513] *Vogel*, in: Haarmann/Binger/Schüppen, § 13 WpÜG, Rn. 44.

lichen Übernahmeangebots auf eine große Publikumsgesellschaft als ungeeignet. Gegen die Fremdkapitalfinanzierung spricht zunächst die Größe der Zielgesellschaft, die regelmäßig eine langfristige und erhebliche Kreditaufnahme erfordern würde. Wegen der feindlichen Vorgehensweise wird dieser Kaufpreis zusätzlich erhöht. Daneben scheidet ein Rückgriff auf die Vermögensgegenstände der Zielgesellschaft zur Besicherung des Fremdkapitals zunächst aus. Die Sicherstellung des Fremdkapitals hätte somit allein aus dem Vermögen des Bieters zu erfolgen. Gegen das Finanzierungsinstrument der *junk bonds* spricht der rückständige deutsche Kapitalmarkt sowie die hohen Zinssätze dieser Anleihen, die die Kosten der Kapitalbeschaffung zusätzlich erhöhen würden. Zu berücksichtigen ist ferner, daß den Aktionären der Zielgesellschaft bei einer Fremdkapitalfinanzierung Bargeld als Gegenleistung geboten würde. Insofern handelte es sich für diese statt um einen Aktientausch um einen Verkauf, für den im Einzelfall Spekulationssteuer anfallen kann.

III. Zwischenergebnis

Neben den soeben dargestellten Schwierigkeiten im Rahmen einer Fremdkapitalfinanzierung[1514] sind auch die von einem das Übernehmeangebot selbst vornehmenden Bieter anzustrengenden denkbaren Maßnahmen der Eigenkapitalfinanzierung hinsichtlich der Durchführung und Praktikabilität bedenklich.

Eine ordentliche Kapitalerhöhung ist als Instrument zur Finanzierung eines feindlichen Übernahmeangebotes nur bedingt tauglich. Zunächst erfordert sie einen hohen Zeitaufwand sowie vorliegend die Berücksichtigung der Sacheinlagevorschriften. Wegen der Ungewißheit über den Zeichnungsumfang ist sie nur unter Einschaltung einer Bank geeignet. Die Bedingung des Kapitalerhöhungsbeschlusses kann die Grenze zum genehmigten Kapital in unzulässiger Weise verwischen. Ungeeignet ist die ordentliche Kapitalerhöhung gegen Sacheinlage in der vorgestellten Konstellation vor allem wegen des erforderlichen Ausschlusses des Bezugsrechts der Aktionäre der bietenden Gesellschaft. Wegen dieses Ausschlusses drohen dem Bieter Anfechtungsklagen gemäß § 255 Abs. 2 i.V.m. § 243 Abs. 1 AktG[1515].
Gegen die Finanzierung eines vom Bieter selbst abgegebenen feindlichen Übernahmeangebotes auf der Grundlage einer bedingten Kapitalerhöhung sprechen erhebliche Praktikabilitätsgrenzen. Zunächst ergibt sich die Schwierigkeit, daß bereits bei der Beschlußfassung der Zweck der bedingten Kapitalerhöhung genau zu bezeichnen und damit die Zielgesellschaft zu benennen ist. Die frühzeitige Bekanntgabe der Zielgesellschaft gefährdet aber das Gesamtvorhaben. Zu-

[1514] Siehe zuvor § 7 II. 4. Zwischenergebnis.
[1515] Vgl. vertiefend oben § 7 I. 1. a. bb. (6) Zwischenergebnis.

dem kann bedingtes Kapital nur bis zur Hälfte des bisherigen Grundkapitals begeben werden. Schließlich besteht die Gefahr einer Anfechtungsklage wegen der Unsicherheit über den Wert der Zielgesellschaft[1516].

Auch die Beschaffung der als Gegenleistung zu verwendenden Aktien im Wege des genehmigten Kapitals erweist sich als schwierig. Zwar ist die Gefahr, die Übernahmeabsicht frühzeitig zu offenbaren, durch die Entscheidung Siemens/Nold deutlich verringert. Die Beschränkung des Umfangs der Kapitalerhöhung auf die Hälfte des vor der Ermächtigung vorhandenen Grundkapitals gemäß § 202 Abs. 3 AktG bleibt aber bestehen. Zudem ist zu befürchten, daß eine Kapitalerhöhung dieses Umfangs unter Ausschluß des Bezugsrechts Spekulationen auslöst, die die Durchführung der Transaktion erschweren[1517].

Die Verwendung eigener Aktien zur Finanzierung eines feindlichen Übernahmeangebotes auf eine große Publikumsgesellschaft stößt aufgrund der Beschränkung des Umfangs auf eine Höhe von zehn Prozent des Grundkapitals auf praktische Bedenken. Denkbar erscheint es somit lediglich, daß ein Teil der Gegenleistung durch die Lieferung eigener Aktien erbracht wird[1518].

Im Zusammenhang mit der Emission von Wandelschuldverschreibungen und Genußscheinen ist das in § 221 Abs. 4 AktG vorgesehene Bezugsrecht der Aktionäre problematisch. Unabhängig von der Frage der konkreten Anforderungen an den Inhalt eines Beschlusses über den Bezugsrechtsausschluß besteht hierdurch die Gefahr der frühzeitigen Offenlegung des Vorhabens[1519].

Im Ergebnis sind aufgrund der zuvor aufgezeigten rechtlichen wie tatsächlichen Bedenken somit weder die Eigen- noch die Fremdkapitalmittel zur Finanzierung einer feindlichen Übernahme auf eine große Publikumsgesellschaft besonders geeignet, wenn der Bieter das Übernahmeangebot unmittelbar selbst abgibt. Vor diesem Hintergrund bedarf es keiner weiteren Betrachtung der Möglichkeiten eines auf das Übernahmeangebot folgenden Zusammenschlusses mit der Zielgesellschaft.

[1516] § 7 I. 1. b. cc. (6) Zwischenergebnis.

[1517] Vgl. hierzu vorstehend § 7 I. 1. c. cc (3) Zwischenergebnis m.w.N.

[1518] Siehe hierzu m.w.N. oben: § 7 I. 2. c. Praktische Tauglichkeit eigener Aktien als Finanzierungsmittel.

[1519] § 7 I. 3. c. c. Rechtsfragen im Zusammenhang mit der Finanzierung einer feindlichen Übernahme auf eine große Publikumsgesellschaft, ebenfalls m.w.N.

§ 8 Übernahmeangebot durch eine Tochtergesellschaft des bietenden Unternehmens

I. Eigenkapitalfinanzierung

Wegen der zuvor dargelegten Bedenken[1520] könnte ferner eine 100 %-ige Tochtergesellschaft des Bieters das Übernahmeangebot abgegeben. Dies hätte insbesondere im vorliegend bedeutsamen Fall der Eigenkapitalfinanzierung den Vorteil, daß sich das Risiko einer Anfechtungsklage gegen den Beschluß über eine Kapitalerhöhung gegen Sacheinlagen dadurch ausschalten läßt, daß die Hauptversammlung der Tochtergesellschaft wegen § 78 Abs. 1 AktG lediglich aus dem Vorstand der eigentlich hinter dem Angebot stehenden (Mutter-) Gesellschaft besteht. Die Muttergesellschaft als eigentlicher Bieter wird aber gegen ihr eigenes Vorhaben keinerlei Einwände haben und selbstverständlich auch nicht klagen. Diese Variante gewährt somit mehr Planungssicherheit.

Ausgangspunkt der Überlegungen ist eine Tochtergesellschaft, bei der es sich um eine Aktiengesellschaft mit einem Grundkapital von 50.000 € handelt. Eine solche Gesellschaft ist - als 100%-ige Tochter - gemäß § 2 Abs. 5 Satz 2 WpÜG als mit dem Bieter gemeinsam handelndes Unternehmen zu betrachten. Da im übrigen die Abgabe des Übernahmeangebots durch die Tochtergesellschaft erfolgen soll, wird diese gemäß § 2 Abs. 4 WpÜG selbst Bieter im Sinne des Gesetzes. Als solcher hat auch die Tochtergesellschaft die vom WpÜG vorgesehenen formellen Schritte durchzuführen und materiellen Verpflichtungen zu erfüllen[1521]. Die Rechtsform der Aktiengesellschaft ist für die Tochtergesellschaft bedeutend, damit deren Anteile gegebenenfalls den Aktionären der Zielgesellschaft als Gegenleistung angeboten werden können.

Hinsichtlich der weiteren Ausgestaltung sind im einzelnen verschiedene Varianten möglich. Nachfolgend soll die Variante eines Barangebots entsprechend ihrer im vorliegenden Zusammenhang geringen praktischen Bedeutung nur am Rande betrachtet werden. Im Schwerpunkt der Betrachtung ist demnach danach zu unterscheiden, welche Gesellschaft in welcher Form die Gegenleistung des beabsichtigten Aktientausches erbringt. In allen Fällen muß es sich dabei wegen § 31 Abs. 2 WpÜG um liquide Aktien handeln, die zum Handel an einem organisierten Markt zugelassen sind. Zudem dürfte im Vorfeld des Angebots kein Sachverhalt stattgefunden haben, der den Bieter gemäß § 32 Abs. 3 WpÜG zu einem Barangebot verpflichtet.

[1520] Vgl. mit weiteren Nachweisen § 7 III Zwischenergebnis.

[1521] *Versteegen*, in: Kölner Kommentar zum WpÜG, § 2, Rn. 139.

1. Die Tochtergesellschaft des Bieters erbringt die Gegenleistung

Zunächst ist es denkbar, daß sich die Tochtergesellschaft selbst gegenüber den Aktionären der Zielgesellschaft dazu verpflichtet, die Gegenleistung zu erbringen. Diese Gegenleistung kann entweder aus Aktien der Tochtergesellschaft oder aus Aktien des Bieters bestehen.

a. Aktien der Tochtergesellschaft als Gegenleistung

Verspricht die das Übernahmeangebot abgebende Tochtergesellschaft den Aktionären der Zielgesellschaft, im Rahmen des Aktientausches eigene Aktien zu liefern, so müßte sie diese zunächst von ihrer Alleinaktionärin – also der eigentlich bietenden Muttergesellschaft – zurückerwerben. Wie bereits dargelegt[1522], ist der Erwerb eigener Aktien zu Zwecken der Unternehmensübernahme im Rahmen des Rückerwerbs aufgrund eines Ermächtigungsbeschlusses gemäß § 71 Abs. 1 Nr. 8 AktG möglich. Die Gesellschaft ist bei diesem Rückerwerb jedoch gemäß § 71 Abs. 2 AktG auf einen Umfang von zehn Prozent ihres Grundkapitals beschränkt. Berücksichtigt man, daß sich der Erwerbspreis eines Unternehmens an dessen Marktwert orientiert, so dürfte der Börsenwert der Zielgesellschaft lediglich eine Höhe haben, die dem Wert eines Zehntels des Grundkapitals der Tochtergesellschaft entspricht. Nur dann ist die Tochtergesellschaft in der Lage, alle Aktien der Zielgesellschaft im Wege eines Tausches gegen eigene Aktien zu erwerben. Bei dieser Wertrelation sind die Kosten einer Kontrollprämie sowie möglicher Abwehrmaßnahmen durch die Zielgesellschaft noch unberücksichtigt. Ein solches Finanzierungsvolumen ist, weil es sich bereits bei der Zielgesellschaft um eine große Publikumsgesellschaft handelt, in der Unternehmenspraxis jedoch nicht realistisch.

Selbst in dem unwahrscheinlichen Fall, daß die eigentlich bietende Muttergesellschaft tatsächlich in der Lage wäre, eine Tochtergesellschaft mit einem so erheblichen Grundkapital und den zum Rückerwerb der eigenen Aktien nötigen Mitteln auszustatten, wird sich eine solche Vorgehensweise oftmals als unpraktisch erweisen. Es ist nämlich davon auszugehen, daß ein Bieter, der eine Tochtergesellschaft gründet, bei welcher bereits zehn Prozent des Grundkapitals dem Börsenwert einer großen Publikumsgesellschaft entsprechen, wesentlich in die Mitgliedschafts- und Vermögensrechte ihrer eigenen Aktionäre eingreift. Somit handelt es sich in diesem Fall um eine Maßnahme, für die der Vorstand des Bieters nach den Grundsätzen der *Holzmüller*-Doktrin des BGH[1523] im Innenverhältnis der Zustimmung seiner Hauptversammlung bedarf.

[1522] Siehe oben, § 7 I. 2. a. dd. Zulässigkeit des Rückerwerbs gemäß § 71 Abs. 1 Nr. 8 AktG.

[1523] BGHZ 83, S. 122 ff., jüngst bestätigt durch BGH – II ZR 154/02 und BGH – II ZR 155/02 (Urteile vom 26.04.2004).

b. Aktien der Muttergesellschaft als Gegenleistung

Alternativ könnte sich die das Übernahmeangebot abgebende Tochtergesellschaft verpflichten, als Gegenleistung im Rahmen des Aktientausches Aktien der eigentlich bietenden (Mutter-)Gesellschaft zu liefern. In einer solchen Situation ist es für die Tochtergesellschaft nötig, Aktien der Muttergesellschaft in einem Umfang zu erwerben, der einen Aktientausch gegen alle Anteile der Zielgesellschaft ermöglicht. Hierbei ist es jedoch nicht so, daß die Tochtergesellschaft in unbeschränktem Umfang Aktien des Bieters erwerben kann, weil es sich bei diesem um ein „anderes" Unternehmen handelt. Vielmehr gilt die in § 71 Abs. 2 AktG normierte Beschränkung gemäß § 71d Satz 2 AktG auch dann, wenn ein abhängiges oder im Mehrheitsbesitz der Gesellschaft stehendes Unternehmen die Aktien erwirbt oder besitzt. Abhängiges Unternehmen in diesem Sinne ist gemäß § 17 Abs. 1 AktG jedes rechtlich selbständige Unternehmen, auf das ein anderes Unternehmen unmittelbar oder mittelbar einen beherrschenden Einfluß ausüben kann[1524]. Vorliegend ist die das Übernahmeangebot abgebende Gesellschaft eine 100%ige Tochter des eigentlichen Bieters und somit ein von diesem abhängiges Unternehmen. Erwirbt die Tochtergesellschaft Aktien des Bieters, so gelten demnach dieselben Beschränkungen wie im Falle des Erwerbs von Aktien der bietenden Gesellschaft durch diese selbst. Daher darf die Tochtergesellschaft gemäß § 71d Satz 2 i.V.m. § 71 Abs. 2 AktG nicht mehr Aktien des Bieters erwerben oder besitzen, als es zehn Prozent von dessen Grundkapital entspricht. Auch eine „Umgehung" dieses Problems über eine lediglich im Mehrheitsbesitz der bietenden Gesellschaft befindliche Tochtergesellschaft scheidet wegen des Wortlauts des § 71d Satz 2 AktG aus. Somit stellt sich wiederum ein vergleichbares Problem. Der Marktwert des Bieters müßte zehnmal höher sein als der der Zielgesellschaft, damit die das Angebot abgebende Tochtergesellschaft im Falle eines Aktientausches allen Aktionären der Zielgesellschaft Aktien des Bieters in einem angemessen Umtauschverhältnis anbieten kann. Auch hierbei sind die Kosten der Kontrollprämie und möglicher Abwehrmaßnahmen noch unberücksichtigt. Eine Finanzierung erscheint auf diesem Wege praktisch nicht durchführbar, weil es sich bereits bei der Zielgesellschaft um eine große Publikumsgesellschaft handelt.

Sollte eine solche Konstellation dennoch möglich sein, so ergibt sich das oben bereits angesprochene *Holzmüller*-Problem nicht, weil es der bietenden Gesellschaft möglich ist, eine Tochtergesellschaft zu gründen, deren Vermögen lediglich aus Aktien im Umfang von zehn Prozent des Grundkapitals der Muttergesellschaft besteht. Stattet die Muttergesellschaft ihre Tochter mit den hierfür nötigen Mitteln aus, so verfügt sie nur über maximal ein Zehntel ihres Vermögens.

[1524] *Hüffer*, § 71d AktG, Rn. 5.

Von einer wesentlichen Beeinträchtigung der Mitgliedschafts- und Vermögensrechte der Aktionäre der bietenden (Mutter-)Gesellschaft kann dann keine Rede sein.

2. Erbringung der Gegenleistung durch die Muttergesellschaft als eigentlichen Bieter

Des weiteren ist es denkbar, daß zwar die Tochtergesellschaft das Übernahmeangebot abgibt, der eigentliche Bieter sich aber verpflichtet, die Gegenleistung zu erbringen. Diese kann dann wiederum aus eigenen Aktien des Bieters oder aus Aktien der Tochtergesellschaft bestehen.

a. Eigene Aktien der Muttergesellschaft als von dieser zu erbringende Gegenleistung

Der Erwerb eigener Aktien zum Zwecke der Unternehmensübernahme ist, wie bereits dargestellt[1525], im Rahmen eines Ermächtigungsbeschlusses gemäß § 71 Abs. 1 Nr. 8 AktG zulässig, nach § 71 Abs. 2 AktG jedoch auf einen Umfang von zehn Prozent des Grundkapitals der Gesellschaft beschränkt. Verpflichtet sich der Bieter zur Lieferung eigener Aktien, so stellt sich erneut das Problem der Größe. Der Marktwert der Zielgesellschaft müßte ungefähr dem Wert entsprechen, den zehn Prozent des Grundkapitals des Bieters am Markt haben. Dieser müßte somit - ohne Einbeziehung der Kontrollprämie und etwaiger Abwehrmaßnahmen - zehnmal größer als die Zielgesellschaft sein, um im Wege eines Aktientausches alle Aktien derselben zu erwerben. Derartige Größenunterschiede sind unter großen Publikumsgesellschaften ungewöhnlich. Auch eine Kapitalerhöhung in einem entsprechenden Umfang scheint nicht finanzierbar. Sofern es sich bei der Zielgesellschaft um eine große Publikumsgesellschaft handelt, ist eine Finanzierung des Angebotes aufgrund der derzeitigen Gesetzeslage daher praktisch nicht durchführbar, wenn der Bieter im Rahmen eines Aktientausches eigene Aktien als Gegenleistung erbringen will[1526].

b. Aktien der Tochtergesellschaft als von der eigentlich bietenden (Mutter-) Gesellschaft zu erbringende Gegenleistung

Die Muttergesellschaft als eigentlicher Bieter könnte sich jedoch dazu verpflichten, Aktien ihrer Tochtergesellschaft als Gegenleistung zu liefern. Hierzu

---

[1525] Siehe oben, § 7 I. 2. a. dd. Zulässigkeit des Rückerwerbs gemäß § 71 Abs. 1 Nr. 8 AktG sowie § 8 I. 1. a. Aktien der Tochtergesellschaft als Gegenleistung.

[1526] Im Ergebnis ebenso: *Stöcker*, Rechtsfragen grenzüberschreitender Unternehmenszusammenschlüsse, Diss., S. 313 ff., der im Kontext von Unternehmenszusammenschlüssen insoweit eine Gesetzesänderung vorschlägt.

ist es erforderlich, entweder einen dem Grundkapital der Zielgesellschaft entsprechenden Nennbetrag oder eine dementsprechende Anzahl an Stückaktien als Grundkapital der Tochtergesellschaft zu schaffen. Hierbei muß die eigentlich bietende (Mutter-)Gesellschaft jedoch nicht die Wertdifferenz zwischen dem Nennbetrag des Grundkapitals und dem Börsenwert der Zielgesellschaft aufbringen. Deshalb erscheint eine derartige Ausstattung der Tochtergesellschaft im Wege einer bei dieser durchzuführenden Kapitalerhöhung zunächst finanzierbar. Das Risiko der Anfechtungsklage gegen einen solchen Kapitalerhöhungsbeschluß besteht, wegen der Stellung des Bieters als Alleinaktionär der Tochtergesellschaft, zunächst nicht.

aa. Umgehung des § 186 Abs. 3 AktG

In dieser Konstellation könnte jedoch eine Umgehung des § 186 Abs. 3 AktG liegen. Diese Vorschrift regelt den Ausschluß des Bezugsrechts der Aktionäre im Falle einer Kapitalerhöhung dadurch, daß sie dessen Voraussetzungen zwingend normiert[1527]. Vorliegend gründet der Bieter die Tochtergesellschaft nur zu dem Zweck, das Bezugsrecht seiner Aktionäre und die hieraus folgende Gefahr der Anfechtungsklage auszuschalten. Insofern wird der zwingende Charakter des § 186 Abs. 3 AktG umgangen, worin ein unzulässiger Gestaltungsmißbrauch zu sehen sein könnte. Zwar gilt im deutschen Privatrecht der Grundsatz der Privatautonomie, der grundsätzlich auch atypische Gestaltungsformen gestattet. Dieser findet seine Grenzen jedoch dort, wo zwingendes Recht, gesetzliche Verbote oder die guten Sitten entgegenstehen. Bei der Beurteilung dieser Frage sind das öffentliche Interesse, der Verkehrsschutz und der Schutz der Beteiligten zu berücksichtigen[1528].

Einige Vertreter der Literatur sehen in der Ausgliederung von Betrieben durch Gründung von Tochtergesellschaften und einer anschließenden Kapitalerhöhung in dieser Tochtergesellschaft ein dem Bezugsrechtsausschluß vergleichbares Problem[1529]. So spricht sich beispielsweise *Hirte* für einen umfassenden Schutz der Aktionäre bei einer inhaltlichen Beeinträchtigung der Beteiligung aus[1530]. Dieser ergebe sich aus einer konzernspezifischen Fortschreibung des § 186 Abs. 3 AktG in doppelter Hinsicht. Einerseits sei die dem § 186 Abs. 3 AktG zugrunde liegende Kompetenzverteilung zur Begründung entsprechender Zuständigkeiten der Hauptversammlung im Rahmen der Konzernbildung heranzu-

[1527] *Hefermehl/Bungeroth*, in: Geßler/Hefermehl, § 183 AktG, Rn. 83; *Hüffer*, § 186 AktG, Rn. 1.

[1528] *K. Schmidt*, Gesellschaftsrecht, § 5 III 3., S. 126.

[1529] *Hirte*, Bezugsrechtsausschluß und Konzernbildung, Diss., S. 155 ff.; *Timm*, ZHR 1989, S. 60/65; *Wiedemann*, Die Unternehmensgruppe im Privatrecht, S. 50 ff.

[1530] *Hirte*, Bezugsrechtsausschluß und Konzernbildung, Diss., S. 155 ff.

ziehen. Andererseits seien die im Rahmen dieser Vorschrift bestehenden materiellen Schranken des Ausschlusses des Bezugsrechts auf konzernbildende und konzernumbildende Vorgänge zu übertragen. Die inhaltliche Beeinträchtigung der Beteiligung, die sich beispielsweise ergibt, wenn eine Muttergesellschaft im Rahmen eines Beteiligungserwerbs unternehmerische Aktivitäten auf eine Tochter verlagert, gleiche dabei einem Bezugsrechtsausschluß. Aus einer Gleichsetzung dieser Sachverhalte folge, daß derartige inhaltliche Beeinträchtigungen auch den identischen Voraussetzungen und Rechtsfolgen unterliegen müßten wie der Bezugsrechtsausschluß[1531].

Dieser Meinung wird jedoch entgegengehalten, daß eine dermaßen strenge Gleichsetzung der inhaltlichen Beeinträchtigung mit dem Ausschluß des Bezugsrechts allenfalls dann überzeugen könne, wenn mit der entsprechenden Konzernbildung zugleich vermögensmäßige Nachteile für die Aktionäre der Muttergesellschaft verbunden seien[1532]. Dies sei im Ergebnis aber bisher nicht erwiesen. Ferner sei es nicht überzeugend, dem Vorstand der Muttergesellschaft im Rahmen der Rücklagenbildung im Konzern freie Hand zu lassen, andererseits aber § 186 Abs. 3 AktG so konsequent und streng anzuwenden, daß dies für den Vorstand zu einer erheblichen Einschränkung seiner Organisationsautonomie führe[1533]. Somit seien diesbezügliche Kompetenzen der Hauptversammlung der Muttergesellschaft bei der Konzernbildung in einer Gesamtanalogie zu den §§ 179, 186, 293 AktG sowie zu den §§ 340, 361 AktG a.F. zu befürworten, nicht jedoch durch eine konzernspezifische Fortschreibung des § 186 Abs. 3 AktG[1534].

Der Unterschied zwischen diesen Meinungen liegt dabei lediglich im anderen Begründungsansatz und der Strenge der Anwendung, nicht jedoch im Ergebnis. So ist es jedenfalls vertretbar, dann eine dem Bezugsrechtsausschluß vergleichbare Situation anzunehmen, wenn die Muttergesellschaft im Rahmen eines Beteiligungserwerbs unternehmerische Aktivitäten auf eine Tochter verlagert und bei dieser eine Kapitalerhöhung durchführt. Dient die Gründung der Tochter dem Zweck, ein Bezugsrecht der Aktionäre der Mutter sowie das daraus folgende Risiko der Anfechtungsklage auszuschließen, so spricht einiges dafür, in dieser Vorgehensweise einen unzulässigen Verstoß gegen den zwingenden Charakter des § 186 Abs. 3 AktG und folglich einen Gestaltungsmißbrauch zu sehen.

[1531] *Hirte*, Bezugsrechtsausschluß und Konzernbildung, Diss., S. 162 ff.
[1532] *Timm*, ZHR 1989, S. 60/67.
[1533] M.w.N. *Timm*, ZHR 1989, S. 60/67 und 71 f.
[1534] *Timm*, ZHR 1989, S. 60/66.

Als Konsequenz dieses Mißbrauchs kommt einerseits die Anfechtbarkeit des Beschlusses nach § 243 Abs. 1 AktG sowie andererseits dessen Nichtigkeit gemäß § 241 Nr. 3, 2. Alternative oder Nr. 4 AktG in Betracht.

Folgt man einer der zuvor dargestellten Meinungen, so würde die Entscheidung über eine Kapitalerhöhung der Tochtergesellschaft in diesem Fall in die Kompetenz der Hauptversammlung der Muttergesellschaft fallen. Dieser Grundsatz würde hingegen verletzt, wenn der Vorstand der Muttergesellschaft die Entscheidung in seiner Funktion als Hauptversammlung der Tochtergesellschaft allein treffen würde. Dies könnte zu einer Anfechtbarkeit des Beschlusses nach § 243 Abs. 1 AktG führen.

In dieser Situation ist jedoch bereits die Anfechtungsbefugnis der Aktionäre der Muttergesellschaft fraglich. In Betracht kommt dafür lediglich § 245 Nr. 2 AktG, wonach jeder in der Hauptversammlung nicht erschienene Aktionär anfechtungsbefugt ist, wenn er zu dieser zu Unrecht nicht zugelassen wurde oder die Hauptversammlung nicht ordnungsgemäß einberufen oder bekanntgemacht worden ist. In der vorliegenden Konstellation handelt es sich aber um einen Beschluß der Hauptversammlung der Tochtergesellschaft, deren einzige Aktionärin die Muttergesellschaft ist. Ferner muß der Vorstand der Muttergesellschaft auch ordnungsgemäß an der Hauptversammlung der Tochtergesellschaft teilgenommen haben, damit sich die Problematik überhaupt stellt. Somit ist bereits zweifelhaft, ob die Aktionäre der Muttergesellschaft zur Hauptversammlung der Tochtergesellschaft zu Unrecht nicht zugelassen wurden. Insbesondere ist aber problematisch, daß die Kompetenz der Hauptversammlung der Muttergesellschaft für diesen Fall der Kapitalerhöhung in der Tochtergesellschaft nach den oben dargestellten Ansichten entweder aus einer konzernrechtsspezifischen Fortentwicklung des § 186 Abs. 3 AktG oder einer Gesamtanalogie der §§ 179, 186, 293 AktG folgen soll. Gemäß § 243 Abs. 1 AktG bedarf es für eine Anfechtung jedoch einer Gesetzesverletzung. Gesetz in diesem Sinne ist gemäß § 2 EGBGB jede Rechtsnorm. In den Anwendungsbereich fällt somit jedes Gesetz im materiellen Sinne, unabhängig davon, ob es sich um geschriebene oder ungeschriebene Normen handelt[1535]. Im Falle ungeschriebener Normen muß eine Vorschrift aber jedenfalls einer gesicherten und einhelligen Rechtsansicht entsprechen, um unter den Begriff eines Gesetzes zu fallen. Dies ist vorliegend jedoch nicht der Fall, weil die Gründung einer Tochtergesellschaft zu dem Zweck, diese als Übernahmevehikel zu benutzen und andererseits das Risiko einer Anfechtungsklage zu vermeiden, nicht grundsätzlich als Gestaltungsmißbrauch verstanden wird.

[1535] *Hüffer*, § 243 AktG, Rn. 5.

Die Nichtigkeit des Beschlusses könnte sich aus § 241 Nr. 3, 2. Alternative oder Nr. 4 AktG ergeben. Gemäß § 241 Nr. 3, 2. Alternative AktG ist ein Beschluß der Hauptversammlung dann nichtig, wenn er durch seinen Inhalt Vorschriften verletzt, die im öffentlichen Interesse gegeben sind. Der Begriff des öffentlichen Interesses ist dabei weit auszulegen und umfaßt unter anderem auch die Normen über die Verbandsstruktur und Mitgliedschaft[1536]. Ein Ausschluß des Bezugsrechts gemäß § 186 Abs. 3 AktG hat einen erheblichen Eingriff in die mitgliedschaftliche Position der Aktionäre zur Folge[1537]. Geht man mit oben dargestellter Ansicht davon aus, daß es sich bei einer Ausgründung in eine Tochtergesellschaft und einer in dieser durchgeführten Kapitalerhöhung um eine dem Ausschluß des Bezugsrechts ähnliche Situation handelt, so wird man auch vertreten müssen, daß das öffentliche Interesse aufgrund einer solchen Vorgehensweise berührt ist. Es müßte jedoch eine entsprechende Vorschrift verletzt sein. In diesem Fall sind unter dem Begriff der Vorschrift die Rechtsnormen im Sinne des § 2 EGBGB zu verstehen[1538]. Bei der zuvor dargestellten Argumentation handelt es sich jedoch wiederum lediglich um eine Rechtsansicht und nicht um eine gesicherte Ansicht des ungeschriebenen Rechts beziehungsweise eine Norm mit materiellem Gesetzescharakter. Die Verletzung einer Vorschrift im Sinne des § 241 Nr. 3 AktG liegt daher nicht vor.

Denkbar ist es schließlich, in einer solchen Vorgehensweise einen Verstoß gegen die guten Sitten im Sinne des § 241 Nr. 4 AktG zu sehen. Ob der Beschluß der Hauptversammlung inhaltlich gegen die guten Sitten verstößt, hängt dabei immer von seiner konkreten Ausgestaltung ab. Der Tatbestand des § 241 Nr. 4 AktG ist dabei jedoch enger zu verstehen als im Falle des § 138 Abs. 1 BGB[1539]. Für eine Beurteilung dieser Vorgehensweise ist dabei auch der Rechtsrahmen zu berücksichtigen, den die von den Aktionären beschlossene Satzung dem Vorstand der Aktiengesellschaft vorgibt. In der Satzung ist der Gegenstand des Unternehmens regelmäßig sehr weit gefaßt. Insbesondere großen Gesellschaften ist es dabei in aller Regel erlaubt, Tochtergesellschaften zu gründen und Teile des Unternehmens in diese auszugliedern. Wenn bereits die Satzung ein solches Vorgehen grundsätzlich gestattet, wird sich ein Verstoß gegen die guten Sitten aber im Einzelfall nur schlecht begründen lassen. Deshalb ist davon auszugehen, daß auch dann, wenn man dem Gedanken einer Umgehung der zwingenden Vorschrift des § 186 Abs. 3 AktG folgt, zumindest kein Nichtigkeitsgrund im Sinne des § 241 Nr. 4 AktG vorliegt.

[1536] *Hüffer*, § 241 AktG, Rn. 18.
[1537] *Hüffer*, § 186 AktG, Rn. 25.
[1538] *Hüffer*, § 241 AktG, Rn. 18.
[1539] *Hüffer*, § 241 AktG, Rn. 24.

Zwar besteht die Gefahr, daß die Verlagerung der Entscheidung über eine Kapitalerhöhung in eine Tochtergesellschaft als Umgehung des § 186 Abs. 3 AktG und damit als Gestaltungsmißbrauch verstanden wird. Ein Erfolg der hiergegen gerichteten Klagen auf Anfechtung beziehungsweise Nichtigkeit des Beschlusses ist aber zweifelhaft. Es ist daher davon auszugehen, daß eine solche Vorgehensweise im Ergebnis zulässig ist.

bb. Verpflichtung des Vorstands des Bieters zur Einholung der Zustimmung seiner Hauptversammlung (*Holzmüller*-Doktrin)

Gemäß § 76 Abs. 1 AktG hat der Vorstand die Gesellschaft unter eigener Verantwortung zu leiten. Er bedarf hierbei grundsätzlich nicht der Zustimmung der Hauptversammlung. Nur in enumerativ genannten Ausnahmefällen ist dies im Aktiengesetz ausdrücklich abweichend geregelt. Zu diesen Ausnahmen gehört aber nicht die zur Vermeidung von Anfechtungsklagen vorgenommene Verlagerung der Entscheidung über eine Kapitalerhöhung in eine Tochtergesellschaft. Die Rechtsprechung erstreckt die Kompetenzen der Hauptversammlung jedoch über die gesetzlich geregelten Fälle hinaus auch auf grundlegende Entscheidungen, die derart tief in die Mitgliedschaftsrechte der Aktionäre und deren im Anteilseigentum verkörpertes Vermögensinteresse eingreifen, daß der Vorstand vernünftigerweise nicht annehmen kann, er dürfe diese ausschließlich in eigener Verantwortung treffen[1540]. Fraglich ist daher, inwieweit der Vorstand der bietenden Gesellschaft bei der Umsetzung der oben dargestellten Konstruktion der Zustimmung seiner Hauptversammlung bedarf. In dem der *Holzmüller*-Doktrin des BGH zugrunde liegenden Sachverhalt ging es um die Übertragung des substanz- und ertragsmäßig bei weitem wertvolleren Teils des Betriebsvermögens einer Gesellschaft auf eine Tochtergesellschaft im Wege der Ausgliederung. Der BGH sah dabei eine Zustimmung der Hauptversammlung der Muttergesellschaft sowohl zur Übertragung des Betriebsvermögens als auch zur Vornahme weiterer Kapitalmaßnahmen in der Tochtergesellschaft als erforderlich an[1541]. Diese Zustimmungen waren im konkreten Fall jedoch nicht erfolgt. Deshalb schuf der BGH im Wege der Rechtsfortbildung ein generelles Zustimmungserfordernis zugunsten der Hauptversammlung der Muttergesellschaft bei grundlegenden, für die Rechtsstellung der Aktionäre der Muttergesellschaft bedeutsamen Entscheidungen. Dies sei eben nicht nur die konkrete Entscheidung über die Ausgliederung, sondern beispielsweise auch die Entscheidung über eine Kapitalerhöhung in der Tochtergesellschaft oder die Weiterübertragung des Gesellschaftsvermögens[1542]. Der BGH begründete diese Zustimmungspflicht der Hauptversammlung

[1540] BGHZ 83, S. 122/130, jüngst bestätigt durch BGH – II ZR 154/02 und BGH – II ZR 155/02 (Urteile vom 26.04.2004).
[1541] BGHZ 83, S. 122/122 f., Leitsätze a) und e).
[1542] BGHZ 83, S. 122/140.

ursprünglich damit, daß sich die Möglichkeit des Vorstandes, eine Zustimmung der Hauptversammlung gemäß § 119 Abs. 2 AktG einzuholen, wegen der Eingriffsintensität im Einzelfall auch in eine Vorlagepflicht wandeln könne[1543]. Deshalb habe der einzelne Aktionär im Zweifelsfall die Befugnis, auf das kompetenzwidrige Verhalten des Vorstandes unter Beachtung gewisser rechtlicher Vorbehalte mit einer Feststellungsklage sowie einer Klage auf Unterlassung oder Wiederherstellung zu reagieren[1544].

Das Urteil wurde in der Literatur teilweise begrüßt, andererseits aber auch hart kritisiert. Sowohl die grundsätzlichen Befürworter[1545] des Urteils als auch dessen Gegner[1546] kritisierten dabei insbesondere den aus § 119 Abs. 2 AktG gewonnenen Begründungsansatz. So spreche bereits die Entstehungsgeschichte des § 119 Abs. 2 AktG gegen die vom BGH verwendete Begründung. Sinn der Vorschrift sei nämlich die Haftungsbegrenzung des Vorstandes und nicht eine Verlagerung von Geschäftsführungsentscheidungen auf die Hauptversammlung[1547]. Mit seiner Generalklausel habe der BGH daher einen dem bisherigen Zuständigkeitssystem fremden Kompetenzzuwachs der Hauptversammlung bewirkt[1548]. Dies führe zu einer erheblichen Rechtsunsicherheit[1549]. Zustimmung hat aber vor allem das grundsätzliche Bemühen des BGH gefunden, die Position der Anteilseigner gegenüber der Verwaltung bei Maßnahmen zu stärken, die die Art des mit Mitteln der Gesellschafter eingegangenen wirtschaftlichen Risikos grundlegend verändern. Dies zeigte sich nicht zuletzt daran, daß selbst einige Kritiker des Urteils nach alternativen Begründungsansätzen suchten, um im Ergebnis die Position der Hauptversammlung in einer dem BGH vergleichbaren Weise zu stärken[1550].

Der BGH hatte in seinen Urteilen vom 26.04.2004[1551] jüngst die Gelegenheit, zu der als *Holzmüller*-Doktrin bezeichnten Problematik einer ungeschriebenen Hauptversammlungszuständigkeit erneut Stellung zu nehmen. Er ist dabei den Argumentationen, die zu einer erheblichen Ausweitung der über die gesetzlich angeordneten Fälle hinausgehenden Mitwirkungsbefugnis der Hauptversammlung geführt hätten, nicht gefolgt. Vielmehr hat der BGH die *Holzmüller*-Ent-

---

1543 BGHZ 83, S. 122/131.

1544 BGHZ 83, S. 122/125 ff. und 133 ff.

1545 *Gessler*, in: FS Stimpel, S. 771/773 ff.; *Hübner*, in: FS Stimpel, S. 791/794 f.; *Rehbinder*, ZGR 1983, S. 92/92 f.

1546 *Heinsius*, ZGR 1984, S. 383/393; *Martens*, ZHR 1983, S. 377/383 ff.; *H.P. Westermann*, ZGR 1984, S. 352/363 ff.

1547 *Heinsius*, ZGR 1984, S. 383/394; *Martens*, ZHR 1983, S. 377/383.

1548 *H.P. Westermann*, ZGR 1984, S. 352/367 ff.; *Martens*, ZHR 1983, S. 377/391.

1549 *Heinsius*, ZGR 1984, S. 383/392 f.

1550 Siehe hierzu beispielhaft: *Gessler*, in: FS Stimpel, S. 771/772; *Götz*, AG 1984, S. 85/88; *Hübner*, in: FS Stimpel, S. 791/799; *H.P. Westermann*, ZGR 1984, S. 352/358.

1551 BGH – II 154/02 und BGH – II 155/02.

scheidung inhaltlich im wesentlichen bestätigt, den Gedanken einer daraus abgeleiteten allgemeinen Konzernbildungs- und Konzernleitungskontrolle abgelehnt[1552] und lediglich den Begründungsansatz modifiziert.

In dem den beiden Entscheidungen zugrunde liegenden Sachverhalt stand auf der Hauptversammlung des beklagten Unternehmens ein Plan des Vorstands zur Abstimmung, der zum Ziel hatte, die Beklagte zu einer Holdinggesellschaft umzustrukturieren. Daneben sollte die Hauptversammlung die durch den Vorstand bereits vorgenommene Übertragung zweier 100 %-iger ausländischer Tochtergesellschaften auf eine ebenfalls der Beklagten gehörende Tochtergesellschaft[1553] genehmigen. Die Beschlüsse wurden auf der Hauptversammlung mit rund 66 Prozent beziehungsweise rund 69 Prozent gegen die Stimmen der Kläger angenommen. Der Versammlungsleiter vertrat die Auffassung, die Beschlüsse bedürften lediglich der einfachen Mehrheit des vertretenen Kapitals, und hat deshalb ihr Zustandekommen festgestellt. Hiergegen erklärten die Kläger Widerspruch zur Niederschrift des amtierenden Notars und erhoben Anfechtungsklage. Sie waren der Auffassung, beide Maßnahmen bedürften als grundlegende Entscheidungen des Vorstands zu ihrer Vollziehung einer Dreiviertel-Mehrheit der Hauptversammlung.

Der BGH bekräftigt in seinen Entscheidungsgründen, daß es sich bei der im *Holzmüller*-Urteil definierten ungeschriebenen Kompetenz der Hauptversammlung um einen Ausnahmetatbestand handelt. Wann dessen besondere Voraussetzungen vorliegen, wird nicht allgemeingültig entschieden, sondern vielmehr festgestellt, daß dies über die Ausgliederungsfälle hinaus bisher nur für eine Umstrukturierung einer Tochter- in eine Enkelgesellschaft als denkbar anerkannt sei. Im Zusammenhang mit der wirschaftlichen Bedeutung der in Rede stehenden Maßnahme sei von einer wesentlichen Beeinträchtigung der ungeschriebenen Mitwirkungsbefugnisse nicht bereits bei einem Schwellenwert zwischen 10 und 50 Prozent auszugehen. Vielmehr müsse eine mit dem *Holzmüller*-Fall, bei dem es um die Ausgliederung eines Teilbetriebs ging, der 80 Prozent des Gesellschaftsvermögens ausmachte, vergleichbare Beeinträchtigung vorliegen. Liege eine insoweit wesentliche Maßnahme vor, so bedürfe die erforderliche Zustimmung der Hauptversammlung wegen der Bedeutung der Maßnahme für die Aktionäre – ungeachtet der Tatsache, daß es sich um eine Geschäftsführungsmaßnahme handelt – einer Dreiviertel-Mehrheit[1554]. Im Hinblick auf die

[1552] BGH, Pressemitteilung Nr. 47/2004 vom 26.04.2004.

[1553] Wodurch die Auslandstöchter zu Enkelgesellschaften der Beklagten wurden.

[1554] Da in dem den beiden Urteilen zugrundeliegenden Sachverhalt die „Wesentlichkeitsschwelle" nicht überschritten war, hat es einer solchen Dreiviertel-Mehrheit jedoch nicht bedurft. Die mit einfacher Mehrheit gefaßten Hauptversammlungsbeschlüsse waren somit nicht gesetzwidrig.

gegenüber der dogmatischen Herleitung der *Holzmüller*-Entscheidung geäußerte Kritik stellt der BGH fest, daß die in der Literatur überwiegend befürwortete Analogie zu einzelnen oder allen aktienrechtlichen Vorschriften, die die Mitwirkung der Hauptversammlung anordnen, zwar tatbestandlich geeignet sei, die in Betracht kommenden Fälle einer ungeschriebenen Zuständigkeit der Hauptversammlung festzulegen. Dennoch wendet er hiergegen ein, daß die gesetzlich geregelten Fälle von der Rechtsfolge her nicht passen, weil sie dem Vorstand nicht nur die Geschäftsführungsbefugnis nehme, sondern die von ihm getroffenen Maßnahmen wegen der fehlenden Vertretungsmacht als nichtig behandeln. Deshalb erscheine es vorzugswürdig, die Grundlage für ein ungeschriebenes Mitwirkungsrecht der Aktionäre bei Geschäftsführungsmaßnahmen weder aus § 119 Abs. 2 AktG noch aus einer Gesetzesanalogie herzuleiten. Vielmehr seien die zutreffenden Elemente beider Ansätze, nämlich die bloß das Innenverhältnis betreffende Wirkung einerseits und die Orientierung der in Betracht kommenden Fallgestaltungen an den gesetzlich festgelegten Mitwirkungsbefugnissen auf der anderen Seite, aufzunehmen und die besondere Zuständigkeit der Hauptversammlung als das Ergebnis einer offenen Rechtsfortbildung anzusehen[1555].

Im Zusammenhang mit einem Gesamtplan beschränkt sich die Anwendbarkeit der *Holzmüller*-Doktrin jedoch auf diejenigen Pläne, bei denen der Vorstand der Gesellschaft im Innenverhältnis einen Hauptversammlungsbeschluß benötigt, ohne daß auch nur ein im Außenverhältnis zustimmungspflichtiger Akt vorläge[1556]. Zu untersuchen bleibt somit, ob eine in dieser Weise vergleichbare Konstellation bei der zuvor beschriebenen Vorgehensweise gegeben ist.

Zunächst ist der Grundgedanke der *Holzmüller*-Doktrin grundsätzlich auch auf den hier gebildeten Fall übertragbar, wenn ein Bieter zur Abgabe eines Übernahmeangebotes eine Tochtergesellschaft mit einem Grundkapital von 50.000 € gründet, dieses Grundkapital später erhöht, um schließlich die Aktien der Tochtergesellschaft als Gegenleistung im Rahmen eines Aktientausches anzubieten. Voraussetzung für das Vorliegen einer ungeschriebenen Mitwirkungsbefugnis der Hauptversammlung ist dabei jedoch eine mit dem *Holzmüller*-Urteil vergleichbare wirtschaftliche Bedeutung der Maßnahme[1557]. Zur Entscheidung der Frage, ob eine Maßnahme in diesem Sinne zustimmungspflichtig ist, bedarf es einer gesonderten Betrachtung der wesentlichen Einzelschritte.

[1555] BGH – II 154/02 (Urteil vom 26.04.2004), Entscheidungsgründe, II. 2. a) bb); ebenso bereits *Gessler*, in: FS Stimpel, S. 771/780.

[1556] *Stöcker*, Rechtsfragen grenzüberschreitender Unternehmenszusammenschlüsse, Diss., S. 164 f.

[1557] Im Ergebnis kommt es insoweit also auf das Überschreiten der zuvor dargestellten „Wesentlichkeitsschwelle" an.

Eine Aktiengesellschaft, die die feindliche Übernahme einer großen Publikumsgesellschaft finanzieren möchte, bedarf ihrerseits einer gewissen Größe, damit ein solches Vorhaben überhaupt ernsthaft in Betracht kommt. Die Gründung einer mit einem Grundkapital von 50.000 € ausgestatteten Tochtergesellschaft stellt wegen der zu erwartenden Höhe des Grundkapitals des Bieters für diesen sicherlich keine Maßnahme dar, die strukturändernd und somit im Sinne der *Holzmüller*-Doktrin zustimmungsbedürftig ist.

Anders kann es sich jedoch bei der Erhöhung des Grundkapitals der Tochtergesellschaft verhalten. Für einen erfolgreichen Aktientausch sollte diese mit einem Grundkapital ausgestattet sein, das in seiner Höhe dem der Zielgesellschaft entspricht. Nur so ist eine „entsprechende" Gegenleistung der Aktionäre der Zielgesellschaft gewährleistet. Da bereits die Zielgesellschaft eine große Publikumsgesellschaft ist, handelt es sich dabei regelmäßig um Milliardenbeträge. Überträgt die Muttergesellschaft aber in einem solchen Volumen Kapital auf eine Tochtergesellschaft, um dort eine Kapitalerhöhung zu finanzieren, so kann es sich dabei um eine Maßnahme handeln, die über den gewöhnlichen Rahmen von Handlungen der Geschäftsführung hinausgeht und die die vom BGH definierte „Wesentlichkeitsschwelle" übersteigt. In diesen Fällen läge ein Eingriff in die Mitgliedsrechte der Aktionäre des Bieters und somit ein Geschäft vor, das im Sinne des *Holzmüller*-Doktrin der Zustimmung dieser Aktionäre bedarf.

Fraglich ist ferner, ob es auch einer Zustimmung der Aktionäre des Bieters zu dem im Anschluß an die Kapitalerhöhung geplanten Tausch der jungen Aktien der Tochtergesellschaft in Aktien der Zielgesellschaft bedarf. Dieser führt in seiner Konsequenz nämlich dazu, daß die Kontrolle des Bieters über die Tochtergesellschaft zugunsten der Aktionäre der Zielgesellschaft verloren geht. Dieser Vorgang kommt einer Übertragung des Vermögens der Tochtergesellschaft auf die Aktionäre der Zielgesellschaft gleich. Der Aktientausch ist nach den *Holzmüller*-Grundsätzen eine der Zustimmung bedürftige Maßnahme[1558].

Zu prüfen bleibt jedoch, zu welchem Zeitpunkt diese Zustimmung erfolgen muß. Einerseits ließe sich dabei auf den Zeitpunkt der Vornahme der jeweiligen Maßnahme und deshalb auf den Zeitpunkt des Aktientausches abstellen. Vorliegend stellen allerdings die Kapitalerhöhung in der Tochtergesellschaft und der anschließende Aktientausch Teile eines Gesamtvorhabens dar, mit dem der Bieter wegen der Aufnahme der Aktionäre der Zielgesellschaft in eine Tochtergesellschaft die Kontrolle über die Zielgesellschaft erlangen soll. Nach den vom BGH in der Entscheidung *Hoesch/Hoogovens*[1559] aufgestellten Grundsätzen müssen daher beide Maßnahmen gleichzeitig zur Entscheidung vorgelegt werden. Der

---

[1558] BGHZ 83, S. 122/140 und 130.
[1559] BGHZ 82, S. 188/195 ff.

BGH führt hierin aus, daß es dann, wenn der Hauptversammlung ein zustimmungsbedürftiger Vorgang zur Entscheidung vorgelegt werde, der Teil eines Gesamtplans ist, zur sachgemäßen Beurteilung des konkreten Beschlußgegenstandes erforderlich sein könne, den Gesamtzusammenhang darzustellen. Der Hauptversammlung seien dann die in diesem Zusammenhang geplanten weiteren Maßnahmen vorzustellen, zu erläutern und zur Beschlußfassung vorzulegen. Dies gelte insbesondere, soweit die weiteren Maßnahmen zwar außerhalb der Einzelzuständigkeit der Hauptversammlung liegen, aber letztlich ein einheitliches Ganzes im Sinne des § 139 BGB bilden und damit sinngebend für den gesamten der Zustimmung bedürftigen Vorgang sind[1560]. Wenn jedoch, wie für den hier vorliegenden Fall des Aktientausches bereits dargestellt, die weiteren Maßnahmen des Gesamtplans bereits in die Einzelzuständigkeit der Hauptversammlung fallen, muß dies erst recht gelten.

Somit ergibt sich die Zustimmungsbedürftigkeit der Hauptversammlung des Bieters nicht nur für die Kapitalerhöhung der Tochtergesellschaft, sondern auch für den anschließend geplanten Aktientausch. Die Zustimmung zum Gesamtplan ist bereits vor der Durchführung der ersten zustimmungsbedürftigen Maßnahme einzuholen. Vorliegend wäre sie damit bereits mit dem Beschluß über die Kapitalerhöhung in der Tochtergesellschaft einzuholen.

cc. Rechtsunsicherheiten bei der weiteren Abwicklung

Im Rahmen der weiteren Abwicklung des Gesamtvorhabens können sich ferner praktische Probleme ergeben. Zunächst werden die Aktionäre der Zielgesellschaft ihre Aktien kaum gegen die Aktien einer Konzerntochter tauschen, wenn nicht eindeutig feststeht, daß diese Konzerntochter auch tatsächlich auf die Muttergesellschaft verschmolzen wird. Ohne eine vorherige Zustimmung seiner Hauptversammlung kann der Vorstand der bietenden Gesellschaft eine solche Zusage aber nicht geben.

Darüber hinaus wird das Ziel, die Zielgesellschaft zu übernehmen und den Geschäftsbetrieb mit dem der bietenden Gesellschaft zusammenzuführen, mit der erfolgreichen Abwicklung des Aktientausches allein noch nicht erreicht. Ergebnis eines in dieser Weise durchgeführten Übernahmeangebotes ist es lediglich, daß die Zielgesellschaft eine Tochtergesellschaft der vom Bieter gegründeten Tochtergesellschaft wird. Zur vollständigen Kontrolle über die Zielgesellschaft gelangt der Bieter daher nur, wenn er anschließend seine Tochtergesellschaft auf sich verschmelzen läßt. Dies könnte aber dadurch verhindert werden, daß die Tochtergesellschaft zu diesem Zeitpunkt bereits mehrheitlich den Aktionären

---

[1560] BGHZ 82, S. 188/196.

der Zielgesellschaft gehört. Eine Blockade des Gesamtplanes ist daher möglich. Aus diesem Grund ist von dieser Gestaltung abzuraten.

II. Fremdkapitalfinanzierung

1. Grundlagen

Erfolgt die Finanzierung des feindlichen Übernahmeangebots auf eine große Publikumsgesellschaft unter Einschaltung einer Tochtergesellschaft des Bieters unter Verwendung von Fremdkapital, so sind dabei die bereits zuvor dargelegten Grundsätze zu beachten. Zunächst ist somit festzustellen, daß eine Fremdkapitalfinanzierung in steuerlicher Hinsicht zwar grundsätzlich vorteilhaft sein kann. Das Erfordernis der Sicherstellung gemäß § 13 Abs. 1 Satz 1 WpÜG verlangt, daß ein Finanzierungsvertrag abgeschlossen ist und kein Anlaß zu der Befürchtung besteht, daß vor der vollständigen Erfüllung des Angebots eine Kündigung des Vertrages erfolgt[1561].

Die Finanzierung durch Fremdkapital könnte grundsätzlich im Wege der Kredit- oder Anleihefinanzierung erfolgen, während ein Leveraged Buyout als Finanzierungsform ausscheidet[1562]. Die Größe der Zielgesellschaft wird sowohl bei der Kreditfinanzierung als auch bei der Anleihefinanzierung die Bildung eines Konsortiums erforderlich machen, wodurch sich jedoch das Risiko der frühzeitigen Offenlegung der Transaktion regelmäßig erhöht[1563]. Insgesamt erscheint die Anleihefinanzierung unter Einbeziehung eines Emissionskonsortiums, welches sich zur vollständigen Übernahme der Emission zum Festpreis verpflichtet, am ehesten für einen reibungslosen Ablauf der Fremdfinanzierung geeignet. Als Anleiheformen kommen dabei grundsätzlich sowohl *straight bonds* und *zero bonds* als auch *floating rates notes* in Betracht. Eine Finanzierung durch *junk bonds* erscheint demgegenüber eher unwahrscheinlich, weil sich dieses Finanzierungsmittel in Deutschland und Europa noch nicht durchgesetzt hat[1564].

Im Rahmen der feindlichen Übernahme einer großen Publikumsgesellschaft ist wegen des Umfangs der Transaktion die Fremdkapitalfinanzierung jedoch praktisch eher unüblich. Erfolgt sie dennoch, ergeben sich die nachfolgenden Rechtsfragen.

[1561] Vgl. oben, § 7 II. Fremdkapitalfinanzierung und die zur Sicherstellung nach § 13 WpÜG notwendigen Maßnahmen.

[1562] Siehe § 7 II. 3 Finanzierung durch *Leveraged Buyout* (LBO)?.

[1563] Vgl. § 7 II. Kreditfinanzierung und § 7 II. 2. Begebung von Anleihen.

[1564] Siehe § 7 II. 2. Begebung von Anleihen.

2. Rechtsfragen zur Besicherung im Konzern

Im Rahmen einer Fremdkapitalfinanzierung unter Einbeziehung einer Tochtergesellschaft des Bieters, ergeben sich Rechtsfragen vor allem hinsichtlich der Besicherung des Fremdkapitals. In diesem Zusammenhang ist zunächst danach zu unterscheiden, ob die Mutter- oder die Tochtergesellschaft das Fremdkapital aufnimmt.

a. Tochtergesellschaft als Kreditnehmerin

Strebt die das Übernahmeangebot abgebende Tochtergesellschaft die Aufnahme des Fremdkapitals unmittelbar selbst an, so stellt sich im vorliegenden Zusammenhang das Problem, daß die Kapitalgeber die Einräumung einer Sicherheit verlangen. Dabei werden die wirtschaftlichen Verhältnisse des Kredtinehmers überprüft. Eine entsprechende Verpflichtung ergibt sich für Kreditinstitute im Rahmen von Kreditfinanzierungen beispielsweise aus § 18 KWG für Darlehenssummen von mehr als 250.000 €. Weil es sich bei der Tochtergesellschaft vorliegend jedoch um eine lediglich mit einem Grundkapital in Höhe von 50.000 € ausgestattete Aktiengesellschaft ohne sonstigen Geschäftsbetrieb handelt, wird diese Überprüfung regelmäßig ergeben, daß die Vermögensgegenstände der Tochtergesellschaft nicht als Sicherheit für die zur feindlichen Übernahme einer großen Publikumsgesellschaft erforderliche Kreditsumme ausreichen. Vor der Veröffentlichung kann die das Übernahmeangebot abgebende Tochtergesellschaft selbst somit keine weiteren Sicherheiten bieten. Erst zu einem späteren Zeitpunkt könnten die erworbenen Aktien der Zielgesellschaft verpfändet werden. Kommt es schließlich zu einem Zusammenschluß zwischen der Tochtergesellschaft und der Zielgesellschaft, so wäre ab diesem Zeitpunkt auch ein Zugriff auf die Vermögenswerte der Zielgesellschaft möglich[1565]. In der Ausgangsposition sind die Möglichkeiten der Tochtergesellschaft, eigene Vermögenswerte als Sicherheit für das Fremdkapital anzubieten, jedoch begrenzt[1566].

Neben den Vermögensgegenständen der Tochtergesellschaft könnten zwar auch Vermögensgegenstände dritter (natürlicher oder juristischer) Personen zur Besicherung herangezogen werden. Grund einer solchen weiteren Sicherheitenbestellung ist die Gefahr des Kreditgebers, im Falle der Krise der Zielgesellschaft leer auszugehen[1567]. Dieses Risiko ist insbesondere im Zusammenhang mit feindlichen Übernahmen gegeben, da dem Bieter und den Banken in diesem Falle der Einblick in die Geschäftsbücher der Zielgesellschaft sowohl vor als

---

[1565] Vorher kommt dies wegen der feindlichen Vorgehensweise des Bieters hingegen nicht in Betracht. Vgl. auch *Meyding/Ruby*, Finanz Betrieb 2000, S. 106/106.

[1566] *Fahrholz*, Neue Formen der Unternehmensfinanzierung, S. 126.

[1567] *Meyding/Ruby*, Finanz Betrieb 2000, S. 106/106.

auch nach der Veröffentlichung des Angebots verwehrt ist. Der Bieter, seine Tochtergesellschaft sowie die Bank beziehen ihre Informationen über die Zielgesellschaft somit regelmäßig ausschließlich aus öffentlich zugänglichen Quellen. In der Praxis kommen als „Dritte" in diesem Sinne im vorliegenden Zusammenhang jedoch lediglich die Muttergesellschaft sowie gegebenenfalls im Konzern vorhandene Schwesterunternehmen in Betracht. Bei allen anderen außenstehenden Personen bestünde die Gefahr einer frühzeitigen Offenlegung des Vorhabens, wodurch die Erfolgschancen sinken würden.

Aus der Sicht der finanzierenden Banken bietet es sich vor diesem Hintergrund jedoch nicht an, einen Schuldner mit relativ geringem eigenem Vermögen sowie einzelne Vermögensgegenstände Dritter als Sicherungsgut zu akzeptieren. Vielmehr werden die Banken regelmäßig darauf hinwirken, einen Schuldner mit umfassendem Vermögen zu haben und neben diesem vereinzelt weitere Vermögensgegenstände (möglicherweise auch von „Dritten") als Sicherungsgut zu erhalten. Es erscheint somit näherliegend, daß die Muttergesellschaft Kreditnehmerin wird und einzelne Vermögensgegenstände der Tochtergesellschaft(en) zur Besicherung herangezogen werden.

b. Muttergesellschaft als Kredtinehmerin; Besicherung durch das Gesellschaftsvermögen der Tochtergesellschaft

Erfolgt die Kreditaufnahme durch die Muttergesellschaft, ergibt sich das Problem des „strukturellen Nachrangs" der Gläubiger der Muttergesellschaft[1568]. Dieses soll zunächst in seinen Grundlagen erläutert und sodann auf die Regelungen zur Kapitalerhaltung im Aktienrecht übertragen werden. Daneben sind im Zusammenhang mit der Kreditbesicherung durch abhängige Kapitalgesellschaften noch die Vorschriften des Konzernrechts zu berücksichtigen.

aa. „Strukturelle Nachrangigkeit" der Gläubiger der Muttergesellschaft

Bei der „strukturellen Nachrangigkeit" der Gläubiger eines Gesellschafters im Verhältnis zu den Gläubigern der Gesellschaft handelt es sich um eine gesellschaftsrechtliche Grundentscheidung des Gesetzgebers[1569]. Diese äußert sich darin, daß die Gläubiger des Gesellschafters (hier also der Muttergesellschaft) auf die im Gesellschaftsvermögen der Tochtergesellschaft liegenden Werte im Vollstreckungswege nur zugreifen können, indem sie den Gesellschaftsanteil verwerten. Hierzu können sie entweder den mit den Passiva der Gesellschaft belasteten Anteil verkaufen lassen oder die (Tochter)Gesellschaft zur Auflösung bringen, die Befriedigung der Gesellschaftsgläubiger aus dem Aktivvermögen

---

[1568] *Fahrholz*, Neue Formen der Unternehmensfinanzierung, S. 126.
[1569] *Schneider*, ZGR 1984, S. 497/503.

abwarten und den verbleibenden Überschuß als Auseinandersetzungsguthaben ihres Schuldners[1570] einziehen. Wesentliche Konsequenz dieser Gesetzestechnik ist es somit, daß das Vermögen einer Gesellschaft vorrangig deren Gläubigern zur Befriedigung zur Verfügung steht, während die Gläubiger eines Gesellschafters hierauf nur mittelbar im Wege der Verwertung des Gesellschaftsanteils als Vermögensgegenstand des Gesellschafters Zugriff erhalten[1571]. Übertragen auf den vorliegenden Sachverhalt bedeutet dies, daß die Gläubiger der Muttergesellschaft auf die Vermögensgegenstände der das Übernahmeangebot abgebenden Tochtergesellschaft erst zugreifen könnten, nachdem alle Gläubiger der Tochtergesellschaft hinsichtlich ihrer Forderungen befriedigt sind.

Die „strukturelle Nachrangigkeit“ der Gläubiger der Muttergesellschaft ließe sich jedoch grundsätzlich überwinden, wenn die Tochtergesellschaft sich bereit erklärt, für die Verbindlichkeiten der Mutter Sicherheiten zu gewähren. Dies hätte zur Folge, daß die Gläubiger der Muttergesellschaft im Falle der Bestellung schuldrechtlicher Sicherheiten[1572] den Gläubigern der Tochtergesellschaft gleichstünden, wohingegen sie diesen gegenüber durch die Bestellung dinglich wirkender Sicherheiten[1573] sogar vorrangig aus dem Vermögen der Tochtergesellschaft befriedigt würden. Im Jahre 1992 hat allerdings das Landgericht Stuttgart[1574] die konzernweite Sicherheitenbestellung einer abhängigen Gesellschaft auf Veranlassung des herrschenden Unternehmens für sittenwidrig erklärt. In dem zugrunde liegenden Fall hatte eine Tochter-GmbH kurz nach ihrer Gründung zugunsten ihrer – erhebliche Kreditmittel nachfragenden – (Mutter)-Holding-GmbH Sicherheiten bestellt. Das Gericht urteilte, daß die der finanzierenden Bank bestellte Globalzession sowie die erklärten Schuldbeitritte deshalb sittenwidrig und folglich nach § 138 Abs. 1 BGB nichtig seien, weil die Gläubiger der Tochter-GmbH hierdurch von vornherein so stark gefährdet wurden, daß sie praktisch nur geringe Chancen hatten, ihre Forderungen tatsächlich realisieren zu können[1575]. Das Urteil hat die Frage der Voraussetzungen und Grenzen einer Sicherheitenbestellung durch ein abhängiges Unternehmen zugunsten seines herrschenden Unternehmens in den Blickpunkt einer wissenschaftlichen Diskussion gerückt[1576].

[1570] Schuldner ist in diesem Fall die Muttergesellschaft.
[1571] *Meyding/Ruby*, Finanz Betrieb 2000, S. 106/106; *Schön*, ZHR 159 (1995), S. 351/352.
[1572] Z.B. eines Schuldbeitritts oder einer Bürgschaft.
[1573] So beispielsweise durch die Einräumung eines Grundpfandrechts, die Abtretung von Forderungen sowie die Sicherungsübereignung von Warenlagern.
[1574] LG Stuttgart, WM 1992, S. 982 ff.
[1575] LG Stuttgart, WM 1992, S. 982/983.
[1576] *Schön*, ZHR 159 (1995), S. 351/353 f.

bb. Kreditsicherheiten zugunsten der Muttergesellschaft

Grundlage dieser - insbesondere im Zusammenhang mit einer GmbH geführten - Diskussion ist der Fall der Bestellung einer schuldrechtlichen oder dinglichen Sicherheit durch eine Tochter(kapital)gesellschaft für einen dem diese beherrschenden Unternehmen gewährten Kredit. Diese Situation läßt sich mit der Geschäftsbesorgung des Sicherungsgebers gegenüber dem Hauptschuldner, der in der Sicherheitenbestellung liegenden gesellschaftsrechtlichen Zuwendung der Tochtergesellschaft an ihren Gesellschafter sowie dem in der Besicherung des Gesellschafterkredits für die abhängige Gesellschaft in konzernrechtlicher Hinsicht liegenden „nachteiligen Rechtsgeschäft" in insgesamt drei Rechtsverhältnisse aufspalten[1577].

(1) Zivilrechtliche Grundlagen

Das die Geschäftsbesorgung umfassende Rechtsverhältnis des Sicherungsgebers zum Hauptschuldner ist in der Praxis entweder als Auftrag im Sinne des § 662 BGB oder als entgeltlicher Geschäftsbesorgungsvertrag gemäß § 675 BGB ausgestaltet. In beiden Fällen kann die „beauftragte" Tochtergesellschaft von der Muttergesellschaft den Ersatz ihrer Aufwendungen gegebenenfalls auch in Form eines Vorschusses verlangen[1578]. Für den Fall der wesentlichen Verschlechterung der Vermögensverhältnisse des Hauptschuldners hat der Gesetzgeber diese Vorschußpflicht im Rahmen der Bürgschaft zudem durch den Anspruch des Bürgen auf vorzeitige Befreiung beziehungsweise Sicherheitsleistung nach § 775 BGB weiter ausgestaltet. Ein solcher vorzeitiger Befreiungsanspruch steht nach teilweise vertretener Ansicht auch dem Besteller dinglicher Sicherheiten zu[1579]. Als einziger zivilrechtlicher Schutz der Tochtergesellschaft vor einer aus einem Kreditverhältnis der Muttergesellschaft folgenden Inanspruchnahme hat ein solcher Befreiungsanspruch jedoch Schwächen[1580]. Zunächst handelt es sich bei § 775 BGB um eine Vorschrift des dispositiven Rechts[1581]. Der Anspruch kann somit ebenso von vornherein ausgeschlossen werden, wie der Sicherungsgeber in der Krise auf dessen Durchsetzung verzichten kann[1582]. Vor allem kommt der aus § 775 Abs. 1 BGB folgende Schutz des Sicherungsgebers in der Regel jedoch dann zu spät, wenn das Vermögen des Hauptschuldners kurzfristig und

---

1577 *Schön*, ZHR 159 (1995), S. 351/354.

1578 Vgl. §§ 669, 670 BGB für den Auftrag sowie § 675 BGB für die Geschäftsbesorgung.

1579 *Wolff/Raiser*, Sachenrecht, S. 668; BGH WM 1974, 214 f.

1580 *Schön*, ZHR 159 (1995), S. 351/355.

1581 *Palandt*, Sprau, § 775, Rn. 1.

1582 Dies ist insbesondere dann realistisch, wenn es sich – wie vorliegend angenommen – beim Sicherungsgeber um eine vom Kreditnehmer abhängigge Tochtergesellschaft handelt. Vgl. auch BGH NJW 1995, S. 2635; *Palandt*, Sprau, § 775, Rn. 1.

schnell verfällt. In dieser Situation trägt regelmäßig die sichernde Tochtergesellschaft das Insolvenzrisiko ihrer Muttergesellschaft[1583]. Dieses Risiko mag zwar vor dem Hintergrund, daß es sich bei der Tochtergesellschaft im vorliegenden Zusammenhang um ein reines Übernahmevehikel ohne sonstigen Geschäftsbetrieb handeln soll, zunächst bedeutungslos erscheinen. Andererseits ist es jedoch gut denkbar, daß die Tochtergesellschaft bereits während des Übernahmeverfahrens eigene Verbindlichkeiten begründet, beispielsweise für Beratungsleistungen oder die Kosten zur Vorbereitung der Börseneinführung ihrer Anteile, die im Rahmen eines Aktientauschs an die Aktionäre der Zielgesellschaft weitergegeben werden sollen. Vor dem Insolvenzrisiko der Muttergesellschaft sind die Gläubiger einer Sicherheiten bestellenden Tochtergesellschaft somit nur dann wirksam geschützt, wenn die Tochter sich im Wege der Aufrechnung gegen Forderungen der Muttergesellschaft befriedigen kann. Solche Forderungen der Muttergesellschaft können beispielsweise dann bestehen, wenn diese die kreditierten Mittel zur Finanzierung eines bestimmten Vorhabens (beispielsweise der hier angestrebten feindlichen Übernahme einer großen Publikumsgesellschaft) im Rahmen eines Darlehens an die Tochtergesellschaft weitergegeben hat. Der Rückzahlungsanspruch der Muttergesellschaft kann in diesen Fällen mit dem Befreiungs- beziehungsweise dem Aufwendungsersatzanspruch der Tochter nach § 775 BGB verrechnet werden[1584].

(2) Kapitalerhaltung im Aktienrecht – Verbot der Einlagenrückgewähr gemäß §§ 57, 62 AktG

Bestellt eine Aktiengesellschaft eine Sicherheit für die Schuld eines ihrer Aktionäre, so stellt dies eine verdeckte Einlagenrückgewähr dar[1585], die gemäß § 57 Abs. 1 AktG unzulässig ist und den Aktionär nach § 62 Abs. 1 AktG zur Rückgewähr dieser Leistung verpflichtet. Der für die Einlagenrückgewähr maßgebliche Zeitpunkt ist dabei der Zeitpunkt der Bestellung der Sicherheit und nicht der Zeitpunkt ihrer Verwertung[1586]. Der Sinn des § 57 AktG besteht in der Erhaltung des Grundkapitals der AG im Interesse ihrer Gläubiger. Objektiv verboten ist somit jede Leistung der AG, die wegen der Mitgliedschaft aller oder einzelner Aktionäre erbracht würde beziehungsweise wird, wenn sie nicht aus dem Bi-

---

1583 *Schön*, ZHR 159 (1995), S. 351/355.

1584 *Schön*, ZHR 159 (1995), S. 351/355.

1585 OLG Düsseldorf, AG 1980, S. 273/274; OLG Hamburg, AG 1980, S. 275/279; OLG München, AG 1980, S. 272/273; *Hüffer*, § 57 AktG, Rn. 12; *Meyding/Ruby*, Finanz Betrieb 2000, S. 106/107; *Schön*, ZHR 159 (1995), S. 351/369; *Sonnenhol/Groß*, ZHR 159 (1995), S. 388/408.

1586 Dies stellt *Schön*, ZHR 159 (1995), S. 351/357 ff. mit weiteren Nachweisen insbesondere für die Rechtsform der GmbH heraus.

lanzgewinn erfolgt oder ausnahmsweise zugelassen ist[1587]. Im Gegensatz zum Recht der GmbH ist im Aktienrecht dabei nicht nur der Schutz des Stammkapitals, sondern die Bindung des gesamten Gesellschaftsvermögens außerhalb offener Gewinnausschüttungen vorgesehen[1588]. Hieraus folgt, daß eine Sicherheitenbestellung der Tochtergesellschaft zugunsten ihrer Mutter grundsätzlich untersagt ist, weil eine zur freien Verfügung der Aktionäre stehende Haftungsmasse nicht besteht[1589]. Der in der Sicherheitenbestellung durch die Tochtergesellschaft bestehende Verstoß gegen § 57 Abs. 1 AktG wird jedoch geheilt, wenn und soweit die Muttergesellschaft konzernintern die Darlehensvaluta an die Tochtergesellschaft weitergibt[1590]. Erfolgt die Fremdkapitalaufnahme einer Muttergesellschaft also zu dem Zweck, die Mittel an die Tochtergesellschaft weiterzureichen, damit diese hiervon die Aktien der Zielgesellschaft erwirbt, so läge in einer entsprechenden Sicherheitenbestellung der Tochtergesellschaft zugunsten ihrer Mutter grundsätzlich kein Verstoß gegen § 57 Abs. 1 AktG vor. Nur dann, wenn der Umfang der bestellten Sicherheiten die Summe der an die Tochtergesellschaft weitergereichten Kreditmittel übersteigt, kann ein Fall der verbotenen Einlagenrückgewähr vorliegen.

In diesem Zusammenhang ist zudem festzuhalten, daß sich die soeben dargestellten Kapitalerhaltungspflichten des Aktionärs grundsätzlich nur an diesen selbst und nicht an dritte Personen richten. Insbesondere gegenüber einem kreditgebenden Dritten kann der Einwand des § 57 Abs. 1 AktG somit grundsätzlich nicht erhoben werden[1591]. Es wird jedoch vertreten, daß ein Verstoß gegen § 57 AktG zur Unwirksamkeit der zwischen dem Aktionär und der Gesellschaft vollzogenen Geschäfte im Sinne von § 134 BGB führe und sich diese Nichtigkeit dann gegebenenfalls auch auf das Sicherungsgeschäft mit dem Kreditgeber erstrecken kann[1592]. Anerkannt ist dies für den Fall des kollusiven Zusammenwirkens zwischen dem Kreditgeber und dem Gesellschafter (hier also der Mut-

---

[1587] Vgl. OLG Frankfurt, AG 1996, S. 324/325; OLG Hamburg, AG 1980, S. 275/278; *Hüffer*, § 57 AktG, Rn. 1 f.; *Lutter*, in: Kölner Kommentar zum AktG, § 57, Rn. 5.

[1588] *Hüffer*, § 57 AktG, Rn. 3; *Lutter*, in: Kölner Kommentar zum AktG, § 57, Rn. 6; *Meyding/Ruby*, Finanz Betrieb 2000, S. 106/107 m.w.N.

[1589] Ein erlaubtes Drittgeschäft ist ausnahmsweise jedoch anzunehmen, wenn die Tochtergesellschaft wegen vielfältiger Kreditaktivitäten das Insolvenzrisiko der Mutter kalkulatorisch umlegen kann, vgl. *Schön*, ZHR 159 (1995), S. 351/370.

[1590] RGZ 139, S. 393 ff.; *Schön*, ZHR 159 (1995), S. 351/370.

[1591] BGH NJW 1992, S. 2821 ff.; OLG Düsseldorf, AG 1980, S. 273 ff.; *Lutter*, in: Kölner Kommentar zum AktG, § 57, Rn. 75; *Schön*, ZHR 159 (1995), S. 351/370; *Sonnenhol/Groß*, ZHR 159 (1995), S. 388/409.

[1592] BGH WM 1957, S. 61 f.; *Hüffer*, § 57 AktG, Rn. 23 f.; *Lutter*, in: Kölner Kommentar zum AktG, § 57, Rn. 67; *Canaris*, in: FS Fischer, S. 31/33 ff.

tergesellschaft) zum Nachteil der Gläubiger der Tochtergesellschaft[1593]. Zwar ist es umstritten, ob in diesem Zusammenhang bereits die einfache Kenntnis[1594] oder die Fahrlässigkeit[1595] des Kreditgebers einen solchen Einwand und folglich auch die Haftung des Kreditgebers begründen kann[1596]. Kennt der Kreditgeber die gesellschaftsrechtliche Beziehung zwischen dem Kreditnehmer und dem Sicherungsgeber, wird das Sicherungsgeschäft wegen Verstoßes gegen den „strukturellen Vorrang" der Gläubiger der Tochtergesellschaft jedoch regelmäßig als sittenwidrig zu qualifizieren sein. In diesem Fall ist nämlich davon auszugehen, daß der Kreditgeber entweder positiv weiß oder sich leichtfertig der Erkenntnis verschließt, daß die Besicherung das Kapital der Sicherungsgeberin angreifen kann. Sowohl den Sicherungsvertrag als auch die Bestellung der dinglichen oder schuldrechtlichen Sicherheit trifft dann der Vorwurf der Sittenwidrigkeit und die Rechtsfolge der Nichtigkeit nach § 138 BGB[1597].

cc. Konzernrecht

Schließlich ist als dritte Ebene, auf der sich die Zuwendung einer Sicherheit für den von einem herrschenden Unternehmen aufgenommenen Kredit beurteilen läßt, das Konzernrecht zu nennen. Zu unterscheiden ist in diesem Zusammenhang zunächst grundsätzlich zwischen faktischen und unternehmensvertraglichen Konzernverbindungen[1598].

(1) Einfacher faktischer Konzern

Bei einem einfachen faktischen Konzern handelt es sich um einen nicht durch einen Beherrschungsvertrag legitimierten Konzern[1599]. Das durch die §§ 57 ff. AktG ausgestaltete Prinzip der Vermögensbindung wird nach der überwiegenden Ansicht im einfachen faktischen Konzern durch das System der Nachteils-

---

[1593] OLG Düsseldorf, AG 1980, S. 273 ff. *Sonnenhol/Stützle*, WM 1983, S. 2/5 f.; *Canaris*, in: FS Fischer, S. 31/45; *Schön*, ZHR 159 (1995), S. 351/371. Vgl. ferner im Zusammenhang mit einer Tochtergesellschaft in der Rechtsform der GmbH: BGH WM 1982, S. 1402; *Lutter/Wahlers*, AG 1989, S. 1/15; *Sonnenhol/Stützle*, WM 1983, S. 2/3 ff.; *Peltzer/Bell*, ZIP 1993, S. 1755/1764.

[1594] RGZ 107, S. 161/167; *Lutter/Wahlers*, AG 1989, S. 1/11.

[1595] *Canaris*, in: FS Fischer, S. 31/49; *Horn*, ZIP 1987, S. 1225/1227; *Michalski*, AG 1980, S. 261/266. *Peltzer/Bell*, ZIP 1993, S. 1755/1764 wollen in diesem Zusammenhang (für die GmbH) bereits leichte Fahrlässigkeit ausreichen lassen.

[1596] Vgl. zu den hierzu vertretenen Standpunkten im GmbH-rechtlichen Zusammenhang vertiefend: *Schön*, ZHR 159 (1995), S. 351/364 ff.

[1597] *Schön*, ZHR 159 (1995), S. 351/366 f. und 371.

[1598] *Schön*, ZHR 159 (1995), S. 351/371.

[1599] *Hüffer*, § 311 AktG, Rn. 5 f.

ausgleichung gemäß §§ 311 ff. AktG vollständig ersetzt[1600]. Begründet wird diese Ansicht dadurch, daß nahezu jedes im Sinne der §§ 311 ff. AktG nachteilige Geschäft einen Zugriff auf das gebundene Vermögen einer Aktiengesellschaft mit sich bringe und die beiden Regelungsmechanismen deshalb in einem gewissen Widerspruch zueinander stünden. Die strikte Anwendung der §§ 57 ff. AktG ließe die im Konzernrecht vorgesehene Billigung beziehungsweise Duldung nachteiliger Rechtsgeschäfte ins Leere laufen. Im Ergebnis sei deshalb von einer Lockerung des Prinzips der strikten Vermögensbindung auszugehen, die dadurch entstehe, daß die Vorschriften der §§ 311 ff. AktG ihnen im Wege der Spezialität vorgingen[1601].

Am Fall der Kreditbesicherung durch ein abhängiges Unternehmen zugunsten seines herrschenden Unternehmens zeigt sich jedoch auch ein wesentlicher Unterschied zu dem aus den §§ 57 ff. AktG folgenden Prinzip der Vermögensbindung. Gemäß § 311 AktG ist ein von einer Tochtergesellschaft im Interesse ihrer Muttergesellschaft vorgenommenes nachteiliges Rechtsgeschäft dann geduldet, wenn im laufenden Geschäftsjahr ein Ausgleich gewährt oder an dessen Ende eine Bestimmung über einen künftigen Ausgleich getroffen wird. Hieraus ergibt sich im Vergleich zum Prinzip der Vermögensbindung ein wesentlicher Unterschied in der Rechtsfolge. Während § 57 AktG bereits die Bereitstellung einer Sicherheit durch die Tochtergesellschaft als Auszahlung gebundenen Vermögens verbietet und als Einlagenrückgewähr mit einem sofortigen Rückzahlungsanspruch ahndet, verweist § 311 AktG auf einen künftigen schuldrechtlichen Ausgleichsanspruch. Dies hat jedoch zur Folge, daß die abhängige Tochtergesellschaft bis zu diesem Zeitpunkt mit dem Risiko der Insolvenz der Muttergesellschaft belastet ist.

Vor diesem Hintergrund wurde das Verhältnis des Konzernrechts zum Kapitalerhaltungsrecht in vergleichbaren Konstellationen auch von der Rechtsprechung behandelt. Dabei hat beispielsweise das LG Dortmund[1602] im Jahre 1993 entschieden, die Gewährung eines ungesicherten Darlehens an eine finanziell angeschlagene Obergesellschaft stelle einen Verstoß gegen § 57 AktG dar, der auch durch § 311 AktG nicht gerechtfertigt werden könne. In der Begründung wird

---

1600 OLG Stuttgart, AG 1994, S. 411/412; *Horn*, ZIP 1987, S. 1225/1229; *Hüffer*, § 311 AktG, Rn. 49; *Koppensteiner*, in: Kölner Kommentar zum AktG, § 311, Rn. 107; *Michalski*, AG 1980, S. 261/263 f.; *Schneider*, ZGR 1985, S. 279/294; *Schön*, ZHR 159 (1995), S. 351/371 f. Anderer Ansicht sind insoweit *Flume*, Die juristische Person, § 4 IV, S. 127 sowie wohl auch *Lutter*, in: FS Stiefel, S. 505/531.

1601 Vgl. hierzu - jeweils mit weiteren Nachweisen – *Hüffer*, § 311 AktG, Rn. 49; *Schön*, ZHR 159 (1995), S. 351/371 f.

1602 Entscheidung vom 02.12.1993, Omni Holding/Harpener AG, abgedruckt in: EWiR 1994, S. 1049.

ausgeführt, daß der spätere Ausgleich des verursachten Nachteils im Hinblick auf die eingeschränkte Bonität des herrschenden Unternehmens zweifelhaft gewesen sei. Die Entscheidung des LG Dortmund wurde als solche zwar begrüßt, teilweise jedoch als nicht weit genug gehend kritisiert, weil sie die Bereitstellung ungesicherter Darlehen an eine Muttergesellschaft grundsätzlich akzeptiere[1603]. Demgegen bieten zwei jüngere Entscheidungen der Oberlandesgerichte Frankfurt[1604] und Hamm[1605] nunmehr hinreichend Grund zu der Annahme, die Spezialtät des § 311 AktG vor den §§ 57 ff. AktG mit der Folge der Belastung der Tochtergesellschaft mit dem Insolvenzrisiko ihrer Mutter sei immer dann unbedenklich, wenn der Nachteilsausgleich im Sinne des § 311 Abs. 1 und Abs. 2 AktG vorgenommen werde. Diese Ansicht findet auch in der Literatur entsprechende Zustimmung[1606]. Der Nachteilsausgleich als solcher dient dabei – wenn auch in abgeschwächter Form – ebenfalls dem Kapitalerhalt der Aktiengesellschaft.

(2) Vertragskonzern

Ein Vertragskonzern besteht dann, wenn zwischen dem herrschenden und dem abhängigen Unternehmen ein Beherrschungs- oder ein Gewinnabführungsvertrag im Sinne des § 291 Abs. 1 AktG geschlossen ist. Leistungen der abhängigen Tochtergesellschaft, die aufgrund eines solchen Unternehmensvertrages an die Muttergesellschaft vorgenommen werden, gelten gemäß § 291 Abs. 3 AktG nicht als Verstoß gegen die §§ 57, 58 und 60 AktG. Diese Regelung bietet den durch einen entsprechenden Vertrag verbundenen Unternehmen somit die Möglichkeit, Kreditbesicherungen aus dem Vermögen der abhängigen Aktiengesellschaft ohne Rücksicht auf die im Aktienrecht ansonsten geltende Vermögensbindung zugunsten der Muttergesellschaft durchzuführen[1607]. Einzige Voraussetzung hierfür ist lediglich der Nachweis, daß die Weisung der herrschenden Gesellschaft im Konzerninteresse liegt und die Tochtergesellschaft nicht in ihrer eigenen wirtschaftlichen Existenz gefährdet wird[1608]. Der entsprechende Nachweis wird aber in beiden Fällen gelingen. Zunächst wird das feindliche Über-

---

[1603] Kritisch äußert sich diesbezüglich beispielsweise *Schön*, ZHR 159 (1995), S. 351/372, der jedoch selbst einräumt, daß das Gericht insoweit mit der herrschenden Lehre zum Kapitalerhaltungsrecht übereinstimme.

[1604] OLG Frankfurt, AG 1996, S. 324/327.

[1605] OLG Hamm, AG 1995, S. 512/516, Harpener AG/Omni Holding.

[1606] *Hüffer*, § 311 AktG, Rn. 49; *Koppensteiner*, in: Kölner Kommentar zum AktG, § 311, Rn. 107; *Lutter*, in: Kölner Kommentar zum AktG, § 57, Rn. 80; *Sonnenhol/Groß*, ZHR 159 (1995), S. 388/410.

[1607] OLG München, AG 1980, S. 272/272 f.; *Lutter/Wahlers*, AG 1989, S. 1/9; *Schön*, ZHR 159 (1995), S. 351/373; *Sonnenhol/Groß*, ZHR 159 (1995), S. 388/409.

[1608] Etwa dadurch, daß sämtliche Kreditunterlagen abgezogen werden, vgl. *Schön*, ZHR 159 (1995), S. 351/373.

nahmeangebot auf eine große Publikumsgesellschaft regelmäßig mit seinen wirtschaftlichen Vorteilen für die eigentlich bietende Muttergesellschaft gerechtfertigt. Infolge dessen ist das Konzerninteresse entsprechend zu bejahen. Ferner gewährt die Tochtergesellschaft in der vorliegenden Situation nur in dem Umfang Sicherheiten zugunsten des Kreditgebers der Muttergesellschaft[1609], wie diese auch tatsächlich Kredit zum Erwerb der Anteile in Anspruch nimmt und an die Tochtergesellschaft weiterreicht. Insofern verbleibt der Tochtergesellschaft unter normalen Umständen zumindest ihr Grundkapital als Haftungsunterlage, so daß von einer wirtschaftlichen Existenzgefährdung der Tochtergesellschaft nicht auszugehen ist.

Die aus § 291 Abs. 3 AktG folgende Freigabe der Leistungen an die Muttergesellschaft innerhalb des Vertragskonzerns erklärt und rechtfertigt sich durch den Umstand, daß den Gläubigern der Tochtergesellschaft in dieser Konstellation durch die §§ 302, 303 AktG der Zugriff auf das Vermögen der Muttergesellschaft eröffnet ist. Diese Zugriffsmöglichkeit hebt das im Kapitalgesellschaftsrecht geltende Prinzip der Haftungstrennung ohnehin auf, so daß den Gläubigern des herrschenden Unternehmens nicht mehr mit dem Hinweis auf ihre „strukturelle Nachrangigkeit" der vertragliche Zugriff auf das Vermögen der Tochtergesellschaft verweigert werden kann[1610]. Etwas anderes gilt lediglich dann, wenn bereits bei der Bestellung der Sicherheiten feststeht, daß die §§ 302, 303 AktG den Gläubigern der Tochtergesellschaft deshalb keinen ausreichenden Schutz bieten, weil die wirtschaftliche Lebensfähigkeit der Tochtergesellschaft durch den mit der Sicherheitenbestellung einhergehenden Liquiditätsentzug grundsätzlich in Frage gestellt wird. In diesem - hier jedoch nicht anzunehmenden Fall - müßte der Vorstand der Tochtergesellschaft die Sicherheitenbestellung zugunsten der Muttergesellschaft verweigern[1611].

(3) Qualifiziert faktischer Konzern

Die voranstehenden Ausführungen führen zu dem Ergebnis, daß die Bestellung von Sicherheiten durch eine Tochtergesellschaft zugunsten ihrer einen Kredit aufnehmenden Muttergesellschaft im einfachen faktischen Konzern nicht zu einer Aufhebung der Kapitalerhaltungsregeln nach den § 57 ff. AktG führen, während im Vertragskonzern wegen § 291 Abs. 3 AktG eine weitgehende Freigabe erfolgt. Hieraus ergibt sich die Fragestellung, ob im Rahmen der Sicherheitenbestellung innerhalb eines qualifiziert faktischen Konzerns eher die für den Vertragskonzern geltende Gestaltungsfreiheit oder die beim einfachen faktischen

[1609] Beispielsweise durch Verpfändung der im Rahmen des Aktientauschs erworbenen Anteile der Zielgesellschaft.

[1610] *Lutter*, in: FS Stiefel (1987), S. 505/530 f.; *Schön*, ZHR 159 (1995), S. 351/373.

[1611] *Hommelhoff*, WM 1984, S. 1105/1112 f.; *Schneider*, ZGR 1984, S. 497/533 ff.

Konzern geltenden Bestimmungen des Kapitalerhaltungsrechts anzuwenden sind. Bei einem qualifiziert faktischen Konzern handelt es sich um einen ohne einen Unternehmensvertrag begründeten Konzern, bei dem die Einflußnahme des herrschenden Unternehmens aufgrund ihrer Breite, Stärke und Dauer schädliche Wirkungen zeigt und hierdurch die unternehmerische Struktur der abhängigen Gesellschaft in entscheidender Weise betrifft. Ein Effekt des qualifiziert faktischen Konzerns ist es somit, daß die abhängige Gesellschaft gleichsam wie eine „unselbständige Betriebsabteilung" des herrschenden Unternehmens geführt wird[1612]. Die Frage der Behandlung der Sicherheitenbestellung im qualifiziert faktischen Konzern gewinnt zudem insbesondere im Zusammenhang mit einem von der Konzernmutter betriebenen zentralen *Cash-Management* Bedeutung[1613].

Nach der früheren Rechtsprechung des BGH findet die Verlustausgleichspflicht der §§ 302, 303 AktG im qualifiziert faktischen Konzern entsprechende Anwendung[1614]. Dies spricht zunächst dafür, den qualifiziert faktischen Konzern mit dem Vertragskonzern gleich zu behandeln[1615]. Gegen diese Sichtweise sprechen jedoch verschiedene Argumente. Zunächst ist die diesbezügliche Rechtsprechung des BGH nicht unumstritten[1616]. So ergeben sich Zweifel an diesem Verständnis der Haftungsnormen bereits daraus, daß die qualifizierte faktische Konzernierung - im Gegensatz zum Vertragskonzern - keinen Erlaubnistatbestand für schädigende Eingriffe in das Vermögen der Tochtergesellschaft darstellt[1617]. Daneben fehlt es dem qualifiziert faktischen Konzern insoweit an der hinreichenden Eindeutigkeit und Publizität eines Haftungstatbestandes[1618]. Nach der Ansicht des BGH werden die allgemeinen Regeln der Kapitalerhaltung durch die qualifizierte Konzernierung zudem nicht rechtlich, sondern lediglich tatsächlich außer Kraft gesetzt[1619]. Schließlich ist es aufgrund einer jüngeren Ent-

---

1612 BGH NJW 1993, S. 1200/1200; *Bayer*, in: Münchener Kommentar zum AktG, § 18, Rn. 11; *Hüffer*, § 18 AktG, Rn. 4; *Lutter/Timm*, NJW 1982, S. 409/412.

1613 Hierbei hat die Muttergesellschaft die volle Verfügungsgewalt über die Liquidität und die Sicherheiten (Kreditunterlagen) der Tochtergesellschaft. Diese Stellung einer Muttergesellschaft ist zur Begründung eines qualifiziert faktischen Konzern in besonderer Weise geeignet, vgl. *Schön*, ZHR 159 (1995), S. 351/374.

1614 BGHZ 107, S. 7/15 ff.; BGHZ 115, S. 187/187 ff.; BGHZ 122, S. 123/123 ff.

1615 *Bayer*, in: Münchener Kommentar zum AktG, § 18, Rn. 14; *Hüffer*, § 18 AktG, Rn. 5.

1616 Vgl. hierzu vertiefend *Altmeppen*, DB 1994, S. 1912/1912 ff. m.w.N.; *Bälz*, AG 1992, S. 277/293 f.; *Hüffer*, § 302 AktG, Rn 7 f. und 30; *Koppensteiner*, in: Kölner Kommentar zum AktG, Vorb. Zu § 311, Rn. 24; *Schön*, ZHR 159 (1995), S. 351/374.

1617 *Schön*, ZHR 159 (1995), S. 351/374. Im Ergebnis ebenso: *Sonnenhol/Groß*, ZHR 159 (1995), S. 388/410.

1618 BGHZ 103, S. 1/5 f.; BGHZ 116, S. 37/40.

1619 BGHZ 115, S. 187/197 f.; BGHZ 122, S. 123/123 ff. Zustimmend insoweit auch *Ulmer*, AG 1986, S. 123/127.

scheidung des BGH[1620] („*Bremer Vulkan*"), in der das Gericht die Geltung des konzernrechtlichen Haftungssystems bei einer Einmann-GmbH ablehnt, zumindest fraglich geworden, ob die bisherige Anlehnung an die für den Vertragskonzern geltende Vorschrift des § 302 AktG für den qualifiziert faktischen Konzern in Zukunft überhaupt noch Bestand haben soll und kann[1621]. Im Ergebnis ist es somit näherliegend, die aktienrechtlichen Kapitalerhaltungsregeln der §§ 57 ff. AktG auch im qualifiziert faktischen Konzern aufrecht zu erhalten[1622].

dd. Haftung der Vorstandsmitglieder der Tochtergesellschaft bei kapitalerhaltungswidriger Bestellung von Sicherheiten

Da grundsätzlich jede Besicherung von Verbindlichkeiten eines Aktionärs durch das Gesellschaftsvermögen eine verbotene Einlagenrückgewähr im Sinne des § 57 Abs. 1 AktG darstellt, ergibt sich für die Mitglieder des Vorstands der Tochtergesellschaft ein weiteres Problem. Sie machen sich gegebenenfalls gemäß § 93 Abs. 3 Nr. 1 AktG schadensersatzpflichtig[1623].

Ein solcher Schadensersatzanspruch setzt zunächst ein Verschulden voraus, wobei das Gesetz den Vorstandsmitgliedern in § 93 Abs. 2 Satz 2 AktG eine Entlastungsmöglichkeit einräumt. Ein demnach erforderlicher Entlastungsbeweis dürfte in den Fällen der generell gesetzwidrigen Sicherheitenbestellung jedoch schwerfallen[1624]. Ferner müßte der Gesellschaft aufgrund der Sicherheitenbestellung ein Schaden entstanden sein, der bei einem Vertsoß gegen § 93 Abs. 3 Nr. 1 AktG regelmäßig in Höhe der geleisteten Mittel vermutet wird[1625]. Der Mindestschaden liegt somit unmittelbar in der Minderung des zur Verfügung stehenden Vermögens der Gesellschaft und entfällt nur, wenn das Vorstandsmitglied beweisen kann, daß die der Gesellschaft entzogenen Mittel tatsächlich an diese zurückgeführt wurden[1626].

[1620] BGH NJW 2001, S. 3622 ff.

[1621] *Altmeppen*, ZIP 2001, S. 1837 ff.; *Bittor*, WM 2001, S. 2133 ff.; *Hüffer*, § 302 AktG, Rn. 7a.

[1622] *Schön*, ZHR 159 (1995), S. 351/374. Im Ergebnis ebenso *Hüffer*, § 302 AktG, Rn. 7a und 30 sowie in Bezug auf die vergleichbare Rechtslage bei §§ 30 ff. GmbHG *Peltzer*, GmbHR 1995, S. 15/17.

[1623] *Meyding/Ruby*, Finanz Betrieb 2000, S. 106/111.

[1624] *Hopt*, in: Großkommentar zum AktG, § 93, Rn. 233; *Mertens*, in: Kölner Kommentar zum AktG, § 93, Rn. 87; *Meyding/Ruby*, Finanz Betrieb 2000, S. 106/111.

[1625] LG Bochum, ZIP 1989, S. 1557/1559; *Hopt*, in: Großkommentar zum AktG, § 93, Rn. 235; *Mertens*, in: Kölner Kommentar zum AktG, § 93, Rn. 87.

[1626] Beispielsweise durch Weitergabe einer der Sicherheit entsprechenden Darlehensvaluta durch die Muttergesellschaft an die Tochtergesellschaft; *Meyding/Ruby*, Finanz Betrieb 2000, S. 106/111.

Im übrigen richtet sich der Schadensersatzanspruch hinsichtlich seines Inhalts und Umfangs nach den allgemeinen Grundsätzen der §§ 249 ff. BGB[1627]. Grundsätzlich ist folglich Naturalrestitution geschuldet, weshalb die von der Tochtergesellschaft bestellte Sicherheit dieser zurückzugewähren ist. Da der Kreditgeber die Rückgabe jedoch regelmäßig nur bei vollständiger Ablösung der Schuldsumme akzeptieren wird, haben die Vorstandsmitglieder in einem solchen Fall persönlich und gesamtschuldnerisch für die Rückzahlung des Akquisitionskredits in voller Höhe einzustehen[1628].

Unter den Voraussetzungen des § 93 Abs. 5 AktG können auch die Gläubiger der (Tochter-)Gesellschaft den Schadensersatzanspruch geltend machen, soweit sie von dieser keine anderweitige Befriedigung mehr erlangen können. Gemäß § 93 Abs. 5 Satz 3 AktG wird diese Haftung der Vorstandsmitglieder weder durch einen Verzicht noch durch einen Vergleich ausgeschlossen oder beschränkt. Ist über das Vermögen der Gesellschaft bereits das Insolvenzverfahren eröffnet, übt während dessen Dauer der Insolvenzverfahren die Rechte der Gläubiger aus[1629].

c. Zwischenergebnis

Die Fremdkapitalfinanzierung einer feindlichen Übernahme auf eine große Publikumsgesellschaft stößt auch dann, wenn sie unter Einschaltung einer Tochtergesellschaft des Bieters erfolgt, auf die schon zum Bieter selbst geäußerten Bedenken[1630]. Neben diesen ergeben sich des weiteren Rechtsfragen in Bezug auf die Besicherung. Als Kreditnehmer kommt anstelle der lediglich als Übernahmevehikel geschaffenen und ansonsten über keinen Geschäftsbetrieb verfügende Tochtergesellschaft ernsthaft nur die Muttergesellschaft in Betracht[1631]. Für die Gläubiger der Muttergesellschaft stellt sich das Problem des „strukturellen Nachrangs“ gegenüber den Gläubigern der Tochtergesellschaft[1632].

[1627] OLG Düsseldorf, AG 1997, S. 231/237.

[1628] OLG Düsseldorf, AG 1997, S. 231/237; *Hopt*, in: Großkommentar zum AktG, § 93, Rn. 259; *Meyding/Ruby*, Finanz Betrieb 2000, S. 106/112. Ist die Sicherheit hingegen bereits verwertet worden, haften die Vorstandsmitglieder gesamtschuldnerisch für den hierdurch der Gesellschaft entstandenen Schaden. Sie schulden dann den Verkehrswert der verwerteten Sicherheit sowie ggfs. den darüber hinausgehenden Schaden.

[1629] § 93 Abs. 5 Satz 4 AktG sowie hierzu vertiefend *Hopt*, in: Großkommentar zum AktG, § 93, Rn. 421 ff. Vgl. ferner auch *Meyding/Ruby*, Finanz Betrieb 2000, S. 106/112.

[1630] Vgl. hierzu bereits zusammenfassend § 7 II. 4. Zwischenergebnis.

[1631] Siehe § 8 II. 2. a. Tochtergesellschaft als Kreditnehmerin und b. Muttergesellschaft als Kreditnehmerin; Besicherung durch das Gesellschaftsvermögen der Tochtergesellschaft.

[1632] § 8 II. 2. b. aa. „Strukturelle Nachrangigkeit“ der Gläubiger der Muttergesellschaft.

Werden aus dem Vermögen der Tochtergesellschaft Sicherheiten zugunsten der Mutter bestellt, so kann dieser Vorgang sittenwidrig und damit nichtig sein[1633]. Die Sicherheitenbestellung stößt – als verdeckte Einlagenrückgewähr – vor allem vor dem Hintergrund der Kapitalerhaltungsvorschriften gemäß §§ 57, 62 AktG auf Bedenken. Diese können nur dadurch ausgeräumt werden, daß die Muttergesellschaft die der Sicherheit entsprechende Darlehensvaluta konzernintern an die Tochtergesellschaft weiterreicht. Der Einwand der Einlagenrückgewähr ist zudem grundsätzlich nur gegenüber der Muttergesellschaft und lediglich ausnahmsweise gegenüber Dritten möglich[1634]. Ein solcher Ausnahmefall wird bei Kenntnis der kredtigebenden Bank von der gesellschaftsrechtlichen Beziehung zwischen Mutter- und Tochtergesellschaft jedoch regelmäßig anzunehmen sein. Stellt die Sicherheitenbestellung eine verdeckte Einlagenrückgewähr dar, stellt sich für die Vorstandsmitglieder der Tochtergesellschaft zudem regelmäßig das Problem einer Schadensersatzverpflichtung gemäß § 93 Abs. 3 Nr. 1 bzw. Abs. 5 AktG[1635].

Schließlich sind die konzernrechtlichen Vorschriften zu berücksichtigen. Im einfachen faktischen Konzern geht § 311 den §§ 57 ff. AktG im Wege der Spezialität vor, so daß eine Besicherung auch unter dem Aspekt des Risikos der Insolvenz der Muttergesellschaft als unbedenklich gilt, sofern ein Nachteilsausgleich im Sinne des § 311 Abs. 1 und Abs. 2 AktG erfolgt[1636]. Im Vertragskonzern sind Leistungen an die Mutter gemäß § 291 Abs. 3 AktG mit §§ 57, 58 und 60 AktG vereinbar[1637]. Auf den qualifiziert faktischen Konzern sind die für den einfachen faktischen Konzern geltenden Regelungen anzuwenden[1638].

[1633] § 8 II. 2. b. aa. „Strukturelle Nachrangigkeit" der Gläubiger der Muttergesellschaft.

[1634] Beispielsweise gegenüber der kreditgebenden Bank im Falle des kollusiven Zusammenwirkens. Vgl. zum Vorstehenden ferner § 8 II. 2. b. bb. (2) Kapitalerhaltung im Aktienrecht – Verbot der Einlagenrückgewähr gemäß §§ 57, 62 AktG.

[1635] § 8 II. 2. b. dd. Haftung der Vorstandsmitglieder der Tochtergesellschaft bei kapitalerhaltungswidriger Bestellung von Sicherheiten.

[1636] Vgl. § 8 II. 2. b. cc. (1) Einfacher faktischer Konzern.

[1637] § 8 II. 2. b. cc. (2) Vertragskonzern.

[1638] § 8 II. 2. b. cc. (3) Qualifiziert faktischer Konzern.

§ 9 Übernahmeangebot seitens oder mit Hilfe einer unabhängigen Bank oder einer Tochtergesellschaft derselben

Das Übernahmeangebot könnte auch von oder mit Hilfe einer unabhängigen Bank bzw. einer 100 %ige Tochtergesellschaft einer solchen Bank erklärt und durchgeführt werden. Diese Gesellschaften würden dann gemäß § 2 Abs. 4 WpÜG als Bieter gelten. Sie hätten somit die aus § 13 WpÜG folgenden Anforderungen an die Sicherstellung der Gegenleistung zu erfüllen. Durch eine solche Gestaltung der Transaktion würden zunächst das Anfechtungsrisiko und die sonstigen Schwierigkeiten umgangen, die im Falle eines unmittelbaren Angebotes der hinter dem Übernahmeangebot stehenden Erwerbergesellschaft bestehen[1639]. Ferner würden sich im Verhältnis der Erwerbergesellschaft zu der das Übernahmeangebot erklärenden Gesellschaft durch die Einschaltung einer unabhängigen Bank und deren Tochter die aus § 71d AktG sowie der *Holzmüller*-Doktrin folgenden Probleme von vornherein nicht ergeben. Es ist davon auszugehen, daß es sich bei der Tochtergesellschaft der Bank um eine Aktiengesellschaft mit 50.000 € Grundkapital handelt. Im einzelnen sind dabei jedoch wiederum verschiedene Konstellationen denkbar, wobei lediglich die Fälle, in denen Aktien der Bank selbst als Gegenleistung angeboten werden, auszuschließen sind. Nachfolgend soll lediglich die Möglichkeit der Eigenkapitalfinanzierung im Wege des Aktientauschs behandelt werden.

I. Übernahmeangebot seitens der Tochtergesellschaft der Bank; Aktien dieser Tochtergesellschaft als Gegenleistung

Zunächst könnte die Tochtergesellschaft der vom Bieter beauftragten Bank das Übernahmeangebot abgeben. Die Bank würde hierbei als Treuhänderin fungieren. Die Tochtergesellschaft der Bank bietet den Aktionären der Zielgesellschaft dabei eigene Aktien als Gegenleistung im Rahmen eines Aktientausches an. Um die eigenen Aktien als Gegenleistung zur Verfügung stellen zu können, müßte die Tochtergesellschaft diese jedoch zunächst von der Bank als ihrer Muttergesellschaft zurückerwerben. Dabei ist die Tochtergesellschaft wegen der Regelung des § 71 Abs. 2 AktG jedoch auf einen Umfang von zehn Prozent ihres Grundkapitals beschränkt. Liegt dieses bei 50.000 €, darf die Tochtergesellschaft demnach nur eigene Aktien in einem Umfang erwerben, der einem Grundkapital von 5.000 € entspricht. Weil sich hiermit eine feindliche Übernahme auf eine große Publikumsgesellschaft im Wege eines Aktientausches nicht finanzieren läßt, ist es zwar denkbar, daß die Bank das Grundkapital ihrer Tochtergesellschaft erhöht. Wegen der Beschränkung des Umfangs der Kapital-

---

[1639] Siehe oben § 7 III. Zwischenergebnis.

erhöhung auf 50 % des bisherigen Grundkapitals, die bei der bedingten Kapitalerhöhung (§ 192 Abs. 3 AktG)[1640] ebenso besteht wie beim genehmigten Kapital (§ 202 Abs. 3 AktG)[1641], käme hierfür von vornherein nur eine ordentliche Kapitalerhöhung in Betracht.

Als problematisch erweist sich dabei jedoch, daß das Grundkapital der Gesellschaft, deren Aktien gegen die Aktien der Zielgesellschaft getauscht werden sollen, demjenigen der Zielgesellschaft entsprechen sollte. Das Grundkapital dient nämlich der Sicherung der Gläubiger und Aktionäre einer Aktiengesellschaft und erfüllt insofern eine Garantiefunktion[1642]. Die Aktionäre der Zielgesellschaft werden es daher kaum akzeptieren, wenn ihnen die angebotene Gegenleistung weniger Garantie bietet als sie mit den Aktien der Zielgesellschaft aufgeben würden. Auch wenn der Wert des Gesellschaftsvermögens regelmäßig deutlich über dem Grundkapital einer Aktiengesellschaft liegt, so wird das Grundkapital jedenfalls den untersten Wert dessen darstellen, was an realer Gegenleistung aufzubringen ist. Wenn die das Übernahmeangebot abgebende Tochtergesellschaft der Bank jedoch nur eigene Aktien im Wert von zehn Prozent ihres Grundkapitals erwerben darf, so müßte sie über ein Grundkapital verfügen, das zehnmal so groß ist wie das der Zielgesellschaft, um diese vollständig zu übernehmen. Berücksichtigt man die Kosten der Kontrollprämie und möglicher Abwehrmaßnahmen, so erhöht sich die Summe des benötigten Grundkapitals weiter. Weil es sich aber bereits bei der Zielgesellschaft um eine große Publikumsgesellschaft handelt, ist der theoretisch denkbare Fall der Finanzierung über eine Banktochter, die ihre eigenen Aktien den Aktionären der Zielgesellschaft zum Tausch anbietet, praktisch nicht durchführbar.

II. Übernahmeangebot seitens der Bank; Aktien der Tochtergesellschaft als Gegenleistung

Alternativ ist es denkbar, daß die Bank das Übernahmeangebot selbst an die Aktionäre der Zielgesellschaft abgibt, dabei jedoch Aktien ihrer Tochtergesellschaft als Gegenleistung im Rahmen eines Aktientauschs anbietet. Vorteilhaft ist daran, daß die Bank den Aktionären der Zielgesellschaft keine eigenen Aktien, sondern die in ihrem Bestand befindlichen Aktien ihrer Tochtergesellschaft anbietet. Deshalb stehen einem solchen Vorgehen die sich aus den Vorschriften über den Rückerwerb eigener Aktien ergebenden mengenmäßigen Beschränkungen - insbesondere § 71 Abs. 2 AktG - nicht entgegen.

[1640] Vgl. oben § 7 I. 1. b. cc. (4) Beschränkung des Umfangs.
[1641] Siehe oben § 7 I. 1. c. cc. (1) Beschränkung des Umfangs.
[1642] *Hüffer*, § 1 AktG, Rn. 10 und 12.

Zur Vorbereitung des angestrebten Aktientausches wird dann bei der Tochtergesellschaft der Bank eine Kapitalerhöhung in Höhe des Grundkapitals der Zielgesellschaft nötig. Hierbei wird es sich wiederum um eine ordentliche Kapitalerhöhung gegen Bareinlage handeln[1643]. Wenn die Aktionäre der Zielgesellschaft das Umtauschangebot annehmen, so erhalten sie Aktien der Tochtergesellschaft der Bank in Höhe des Grundkapitals der Zielgesellschaft, wohingegen sich umgekehrt die Aktien der Zielgesellschaft bei der Bank selbst befinden. Die Bank wäre daneben auch noch Eigentümerin von Aktien ihrer Tochtergesellschaft im Wert von deren ursprünglichem Grundkapital – hier also 50.000 €. Dies hätte für die Aktionäre der Zielgesellschaft zur Konsequenz, daß sie nur noch an der Tochtergesellschaft der Bank beteiligt sind. Diese verfügt jedoch lediglich über ein Grundkapital, das dem der Zielgesellschaft zuzüglich der 50.000 € des von der Bank eingezahlten Grundkapital entspricht, nicht jedoch über weitere Vermögenswerte. Die im Wert einer Aktien der Zielgesellschaft ursprünglich repräsentierte Differenz zwischen dem Grundkapital und dem Wert des Gesellschaftsvermögens gingen ihnen bei einem solchen Tausch verloren und stünde vielmehr der Bank zur Verfügung. Da die Aktionäre der Zielgesellschaft somit nach einem Tausch weniger hätten als davor, erscheint ein solches Angebot aus ihrer Sicht nicht attraktiv. Es bestünde zudem die Gefahr, daß die Aktionäre der Zielgesellschaft lediglich an der ursprünglichen Tochtergesellschaft der Bank beteiligt blieben.

Selbst eine Zusicherung der Bank, daß in einem zweiten Schritt die Aktionäre der Zielgesellschaft wieder an „ihrer" - dann jedoch von der eigentlichen Erwerbsgesellschaft übernommenen - Gesellschaft beteiligt sein werden, wird nichts daran ändern, daß es sich um ein unattraktives Angebot handelt. Zunächst müßte hierfür eine Kapitalerhöhung in der – mittlerweile mehrheitlich den Aktionären der Zielgesellschaft gehörenden – Tochtergesellschaft der Bank durchgeführt werden. Dabei würde die Bank die nunmehr von ihr gehaltenen Aktien der Zielgesellschaft im Wege der Sachkapitalerhöhung mit Bezugsrechtsausschluß in die ursprünglich von ihr gehaltene Tochtergesellschaft einbringen und im Gegenzug junge Aktien dieser Gesellschaft in Höhe des Marktwertes der Zielgesellschaft erhalten[1644]. Somit hielte die Bank dann Aktien „ihrer" Tochtergesell-

[1643] Siehe zuvor § 9 I. Übernahmeangebot seitens der Tochtergesellschaft der Bank; Aktien dieser Tochtergesellschaft als Gegenleistung.

[1644] Die bloße Übertragung der Aktien der Zielgesellschaft auf die Tochtergesellschaft der Bank ohne jegliche Gegenleistung in Form junger Aktien hätte nämlich einen unerwünschten Effekt. Die ursprünglichen Aktionäre der Zielgesellschaft hielten dann Aktien an der Tochtergesellschaft im Wert des Grundkapitals der Zielgesellschaft, während die Bank lediglich Aktien an der Tochtergesellschaft hält, die dem Wert deren ursprünglichen Grundkapitals, also 50.000 € entsprechen. Die Tochtergesellschaft der Bank, deren Vermögen aus dem Gesellschaftvermögen der Zielgesellschaft zuzüglich 50.000 € bestünde,

schaft in Höhe des ursprünglichen Grundkapitals von 50.000 € zuzüglich der Höhe des Marktwerts der Zielgesellschaft. Diese würde sie komplett auf die eigentliche Erwerbsgesellschaft übertragen. Diese verfügt hiernach unter normalen Umständen[1645] über eine ausreichende Mehrheit, um eine anschließende Verschmelzung herbeizuführen.

Die ursprünglichen Aktionäre der Zielgesellschaft sehen sich aber einer in ihrem Wert verwässerten Vermögensmasse gegenüber. Zunächst halten sie nur noch Aktien in Höhe des Grundkapitals ihrer früheren Gesellschaft an der Tochtergesellschaft der Bank. Somit sind sie in ihrer Gesamtheit nur noch Minderheitsaktionäre einer Gesellschaft, die eine Zielgesellschaft kontrolliert, welche ihnen ursprünglich zu 100 % gehörte. Darüber hinaus unterscheidet sich das Gesellschaftsvermögen der Zielgesellschaft von dem der Tochtergesellschaft der Bank dadurch, daß letztere auch noch über ihr ursprüngliches Grundkapital in Höhe von 50.000 € verfügt. Das Gesellschaftsvermögen der Banktochter besteht also aus dem Gesellschaftsvermögen der Zielgesellschaft zuzüglich der 50.000 € Grundkapital. Die Anzahl der Aktien der Tochtergesellschaft der Bank erhöht sich demgegenüber jedoch ungleich stärker. Neben Aktien in Höhe des ursprünglichen Grundkapitals der Banktochter und den Aktien in Höhe des dieses bis zum Marktwert des Gesellschaftsvermögens übersteigenden Wertes der Zielgesellschaft sind nämlich zusätzlich auch noch Aktien in Höhe des Grundkapitals der Zielgesellschaft vorhanden. Weil sich während der Entwicklung der Zielgesellschaft zur Tochtergesellschaft der Bank das Gesellschaftsvermögen weniger stark erhöht als die Anzahl der umlaufenden Aktien, sinkt der Wert des auf eine einzelne Aktie entfallenden Gesellschaftsvermögens entsprechend. Eine Verwässerung tritt demnach unweigerlich ein. Weil dies bei der beschriebenen Vorgehensweise von vornherein ersichtlich ist, wird bereits der Beschluß über die Sachkapitalerhöhung in der von den ursprünglichen Aktionären der Zielgesellschaft gehaltenen Tochtergesellschaft der Bank nicht zustande kommen. Die Vorgehensweise selbst ist jedoch notwendig, damit der Bieter in jedem Fall die Mehrheit an der Tochtergesellschaft der Bank erhält. Anderenfalls könnten die ehemaligen Aktionäre der Zielgesellschaft als zwischenzeitliche Mehrheitsaktionäre der Tochtergesellschaft der Bank die geplante Kapitalerhöhung und eine spätere Verschmelzung einseitig verhindern. Dieses Risiko wird die bietende Gesellschaft nicht eingehen.

---

würde dann jedoch mehrheitlich von den ursprünglichen Aktionären der Zielgesellschaft kontrolliert, die eine Verschmelzung einseitig verhindern könnten.

[1645] Diese liegen vor, wenn der Wert der jungen Aktien der Tochtergesellschaft der Bank zuzüglich 50.000 € Grundkapital mindestens dreimal so hoch ist wie das Grundkapital der Zielgesellschaft. Dann nämlich verfügt der Bieter über die notwendige Mehrheit von 75 % des Kapitals der Tochter der Bank.

III. Übernahmeangebot seitens der Tochtergesellschaft einer Bank; Aktien der Tochtergesellschaft als Gegenleistung, die jedoch durch die Bank erbracht wird

An den bisher dargestellten Konstellationen war problematisch, daß einerseits die Tochtergesellschaft der Bank gemäß 71 Abs. 2 AktG nur in beschränktem Umfang eigene Aktien zum Tausch anbieten kann[1646]. Andererseits ist ein von der Bank durchgeführter Tausch nicht praktikabel[1647]. Es bietet sich daher an, daß die Tochtergesellschaft der Bank das Übernahmeangebot gegenüber den Aktionären der Zielgesellschaft erklärt und im Falle der Annahme deren Aktien der Zielgesellschaft erhält. Die hiergegen zu tauschenden Aktien der Tochtergesellschaft der Bank sollten jedoch nicht von der Tochtergesellschaft selbst, sondern von der Bank zur Verfügung gestellt werden. Bei einer solchen Vorgehensweise ist folgendes zu beachten.

1. Abwicklung und quantitative Mindestanforderungen

Wegen der im Grundkapital liegenden Garantiefunkion ist es wiederum notwendig, das Grundkapital der Tochtergesellschaft der Bank dem der Zielgesellschaft anzugleichen. Dies läßt sich im Wege einer Barerhöhung des Grundkapitals der Tochtergesellschaft durch die Bank verwirklichen. Die Bank erhält somit im Wege der Ausgabe junger Aktien ihrer Tochtergesellschaft neben dem bereits vorhandenen Grundkapital von 50.000 € noch Aktien im Umfang des Grundkapitals der Zielgesellschaft. Im Anschluß daran gibt die Tochtergesellschaft der Bank ein Umtauschangebot gegenüber den Aktionären der Zielgesellschaft ab. Dieses steht unter der Bedingung, daß es von Aktionären der Zielgesellschaft angenommen wird, die über mindestens 75 % des Grundkapitals verfügen[1648]. Denkbar erscheint vor dem Hintergrund der nunmehr bestehenden Möglichkeit eines *squeeze-out* auch eine Bedingung des Angebots auf 95 % des Grundkapitals[1649].

Es ist dabei deutlich, daß dem im Gesamtwert aller Aktien verkörperten Marktwert der Zielgesellschaft beim Aktientausch lediglich die Summe ihres Grund-

---

[1646] Siehe oben § 9 I. Übernahmeangebot seitens der Tochtergesellschaft der Bank; Aktien dieser Tochtergesellschaft als Gegenleistung.

[1647] Vgl. zuvor § 9 II. Übernahmeangebot seitens der Bank; Aktien der Tochtergesellschaft als Gegenleistung.

[1648] Vgl. hierzu nachfolgend § 9 III. 3. Verschmelzung der Zielgesellschaft auf die Banktochter (1. Alt.).

[1649] Vgl. §§ 327a ff. AktG sowie nachfolgend § 9 III. 4. *Squeeze-out* der Minderheitsaktionäre der Zielgesellschaft (2. Alt.).

kapitals zuzüglich 50.000 € gegenüberstehen. Dies wird sich aus den nachfolgenden Gründen jedoch regelmäßig nicht als hinderlich auf den Aktientausch auswirken.

Zunächst werden die Aktien – abgesehen von der Einlage des ursprünglichen Grundkapitals der Tochtergesellschaft durch die Bank – grundsätzlich im Verhältnis 1:1 getauscht. Der Marktwert der Tochtergesellschaft der Bank erhöht sich somit bei jedem Tausch um den Differenzbetrag zwischen Marktwert und Grundkapital der eingereichten Aktien bei der Zielgesellschaft. Der Wert der von den Aktionären der Zielgesellschaft eingereichten Aktien bleibt diesen daher wegen des proportionalen Wertanstiegs der Aktien der Banktochter grundsätzlich erhalten. Sollten also beispielsweise 85 % der Aktionäre der Zielgesellschaft das Angebot annehmen, so hätte dies - verallgemeinert gesagt - zur Folge, daß diese fortan 85 % und die Bank nur noch 15 % der Aktien ihrer ursprünglichen Tochtergesellschaft hielten. Die Tochtergesellschaft der Bank hielte ihrerseits 85 % der Aktien der Zielgesellschaft. Die verbleibenden 15 % der Zielgesellschaft würden von denjenigen Aktionären gehalten, die nicht zu einem Umtausch bereit waren.

Dem ist zwar entgegenzuhalten, daß neben dem Wert der eingetauschten Aktien der Zielgesellschaft auch das von der Bank bar eingezahlte Grundkapital der Tochtergesellschaft der Bank bestehen bleibt. Die Bank wird auf eine diesem Wert entsprechende Beteiligung an ihrer Tochtergesellschaft nicht verzichten. Deshalb müßten bei einer unveränderten Aktienanzahl die Aktionäre der Zielgesellschaft für jede ihrer Aktien weniger als eine Aktie der Banktochter erhalten. Andererseits erhöht sich aber auch das Gesellschaftsvermögen „ihrer“ Gesellschaft um das von der Bank bar erbrachte Grundkapital der Tochtergesellschaft. Demnach müßte sich auf einem funktionsfähigen Kapitalmarkt auch der Marktwert der – nun auf der Ebene der Banktochter angesiedelten – Zielgesellschaft entsprechend erhöhen. Die Wertrelation zwischen angebotenen und erhaltenen Anteilen bleibt somit insgesamt gewahrt.

2. Verbot des Erwerbs eigener Aktien, § 71d AktG

Fraglich ist ferner, ob eine solche Vorgehensweise gegen die Vorschriften über den Erwerb eigener Aktien verstößt. Weil sich die Bank verpflichtet, die Gegenleistung des Übernahmeangebotes in Form von Aktien der Banktochter, also einer anderen Gesellschaft, zu erbringen, findet § 71 AktG keine Anwendung. Vielmehr bietet die Bank die von ihr gehaltenen Aktien ihrer Tochtergesellschaft auf deren Veranlassung zur Erfüllung von deren Pflichten aus dem Übernahmeangebot den Aktionären der Zielgesellschaft an. Insofern könnte ein Verstoß gegen das Verbot des Erwerbs eigener Aktien durch Dritte gemäß § 71d AktG vorliegen.

Gemäß § 71d Satz 1 AktG darf ein im eigenen Namen aber für Rechnung der Gesellschaft handelnder Dritter Aktien der Gesellschaft nur in dem Umfang erwerben oder besitzen, soweit dies der Gesellschaft nach § 71 Abs. 1 Nr. 1 bis 5, 7 und 8 und Abs. 2 AktG gestattet wäre. Diese Vorschrift zielt darauf ab, Umgehungsgeschäfte dadurch zu verhindern, daß sich die Regelung des § 71 AktG auch auf einen mittelbaren Stellvertreter erstreckt[1650]. Fraglich ist jedoch, ob dies in der vorliegenden Konstellation der Fall ist. Zunächst ist es selbstverständlich, daß die Bank als Muttergesellschaft die Aktien ihrer Tochtergesellschaft hält. Gegen eine Behandlung der Bank als mittelbarer Stellvertreter ihrer Tochtergesellschaft spricht zudem, daß die Bank mit deren Aktien so verfährt, wie es von der bietenden Gesellschaft vorgesehen ist. Die Bank handelt somit nicht nach dem Willen ihrer Tochtergesellschaft, sondern nach dem Willen des Bieters. Dieser steht jedoch in keinerlei rechtlicher Beziehung zur Tochtergesellschaft der Bank. Die Bank ist im Verhältnis zu ihrer Tochtergesellschaft gerade das herrschende Unternehmen und nicht ein für diese handelndes Unternehmen. Insofern liegt keine der in § 71d Satz 1 AktG getroffenen Regelung vergleichbare Situation vor.

Rechtlich ist das Verhalten der Bank als eine Erfüllungsübernahme für die Tochtergesellschaft zu beurteilen. Diese muß nicht zwingend im Rahmen einer mittelbaren Stellvertretung erfolgen[1651]. Die Situation ist ferner nicht mit derjenigen vergleichbar, in der ein abhängiges Unternehmen die Aktien des beherrschenden Unternehmens hält. Somit ist eine Anwendbarkeit des § 71d Satz 1 AktG in diesem Fall nicht anzunehmen. Unabhängig davon wird in der Literatur vereinzelt gefordert, die Bestimmungen über den Erwerb eigener Aktien im Zusammenhang mit Unternehmenszusammenschlüssen derart zu lockern, daß ein höherer Anteil des Grundkapitals erworben werden darf[1652].

3. Verschmelzung der Zielgesellschaft auf die Banktochter (1. Alt.)

Durch einen auf 75 % des Grundkapitals bedingten und erfolgreichen Aktientausch hätte die Tochtergesellschaft der Bank die Kontrolle über die Zielgesellschaft erworben. Anschließend könnte die Zielgesellschaft zunächst auf die Banktochter verschmolzen werden. Hierfür müßten sowohl die Zielgesellschaft als auch die übernehmende Gesellschaft - hier also die Banktochter - einen ent-

---

[1650] *Hüffer*, § 71d AktG, Rn. 1 f.

[1651] *Palandt*, Heinrichs, § 329 BGB, Rn. 4.

[1652] *Stöcker*, Rechtsfragen grenzüberschreitender Unternehmenszusammenschlüsse, Diss., S. 313 ff.

sprechenden Verschmelzungsbeschluß fassen. Für einen solchen Beschluß bedarf es gemäß §§ 13, 65 Abs. 1 UmwG einer Mehrheit von drei Vierteln des bei der Hauptversammlung vertretenen Grundkapitals. Deshalb ist die oben bereits dargestellte Bedingung des Übernahmeangebotes durch die Tochtergesellschaft der Bank sinnvoll und notwendig. Wenn genug Aktionäre der Zielgesellschaft das Angebot annehmen und die Tochtergesellschaft der Bank im Anschluß an den Aktientausch über 75 % des Grundkapitals verfügt, kann sie den Verschmelzungsbeschluß bei der Zielgesellschaft unproblematisch selbst herbeiführen. Dies ist deshalb wichtig, weil somit ein möglicher Widerstand der in der Zielgesellschaft verbliebenen Altaktionäre den Verschmelzungsbeschluß auf der Seite der Zielgesellschaft nicht mehr verhindern kann.

Als problematisch stellt sich allerdings dar, daß nunmehr die überwiegende Mehrheit der Aktien an der Tochtergesellschaft der Bank in der Kontrolle der ehemaligen Aktionäre der Zielgesellschaft ist. Diese würden somit maßgeb- lichen Einfluß auf die verschmolzene Gesellschaft ausüben, deren Gesellschaftsvermögen neben dem anteiligen Marktwert der Zielgesellschaft auch das durch die Bank erbrachte Grundkapital umfaßt. Aus der Sicht der ehemaligen Aktionäre der Zielgesellschaft macht es somit Sinn machen, neben ihrem früheren Aktienbestand an dieser auch noch dasjenige Kapital zu kontrollieren, welches in seiner Höhe dem Grundkapital der Zielgesellschaft entspricht. Sie könnten also ein Interesse daran haben, den Verschmelzungsbeschluß bei der Tochtergesellschaft der Bank zu blockieren. Dem ist zwar entgegenzuhalten, daß die zum Umtausch bereiten Aktionäre der Zielgesellschaft regelmäßig einen industriellen oder zumindest finanziellen Sinn im Gelingen des Gesamtplanes sehen. Deshalb werden sie im Normalfall die dazu vorgeschlagenen Beschlüsse unterstützen wollen. Andererseits besteht aber für sie das Risiko, daß im Falle einer weiterhin starken Beteiligung der Bank an ihrer Tochtergesellschaft[1653] und einer geringen Präsenz der übrigen Aktionäre bei der Hauptversammlung, die Bank auch weiterhin diesen aus ihrer Einlage bestehenden „Mehrwert" kontrolliert.

Die Bank muß jedoch ihrerseits sichergehen, daß ein tatsächlicher Zusammenschluß erfolgt. Dafür ist es notwendig, daß sie einen höheren Anteil am Aktienbestand ihrer früheren Tochtergesellschaft behält als ihn die ehemaligen Aktionäre der Zielgesellschaft durch den Umtausch erwerben können. Um dies zu erreichen, hätte die Bank ihre Tochtergesellschaft in der Weise finanziell ausstatten müssen, daß der von ihr geleistete Anteil höher ist als der Aktienbestand der Banktochter, der sich nun in den Händen der Aktionäre der Zielgesellschaft

[1653] Im Grenzfall liegt diese knapp über 25 % des Grundkapitals, nämlich dann, wenn 75 % der Aktionäre der Zielgesellschaft das Angebot annehmen. Dann verblieben Aktien im Umfang von 25 % des Grundkapitals der Zielgesellschaft zuzüglich der für das ursprüngliche Grundkapital erhaltenen Anteile der Banktochter im Eigentum der Bank.

befindet. Dies bedeutet im Umkehrschluß, daß die Bank ihre Tochtergesellschaft mit einem Grundkapital hätte ausstatten müssen, das mindestens dem Doppeltem des Grundkapitals der Zielgesellschaft entspricht. Ist unsicher, ob die ehemaligen Aktionäre der Zielgesellschaft in ihrer Funktion als Aktionäre der Banktochter einer Verschmelzung zustimmen, ist sogar das Vierfache des Grundkapitals der Zielgesellschaft erforderlich. Wegen der Größe der Zielgesellschaft sinken hierdurch jedoch wiederum die Aussichten der Durchführbarkeit der Transaktion.

4. *Squeeze-out* der Minderheitsaktionäre der Zielgesellschaft (2. Alt.)

Ist das seitens der Tochtergesellschaft der Bank abgegebene Übernahmeangebot auf 95 % des Grundkapitals bedingt und (beziehungsweise oder[1654]) in diesem Umfang erfolgreich, bietet das Aktiengesetz zudem alternativ die Möglichkeit, die in der Zielgesellschaft verbliebenen Minderheitsaktionäre aus dieser gegen Zahlung einer Barabfindung herauszudrängen. Das insofern relvante Verfahren des *squeeze-out* ist in den §§ 327a ff. AktG geregelt[1655].

a. Rechtsfragen im Zusammenhang mit dem *squeeze-out*

Im Zusammenhang mit dem Ausschluß von Minderheitsaktionären stellen sich verscheidene Rechtsfragen.

aa. Gesellschaft bürgerlichen Rechts (GbR) als Hauptaktionär

Fraglich ist zunächst, ob auch eine GbR Hauptaktionär gemäß §§ 327a ff. AktG sein kann oder ob hierin ein unzulässiger Mißbrauch dieser Vorschriften zu sehen ist[1656]. Ergebnis eines solchen Vorgehens wäre es, daß zwar die möglicherweise „unliebsamen“ Kleinstbeteiligungen nicht mehr bestünden. Die Aktiengesellschaft bliebe ansonsten jedoch weitestgehend unverändert bestehen, insbesondere auch der Formalaufwand für mehrere Aktionäre. Denkbar wäre eine solche Situation im vorliegenden Zusammenhang beispielsweise dann, wenn die eigentliche Erwerbsgesellschaft und die von dieser eingeschaltete Tochtergesell-

[1654] Im Falle der Bedingung auf lediglich 75 %, vgl. § 9 III. 3. Verschmelzung der Zielgesellschaft auf die Banktochter (1. Alt.).

[1655] Vgl. hierzu grundlegend *P. Baums*, Ausschluss von Minderheitsaktionären, Diss.; *ders.*, Der Ausschluss von Minderheitsaktionären nach §§ 327a ff. AktG n. F., WM 2001, S. 1843 ff.; *Habersack*, Der Finanzplatz Deutschland und die Rechte der Aktionäre - Bemerkungen zur bevorstehenden Einführung des „Squeeze-Out“, ZIP 2001, S. 1230 ff.; *Vetter*, Squeeze-out – Der Ausschluß der Minderheitsaktionäre aus der Aktiengesellschaft nach den §§ 327a-327f AktG, AG 2002, S. 176 ff.; *Wenger/Kaserer/Hecker*, Konzernbildung und Ausschluß von Minderheiten im neuen Übernahmerecht, ZBB 2001, S. 317 ff.

[1656] *Vetter*, AG 2002, S. 176/185.

schaft der Bank[1657] im Anschluß an das Übernahmeangebot lediglich gemeinsam die Beteiligungsquote von 95 % des Grundkapitals der Zielgesellschaft erreichen. Diese beiden Gesellschafter könnten sich sodann zu einer GbR zusammenschließen und ihre Aktien auf diese Gesellschaft übertragen. Ein vergleichbarer Effekt bestünde auch dann, wenn mehrere Aktionäre ihre Aktien einem Treuhänder übertragen, der dann den *squeeze-out* veranlaßt[1658].

(1) Grundsätzliche Bedenken

Gegen eine solche Vorgehensweise sprechen bereits einige grundlegende Bedenken[1659]:

Zunächst entspricht es nicht der Intention des Gesetzgebers, unternehmerische Interessen an Konzernierungs- und Strukturmaßnahmen grundsätzlich gegenüber den Mitgliedsinteressen der Aktionärsminderheit überwiegen zu lassen. Vielmehr soll dies nur innerhalb der engen Grenzen der §§ 327a ff. AktG möglich sein.

Auch die ratio legis der *squeeze-out*-Bestimmungen spricht gegen eine solche Vorgehensweise. Schließlich sollen auf Seiten der Aktiengesellschaft die unverhältnismäßig hohen Kosten des formalen Minderheitenschutzes eingespart werden können. Dieser Vorteil ist jedoch nur dann zu erreichen, wenn sich das Grundkapital nach dem *squeeze-out* tatsächlich nur in einer Hand befindet. Erfolgt der Ausschluß hingegen durch mehrere Aktionäre, fände lediglich eine Verlagerung dieser Koordinationskosten von der Ebene der Aktiengesellschaft auf die Ebene der GbR statt.

Schließlich wird angemerkt, daß bei Minderheitsaktionären kleiner und personalistisch geprägter Aktiengesellschaften[1660] die Komponente des Vermögens vielfach nicht im Vordergrund der Mitgliedschaft stehe. Vielmehr liege oftmals eine besondere Verbindung zur Aktiengesellschaft zugrunde, wodurch das Risiko mißbräuchlicher Anfechtungsklagen ohnehin reduziert werde[1661].

[1657] Beziehungsweise die Bank selbst, sofern die Banktochter die als Gegenleistung erhaltenen Aktien der Zielgesellschaft an diese weiterreicht.

[1658] Diese Alternative soll nachfolgend nicht weiter erwähnt werden. Für sie gelten jedoch dieselben Argumente wie für die GbR.

[1659] Vgl. zu den nachfolgenden Argumenten insgesamt *Bolte*, DB 2001, S. 2587/2588.

[1660] Genau diese Gesellschaften werden typischerweise für die hier angesprochene Konstellation in Betracht kommen, bei der sich einige wenige Großaktionäre zu einer Gesellschaft bürgerlichen Rechts zusammenschließen.

[1661] *Bolte*, DB 2001, S. 2587/2588; *Vetter*, AG 2002, S. 176/186.

(2) Anfechtbarkeit des Ausschlußbeschlusses gemäß § 243 Abs. 1 AktG

Betrachtet man den *squeeze-out* von Minderheitsaktionären unter Einschaltung einer GbR für unzulässig, so könnte dies die Anfechtbarkeit des Ausschlußbeschlusses gemäß § 243 Abs. 1 AktG zur Folge haben. Als Anknüpfungspunkt kommen insofern einerseits die Unzulässigkeit der Beschlußherbeiführung durch die GbR (a) sowie andererseits die Unzulässigkeit des Zustandekommens der Position als Hauptaktionär durch die Gründung der GbR (b) in Betracht.

(a) Beschlußherbeiführung durch die GbR als Anfechtungsgrund

Die Herbeiführung des Ausschlußbeschlusses durch die GbR kommt nicht als Anfechtungsgrund in Betracht. Der Beschluß bedarf nämlich keiner sachlichen Rechtfertigung und unterliegt folglich – ähnlich dem Eingliederungsbeschluß gemäß §§ 319, 320 AktG – keiner materiellen Beschlußkontrolle. Der Nachteil des Verlusts der Mitgliedschaft durch die Minderheitsaktionäre läßt sich folglich nicht zu den Vorteilen des Hauptaktionärs ins Verhältnis setzen[1662]. Von einem die Anfechtung rechtfertigenden Mißbrauch der Mehrheitsmacht gemäß § 243 Abs. 1 AktG ist demnach nur dann auszugehen, wenn die Mehrheit eine Beschlußmöglichkeit dazu ausnutzt, ein Ziel zu erreichen, welches von dem durch den Gesetzgeber bestimmten Zweck des Gesetzes nicht erfaßt wird[1663]. Die Herbeiführung eines *squeeze-out*-Beschlusses durch eine GbR stellt jedoch keinen Mißbrauch in diesem Sinne dar, weil der Gesetzgeber mit der Neuregelung der §§ 327a ff. AktG ein Herausdrängen der Minderheit unter bestimmten Voraussetzungen gerade zuläßt. Eine dieser Voraussetzungen ist eine Beteiligung in Höhe von 95 % des Grundkapitals, wobei es jedoch unerheblich ist, auf welche Weise der Hauptaktionär diese Grenze erreicht hat[1664].

(b) Das Zustandekommen der Mehrheitsmacht als Anfechtungsgrund

Zu prüfen bleibt somit, ob das Zustandekommen der Mehrheitsmacht durch die Gründung der GbR einen die Anfechtung begründenden Gesetzesverstoß darstellt beziehungsweise darstellen kann.

Dies wird jedenfalls dann zu verneinen sein, wenn sich die Aktionäre für eine unbestimmte Zeit zu einer GbR zusammenschließen. Als unbestimmte Zeit in

[1662] *Bolte*, DB 2001, S. 2587/2588; *Habersack*, ZIP 2001, S. 1230/1234 f.; *Vetter*, AG 2002, S. 176/186.

[1663] Sog. materielle Beschlußkontrolle erster Stufe, vgl. *Bolte*, DB 2001, S. 2587/2589; *Hirte*, Bezugsrechtsausschluß und Konzernbildung, Diss., S. 150 ff.; *Hüffer*, § 243 AktG, Rn. 26 m.w.N.

[1664] *Bolte*, DB 2001, S. 2587/2589.

diesem Sinne gilt ein Zeitraum, der über den Ausschluß der restlichen Minderheitsaktionäre hinausgeht. Die GbR ist in einem solchen Fall nicht anders zu behandeln als jeder andere Aktionär der Gesellschaft, der sich Anteile mit dem Ziel verschafft, deren Hauptaktionär zu werden[1665]. Aufgrund der Dauerhaftigkeit des Zusammenschlusses ist gewährleistet, daß die Gesellschafter der GbR über diese als „ein" Aktionär der Aktiengesellschaft auftreten und diese folglich nur „einen" Hauptaktionär hat. Dieser Hauptaktionär „GbR" hat dann eine der Zielsetzung des Gesetzgebers entsprechende Interessenlage beispielsweise daran, mißbräuchliche Anfechtungsklagen zu unterbinden sowie Kosten zu sparen. Die Tatsache, daß der Koordinierungsaufwand in Wirklichkeit lediglich auf eine andere Ebene verlagert wird[1666], steht dem ebensowenig entgegen wie der Umstand, daß sich die GbR später auflösen oder in ihrer Gesellschafterstruktur verändern könnte. Hierbei handelt es sich um Tatsachen und Veränderungen, die letztlich auch bei anderen Hauptaktionären denkbar sind, beispielsweise also solchen in der Rechtsform der GmbH oder der AG. Eine dauerhaft mit dem Halten und Verwalten betraute GbR[1667] kann somit Hauptaktionär im Sinne der §§ 327a ff. AktG sein[1668].

Demgegenüber ist ein Zusammenschluß für bestimmte Zeit jedenfalls dann unzureichend, wenn er nur bis zum Erreichen des Ziels des Minderheitenausschlusses getätigt wird. Anderenfalls könnte eine 95 % des Grundkapitals haltende Mehrheit von Aktionären eine Minderheit von etwas weniger als 5 % ohne jeglichen Grund aus der Aktiengesellschaft ausschließen. Eine solche Aussschlußmöglichkeit sieht der Gesetzgeber jedoch nicht vor. Vielmehr erfordert der Ausschluß einer Minderheit durch eine Aktionärsmehrheit nach der Vorstellung des Gesetzgebers regelmäßig einen in der Person des Auszuschließenden liegenden wichtigen Grund[1669]. Ein solcher Grund läge bei einem zum Zwecke des *squeeze-out* vorgenommenen Zusammenschluß in einer GbR jedoch nicht vor. Die lediglich formelle Übertragung der Anteile auf die GbR hätte also nur den Zweck, die Rechtshandlung „Ausschluß ohne Rechtsgrund" vorzunehmen, die den Gesellschaftern der GbR einzeln nicht zustünde. Es handelt sich somit um eine unzulässige Umgehung der gesetzlichen Vorschriften. Folglich liegt in dieser Konstellation ein Gesetzesverstoß vor, so daß der *squeeze-out*-Beschluß demnach gemäß § 243 Abs. 1 AktG anfechtbar ist[1670].

1665 Letztlich ist ja auch die Bedingung eines öffentlichen Übernahmeangebotes auf 95 % des Grundkapitals zum Zwecke eines *squeeze-out* möglich; *Bolte*, DB 2001, S. 2587/2589.

1666 Nämlich auf die Ebene der GbR.

1667 Beziehungsweise eine Holdinggesellschaft anderer Rechtsform.

1668 *P. Baums*, WM 2001, S. 1843/1846; *Bolte*, DB 2001, S. 2587/2589.

1669 Vgl. z.B. § 737 BGB; §§ 140, 161 Abs. 2 HGB; *Bolte*, DB 2001, S. 2587/2589 f.; *Habersack*, ZIP 2001, S. 1230/1233 f.

1670 *P. Baums*, WM 2001, S. 1843/1845; *Bolte*, DB 2001, S. 2587/2589 f.

(c) Zwischenergebnis

Gegen die Anwendbarkeit der Bestimmungen zum *squeeze-out* durch eine GbR als Hauptaktionär sprechen somit zunächst grundsätzliche Bedenken. Hat sich die GbR nur für eine bestimmte Zeit und allein zu dem Zweck gebildet, den *squeeze-out* durchführen zu können, besteht zudem das Risiko der Anfechtbarkeit des Ausschlußbeschlusses gemäß § 243 Abs. 1 AktG.

bb. Angemessenheit der Gegenleistung

Gemäß § 327b Abs. 1 AktG ist es allein die Aufgabe des Hauptaktionärs, die Höhe der den Minderheitsaktionären zu gewährenden Barabfindung fetszulegen. Dabei hat er die Verhältnisse der Gesellschaft im Zeitpunkt der Beschlußfassung ihrer Hauptversammlung zu berücksichtigen.

(1) Vorüberlegungen

Es liegt dabei in der Natur der Sache, daß der Hauptaktionär regelmäßig eine geringere Barabfindung als angemessen ansehen wird als die Minderheitsaktionäre sie fordern. Im Hinblick auf die Finanzierung der Transaktion ist es für den Hauptaktionär[1671] sowie die gegebenenfalls hinter diesem stehende Erwerbergesellschaft somit bedeutsam, anhand welcher Grundsätze die Angemessenheit der Barabfindung zu ermitteln ist. Richtet sich diese beispielsweise nach dem Börsenkurs, kommt es für deren Höhe entscheidend auf den Zeitpunkt der Betrachtung an. Während der Frist des Übernahmeangebots dürfte der Kurs – letztlich auch vor dem Hintergrund einer Übernahmeprämie – höher liegen als nach einem zu mindestens bei 95 % des Grundkapitals erfolgreichen Angebot, das einen effektiven Handel mit den restlichen in den Händen der Minderheitsaktionäre verbleibenden Aktien nahezu ausschließt. Abstellen könnte man andererseits auch auf die Höhe der im Rahmen eines vorangegangenen Übernahmeangebots gebotenen Gegenleistung[1672]. Schließlich könnte die Grundlage einer angemessenen Barabfindung auch mittels einer vom Hauptaktionär zu veranlassenden Unternehmensbewertung ermittelt werden.

Allen Szenarien ist gemein, daß die Art und Weise der Ermittlung Auswirkungen auf den – letztlich vom Bieter – aufzubringenden Übernahmepreis hat und

---

[1671] Im vorliegenden Zusammenhang also die Banktochter bzw. die Bank, wenn diese nach dem von ihrer Tochtergesellschaft abgegebenen Übernahmeangebot die Aktien der Zielgesellschaft erhalten hat.

[1672] Für die letztlich ebenfalls die zeitnahen Börsenkurse eine gewisse Relevanz haben, vgl. oben: § 6 IV. 5. Art und Höhe der Gegenleistung, insbesondere § 6 IV. 5. b. cc. Berücksichtigung zeitnaher inländischer Börsenkurse (§ 5 VO WpÜG).

somit von diesem bei der Finanzierungsplanung berücksichtigt werden muß. Da im Rahmen des *squeeze-out* die Barabfindung obligatorisch ist, sind die entsprechenden Mittel „effektiv" entweder aus dem liquiden Vermögen des Bieters oder über eine (teilweise) Fremdkapitalfinanzierung bereit zu stellen.

(2) Bestimmung einer angemessenen Barabfindung

Für die Bestimmung einer Abfindung der Aktionärsminderheit galt in der Unternehmenspraxis lange Zeit und unabhängig von der Frage, ob die Aktien der Gesellschaft an einer Börse gehandelt werden oder nicht, die von Rechtsprechung und Schrifttum gebilligte Ertragswertmethode als angemessenes Instrument der Unternehmensbewertung[1673]. Hierduch sollte dem vom Bundesverfassungsgericht bereits im Jahre 1962 aufgestellten Grundsatz genügt werden, daß der Ausschluß von Aktionären nur unter der Voraussetzung einer vollen wirtschaftlichen Entschädigung für den Verlust der Rechtsposition mit Art. 14 Abs. 1 GG vereinbar ist[1674]. Empirische Studien[1675] zeigten jedoch, daß die Ermittlung einer angemessenen Abfindung mittels der Ertragswertmethode oftmals nicht den vollen Wert der Aktien, sondern vielmehr durchschnittlich einen geringeren Wert ergeben hat, so daß den Minderheitsaktionären im Ergebnis ein wirtschaftlicher Nachteil entstand. So wurden beispielsweise im Rahmen von Unternehmensverträgen (§§ 291 ff. AktG) Abfindungen gezahlt, die durchschnittlich 37 % unter dem Börsenkurs lagen, der zwei Tage vor der ersten Veröffentlichung des Abfindungsangebots erzielt wurde. Obwohl diese Abfindungen im Spruchstellenverfahren um durchschnittlich 25 % verbessert werden konnten, lagen sie tatsächlich immer noch deutlich unter dem vergleichsweise herangezogenen Börsenkurs. Auch die im Rahmen von Eingliederungen (§§ 319 ff. AktG) erzielten Abfindungen lagen durchschnittlich 24 % unter dem jeweiligen Börsenkurs[1676].

Vor diesem Hintergrund hat das Bundesverfassungsgericht seine Ansicht, die Ertragswertmethode sei grundsätzlich eine adäquate Methode zur Berechnung einer angemessenen Abfindung, in der im Jahre 1999 ergangene Entscheidung zum Fall DAT/Altana[1677] jedoch wesentlich geändert. Zwar bestätigt das Gericht

---

1673 *Bilda*, in: Münchener Kommentar zum AktG, § 306, Rn. 64 ff.; *Hüffer*, § 305 AktG, Rn. 19 m.w.N.; *Rühland*, NZG 2001, S. 448/450; *Vetter*, AG 2002, S. 176/187 f.

1674 BVerfGE 14, S. 263 ff. (Feldmühle), insbesondere S. 283 sowie hierzu BVerfGE 100, S. 289/303; *Rühland*, NZG 2001, S. 448/450; *Vetter*, AG 2002, S. 176/181.

1675 Vgl. hierzu beispielhaft *Aha*, AG 1997, S. 26/27 f.; *Piltz*, ZGR 2001, S. 185/188 m.w.N.

1676 Siehe hierzu jeweils m.w.N. *Rühland*, NZG 2001, S. 448/450, der ferner darauf hinweist, daß sich die deutschen Aktionäre hierdurch wesentlich schlechter stehen als die englischen oder US-amerikanischen Aktionäre, die in vergleichbaren Situationen durchschnittlich einen Gewinn von ca. 15-30 % gegenüber dem Börsenkurs erzielen.

1677 BVerfGE 100, S. 289 ff.

seine bisherige Rechtsprechung insoweit, als den Minderheitsaktionären sowohl im Falle des Abschlusses eines Beherrschungs- und Gewinnabführungsvertrages gemäß § 291 ff. AktG als auch im Falle der Eingliederung durch Mehrheitsbeschluß gemäß § 320 AktG unter Berücksichtigung des verfassungsrechtlichen Eigentumsschutzes ein Anspruch auf die „volle" Entschädigung ihres in der Aktie verkörperten Anteilseigentums am Unternehmen zustehen soll. Neu ist jedoch, daß diese volle Entschädigung dabei nicht unter dem Verkehrswert der Aktien liegen darf, welcher bei börsennotierten Unternehmen „nicht ohne Rücksicht auf den Börsenkurs" festgesetzt werden kann[1678]. Hieraus folgt, daß als wirklicher Wert der Aktien der Minderheitsaktionäre nicht weniger angesetzt werden darf, als diese bei einer „freien Dispositionsentscheidung zum Zeitpunkt des Unternehmensvertrages oder der Eingliederung" erhalten hätten[1679]. Auch der BGH hat diese Vorgaben des Bundesverfassungsgerichts in seinem DAT/Altana-Beschluß näher ausgefüllt[1680].

Diese Grundsätze sind - zumindest generell - auch für den Fall des *squeeze-out* bedeutsam. Dies gilt insbesondere deshalb, weil diese Ausschlußmöglichkeit nach dem erklärten Willen des Gesetzgebers so weit wie möglich dem Vorbild der Eingliederung folgen soll[1681]. Ob im konkreten Einzelfall auf den Börsenkurs als Mindestentschädigung der Minderheitsaktionäre abgestellt werden muß, wird jedoch regelmäßig davon abhängen, ob ein effektiver Handel der Aktien der betroffenen Gesellschaft an der Börse überhaupt noch festgestellt werden kann. Dies ist vor dem Hintergund einer Beteiligungsquote des Hauptaktionärs von mindestens 95 % am Grundkapital der Gesellschaft zweifelhaft. Bei einem den Minderheitsaktionären verbliebenen Anteil von höchstens etwas 5 % der Aktien wird der Kurs der Gesellschaft nur in Ausnahmefällen das Ergebnis von Angebot und Nachfrage auf einem im Wechselspiel funktionierenden Börsenmarkt sein[1682]. Oftmals wird der den Minderheitsaktionären verbleibende Streubesitz noch deutlich geringer sein. Ein effektiver Aktienhandel dürfte dann, in Ermangelung ausreichender Liquidität der Aktie am Markt, kaum feststellbar sein. Wegen der somit anzunehmenden Marktenge erscheinen die in den DAT/Altana-Entscheidungen getroffenen Grundsätze des Bundesverfassungsgerichts und des BGH zur Bedeutung des Börsenkurses bei der Abfindungsermittlung

---

1678 BVerfGE 100, S. 289/305.

1679 BVerfGE 100, S. 289/306; vgl. hierzu ferner *Vetter*, AG 2002, S. 176/188.

1680 BGH v. 12.03.2001 (II ZB 15/00), abgedruckt in AG 2001, S. 417 f.

1681 Vgl. Begründung zum Regierungsentwurf des WpÜG, Allgemeiner Teil, S. 74 f.; *Bolte*, DB 2001, S. 2587/2588; *Pötzsch/Möller*, WM Sonderbeilage 2/2000, S. 1/30; *Rühland*, NZG 2001, S. 448/450; *Vetter*, AG 2002, S. 176/180 f.

1682 *Vetter*, AG 2002, S. 176/188, der zudem als Beispiel für einen solchen Ausnahmefall auf den der Entscheidung des LG Dortmund, AG 2001, S. 544 zugrunde liegenden Sachverhalt verweist.

nicht geeignet beziehungsweise ausreichend, um den tatsächlich angemessenen Wert der Barabfindung zu bestimmen[1683].

Angesichts der geringen zu erwartenden Nachfrage nach den wenigen im Anschluß an das erfolgreiche Übernahmeangebot im freien Handel verbleibenden Aktien ist vielmehr anzunehmen, daß der Börsenkurs der Gesellschaft im Zeitpunkt des Ausschlußbeschlusses deutlich unter der im Rahmen des Übernahmeangebotes gebotenen Gegenleistung liegt. Aus diesem Grund war im Rahmen des Gesetzgebungsverfahrens zum WpÜG überlegt worden, eine Bestimmung als § 327b Abs. 1 Satz 3 in das Aktiengesetz aufzunehmen, wonach, wenn der Hauptaktionär aufgrund eines in den letzten sechs Monaten vor der Beschlußfassung der Hauptversammlung abgegebenen Angebots nach dem WpÜG Hauptaktionär geworden ist, der im Rahmen dieses Angebots gebotene Preis für die angemessene Barabfindung maßgeblich ist, sofern dieses Angebot von mindestens 90 % der Aktionäre, an die es gerichtet war, angenommen worden ist. Diese Bestimmung ist jedoch wegen geäußerter verfassungsrechtlicher Bedenken und wegen Kritik am konkreten Regelungsinhalt[1684] nicht Gesetz geworden. Die hieraus abzuleitende Wertung, wonach maßgeblich für die Angemessenheit einer Abfindungsleistung ausschließlich der Wert der Aktie im Zeitpunkt des Abfindungsanspruchs, nicht jedoch ein unmittelbar zuvor erzielbarer Wert oder Börsenkurs ist, liegt letztlich auf einer Linie mit der Rechtsprechung des Bundesverfassungsgericht im Fall DAT/Altana. In diesem Zusammenhang hatte das Gericht hervorgehoben, daß für die Bewertung zum Börsenkurs ein etwa vom Großaktionär zuvor gezahlter Paketpreis irrelevant sei[1685]. Ein im Vorfeld des Ausschlußbeschlusses für die Aktien der Gesellschaft aus strategischen Überlegungen oder als Übernahmeprämie gezahlter Preis ist für die Festlegung der Abfindung der Minderheitsaktionäre im Rahmen eines *squeeze-out* somit nicht zwingend maßgeblich[1686].

Die vorstehend zur Angemessenheit der Barabfindung getätigten Feststellungen lassen sich im Ergebnis wie folgt zusammenfassen. Sofern es, obwohl der Hauptaktionär über mindestens 95 % des Grundkapitals einer Gesellschaft verfügt, dennoch zu einem funktionierenden Handel in deren Aktien kommt, hat die Bestimmung der angemessenen Barabfindung unter Anwendung der DAT/Altana-Entscheidungen zu erfolgen und sich hinsichtlich des Mindestwerts somit hauptsächlich am aktuellen Börsenkurs zu orientieren. Kommt ein solcher Handel nicht zustande, wird der aktuelle Börsenkurs der Aktie regelmäßig deut-

---

[1683] *Habersack*, ZIP 2001, S. 1230/1238; *Vetter*, AG 2002, S. 176/188.

[1684] Vgl. hierzu unter anderen *Habersack*, ZIP 2001, S. 1230/1238; *Rühland*, NZG 2001, S. 448/455; *Thaeter/Barth*, NZG 2001, S. 545/550; *Vetter*, AG 2002, S. 176/188.

[1685] BVerfGE 100, S. 289/307.

[1686] *Vetter*, AG 2002, S. 176/188.

lich unter dem wahren Wert der Mitgliedschaft liegen. In diesen Fällen hat der Börsenkurs zwar auch als zulässige Untergrenze zu gelten, der volle Wert der Aktie wird jedoch anhand einer hiervon unabhängigen Unternehmensbewertung zu ermitteln sein. Insofern ist dann auf anerkannte Bewertungsverfahren und somit gegebenenfalls auch auf die Ertragswertmethode zurückzugreifen. Dies gilt selbst dann, wenn dem *squeeze-out* unmittelbar ein Übernahmeangebot im Sinne des WpÜG vorausging, weil die ursprünglich geplante Bestimmung des § 327b Abs. 1 Satz 3 AktG nicht in das Gesetz aufgenommen worden ist. Dies schließt jedoch nicht aus, daß die im Rahmen eines zeitnahen Übernahmeangebotes angebotene Gegenleistung eine gewisse Orientierungsgröße für die Angemessenheit der Barabfindung darstellt[1687]. Allerdings wird, weil die im Rahmen der anerkannten Bewertungsverfahren ermittelten Abfindungen regelmäßig unter dem aktuellen beziehungsweise zeitnahen Börsenkurs liegen, in allen denkbaren Konstellationen die angemessene Barabfindung im Sinne des § 327a AktG geringer sein als die im Rahmen des Übernahmeangebotes angebotene Gegenleistung.

b. Zwischenergebnis und praktische Relevanz des *squeeze-out* im vorliegenden Zusammenhang

Im Hinblick auf die Rechtsfragen der Finanzierung eines feindlichen Übernahmeangebotes ergeben sich hieraus folgende Rückschlüsse. Veranlassen die eigentliche Erwerbergesellschaft und die Banktochter[1688] gemeinsam den *squeeze-out* in der Weise, daß sie sich zuvor zu einer GbR zusammenschließen, so unterliegt dieses Vorgehen grundsätzlichen Bedenken und ist zudem mit dem Risiko der Anfechtbarkeit des Ausschlußbeschlusses verbunden. Veranlaßt die Bank den Ausschluß der Minderheitsaktionäre allein, so ist dies unbedenklich, soweit sie sich dabei im Rahmen der in den §§ 327a ff. AktG enthaltenen Vorgaben bewegt. Im Vergleich zu einem vollständig erfolgreichen Übernahmeangebot ist seitens des letztlich hinter der Transaktion stehenden Erwerbers ein finanzieller Mehraufwand durch den seitens der Banktochter im Anschluß an ein nur teilweise erfolgreiches Angebot durchgeführten *squeeze-out* nicht zu erwarten.

In diesem Zusammenhang stellt sich ferner die Frage, wie die für die Vorstandsmitglieder der Zielgesellschaft möglicherweise bestellten Aktienoptionen im Anschluß an einen *squeeze-out* zu behandeln sind. Wendete man die vor die-

[1687] Im Ergebnis ebenso *Vetter*, AG 2002, S. 176/188.

[1688] Beziehungsweise die Bank, nachdem die Banktochter die Aktien der Zielgesellschaft an diese weitergereicht hat.

sem Hintergrund zur Eingliederung überwiegend vertretene Ansicht[1689] entsprechend an, würde den Berechtigten im Anschluß an den *squeeze-out* ein entsprechender Anspruch gegenüber dem Hauptaktionär zustehen. Gegen die Übertragbarkeit dieses Ansatzes sprechen jedoch gewichtige Gründe. Einerseits verdeutlichen die Rechtsfolgen[1690], daß eine Mehrheitseingliederung ein anderes Vorgehen hinsichtlich zweier zukünftig eng miteinander verflochtener Gesellschaften behandelt als ein Ausschluß im Sinne der §§ 327a ff. AktG. Andererseits geht das Gesetz in den §§ 319 ff. AktG davon aus, daß mit der Eingliederung die enge Verflechtung der Gesellschaften stattfinde und abgeschlossen sei. Ergebnis des *squeeze-out* ist jedoch gerade kein Zusammenschluß der Gesellschaft mit dem Hauptaktionär. Dieser müßte gegebenenfalls im Wege einer Verschmelzung nachträglich herbeigeführt werden. Auch ist es denkbar, einen Ausschluß im Sinne der §§ 327a ff. AktG nach einer Veränderung der Eigentümerstruktur der Gesellschaft erneut vorzunehmen. Insofern bleiben die begebenen Optionsrechte im Falle des Minderheitenausschlusses gegenüber der ursprünglich hieraus verpflichteten Gesellschaft erhalten[1691], hier also gegenüber der Zielgesellschaft. Bedarf es jedoch selbst im Falle eines Ausschlußbeschlusses einer Verschmelzung, ergeben sich auch bei dieser Alternative wiederum dieselben Probleme[1692].

5. Zwischenergebnis

Gibt die Tochtergesellschaft einer Bank auf Veranlassung der Erwerbergesellschaft das Übernahmeangebot ab und verpflichtet sich gleichzeitig die Bank, den Aktionären der Zielgesellschaft als Gegenleistung die Aktien ihrer Tochtergesellschaft zu überlassen, so besteht nicht die Gefahr eines Verstoßes gegen die Vorschriften über den Erwerb eigener Aktien[1693]. Auch die Wertrelation zwischen dem Grundkapital der Banktochter und dem Marktwert der Zielgesellschaft läßt sich grundsätzlich wahren[1694].

Erfolgt ein Ausschluß der in der Zielgesellschaft verbliebenen Minderheitsaktionäre nach den §§ 327a ff. AktG, so erhöht sich hierdurch im Vergleich zu dem vorangegangenen Übernahmeangebot nicht die Höhe der nunmehr in der Barab-

---

[1689] BGH WM 1998, S. 654 f.; *Bungeroth*, in: Münchener Kommentar zum AktG, § 192, Rn. 64; *Hüffer*, § 320b AktG, Rn. 4; *Lutter*, in: Kölner Kommentar zum AktG, § 221, Rn. 135. Diese Ansicht geht zurück auf *Martens*, AG 1992, S. 209 ff.

[1690] Beispielsweise die §§ 321-323 AktG, die zum Teil (§ 321 AktG) auch besondere Bestimmungen zum Schutz der Gesellschaftsgläubiger enthalten.

[1691] *P. Baums*, WM 2001, S. 1843/1847 f. und 1850.

[1692] Vgl. § 9 III. 3. Verschmelzung der Zielgesellschaft auf die Banktochter (1. Alt.).

[1693] § 9 III. 2. Verbot des Erwerbs eigener Aktien, § 71d AktG.

[1694] § 9 III. 1. Abwicklung und quantitative Mindestanforderungen.

findung liegenden Gegenleistung. Schließen sich dagegen die Erwerbergesellschaft und die Banktochter zu einer GbR zusammen, um gemeinsam die Schwelle von 95 % des Grundkapitals der Zielgesellschaft zu erreichen, unterliegt diese Handlungsweise grundsätzlichen Bedenken sowie dem Risiko der Anfechtbarkeit des *squeeze-out*-Beschlusses. Zudem bedürfte es in diesem Fall für einen endgültigen Zusammenschluß mit der Zielgesellschaft einer dem Ausschluß nachfolgenden Verschmelzung mit der Tochtergesellschaft der Bank[1695].

Eine Verschmelzung ist sowohl dann, wenn sie dem *squeeze-out* nachfolgt, als auch dann, wenn sie nach einem auf 75 % des Grundkapitals bedingten Angebot erfolgt, mit gewissen Schwierigkeiten verbunden. Es besteht zunächst das Risiko, daß die ehemaligen Aktionäre der Zielgesellschaft - nunmehr jedoch in ihrer Funktion als Mehrheitsaktionäre der Tochtergesellschaft der Bank - den Verschmelzungsbeschluß nicht herbeiführen. Um dieses Risiko zu minimieren, müßte die Bank das Grundkapital ihrer Tochter zuvor in einem solchen Umfang erhöhen, daß der von den tauschbereiten Aktionären der Zielgesellschaft repräsentierte Anteil des Grundkapitals der Zielgesellschaft weniger als 25 % des Grundkapitals der Banktochter nach der Kapitalerhöhung ausmacht. Somit ist ein ungefähr vierfaches Grundkapital der Zielgesellschaft nötig. Mit zunehmender Größe der Zielgesellschaft wird die Abwicklung der Übernahme dadurch jedoch immer weniger darstellbar[1696].

1695 § 9 III. 4. b. Zwischenergebnis und praktische Relevanz des *squeeze-out* im vorliegenden Zusammenhang.

1696 § 9 III. 3. Verschmelzung der Zielgesellschaft auf die Banktochter (1. Alt.).

§ 10 Parallele Übernahmeangebote seitens der Tochtergesellschaft einer unabhängigen Bank an die Aktionäre der bietenden Gesellschaft und an die Aktionäre der Zielgesellschaft

Der Nachteil eines lediglich an die Aktionäre der Zielgesellschaft gerichteten Übernahmeangebotes durch die Tochtergesellschaft einer unabhängigen Bank besteht darin, daß aus Sicht der bietenden Gesellschaft gewisse Risiken hinsichtlich der weiteren Abwicklung bestehen bleiben. Auch nach der Durchführung des Umtauschangebotes steht der Zusammenführung der bietenden Gesellschaft mit der Zielgesellschaft entgegen, daß die ehemaligen Aktionäre der Zielgesellschaft die beabsichtigte Verschmelzung einseitig verhindern könnten, sofern sie noch die überwiegende Mehrheit der Aktien an der Tochtergesellschaft der Bank halten[1697].

Zur Beseitigung dieses Problems bietet sich eine Erweiterung des Übernahmeangebotes an die Aktionäre der eigentlichen Erwerbergesellschaft an. Dies hätte zur Folge, daß die ehemaligen Aktionäre der Zielgesellschaft nicht mehr die überwiegende Mehrheit der Anteile in den Händen hielten. Je nach dem Größenverhältnis zwischen der Zielgesellschaft und dem Bieter wird sich die Eigentümerstruktur der Banktochter zugunsten der Aktionäre des Bieters verändern. Das Risiko einer einseitigen Blockade der geplanten Verschmelzung durch die früheren Aktionäre der Zielgesellschaft verringert sich in jedem Fall deutlich.

Die Tochtergesellschaft der Bank gibt also Übernahmeangebote parallel gegenüber den Aktionären der Zielgesellschaft und denen des eigentlichen Bieters ab. Die Angebote zielen dabei jeweils darauf ab, mindestens 75 % der Aktien im Tausch gegen Aktien der Banktochter zu erwerben. Im Anschluß daran werden die zu Tochtergesellschaften der Banktochter gewordenen Gesellschaften entweder aufeinander oder jeweils einzeln auf die Banktochter verschmolzen. Denkbar ist es auch, die Übernahmeangebote auf eine Annahmequote in Höhe von 95 % des Grundkapitals zu bedingen, um anschließend den Ausschluß der Minderheitsaktionäre der beiden Gesellschaften im Wege eines *squeeze-out* vorzunehmen. Hierbei ergeben sich wiederum die bereits zuvor aufgezeigten Rechtsfragen[1698]. Weil es für einen endgültigen Zusammenschluß der beteiligten Gesellschaften jedoch auch in diesem Fall einer dem *squeeze-out* folgenden Verschmelzung bedarf[1699], soll diese Möglichkeit nachfolgend unberücksichtigt bleiben.

[1697] Siehe oben, § 9 III. 5. Zwischenergebnis.

[1698] Vgl. § 9 III. 4. *Squeeze-out* der Minderheitsaktionäre der Zielgesellschaft (2. Alt.).

[1699] Siehe oben § 9 III. 4. b. Zwischenergebnis und praktische Relevanz des *squeeze-out* im vorliegenden Zusammenhang und § 9 III. 5. Zwischenergebnis.

Weil nunmehr zwei Gesellschaften übernommen werden sollen, muß das Grundkapital der Tochtergesellschaft der Bank im Ergebnis um die Summe des Grundkapitals der beiden „zu übernehmenden Gesellschaften" erhöht werden. Die somit geschaffenen jungen Aktien der Banktochter können dann im Rahmen des Aktientausches verwendet werden. Jedoch sollten auch in dieser Konstellation die zum Aktientausch erforderlichen Anteile der Banktochter von der Bank zur Verfügung gestellt werden, weil der Umfang des zulässigen Rückerwerbs eigener Aktien anderenfalls beschränkt ist[1700].

I. Ausgestaltung der Umtauschangebote und Kapitalerhöhungen

1. Bedingung der Umtauschangebote

Bei der Ausgestaltung der Umtauschangebote ist das Ziel des Gesamtplans zu berücksichtigen. Die Zielgesellschaft und der Bieter sollen entweder aufeinander, oder jeweils einzeln auf die Banktochter verschmolzen werden. Für einen Verschmelzungsbeschluß bedarf es gemäß §§ 13, 65 Abs. 1 UmwG bei beiden Gesellschaften einer Mehrheit von 75 % des bei der Beschlußfassung vertretenen Kapitals. Um die notwendigen Verschmelzungsbeschlüsse in jedem Fall herbeiführen zu können, sollte die Tochtergesellschaft der Bank daher im Anschluß an das Umtauschangebot über einen dementsprechenden Anteil an der Zielgesellschaft und dem Bieter verfügen. Hieraus ergibt sich für die Ausgestaltung der Übernahmeangebote, daß diese unter die Bedingung zu stellen sind, daß mindestens 75 % der Aktionäre sie annehmen.

2. Ausgestaltung der Kapitalerhöhung(en)

Ferner sind zur Durchführung der Umtauschangebote die erforderlichen jungen Aktien in der Tochtergesellschaft der Bank zu schaffen. Hierbei ist darauf zu achten, daß die Aktionäre der Zielgesellschaft die Anteile an der Tochtergesellschaft der Bank zeitlich nicht vor den Aktionären des Bieters erhalten. Anderenfalls könnten die ehemaligen Aktionäre der Zielgesellschaft aufgrund ihrer Mehrheitsbeteiligung in der Tochtergesellschaft der Bank die zur Lieferung junger Aktien an die Aktionäre des Bieters erforderliche Sachkapitalerhöhung ablehnen. Hierdurch hätten sie wiederum die Möglichkeit das Gesamtvorhaben einseitig zu blockieren. Da es dies zu vermeiden gilt, sind die erforderlichen Sachkapitalerhöhungen aufeinander abzustimmen. Dies kann auf zweierlei Weise geschehen:

[1700] Insofern entspricht die Ausgestaltung der Konstellation in § 9 III. 1. Abwicklung und quantitative Mindestanforderungen.

Zum einen könnte die Bank als ursprüngliche Alleinaktionärin der Banktochter lediglich eine Kapitalerhöhung beschließen, die jedoch den Umfang beider erforderlichen Erhöhungen gegen Sacheinlagen umfaßt. Die Durchführung der Kapitalerhöhung wäre dann gemäß § 189 AktG erst in dem Zeitpunkt einzutragen, wenn keiner der beiden vorgesehenen Kapitalerhöhungen mehr Hindernisse im Wege stehen.

Andererseits könnte die Hauptversammlung der Banktochter die beiden Kapitalerhöhungen gegen Sacheinlage auch getrennt beschließen. Die Übertragung des Eigentums an den als Sacheinlage einzubringenden Aktien der Zielgesellschaft beziehungsweise des Bieters müßte dann jedoch unter der aufschiebenden Bedingung erfolgen, daß die Durchführung der jeweiligen Sachkapitalerhöhung in das Handelsregister eingetragen ist. Auch in diesem Fall hätten die ehemaligen Aktionäre der Zielgesellschaft keine Möglichkeit, die Durchführung des Gesamtvorhabens einseitig zu blockieren. Im Gegensatz zum Zeichnungsvertrag ist eine Bedingung des Erfüllungsgeschäftes im übrigen auch zulässig[1701]. Darüber hinaus müßte die Hauptversammlung der Banktochter den Vorstand anweisen, die Durchführung der jeweiligen Sachkapitalerhöhung nur mit der Maßgabe anzumelden, daß sie erst dann in das Handelsregister einzutragen ist, wenn der Eintragung der Durchführung der jeweils anderen Kapitalerhöhung keine Hindernisse mehr entgegenstehen. Wegen § 189 AktG können die ehemaligen Aktionäre der Zielgesellschaft ihre Eigentümerstellung erst ab der Eintragung der Durchführung wirksam ausüben. Erfolgt die Eintragung erst, wenn sichergestellt ist, daß auch die andere Kapitalerhöhung eingetragen wird, so ergibt sich für die früheren Aktionäre der Zielgesellschaft keine Gelegenheit, die Durchführung der Kapitalerhöhung und damit das Gesamtvorhaben zu blockieren[1702].

II. Rechtsfragen

Bezüglich des Übernahmeangebotes an die Aktionäre der Zielgesellschaft sind durch die soeben dargestellte Konstellation die bisher aufgezeigten Probleme weitgehend beseitigt. Bei der Umsetzung des Übernahmeangebotes an die Akti-

---

[1701] *Lutter* in Kölner Kommentar zum AktG, § 189, Rn. 19; *Hüffer*, § 185 AktG, Rn. 15.

[1702] In vergleichbarer Weise wurde auch bei der Zusammenführung der Daimler-Benz AG und Chrysler Corporation verfahren. Dort waren zwei aufeinander abgestimmte Kapitalerhöhungen gegen Sacheinlagen in der DaimlerChrysler AG erforderlich. Vgl.: Öffentliches Übernahmeangebot der DaimlerChrysler AG an die Aktionäre der Daimler-Benz AG, III. und VIII; abgedruckt in der FAZ vom 22.09.1998 sowie insbesondere *Stöcker*, Rechtsfragen grenzüberschreitender Unternehmenszusammenschlüsse, Diss., S. 39 ff. und S. 156 ff.

onäre der bietenden Gesellschaft ergeben sich jedoch die nachfolgenden Rechtsfragen.

1. Unzulässige Rückgewähr von Einlagen

Zunächst ist es zweifelhaft, ob die eigentliche Erwerbergesellschaft diejenigen Aufwendungen der Bank, die dieser im Rahmen der Vorbereitung des Aktientausches entstehen, finanzieren darf. Hierin könnte ein Verstoß gegen § 57 Abs. 1 Satz 1 AktG liegen. Nach dieser Vorschrift dürfen den Aktionären keine Einlagen zurückgewährt werden. Der Begriff der Einlage ist dabei weit zu fassen, so daß es nicht auf den ursprünglich geleisteten Einlagegegenstand ankommt. Entscheidend für das Vorliegen einer verbotenen Einlagenrückgewähr ist vielmehr, ob eine wertmäßige Beeinträchtigung des Gesellschaftsvermögens vorliegt. Der Sinn der Regelung liegt im Erhalt des Grundkapitals[1703]. Im Gegensatz zu dem relativ engen Wortlaut des § 57 Abs. 1 Satz 1 AktG fallen unter das Verbot der Einlagenrückgewähr jedoch auch solche Leistungen, die den Tatbestand nur ihrem Sinn und Zweck nach erfüllen. Somit erfüllen neben offenen auch verdeckte Leistungen und unter bestimmten Voraussetzungen sogar Leistungen Dritter oder an Dritte den Tatbestand des § 57 AktG[1704].

Das Risiko eines Verstoßes gegen das Verbot der Rückgewähr von Einlagen ergibt sich dadurch, daß der Bieter der Bank Geld zur Verfügung stellt[1705]. Dieses Geld wird von der Bank im Wege der Kapitalerhöhung in die Tochtergesellschaft der Bank eingebracht. Im Rahmen des sich anschließenden Aktientausches erhalten dann die Aktionäre des Bieters Aktien der Banktochter. Als Aktionäre der Tochtergesellschaft haben sie dann die Möglichkeit, diese mit der Folge zu liquidieren, daß ein Teil der aus dem Vermögen des Bieters abgeflossenen Mittel nun ihnen zufließt. Somit würde den Aktionären des Bieters über die Bank und deren Tochtergesellschaft mittelbar Geld aus dem Vermögen des Bieters zukommen.

Ansatzpunkt für einen Verstoß gegen § 57 Abs. 1 Satz 1 AktG könnte einerseits eine solche Liquidationsmöglichkeit durch die ehemaligen Aktionäre der Erwerbergesellschaft sein. Andererseits kommt auch die Geldzahlung des Bieters an die Bank als Ansatzpunkt in Betracht. Hierin könnte nämlich eine Finanzierung

---

[1703] *Hefermehl/Bungeroth*, in: Geßler/Hefermehl, § 57 AktG, Rn. 2; *Hüffer*, § 57 AktG, Rn. 1; *Lutter* in Kölner Kommentar zum AktG, § 57, Rn. 2.

[1704] *Hefermehl/Bungeroth*, in: Geßler/Hefermehl, § 57 AktG, Rn. 10 ff.; *Hüffer*, § 57 AktG, Rn. 7; *Lutter* in Kölner Kommentar zum AktG, § 57, Rn. 15 ff.

[1705] Hierfür ist es zunächst unerheblich, ob der Bieter dieses Geld der Bank unmittelbar, im Wege einer Bürgschaft oder durch Aufnahme eines Kredites zur Verfügung stellt.

des Erwerbs der Aktien des Bieters von deren Aktionären durch die Tochtergesellschaft der Bank liegen.

a. Verdeckte Einlagenrückgewähr aufgrund der Vornahme eines Rechtsgeschäftes mit den Aktionären des Bieters

Eine verdeckte Rückgewähr von Einlagen liegt dann vor, wenn innerhalb eines von der Aktiengesellschaft und ihrem Aktionär geschlossen und grundsätzlich zulässigen Rechtsgeschäfts zwischen der Leistung und der Gegenleistung ein objektives Mißverhältnis zugunsten des Aktionärs besteht[1706]. Zunächst bedarf es demnach eines Rechtsgeschäftes zwischen der Aktiengesellschaft und ihren Aktionären. Vorliegend erklärt jedoch die Tochtergesellschaft einer unabhängigen Bank das Übernahmeangebot an die Aktionäre der bietenden Gesellschaft. Ein Rechtsgeschäft zwischen der bietenden Gesellschaft und ihren Aktionären liegt somit nicht vor. Demnach scheidet eine verdeckte Einlagenrückgewähr durch die Vornahme eines Rechtsgeschäftes mit den Aktionären der bietenden Gesellschaft in der vorgestellten Konstellation aus.

b. Verbotene Einlagenrückgewähr wegen der Leistung der Aktien der Banktochter durch die Bank

Zu prüfen bleibt, unter welchen Umständen ein Verstoß gegen § 57 Abs. 1 Satz 1 AktG vorliegt, wenn Dritte in ein Rechtsgeschäft eingeschaltet sind. Im Grundsatz stellen Maßnahmen Dritter dann einen Verstoß gegen das Verbot dar, wenn sie das Vermögen der Aktiengesellschaft zugunsten des Aktionärs betreffen. Dies bedeutet, daß kein Dritter für Rechnung der Gesellschaft Vereinbarungen treffen oder Leistungen an die Aktionäre bewirken darf, die im Falle einer Leistung durch die Aktiengesellschaft selbst unter das Verbot der Einlagenrückgewähr fielen[1707]. Sollte dies dennoch geschehen, so ist diese Vereinbarung selbst, wegen des Wortlautes des § 57 Abs. 1 Satz 1 AktG, nicht ungültig. Anderes gilt jedoch für das Auftrags- oder Geschäftsbesorgungsverhältnis des Dritten mit der Aktiengesellschaft. Dieses ist unwirksam. Der Rechtsgedanke der §§ 56 Abs. 2, 71d AktG ist auf die hier dargelegte Problematik zu übertragen, so daß jedenfalls die Aufwendungen des Dritten an den Aktionär nicht zu erstatten sind. Hierdurch würde die das Vermögen der Aktiengesellschaft mindernde Wirkung nämlich eintreten. § 670 BGB ist somit in diesen Fällen nicht anzuwenden[1708].

1706 *Hüffer*, § 57 AktG, Rn. 8; *Lutter* in Kölner Kommentar zum AktG, § 57, Rn. 16.

1707 *Hefermehl/Bungeroth*, in: Geßler/Hefermehl, § 57 AktG, Rn. 31; *Lutter* in Kölner Kommentar zum AktG, § 57, Rn. 37.

1708 OLG Hamburg, AG 1980, S. 275/278; *Hefermehl/Bungeroth*, in: Geßler/Hefermehl, § 57 AktG, Rn. 31; *Hüffer*, § 57 AktG, Rn. 13; *Lutter* in Kölner Kommentar zum AktG, § 57, Rn. 73; *Michalski*, AG 1980, S. 261/265.

Vorliegend bietet die Bank den Aktionären des Bieters Aktien der Banktochter mit der Maßgabe an, diese im Falle eines Umtausches auf die Aktionäre zu übertragen. Somit liegt eine Leistung der Bank an die Aktionäre des Bieters vor. Zu prüfen bleibt jedoch, ob diese Leistung einen Verstoß gegen das aus § 57 Abs. 1 Satz 1 AktG folgende Verbot der Einlagenrückgewähr darstellt. Hierzu sind die bereits dargestellten Verfahrensschritte im einzelnen zu betrachten:

Zunächst finanziert der Bieter über die als Treuhänderin fungierende Bank die Kapitalerhöhung in der Tochtergesellschaft der Bank. Hierbei geht die Leistung unmittelbar an die Tochtergesellschaft der Bank, jedoch (noch) nicht zugunsten der Aktionäre der bietenden Gesellschaft. Somit liegt eine Einlagenrückgewähr in diesem Abschnitt des Gesamtplanes noch nicht vor.

In einem nächsten Schritt erwirbt die Bank durch die Zeichnung die jungen Aktien ihrer Tochtergesellschaft. Auch dabei erwirbt unmittelbar die Bank die jungen Aktien und nicht die Aktionäre des Bieters. Die Bank fungiert auch in diesem Schritt als Treuhänderin der bietenden Gesellschaft. Wäre die Bank nicht eingeschaltet gewesen, so hätte der Bieter die jungen Aktien der Banktochter unmittelbar erhalten. Eine Leistung an die Aktionäre liegt jedoch nicht vor. Deshalb handelt es sich auch bei diesem Schritt wiederum nicht um eine Einlagenrückgewähr.

Danach muß die Bank ihre Verpflichtung aus dem Übernahmeangebot erfüllen und die jungen Aktien ihrer Tochtergesellschaft auf die Aktionäre des Bieters übertragen. Erfüllt sie diese Verpflichtung, so erbringt sie damit eine Leistung, die ohne ihre Einschaltung unmittelbar von der bietenden Gesellschaft an deren Aktionäre erbracht würde. In diesem Fall ist in der Vorgehensweise eine Einlagenrückgewähr im Sinne des § 57 Abs. 1 Satz 1 AktG zu sehen. Entscheidend für das Verbot der Einlagenrückgewähr ist lediglich, daß das Vermögen der Gesellschaft gemindert und im Gegenzug das Vermögen mindestens eines Aktionärs, wenn auch nur mittelbar, vermehrt wird[1709]. Ist also in der zuvor dargestellten Weise eine Bank in den Leistungsprozeß eingeschaltet, so kann sich keine grundsätzlich andere Beurteilung ergeben als im Falle der unmittelbaren Leistung durch den Bieter. Die Bank fungiert als Treuhänderin und gewährleistet die Weitergabe der Leistung. Auch wenn die Bank als Gegenleistung des Aktientauschs die Aktien der Banktochter überträgt, stammt der wesentliche Finanzierungsbeitrag doch aus dem Vermögen des Bieters. Dies geschah durch die bei der Banktochter durchgeführte Kapitalerhöhung in Höhe des Grundkapitals des Bieters. Nach dem Aktientausch zwischen den Aktionären der bietenden Gesellschaft und der Banktochter hat letztere ein Vermögen, das sich aus dem Bestand

[1709] *Hüffer*, § 57 AktG, Rn. 13 i.V.m. Rn. 3; *Michalski*, AG 1980, S. 261/265.

der umgetauschten Aktien des Bieters und dem vom Bieter finanzierten Grundkapital der Banktochter zusammensetzt. Somit geht der Aktientausch letztlich zu Lasten des Vermögens der bietenden Gesellschaft und zugunsten der umtauschbereiten Aktionäre dieser Gesellschaft. Im Rahmen einer denkbaren Liquidation der Banktochter könnten die ehemaligen Aktionäre des Bieters nunmehr unter Ausschluß ihrer früheren Mitgesellschafter über den Finanzierungsbeitrag verfügen. Den Gläubigern des Bieters hingegen steht der von diesem erbrachte Finanzierungsbeitrag fortan nicht mehr zur Verfügung. Die Bank leistet bei der Aktienlieferung an die Aktionäre des Bieters somit auf Rechnung desselben.

Die dargestellte Situation ist als solche mit einer Leistung an einen Dritten vergleichbar, die auf Veranlassung eines Aktionärs an eine ihm nahestehende Person erfolgt. Ausschlaggebend für die Beurteilung der Leistung an einen Dritten als verbotene Rückgewähr von Einlagen ist dabei die Frage der Zurechenbarkeit. Diese ist bei Zugehörigkeit zu einer von verschiedenen in diesem Zusammenhang diskutierten Fallgruppen regelmäßig anzunehmen[1710]. Vorliegend kommt als Fallgruppe die Zuwendung an ein mit dem Aktionär verbundenes Unternehmen in Betracht. Ein Unterschied der vorliegenden Konstellation zu den typischerweise mit der Fallgruppe gemeinten Fällen liegt jedoch darin, daß der Bieter zunächst an die Banktochter leistet, ohne daß zwischen der letzteren und den Aktionären des Bieters eine rechtliche oder wirtschaftliche Verbindung besteht. Dennoch sollen die Aktionäre des Bieters Aktien der Banktochter erhalten. Fraglich ist daher, ob durch diese zeitliche Verzögerung die Vergleichbarkeit der Sachverhalte in Frage steht. Die Ursache für die grundsätzlich extensive Interpretation des § 57 AktG liegt vor allem in der Verhinderung einer Umgehung dieser Vorschrift. Insbesondere Leistungen an frühere oder künftige Aktionäre fallen daher in den Anwendungsbereich des § 57 Abs. 1 Satz 1 AktG, wenn sie in einem engen sachlichen und zeitlichen Zusammenhang zu dieser Eigenschaft stehen[1711]. Vorliegend kommen die früheren Aktionäre des Bieters nur dann in den Genuß der mit der Rückgewähr der Einlage verbundenen Vorteile, wenn sie ihre Aktien gegen Aktien der Banktochter tauschen. Sie erwerben diese daher unmittelbar gegen Aufgabe ihrer Stellung als Aktionäre des Bieters. Ein enger sachlicher und zeitlicher Zusammenhang liegt demnach vor. Auch wenn der enge Wortlaut es nicht erkennen läßt, so ist der Schutzzweck des § 57 Abs. 1 Satz 1 AktG daher betroffen.

Zweifelhaft ist die Anwendbarkeit des § 57 Abs. 1 AktG aber deshalb, weil es für eine tatsächliche Verfügung über die im Finanzierungsbeitrag des Bieters

[1710] *Canaris*, in: FS Fischer, S. 31/35 ff.; *Hefermehl/Bungeroth*, in: Geßler/Hefermehl, § 57 AktG, Rn. 22 ff.; *Lutter* in Kölner Kommentar zum AktG, § 57, Rn. 41 ff.

[1711] *Canaris*, in: FS Fischer, S. 31/32 f.; *Hefermehl/Bungeroth*, in: Geßler/Hefermehl, § 57 AktG, Rn. 23; *Lutter* in Kölner Kommentar zum AktG, § 57, Rn. 39.

liegende rückgewährte Einlage weiterer Umstände bedarf. So müßten die früheren Aktionäre des Bieters die Banktochter liquidieren, um über den Beitrag in Höhe des Grundkapitals der bietenden Gesellschaft verfügen zu können. Fraglich erscheint, ob eine unmittelbare Verfügung möglich ist. Im Zusammenhang mit einer Zuwendung an ein mit dem Aktionär verbundenes Unternehmen wird dieser Aspekt regelmäßig berücksichtigt. Hierbei gilt die Zurechnung einer Leistung an den Aktionär als unproblematisch, wenn dieser Alleingesellschafter der Empfängergesellschaft ist. Dies ist nachvollziehbar, da zwischen dem unmittelbar begünstigten Unternehmen und dem Aktionär dann eine wirtschaftliche Einheit besteht[1712].

Im Falle einer lediglich vorhandenen wesentlichen Beteiligung bedarf es jedoch weiterer Anhaltspunkte, die entweder in einer Veranlassung der Leistung durch den Aktionär beim Bieter[1713] oder seinem Zugriff auf die Leistung auf der Seite der Empfängergesellschaft[1714] liegen können[1715]. Es kommt somit im Ergebnis darauf an, ob es dem Aktionär möglich ist, seinen Willen in einer der Gesellschafterversammlungen durchzusetzen.

Ein einzelner Aktionär des Bieters wird diesen im Normalfall nicht zu einer Leistung an ein mit ihm verbundenes Unternehmen bewegen können. Vorliegend sind die Aktionäre der bietenden Gesellschaft, weil das Übernahmeangebot an sie alle gerichtet ist, jedoch in ihrem mehrheitlichen Zusammenwirken zu betrachten. Die zum Aktientausch bereiten Aktionäre des Bieters, die nach der bereits erläuterten Vorgabe mindestens 75 % des Grundkapitals repräsentieren, beherrschen die Willensbildung in der bietenden Gesellschaft. Sie können somit die Leistung beim Bieter veranlassen. Demnach ist insoweit vom Vorliegen ausreichender Anhaltspunkte auszugehen.

Auch auf die Tochtergesellschaft der Bank könnten die - nunmehr ehemaligen - Aktionäre des Bieters in ihrer Gesamtheit einen wesentlichen Einfluß ausüben, indem sie gemeinsam über die Verwendung der Leistung entscheiden. Ein beherrschender Einfluß auf die Banktochter ist theoretisch aber nur dann möglich, wenn lediglich der Bieter „übernommen" würde. Dies entspricht vorliegend aber nicht dem Gesamtplan. Ebenso wie die Übernahmeangebote sollen auch die Kapitalerhöhungen in der Banktochter parallel verlaufen oder jedenfalls miteinan-

---

[1712] *Hefermehl/Bungeroth*, in: Geßler/Hefermehl, § 57 AktG, Rn. 30; *Michalski*, AG 1980, S. 261/266.

[1713] BGH WM 1957, S. 61; *Lutter* in Kölner Kommentar zum AktG, § 57, Rn. 45.

[1714] BGHZ 81, S. 311/315; *Lutter* in Kölner Kommentar zum AktG, § 57, Rn. 46; *Michalski*, AG 1980, S. 261/266.

[1715] *Canaris*, in: FS Fischer, S. 31/41 ff.; *Hüffer*, § 57 AktG, Rn. 15; *Lutter* in Kölner Kommentar zum AktG, § 57, Rn. 46.

der koordiniert werden. Somit wird die Situation vermieden, daß entweder die früheren Aktionäre des Bieters oder die früheren Aktionäre der Zielgesellschaft einseitig die Durchführung einer weiteren Kapitalerhöhung in der Banktochter beziehungsweise eine der geplanten Verschmelzungen verhindern können. Daher ist die Abwicklung so zu gestalten, daß keine Gruppe von Aktionären der Banktochter seine aus dieser Stellung folgenden Rechte vor der anderen ausüben kann[1716]. Hierdurch ist der entscheidende Zugriff auf die Leistung den früheren Aktionären der bietenden Gesellschaft jedoch jedenfalls nicht uneingeschränkt möglich. Insofern spricht vieles gegen eine Anwendung des Verbotes der Einlagenrückgewähr auf die vorliegende Konstellation.

Wegen der recht offenen Definition bezüglich der Zuwendungen an ein mit dem Aktionär verbundenes Unternehmen im Falle einer wesentlichen Beteiligung ist weiterhin zu prüfen, ob der Grundsatz des § 57 Abs. 1 Satz 1 AktG auch dann anzuwenden ist, wenn wie im vorliegenden Fall die Leistung zwar von den Aktionären veranlaßt werden kann, diese aber keinen unmittelbaren Zugriff auf die Leistung haben. Bei verständiger Betrachtung kann es in einer solchen Situation nur entscheidend sein, daß der Aktionär auch einen tatsächlichen Zugriff auf die Leistung hat. Dies ergibt sich nicht nur aus dem allgemeinen Verständnis einer gewährten Leistung, die zumindest nach ihrem Wortlaut dem Empfänger zur freien Verfügung steht. Auch die dem § 57 AktG zugrunde liegende Überlegung, daß sich das Vermögen der Gesellschaft zugunsten eines Aktionärs mindert, machte keinen Sinn, wenn dieser die ihm zugewendete Leistung nicht verwenden könnte. Im Ergebnis ist eine verbotene Einlagenrückgewähr daher vorliegend zu verneinen.

Abschließend bleibt somit festzuhalten, daß bei einer Lieferung von Aktien der Banktochter an die Aktionäre des Bieters die Gefahr eines Verstoßes gegen § 57 Abs. 1 Satz 1 AktG besteht. Im Ergebnis scheint ein solcher Verstoß im Hinblick auf den Gesamtplan unter den dargestellten Voraussetzungen jedoch ausgeschlossen, weil die Aktionäre nicht die tatsächliche, alleinige Verfügungsgewalt über den Finanzierungsbeitrag der bietenden Gesellschaft erhalten.

c. Verdeckte Einlagenrückgewähr durch die Leistung des Finanzierungsbeitrags an die Tochtergesellschaft der Bank

Ein Verstoß gegen § 57 Abs. 1 Satz 1 AktG könnte sich ferner daraus ergeben, daß der Finanzierungsbeitrag des Bieters die Banktochter in die Lage versetzt, die Aktien des Bieters von deren Aktionären zu erwerben. Die Tochtergesellschaft der Bank ist keine Aktionärin der bietenden Gesellschaft. Wird an sie mit-

[1716] Siehe oben § 10 I. 2. Ausgestaltung der Kapitalerhöhung(en).

tels Zahlung eines Finanzierungsbeitrags geleistet, so ist § 57 AktG seinem Wortlaut nach nicht anzuwenden. Ein Verstoß gegen § 57 Abs. 1 Satz 1 AktG kommt bei einer Leistung an Nichtaktionäre jedoch auch dann in Betracht, wenn diese im nachgewiesenen sachlichen oder zeitlichen Zusammenhang mit einer Mitgliedschaft erbracht wird. Dies ist bei einer Leistung der Fall, die im Hinblick auf eine zukünftige Eigenschaft als Aktionär erbracht ist. Gleiches gilt, wenn sich die Aktiengesellschaft im Hinblick auf einen geplanten Aktienerwerb zu einer Leistung verpflichtet. Liegt der erforderliche enge Zusammenhang vor, so unterliegen sowohl die Verpflichtung als solche als auch deren Erfüllung der Regelung des § 57 AktG[1717].

Der Finanzierungsbeitrag, den der Bieter an die Bank leistet, um damit die Gegenleistung aus dem Übernahmeverfahren zu finanzieren, kommt letztlich der Banktochter zugute. Somit fließt Vermögen aus der bietenden Gesellschaft an die Banktochter ab, damit diese Aktien von den Aktionären des Bieters erwerben kann. Ein sachlicher und zeitlicher Zusammenhang zwischen der in der Bereitstellung des Finanzierungsbeitrag bestehenden Leistung und der zukünftigen Stellung als Aktionär ist unter Berücksichtigung des Gesamtplanes daher zu bejahen. Weil die Banktochter die Aktien des Bieters mit Hilfe des von diesem geleisteten Finanzierungsbeitrags erwirbt, also Aktionärin wird, liegt ein Verstoß gegen das aus § 57 Abs. 1 Satz 1 AktG folgende Verbot der Einlagenrückgewähr vor.

d. Rechtsfolgen der verdeckten Einlagenrückgewähr

Liegt, wie zuvor dargestellt[1718], die verdeckte Einlagenrückgewähr in einer Leistung an Dritte (hier die Tochtergesellschaft der Bank), führt dies in der Rechtsfolge nicht unmittelbar zur Nichtigkeit des Rechtsgeschäfts. Weil das Verbot des § 57 AktG Dritte nicht unmittelbar trifft, greift § 134 BGB in diesen Fällen nicht ohne weiteres ein[1719]. Nach teilweise vertretener Ansicht führt sie jedoch dann zur Nichtigkeit des Erwerbs, wenn der Dritte die Umstände soweit kennt, daß ihm das Vorliegen einer verdeckten Einlagenrückgewähr bekannt ist bzw. bekannt sein muß[1720]. Überträgt man den Gedanken auf die vorliegend zugrunde gelegte Konstellation, so ist, da sowohl der Bank als auch ihrer Tochtergesell-

---

[1717] *Canaris*, in: FS Fischer, S. 31/32 f.; *Hefermehl/Bungeroth*, in: Geßler/Hefermehl, § 57 AktG, Rn. 23; *Hüffer*, § 57 AktG, Rn. 14; *Lutter* in Kölner Kommentar zum AktG, § 57, Rn. 40.

[1718] Vgl. insbesondere § 10 II. 1. c. Verdeckte Einlagenrückgewähr durch die Lesitung des Finanzierungsbeitrags an die Tochtergesellschaft der Bank.

[1719] *Hüffer*, § 57 AktG, Rn. 24.

[1720] *Hefermehl/Bungeroth*, in: Geßler/Hefermehl, § 57 AktG, Rn. 77; *Lutter*, in: Kölner Kommentar zum AktG, § 57, Rn. 73 f.

schaft bekannt ist, daß der Finanzierungsbeitrag unter anderem an die Aktionäre des eigentlichen Bieters zurückfließen soll, von deren Kenntnis auszugehen. Demnach wäre die Zurverfügungstellung des Finanzierungsbeitrags nach dieser Ansicht nichtig.

2. Pflicht des Vorstandes des Bieters, einen Beschluß der Hauptversammlung herbeizuführen (Gesamtplan)

Zu prüfen ist ferner, ob und inwieweit der Vorstand der bietenden Gesellschaft, auf dessen Veranlassung die Banktochter die parallelen Übernahmeangebote abgibt, für sein Vorgehen der Zustimmung seiner Hauptversammlung bedarf. Nach den bereits dargestellten Grundsätzen der *Holzmüller*-Doktrin des BGH[1721] ist dies der Fall, wenn es sich um eine derart strukturändernde Maßnahme handelt, daß diese einen schwerwiegenden Eingriff[1722] in die Rechte und Interessen der Aktionäre darstellt. Fraglich ist demnach, ob das Vorgehen des Bieters im Rahmen des Gesamtplanes eine solche Maßnahme darstellt. Auch hierfür bietet es sich an, den Ablauf in seinen einzelnen Schritten zu untersuchen.

Zunächst läßt die bietende Gesellschaft über die Tochtergesellschaft der Bank das Übernahmeangebot an die eigenen Aktionäre abgeben. Hieraus folgt unmittelbar noch keine Strukturänderung. Vielmehr müssen die Aktionäre des Bieters überlegen, ob sie das Umtauschangebot der Banktochter annehmen oder ablehnen. Erst durch die Annahme des Übernahmenangebotes wird überhaupt die Möglichkeit einer Strukturänderung geschaffen. Nur wenn 75 % der Aktionäre das Angebot annehmen, ist diese in Form einer Verschmelzung tatsächlich möglich. Ein schwerwiegender Eingriff in die Mitgliedsrechte ist somit durch die Abgabe des Übernahmeangebotes nicht ersichtlich, da es die Aktionäre des Bieters dabei selbst in der Hand haben, ob sie auf das Angebot eingehen oder dieses ablehnen. Hingegen ist das Gesellschaftvermögen des Bieters zunächst gar nicht von dieser Einzelmaßnahme betroffen.

Danach finanziert der Bieter die Erhöhung des Grundkapitals in der Tochtergesellschaft der Bank. Dem stehen zunächst die soeben dargestellten Bedenken des § 57 AktG entgegen. Darüber hinaus erreicht jedoch das Volumen der Kapitalerhöhung(en) den Umfang der Summe des Grundkapitals der beiden „zu übernehmenden“ Gesellschaften. Dies sind hier die Zielgesellschaft und der Bieter.

1721 BGHZ 83, S. 122 ff., jüngst bestätigt in BGH – II 154/02 und BGH – II 155/02 (Urteile vom 26.04.2004).

1722 Die „Wesentlichkeitsschwelle“ für einen schwerwiegenden Eingriff wird insoweit bei einer Maßnahme überschritten, die ungefähr 80 % des Gesellschaftsvermögens betrifft, vgl. BGH – II ZR 154/02 und BGH – II ZR 155/02 (Urteile vom 26.04.2004) sowie BGH, Pressemitteilung Nr. 47/2004 vom 26.04.2004.

Bei der Zielgesellschaft handelt es sich bereits um eine große Publikumsgesellschaft. Eine für diese bietende Gesellschaft wird ebenfalls über eine entsprechende Größe verfügen. Somit ist bereits in diesem Stadium mit einer Transaktion im Volumen von mehreren Milliarden Euro zu rechnen. Der Transfer von Kapital auf die Bank in einem solchen Umfang wird jedoch im Regelfall einen schwerwiegenden Eingriff in die Mitgliedsrechte der Aktionäre des Bieters darstellen und bedarf folglich im Sinne der *Holzmüller*-Doktrin der Zustimmung durch die Hauptversammlung, sofern die wirtschaftliche Bedeutung der Maßnahme einen mit dem Ausgangsfall vergleichbaren Umfang erreicht.

Selbst wenn die Maßnahme nicht nach diesen Grundsätzen zustimmungsbedürftig wäre, bedarf der Vorstand des Bieters jedoch der Zustimmung seiner Hauptversammlung. Dies folgt aus dem Umstand, daß die Durchführung eines Aktientausches nur den ersten Schritt eines Gesamtplanes darstellt. Nach dem Erwerb von jeweils mindestens 75 % der Anteile an der Zielgesellschaft und dem Bieter werden diese nämlich in einem zweiten Schritt entweder miteinander oder jeweils getrennt auf die Banktochter verschmolzen. Hierfür bedarf es gemäß §§ 13, 65 Abs. 1 UmwG in jedem Fall der Zustimmung von mindestens drei Vierteln des bei der Beschlußfassung vertretenen Kapitals beider Gesellschaften. Wegen des grundlegenden und strukturändernden Charakters der Verschmelzung ist nach den vom BGH in der Entscheidung *Hoesch/Hoogovens*[1723] vertretenen Maßstäben der Gesamtplan der Hauptversammlung des Bieters zur Zustimmung vorzulegen. In diesem Zusammenhang stellt sich einerseits die Frage des Umfangs einer geschriebenen Beschlußkompetenz der Hauptversammlung (nachfolgend unter a.)) sowie andererseits die Frage nach dem Zeitpunkt der Beschlußfassung über eine zustimmungspflichtige Maßnahme als Bestandteil eines mehraktigen Gesamtplans der Verwaltung (nachfolgend unter b.))[1724].

a. Umfang einer geschriebenen Beschlußkompetenz der Hauptversammlung

Nach der Rechtsprechung des BGH im *Hoesch/Hoogovens*-Urteil erstrecken sich sowohl die Beschlußkompetenz der Hauptversammlung als auch die Informationspflichten[1725] der Verwaltung bei im Außenverhältnis zustimmungspflichtigen Vermögensübertraguns-, Unternehmens-, Verschmelzungs- und Spal-

[1723] BGHZ 82, S. 188/195 ff.

[1724] Mit der letztgenannten Frage hängt zudem die Überlegung zusammen, in welchem Zeitpunkt Aktionäre über weitere Bestandteile eines Gesamtplans zu informieren sind; vgl. vertiefend *Stöcker*, Rechtsfragen grenzüberschreitender Unternehmenszusammenschlüsse, Diss., S. 165 sowie S. 169 ff.

[1725] Hierbei handelt es sich im einzelnen um die Auslegungs-, die Übersendungs- und die Erläuterungspflicht des Vorstandes.

tungsverträgen auf sämtliche im Hinblick auf den zustimmungspflichtigen Vertrag getroffenen Vereinbarungen, die „rechtsverbindlich die Beziehungen der Vertragschließenden bestimmen sollen, von denen die eine nicht ohne die andere gelten soll und die daher ein einheitliches Ganzes im Sinne des § 139 BGB bilden“[1726]. Diesem Standpunkt wird im Schrifttum überwiegend gefolgt. Teilweise wird zur Bestimmung des Gegenstandes der Beschlußkompetenz der Hauptversammlung sowie der Offenlegungspflichten der Verwaltung jedoch auf die zur Bestimmung des Umfangs der Formpflicht bei Grundstücksverträgen gemäß § 311 b Abs. 1 S. 1 BGB anerkannten Grundsätze zurückgegriffen[1727]. Nur vereinzelt werden abweichende Meinungen dergestalt vertreten, daß die Hauptversammlungskompetenz sich allein auf diejenigen Vereinbarungen erstrecke, die der Vorstand zum Inhalt des zustimmungspflichtigen Vertrages gemacht habe[1728] oder es zur Wahrung der Mitwirkungsbefugnisse der Hauptversammlung bei im Außenverhältnis zustimmungspflichtigen Verträgen der Erstreckung auf die vom BGH gemäß § 139 BGB einzubeziehenden weiteren Abreden nicht bedarf, solange der Gesamtplan nicht in sinnwidrige, mißbräuchliche oder sonst treuwidrige zustimmungsbedürftige und zustimmungsfreie Einzelakte zerlegt werde[1729].

Versucht man, den Gegenstand eines form-, auslegungs- und übersendungs- sowie zustimmungspflichtigen Vertrages nach dem jeweiligen Schutzzweck dieser Pflichten zu bestimmen[1730], ergibt sich, daß sich die Formpflicht auf an sich formfreie selbständige Verträge erstreckt, die aus Sicht des formpflichtigen Vertrages mit diesem „stehen und fallen“ sollen. Daneben erstreckt sich die Formpflicht auf all diejenigen Vereinbarungen, die nach dem - aufgrund einer objektiven Würdigung - erkennbaren Willen auch nur einer der Vertragsparteien Bestandteil des Vertrages sein sollen. Entsprechendes gilt für die Bestimmung des Gegenstandes der Auslegungs- und Übersendungspflicht sowie für die Zustimmungspflicht (Beschlusskompetenz der Hauptversammlung)[1731].

1726 BGHZ 82, S. 188/196.

1727 *Lutter*, Die Rechte der Gesellschafter, S. 26 ff.; *Timm*, Die Aktiengesellschaft als Konzernspitze, S. 111 sowie aktuell m.w.N. *Stöcker*, Rechtsfragen grenzüberschreitender Unternehmenszusammenschlüsse, Diss., S. 176 ff.

1728 Sofern sich insoweit nicht ein gesetzlich notwendiger Mindestinhalt ergibt, vgl. *Vollmer*, Mitwirkungsrechte, S. 5 ff..

1729 *Baums*, FS Zöllner, S. 65/74 f., der insoweit eine entsprechende Information der Hauptversammlung durch den Vorstand der Gesellschaft für ausreichend hält.

1730 Wie dies insbesondere *Stöcker*, Rechtsfragen grenzüberschreitender Unternehmenszusammenschlüsse, Diss., S. 187 ff. getan hat.

1731 *Stöcker*, Rechtsfragen grenzüberschreitender Unternehmenszusammenschlüsse, Diss., S. 198 ff. m.w.N.

Sämtliche der vorgenannten Pflichten erfassen bei im Außenverhältnis zustimmungsbedürftigen Verträgen ausschließlich rechtlich verbindliche Vereinbarungen, also solche Abreden, die über einen Regelungscharakter verfügen. Hingegen werden rechtlich unverbindliche Motive und Absichten, die lediglich im Sachzusammenhang mit einem zustimmungspflichtigen Vertrag stehen, sowie sonstige Akte, bei denen es sich nicht um Vereinbarungen handelt[1732], nicht erfaßt[1733]. Da sich diese Grundsätze zur Bestimmung des Gegenstandes der Beschlußkompetenz der Hauptversammlung nicht auf andere im Außenverhältnis zustimmungspflichtige Strukturmaßnahmen[1734] übertragen lassen, die Bestandteil eines Gesamtplans der Verwaltung sind, können Einzelakte eines Gesamtplans nicht in die Beschlußkompetenz der Hauptversammlung bezüglich solcher Strukturmaßnahmen fallen. Eine Beschlußkompetenz der Hauptversammlung kraft Sachzusammenhangs ist somit im Ergebnis abzulehen[1735].

Überträgt man diese Grundsätze auf die zuvor vorgeschlagene Vorgehensweise, so hat die Hauptversammlung zwar nur über die Verschmelzung als zustimmungsbedürftigen zweiten Teilakt zu entscheiden. Bezüglich des vorhergehenden, die Verschmelzung vorbereitenden Umtauschangebots bedarf es hingegen lediglich einer Information der Hauptversammlung, damit den Aktionären eine sachgerechte Entscheidung in Kenntnis aller Umstände möglich ist.

b. Zeitpunkt der Beschlußfassung über eine zustimmungspflichtige Maßnahme als Bestandteil eines mehraktigen Gesamtplans der Verwaltung

Im Hinblick auf die Frage des maßgeblichen Zeitpunktes, in dem die Verwaltung die Beschlußfassung der Hauptversammlung über zustimmungspflichtige Einzelakte eines Gesamtplans einzuholen hat, ist danach zu unterscheiden, ob bereits der erste dieser Einzelakte einer Zustimmung der Hauptversammlung bedarf oder ob die diesbezügliche Kompetenz der Hauptversammlung erst bei einem späteren Eizelakt des Gesamtplanes besteht.

Im erstgenannten Fall ist es deutlich, daß die Hauptversammlung zwangsläufig schon vor Beginn der Umsetzung des Gesamtplanes über die Einzelmaßnahme zu beschließen hat. In diesem Zusammenhang wird wegen der durch die Verwaltung zu erteilenden Informationen zu dem Gesamtplan letztlich mittelbar auch über diesen entschieden. Folgen dem zustimmungspflichtigen Einzelakt

---

[1732] Beispielsweise eine Kapitalerhöhung.

[1733] *Stöcker*, Rechtsfragen grenzüberschreitender Unternehmenszusammenschlüsse, Diss., S. 213 ff.

[1734] Beispielsweise eine Sachkapitalerhöhung mit Bezugsrechtsausschluß.

[1735] So auch der BGH in den Entscheidungen zur *Hölzmüller*-Doktrin. Vgl. ferner *Stöcker*, Rechtsfragen grenzüberschreitender Unternehmenszusammenschlüsse, Diss., S. 227 f.

nach dem Gesamtplan weitere zustimmungsbedürftige Akte, so hat sich die Zustimmung der Hauptversammlung auch auf diese Einzelakte zu beziehen, sofern die Umsetzung nur des ersten Aktes für die Gesellschaft nicht sinnvoll oder mit nicht unbeträchlichen wirtschaftlichen Nachteilen verbunden wäre[1736].

Betrifft die Zustimmungspflicht hingegen einen späteren Einzelakt des Gesamtplans, so ist weiter danach zu unterscheiden, ob es sich um einen zustimmungspflichtigen Vertrag oder eine andere zustimmungspflichtige Maßnahme handelt und welcher Art die vorangehenden Einzelakte sind.

Im Falle eines zustimmungspflichtigen Vertrages, mit dem weitere Vereinbarungen in rechtlichem Zusammenhang stehen, die (jedenfalls teilweise) vor dem zustimmungspflichtigen Vertrag durchgeführt werden sollen, ist die Zustimmung der Hauptversammlung vor Beginn der Umsetzung des zustimmungspflichtigen Gesamtplans einzuholen[1737]. Die Entscheidung der Hauptversammlung über den Gesamtplan kann damit auch deutlich vor dem Beschluß über den zustimmungsbedürftigen Einzelakt notwendig sein.

Handelt es sich hingegen bei den dem zustimmungsbedürftigen Vertrag vorausgehenden Einzelakten des Gesamtplans nicht um mit diesem in Zusammenhang stehende Vereinbarungen oder ist die zustimmungspflichtige Maßnahme selbst kein Vertrag, so hat die Verwaltung den Hauptversammlungsbeschluß nur dann vor Beginn der Umsetzung des Gesamtplans einzuholen, wenn die ausschließliche Durchführung der zustimmungsfreien Bestandteile für die Gesellschaft nicht sinnvoll oder mit nicht unbeträchtlichen wirtschaftlichen Nachteilen verbunden ist und die Entschließungsfreiheit der Hauptversammlung zu einem erst nach der Durchführung dieser zustimmungsfreien Akte liegenden Zeitpunkt durch die dann bereits erfolgte Durchführung beeinträchtigt wäre[1738]. Liegen hingegen derartige wirtschaftliche Nachteile oder Beeinträchtigungen der Entschließungsfreiheit nicht vor, so ist eine Beschlußfassung der Hauptversammlung vor der im Einzelfall zustimmungspflichtigen Maßnahme ausreichend.

Überträgt man diese Grundsätze auf die hier vorgeschlagene Vorgehensweise, so ist zu konstatieren, daß die Veranlassung der Banktochter zur Abgabe der parallelen Übernahmeangebote vor den erst später einzuholenden Verschmelzungsbeschlüssen mit erheblichen wirtschaftlichen Nachteilen für den Bieter

[1736] BGHZ 82, S. 188/190; vertiefend: *Stöcker*, Rechtsfragen grenzüberschreitender Unternehmenszusammenschlüsse, Diss., S. 222 f.

[1737] *Stöcker*, Rechtsfragen grenzüberschreitender Unternehmenszusammenschlüsse, Diss., S. 224 ff. und S. 228.

[1738] *Stöcker*, Rechtsfragen grenzüberschreitender Unternehmenszusammenschlüsse, Diss., S. 224 ff. und S. 229.

verbunden sein könnte. Infolge dessen müßte die Entscheidung der Hauptversammlung des Bieters schon vor Beginn des ersten Teils des Gesamtplanes, also der Abgabe der parallelen Übernahmeangebote, herbeigeführt werden.

3. Umtauschverhältnis

Geht man davon aus, daß der Vorstand des Bieters der Zustimmung seiner Hauptversammlung zum Gesamtplan bedarf, so ergibt sich im Anschluß daran ein weiteres Problem. Der Gesamtplan umfaßt die parallelen Umtauschangebote. Im diesem Zusammenhang muß der Vorstand also auch darüber informieren, in welchem Verhältnis die Aktien der Zielgesellschaft beziehungsweise des Bieters gegen die Aktien der Banktochter getauscht werden sollen. Rechtsfragen zum Umtauschverhältnis im Rahmen einer feindlichen Übernahme ergeben sich hinsichtlich der Bewertungsgrundlage und eines möglichen späteren Rechtsschutzes der die Aktien tauschenden Aktionäre des Bieters aus einer analogen Anwendung des § 15 UmwG. Darüber hinaus sind die inhaltlichen Anforderungen an das Umtauschverhältnis und die Frage zu untersuchen, ob die geplanten Synergievorteile hierbei zu berücksichtigen sind.

a. Bewertungsgrundlage

Zunächst muß der beabsichtigte Verschmelzungsvertrag gemäß § 5 Abs. 1 Nr. 3 UmwG das Umtauschverhältnis der Anteile und gegebenenfalls die Höhe der baren Zuzahlung oder Angaben über die Mitgliedschaft bei dem übernehmenden Rechtsträger enthalten. Diese Angaben sind genau festzulegen, bedürfen aber für sich betrachtet zunächst keiner weiteren Erläuterung. Bei der Ermittlung des Umtauschverhältnisses ist davon auszugehen, daß den Anteilseignern der übertragenden Rechtsträger für den Verlust ihrer Anteile eine ihrem Wert entsprechende Beteiligung am übernehmenden Rechtsträger zu gewähren ist. Für die Ermittlung einer angemessenen Wertrelation entscheidend ist hierbei vor allem die Anwendung gleicher Bewertungsmethoden[1739]. Für die Unternehmensbewertung sind jedoch keine gesetzlichen Regeln aufgestellt.

Die Praxis wendet regelmäßig die sogenannte Discounted-Cash-Flow-Methode an. Daneben ist auch eine Berechnung nach der Ertragswertmethode zu berücksichtigen[1740]. Den Bewertungsmethoden ist gemeinsam, daß es zu ihrer Durch-

---

[1739] *Lutter* in: Lutter, Umwandlungsgesetz, § 5, Rn. 17 ff.

[1740] OLG Düsseldorf, DB 1984, S. 817/817; OLG Düsseldorf DB 1988, S. 1109/1109 ff.; OLG Düsseldorf, WM 1992, S. 986/990; LG Frankfurt/M., WM 1987, S. 559/561; LG Mannheim DB 1988, S. 1056/1057; OLG Zweibrücken, WM 1995, S. 980/981; *Lutter* in: Lutter, Umwandlungsgesetz, § 5, Rn. 23. Vgl. zur Berechnung des Ertragswertes insbesondere *Seetzen*, WM 1994, S. 45/46 ff.

führung erheblicher Informationen aus dem Unternehmen bedarf. In Rahmen einer feindlichen Übernahme ist jedoch zu beachten, daß dem Bieter vom Vorstand der Zielgesellschaft wegen der „Feindlichkeit" des Angebotes regelmäßig keine Informationen zur Verfügung gestellt werden, die für eine Unternehmensbewertung notwendig sind. Der Bieter muß sich also mit den allgemein zugänglichen Informationen begnügen. Fraglich ist daher, ob es zur Ermittlung des Umtauschverhältnisses genügt, die Bewertung der Zielgesellschaft (nahezu) ausnahmslos auf deren Börsenkurs zu stützen. Dies ist beispielsweise dann problematisch, wenn sich nach der Mehrheitsübernahme der Zielgesellschaft durch die Banktochter aufgrund der dann zugänglichen umfassenden Informationen herausstellt, daß die Zielgesellschaft überbewertet war. Dies hätte zur Folge, daß sich auch die Relation der Umtauschverhältnisse untereinander[1741] zwangsläufig verändern müßte, was zu einer „nachträglichen Abwertung" der Zielgesellschaft führt. Zu prüfen ist deshalb, ob es sich wegen dieses Risikos von vornherein verbietet, den Wert der Zielgesellschaft allein aufgrund des Börsenkurses festzulegen. Vielfach wurde in der Vergangenheit bereits die bloße Berücksichtigung des Börsenkurses abgelehnt, weil er zur Berechnung des tatsächlichen Unternehmenswertes als völlig ungeeignet galt[1742]. Demgegenüber wird mittlerweile zutreffend anerkannt, daß die Ertragswertmethode allein nicht immer zu befriedigenden Bewertungsergebnissen führe, so daß prinzipiell auch andere Maßstäbe in Betracht kommen, die dann jedoch einer besonders eingehenden Begründung bedürfen[1743]. Die Frage der Zulässigkeit der Berücksichtigung des Börsenkurses bei der Unternehmensbewertung ist aus folgendem Grund relevant. Bei einer „Abwertung" der Aktien der Zielgesellschaft im Rahmen der Verschmelzung beider Gesellschaften auf die Banktochter sind diejenigen Aktionäre des Bieters, die das Umtauschangebot angenommen haben, im Zeitpunkt des Beschlusses über die Verschmelzung bereits Aktionäre der übernehmenden Gesellschaft. Somit sind sie gegenüber ihren in der bietenden Gesellschaft verbliebenen früheren Mitgesellschaftern im Nachteil, weil sie gemessen am nunmehr realen Wert der Zielgesellschaft im Verhältnis zu ihren früheren Mitaktionären zu wenig Anteile an der Banktochter erhalten haben. Nach der vollzogenen Verschmelzung läßt sich hieran nichts mehr ändern. Die ursprünglich in der bietenden Gesellschaft verbliebenen Aktionäre haben als Anteilsinhaber der übertragenden Gesellschaft hingegen noch die Möglichkeit, die Angemessenheit des im

[1741] Gemeint ist hiermit das Umtauschverhältnis der Aktien der Banktochter gegen solche der Zielgesellschaft im Vergleich zu dem Umtauschverhältnis der Aktien der Banktochter gegen solche des Bieters.

[1742] BGH WM 1978, S. 401/401; BGH WM 1988, S. 1052/1054; OLG Düsseldorf, WM 1992, S. 986/990; OLG Düsseldorf, DB 1984, S. 817/817; *Lutter* in: Lutter, Umwandlungsgesetz, § 5, Rn. 23.

[1743] OLG Düsseldorf, DB 1988, S. 1109/1109 ff.; LG Mannheim, DB 1988, S. 1056/1057; *Lutter* in: Lutter, Umwandlungsgesetz, § 5, Rn. 23.

Verschmelzungsbeschluß genannten Umtauschverhältnisses gemäß § 15 UmwG gerichtlich prüfen zu lassen. Hierin könnte aus der Sicht derjenigen Aktionäre des Bieters, die ihre Aktien bereits getauscht haben, eine Umgehung des § 15 UmwG liegen. Dies ist der Fall, wenn der Wert der Zielgesellschaft allein aufgrund des Börsenkurses festgelegt wird und sich nachträglich als überhöht erweist.

Es ist nachzuvollziehen, daß der Börsenkurs einer Gesellschaft nicht mit ihrem tatsächlichen Wert übereinstimmen muß und eine Unternehmensbewertung, die ausschließlich auf dem Börsenkurs beruht, daher mit erheblichen Risiken behaftet ist. Für die Beurteilung der zugrundeliegenden Fragestellung ist allerdings folgendes zu beachten. Im Zusammenhang mit der Festsetzung des Umtauschverhältnisses im Verschmelzungsvertrag gemäß § 5 Abs. 1 Nr. 3 UmwG bedarf es keiner weiteren Erläuterung desselben. Im Rahmen des zu veröffentlichenden Verschmelzungsberichts ist gemäß § 8 Abs. 1 UmwG jedoch der Vertrag und insbesondere das Umtauschverhältnis rechtlich und wirtschaftlich zu erläutern und zu begründen. Nach § 8 Abs. 1 Satz 2 UmwG ist dabei auf besondere Schwierigkeiten bei der Bewertung der Rechtsträger sowie auf die Folgen für die Beteiligung der Anteilsinhaber hinzuweisen. Der Vorstand des Bieters hat seine Aktionäre im Rahmen der vorstehend bereits dargestellten Hauptversammlungsentscheidung über die Durchführung des Gesamtplanes somit auch über die Grundlage seiner Bewertung der Aktien der Zielgesellschaft zu informieren. Den Aktionären ist also bekannt, daß der Börsenkurs die Grundlage der Bewertung der Zielgesellschaft darstellt. Es liegt dann in der freien Entscheidung jedes einzelnen Aktionärs des Bieters, das Umtauschangebot anzunehmen oder auszuschlagen und somit die vorgegebene Wertrelation der beiden Gesellschaften zu akzeptieren oder dies nicht zu tun. Lehnt er das Umtauschangebot wegen der aus dieser Bewertungsgrundlage folgenden Risiken ab, so begibt er sich in den Schutz des § 15 UmwG. Dies bedeutet aber im Umkehrschluß, daß kein Aktionär in Unkenntnis der Sachlage um den Schutz des § 15 UmwG gebracht wird. Vielmehr verzichten die zum Umtausch bereiten Aktionäre in Kenntnis der Risiken auf diesen Schutz. Eine Umgehung der Regelung des § 15 UmwG liegt daher jedenfalls nicht vor. Dies bedeutet im Ergebnis, daß im Rahmen der auf einen entsprechenden Hauptversammlungsbeschluß folgenden parallelen Übernahmeangebote die Bewertung der Zielgesellschaft unter alleiniger Zugrundelegung des Börsenkurses möglich und ausreichend ist.

b. Analoge Anwendung des § 15 UmwG

Vorliegend könnte jedoch die Regelung des § 15 UmwG auf das im Übernahmeangebot festgelegte Umtauschverhältnis ausnahmsweise analog anwendbar sein. Hierzu bedarf es zunächst einer unbewußten Regelungslücke und vergleichbarer Sachverhalte. Diejenigen Aktionäre einer Gesellschaft, die ihre Aktien im Rahmen eines Umtauschangebotes gegen Aktien des übernehmenden Rechtsträgers tauschen, werden hierdurch Aktionäre dieses Rechtsträgers. Wird im Anschluß an diesen Aktientausch der übertragende Rechtsträger auf den übernehmenden Rechtsträger verschmolzen, so können diejenigen Aktionäre, die ihre Aktien nicht getauscht haben, gemäß § 15 Abs. 1 UmwG gegen das Umtauschverhältnis der Anteile vorgehen. Denjenigen Aktionären, die ihre Aktien zuvor getauscht haben, ist diese Möglichkeit hingegen verwehrt.

Fraglich ist hier bereits, ob es sich bei diesen unterschiedlichen rechtlichen Möglichkeiten überhaupt um eine unbewußte Regelungslücke handelt. Dagegen sprechen folgende Argumente. Es erscheint keinesfalls seltsam, daß sich den Aktionären, die sich verschieden verhalten, im Anschluß an dieses Verhalten auch unterschiedliche Gestaltungsmöglichkeiten ergeben. Wie vorstehend bereits dargestellt, geht der zum Umtausch bereite Aktionär regelmäßig bewußt das Risiko ein, im Falle einer anschließenden Verschmelzung das aus § 15 Abs. 1 UmwG folgende Recht zu verlieren, während seine in der Gesellschaft verbleibenden Mitgesellschafter hierzu nicht bereit sind. Selbst wenn man vom Vorliegen einer unbewußten Regelungslücke ausgeht, ist jedoch zu bezweifeln, daß sich die für die Verschmelzung geltenden Grundsätze auf den Fall eines Übernahmeangebotes übertragen lassen. Ein Übernahmeangebot gibt jedem Aktionär die Möglichkeit, sich für oder gegen dasselbe zu entscheiden und somit unmittelbar durch sein Verhalten eine Rechtsfolge herbeizuführen, ohne dabei von der Mehrheit der Hauptversammlung abhängig zu sein. Hingegen ist eine Verschmelzung nur aufgrund eines von der Mehrheit der Aktionäre gemeinsam zu treffenden Hauptversammlungsbeschlusses möglich, was im Einzelfall auch gegen den Willen einer Aktionärsminderheit zu einem Aktientausch führt. Insofern bedarf die Minderheit der Aktionäre in dieser Situation auch des Schutzes. Betrachtet man die Maßnahmen getrennt voneinander, sind die Verschmelzung und das Übernahmeangebot so wenig miteinander vergleichbar, daß sie eine analoge Anwendung des § 15 UmwG nicht rechtfertigen.

Ein abweichendes Ergebnis könnte sich jedoch dann ergeben, wenn die Maßnahmen von vornherein in ihrer Kombination der Zusammenführung zweier Gesellschaften dienen soll. Dies ist hier der Fall, weil sowohl das Umtauschangebot als auch der Verschmelzungsbeschluß dem Gesamtplan der feindlichen Übernahme der Zielgesellschaft dienen. Insofern erscheint eine Gesamtbetrachtung angebracht. Derjenige Aktionär, der das Umtauschangebot annimmt, ist gegenüber dem Aktionär, der erst im Rahmen der Verschmelzung Aktionär der „neuen" Gesellschaft wird, dadurch benachteiligt, daß für ihn eine Überprüfung nach § 15 Abs. 1 UmwG nicht mehr in Betracht kommt. Dies erscheint vor allem deshalb bedenklich, weil beide Aktionäre im Ergebnis Aktionäre der „neuen“ Gesellschaft - vorliegend also der Banktochter - sind und dies jeweils aufgrund eines Aktientausches wurden, der auf dem vorherigen Gesamtplan beruht. Dem ist jedoch entgegenzuhalten, daß die Verschmelzung nur dann vorgenommen wird, wenn genügend Aktionäre[1744] das Übernahmeangebot annehmen. Insofern beinhaltet die Entscheidung über das Übernahmeangebot zugleich die Akzeptanz des in Form des Umtauschverhältnisses angebotenen Preises. Ferner kommt im Rahmen des Übernahmeangebotes der Sache nach ein einzelner Kauf- beziehungsweise Tauschvertrag zwischen dem Bieter und dem Aktionär zustande. Hierbei obliegt den Parteien grundsätzlich die freie Bestimmung der Gegenleistung. Diesbezüglich ergibt sich auch in der Praxis eine nicht zu unterschätzende Gestaltungsmöglichkeit. Ist ein Übernahmeangebot unattraktiv, so nehmen die Aktionäre dieses nicht an und zwingen den Bieter damit entweder zur Nachbesserung des Preises oder zur Aufgabe seines Vorhabens. Es besteht somit die grundsätzliche Möglichkeit, einen angemessenen Preis auszuhandeln. Dem steht auch nicht der nach dem WpÜG geltende Grundsatz der Gleichbehandlung entgegen, nach dem alle Aktionäre, die Inhaber von Wertpapieren derselben Gattung sind, gleich zu behandeln sind. Derjenige Aktionär, der im Rahmen der anschließenden Verschmelzung Anteilseigner der „neuen“ Gesellschaft wird, befindet sich nämlich in einer anderen Situation. Er sieht sich der nötigen Stimmenmehrheit des Bieters gegenüber und hat somit von vornherein keine Möglichkeit, den Preis beziehungsweise das Umtauschverhältnis in irgendeiner Weise zu beeinflussen. Er ist insofern in einer vergleichsweise schwächeren Position, die in ihrer Folge den Ausgleich in Form des § 15 UmwG rechtfertigt. Die somit nicht zu bestreitenden unterschiedlichen Ausgangslagen schließen eine analoge Anwendung dieser Vorschrift auf das Umtauschverhältnis im Rahmen eines Übernahmeangebotes daher aus.

c. Inhaltliche Anforderungen an das Umtauschverhältnis

Weiterhin ist zu prüfen, ob sich aus den gesetzlichen Vorschriften inhaltliche Anforderungen an das Umtauschverhältnis ergeben. Im Gegensatz zu den dargestellten Bestimmungen des Umwandlungsgesetzes sind die Regelungen des Wertpapiererwerbs- und Übernahmegesetzes wenig konkret. Gemäß § 11 Abs. 2 WpÜG muß die Angebotsunterlagen Angaben über die Art und Höhe der Gegenleistung (Nr. 4) und über die weitere Abwicklung des Angebotes enthalten. Gemäß § 31 Abs. 1 WpÜG muß die Gegenleistung zudem angemessen sein, wobei der durchschnittliche Börsenkurs der Aktien der Zielgesellschaft und durch den Bieter vorgenommene beziehungsweise veranlaßte Erwerbe von Aktien der Zielgesellschft zu berücksichtigen sind. Auch die geplanten Bestim-

[1744] Deshalb wird das Übernahmeangebot von vornherein dahingehend bedingt, daß 75 % der Aktionäre es annehmen.

mungen auf europäischer Ebene gehen bezüglich der inhaltlichen Ausgestaltung des Umtauschverhältnisses regelmäßig nicht weiter[1745].

aa. Verdeckte Sacheinlage

Anforderungen an die Bestimmung des Umtauschverhältnisses könnten sich bei der dargestellten Vorgehensweise zunächst aus der Ähnlichkeit zur verdeckten Sacheinlage ergeben. Im Wege der Barkapitalerhöhung der Banktochter werden deren junge Aktien geschaffen. Dies hat den Zweck, der Bank die notwendigen Mittel zur Verfügung zu stellen, die diese den Aktionären der Zielgesellschaft als Gegenleistung für ihre Aktien andient. Hierbei geht es insbesondere darum, Aktien als Instrument im Rahmen des Aktientausches bereitzustellen. Im Ergebnis werden die früheren Aktionäre der Zielgesellschaft somit Aktionäre der Banktochter. Dieses Ergebnis ließe sich auch erzielen, wenn die Aktionäre der Zielgesellschaft ihre Aktien als Sacheinlage im Rahmen einer Kapitalerhöhung der Banktochter in diese einbringen. Dann wären jedoch die Vorschriften über eine Sachkapitalerhöhung gemäß § 183 AktG anzuwenden, so daß es einer Prüfung der Sacheinlage gemäß § 183 Abs. 3 AktG bedürfte. Fraglich ist daher, ob die Vorschriften über die Sacheinlage auch bei der hier gewählten Konstellation zu beachten sind.

Vorliegend wird zunächst das Grundkapital der Banktochter im Wege einer Bareinlage erhöht, wobei die Bank die jungen Aktien ihrer Tochtergesellschaft zeichnet. Formal liegt somit keine Kapitalerhöhung gegen Sacheinlage vor. Betrachtet man die zum Gesamtplan gehörenden Vorgänge, so könnten sich die Kapitalerhöhung wegen des vergleichbaren Ergebnisses aber als verdeckte Sacheinlage darstellen. Dies hätte zur Folge, daß im Falle der Nichteinhaltung der Sacheinlagevorschriften das Rechtsgeschäft mit dem Einleger gemäß § 183 Abs. 2 Satz 1 AktG unwirksam und dieser nach wie vor zur Leistung der Einlage verpflichtet wäre[1746]. Als verdeckte Sacheinlage bezeichnet man die Koppelung eines Verkehrsgeschäftes mit einer Bareinlage, wenn damit wirtschaftlich das Ergebnis einer Sacheinlage erreicht wird und sich die Parteien darüber einig sind, daß die Sachleistung aus dem Verkehrsgeschäft im Grunde als Sacheinlage

---

[1745] So sah beispielsweise der Vorschlag einer europäischen Übernahmerichtlinie (abgedruckt in ZIP 1997, S. 2172 ff.) vor, daß die Angebotsunterlage gemäß Art. 6 Abs. 3, 4. Spiegelstrich die für jedes Wertpapier oder jede Gattung von Wertpapier gebotene Gegenleistung sowie die bei der Bestimmung der Gegenleistung angewandte Bewertungsmethode und Angaben über die Erbringung der Gegenleistung enthalten muß. Wegen der hieraus folgenden Informationspflicht sollten konkrete Vorgaben über die Bestimmung des Umtauschverhältnisses jedoch vermieden werden. Vgl. hierzu *Habersack/Mayer*, ZIP 1997, S. 2141 ff.

[1746] *Hüffer*, § 183 AktG, Rn. 14; *Lutter* in Kölner Kommentar zum AktG, § 183, Rn. 75 f.

dient[1747]. Umstritten war darüber hinaus lange Zeit, ob es weiterer Voraussetzungen wie beispielsweise eines subjektiven Elements der Umgehungsabsicht bedarf. Dies wird im Ergebnis jedoch mittlerweile abgelehnt[1748].

Die von der Bank im Rahmen der bei ihrer Tochtergesellschaft durchgeführten Kapitalerhöhung getätigte Bareinlage könnte zwar deshalb als Sacheinlage zu beurteilen sein, weil die geschaffenen jungen Aktien an die Aktionäre der Zielgesellschaft abzugeben sind. Hiergegen spricht aber, daß der im Rahmen der Barkapitalerhöhung geleistete Finanzierungsbeitrag nicht ausgezahlt wird. Die Aktien der Zielgesellschaft sind vorliegend also nicht gegen Zahlung von Geld in die Banktochter eingebracht, wie dies bei einer verdeckten Sacheinlage typischerweise der Fall ist. Vielmehr werden sie gegen die jungen Aktien der Banktochter getauscht. Nach dem erfolgreichen Übernahmeversuch besteht das Vermögen der Banktochter daher neben den im Rahmen des Aktientausches erhaltenen Anteilen an dem jeweils zu übernehmenden Unternehmen auch noch aus dem als Kapitalerhöhung gegen Bareinlage eingebrachten Betrag in Höhe des Grundkapitals dieser Unternehmen. Weil es nicht zu einem Rückfluß dieser Mittel an die Einleger kommt, liegt jedenfalls nicht die Situation vor, daß die für Sacheinlagen geltenden Vorschriften durch Aufspaltung des Vorgangs auf ein Verkehrsgeschäft und eine Bareinlage umgangen sind. Eine des Schutzzwecks der Sacheinlagevorschriften bedürfende Situation, bei der die Gläubiger und die Aktionäre der Gesellschaft vor einer unzureichenden Kapitalaufbringung bewahrt werden sollen[1749], ist wegen des Verbleibs der geleisteten Barerhöhung im Vermögen der Gesellschaft ebenfalls nicht ersichtlich. Eine verdeckte Sacheinlage liegt demnach nicht vor.

Weil eine verdeckte Sacheinlage im Sinne des § 183 AktG nicht vorliegt, sind die hierfür geltenden Vorschriften auch nicht durch die gewählte Vorgehensweise umgangen worden. Dies hat ferner zur Folge, daß § 183 Abs. 3 AktG ebensowenig auf die Bestimmung des Umtauschverhältnisses anzuwenden ist. Somit ist auch die für Sacheinlagen ausschlaggebende Bewertung nicht für die konkrete Bestimmung des Umtauschverhältnisses relevant.

[1747] *Hefermehl/Bungeroth*, in: Geßler/Hefermehl, § 183 AktG, Rn. 22; *Hüffer*, § 183 AktG, Rn. 3; *Kraft/Kreutz*, Gesellschaftsrecht, S. 284; *K. Schmidt*, Gesellschaftsrecht, 3. Aufl., S. 893; *Wiedemann*, Großkommentar, § 183 AktG, Rn. 88.

[1748] Vgl. m. w. N.: *Hüffer*, § 27, Rn. 14 f; *K. Schmidt*, Gesellschaftsrecht, S. 894.

[1749] *Hefermehl/Bungeroth*, in: Geßler/Hefermehl, § 183 AktG, Rn. 2; *Hüffer*, § 183 AktG, Rn. 1.

bb. Berücksichtigung von Synergievorteilen bei der Berechnung des Umtauschverhältnisses

Bei der Festlegung des Umtauschverhältnisses im Zusammenhang mit der Durchführung paralleler Übernahmeangebote durch die Banktochter zum Zwecke der späteren Verschmelzung der beiden Gesellschaften stellt sich darüber hinaus ein Sonderproblem. Fraglich ist nämlich, ob und bejahendenfalls wie etwaige Verbundvorteile, die aus der späteren Zusammenführung der Unternehmen erwartet werden (sogenannte Synergieeffekte), bei der Ermittlung der Wertverhältnisse zu berücksichtigen sind. Weil der Vorstand des Bieters seine Hauptversammlung gemäß § 119 Abs. 2 AktG von seinem Gesamtplan in Kenntnis setzen muß[1750], werden auch die Aktionäre der Zielgesellschaft darüber informiert[1751], daß die parallelen Übernahmeangebote der Zusammenführung beider Gesellschaften dienen soll. Die Aktionäre beider „zu übernehmender" Gesellschaften werden die Übernahmeangebote der Banktochter jedoch nur dann annehmen, wenn das angebotene Umtauschverhältnis aus ihrer Sicht eine angemessene Verteilung der Verbundvorteile enthält. Die Berücksichtigung dieser Vorteile im Rahmen der Festsetzung des Umtauschverhältnisses unterliegt allerdings keinen rechtlichen Vorgaben und kann nicht im Rahmen einer nachträglichen Angemessenheitskontrolle analog § 15 UmwG überprüft werden[1752].

Fraglich ist bereits, ob die Verbundvorteile überhaupt zu beachten sind. Dies wird oftmals mit dem Argument abgelehnt, der Unternehmenswert der an der Verschmelzung beteiligten Unternehmen solle ausschließlich unter der Annahme des Fortbestandes und der weiteren Selbständigkeit dieser Unternehmen ermittelt werden (sogenanntes „*Stand-alone*-Prinzip"). Somit seien die mit der Verschmelzung beabsichtigten Vorteile bei der Ermittlung des Umtauschverhältnisses nicht zu berücksichtigen[1753]. Dies liege zum einen an der Schwierigkeit, die Verbundwirkungen überhaupt festzustellen und der Unsicherheit über die Möglichkeit und Wahrscheinlichkeit, diese auch tatsächlich zu realisieren[1754].

[1750] Siehe oben § 10 II. 2. Pflicht des Vorstands des Bieters, einen Beschluß der Hauptversammlung herbeizuführen.

[1751] Dies ergibt sich insbesondere wegen des starken öffentlichen Interesses an feindlichen Übernahmen auf große Publikumsgesellschaften. Erinnert sei hier nur an die Auseinandersetzung zwischen Vodafone Airtouch plc. und der Mannesmann AG, über die während eines Zeitraums von mehreren Monaten hinweg täglich nahezu alle maßgeblichen Wirtschaftszeitungen berichteten.

[1752] Siehe oben § 10 II. 3. b. Analoge Anwendung des § 15 UmwG.

[1753] BGHZ 71, S.40/40; OLG Hamburg, DB 1980, S. 76/78; OLG Düsseldorf, WM 1988, S. 1052/1055 f.; *Lutter* in Lutter, UmwG, § 5, Rn. 24 und § 8, Rn. 23; *Mertens*, AG 1992, S. 321/331 f. und 335; *Werner*, in: FS Steindorff, S. 303/315 f. und 320.

[1754] *Koppensteiner* in Kölner Kommentar zum AktG, § 305, Rn. 34; *Mertens*, AG 1992, S. 321/332.

Andererseits folge wegen der aus § 305 Abs. 3 Satz 2 AktG sich ergebenden Wertung für den Fall der angemessenen Barabfindung im Rahmen von Beherrschungs- und Gewinnabführungsverträgen[1755], daß Verbundvorteile unberücksichtigt bleiben müssen. Zu beachten sei ferner, daß eine Verschmelzung dazu führe, daß aus mehreren Unternehmen ein einheitliches Unternehmen wird, dessen Vermögensmassen sich weder rechtlich noch tatsächlich trennen lassen[1756]. Im übrigen seinen Verbundvorteile regelmäßig das Ergebnis der unternehmerischen Bemühungen des Übernehmers und deshalb nicht im voraus als gemeinsamer Gewinn zu betrachten. Vielmehr sei es gerecht, diese Vorteile in Höhe ihres tatsächlichen Eintritts dem Bieter zuzusprechen und sie daher bei der Ermittlung des Umtauschverhältnisses nicht zu beachten[1757]. Ferner sei zu berücksichtigen, daß der Bieter im Fall einer Beteiligung der früheren Aktionäre der Zielgesellschaft an den Verbundvorteilen, in seiner Entscheidung über deren Höhe erheblichen Zwängen unterliege. Regelmäßig habe der Vorstand der übernehmenden Gesellschaft seine Entscheidung nämlich vor seinen eigenen Aktionären zu verantworten, die die Beschlüsse im Zweifelsfall rechtlich angreifen könnten und kein Verständnis dafür haben, die Vorteile des Verbundes von vornherein teilen zu müssen, wohingegen sie die Nachteile in jedem Fall allein zu tragen hätten[1758].

Demgegenüber wird eingewandt, daß die Verteilung der Synergievorteile bei der Festsetzung des Umtauschverhältnisses innerhalb eines gewissen Rahmens frei ausgehandelt werden könne und solle. Sei das Ausscheiden einer Minderheit die notwendige Voraussetzung für die Durchführung der für den Verbund vorteilhaften Maßnahmen, so leiste die Minderheit einen Beitrag für das Entstehen der Mehrerfolge, so daß es billig sei, sie an diesen zu beteiligen[1759]. Ferner prägten die Verbundeffekte die Wertvorstellung des herrschenden beziehungsweise übernehmenden Unternehmens und seien somit auch ein wesentlicher Planungsgegenstand. Das übernehmende Unternehmen habe daher den vollen Ausgleich für die ihm zufließenden Vermögenswerte zu leisten, wobei die Grundlage die internen Planungen dieser Gesellschaft seien[1760]. Ferner handele auch ein freiwillig ausscheidender Aktionär normalerweise einen Preis aus, der den künftigen Kooperationsvorteil für den übernehmenden Gesellschafter widerspiegele. Dieser Maßstab müsse daher bei einem zwangsweisen Ausscheiden gelten, weil der Bieter die Aktien anderenfalls zu billig erwerbe. Der gemeinsame Gewinn sei daher zwischen den Parteien entsprechend ihrer Beteiligungshöhe an der nun-

[1755] OLG Hamburg, DB 1980, S. 76/78; *Werner*, FS Steindorff, S. 303/315.
[1756] *Werner*, FS Steindorff, S. 303/316.
[1757] *Werner*, FS Steindorff, S. 303/319.
[1758] *Werner*, FS Steindorff, S. 303/319.
[1759] *Drukarzyk*, AG 1973, S. 357/360 f.
[1760] *Gansweid*, AG 1977, S. 334/338 f.

mehr verschmolzenen Gesellschaft zumindest zu teilen. Das Umtauschverhältnis sei dabei so lange angemessen, wie die Verteilung der Synergievorteile als „fairer Ausgleich der Interessen“ anzusehen sei[1761].

Zunächst ist den zuletzt genannten Verfassern entgegenzuhalten, daß die Argumente der „Billigkeit“ und der „Gerechtigkeit“ im Rahmen der Ermittlung eines objektiven Unternehmenswertes keinen Platz haben. Pauschale Argumente der Fairneß vermögen deshalb nicht zu überzeugen[1762]. Im übrigen übersehen sie, daß im Falle der Verschmelzung gemäß § 20 Abs. 1 Nr. 3 UmwG die Aktionäre der übertragenden Rechtsträger Anteilseigner des übernehmenden Rechtsträgers werden. Insofern partizipieren alle früheren Anteilseigner in gleicher Weise an der zukünftigen Entwicklung des verschmolzenen Unternehmens[1763]. Nicht einzusehen ist allerdings, warum gerade diejenigen Aktionäre, die ihre Aktien nicht freiwillig getauscht haben, hiervon sowohl im Rahmen der Verschmelzung als auch aufgrund ihrer anschließenden Position als Aktionäre des verbundenen Unternehmens profitieren sollten. Die Verbundvorteile kämen den „Gegnern“ der Übernahme dann nämlich gerade doppelt zugute, während diejenigen Aktionäre, die den Zusammenschluß befürwortet haben, benachteiligt würden. Dies erscheint vor allem deshalb ungerecht, weil ja lediglich die Befürworter veranlaßt haben, daß Verbundvorteile überhaupt entstehen konnten. Im Ergebnis ist daher der Meinung zuzustimmen, die eine Berücksichtigung der Synergievorteile im Rahmen der Unternehmensbewertung ablehnt. Weil die Aktionäre der Zielgesellschaft nach der Verschmelzung ohnehin Aktionäre der „neuen“ Gesellschaft (also der ehemaligen Banktochter) sind, profitieren sie in diesem Rahmen ebenfalls an den tatsächlich realisierten Verbundvorteilen. Im übrigen ist davon auszugehen, daß kein Aktionär der Zielgesellschaft im Rahmen des Umtauschangebotes oder der anschließenden Verschmelzung ein vollkommen unangemessenes Umtauschverhältnis akzeptieren würde. Insofern kommt es im Ergebnis trotz des Umstands, daß die Synergieeffekte bei der Festsetzung des Umtauschverhältnisses nicht beachtet werden, dennoch zu einem fairen Interessenausgleich.

4. Anfechtbarkeit des Hauptversammlungsbeschlusses gemäß § 255 Abs. 2 AktG

Es stellt sich im Anschluß hieran jedoch die Frage, ob der nach den Grundsätzen der *Holzmüller*-Doktrin erforderliche Beschluß der Hauptversammlung mit der Begründung anfechtbar ist, das durch diesen Beschluß festgelegte Umtauschverhältnis im Rahmen des parallelen Aktientauschs entspreche nicht dem tat-

1761 *Großfeld*, Unternehmens- und Anteilsbewertung im Gesellschaftsrecht, S. 123 ff.; *ders.*, JZ 1981, S. 769/772 f.; IdW, Wirtschaftsprüfer-Handbuch, Bd. II (Stand 1992), S. 198 ff.

1762 *Mertens*, AG 1992, S. 321/332.

1763 *Mertens*, AG 1992, S. 321/332 f.

sächlichen Wertverhältnis der Aktien der Zielgesellschaft zu denen der übernehmenden Gesellschaft. Dies wäre für die tauschenden Aktionäre der übernehmenden Gesellschaft nachteilig. Die Frage ist somit vor allem deshalb wichtig, weil in dem Fall, daß sich der Beschluß als nachträglich anfechtbar erweisen sollte, die Durchführung des Beschlusses für den Vorstand der bietenden Gesellschaft ein nicht unerhebliches Haftungsrisiko darstellen könnte.

aa. § 255 Abs. 2 AktG analog als Anfechtungsgrund

Als Anfechtungsgrund kommt in dieser Situation eine analoge Anwendung des § 255 Abs. 2 AktG in Betracht. Diese Vorschrift regelt für den Fall einer Kapitalerhöhung gegen Bareinlage bei gleichzeitigem Ausschluß des Bezugsrechts der Altaktionäre, daß der Hauptversammlungsbeschluß angefochten werden kann, wenn der darin festgesetzte Ausgabebetrag unangemessen niedrig ist. In der hier dargestellten Konstellation legt das zum Beschluß vorgelegte parallele Übernahmeangebot ein bestimmtes Umtauschverhältnis der Aktien der Zielgesellschaft zu denen der eigentlichen bietenden Gesellschaft fest. Dieses erweist sich jedoch im Nachhinein als unzutreffend und führt zu einer Benachteiligung der tauschenden Aktionäre der Erwerbergesellschaft gegenüber denjenigen ihrer Mitgesellschafter, die nicht auf das Umtauschangebot eingegangen sind. Die Höhe der Benachteiligung richtet sich dabei nach der Differenz zwischen dem im Umtauschangebot festgesetzten und dem später ermittelten tatsächlichen Wert der Aktien. Insofern spricht einiges für eine Vergleichbarkeit der Sachverhalte, die die Grundlage jeder Analogie bildet.

Anders verhält es sich jedoch, wenn man den Zweck der gesetzlichen Regelung in die Überlegungen mit einbezieht. § 255 Abs. 2 AktG bezweckt den Schutz der Minderheit vor einer vermögensmäßigen Entwertung ihrer Mitgliedsrechte. Eine solche Verwässerung tritt ein, wenn der Bieter neue Aktien schafft und ausgibt, ohne daß die dafür geleisteten Einlagen dem Wert der Mitgliedschaft entsprechen[1764]. Auch diejenigen Aktionäre des Bieters, die das Umtauschangebot zu dem im Hauptversammlungsbeschluß bestimmten Umtauschverhältnis annehmen, könnten von einer solchen Verwässerung betroffen sein. Im Verhältnis zu den Aktionären des Bieters, die ihre Aktien zunächst behalten und erst im Rahmen der Verschmelzung auf die Banktochter Aktionäre derselben werden, erhalten sie weniger Aktien an der Banktochter, wenn sich die Bewertung der Zielgesellschaft im nachhinein als überhöht erweist. Im gesetzlich geregelten Fall beruht die Verwässerung jedoch auf einem Hauptversammlungsbeschluß, der lediglich noch des Vollzugs in Form der Aktienemission bedarf, bevor die

[1764] *Hüffer*, § 255 AktG, Rn. 2.

Verwässerung der Mitgliedsrechte eintritt. Auf diese Emission haben die Aktionäre jedoch keinen Einfluß mehr.

Anders verhält es sich allerdings im vorliegenden Fall. Hier schafft erst der Aktientausch derjenigen Aktionäre des Bieters, die das Umtauschangebot der Banktochter annehmen, die Voraussetzung für eine spätere Verwässerung der Anteile. Dieser Tausch beruht jedoch auf einer freien Entscheidung dieser Aktionäre, die im Falle der Offenlegung der Grundlagen der Bewertung der Zielgesellschaft das Risiko einer Fehlbewertung und einer daraus resultierenden Verwässerung ihrer Mitgliedsrechte in Kauf nehmen. Während im gesetzlich geregelten Fall die Verwässerung der Mitgliedsrechte somit unmittelbare Folge des Hauptversammlungsbeschlusses ist und daher der Minderheit der Aktionäre letztlich auferlegt wird, resultiert sie in der hier vorliegenden Variante auf einer eigenständigen und unabhängigen Entscheidung der Mehrheit. Nur wenn die Mehrheit der Aktionäre der bietenden Gesellschaft das Umtauschangebot annimmt, kommt der Aktientausch zustande. Insofern ist diese Mehrheit auch nicht schutzwürdig. Die vorliegende Situation, in der eine Verwässerung der Mitgliedsrechte auf einer freiwilligen und im Bewußtsein des damit verbundenen Risikos eingegangenen Entscheidung der zum Umtausch bereiten Aktionäre beruht, ist somit nicht mit dem der Regelung des § 255 Abs. 2 AktG zugrundeliegenden Gedanken vergleichbar. § 255 Abs. 2 AktG ist somit nicht analog anwendbar.

bb. Anfechtungswirkungen

Selbst dann, wenn man in dem zuvor geprüften Punkt zu einem anderen Ergebnis kommt, die analoge Anwendbarkeit des § 255 Abs. 2 AktG also bejaht, ist fraglich, welche Konsequenzen eine Anfechtung in diesem Fall hätte.

(1) Wirkung der Anfechtungsklage auf den durchzuführenden Hauptversammlungsbeschluß

Zunächst ist festzustellen, daß die Erhebung einer Anfechtungsklage die Durchführung eines Beschlusses der Hauptversammlung nach der *Holzmüller*-Doktrin nicht blockiert, weil ein solcher Beschluß zu seiner Wirksamkeit nicht der Eintragung in das Handelsregister bedarf. Grundsätzlich ist der Vorstand daher gemäß § 83 Abs. 2 AktG zur Ausführung eines in diesem Zusammenhang von der Hauptversammlung gefaßten Beschlusses verpflichtet[1765].

[1765] *Hüffer*, § 119 AktG, Rn. 15.

(2) Schadensersatzpflicht des Vorstandes

Hierdurch könnte sich der Vorstand der bietenden Gesellschaft jedoch schadensersatzpflichtig machen, wenn sich die Anfechtungsklage als begründet und der Hauptversammlungsbeschluß somit als von Anfang an nichtig erweist[1766]. Dann greift der in § 93 Abs. 4 Satz 1 AktG geregelte Haftungsausschluß nämlich nicht ein. Der Haftungsausschluß setzt einen gesetzmäßigen Beschluß der Hauptversammlung voraus, der lediglich dann vorliegt, wenn der Beschluß weder nichtig noch anfechtbar ist[1767]. Dies heißt im Umkehrschluß jedoch nicht, daß der Vorstand, wenn er den Beschluß der Hauptversammlung ausführt und die Durchführung der Übernahmeangebote durch die Banktochter veranlaßt, hierfür haften muß. Gemäß § 83 Abs. 2 AktG ist der Vorstand dazu verpflichtet, einen Beschluß der Hauptversammlung auszuführen. Dies gilt selbst dann, wenn die Hauptversammlung auf Verlangen des Vorstandes gemäß § 119 Abs. 2 AktG tätig geworden ist und muß demnach auch in den Fällen gelten, in denen der Vorstand nach den Grundsätzen der *Holzmüller*-Doktrin zur Vorlage verpflichtet ist[1768]. Verhält sich der Vorstand dem Beschluß und somit seiner Verpflichtung entsprechend, kann ihm dies grundsätzlich nicht als Pflichtwidrigkeit ausgelegt werden. Eine Ausnahme bilden lediglich rechtswidrige Beschlüsse, die ihrerseits grundsätzlich nicht ausgeführt werden müssen und dürfen[1769]. Problematisch ist daher, daß in dem Zeitpunkt, zu dem der Vorstand die Durchführung des Beschlusses veranlaßt, noch nicht feststeht, ob sich der Beschluß wegen einer etwaigen Unangemessenheit des Umtauschverhältnisses als rechtswidrig erweist.

Geht man davon aus, daß in der vorliegenden Situation eines feindlichen Übernahmeangebotes der Aktionär als möglicher Kläger im Normalfall nicht über mehr Informationen verfügt als der Vorstand des Bieters, so hat dies für seine Anfechtungsklage folgende Konsequenzen. Bei der Beurteilung der Angemessenheit des Umtauschverhältnisses fehlen dem Anfechtungskläger die erforderlichen Bewertungsgrundlagen hinsichtlich der Zielgesellschaft ebenso wie dem Vorstand des Bieters. Ein substantiierter Vortrag ist ihm daher nicht möglich. Vielmehr bedarf es einer Klageerhebung „auf Verdacht". Wegen des regelmäßig starken Zeitdrucks bei feindlichen Übernahmen, stellt sich daher die Frage, ob der Vorstand des Bieters in einer solchen Situation den Ablauf der Anfechtungsfrist beziehungsweise den Ausgang einer bereits anhängigen Anfechtungsklage abwarten muß. In einem Fall der nicht feststehenden Rechtswidrigkeit eines Hauptversammlungsbeschlusses hat der Vorstand im Einzelfall zu prüfen, ob der

---

1766 *Hüffer*, § 248 AktG, Rn. 2 und 6.

1767 *Hefermehl*, in: Geßler/Hefermehl, § 93 AktG, Rn. 48; *Hüffer*, § 93 AktG, Rn. 25.

1768 *Hefermehl*, in: Geßler/Hefermehl, § 83 AktG, Rn. 11; *Hüffer*, § 83 AktG, Rn. 5.

1769 *Hefermehl*, in: Geßler/Hefermehl, § 83 AktG, Rn. 10; *K. Schmidt*, Großkommentar, § 243 AktG, Rn. 71.

Beschluß durchzuführen oder ob im Interesse der Gesellschaft abzuwarten ist[1770]. Hierbei darf der Vorstand evident rechtswidrige Beschlüsse nicht ausführen, solange eine Anfechtungsklage möglich oder anhängig ist. Hingegen dürfen evident unzulässige oder unbegründete Anfechtungsklagen den Vorstand nicht von der Durchführung des Hauptversammlungsbeschlusses abhalten. In Zweifelsfällen kann daher auch ein Aufschub der Durchführung geboten sein[1771].

Überträgt man diese Grundsätze auf hier dargestellte Konstellation, so ergeben sich folgende Konsequenzen. Eine mögliche oder bereits erhobene Anfechtungsklage könnte unter Zugrundelegung der verfügbaren Informationen in dem Zeitpunkt, in dem der Vorstand vor der Durchführung des Beschlusses die Erfolgsaussichten einer Klage zu beurteilen hat, evident unbegründet sein, wenn *ex ante* keine Anzeichen für eine Unangemessenheit des Umtauschverhältnisses erkennbar waren. Dann müßte der Vorstand den Beschluß der Hauptversammlung ausführen. Andererseits kann man auch argumentieren, daß zu diesem Zeitpunkt die Unvollständigkeit der zugänglichen Informationen über die Zielgesellschaft bekannt ist, die dann als Bewertungsgrundlage dienten. Dies spricht dafür, einen Zweifelsfall anzunehmen. In dieser Situation sollte der Vorstand die Durchführung des Beschlusses aufschieben. Führt er den Beschluß dennoch durch, so macht er sich gegebenenfalls schadensersatzpflichtig. Unklar und von der Sachlage im jeweiligen Einzelfall abhängig ist jedoch, welchem dieser Ansatzpunkte sich ein Gericht anschließt, das über eine Schadensersatzpflicht des Vorstandes zu entscheiden hat. Für den Vorstand bedeutet dies im Ergebnis aber, daß er sich einem nur schwer zu kalkulierenden Haftungsrisiko aussetzt.

III. Zwischenergebnis

Erklärt die Tochtergesellschaft einer unabhängigen Bank parallele Übernahmeangebote gegenüber den Aktionären des eigentlichen Bieters sowie der Zielgesellschaft, sollten beide Angebote auf eine Annahmequote von jeweils mindestens 75 % des Grundkapitals bedingt und die erforderlichen Kapitalerhöhungen in einer Weise aufeinander abgestimmt sein, daß keine der angesprochenen Aktionärsgruppen die Kapitalerhöhung hinsichtlich der anderen Gesellschaft einseitig verhindern kann. Unter diesen Voraussetzungen werden die weiteren Abwicklungsrisiken, insbesondere die Unsicherheit hinsichtlich des Zustandekommens des notwendigen Verschmelzungsbeschlusses, minimiert.

Stattet die eigentliche Erwerbergesellschaft die Bank beziehungsweise deren Tochtergesellschaft mit dem zur Durchführung einer Kapitalerhöhung bei der

---

[1770] *Schilling*, Großkommentar, § 93 AktG, Rn. 33.
[1771] *Hüffer*, § 243 AktG, Rn. 50; *K. Schmidt*, Großkommentar, § 243 AktG, Rn. 71.

Tochtergesellschaft notwendigen Finanzierungsbeitrag aus, ergibt sich allenfalls hieraus eine Rückgewährproblematik. Diese führt, weil die Banktochter als „Dritter" zählt, jedoch nur nach teilweise vertretener Ansicht zur Nichtigkeit des Erwerbsgeschäfts.

Erforderlich ist bei einem solchen Parallelangebot auf große Publikumsgesellschaften zudem regelmäßig ein Beschluß der Hauptversammlung des Bieters nach der *Holzmüller*-Doktrin beziehungsweise der Rechtsprechung im Fall *Hoesch/Hoogovens*. Dieser Beschluß muß sowohl hinsichtlich seines inhaltlichen Umfangs als auch des Zeitpunkts der Beschlußfassung den vom BGH entwickelten Grundsätzen zur Zustimmung der Hauptversammlung zu einem Gesamtplan entsprechen. Er unterliegt im vorliegenden Zusammenhang nur in sehr geringem Umfang dem Risiko einer Anfechtbarkeit nach § 255 Abs. 2 AktG. Selbst wenn man die Anfechtbarkeit bejahen wollte, ließe sich gut vertretbar gegen eine Schadensersatzpflicht des Vorstandes des Bieters argumentieren.

Gesetzliche Regelungen, anhand welcher Kriterien das Umtauschverhältnis für die Aktien der beiden „Zielgesellschaften" zu erfolgen hat, bestehen nicht. In der Praxis wird insoweit auf anerkannte Bewertungsverfahren, beispielsweise die *Discounted-Cash-Flow-* oder die Ertragswertmethode zurückgegriffen. Auch eine Berücksichtigung des Börsenkurses erscheint in diesem Zusammenhang möglich. Zeigt sich im Nachhinein, daß die Zielgesellschaft wegen des eingeschränkten Informationsstandes bei feindlichen Übernahmen zu hoch bewertet wurde, erscheint eine analoge Anwendung des § 15 UmwG allerdings ausgeschlossen. Des weiteren ergeben sich keine inhaltlichen Anforderungen an das Umtauschverhältnis aus den Sacheinlagevorschriften. Schließlich sind die erwarteten Synergieeffekte aus der Zusammenführung der beiden Gesellschaften im Rahmen des Umtauschverhältnisses nicht zwingend zu berücksichtigen.

Insgesamt erscheint das Parallelangebot der Tochtergesellschaft einer unabhängigen Bank somit am ehesten geeignet, die feindliche Übernahme einer großen Publikumsgesellschaft zu finanzieren und zügig abzuwickeln.

§ 11 Rechtsvergleich zwischen dem US-amerikanischen und dem deutschen Recht

Ziel dieser Arbeit war es, die Rechtsfragen der Finanzierung eines feindlichen Übernahmeangebotes auf eine große Publikumsgesellschaft nach US-amerikanischem und deutschem Recht zu untersuchen. Die Untersuchung ergab, daß ein solches Übernahmeangebot aus Gründen der Haftungsbeschränkung sowie zur Erleichterung bei der Herbeiführung von Beschlüssen der Aktionärsversammlung weder im US-amerikanischen noch im deutschen Recht durch den Bieter selbst abgegeben und finanziert werden sollte. Vielmehr sind nach US-amerikanischem Recht eine Tochtergesellschaft des Bieters und nach deutschem Recht eine unabhängige (Dritt-)Gesellschaft als Übernahmevehikel einzusetzen. Obwohl sich die Strukturen der beiden Rechtsordnungen einander zunehmend annähern[1772], erfordern die überwiegend aus dem Gesellschafts- und dem Kapitalmarktrecht folgenden Vorschriften bezüglich der Finanzierung eine voneinander abweichende Gestaltung. Die Ergebnisse lassen sich dabei insgesamt wie folgt zusammenfassen:

Die Rechtsvorschriften der maßgeblichen US-amerikanischen Bundesstaaten Delaware und New York sowie des R.M.B.C.A. zeigen, daß gegen ein unmittelbares Angebot des Bieters[1773] im Rahmen der Eigenkapitalfinanzierung das Erfordernis der Zustimmung seiner Aktionäre für den Fall der Erhöhung des Grundkapitals der Gesellschaft um mehr als 20 % spricht. Bei einer großen Publikumsgesellschaft als Zielgesellschaft dürfte dies der Regelfall sein[1774]. Das Zustimmungsbedürfnis kann die Kapitalmaßnahme verzögern sowie zu einer frühzeitigen Offenlegung des Vorhabens führen und gegebenenfalls Abfindungs- und Haftungsansprüche der Aktionäre begründen[1775]. Auch die Verwendung zurückerworbener eigener Aktien kann nach den Umständen des Einzelfalles zu einer frühzeitigen Offenlegung des Gesamtvorhabens führen, wenn bereits der Rückerwerb dem Zwecke der späteren Bedienung eines konkret geplanten Angebots dient[1776]. Im Rahmen einer Finanzierung unter Verwendung von Fremdkapital ist zu berücksichtigen, daß der übermäßige Gebrauch von *junk bonds*

[1772] Vgl. hierzu nur beispielhaft *Escher-Weingart*, ZVerglRWiss 99 (2000), S. 387 ff.; *Hopt*, ZGR 2000, S. 779 ff.

[1773] Vgl. hierzu zusammenfassend § 4 V. Bedenken gegen die Abgabe des Übernahmeangebots durch den Bieter und einen unmittelbaren Zusammenschluß desselben mit der Zielgesellschaft (Zwischenergebnis).

[1774] § 4 I. 1. Kapitalerhöhung, hier insbesondere § 4 I. 1. a. dd. Zwischenergebnis.

[1775] § 4 I. 1. b. ff. Offenlegungspflichten bei der Werbung um Stimmrechtsvollmachten (*proxy solicitation*).

[1776] § 4 I. 2. b. Rückerwerb zum Zwecke der Finanzierung einer feindlichen Übernahme.

Abwehrmaßnahmen der Zielgesellschaft rechtfertigen kann, sofern hierdurch[1777] eine Überschuldung derselben droht[1778]. Die Begebung von *convertible bonds* erfordert wegen der Vorschriften der nationalen Wertpapierbörsen wiederum einen zustimmenden Beschluß der Aktionärsversammlung des Bieters, wenn diese Papiere zu einem Anstieg des Grundkapitals des Emittenten um mehr als 20 % führen könnte[1779]. Schließlich würde ein Zusammenschluß des Bieters mit der Zielgesellschaft selbst im Falle eines *short form merger* die Zustimmung der Aktionärsversammlung des Bieters erfordern[1780] und zudem eine Haftung desselben mit dem gesamten Gesellschaftsvermögen für die Verbindlichkeiten der Zielgesellschaft auslösen[1781].

Die Finanzierung eines feindlichen Übernahmeangebotes auf eine große Publikumsgesellschaft ist nach US-amerikanischem Recht daher am besten über eine Tochtergesellschaft des Bieters abzuwickeln. Kapitalmaßnahmen kann der Bieter als Alleinaktionär der Tochtergesellschaft regelmäßig unproblematisch allein in dieser veranlassen[1782]. Das Vermögen dieser Tochtergesellschaft besteht aus Aktien der eigentlich bietenden Muttergesellschaft. Die Tochtergesellschaft unterliegt hinsichtlich ihrer Ausstattung beziehungsweise eines Erwerbs der Aktien der Muttergesellschaft gemäß § 13(d) SEA (1934) weder einer mengenmäßigen Beschränkung noch einer Anzeigepflicht. Im Rahmen einer Fremdkapitalfinanzierung kann die steuerliche Verrechnungsfähigkeit der Zinsleistungen im Konzern allerdings nach einzelstaatlichem Recht beschränkt sein[1783]. Die Verwendung von durch die Tochtergesellschaft begebenen *junk bonds* führt grundsätzlich zur Anwendbarkeit der *margin rules* des *Federal Reserve Board*, durch die die Möglichkeit des Erwerbs von Aktien auf Kredit auf ein Volumen von 50 % des Marktwerts dieser Aktien beschränkt ist[1784]. Wenn die durch die Begebung der *junk bonds* erzielte Kapitalausstattung genügt, um einen *short form merger*

[1777] Beziehungsweise wegen der Verwendung des Gesellschaftsvermögens der Zielgesellschaft zur Besicherung der an den Bieter gewährten Kredite.

[1778] § 4 II. 5. c. (Zukünftige) Haftung für das Fremdkapital des Bieters kann Abwehrmaßnahmen der Zielgesellschaft rechtfertigen (*modified business judgment rule*) und somit den Übernahmepreis erhöhen, und e. Zwischenergebnis.

[1779] § 4 II. 6. c. Zustimmungsbedürfnis nach Börsenzulassungsvorschriften, und g. Zwischenergebnis.

[1780] § 4 IV. 4. b. ee. Umgehung eines Beschlusses der Aktionäre des Bieters durch einen *short form merger*?, und § 4 IV. 4. b. ee. (2) Zwischenergebnis und Auswirkungen auf die Planung der bietenden Gesellschaft.

[1781] § 4 IV. 5. c. Haftung der übernehmenden Gesellschaft für die Verbindlichkeiten der übernommenen Gesellschaft.

[1782] § 5 II. 1. Kapitalerhöhung.

[1783] § 5 III. 2. Mögliche Beschränkungen der steuerlichen Verrechnungsfähigkeit nach einzelstaatlichem Recht.

[1784] § 5 III. 3. b. Anwendbarkeit der *margin rules*.

mit der Zielgesellschaft herbeizuführen, so entfällt diese Beschränkung jedoch wegen der in 12 C.F.R. § 207.112(f) getroffenen Ausnahmeregelung[1785]. Entsprechendes gilt, wenn die Tochtergesellschaft *convertible bonds* ausgibt[1786]. Vor diesem Hintergrund sowie zur Erleichterung eines späteren Zusammenschlusses mit der Zielgesellschaft gibt die Tochtergesellschaft ein Übernahmeangebot ab, das auf eine Annahmequote von mindestens 90 % der Anteile der Zielgesellschaft bedingt ist[1787]. Im Falle eines erfolgreichen Angebots erhalten die Aktionäre der Zielgesellschaft Aktien der eigentlich bietenden Muttergesellschaft als Gegenleistung für ihre Aktien. Im Anschluß daran wird die Zielgesellschaft im Wege eines *short form merger* auf die Tochtergesellschaft verschmolzen. Da die Zielgesellschaft auf die Tochtergesellschaft verschmilzt (*forward triangular merger*), sind zustimmende Beschlüsse des *board of directors* sowie der Aktionäre der Zielgesellschaft nicht erforderlich[1788]. Den auf der Seite der Tochtergesellschaft notwendigen Verschmelzungsbeschluß kann der Bieter unproblematisch allein herbeiführen, was die Abwicklung erheblich erleichtert.

Im deutschen Recht[1789] stehen der Finanzierung eines unmittelbar vom Bieter abgegebenen Übernahmeangebotes durch Fremdkapital die erforderliche langfristige Kreditaufnahme erheblichen Umfangs sowie der Umstand entgegen, daß zur Besicherung dieser Kredite ein Rückgriff auf die Vermögenswerte der Zielgesellschaft zunächst ausscheidet[1790]. Die Besicherung müßte demnach aus dem Vermögen des Bieters erfolgen. Im Rahmen einer Eigenkapitalfinanzierung kommen zwar grundsätzlich Sachkapitalerhöhungen[1791], die Verwendung eigener Aktien des Bieters[1792] sowie die Begebung von Wandelschuldverschreibungen und Genußscheinen[1793] in Betracht. Dennoch stoßen diese Finanzierungsmittel bei Abgabe des Übernahmeangebotes durch den Bieter selbst auf die nachfolgend genannten rechtlichen Bedenken. Einer Finanzierung im Wege der ordentlichen Kapitalerhöhung gegen Sacheinlage stehen der erforderliche Zeit-

[1785] § 5 III. 3. c. Inhalt der *margin rules*.

[1786] § 5 III. 4. a. Vergleich mit Convertible Bonds, die von der Muttergesellschaft begeben werden.

[1787] § 5 V. 3. Zwischenergebnis, sowie § 5 V. 1. g. Zwischenergebnis.

[1788] § 5 V. 1. a. Zustimmender Beschluß des *board of directors* sowie der Aktionärsversammlung der Zielgesellschaft im Fall eines *short form merger* entbehrlich.

[1789] Vgl. § 7 III. Zwischenergebnis.

[1790] § 7 II. 3. Finanzierung durch *Leveraged Buyout* (LBO)?, und § 7 II. 4. Zwischenergebnis zur Fremdkapitalfinanzierung.

[1791] § 7 I. 1. Schaffung von Eigenkapital im Wege der Kapitalerhöhung.

[1792] § 7 I. 2. Verwendung von eigenen Aktien als Mittel der Finanzierung einer feindlichen Übernahme.

[1793] § 7 I. 3. Verwendung von Wandelschuldverschreibungen und Genußrechten.

aufwand[1794] sowie die Sacheinlagevorschriften[1795] entgegen. Zudem gebietet die Bereitstellung der jungen Aktien für einen Aktientausch einen Ausschluß des Bezugsrechts der Altaktionäre des Bieters. Hieraus folgt jedoch ein Anfechtungsrisiko[1796]. Einem bedingten Kapitalerhöhungsbeschluß steht entgegen, daß dieser den Zweck der Kapitalerhöhung genau bezeichnen muß und folglich die frühzeitige Offenlegung des Vorhabens droht[1797]. Daneben ist der zulässige Umfang einer bedingten Kapitalerhöhung auf 50 % des bisherigen Grundkapitals beschränkt, was für die Übernahme einer großen Publikumsgesellschaft unzureichend sein dürfte[1798]. Schließlich ergeben sich Anfechtungsrisiken aus der Unsicherheit über den Wert der Zielgesellschaft[1799]. Der Verwendung genehmigten Kapitals stehen hauptsächlich die Beschränkung des Umfangs auf 50 % des bisherigen Grundkapitals[1800] sowie das Problem des notwendigen Bezugsrechtsausschlusses entgegen[1801]. Sollen die zur Bedienung des Angebots für einen Aktientausch notwendigen Aktien hingegen statt durch eine Kapitalerhöhung im Wege der Verwendung eigener Aktien bereitgestellt werden, stößt auch diese Vorgehensweise auf Bedenken. Eigene Aktien darf die Gesellschaft nur bis zu einem Umfang von zehn Prozent des Grundkapitals zurückerwerben und im Rahmen eines Aktientauschs verwenden[1802]. Auch der Ausgabe von Wandelschuldverschreibungen und Genußrechten steht die Bezugsrechtsproblematik entgegen[1803].

Mittels Gründung einer das Übernahmeangebot abgebenden Tochtergesellschaft lassen sich die zuvor dargestellten Rechtsfragen nur teilweise beheben. Zwar ermöglicht diese Gestaltung eine gewisse Haftungsbeschränkung sowie Planungssicherheit, da das Risiko von Anfechtungsklagen geringer wird. Insbesondere einer Eigenkapitalfinanzierung stehen jedoch weiterhin Bedenken entgegen. Besteht die seitens der Tochter- oder der Muttergesellschaft zu erbringende Gegenleistung aus Aktien der Muttergesellschaft, so ergibt sich im Rahmen des

---

[1794] Vgl. § 7 I. 1. a. bb. (1) Kapitalerhöhungsbeschluß bei Ungewißheit über den Umfang der Zeichnung, sowie § 7 I. 1. a. bb. (6) Zwischenergebnis.

[1795] § 7 I. 1. a. bb. (4) Sacheinlagevorschriften.

[1796] § 7 I. 1. a. bb. (5) Bezugsrechtsausschluß und das Risiko der Anfechtung des Beschlusses über die Kapitalerhöhung.

[1797] § 7 I. b. cc. (3) Bekanntgabe der Übernahmeabsicht.

[1798] § 7 I. 1. b. cc. (4) Beschränkung des Umfangs.

[1799] Vgl. § 7 I. 1. b. cc. (5) Anfechtbarkeit des Kapitalerhöhungsbeschlusses.

[1800] § 7 I. 1. c. cc. (1) Beschränkung des Umfangs.

[1801] Siehe § 7 I. 1. c. cc. (2) Bekanntgabe der Übernahmeabsicht durch Sacheinlage und Bezugsrechtsausschluß.

[1802] § 7 I. 2. c. Praktische Tauglichkeit eigener Aktien als Finanzierungsmittel.

[1803] Siehe hierzu § 7 I. 3. c. Rechtsfragen im Zusammenhang mit der Finanzierung einer feindlichen Übernahme auf eine große Publikumsgesellschaft.

Bereitstellungsvorgangs regelmäßig das Problem des Erwerbs eigener Aktien[1804]. Erbringt die Muttergesellschaft die Gegenleistung durch Bereitstellung der Aktien ihrer Tochtergesellschaft, könnte hierin eine Umgehung der Vorschriften über den Bezugsrechtsausschluß (§ 186 Abs. 3 AktG) zu sehen sein, welche zur Nichtigkeit oder zur Anfechtbarkeit des Kapitalerhöhungsbeschlusses in der Tochtergesellschaft führen könnte[1805]. Die Grundsätze der *Holzmüller*-Doktrin sprechen zudem für die Zustimmungsbedürftigkeit eines solchen Beschlusses durch die Hauptversammlung des Bieters aufgrund der ungeschriebenen Mitwirkungsbefugnis der Aktionäre, sofern die vom BGH jüngst definierte Wesentlichkeitsschwelle überschritten ist[1806]. Schließlich könnten die Aktionäre der Zielgesellschaft, wenn sie im Rahmen eines Aktientauschs die Mehrheit der Aktien der Tochtergesellschaft erhalten sollten, einen späteren Zusammenschluß der Tochtergesellschaft mit der Zielgesellschaft oder mit dem Bieter verhindern[1807]. Soll die den Aktionären der Zielgesellschaft gebotene Gegenleistung durch Fremdkapital erbracht werden, so kommt als Kreditnehmer ernsthaft nur die Muttergesellschaft als der eigentliche Bieter in Betracht[1808]. Erfolgt die Besicherung unter Verwendung der Vermögensgegenstände der Tochtergesellschaft, stellt sich für die Gläubiger der Muttergesellschaft zunächst das Problem des „strukturellen Nachrangs“[1809]. Zudem kann es sich bei der Sicherheitenbestellung zugunsten der Muttergesellschaft um eine verbotene Einlagenrückgewähr im Sinne der §§ 57, 62 AktG handeln[1810]. Hierdurch könnten sich die Vorstandsmitglieder der Tochtergesellschaft nach § 93 Abs. 3 Nr. 1 bzw. Abs. 5 AktG schadensersatzpflichtig machen. In konzernrechtlicher Hinsicht bedarf es zudem im einfachen sowie im qualifiziert faktischen Konzern eines Nachteilsausgleichs im Sinne des § 311 Abs. 1 und Abs. 2 AktG für den Fall einer Besicherung zugunsten der Muttergesellschaft durch die Vermögensgegenstände der Tochtergesellschaft[1811].

Schaltet der Bieter die Tochtergesellschaft einer unabhängigen Bank ein, damit diese das Übernahmeangebot abgibt, und verpflichtet sich gleichzeitig die Bank,

[1804] § 8 I. 1. b. Aktien der Muttergesellschaft als Gegenleistung, und § 8 I. 2. a. Eigene Aktien der Muttergesellschaft als von dieser zu erbringende Gegenleistung.

[1805] § 8 I. 2. b. aa. Umgehung des § 186 Abs. 3 AktG.

[1806] Zuletzt bestätigt in BGH – II ZR 154/02 und BGH – II ZR 155/02 (Urteile vom 26.04.2004). Die angesprochene Wesentlichkeitsschwelle liegt bei ca. 80 % des Gesellschaftsvermögens. Vgl. hierzu § 8 I. 2. b. bb. Verpflichtung des Vorstands zur Einholung der Zustimmung seiner Hauptversammlung (*Holzmüller*-Doktrin).

[1807] § 8 I. 2. b. cc. Rechtsunsicherheiten bei der weiteren Abwicklung.

[1808] § 8 II. 2. Rechtsfragen im Konzern.

[1809] Vgl. § 8 II. 2. b. aa. „Strukturelle Nachrangigkeit“ der Gläubiger der Muttergesellschaft.

[1810] Siehe § 8 II. 2. b. bb. (2) Kapitalerhaltung im Aktienrecht – Verbot der Einlagenrückgewähr gemäß §§ 57, 62 AktG.

[1811] § 8 II. 2. b. cc. Konzernrecht.

den Aktionären der Zielgesellschaft die Aktien ihrer Tochtergesellschaft als Gegenleistung zu überlassen, besteht die Gefahr eines Verstoßes gegen die Vorschriften über den Erwerb eigener Aktien nicht[1812]. Schließen sich jedoch anschließend der Bieter und die Banktochter zu einer GbR mit dem Zweck zusammen, die in der Zielgesellschaft verbliebenen Minderheitsaktionäre im Wege der §§ 327 a ff. AktG (*squeeze-out*) auszuschließen, weil sie nur so die erforderliche Grenze von 95 % des Grundkapitals erreichen, sprechen hiergegen grundsätzliche Bedenken hinsichtlich der Zulässigkeit sowie das Risiko der Anfechtbarkeit des *squeeze-out*-Beschlusses[1813]. Ein hierauf folgender Beschluß über die Verschmelzung der Zielgesellschaft mit der Banktochter beinhaltet zudem die Schwierigkeit, daß die ehemaligen Aktionäre der Zielgesellschaft diesen – nunmehr in ihrer Funktion als Mehrheitsgesellschafter der Banktochter – einseitig blockieren könnten[1814].

Vor diesem Hintergrund erscheint für eine zügige Durchführung eines feindlichen Übernahmeangebots auf eine große Publikumsgesellschaft die Einschaltung der Tochtergesellschaft einer vom Bieter unabhängigen Bank notwendig. Diese gibt sodann parallele Übernahmeangebote sowohl an die Aktionäre der Bieter- als auch an die Aktionäre der Zielgesellschaft ab, die jeweils auf mindestens 75 % des Grundkapitals bedingt sind[1815]. Ist ein Ausschluß der Minderheitsaktionäre im Wege eines *squeeze-out* angestrebt, so bedarf es einer Bedingung der Angebote auf eine Erfolgsquote von 95 % des Grundkapitals. Die Aktionäre beider Gesellschaften erhalten als Gegenleistung für ihre Aktien Anteile der Tochtergesellschaft der Bank. Dabei sind die bei der Banktochter erforderlichen Kapitalerhöhungen derart aufeinander abzustimmen, daß keine der angesprochenen Aktionärsgruppen die Kapitalerhöhung bezüglich der anderen Gesellschaft einseitig verhindern kann. Im Anschluß hieran werden die nunmehr zwei „Zielgesellschaften" entweder aufeinander oder jeweils einzeln auf die Tochtergesellschaft der Bank verschmolzen[1816].

Die im Vergleich zum US-amerikanischen Rechtskreis deutlich umständlichere Gestaltung im deutschen Recht erklärt sich vor allem aus dem in Deutschland wesentlich stärker ausgeprägten Grundsatz der Kapitalerhaltung.

[1812] § 9 III. 2. Verbot des Erwerbs eigener Aktien, § 71d AktG.
[1813] Vgl. § 9 III. 4. b. aa. Gesellschaft bürgerlichen Rechts (GbR) als Hauptaktionär.
[1814] § 9 III. 5. Zwischenergebnis.
[1815] Siehe § 10 I. 1. Bedingung der Umtauschangebote.
[1816] Vgl. § 10 I. 2. Ausgestaltung der Kapitalerhöhung(en); § 10 II. Rechtsfragen sowie § 10 III. Zwischenergebnis.

Dieser äußert sich zunächst in Form der Vorschriften über den Rückerwerb eigener Aktien. Während im US-amerikanischen Recht die Gesellschaft oder eine ihrer Tochtergesellschaften eigene Aktien in unbeschränktem Umfang zurückerwerben kann, ist ein solcher Erwerb im Zusammenhang mit einer Übernahme nach deutschem Recht auf ein Volumen von zehn Prozent des Grundkapitals beschränkt. Zwar stellt bereits die Schaffung der Erwerbsmöglichkeit in dieser Höhe eine Lockerung der Rückerwerbsvorschriften im deutschen Recht dar. Gleichwohl setzen die Vorschriften zum Rückerwerb eigener Aktien der Finanzierung eines feindlichen Übernahmevorhabens hierdurch faktische Grenzen, sofern die Zielgesellschaft eine große Publikumsgesellschaft ist. Diese Grenzen lassen sich lediglich durch Einschaltung einer Gesellschaft umgehen, die von den beschränkenden Regelungen der §§ 71 ff. AktG nicht erfaßt ist. So erklärt sich die Einschaltung der Tochtergesellschaft einer vom Bieter unabhängigen Bank.

Daneben zeigt sich die im deutschen Recht ausgeprägtere Kapitalerhaltung im Verbot der Einlagenrückgewähr gemäß § 57 AktG. Das Kapitalerhaltungsgebot stünde im deutschen Recht beispielsweise einer Sicherheitenbestellung der Tochtergesellschaft des Bieters für das von diesem zur Finanzierung des Vorhabens aufgenommene Fremdkapital entgegen. Auch im Rahmen der vorzugswürdigen Parallelangebote durch die Tochtergesellschaft einer unabhängigen Bank wirft das Verbot der Einlagenrückgewähr Rechtsfragen auf, die jedoch - wie zuvor dargestellt - in dieser Konstellation lösbar sind.

Literaturverzeichnis

Adams, Michael, Was spricht gegen die ungehinderte Übertragbarkeit der in Unternehmen gebundenen Ressourcen durch ihre Eigentümer?, AG 1990, S. 243 ff.

Adams, Michael, Stellungnahme zur Aktienrechtreform 1997 anläßlich der öffentlichen Anhörung vor dem Rechtsausschuß des Deutschen Bundestages am 29.1.1997, AG Sonderheft 1997, S. 9 ff.

Aerssen, Rick van, Erwerb eigener Aktien und Wertpapierhandelsgesetz: Neues von der Schnittstelle Gesellschaftsrecht/Kapitalmarktrecht, WM 2000, S. 391 ff.

Aha, Christof, Aktuelle Aspekte der Unternehmensbewertung im Spruchstellenverfahren – Zugleich Anmerkung zu der Paulaner-Entscheidung des BayObLG, AG 1997, S. 26 ff.

AICPA (Hrsg.), Accounting Principles Board Opinion Nr. 16

AICPA (Hrsg.), Professional Standards, Vol. 3, Accounting – Current Text (1990)

Altmeppen, Holger, Die systematische Einordnung der Rechtsprechung zum qualifiziert faktischen Konzern nach „TBB", DB 1994, S. 1912 ff.

Altmeppen, Holger, Grundlegend Neues zum „qualifiziert faktischen Konzern" und zum Gläubigerschutz in der Einmann-GmbH, ZIP 2001, S. 1837 ff.

American Law Institute (A.L.I.), Principles of Corporate Governance: Analysis and Recommendations, Parts I-VI, St. Paul/Minnesota 1994

American Law Institute (A.L.I.), Buying, Selling and Merging Businesses, 2. Auflage, St. Paul/Minnesota 1989

American Stock Exchange, American Stock Exchange Company Guide, Loseblattsammlung, CCH, Chicago/Illinois, Stand 1996

Amihud, Yakov / Garbade, Kenneth / Kahan, Marcel, A new Governance Structure for Corporate Bonds, Stanford Law Review, Vol. 51 (1999), S. 447 ff.

André, Thomas J. jr., Unconventional offers under the Williams Act: The case for judicial restraint, The Journal of Corporation Law, Vol. 8 (1983), S. 499 ff.

Arsht, S. Samuel, The business judgment rule revisited, Hofstra Law Review, Vol. 8 (1979), S. 93 ff.

Assmann, Heinz-Dieter, Verhaltensregeln für freiwillige öffentliche Übernahmeangebote, AG 1995, S. 563 ff.

Assmann, Heinz-Dieter, Erwerbs-, Übernahme- und Pflichtangebote nach dem Wertpapiererwerbs- und Übernahmegesetz aus der Sicht der Bietergesellschaft, AG 2002, S. 114 ff.

Assmann, Heinz-Dieter / Basaldua, Nathalie / Bozenhardt, Friedrich / Peltzer, Friedrich, Übernahmeangebote, ZGR-Sonderheft 9, Berlin/New York 1990; (zit.: *Verfasser*, in: Assmann/Basaldua/Bozenhardt/Peltzer)

Assmann, Heinz-Dieter / Schneider, Uwe H., Wertpapierhandelsgesetz, Kommentar, 2. Auflage, Köln 1999, (zit.: *Bearbeiter*, in: Assmann/ Schneider)

Auerbach, Alan J, Mergers and Acquisitions, Chicago/London 1988; (zit.: *Verfasser*, in: Auerbach, Mergers and Acquisitions)

Auerbach, Alan J., Corporate Takeovers: Causes and Consequences, Chicago/ London 1988; (zit.: *Verfasser*, in: Auerbach, Corporate Takeovers)

Baird, Douglas G., Fraudulent Conveyances, Agency Costs, and Leveraged Buyouts, Journal of Legal Studies, Vol. 20 (1991), S.1 ff.

Baird, Douglas G. / Jackson, Thomas H., Fraudulent Conveyance Law and It´s Proper Domain, Vanderbilt Law Review, Vol. 38 (1985), S. 829 ff.

Bälz, Ulrich, Verbundene Unternehmen, AG 1992, S. 277 ff.

Barker, William W., The Federal Reserve and Junk Bond Financing: Anomaly or Inconvenience?, Pacific Law Journal, Vol. 19 (1988), S. 769 ff.

Bartlett, Joseph W., Equity Finance – Venture Capital, Buyouts, Restructurings and Reorganizations, Vol. 2, 2. Aufl., New York 1995

Bassenge, Peter / u.a., Palandt, Bürgerliches Gesetzbuch (Kommentar), 62. Auflage, München 2003

Baums, Philipp A., Der Ausschluss von Minderheitsaktionären nach §§ 327a ff. AktG, WM 2001, S. 1847 ff., (zit.: *P. Baums*, WM 2001)

Baums, Philipp A., Ausschluss von Minderheitsaktionären, Frankfurt am Main 2001 (Diss. Greifswald 2001), (zit.: *P. Baums*, Ausschluss von Minderheitsaktionären, Diss.)

Baums, Theodor, Höchststimmrechte, AG 1990, S. 221 ff.

Baums, Theodor, Feindliche Übernahmen und Managementkontrolle – Anmerkungen aus deutscher Sicht, Institut für Handels- und Wirtschaftsrecht der Universität Osnabrück, Arbeitspapier Nr. 4, Osnabrück 1993

Baums, Theodor, Mittelständische Unternehmen und Börse – Eine rechtsvergleichende Betrachtung, in: Immenga, Ulrich, Festschrift für Mestmäcker, 1. Aufl., Baden-Baden 1996, S. 815 ff.; (zit.: *Baums*, in: FS Mestmäcker)

Baums, Theodor, Asset-Backed Finanzierungen im deutschen Wirtschaftsrecht, WM 1993, S. 1 ff.

Baums, Theodor, Hostile Takeovers in Germany – A Case Study on Pirelli vs. Continental AG, Institut für Handels- und Wirtschaftsrecht der Universität Osnabrück – Arbeitspapier Nr. 6, Osdnabrück 1993, (zit.: *Baums*, Hostile Takeovers in Germany)

Baums, Theodor, Verschmelzung mit Hilfe von Tochtergesellschaften, in: Festschrift für Wolfgang Zöllner, Bd. I, Köln/Berlin/Bonn/München 1998, S. 65 ff.

Baums, Theodor, Vorschlag eines Gesetzes über öffentliche Übernahmeangebote, ZIP 1997, S. 1310 ff.

Baums, Theodor, Aktienoptionen für Vorstandsmitglieder, in: Festschrift für Carsten Peter Claussen, Köln/Berlin/Bonn/München 1997, S. 3 ff.

Baums, Theodor, Stellungnahme zur Aktienrechtreform 1997 anläßlich der öffentlichen Anhörung vor dem Rechtsausschuß des Deutschen Bundestages am 29.1.1997, AG Sonderheft 1997, S. 26 ff.

Baums, Theodor, Empfiehlt sich eine Neuregelung des aktienrechtlichen Anfechtungs- und Organhaftungsrechts, insbesondere der Klagemöglichkeiten von Aktionären?, Gutachten F für den 63. Deutschen Juristentag in Leipzig, 2000

Baums, Theodor / Vogel, Hans-Gert, Die konzerntypischen Rechtsfragen der Eigenkapitalausstattung, in: Lutter, Marcus / Scheffler, Eberhard / Schneider, Uwe H., Handbuch der Konzernfinanzierung, Köln 1998, S. 247 ff., (zit.: *Baums/Vogel*, in: Lutter/Scheffler/Schneider, Handbuch der Konzernfinanzierung)

Becker, Dietrich, Verhaltenspflichten des Vorstands der Zielgesellschaft bei feindlichen Übernahmen, ZHR 165 (2001), S. 280 ff.

Becker, Michael, Börsen- und Kapitalmarktrecht der Vereinigten Staaten, in: Hopt, Klaus J./Rudolph, Bernd/Baum, Harald, Stuttgart 1997, S. 821 ff.

Becker, Ralph, Gesellschaftsrechtliche Probleme der Finanzierung von Leveraged-Buy-Outs, DStR 1998, S. 1429 ff.

Beyer, Andreas, Die Bedeutung des Freiverkehrs für den Emittenten vor dem Hintergrund des Gesetzes für kleine AG und des WpHG, AG 1996, S. R 48 ff.

Beyer, Hans-Joachim, Rechtsfragen des Genußscheinkapitals, in: Lüthje, Bernd, Bankbetrieb und Eingenkapitalfinanzierung – Aktuelle Rechtsfragen, Bonn 1990

Birkenkämper, Anja, Rechtsfragen der Finanzierung feindlicher Übernahmen – Juristische Nachlese zum Fall Krupp/Thyssen, Franfurt a.M. 2003 (Diss. Frankfurt a.M. 2003)

Bitter, Georg, Der Anfang vom Ende des „qualifiziert faktischen Konzerns", WM 2001, S. 2133 ff.

Bittker, Boris J. / Eustice, James S., Federal Income Taxation of Corporations and Shareholders, 6. Auflage, Boston 1994

Blackiston, Henry C. / Rappaport, Linda E. / Pasini, Lawrence A., ESOP's: What they are and how they work, The Business Lawyer, Vol. 45 (1989), S. 85 ff.

Blumers, Wolfgang / Beinert, Stefanie / Witt, Sven-Christian, Unternehmenskaufmodelle nach der Steuerreform, DStR 2001, S. 233 ff.

Böhm, Klaus-Jürgen, Der Rückkauf eigener Aktien und Übernahmetransaktionen, in: Rosen, Rüdiger von/Seifert, Werner G., Die Übernahme börsennotierter Unternehmen, Eschborn 1999; S. 327 ff.

Bolte, Christian, Squeeze-out: Eröffnung neuer Umgehungstatbestände durch die §§ 327a ff. AktG?

Booth, Richard A., Junk Bonds, the relevance of dividends and the limits of managerial discretion, Columbia Business Law Review 1987, S. 553 ff.

Bork, Reinhard, Vinkulierte Namensaktien in Zwangsvollstreckung und Insolvenz des Aktionärs, in: Gerhardt, Walter/Diedrichsen, Uwe/ Rimmelspacher, Bruno/Costede, Jürgen, Festschrift für Wolfram Henckel zum 70. Geburtstag, Berlin 1995, S. 23 ff.

Börsensachverständigenkommission beim Bundesministerium der Finanzen, Standpunkte zur künftigen Regelung von Unternehmensübernahmen, Berlin 1999

Bozenhardt, Friedrich, Freiwillige Übernahmeangebote im deutschen Recht, Tübingen 1990 (Diss. Tübingen 1990), (zit.: *Bozenhardt*, Freiwillige Übernahmeangebote, Diss.)

Brabson, Donald G., Yanow v. Scientific Leasing, Inc.: „Enhanced Scrutiny" – Delaware`s Judicial Standard of Review For a Single Bid Corporate Acquisition?, Comment, Del.J.Corp.L., Vol. 18 (1993), S. 139 ff.

Bratton, William W., The Economics and Jurisprudence of Convertible Bonds, Wisconsin Law Review 1984, S. 667 ff.

Brealey, Richard A. / Myers, Steward C., Principles of Corporate Finance, 6. Aufl., Boston 2001

Brode, George jr., Tax Planning for Corporate Acquisitions, Prentice Hall 1988

Brown, Meredith M. / Perell, Edward A. / Kiernan, James A., What Non-US-Issuers need to know about Rule 144A and Regulation S, International Business Lawyer 1990, S. 499 ff.

Brudney, Victor / Chirelstein, Marvin A., Cases and Materials on Corporate Finance, 3. Aufl., Mineola 1987

Bühner, Rolf, Unternehmenszusammenschlüsse – Ergebnisse empirischer Analysen, Stuttgart 1990; (zit.: *Bühner*, Unternehmenszusammenschlüsse)

Bundesaufsichtsamt für den Wertpapierhandel, Schreiben an die Vorstände der börsennotierten Aktiengesellschaften vom 28. Juni 1999, abgedruckt in: WM 2000, S. 438 ff.

Bundesgerichtshof, Pressestelle, Pressemitteilung Nr. 47/2004 vom 26.04.2004 zu den Urteilen BGH – II ZR 154/02 und BGH – II ZR 155/02 vom 26.04.2004

Bundesministerium der Finanzen, Diskussionsentwurf zum WpÜG, NZG 2000, S. 844 ff.

Bungert, Hartwin, Pflichten des Managements bei der Abwehr von Übernahmeangeboten nach US-amerikanischem Gesellschaftsrecht, AG 1994, S. 297 ff.

Burgard, Ulrich, Ad hoc-Publizität bei gestreckten Sachverhalten und mehrstufigen Entscheidungsprozessen, ZHR 1998, S. 51 ff.

Burgard, Ulrich, Kapitalmarktrechtliche Lehren aus der Übernahme Vodafone-Mannesmann, WM 2000, S. 611 ff.

Burke, Karen C., Federal Income Taxation of Corporations and Stockholders, 4. Aufl., St. Paul 2000, S. 195 ff.

Busch, Torsten, Bedingungen von Übernahmeangeboten, AG 2002, S. 145 ff.

Buxbaum, Richard, The duty of care and the business judgment rule in american law – Recent developments and current problems, in: Kreuzer, Karl, Die Haftung der Leitungsorgane von Kapitalgesellschaften, Baden-Baden 1991, S. 79 ff., (zit.: *Buxbaum*, in: Kreuzer, Haftung der Leitungsorgane)

Canaris, Claus-Wilhelm, Die Rückgewähr von Gesellschaftereinlagen durch Zuwendung an Dritte, in: Lutter, Marcus, Festschrift für Robert Fischer, Berlin/New York 1979, S. 31 ff., (zit.: *Canaris*, in: FS Fischer)

Cary, William L. / Eisenberg, Melvin Aron, Cases and Materials on Corporations, 7. Aufl., Westbury/N.Y. 1995, (zit.: *Cary/Eisenberg*, Corporations)

Ceryak, David V., Using risk analysis to classify Junk Bonds as Equity for Federal Income Tax purposes, Indiana Law Journal, Vol. 66 (1990), S. 273 ff.

Clark, Robert Charles, Corporate Law, Boston/Toronto 1986

Claussen, Carsten Peter, Bank- und Börsenrecht – Handbuch für Lehre und Praxis, 2. Aufl., München 2000

Coffee, John C., Regulating the market for Corporate Control: A Critical Assessment of the tender offer`s role in Corporate Governance, Columbia Law Review, Vol. 84, 1984, S. 1145 ff.; (zit.: *Coffee*, 84 Colum.L.Rev. (1984))

Committee on Corporate Laws, Final Changes in the Model Business Corporation Act Revising Sections 63, 73, 74, 76, 77, 80 and Adding a New Section 72-A, The Business Lawyer, Vol. 31 (1976), S. 1747 ff.

DeMott, Debrah A., Directors` Duties in Management Buyouts and Leveraged Recpitalizations, Ohio State Law Journal, Vol. 48 (1988), S. 517 ff.

Dent, George W jr., The Role of Convertible Securities in Corporate Finance, The Journal of Corporation Law, Vol. 21 (1996), S, 241 ff.

Dieterlen, Joachim / Schaden, Michael, Einige Bemerkungen zu den Regelungen des Steuersenkungsgesetzes zur Besteuerung von Anteilsveräußerungen, BB 2000, S. 2492 ff.

Dimke, Andreas W. / Haiser, Kristian J., Neutralitätspflicht, Übernahmegesetz und Richtlinienvorschlag 2000, NZG 2001, S. 241 ff.

Drukarczyk, Jochen, Theorie und Politik der Finanzierung, 2. Aufl., München 1993

Drukarczyk, Jochen, Zum Problem der angemessenen Barabfindung bei zwangsweise ausscheidenden Anteilseignern, AG 1973, S. 357 ff.

Easterbrook, Frank H. / Fischel, Daniel R., Voting in Corporate Law, The Journal of Law & Economics, Vol. 26 (1983), S. 395 ff.

Ebenroth, Carsten Thomas / Eyles, Uwe, Die Beschränkung von Hostile Takeovers in Delaware, in: RIW 1988, S. 413 ff.

Eisenberg, Melvin A., The Duty of Care of Corporate Directors and Officers, University of Pittsburgh Law Review, Vol. 51 (1990), S. 945 ff.

Eisenberg, Melvin A., The Structure of the Corporation, 3. Aufl., Boston 1976

Ellis, Robert Dean, Securitization Vehicles, Fiduciary Duties and Bondholders` Rights, The Journal of Corporation Law, Vol. 24 (1999), S. 295 ff.

Elsing, Siegfried / Van Alstine, Michael P., US-amerikanisches Handels- und Wirtschaftsrecht, 2. Aufl., Heidelberg 1999

Escher-Weingart, Christina, Corporate Governance Strukturen – ein deutsch – U.S.-amerikanischer Rechtsvergleich, ZVergl.Rwiss. 99 (2000), S. 387 ff.

Europäisches Parlament und Rat auf dem Gebiet des Gesellschaftsrechts, Gemeinsamer Entwurf einer Richtlinie des Europäischen Parlaments und des Rates auf dem Gebiet des Gesellschaftsrechts betreffend Übernahmeangebote in der vom Vermittlungsausschuß am 06.06.2001 gebilligten Fassung (PE-CONS 3629/01), abgedruckt in: ZIP 2001, S. 1120 ff.

Fahrholz, Bernd, Neue Formen der Unternehmensfinanzierung, München 1998

Federal Reserve Board, Release 24-25 (10.Januar 1980)

Ferrara, Ralph C. / Abikoff, Kevin T. / Gansler, Laura Leedy, Shareholder Derivative Litigation, New York/N.Y. 1995 (Stand 1997)

Fischel, Daniel R., The Business Judgment Rule and the Trans Union Case, The Business Lawyer, Vol. 40 (1985), S. 1437 ff.

Fleischer, Holger, Finanzielle Unterstützung des Aktienerwerbs und Leveraged Buyout, AG 1996, S. 494 ff.

Fleischer, Holger / Kalss, Susanne, Das neue Wertpapiererwerbs- und Übernahmegesetz – Einführende Gesamtdarstellung und Materialien, München 2002

Flume, Werner, Allgemeiner Teil des Bürgerlichen Rechts, Bd. 1, Teil 2, Die juristische Person, 1. Auflage, Berlin 1983

Frantzen, Christopher, Genußscheine – Zugleich eine Analyse der Genussscheinbedingungen deutscher Unternehmen, Köln 1993

Fürhoff, Jens / Wölk, Armin, Aktuelle Fragen zur Ad hoc-Publizität, WM 1997, S. 449 ff.

Gansweid, Wolfgang, Zur gerichtlichen Überprüfung der angemessenen Barabfindung nach § 305 AktG, AG 1977, S. 334 ff.

Gehrt, John Alexander, Die neue Ad hoc-Publizität nach § 15 Wertpapierhandelsgesetz, Baden-Baden 1997 (Diss. München 1997)

Geibel, Stephan / Süßmann,Rainer, Wertpapiererwerbs- und Übernahmegesetz (WpÜG), München 2002, (zit.: *Bearbeiter*, in: Geibel/Süßmann)

Geßler, Ernst, Einberufung und ungeschriebene Hauptversammlungszuständigkeiten, in: Lutter, Marcus, Festschrift für Walter Stimpel, Berlin 1985, S. 771 ff.

Geßler, Ernst / Hefermehl, Wolfgang, Aktiengesetz, 2. Aufl., Bd. IV, München 1994, (zit.: Verfasser, in: Geßler/Hefermehl, AktG)

Gilson, Ronald J. / Black, Bernard S., The Law and Finance of Corporate Acquisitions, 2. Aufl, Mineola/New York 1995

Gilson, Ronald J. / Kraakman, Reinier, Delaware`s Intermediate Standard for Defensive Tactics: Is There Substance for Proportionality Review?, The Business Lawyer, Vol. 44 (1989), S. 247 ff.

Gilson, Ronanld J., A Structural Approach to Corporations: The Case Against Defensive Tactics in Tender Offers, Stan.L.Rev., Vol. 33 (1981), S. 819 ff.

Goforth, Carol, Proxy reform as a means of increasing shareholder participation in corporate governance: Too little but not too much, The American University Law Review, Vol. 43 (1994), S. 379 ff.

Golbe, Devra L. / White, Lawrence J., Mergers an Acquisitions in the U.S. Economy: An Aggregate and Historical Overview, in: Auerbach, Alan J., Mergers and Acquisitions, Chicago/London 1988 (zit.: *Golbe/White*, Titel, in: Auerbach, Mergers and Acquisitions)

Götz, Heinrich, Die Sicherung der Rechte der Aktionäre der Konzernobergesellschaft bei Konzernbildung und Konzernleitung, AG 1984, S. 85 ff.

Groß, Wolfgang, Übernahmekodex für öffentliche Übernahmeangebote: Anerkennung und Rolle des begleitenden Wertpapierdienstleistungsunternehmens, DB 1996, S. 1909 ff.

Großfeld, Bernhard, Unternehmens- und Anteilsbewertung im Gesellschaftsrecht: zur Barabfindung ausscheidender Gesellschafter, 2. Aufl., Köln 1987

Großfeld, Bernhard, Bewertung von Anteilen an Unternehmen, JZ 1981, S. 769 ff.

Grunewald, Barbara, Europäisierung des Übernahmerechts, AG 2001, S. 288 ff.

Grunewald, Barbara, Rückverlagerung von Entscheidungskompetenzen der Hauptversammlung auf den Vorstand, AG 1990, S. 133 ff.

Günther, Thomas / Muche, Thomas / White, Marc, Zulässigkeit des Rückkaufs eigener Aktien in den USA und Deutschland – vor und nach dem KonTraG, RIW 1998, S. 337 ff.

Haarmann, Wilhelm / Riehmer, Klaus / Schüppen, Matthias, Öffentliche Übernahmeangebote – Kommentar zum Wertpapiererwerbs- und Übernahmegesetz, Heidelberg 2002; (zit.: *Verfasser*, in: Haarmann/Riehmer/ Schüppen)

Habersack, Mathias, Der Finanzplatz Deutschland und die Rechte der Aktionäre – Bemerkungen zur bevorstehenden Einführung des „Squeeze-Out", ZIP 2001, S. 1230 ff.

Habersack. Mathias / Mayer, Christian, Der neue Vorschlag 1997 einer Takeover-Richtlinie – Überlegungen zur Umsetzung in das nationale Recht, ZIP 1997, S. 2141 ff.

Hahn, Dieter, Die feindliche Übernahme von Aktiengesellschaften – Eine juristisch-ökonomische Analyse, München 1992 (Diss. Hamburg 1992); (zit.: *Hahn*, Die feindliche Übernahme von Aktiengesellschaften, Diss.)

Halen, Curt Christian von, Das internationale Gesellschaftsrecht nach dem Überseering-Urteil des EuGH, WM 2003, S. 571

Hamilton, Robert W., The Law of Corporations, 5. Aufl., St.Paul/Minn. 2000

Handelsrechtsausschuß des Deutschen Anwaltverein e.V., Stellungnahme zur Ergänzung des AktG durch einen Titel „Aktienerwerb durch den Hauptaktionär" vom Juni 1999, NZG 1999, S. 850 ff.

Hannemann, Susanne, Down-Stream Merger einer Kapitalgesellschaft auf eine Personengesellschaft, DB 2000, S. 2497 ff.

Hansen, Herbert, Die Rechtsformen der deutschen Unternehmen, AG 2001, S. R 31 ff.

Happ, Wilhelm / Semler, Johannes, Ad hoc-Publizität im Spannungsfeld von Gesellschaftrecht und Anlegerschutz, ZGR 1998, S. 116 ff.

Hatzis-Schoch, Brent, Die Bedeutung von Delaware für das US-amerikanische Gesellschaftsrecht, RIW 1992, S. 539 ff.

Hazen, Thomas Lee, The Law of Securities Regulation, 2. Aufl., St. Paul/ Minnesota, 1990; (zit.: *Hazen*, Securities Regulation)

Heermann, Peter W., Wie weit reicht die Pflicht des Aufsichtsrats zur Geltendmachung von Schadensersatzansprüchen gegen Mitglieder des Vorstands?, AG 1998, S. 201 ff.

Heidenhain, Martin / Meister, Burkhardt W., Münchener Vertragshandbuch, Band 1 (Gesellschaftsrecht), 3. Aufl., München 1992, (zit.: *Verfasser*, in: Münchener Vertragshandbuch (Gesellschaftsrecht))

Hein, Jan von, Grundfragen des europäischen Übernahmekollisionsrechts, AG 2001, S. 213 ff.

Heinsius, Theodor, Bezugsrechtsausschluß bei der Schaffung von Genehmigtem Kapital – Genehmigtes Kapital II, in: Goerdeler, Reinhard/Hommenhoff, Peter/Lutter, Marcus/Odersky, Walter/Wiedemann, Herbert, Festschrift für Alfred Kellermann, Berlin/New York 1991, S. 115 ff., (zit.: *Heinsius*, FS Kellermann)

Heinsius, Theodor, Organzuständigkeit bei Bildung, Erweiterung und Umorganisation des Konzerns, ZGR 1984, S. 383 ff.

Henn, Harry G. / Alexander, John R., Laws of Corporations, 3. Aufl., St. Paul/ Minnesota 1983

Herwitz, David R., Business Planning – Materials on the Planning of Corporate Transactions, St. Paul 1982

Hirte, Heribert, Der Nennwert der Aktie – EG-Vorgaben und Situation in anderen Ländern, WM 1991, S. 753 ff.

Hirte, Heribert, Einige Gedanken zur Entwicklung des Bezugsrechts in den Vereinigten Staaten, AG 1991, S. 166 ff.

Hirte, Heribert, Geldausgleich statt Inhaltskontrolle – Vermögensbezogener Aktionärsschutz in der börsennotierten Aktiengesellschaft, WM 1997, S. 1001 ff.

Hirte, Heribert, Bezugsrechtsausschluß und Konzernbildung, Köln 1986 (Diss. Köln 1985), (zit.: *Hirte*, Bezugsrechtsausschluß und Konzernbildung, Diss.)

Hitschler, Werner, Leveraged (Management-) Buyouts – Bestimmungsfaktoren, Finanzierung und rechtliche Gestaltungsmöglichkeiten in der Bundesrepublik Deutschland, Betriebs-Berater 1990, S. 1877 ff.

Hoffmann-Becking, Michael, Münchener Handbuch des Gesellschaftsrechts, Bd. IV, 1. Aufl., München 1988

Hofmeister, Holger, Der Ausschluß des aktiengesetzlichen Bezugsrechts bei börsennotierten AG, NZG 2000, S. 713 ff.

Hölters, Wolfgang, Handbuch des Unternehmens- und Beteiligungskaufs, 4. Aufl., Köln 1996; (zit.: *Verfasser*, in: Hölters, Handbuch des Unternehmens- und Beteiligungskaufs)

Hommelhoff, Peter, Eigenkapital-Ersatz im Konzern und in Beteiligungsverhältnissen, WM 1984, S. 1105 ff.

Hooker, Kenneth L., An Introduction to Federal Income Tax Issues Relating to the Issuance of High-Yield Securities, The Business Lawyer, Vol. 53 (1998), S. 799 ff.

Hoppmann, Carsten / Lange, Michael, Hauptversammlung und Internet, in: Kröger, Detlef/Gimmy, Marc A., Handbuch zum Internetrecht, 2. Aufl., Berlin/Heidelberg 2002, S. 207 ff.

Hopt, Klaus J., Grundsatz– und Praxisprobleme nach dem Wertpapierhandelsgesetz – insbesondere Insiderhandelsgeschäfte und Ad hoc-Publizität, ZHR 159 (1995), S. 135 ff.

Hopt, Klaus J., Gemeinsame Grundsätze der Corporate Governance in Europa?, ZGR 2000, S. 779 ff.

Horn, Norbert, Aktien- und Konzernrechtlicher Vermögensschutz der Aktiengesellschaft und der Gang an die Börse, ZIP 1987, S. 1225 ff.

Huber, Ulrich, Rückkauf eigener Aktien in: Forster, Karl-Heinz/Grunewald, Barbara/Lutter, Marcus/Semler, Johannes, Festschrift für Bruno Kropff, Düsseldorf 1997, S. 101 ff., (zit.: *Huber*, in: FS Kropff)

Huber, Ulrich, Zum Aktienerwerb durch ausländische Tochtergesellschaften, in: Festschrift für Konrad Duden, München 1977, S. 137 ff., (zit.: Huber, in: FS Duden)

Hübner, Ulrich, Die Ausgliederung von Unternehmensteilen in aktien- und aufsichtsrechtlicher Sicht, in: Lutter, Marcus, Festschrift für Walter Stimpel, Berlin 1985, S. 791 ff.

Hüffer, Uwe, Aktiengesetz, 5. Auflage, München 2002

Hutter, Stephan / Lawrence, W. Jeffrey, Übernahmerecht in den USA, in: von Rosen, Rüdiger/Seifert, Werner G., Die Übernahme börsennotierter Unternehmen, Frankfurt 2000, S. 95 ff.

Immenga, Ulrich, Öffentliche Übernahmeangebote, in: *Kreutzer,* Karl, Öffentliche Übernahmeangebote, Baden-Baden 1992, S. 11 ff.

Immenga, Ulrich, Vertragliche Vinkulierung von Aktien, AG 1992, S. 79 ff.

Jennings, Richard W. / Marsh, Harold jr. / Coffee, John jr. / Seligman, Joel, Federal Securities Laws, Westbury, N.Y. 1996

Jensen, Michael C., Agency Costs of Free Cash Flow, Corporate Finance and Takeovers, American Economic Reviev, Vol. 76 (1986), S. 323 ff.

Jensen, Michael C., Takeovers: Their Causes and Consequences, in: Journal of Economic Perspectives, Vol. 2 (1988), S. 21 ff.

Jensen, Michael C. / Ruback, Richard, The Market for Corporate Control: The Scientific Evidence, in: Journal of Financial Economics, Vol. 11 (1983), S. 5 ff.

Kahan, Marcel, The Qualified Case Against Mandatory Terms in Bonds, Northwestern University Law Review, Vol. 89 (1995), S. 565 ff.

Kahan, Marcel / Yermack, David, Investment Opportunities and the Design of Debt Securities, The Journal of Law, Economics & Organization, Vol. 14 (1998), S. 136 ff.

Kahan, Marcel / Tuckman, Bruce, Private versus Public Lending: Evidence from Covenants, in: Finnerty, John D./Fridson, Martin S., The Yearbook of Fixed Income Investing (1996), S. 253 ff.

Kersting, Mark Oliver, Der Neue Markt der Deutschen Börse AG, AG 1997, S. 222 ff.

Kessler, Jürgen, Leitungskompetenz und Leitungsverantwortung im deutschen, US-amerikanischen und japanischen Aktienrecht, RIW 1998, S. 602 ff.

King, Brett W., The use of supermajority voting rules in Corporate America: Majority Rule, Corporate Legitimacy, and Minority Shareholder Protection, Delaware Journal of Corporate Law, Vol. 21 (1996), S. 895 ff.

Knoll, Heinz-Christian, Die Übernahme von Kapitalgesellschaften unter besonderer Berücksichtigung des Schutzes von Minderheitsaktionären nach amerikanischem, englischem und deutschem Recht, Baden-Baden 1992 (Diss. Bayreuth 1991); (zit.: *Knoll*, Die Übernahme von Kapitalgesellschaften, Diss.)

Kossman, Alfred, Ausschluß (Freeze-out) von Aktionären gegen Barabfindung, NZG 1999, S. 1198 ff.

Kossmann, Horst, Der Anspruch auf Genehmigung zur Übertragung vinkulierter Namensaktien, BB 1985, S. 1364 ff.

Kraft, Alfons / Kreutz, Peter, Gesellschaftsrecht, 10. Aufl., Neuwied 1997

Kraft, Gerhard / Altvater, Christian, Die zivilrechtliche, bilanzielle und steuerliche Behandlung des Rückkaufs eigener Aktien, NZG 1998, S. 448 ff.

Krause, Hartmut, Prophylaxe gegen feindliche Übernahmeangebote. AG 2002, S. 133 ff.

Krause,Hartmut, Das obligatorische Übernahmeangebot – Eine juristische und ökonomische Analyse, Baden-Baden 1996 (Diss. München 1995); (zit.: *Krause*, Das obligatorische Übernahmeangebot, Diss.)

Kübler, Friedrich, Kapitalmarktgerechte Aktien, WM 1990, S. 1853 ff.

Kübler, Friedrich, Gesellschaftsrecht, 5. Aufl., Heidelberg 1998

Kübler, Friedrich / Mendelson, Morris / Mundheim, Robert H., Die Kosten des Bezugsrechts, AG 1990, S. 461 ff.

Kurth, Thomas, Aktionärsschutz und öffentliche Kaufangebote – Neuere Entwicklungen im Recht der USA, (Diss. Köln 1987); (zit.: *Kurth*, Aktionärsschutz, Diss.)

Lammers, Brigitte, Verhaltenspflichten von Verwaltungsorganen in Übernahmeauseinandersetzungen – Eine rechtsvergleichende Untersuchung des US-amerikanischen, deutschen und europäischen Rechts, Frankfurt a.M. (Diss. Bonn 1993), (zit.: *Lammers*, Verhaltenspflichten, Diss.)

Land, Volker, Das neue deutsche Wertpapiererwerbs- und Übernahmegesetz – Anmerkungen zum Regierungsentwurf, DB 2001, S. 1707 ff.

Land, Volker / Hasselbach, Kai, Das neue deutsche Übernahmegesetz – Einführung und kritische Anmerkungen zum Diskussionsentwurf des BMF, DB 2000, S. 1747 ff.

Landers, Jonathan M., A unified Approach to Parent, Subsidiary, and Affiliate Questions in Bankruptcy, University of Chicago Law Review, Vol. 42 (1975), S. 589 ff.

Liebscher, Thomas, Das Übernahmeverfahren nach dem neuen Übernahmegesetz, ZIP 2001, S. 853 ff.

Logue, Dennis E., Handbook of modern finance, 2. Aufl., Boston 1990; (zit.: *Verfasser*, in: Logue, Handbook of modern finance)

Loss, Louis, Fundamentals of Securities Regulation, 2. Aufl., Boston 1988

Lovett, William A., Banking and Financial Institutions Law, 5. Aufl., St.Paul/ Minnesota 2001

Lowenstein, Louis, Management Buyouts, Columbia Law Review, Vol. 85 (1985), S. 730 ff.

Lutter, Marcus, Die Rechte der Gesellschafter beim Abschluß fusionsähnlicher Unternehmensverbindungen, Düsseldorf 1974 (zit.: *Lutter*, Die Rechte der Gesellschafter)

Lutter, Marcus, Die Rechte und Pflichten des Vorstands bei der Übertragung vinkulierter Namensaktien, AG 1992, S. 369 ff.

Lutter, Marcus, Stellungnahme zur Aktienrechtreform 1997 anläßlich der öffentlichen Anhörung vor dem Rechtsausschuß des Deutschen Bundestages am 29.1.1997, AG Sonderheft 1997, S. 52 ff.

Lutter, Marcus, Organzuständigkeiten im Konzern, in: Lutter, Marcus, Festschrift für Walter Stimpel, Berlin 1985, S. 823 ff.

Lutter, Marcus, Rücklagenbildung im Konzern, in: Havermann, Hans, Bilanz- und Konzernrecht, Festschrift zum 65. Geburtstag von Reinhard Goerdeler, Düsseldorf 1987, S. 327 ff.

Lutter, Marcus, Umwandlungsgesetz, 2. Aufl., Köln 2000, (zit.: *Verfasser*, in: Lutter, Umwandlungsgesetz)

Lutter, Marcus, Verdeckte Leistungen und Kapitalschutz, in: Lutter, Marcus/ Oppenhoff, Walter/Sandrock, Otto/Winkhaus, Hanns, Festschrift für Ernst C. Stiefel zum 80. Geburtstag, München 1987, S. 505 ff., (zit.: *Lutter*, in: FS Stiefel)

Lutter, Marcus / Wahlers, Henning W., Der Buyout: Amerikanische Fälle und Regeln des deutschen Rechts, AG 1989, S. 1 ff.

Lutter, Marcus / Timm, Wolfram, Konzernrechtlicher Präventivschutz im GmbH-Recht, NJW 1982, S. 409 ff.

Lüttmann, Ruth, Kontrollwechsel in Kapitalgesellschaften – Eine vergleichende Untersuchung des englischen, US-amerikanischen und deutschen Rechts, Baden-Baden 1992 (Diss. Osnabrück 1992); (zit.: *Lüttmann*, Kontrollwechsel, Diss.)

Macey, Jonathan R. / McChesney, Fred S., A Theoretical Analysis of Corporate Greenmail, Yale Law Journal, Vol. 95 (1985), S. 13 ff.

Mahle, Stephen, Proxy Contests, Agency Costs, and Third Generation State Antitakeover Statutes, The Journal of Corporation Law, Vol. 15 (1990), S. 721 ff.

Maier-Reiner, Georg, Verhaltenspflichten des Vorstands der Zielgesellschaft bei feindlichen Übernahmen, ZHR 165 (2001), S. 258 ff.

Manning, Bayless / Kanks, James J. jr., A Consise Historie of Legal Capital and Par Value, 3. Aufl., 1990, S. 5-40, auszugsweise abgedruckt in: Solomon/Schwartz/Bauman/Weiss, Corporations, S. 242 ff.

Markham, Jesse, Survey of the Evidence and Findings on Mergers, in: Business Concentration and Price Policy (NBER 1955)

Marsch, Reinhard, Zum Bericht des Vorstands nach § 186 Abs. 4 Satz 2 AktG beim genehmigten Kapital, AG 1981, S. 211 ff.

Martens, Klaus-Peter, Der Ausschluß des Bezugsrechts, ZIP 1992, S. 1677 ff.

Martens, Klaus-Peter, Eigene Aktien und Stock-Options in der Reform, AG Sonderheft 1997, S. 83 ff.

Martens, Klaus-Peter, Erwerb und Veräußerung eigener Aktien im Börsenhandel – Überlegungen de lege ferenda, AG 1996, S. 337 ff.

Martens, Klaus-Peter, Die Entscheidungsautonomie des Vorstands und die „Basis-demokratie" in der Aktiengesellschaft – Anmerkungen zu BGHZ 83, S. 122 ff. (Holzmüller), ZHR 147 (1983), S. 377 ff.

Martens, Klaus-Peter, Die rechtliche Behandlung von Options- und Wandlungsrechten anläßlich der Eingliederung der verpflichteten Gesellschaft, AG 1992, S. 209 ff.

Maul, Silja / Muffat-Jeandet, Danièle, Die EU-Übernahmerichtlinie – Inhalt und Umsetzung in nationales Recht, AG 2004, S. 221 ff. (Teil I)

Maurer, Charles J. III., Tender Offers – Edgar v. MITE Corp. and State Tender Offer Regulation (Comment), The Journal of Corporation Law, Vol. 8 (1983), S. 95 ff.

Merkt, Hanno, US-amerikanisches Gesellschaftsrecht, 1. Aufl., Heidelberg 1991

Merkt, Hanno, Verhaltenspflichten des Vorstands der Zielgesellschaft bei feindlichen Übernahmen, ZHR 165 (2001), S. 224 ff.

Mertens, Hans-Joachim, Zur Geltung des Stand-alone-Prinzips für die Unternehmensbewertung bei der Zusammenführung von Unternehmen, AG 1992, S. 321 ff.

Meyding, Thomas / Ruby, Peter, Haftung des Managements bei der Bestellung von Sicherheiten für Akquisitionskredite bei einem Share-Deal, Finanz Betrieb 2000, S. 106 ff.

Michalski, Lutz, Ungeklärte Fragen bei der Einlagenrückgewähr im Aktienrecht, AG 1980, S. 261 ff.

Mirvis, Theodore / Nussbaum, Andrew J., Mergers and Acquisitions and Takeover Preparedness, in: Corporate Law an Practice Handbook Series, hrg. v. Practising Law Institute (PLI), New York 1995, S. 501 ff., (zit.: Mirvis/Nussbaum, 907 PLI/Corp.)

Mitchell, Lawrence E./Cunnigham, Lawrence A./Solomon, Lewis D., Corporate Finance and Governance, 2. Aufl., Durham/North Carolina 1996

Mohr, Konrad / Consten, Henry S., Das Umwandlungsrecht und Umwandlungssteuerrecht der USA, in: Widmann, Siegfried/Mayer, Dieter, Umwandlungsrecht, Bd. 7, Bonn/Berlin, Stand 1998

Möller, Andreas / Pötzsch, Thorsten, Das neue Übernahmerecht – Der Regierungsentwurf vom 11. Juli 2001, ZIP 2001, S. 1256 ff.

Mørck, Randall / Shleifer, Andrei / Vishny, Robert W., Characteristics of Targets of Hostile and Friendly Takeovers, in: Auerbach, Alan J., Corporate Takeovers: Causes and Consequences, Chicago/London 1988, S. 101 ff. (zit.: *Verfasser*, in: Auerbach, Corporate Takeovers)

Moscow, Cyril, Aspects of shareholders` rights, Wayne Law Review, Vol. 18 (1972), S. 1003 ff.

Mülbert, Peter O., Übernahmerecht zwischen Kapitalmarktrecht und Aktien(konzern)recht – die konzeptionelle Schwachstelle des RegE WpÜG, ZIP 2001, S. 1221 ff.

Mülbert, Peter O., Aktiengesellschaft, Unternehmensgruppe und Kapitalmarkt, 2. Auflage, München 1996

Mülbert, Peter O. / Birke, Max, Das übernahmerechtliche Behinderungsverbot – Die allgemeine Rolle der Verwaltung einer Zielgesellschaft in einer feindlichen Übernahme, WM 2001, S. 705 ff.

Netter, Jeffrey, Ending the interest deductibility of debt uesd to finance Takeovers is still a bad idea, The Journal of Corporation Law 1990, S. 219 ff.

New York Stock Exchange, New York Stock Exchange Listed Company Manual, New York 1983, Loseblattsammlung, Stand Juli 1985, (zit.: NYSE Listed Company Manual)

Neye, Hans Werner, Der neue Übernahmekodex der Börsensachverständigenkommission, ZIP 1995, S. 1464 ff.

o.V., The Developing Meaning of „Tender Offer" under the Securities Exchange Act of 1934 (Note), Harvard Law Review, Vol. 86 (1973), S. 1250 ff.

o.V., Senate Bill 510 and the Cash Tender Offer (Comment), Wayne Law Review, Vol. 14 (1968), S. 568 ff.

Oesterle, Dale A., The Law of Mergers and Acquisitions, St.Paul/Minnesota 1999

Oesterle, Dale A., Method to the merger madness, The Cato Review of Business & Government, abrufbar unter: www.cato.org/pubs/regulation/reg20n2d.html

Otto, Hans-Jürgen, Fremdfinanzierte Übernahmen – Gesellschafts- und steuerrechtliche Kriterien des Leveraged Buy-Out, DB 1989, S. 1389 ff.

Otto, Hans-Jürgen, Buy-Out-Finanzierungen: Neue Akquisitionsstrukturen nach neuem Umwandlungsrecht, DB 1994, S. 2121 ff.

Paefgen, Thomas Christian, Eine Morphologie des US-amerikanischen Rechts der Aktiengesellschaft, AG 1992, S. 133 ff.

Paefgen, Walter G., Eigenkapitalderivate bei Aktienrückkäufen und Managementbeteiligungsmodellen, AG 1999, S. 67 ff.

Pananis, Panos, Zur Abgrenzung von Insidertatsache und ad hoc-publizitätspflichtigem Sachverhalt bei mehrstufigen Entscheidungsprozessen, WM 1997, S. 460 ff.

Pate, Sarah Beth, Applying the Federal Reserve Board`s Margin Lending Rules to restrict the use of Junk Bonds in hostile corporate takeovers, Washington and Lee Law Review, Vol. 43 (1986), S. 1087 ff.

Peltzer, Martin, Hostile Takeovers in der Bundesrepublik Deutschland?, ZIP 1989, S. 69 ff.

Peltzer, Martin, Rechtliche Problematik der Finanzierung des Unternehmenskaufs beim MBO, DB 1987, S. 973 ff.

Peltzer, Martin, Die konzerntypischen Rechtsfragen bei Erwerb und Veräußerung von Unternehmen, in: Lutter, Marcus/Scheffler, Eberhard/Schneider, Uwe H., Handbuch der Konzernfinanzierung, Köln 1998, S. 1008 ff., (zit.: *Peltzer*, in: Lutter/Scheffler/Schneider, Handbuch der Konzernfinanzierung)

Peltzer, Martin / Bell, Martin, Besicherung von Gesellschafterkrediten mit dem GmbH-Vermögen?, ZIP 1993, S. 1755 ff.

Perrie, Thomas D., Three-party mergers: The fourth form of corporate acquisition, Virginia Law Review, Vol. 57 (1971), S. 1242 ff.

Philipps, Cahrles G., High-Yield Securities, in: Friedman, Stephen J./Nathan, Charles M./Pitt, Harvey L./Santonie, Roland J., 17th Annual Institute on Securities Regulation

Picot, Gerhard, Unternehmenskauf und Restrukturierung, 2. Aufl., München 1998; (zit.: *Verfasser*, in: Picot, Unternehmenskauf und Restrukturierung)

Picot, Gerhard, Handbuch Mergers & Acquisitions, 2. Auflage, Stuttgart 2002; (zit.: *Verfasser*, in: Picot, Handbuch Mergers & Acquisitions)

Picot, Gerhard / Land, Volker, Der internationale Unternehmenskauf, DB 1998, S. 1601 ff.

Piltz, Detlev J., Unternehmensbewertung und Börsenkurs im aktienrechtlichen Spruchstellenverfahren – Zugleich Besprechung der Entscheidung BVerfGE 100, S. 289 ff., ZGR 2001, S. 185 ff.

Pluskat, Sorika, Akquisitionsmodelle beim Erwerb einer Kapitalgesellschaft nach der Unternehmenssteuerreform, DB 2001, S. 2216 ff.

Posner, Dirk, Der Erwerb eigener Aktien in der US-amerikanischen Unternehmenspraxis, AG 1994, S. 312 ff.

Potthoff, Volker / Stuhlfauth, Jutta, Der Neue Markt: Ein Handelssegment für innovative und wachstumsorientierte Unternehmen – Kapitalmarktrechtliche Überlegungen und Darstellungen des Regelwerks, WM 1997, Sonderbeilage Nr. 3, S. 1 ff.

Pötzsch, Thorsten / Möller, Andreas, Das künftige Übernahmerecht, WM Sonderbeilage Nr. 2, 2000, S. 1 ff.

Ratner, David L., Securities Regulation, 6. Aufl., St. Paul/Minnesota 1998

Rehbinder, Eckard, Zum Konzernrechtlichen Schutz der Aktionäre einer Obergesellschaft – Besprechung der Entscheidung BGHZ 83, 122 „Holzmüller", ZGR 1983, S. 92 ff.

Riehmer, Klaus / Schröder, Oliver, Der Entwurf des Übernahmegesetzes im Lichte von Vodafone/Mannesmann, NZG 2000, S. 820 ff.

Riehmer, Klaus / Schröder, Oliver, Praktische Aspekte bei der Planung, Durchführung und Abwicklung eines Übernahmeangebots – Übernahmekodex und Referentenentwurf des deutschen Wertpapiererwerbs- und Übernahmegesetzes, BB 2001, Beilage 5, S. 1 ff.

Rodewald, Jörg / Siems, Mathias M., Der Preis ist heiß – Zur Angemessenheit der Gegenleistung bei Übernahmeangeboten, ZIP 2002, S. 926 ff.

Röhrich, Martina, Feindliche Übernahmeangebote – Eine wettbewerbspolitische Beurteilung anhand von Fallstudien aus den USA, Baden-Baden 1992 (Diss. Stuttgart 1991); (zit.: *Röhrich*, Feindliche Übernahmeangebote, Diss.)

Röhrich, Martina, Gleichbehandlungspflicht bei Kontrollakquisitionen: Eine Ananlyse der dreizehnten EG-Richtlinie aus ökonomischer Sicht, RIW 1993, S. 93 ff.

Romano, Roberta, A Guide to Takeovers: Theory, Evidence, and Regulation, Yale Journal on Regulation, Vol. 9 (1992), S. 119 ff. (zit.: *Romano*, 9 Yale J. on Regulation (1992))

Romano, Roberta, Competition for corporate charters and the lesson of takeover statutes, Fordham Law Review, Vol. 61 (1993), S. 843 ff.

Romano, Roberta, Law as a Produkt: Some Pieces of the Incorporation Puzzle, Journal of Law, Economics & Organization, Vol. 1 (1985), S. 225 ff.

Romano, Roberta, The Political Economy of Takeover Statutes, Virginia Law Review, Vol. 73 (1987), S. 111 ff.

Rosen, Rüdiger von / Helm, Leonhard, Der Erwerb eigener Aktien durch die Gesellschaft, AG 1996, S. 434 ff.

Roth, Gregor, Bedeutung und Nutzung von Sonderformen der Eigenkapitalbeschaffung bei börsennotierten Aktiengesellschaften in Deutschland, ZBB-Report 2001, S. 50 ff.

Ruby, Peter, Fremdfinanzierung der Aktiengesellschaften durch Ausgabe von Wandelanleihen, Optionsanleihen und Gewinnschuldverschreibungen, abrufbar unter: www.der-syndicus.de/briefings/gs/gs_014.htm.

Rühland, Philipp, Der squeezeout nach dem ReF zum Wertpapiererwerbs- und Übernahmegesetz vom 12.3.2001, NZG 2001, S. 448 ff.

S.E.C. (Hrsg.), Schedule 13D, Item 3, General Instructions

Schäfer, Frank A., Wertpapierhandelsgesetz, Börsengesetz mit BörsZulV, Verkaufprospektgesetz mit verkProspV, Kommentar, Stuttgart/Berlin/Köln 1999, (zit.: *Bearbeiter*, in: Schäfer)

Schander, Albert A. / Lucas, Johannes B., Die Ad-hoc-Publizität im Rahmen von Übernahmevorhaben, DB 1997, S. 2109 ff.

Schiessl, Maximilian, Neue Erfahrungen mit Unternehmenskäufen und Unternehmensübernahmen in den USA, RIW 1988, S. 522 ff.

Schiller, Andreas, Die Prüfung von Sacheinlagen im Rahmen der aktienrechtlichen Gründungsprüfungen, AG 1992, S. 20 ff.

Schmidt, Karsten, Gesellschaftsrecht, 3. Aufl., Köln/Berlin/Bonn/München 1997

Schneider, Uwe H., Das Recht der Konzernfinanzierung, ZGR 1984, S. 497 ff.

Schneider, Uwe H. / Burgard, Ulrich, Übernahmeangebote und Konzerngründung – Zum Verhältnis von Übernahmerecht, Gesellschaftsrecht und Konzernrecht, DB 2001, S. 963 ff.

Schneider, Uwe H., Mittelbare verdeckte Gewinnausschüttungen im GmbH-Konzern, ZGR 1985, S. 279 ff.

Schön, Wolfgang, Kreditbesicherung durch abhängige Kapitalgesellschaften, ZHR 159 (1995), S. 351 ff.

Schulman, Stephen H. / Schenk, Alan, Shareholders Voting and Appraisal Rights in Corporate Acquisition Transactions, The Business Lawyer, Vol. 38 (1983), S. 1529 ff.

Schwedhelm, Rolf / Olbing, Klaus / Binnewies, Burkhard, Gestaltungsüberlegungen zum Jahreswechsel 2000/2001 rund um die GmbH, GmbHR 2000, S. 1173 ff.

Sealey, Patrick L., An Alternative Approach to Diversity Jurisdiction for Corporations: Parent-Subsidiary Corporations, The Journal of Corporations Law, Vol.20 (1995), S. 497 ff.

Seetzen, Uwe, Die Bestimmung des Verschmelzungswertverhältnisses im Spruchstellenverfahren, WM 1994, S. 45 ff.

Sherwin, Emily L., Creditors` Rights against Participants in a Leveraged Buyout, Minnesota Law Review, Vol. 71 (1988), S. 449 ff.

Solomon, Lewis D./Schwartz, Donald E./Bauman, Jeffrey D./Weiss, Elliott J., Corporations – Law and Policy, 4. Aufl., St. Paul/Minnesota 1998; (zit.: *Solomon/Schwartz/Bauman/Weiss*, Corporations)

Sonnenhol, Jürgen / Groß, Wolfgang, Besicherung von Krediten Dritter an Konzernunternehmen, ZHR 159 (1995), S. 388 ff.

Sonnenhol, Jürgen / Stützle, Rudolf, Auswirkungen des Verbots der Einlagenrückgewähr auf Nichtgesellschafter, WM 1983, S. 2 ff.

Stawowy, Johannes, The Repurchase of Own Shares by Public Companies and Aktiengesellschaften, Arbeitspapier des Instituts für Handels- und Wirtschaftsrecht der Universität Osnabrück 1994

Stöcker, Mathias, Rechtsfragen grenzüberschreitender Unternehmenszusammenschlüsse – unter besonderer Berücksichtigung des Falles Daimler/Chrysler, Frankfurt a.M. 2003 (Diss. Uni Frankfurt a.M. 2003), (zit.

Stöcker, Rechtsfragen grenzüberschreitender Unternehmenszusammenschlüsse, Diss.)

Strenger, Christian, Das deutsche Übernahmegesetz, WM 2000, S. 952 ff.

Sünner, Eckart, Take-overs, made in USA, AG 1987, S. 276 ff.

Taggart, William, The Growth of the „Junk“ Bond Market and It`s Role in Financing Takeovers, in: Auerbach, Alan J., Mergers and Acquisitions, Chicago/London 1988 (zit.: *Taggart*, Titel, in: Auerbach, Mergers and Acquisitions)

Thaeter, Ralf / Barth, Daniel, RefE eines Wertpapiererwerbs- und Übernahmegesetzes, NZG 2001, S. 545 ff.

Thoma, Georg, Der neue Übernahmekodex der Börsensachverständigenkommission, ZIP 1996, S. 1725 ff.

Timm, Wolfram, Die Aktiengesellschaft als Konzernspitze, Köln/Berlin/Bonn/München 1980

Timm, Wolfram, Minderheitenschutz und unternehmerische Entscheidungsfreiheit im Mutterunternehmen, ZHR 1989, S. 60 ff.

Triebel, Volker / von Hase, Karl, Wegzug und grenzüberschreitende Umwandlungen deutscher Gesellschaften nach „Überseering“ und „Inspire Art“, BB 2003, S. 2409 ff.

Troubh, Raymond S., Characteristics of Target Companies, The Business Lawyer, Vol. 32 (1977), S. 1301 ff.

Ulmer, Peter, Verlustübernahmepflicht des herrschenden Unternehmens als konzernspezifischer Kapitalerhaltungsschutz – Zur analogen Anwendung der §§ 302, 303 AktG im qualifiziert faktischen GmbH-Konzern, AG 1986, S. 123 ff.

Vetter, Eberhard, Squeeze-out – Der Ausschluß der Minderheitsaktionäre aus der Aktiengesellschaft nach den §§ 327a-327f AktG, AG 2002, S. 176 ff.

Vogel, Hans-Gert, Finanzierung von Übernahmeangeboten – Testat und Haftung des Wertpapierdienstleistungsunternehmens nach § 13 WpÜG, Institut für Bankrecht der Johann Wolfgang Goethe-Universität, Frankfurt am Main, Arbeitspapier Nr. 97, Frankfurt a.M. 2003.

Vogel, Hans-Gert, Finanzierung von Übernahmeangeboten – Testat und Haftung des Wertpapierdienstleistungsunternehmens nach § 13 WpÜG, ZIP 2002, S. 1421 ff.

Vollmer, Lothar, Die Mitwirkungsrechte der Aktionäre beim Abschluß fusionsähnlicher Unternehmensverbindungen, BB-Beilage Nr. 4/1977, (zit.: *Vollmer*, Mitwirkungsrechte)

Wagner, Oliver, Standstill Agreements bei feindlichen Übernahmen nach US-amerikanischem und deutschem Recht, Frankfurt am Main 2000 (Diss. Osnabrück 1999); (zit.: *Wagner*, Standstill Agreements, Diss.)

Wastl, Ulrich, Erwerb eigener Aktien nach dem Referentenentwurf zur Änderung des AktG und des HGB, DB 1997, S. 461 ff.

Weisgerber, Thomas, Der Übernahmekodex in der Praxis, ZHR 1997, S. 421 ff.

Weisser, Ralf Dieter, Feindliche Übernahmeangebote und Verhaltenspflichten der Leitungsorgane, Konstanz 1994 (Diss. Konstanz 1993), (zit.: *Weisser*, Feindliche Übernahmen und Verhaltenspflichten, Diss.)

Wenger, Ekkehard, Stellungnahme zur Aktienrechtreform 1997 anläßlich der öffentlichen Anhörung vor dem Rechtsausschuß des Deutschen Bundestages am 29.1.1997, AG Sonderheft 1997, S. 57 ff.

Wenger, Ekkehard / Kaserer, Christoph / Hecker, Renate, Konzernbildung und Ausschluß von Minderheiten im neuen Übernahmerecht, ZBB 2001, S. 317 ff.

Werner, Winfried, Die Behandlung von Verbundeffekten bei Abfindungen nach den §§ 305 und 320 AktG, in: Baur, Jürgen F./Hopt, Klaus J./Mailänder, K. Peter, Festschrift für Ernst Steindorff, Berlin/New York 1990, S. 303 ff., (zit.: *Werner*, FS Steindorff)

Westermann, Harm Peter, Organzuständigkeit bei Bildung, Erweiterung und Umorganisation des Konzerns, ZGR 1984, S. 352 ff.

Widmann, Siegfried / Mayer, Dieter, Umwandlungsrecht, Bonn/Berlin, Stand 1998, (zit.: Verfasser, Titel, in: *Widmann/Mayer*, Umwandlungsrecht)

Wiedemann, Herbert, Großkommentar zum Aktiengesetz, Bd. 3 (§§ 179-290 AktG), 3. Auflage, Berlin 1973, (zit.: *Verfasser*, Großkommentar)

Wiedemann, Herbert, Die Unternehmensgruppe im Privatrecht, 1. Auflage, Tübingen 1988

Witt, Carl-Heinz, Regelmäßige „Wasserstandsmeldungen" – unverzichtbarer Bestandteil eines künftigen Übernahmegesetzes, NZG 2000, S. 809 ff.

Witt, Carl-Heinz, Die Änderungen der Mitteilungs- und Veröffentlichungspflichten nach § 21 ff. WpHG durch das geplante WpÜG, AG 2001, S. 233 ff.

WM-Dokumentation, Insiderhandelsverbote und Ad hoc-Publizität nach dem Wertpapierhandelsgesetz, WM 1994, S. 2038 ff.

Wolff, Martin / Raiser, Ludwig, Sachenrecht, 10. Auflage, Tübingen 1957

Zerey, Jean-Claude, Rechtliche Probleme der Finanzierung von Leveraged Buyouts und Tender Offers durch Banken in den USA und in der Bundesrepublik Deutschland, Frankfurt a.M. 1994 (Diss. Frankfurt a.M. 1992), (zit.: *Zerey*, Rechtliche Probleme der Finanzierung von LBO und Tender Offers durch Banken, Diss.)

Zinser, Alexander, Der RefE eines „Gesetzes zur Regelung von öffentlichen Angeboten zum Erwerb von Wertpapieren und von Unternehmensübernahmen vom 12.03.2001, NZG 2001, S. 391 ff.

ZIP-Dokumentation, Regierungsentwurf eines Gesetzes zur Regelung von öffentlichen Angeboten zum Erwerb von Wertpapieren und Unternehmensübernahmen vom 11.07.2001, ZIP 2001, S. 1262 ff.

Zöllner, Wolfgang, Kölner Kommentar zum AktG, 2. Auflage, Köln/Berlin/ Bonn/München 1989, (zit.: *Verfasser* in Kölner Kommentar zum AktG)

Frankfurter wirtschaftsrechtliche Studien

Herausgegeben von
Theodor Baums, Andreas Cahn, Friedrich Kübler, Hans-Joachim Mertens,
Eckard Rehbinder, Gunther Teubner

Band 1 Tomas Brinkmann: Unternehmensinteresse und Unternehmensrechtsstruktur. Aufgaben und Grenzen eines normativen Regulativs unternehmenspolitischer Prozesse. 1983.

Band 2 Rüdiger Hahn: Behinderungsmißbräuche marktbeherrschender Unternehmen. Eine Untersuchung der Beeinträchtigung von Wettbewerb und Marktstruktur durch horizontalen Nichtleistungswettbewerb als Gegenstand der Mißbrauchaufsicht nach § 22 Abs. 4 S. 2 Nr. 1 GWB. 1984.

Band 3 Peter Buchmann: Registerpublizität und Gläubigerschutz bei der Einmann-Gesellschaft. 1984.

Band 4 Christian Joerges/Eugen Hiller/Knut Holzscheck/Hans-W. Micklitz: Vertriebspraktiken im Automobilersatzteilsektor. Ihre Auswirkungen auf die Interessen der Verbraucher. 1985.

Band 5 Annette Boerner: Die Haftung des herrschenden Kommanditisten. 1985.

Band 6 Dirk H. Mahler: Rechtsmißbrauch und einstweiliger Rechtsschutz bei Dokumentenakkreditiven und "Akkreditiven auf erstes Anfordern": Eine rechtsvergleichende Untersuchung. 1986.

Band 7 Brigitte Kratz: Ausländische Eingriffsnorm und inländischer Privatrechtsvertrag. 1986.

Band 8 Dimitris Tsibanoulis: Die genossenschaftliche Gründungsprüfung. 1987.

Band 9 Jürgen Braun: Rechtsfragen des Transport-Unfall-Informations- und Hilfeleistungs-Systems der deutschen chemischen Industrie. 1987.

Band 10 Thomas Pfeiffer: Die Bedeutung des privatrechtlichen Immissionsschutzes. Eine Untersuchung zu §§ 1004, 906 BGB. 1987.

Band 11 Michael Bothe/Josef Brink/Christian Kirchner/Albrecht Stockmayer: Rechtsfragen der internationalen Verschuldungskrise. Voraussetzungen, Formen und Verfahren internationaler Umschuldungsmaßnahmen und Umschuldungsvereinbarungen. 1988.

Band 12 Felix Dörr: Die fehlerhafte GmbH. 1989.

Band 13 Rolf Trittmann: Anwendungsprobleme des Haager Beweisübereinkommens im Rechtshilfeverkehr zwischen der Bundesrepublik und den Vereinigten Staaten von Amerika. Exklusive Regelung zur Überbrückung der Unterschiede zwischen dem kontinental-europäischen und anglo-amerikanischen Zivilprozeßrechtssystem? 1989.

Band 14 Margaretha Sudhof: Dreieckige Rechtsverhältnisse im Wirtschaftsverwaltungsrecht - Am Beispiel von Konkurrentenklagen. 1989.

Band 15 Michael Weigel: Schriftformklauseln in Allgemeinen Geschäftsbedingungen. 1989.

Band 16 Hans-Peter Schröder: Der sichere Weg bei der Vertragsgestaltung. 1990.

Band 17 Matthias Haas: Haftungsfreizeichnungsklauseln in Allgemeinen Geschäftsbedingungen. Eine rechtsdogmatische und ökonomische Analyse. 1991.

Band 18 Andreas Hahn: Instandhaltungsverträge. Begriffe, Einordnung, Rechtsfolgenbestimmung, Auswirkung auf die Kautelarpraxis. 1991.

Band 19 Jürgen Götz: Der Entherrschungsvertrag im Aktienrecht. 1991.

Band 20 Friedrich Wächtershäuser: Das Gesellschaftsrecht des internationalen Joint Ventures. 1992.

Band 21 Christina Escher-Weingart: Nutzungsausfall als Schaden und sein Ersatz. 1993.

Band 22 Jean-Claude Zerey: Rechtliche Probleme der Finanzierung von *Leveraged Buyouts* und *Tender Offers* durch Banken in den USA und in der Bundesrepublik Deutschland. Eine rechtsvergleichende Studie über die Rolle der Banken bei Unternehmenskontrolltransaktionen in den USA und in der Bundesrepublik Deutschland. 1994.

Band 23 Markus Bauer: Gläubigerschutz durch eine formelle Nennkapitalziffer - Kapitalgesellschaftsrechtliche Notwendigkeit oder überholtes Konzept? Eine rechtsvergleichende Untersuchung der Gläubigerschutzkonzepte des amerikanischen und deutschen Kapitalgesellschaftsrechts. 1995.

Band 24 Marion Vollmann: Minderheitenschutz im aktienrechtlichen Beschlußmängelrecht. Eine Bestandsaufnahme und Vorschläge zu einer rechtspolitischen Reform. 1997.

Band 25 Lydia Klose-Mokroß: Gläubigerschutz im Kapitalgesellschaftsrecht am Beispiel der Lehre von der verdeckten Sacheinlage. 1997.

Band 26 Stephan Aubel: Der vereinfachte Bezugsrechtsausschluß. Aktionärs- und Gesellschaftsinteressen beim vereinfachten Bezugsrechtsausschluß nach Maßgabe des § 186 Absatz 3 Satz 4 AktG. 1998.

Band 27 Kurt Peter Dittrich: Die Privatplazierung im deutschen Kapitalmarktrecht. Eine Untersuchung der Vorschriften des Auslandinvestmentgesetzes, des Wertpapier-Verkaufsprospektgesetzes und des Gesetzes über Kapitalanlage-Gesellschaften unter Berücksichtigung des Rechts der Vereinigten Staaten von Amerika und des Vereinigten Königreichs. 1998.

Band 28 Viola Sailer: Aktienrechtliche Minderheitskompetenzen zwischen Mißbrauch und unternehmerischer Entscheidungsfreiheit. 1999.

Band 29 Marc Zimmerling: Kapitalerhaltung und Konzernfinanzierung. Eine Untersuchung der kapitalerhaltungsrechtlichen Problematik aufsteigender Sicherheiten im Konzern. 1998.

Band 30 Joachim Wichert: Die Finanzen der Kommanditgesellschaft auf Aktien. 1999.

Band 31 Kerstin Andrea Müller: Produktverantwortung und ihre Durchsetzung. Eine kartellrechtliche Beurteilung von Selbstverpflichtungen im Umweltrecht aus deutscher und europäischer Sicht unter besonderer Berücksichtigung der Altautoentsorgung. 1999.

Band 32 Bettina Friedrich: Konvergenzen im Gesellschaftsrecht. Recht-Fertigung durch Status- und Befundsicherung. 2000.

Band 33 Rudolf Lemke: Haftungsrechtliche Fragen des Ratingwesens – ein Regelungsproblem? 2000.

Band 34 Klaus R. Roller: Die Vergütung des Aufsichtsrats in Abhängigkeit vom Aktienkurs. 2000.

Band 35 Bettina Bokelmann: Personelle Verflechtungen über Aufsichtsräte. Aufsichtsratsmitglieder mit hauptberuflicher Vorstandsfunktion. 2000.

Band 36 Kai-Uwe Steck: Regulierung von US-amerikanischen Investmentgesellschaften (Investment Companies). Unter besonderer Berücksichtigung des National Securities Markets Improvement Act of 1996 (NSMIA) und anderer aktueller Rechtsanpassungen. 2000.

Band 37 Kristofer Bott: Wissenszurechnung bei Organisationen. 2000.

Band 38 Ursula Lenzen: Unerlaubte Eingriffe in die Börsenkursbildung. 2000.

Band 39 Martin Schulz: Verfassungsrechtliche Vorgaben für das Kollisionsrecht in einem Gemeinsamen Markt. Eine rechtsvergleichende Untersuchung zu den Grenzen einzelstaatlicher Anknüpfungsmethoden im internationalen Vertrags-, Delikts- und Gesellschaftsrecht am Beispiel der Vereinigten Staaten von Amerika. 2000.

Band 40 Maximilian Koch: Diversifizierung und Vorstandskompetenzen. 2001.

Band 41 Corrado Wohlwend: Die Hauptversammlung im Wandel der Kommunikationsformen. 2001.

Band 42 Michael Rozijn: Der Unternehmensmaklervertrag. Zur Anwendung des allgemeinen Maklervertragsrechts auf Mergers & Acquisitions-Dienstleistungen. 2001.

Band 43 Konstantinos N. Kyriakakis: Die Überwachung einer US-amerikanischen Aktiengesellschaft durch institutionelle Anleger. 2002.

Band 44 Uta Fredebeil: Aktienemissionen. Das underwriting agreement (der Übernahmevertrag) und seine spezifischen Klauseln. 2002.

Band 45 Michaela G. Döbler: Die Einführung des WTO-weiten Erschöpfungsgrundsatzes in das Markenrecht der EU und der USA. 2002.

Band 46 Jan Liersch: Regulierung des Blockhandels an den organisierten Aktienmärkten der Vereinigten Staaten, Großbritanniens und Deutschlands. 2002.

Band 47 Sascha Lotze: US-amerikanisches Kapitalmarktrecht und Internet. Aufsichts- und haftungsrechtliche Fragen des Internet-Einsatzes bei Wertpapieremissionen und im Wertpapierhandel. 2002.

Band 48 Boris Trautmann: Die Konkurrenz von Haftpflicht- und Versicherungsanspruch. Ein Beitrag zur ökonomischen Analyse des Rechts unter Berücksichtigung von Unsicherheit und Verhaltensanomalien. 2002.

Band 49 Matthias Möller: Rechtsformen der Wagnisfinanzierung. Eine rechtsvergleichende Studie zu den USA und zu Deutschland. 2003.

Band 50 Heiner Feldhaus: Die Eignung zur erheblichen Kursbeeinflussung bei der Ad-hoc-Publizität. Eine rechtsvergleichende und interdisziplinäre Untersuchung unter Berücksichtigung der europarechtlichen Vorgaben. 2003.

Band 51 Matthias Janke: Gesellschaftsrechtliche Treuepflicht. Neubewertung der richterrechtlichen Generalklausel im Rahmen einer rechtsvergleichenden und ökonomischen Analyse. 2003.

Band 52 Katrin Thoma: Eigengeschäfte des Vorstands mit der Aktiengesellschaft. Eine vergleichende Untersuchung zum englischen, U.S.-amerikanischen und deutschen Recht. 2003.

Band 53 Mathias Stöcker: Rechtsfragen grenzüberschreitender Unternehmenszusammenschlüsse - unter besonderer Berücksichtigung des Falles Daimler/Chrysler - 2003.

Band 54 Otto Korte: Zur mißbräuchlichen Wahrnehmung der aktienrechtlichen Anfechtungsbefugnis. 2003.

Band 55 Wilhelm Wilderink: Die Auflösung, die Übertragung und die Verschmelzung von Investmentfonds. 2003.

Band 56 Anja Birkenkämper: Rechtsfragen feindlicher Übernahmen. Jurisitische Nachlese zum Fall Krupp/Thyssen. 2003.

Band 57 Manuel Lorenzo Alonso: Die Neuausrichtung der Zwischenstaatlichkeitsklausel der Art. 81, 82 EG. Folgen der neuesten Entwicklungen des Gemeinschaftsrechts für die Zwischenstaatlichkeitsklausel - unter besonderer Berücksichtigung des Bankenbereichs. 2003.

Band 58 Dirk Kocher: Kapitalgesellschaft & Co. KG in Finnland. Eine Untersuchung zur Frage der Übertragbarkeit der deutschen Grundtypenvermischung auf das finnische Recht. 2003.

Band 59 Ruiting Qin: Parteiautonomie: Eine rechtsvergleichende Untersuchung. Versuch zur Entwicklung einer Gerechtigkeitsjurisprudenz im IPR. 2003.

Band 60 René Runte: Walter Julius Derenberg – Leben und Werk. 2004.

Band 61 Udo Prinz: Umstrukturierung durch *Schemes of Arrangement* mit Gesellschaftern im englischen Recht. – Ein Vorbild? 2004.

Band 62 Rainer Schmitz: Die Haftung des Vorstands gegenüber den Aktionären. Eine rechtsvergleichende Untersuchung nach deutschem und US-amerikanischem Recht. 2004.

Band 63 York Oehlschläger: Die typische und atypische stille Beteiligung an einer Aktiengesellschaft. Möglichkeiten und Grenzen der Gestaltung für die stille Gesellschaft zwischen Personengesellschaftsrecht, Aktienrecht, Konzernrecht und Umwandlungsrecht. 2004.

Band 64 Stefan Klein: Die Rechtsstellung auswärtiger Gesellschaften im deutschen und US-amerikanischen Recht. Ein Beitrag zur Neuausrichtung des deutschen internationalen Gesellschaftsrechts unter besonderer Berücksichtigung des Europäischen Gemeinschaftsrechts. 2004.

Band 65 Knut Sauer: Haftung für Falschinformation des Sekundärmarktes. 2004.

Band 66 Michael Senger: Bankenaufsicht, Unternehmensverbindungen und Bankengruppen. 2004.

Band 67 Maximilian Rittmeister: Gewährleistung beim Unternehmenskauf. Die Gewährleistungshaftung des Verkäufers bei einem Unternehmenskauf seit In-Kraft-Treten des Schuldrechtsmodernisierungsgesetzes. 2005.

Band 68 Ole Ziegler: Der Anteilserwerb am Kapitalmarkt nach der Schuldrechtsreform. 2005.

Band 69 Maia Tacheva: Rechtsbehelfe des Käufers im Warenkaufrecht. Eine rechtsvergleichende Untersuchung des Übereinkommens der Vereinten Nationen über Verträge über den internationalen Warenkauf (CISG), des englischen Sale of Goods Act, des bulgarischen Kaufrechts und des deutschen Kaufrechts vor und nach dem Schuldrechtsmodernisierungsgesetz. 2005.

Band 70 Michael Lange: Rechtsfragen der Finanzierung eines feindlichen Übernahmeangebotes. Am Beispiel der großen Publikumsgesellschaft nach US-amerikanischem und deutschem Recht. 2005.

www.peterlang.de

Rainer Schmitz

Die Haftung des Vorstands gegenüber den Aktionären

Eine rechtsvergleichende Untersuchung nach deutschem und US-amerikanischem Recht

Frankfurt am Main, Berlin, Bern, Bruxelles, New York, Oxford, Wien, 2004. 363 S.
Frankfurter wirtschaftsrechtliche Studien.
Verantwortlicher Herausgeber: Theodor Baums. Bd. 62
ISBN 3-631-52236-3 · br. € 56.50*

Das Thema Organhaftung ist in den letzten Jahren in Deutschland verstärkt ins Blickfeld der Öffentlichkeit gerückt. Vor dem Hintergrund des Kursverfalls an den Aktienmärkten wird der Ruf nach einer persönlichen Inanspruchnahme der Vorstandsmitglieder immer lauter. Verwiesen wird in diesem Zusammenhang häufig auf die Rechtslage in den Vereinigten Staaten. Die Rechtspraxis dort ist seit vielen Jahren mit Fragen der persönlichen Haftung von Leitungsorganen unmittelbar gegenüber den Aktionären vertraut. Anhand der Erfahrungen des US-amerikanischen Rechts wird ein eingehender Überblick über die Konstellationen gegeben, in denen eine verbandsinterne Direkthaftung praktisch auch für das deutsche Recht in Betracht kommt. Im Anschluss wird der Versuch unternommen, eine gesellschaftsrechtliche Direkthaftung mit Hilfe vertraglicher Argumentationsmuster (Organpflichten mit Schutzwirkung für die Aktionäre) zu begründen.

Aus dem Inhalt: US-amerikanisches Recht: Prospekthaftung; Rule 10b-5; Haftung im Zusammenhang mit der Ausübung von Vollmachtsstimmrechten; gesellschaftsrechtliche Haftung · Deutsches Recht: Haftung wegen fehlerhafter Information des Kapitalmarktes (insbesondere Ad-hoc-Mitteilungen); Haftung in Übernahmesituationen; Haftung im Zusammenhang mit dem Deutschen Corporate Governance Kodex; Haftung im Falle fehlerhaften Bezugsrechtsausschlusses; Versicherbarkeit

Kolibri 360 GmbH
Ferdinand-Jühlke-Straße 7
99095 Erfurt, Deutschland
produktsicherheit@kolibri360.de

Druck:
CPI Druckdienstleistungen GmbH
im Auftrag der
Kolibri 360 GmbH
Ferdinand-Jühlke-Str. 7
99095 Erfurt